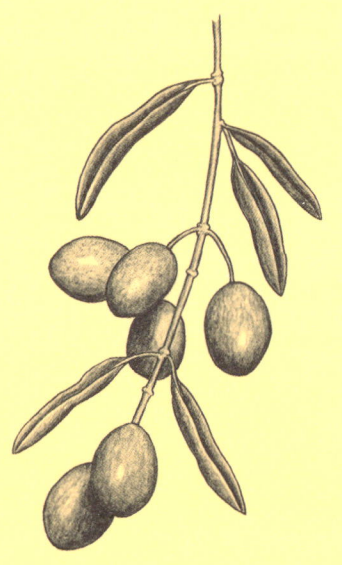

심플 푸드

The Art of Simple Food

THE ART OF
SIMPLE
FOOD

심플 푸드

앨리스 워터스

퍼트리셔 커탄, 켈시 커, 프리츠 스트레이프
Patricia Curtan, Kelsie Kerr & Fritz Streiff

일러스트 퍼트리셔 커탄
Illustrations by Patricia Curtan

심플 푸드

The Art of Simple Food

2021년 11월 15일 1판 1쇄 인쇄
2021년 11월 25일 1판 1쇄 발행

지은이   앨리스 워터스
옮긴이   제정인
펴낸이   정 진

펴낸곳   바세
주 소   경기도 파주시 하늘소로 16
전 화   031-955-5501 | 010-2137-5051
이메일   sales@basse.co.kr
          editor@basse.co.kr
홈페이지   www.basse.co.kr
          www.simplefood.co.kr

ISBN-13 | 978-89-956606-5-2
출판신고 | 제406-2011-000076(2004. 1. 5)

엘라, 자비에, 파니, 로즈, 작에게 사랑을 담아……

이 책에 대하여.

- 1970년대부터 맛있는 혁명을 주창한 앨리스 워터스의 대표작입니다.
- 외국어의 한글 표기는 국립국어원 기준에 따랐습니다.
- 계량 단위는 모두 미터법에 따라 바꾸었습니다. 책 말미에 도량형 표를 따로 만들어 두었습니다.
- 주석은 모두 역주입니다.

차례

제1부 기초부터 시작하기
수업과 기본 레시피

제2부 식탁에서
매일매일의 식단

제 1 부

기초부터 시작하기
수업과 기본 레시피

들어가는 글

내가 주창하는 **맛있는 혁명**은 어리고 순진하던 때, 식당을 열고 내 식당에서 요리할 맛있는 음식을 찾아다니던 시절에 시작되었다. 당시 나는 프랑스에서 유학할 때 먹었던 것 같은 고품질 식재료를 구하러 다니고 있었다. 상추, 껍질콩, 빵처럼 단순하지만 좋은 식재료 말이다. 나는 심오한 철학이 아니라 맛있는 것을 찾아 헤맸을 뿐이다. 그래서 내가 얻어낸 결론은 가장 맛있는 식재료를 제공하는 사람은 우리 지역에서 유기농법으로 채소를 기르는 농부들과 식당에서 반경 약 160킬로미터 안에 있는 소농들, 목장 경영자들이며 대물림 종자[1]를 심어 다양한 과일과 채소를 재배하고 열매가 무르익었을 때 추수하는 사람들이라는 사실이다. 그리고 슈퍼마켓에서 파는 물건만을 사는 것이 아니라 생산자에게 직접 식재료를 살 수 있다는 점이 획기적으로 놀라웠다.

---

1 종자상을 통해서 구입하는 게 아니라 텃밭을 가꾸는 개인들 사이에 주고받은 종자. 그리고 여러 세대에 걸쳐 전해져 내려온 종자.

최고로 상태가 좋은 맛있는 식재료라면 그저 단순하게만 요리해도 놀랄 만큼 맛있는 요리가 된다. 재료 본연의 맛이 고스란히 요리의 맛이 되기 때문이다. 이것이 우리가 수년 간 쉐 파니스^{Chez Panisse}에서 식재료 공급처를 찾고 음식을 준비하고 먹어본 뒤에 배운 것이다. 농부가 정성을 다해 키우고, 적절한 시기에 수확해서 공급자를 통해 바로 우리에게 배달한 식재료로 만든 음식은 맛있을 수밖에 없다. 그렇지만 이런 음식은 우리가 하는 식당 같은 데서만 즐길 수 있는 특권이 아니다. 우리에게 공급하는 바로 그 생산자들이 동네 길거리에서도 신선한 재료를 팔고 있다. 바로 생산자 직거래 장터에서 말이다. 물론 누구나 구매할 수 있다.

내가 생산자 직거래 장터에서 장을 볼 때 가장 좋은 점 중 하나는 농부들을 직접 만나고 무언가를 배우는 것, 그리고 정말 구하기 어려운 과일이나 채소를 재배해줄 수 있냐고 물어봄으로써 나도 그들에게 영향을 미칠 수 있는 것이다. 나는 수년간 매주 인연을 이어오면서 이렇게 사귄 친구들에게 의존하게 되었고 그들도 내게 의존하게 되었다는 사실을 깨닫게 되었다. 지역에서 재배한, 여러 면에서 건강에 좋고 인도적인 식재료를 선택함으로써 나 자신도 이 일에 관심이 있는 공동체에 편입되었다. 공동체의 일원으로서 우리는 천연자원을 보호하자는 신념만을 공유하는 것이 아니다. 음식 자체의 가치를 인정하고 음식의 맛과 본연의 아름다움을 사랑하게 된다. 또한 음식을 통해 시간과 장소, 계절과 순환하는 자연과 연결되고, 거기서 얻는 커다란 기쁨을 함께 나눈다.

맛있는 음식을 만드는 특별한 비결이란 없다. 다년간의 요리 훈련도, 진귀하고 값비싼 식재료도 필요하지 않고, 세계 요리에 박학다식하지 않아도 된다. 그저 오감이 필요할 뿐이다. 물론 좋은 식재료도 구비해야 하지만 그런 식재료를 선택하고 준비하려면 재료를 충분히 경험해야 한다. 여러 가지 감각적인 경험을 할 수 있기에 요리를 하면서 커다란 만족감을 느끼게 되는 것이다. 계속해서 경험하고 배워야 한다.

이 책은 요리를 배우고자 하는 사람들, 요리를 더 잘하고 싶어 하는 사람들을 위한 책이다. 이 책의 첫 부분은 심플 푸드의 기본에 대해 살펴보는 장으로 구성되어 있다. 먼저 신선한 식재료를 선택하는 방법, 식품 저장고에 재료를 구비하는 법, 무엇을 요리할지 결정하는 방법에 대해 이야기한다. 이어지는 장은 필수적인 요리 기법에 초점을 맞추어 기법을 구사하는 목적과 이유를 상세히 설명하며 간단한 모범 레시피를 함께 소개한다. 여기서 배운 대로 요리하고, 맛을 보고, 성공과 실패를 반복하면서 기본 기술을 몸에 익힐 것이다. 그렇게 되면 이제 다시는 책을 보고 순서를 하나하나 되짚을 필요가 없다. 그리고 자신감을 가지고 요리를 수월하게 할 수 있다. 또 레시피에만 얽매이지 않고 레시피에서 영감을 얻어 요리하며 심플 푸드를 친구나 가족과 함께 준비하고 나누는 데서 순수한 기쁨을 느끼고 즐기게 될 것이다. 이 책의 후반부에서는 같은 방식으로 구성된 더 많은 레시피를 소개하고 있다. 앞에서 소개했던 기본 기술을 익혔다면 쉽게 따라 할 수 있는 레시피로 골라 실었다.

　좋은 요리의 기본 원칙은 어디서나 같다고 생각한다. 이는 레시피나 기술보다는 좋은 식재료를 구하는 것과 더 관련이 있다. 내게 있어 요리에서 가장 중요한 것이 좋은 식재료이다. 요리 시범을 보일 때면 나는 언제나 재료가 잘 보이도록 진열해놓는데 사람들은 항상 눈을 크게 뜨고 식재료의 아름다움에 감탄한다. 사람들이 "그건 대체 어디서 났어요?!"라고 물어보면 나는 "여기 생산물 직거래 장터에서요, 거기 가면 사실 수 있어요!"라고 대답한다.

　오랜 경험을 통해 나는 요리에 대해 내가 알고 있는 모든 사실을, 결국 좋은 재료가 가장 중요하다는 결론과 몇 가지 간단한 제안으로 집약할 수 있게 되었다. 다음 장에서 내가 주장하는 바를 목록으로 정리하여 제시하겠다. 내 제안을 따른다면 당신의 요리는 크게 변할 것이라 믿어 의심치 않는다. 이것들이 우리 가족과 공동체를 가장 기본이 되는 인간적 가치와 다시 연결하고 우리의 모든 감각에 깊은 기쁨을 주며 평생 잘 살아갈 수 있도록 도와주는 맛있는 **혁명**의 기본 원칙이다.

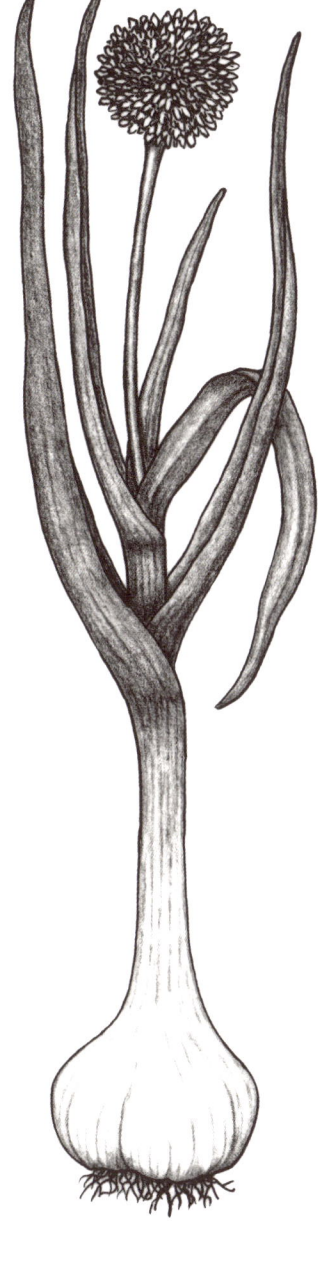

지역에서 나는 친환경 식재료를 먹자.

자신이 먹는 식재료가 어디서, 어떻게 생산되는지 알자. 직접 농토를 관리하는 지역 소농이 판매하는 다양한 채소와 과일을 구입하자. 가축의 복지를 생각하고 친환경적으로 농장을 운영하는 농부에게 유기농 달걀과 고기, 생선을 구입하자.

제철 식재료를 사용하자.

제철에 나는 식재료를 택하자. 출하 기간이 짧은 재료라도 유기농으로 재배하거나 사육하면 이 기간을 연장할 수 있다. 푸른 채소는 콜드 프레임[2]이나 온실에서 재배하면 되고 지역에서 나는 재료 중에는 겨우내 먹을 수 있게 저장하거나 말리거나 통조림으로 만들 만한 게 있을 것이다. 제철 재료를 사용하기로 마음먹으면 무엇을 요리할지 영감을 얻을 뿐 아니라 계절과 장소에 대한 감각을 찾을 수 있다. 그리고 가장 풍미가 좋은 음식을 맛볼 수 있다.

생산자 직거래 장터를 이용하자.

생산자 직거래 장터는 다양성과 정직, 계절감, 지역성, 지속가능성, 그리고 아름다움을 가치 있게 생각하는 공동체를 일구어낸다. 자신이 먹는 식재료를 만들어내는 사람들을 알고 지내자. 자신을 농부들의 동업자라고 생각하고 그들에게 배우고 함께 일하자.

텃밭을 가꾸자.

뒷마당이나 공동 텃밭에서 직접 기른 채소를 먹는 일은 정말 만족스러운 경험이다. 야외에서 식재료를 채집하고 농가 체험을 하는 농장에서 직접 과일을 따는 일도 즐겁지만, 창문턱에 올려놓은 화분에서 기른 허브 하나라도 요리 맛을 크게 바꾸며 계절의 변화를 느끼게 해준다.

2　소규모 온실.

재료를 아끼고, 남은 것은 퇴비를 만들고, 재활용하자.

장바구니를 가지고 시장에 가자. 그리고 가능한 한 모든 포장재를 재활용하자. 요리할 때 퇴비용 양동이를 곁에 두고, 부엌에서 나는 음식 찌꺼기를 재활용하자. 아끼면 아낄수록 버리는 것이 적어지고, 기분은 더 좋아질 것이다.

오감을 이용하여 단순하게 요리하자.

단순한 음식을 만들자. 재료 본연의 맛이 살아 있도록. 그리고 요리하는 과정에서 감각적인 기쁨을 느껴보자. 만지고, 듣고, 보고, 냄새 맡고, 맛보기……요리하는 내내 맛을 보자. 계속해서 맛보고, 요리하고, 그리고 새로운 맛을 발견하자.

함께 요리하자.

가족, 친구, 특히 아이들과 함께하자. 아이들이 재료를 기르는 과정에 참여하고 요리하고 음식을 나르는 일을 도우면 먹어보고 싶게 된다. 텃밭을 가꾸고 요리를 직접 해보면 아이들은 저절로 좋은 음식의 가치와 먹는 즐거움을 알게 된다.

같이 먹자.

별것 아닌 음식이라도 함께 앉아서 나눠 먹는 특별한 공간을 정하고, 주의를 기울여 존중하는 마음을 담아 식탁을 차리자. 그리고 식탁에서 이루어지는 절차를 즐기자. 식사 시간은 공감하고 너그러움을 베푸는 시간, 생각을 키우고 소통하는 시간이다.

음식은 귀한 것이라는 사실을 잊지 말자.

좋은 음식은 좋은 재료에서만 나온다. 적정한 음식 가격은 환경을 보존하는 비용, 식재료를 생산하는 사람들의 노동에 지불한 정당한 보수까지 포함된 것이다. 음식의 진정한 가치를 간과하고 당연히 얻는 것으로 여겨선 절대 안 된다.

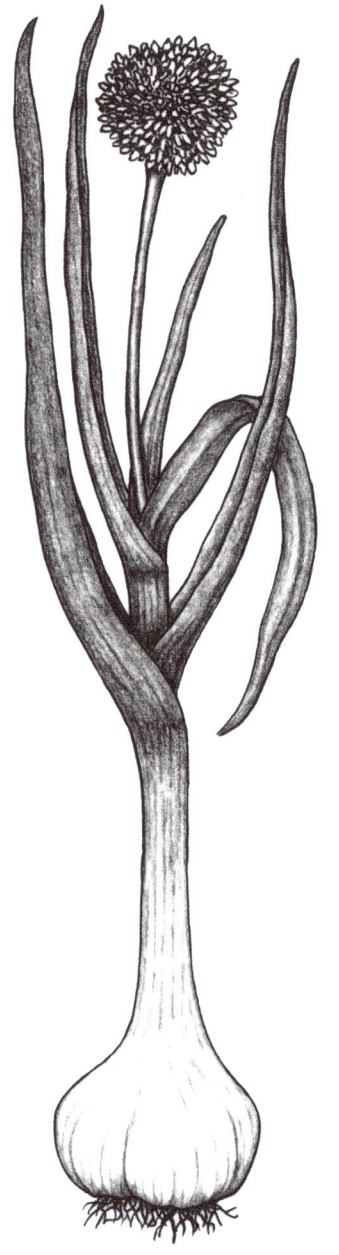

시작하기

식재료와 식품 저장고 | 주방 도구와 준비하기

몇 가지 필요한 요건만 갖추면 누구나 요리사가 될 수 있다. 식욕과 식재료, 요리할 수 있는 부엌, 그리고 요리할 음식에 대한 아이디어. 그렇다면 이중 무엇을 최우선순위에 올려야 할까? 아마도 식욕일 것이다. 내가 아는 사람 중 요리를 좋아하는 사람들은 모두 먹기도 좋아한다. 좋은 음식을 먹고자 하는 욕구로 인해 결국 요리를 잘하게 되는 것이다. 그 사람들은 음식에 대해 생각하고 맛을 그려보고 서로 다른 풍미를 상상하여 조합해보기를 좋아한다. 또 요리책과 레시피 읽기를 즐기고 머릿속으로 음식을 만들어보기도 한다. 다양하게 생각해보고 요리를 여러 차례 경험해봄으로써 이제 요리할 음식에 대한 아이디어가 나오는 것이다. 그렇다. 아이디어를 쉽게 내려면, 그리고 이러한 아이디어를 직감으로 조합해 식단을 만들어내려면 부엌에서 상당한 시간을 보내야만 한다. 내 음식과 요리에 대한 생각은 수년간의 경험에서 나온 것이다. 지금은 아주 자연스럽고 간단한 일이 되었다. 그런데 어떤 식으로 이 이야기를 풀어나가야 할까? 먼저, 재료부터 시작하는 것이 가장 좋을 듯하다. 식재료는 항상 내 영감의 원천이었으니까.

식재료

맨 먼저, 요리하려면 재료가 필요하다. 가장 신선하고 제철에 나는 재료, 과일과 채소, 그리고 달걀과 유제품을 구입하기에 최적의 장소는 생산자 직거래 장터나 유기농 식재료와 지역에서 나는 식재료를 파는 시장이다. 무엇을 요리할지 미리 결정해놓지 말고 열린 마음으로 시장에 가자. 가서 무엇이 나와 있는지 보자. 그리고 무엇이든 시장에 나와 있는 재료를 구입하자. 생산자에게서 직접 구입하면 그들에게 무엇이든 물어보고 배울 수 있다는 장점이 있다. 또 그들이 무엇을 생산할지를 결정하는 데 영향을 미칠 수도 있다. 질문해보자. 이건 무슨 품종인가요? 어떻게 기른 건가요? 어떻게 요리해 먹어요? 이 계절에 며칠 동안이나 나오나요?

가능한 한 지역에서 나는, 유기농 인증을 받은 식재료를 구입한다. 그러나 유기농 딱지를 달고 있는 재료라도 지역에서 생산되지 않았거나 친환경 농법으로 재배되지 않았을 가능성이 있다. 지역에서 나는 친환경 과일과 채소, 우유, 달걀, 육류를 구입하는 가장 좋은 방법의 하나는 공동체지원농업^{CSA} 농장에 회비를 내고 농산물을 받는 것이다. 공동체지원농업이란 생산자와 소비자의 합의를 통해 이루어지는 것으로 개인이나 가족들이 특정한 지역 농장에 매년 지원금을 보내고 정기적으로(일반적으로 매주) 농산물을 배달받는 시스템이다. 작은 농가들은 선불로 현찰을 받아 생산비를 충당하고 소비자들은 다양하고 신선한 지역 농산물을 받는다. 공동체지원농업에 참여하는 농장들이 현재 미국 전역에서 계속 증가하고 있다.

생산자 직거래 장터가 열리지 않는 시기나, 슈퍼마켓에서 물건을 구입할 수밖에 없는 상황이라면 슈퍼마켓 경영자에게 건강에 좋은 유기농 식재료를 가져다 놓으라고 당당하게 요구하자. 슈퍼마켓에 가더라도 가공하지 않은 신선식품이 있는 구역에서만 장을 보고 가공식품이 진열된 쪽으로는 눈길을 보내지도 말자.

내 요리의 탄탄한 기초가 된다고 생각하는 필수 식재료 몇 가지가 있다. 이 식재료 덕에 신선한 재료를 다양하게 요리할 수 있기 때문에 항상 떨어지지 않게 갖춰놓으려 신경 쓴다. 또 그중 몇 가지는 필수품이라고 생각하기 때문에 혹시 현지에서 살 수 없을 때를 대비해 여행 갈 때 가져가기도 한다. 그런 재료는 올리브유, 천일염, 그리고 좋은 식초와 마늘, 빵이다. 내가 그런다고 놀리는 사람들이 있는데 그들도 내가 이 맛있는 재료를 하나씩 꺼내놓으면 이걸로 요리하고파서 안달이다. 단순하지만 결코 빼놓을 수 없는 이 재료들은 아무 시장이나 상점에서 살 수 있는 물건이 아니다. 지역에 따라 다르지만, 전문점이나 외국

식품을 파는 상점, 건강식품을 파는 가게에 가야만 살 수 있는 경우도 있다. 온라인으로 구입하기 전에 주변의 상점과 시장에 원하는 물건을 가져다 놓을 수 있는지 문의해보자.

식품 저장고 내가 집에 항상 구비해놓는 식품은 얼마나 자주 보충해놓아야 하는지에 따라 대략 2가지로 분류할 수 있다. 하나는 좀 더 오래 보관할 수 있는 기본 식품들로 가루 제품과 올리브유 같은 것이고 다른 하나는 상대적으로 빨리 상하는 식재료와 냉장 보관해야 하는 식품이다. 식품 저장고와 냉장고에 이런 재료들을 모두 갖춰두면 언제, 누가 와서 배고프다고 하더라도 먹을거리가 없어 쩔쩔매는 일은 없을 것이다.

식품 저장고용 식재료	쉽게 상하는 식재료
올리브유	마늘
식초	양파
소금	샬롯
검정 통후추	셀러리
향신료	당근
파스타	올리브
폴렌타[1]와 옥수숫가루	신선한 허브
쌀	달걀
마른 콩	레몬
토마토 통조림	머스터드
안초비	치즈
케이퍼	견과류
밀가루	닭 육수
설탕	버터
베이킹파우더와 베이킹소다	우유
바닐라	빵
이스트	감자
잼	
와인	

---

1 이탈리아 요리에 쓰는 옥수숫가루로 만든 음식.

**식품 저장고용
식재료**

올리브유

나는 요리에 올리브유를 꼭 쓴다. 항상 2가지 품질의 기름을 준비해두는데 조금 저렴하고 향이 강하지 않은 기름은 요리에 쓰고, 향이 강한 엑스트라 버진 올리브유는 샐러드나 소스를 만드는 데 쓰고, 요리의 완성 단계에 뿌리기도 한다. 품질 좋은 올리브유는 다른 식재료보다 비싸기는 하지만 단순한 음식을 변화시키는 데 이보다 좋은 재료는 없다. "이건 도대체 어떻게 만드셨어요?!" 하고 사람들이 물어보면 "그냥 익혀서, 소금 뿌리고 올리브유를 조금 부었을 뿐이에요"라고 대답한 적이 헤아릴 수 없을 정도이다.

　엑스트라 버진 올리브유는 가열하거나 정제하지 않고 그냥 올리브를 으깨어 만든다. 올리브를 선별하고 으깨고 세척할 뿐 다른 공정은 없다. 다양한 종류의 올리브에는 각각 독특한 향이 있다. 그래서 부드럽고 풍부한 올리브 과실향이 나는 엑스트라 버진 올리브유가 있고 강한 풀냄새와 풍미가 풍기는 올리브유도 있다. 올리브유는 대부분 끝 맛이 후추처럼 독특하게 맵싸하고 그런 풍미가 입에 오래 남는다. 품질 좋은 제품은 지중해 연안의 국가에서 수입하지만 캘리포니아에서도 점점 더 좋은 제품이 생산되고 있다. 가능한 한 많은 종류를 먹어보자. 전문점이나 어떤 상점에서는 병을 열어 맛을 보라고 한다. 올리브유를 많이 쓴다면 상자째 사는 편이 경제적일 것이다. 대용량으로 사면 할인을 받을 수 있으니 말이다. 올리브유 구입은 아주 맛있는 음식을 먹기 위해 반년마다 하는 일종의 투자라고 생각하자. 올리브유는 언제나 서늘하고 어두운 장소에 둔다. 빛과 열이 닿으면 쉽게 상하기 때문이다.

식초

저온살균을 하지 않은 좋은 와인 식초를 구입하자. 화이트 와인으로 만들었든, 레드 와인으로 만들었든, 셰리 와인으로 만들었든 간에 좋은 와인 식초는 음식의 맛을 확실하게 바꾼다. 품질 좋은 것은 조금 더 비싸지만, 그만한 돈을 지불할 가치가 있다. 공산품보다 손수 만든 와인 식초가 더 나을 수 있다. 시중에서 파는 발사믹 식초는 내 입맛에 너무 달다. 장인이 만든, 진짜 이탈리아 모데나산[注] 발사믹 식초는 깜짝 놀랄 만큼 비싸서 말 그대로 한 방울씩밖에 쓸 수 없다. 청주로 만든 식초도 작은 병으로 한 병 구비해두자. 초밥을 만들 때나 오이를 밑간할 때 쓰면 좋다. 뚜껑을 꼭 닫아 어두운 곳에 보관하면 식초는 거의 무기한 두고 쓸 수 있다. 식초 병 바닥에 탁한 덩어리[초눈]가 생기더라도 실망하지 말자. 자연스레 발효되면서 생기는 것으로 식초의 질을 떨어뜨리지 않고 먹어도 해가 되지 않는다.

소금

음식을 더 맛있게 만드는 가장 쉬운 방법이 좋은 천일염을 사용하는 것이다. 천일염에는 미량의 미네랄이 들어 있어 보통 식염보다 강하고, 더 짜고, 더 풍부한 맛을 낸다. 식염에는 소금이 뭉치지 않도록 하는 화학물질이 들어 있어 음식의 풍미에 영향을 미친다. 나는 2종류의 천일염을 두고 쓴다. 대용량으로 판매하는 아주 굵은 소금(미네랄 함유량이 많은 회색 소금이 특히 좋다)은 물에 넣어 끓일 때 쓰고, 곱고 흐슬부슬한 소금은 음식에 간을 하거나 요리를 마무리할 때 쓴다. 요리를 잘하기 위한 가장 중요한 "비결"은 소금으로 간하는 법에 있다고 생각한다. 소금을 너무 많이 뿌리면 음식이 짜지고 너무 적게 넣으면 맛이 안 난다. 소금은 재료의 풍미를 끄집어내지만, 국물이 졸아들면 짠맛이 농축된다. 요리하는 중간중간 계속 맛을 보고 소금의 양에 따라 풍미가 어떻게 변하는지 익혀 음식의 맛을 최대한 끌어내자.

요리 맛을 최대한 살리기 위해 할 수 있는 가장 중요한 일 중 하나가 소금을 언제, 얼마나 넣어야 하는지, 또 음식에 간을 어떻게 하는지 배우는 일이다.

검정 통후추

후추를 갈면 휘발성 기름 성분에서 나오는 풍미와 향이 사라지기 때문에 사용 직전에 갈아서 써야 한다. 후추 분쇄기는 필요할 때 바로 손에 닿는, 레인지 근처에 두고 쓰자. 그리고 후추 도매상에서 아주 조금씩만 구입해 항상 신선한 통후추를 사용하자.

향신료

갖춰놓아야 할 향신료로 월계수 잎, 쿠민 씨, 회향 씨, 아니스 씨, 마른 고추, 고춧가루, 육두구, 계피, 정향, 카르다몸과 생강가루가 있다. 모두 신선하고 향긋해야 한다. 조금씩 구입해서 자주 채워 넣자. 그리고 새 상품을 자주 들여오는 가게에서 신선한 것으로 구입하자.

파스타 면

좋아하는 모양으로 2~3종류의 마른 파스타 면을 구비해놓자. 내가 기본으로 갖춰놓는 파스타 면은 스파게티니, 푸실리와 에그 누들이다. 듀럼 밀이나 세몰리나로 만든 파스타 면을 사도록 하자. 다른 밀가루로 만든 파스타 면보다 익혔을 때 식감과 풍미가 좋다.

폴렌타와 옥수숫가루

지역에서 나는 옥수수를 빻아서 신선한 통 알곡 폴렌타나 옥수숫가루로 만드는 소규모 제분소가 점점 더 늘어나고 있다. 소용량으로 구입하고 서늘한 장소에 두거나 날씨가 따뜻하면 냉장고에 보관하라.

쌀

2~3종을 갖춰놓자. 리소토나 초밥을 만들 때 쓸 단립미와 바스마티 라이스 같은 장립미, 모두 필요하다. 쌀은 직사광선이 들지 않는 곳에 보관한다.

마른 콩

찬장에 몇 병쯤 넣어두자. 나는 보통 렌틸콩, 병아리콩, 카넬리니 콩을 보관하고, 간혹 1~2가지를 더 갖춰놓기도 한다. 대량으로 구입하는 식품은 다 그렇게 해야 하지만 특히 콩은 날짜를 적은 딱지를 붙여 1년 안에 모두 소비해야 한다.

토마토 통조림

토마토를 직접 냉동하거나 통조림으로 만들어 보관하지 않는 사람이라면 유기농 토마토를 통째로 통조림으로 만든 상품을 구입하자. 자르거나 으깨거나 퓌레로 되어 있는 토마토 통조림보다 맛도 좋고 요리에 쓰기도 좋은 것 같다.

염장 안초비

좋은 안초비는 자체로 강한 풍미가 있는 데다 복합적인 짠맛이 다른 재료의 풍미를 더욱 끌어낸다. 안초비는 살사 베르데나 바냐 카우다 같은 소스에 꼭 들어가야 하는 재료다. 뼈째 소금에 절여 만든 제품이 살만 발라내어 기름이나 소금물에 넣어 만든 것보다 풍미나 식감이 더 좋은 듯하다. 일단 통조림 뚜껑을 따면, 랩으로 싸거나 봉지에 넣어 냉장 보관해야 한다. 더 좋은 방법은 금속 재질이 아닌 그릇에 넣어 보관하는 것이다. 촉촉한 소금이 한 겹 막처럼 덮고 있는 안초비는 길게는 1년까지 두고 먹을 수 있다. 요리에 쓸 때는 10분 정도 찬물에 담가 부드럽게 만들고 양면 살을 살짝 당겨 뼈에서 분리하자. 남아 있는 비늘과 지느러미, 꼬리를 모두 제거한 다음 물에 깨끗이 헹궈 쓴다.

케이퍼

가능하면 큼직한 염장 제품으로 구입하라. 훨씬 맛있다. 냉장고에 보관하고 사용할 때는 소금기를 물로 씻어낸 다음 잠시 물에 담가두었다가 건져서 물기를 짜내고 쓴다. 소금물에 담겨 있는 케이퍼는 반드시 물에 담갔다가 헹궈내고 다시 물기를 짜는 과정을 거쳐야 한다. 케이퍼는 살사 베르데 소스를 비롯한 여러 소스에 잘 어울리고 달걀 샐러드에 쓰면 톡톡 튀는 맛을 더할 수 있다.

밀가루

표백하지 않은 신선한 중력분은 표백한 밀가루보다 맛이 훨씬 뛰어날 뿐만 아니라 쓰기도 좋다. 케이크를 자주 굽는다면 박력분을 상비해두면 편할 것이다. 밀가루는 대용량으로 구입하는 편이 좋을 듯하다. 밀가루의 신선도를 알아보려면 포장을 열 때 냄새를 맡아보자. 악취나 퀴퀴한 냄새가 나지 않고 신선한 향이 나야 한다. 몇 달에 한 번씩 밀가루를 다시 채워 넣자. 모든 종류의 밀가루는 직사광선에 노출되면 빨리 상한다. 그리고 통밀가루는 반드시 냉장 보관해야 한다.

설탕

과립이든 황설탕이든 가루 설탕이든 유기농 설탕은 모두 일반적인 백설탕보다 정제가 덜 되어 있다. 유기농 설탕은 더 풍미가 있고 영양분도 더 많지만 빨리 탄다는 단점이 있다. 플랑이나 타르트 타탱처럼 캐러멜화가 중요한 디저트는 과립형 유기농 설탕으로 만들기가 조금 힘들다. 정제된 과립형 설탕에 비해 고르게 캐러멜화가 되지 않기 때문이다.

베이킹파우더와 베이킹소다

둘 다 화학적 팽창제이다. 어떤 브랜드의 베이킹파우더에는 나트륨알루미늄황산염이 들어 있는데 이것 때문에 음식에서 불쾌한 쇳내가 나는 것 같다. 그러므로 이 화합물이 함유되지 않은 제품을 선택하자. 베이킹파우더는 유통기한이 상대적으로 짧다. 1년쯤 지나면 새것으로 바꾸어야 한다.

바닐라 빈과 바닐라 농축액

바닐라 빈은 커스터드와 아이스크림에 쓰면 환상적인 향을 낸다. 단단히 싸서 직사광선이 없는 곳에 보관하자. 바닐라 농축액을 사는 경우에는 순수하게 바닐라 빈을 농축한 것인지 합성 바닐린으로 만든 제품은 아닌지 확인해야 한다. 바닐린은 바닐라 향을 내는 인공 화학물질로 쓴맛이 난다. 유기농 바닐라는 쉽게 구할 수 있다.

이스트

이 책에서 말하는 이스트는 활성 건조 이스트이다. 단단히 밀봉되는 그릇에 넣어 냉장고에 보관하면 몇 달이나 두고 쓸 수 있다.

잼

나는 몇 가지 잼을 손에 닿는 곳에 두고 쓰는데 아침에 토스트에 바르거나 팬케이크에 얹어 먹기 좋다. 과일 타르트에 발라 윤을 낼 때도 쓴다. 살구 잼을 제일 좋아하고 오렌지와 레몬 마멀레이드도 좋아한다.

와인

소스를 만들 때, 리소토를 만들 때, 브레이즈[2]를 촉촉하게 만들 때 넣으면 좋다. 나는 디저트를 만들 때가 아니라면 맛이 단순하고 달지 않은 와인, 오크 향이 두드러지지 않는 와인으로 요리한다. 이런 와인이라야 음식의 본래 풍미를 많이 해치지 않는다. 사용하다 남은 와인은 마개를 단단히 닫아 냉장고에 보관하자.

쉽게 상하는 식재료

꼭 갖추어놓아야 하지만 쉽게 상하는 식재료는 간단한 샐러드와 드레싱, 수프와 스튜, 혹은 파스타나 달걀 요리처럼 빨리 준비할 수 있는 음식을 만드는 데 필요한 신선한 식재료이다. 장을 보러 가기 전, 항상 얼마나 남아 있는지 확인해보아야 한다. 이 식재료들은 1년 내내 쉽게 구입할 수 있다.

마늘

내가 식품 저장고에 보관해놓는 식재료 목록에서 맨 위에 있는 재료이다. 요리에 마늘을 사용하지 않는 날이 거의 없을 정도이다. 마늘로 비네그레트 드레싱과 파스타 소스, 양념장에 풍미를 더하고 토스트에 문질러 향을 내기도 한다. 마늘은 어둡고 환기가 잘되는 곳에 보관해야 싹이 나지 않는다. 단 풋마늘은 마르지 않도록 비닐봉지에 넣어 냉장 보관해야 한다.

양파

양파를 꼭 써야 하는 요리는 수없이 많다. 진한 육수를 낼 때, 수프, 브레이즈, 스튜를 만들 때 넣고 파스타 소스나 채소 요리를 만들 때도 기본 재료로 쓴다. 1년 내내 나오는 다양한 종류의 양파를 모두 구입해보자. 풋양파와 쪽파는 반드시 냉장 보관하고 겉껍질이 있는 양파는 어둡고 환기가 잘되는 장소에 보관해야 한다.

---

2   주 재료인 육류를 기름에 지진 후 육수나 물을 넣고 조리 기구 뚜껑을 덮어 약한 불에 끓여 익히는 조리법이나 요리.

샬롯

동그랗고 작은 구근이 달린 양파의 일종이지만 고유의 특질이 있다. 다른 양파 종류보다 덜 맵지만 향이 더 강하다. 나는 샬롯을 주로 샐러드에 쓰며(아주 잘게 깍둑썰기한 다음 약간의 식초에 담가 비네그레트 소스를 만든다) 고전적인 소스를 만들 때도 사용한다. 다른 양파처럼 어둡고 서늘하며 통풍이 잘되는 곳에 보관한다.

셀러리

당근이나 양파처럼 향신채라고 부르는 채소 중 하나이다. 모든 종류의 기본 육수, 스튜, 브레이즈, 소테[3]를 할 때 넣으면 없어서는 안 될 은근한 풍미를 낸다. 향신채를 모두 같은 크기로 다져 섞은 다음 가볍게 볶아내면 바로 미르푸아[4]가 된다.

당근

늘어놓았거나 다발로 묶어놓은, 잎이 있는 윗부분이 신선해 보이는 당근을 사야지 비닐에 넣어놓은 것을 골라서는 안 된다. 껍질에서는 쓴맛이 나기 때문에 반드시 껍질을 벗겨서 사용해야 한다. 단 생산자 직거래 장터에 가끔 나오는, 크기가 작은 신품종 당근은 그냥 써도 된다. 윗부분은 잘라내고 냉장 보관하며 사용하기 직전에 껍질을 벗기는 것이 좋다.

올리브

어떤 종류의 올리브가 입에 맞는지 여러 가지를 시식해보자. 그리고 살 때마다 먹어보자. 올리브는 종류가 엄청나게 많다. 내가 제일 많이 쓰는 종류는 검은 니수아즈, 니옹, 칼라마타 올리브와 초록색 피숄린, 뤼크 올리브이다. 니수아즈는 특히 익히는 요리에 잘 어울린다. 올리브만으로도 전채 음식이 되며 누가 갑자기 찾아와도 와인 한잔에 곁들여 내면 완벽한 안줏거리가 된다.

신선한 허브

내 요리에 없어서는 안 될 재료이다. 타임, 로즈메리, 세이지, 바질, 민트, 마저럼, 오레가노, 겨울 세이버리와 여름 세이버리, 차이브, 타라곤, 처빌 같은 허브

---

3   고기나 채소를 기름 두른 프라이팬에 빠르게 볶아내는 요리법.
4   당근, 양파, 셀러리, 월계수 잎, 백리향 등의 향신채를 잘게 깍둑썰기하고 다져서 섞은 것으로 고기, 생선 요리에 풍미를 더하기 위해 사용한다.

를 항상 사용한다. 허브 가지나 다발(부케 가르니)은 육수와 수프, 구이 요리나 스튜에 풍미를 더한다. 부드러운 잎 부분은 바로 샐러드에 넣어서 먹을 수 있고 어느 요리든지 다진 허브를 마지막에 뿌리면 신선한 맛이 듬뿍 살아난다. 신선한 허브를 항상 먹을 수 있는 가장 쉬운 방법은 직접 기르는 것이다. 허브는 생명력이 강해 척박한 환경에서도 기를 수 있다. 정원이 없더라도 허브 화분을 하나나 둘 정도 햇빛이 잘 드는 창가에 두고 키워보자. 허브를 살 때는 신선하고 생기 있어 보이는 묶음으로 고르자.

달걀

달걀만 있으면 언제나 먹을거리를 만들어 낼 수 있다. 어떻게 생산된 달걀인지 주의를 기울여 살펴보자. 닭을 잘 보살피는 인근 농장에서 나온 유기농 달걀이 가장 신선하고 몸에 좋으며, 흰자와 노른자도 잘 분리되고 잘 부풀어 오른다. 더불어 공장에서 생산된 달걀에 비해 놀랄 만큼 맛있다.

레몬

즙을 짜서 마지막에 약간만 넣어도 요리의 맛이 확 살아날 수 있다. 레몬은 빵이나 소스를 만들 때, 생선 요리를 할 때 쓰고, 또 가끔 레모네이드를 만들어 먹을 수도 있다. 껍질, 조금 더 정확하게 말하면 껍질의 노란 부분을 제스트라고 하는데 갈거나 칼로 아주 얇게 벗겨낸 다음 다져서 맛을 내는 데 쓸 수 있다. 나는 레몬 껍질을 설탕에 절여 디저트와 함께 내기도 하고 그것만 먹기도 한다. 레몬은 냉장고에 넣어두면 오래 보관할 수 있다.

머스터드

겨자씨의 알싸한 맛과 식초의 신맛이 합쳐져 음식에 풍미를 한층 더해주는 양념이다. 나는 디종 스타일의 머스터드 소스를 좋아하는데 단맛이 거의 없고 강황같은 향신료가 들어 있지만 머스터드의 톡 쏘는 향이 그대로 살아 있기 때문이다. 머스터드를 가까이 두고 쓰자. 샐러드드레싱이나 소스에 넣어도 좋고 소시지나 고기, 채소 찜에 곁들여 내도 잘 어울린다.

치즈

가능하면 맛을 보고 신선한 치즈를 구입하자. 혹은 치즈가 잘 팔리는 곳에서 사는 것도 방법이다. 항상 포장지의 제조일자를 확인하자. 마지막 순간에 치즈를 갈거나 썰어 내야 최상의 풍미를 즐길 수 있다. 파르메산 치즈나 그라나 파다노

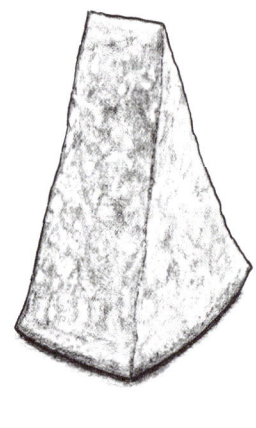

같은 경질 가루 치즈를 비롯해 몇 가지 치즈를 구비해놓자(이탈리아산 파르미자노 레자노가 원조 파르메산 치즈이다. 비싸지만 요리의 맛을 확실히 바꿔놓는다). 몬터레이 잭 치즈 같은 반연질 치즈는 케사디야나 구운 치즈 샌드위치에 넣으면 좋다. 그뤼에르 치즈는 그냥 먹어도 맛있지만 샌드위치, 오믈렛, 그라탱과 수플레에 넣으면 더 맛있다. 생산자 직거래 장터에 가면 부드럽고 신선한 염소 치즈처럼 지역에서 나는 재료로 만든 수제 치즈가 있는지 잘 찾아보자.

견과류
미리 준비해두었다가 샐러드에 넣거나 빵을 만들 때 넣으면 좋다. 손님이 갑자기 들이닥치더라도 순식간에 간단히 대접할 거리를 만들 수 있다. 견과류는 가을에 수확하기 때문에 제철에 먹으면 특히 맛과 향이 뛰어나다. 냉장 보관해야 한다. 그래도 신선함이 몇 달 가지 않을 것이다. 절대 직사광선이 드는 곳에 보관해서는 안 된다. 견과류는 쉽게 산패하는 편이고, 그렇게 되면 맛도 끔찍해진다. 냄새만 맡아도 잘못되었는지 아닌지 금세 알 수 있다. 포장하지 않고 파는 견과류를 구입하자. 그렇게 파는 제품이 더 신선할 가능성이 크다.

닭고기 육수
기본으로 구비해두면 좋은 훌륭한 식재료다. 어렵지 않게 많이 만들 수 있고 소분해서 얼려두면 된다. 수프, 스튜, 리소토, 소스에 캔이나 상자에 들어 있는 제품보다 집에서 만든 닭 육수를 넣으면 훨씬 맛있다. 로스트 치킨을 먹고 나오는 뼈와 남은 살을 얼려두었다가 나중에 육수를 만드는 데 쓸 수도 있다. 물론 생닭 한 마리나 조각으로 자른 닭을 더 넣어야 한다.

버터
소스를 만드는 데 쓰고 튀길 때, 채소 요리를 마무리할 때, 빵 만들 때도 쓴다. 그냥 빵에 발라 먹기도 한다. 얼려두었다가 써도 좋기 때문에 버터를 자주 쓰지 않는다면 한 토막만 냉장실에 넣어두고, 나머지는 단단히 밀봉해 냉동실에 보관하자. 버터는 냉장고에서 나는 냄새를 흡수하고 빨리 변질된다. 가염 버터든, 무염 버터든, 각자 취향에 따라 사도 되는데 가염 버터가 조금 더 오래가는 편이다. 빵을 만들 때 가염 버터를 사용하면 반드시 소금의 양을 줄여야 한다. 가염 버터 한 토막에는 소금이 거의 1/4 작은술이나 들어 있다.

우유

상품에 붙어 있는 라벨을 잘 읽어보자. 지역의 유기농 농가에서 나는 제품, 그리고 성장 호로몬을 투여하지 않은 소에서 짜낸, 첨가제가 들어 있지 않은 우유와 크림을 구입하자. 고온 살균 우유와 크림은 피하자(고온 살균이라는 말 대신 고온에서 살균되었다는 뜻으로 UHT라고 적어놓은 제품도 있다). 건강에 좋고 안 좋고는 차치하고 고온 살균 우유와 크림은 요리에 쓰기가 좋지 않다.

빵

이 책에는 온전히 빵 이야기하는 장이 따로 있다. 나는 어떤 식으로든 거의 매끼 빵을 식탁에 내놓는다. 가장 쓰임이 많고 매일 먹을 수 있는 빵은 껍질이 딱딱한, 시골풍의 소박한 빵인 것 같다. 이런 빵은 천연 발효종으로 오랜 시간 발효시켜 만든다. 잘만 두면 며칠이나 두고 먹을 수도 있다. 빵은 버릴 것이 없다. 남은 빵은 가루로 만들어서 그라탱에 뿌려 먹을 수 있고 마른 조각은 수프에 담가 먹으면 된다. 빵은 냉동해두었다가 먹어도 좋다.

감자

계절에 따라, 지역에서 생산하는 종류에 따라 다르기는 하지만 몇 가지 종류의 감자를 구비해놓기가 어렵지는 않을 것이다. 예를 들어, 통째로 구워 먹는 아주 작은 감자, 그라탱이나 으깬 감자 요리(매시드 포테이토)를 만들 때 쓰는 조금 더 큰 옐로 핀[5], 프라이팬에 구워 먹는 적갈색 감자, 제철에는 껍질이 종이처럼 얇은 햇감자를 구입해보자. 햇감자는 냉장고에 보관해 빨리 먹어치워야 하지만 대부분의 감자는 어둡고 온도가 낮으며 통풍이 잘되는 곳에 보관하면 몇 주일이고 두고 먹을 수 있다. 껍질이 초록빛이 돈다면 독소가 생성되었다는 뜻이다. 그런 감자는 구입하면 안 되고, 집에 있는 감자가 그렇다면 버리는 것이 좋다.

5 껍질과 속이 노란, 변종 감자.

식품 저장고에 넣어둔 식재료로 할 수 있는 요리

앞서 22~30쪽에서 언급한 양념과 기본 식재료를 모두 갖추고 있으면 깜짝 놀랄 정도로 여러 가지 요리를 만들수 있다.

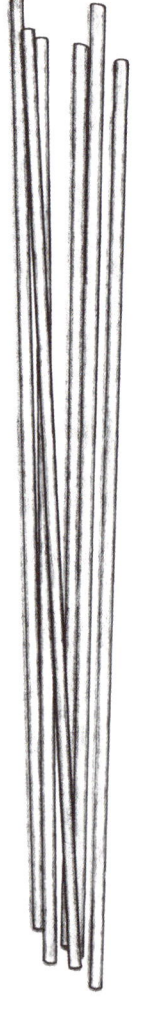

수프
치킨 수프(브로스)
마늘 수프
당근 수프
미네스트로네 수프
치킨 누들 수프
치킨 라이스 수프
양파 수프
파나드
콩 수프
콩 파스타 수프
토마토 수프
감자 수프
폴렌티나

쌀 요리
쌀밥
빨간 필라프
리소토

파스타와 폴렌타
올리브유, 마늘을 넣은 스파게티니
파슬리를 곁들인 안초비 파스타
버터와 파르메산 치즈를 넣은
　　　　에그 누들
푸질리 치즈 그라탱
흰콩 파스타
토마토소스 푸질리
푸타네스카 스파게티니
폴렌타

폴렌타 토르타

치즈와 달걀 요리
구운 치즈 샌드위치
치즈 수플레
허브와 치즈를 넣은 오믈렛
완숙 달걀
스터프드 에그(속을 채운 달걀)
달걀 샐러드
모든 종류의 달걀 요리

크루통
콩 퓌레
마늘과 기름
타프나드
안초비
치즈

채소 요리
감자튀김
매시드 포테이토
감자 샐러드
포테이토 케이크
감자 구이
양념해서 오븐에 구운 양파
구운 마늘
구운 샬롯
감자와 마늘 퓌레
양파 석쇠 구이
양파 타르트

셀러리 브레이즈

바냐 카우다

당근 글레이즈

강판에 간 당근 샐러드

당근 퓌레

올리브 절임과 구운 견과류

소스

비네그레트 드레싱

살사 베르데

마요네즈(겨자, 레몬, 허브, 아이올리)

허브 버터(안초비 버터, 마늘 버터)

베어네이즈 소스

올랑데즈 소스

빵과 팬케이크

피자

허브 빵

옥수수빵

비스킷

소다빵

팬케이크

와플

블리니

디저트

푸어링 커스터드

플랑

크렘 캐러멜

브레드 푸딩

레몬 커드

레몬 타르트

레몬 셔벗

타르트 반죽

달콤한 타르트 반죽

버터 쿠키

1-2-3-4 케이크

주방 도구

나는 주방 도구에 관해서라면 미니멀리스트이다. 살림이 많은 것이 싫고 잘 안 쓰는 물건들로 부엌을 어수선하게 만들고 싶지 않다. 친구들은 신기술에 반대하는 구닥다리라고 놀리기도 하지만 나는 아주 사소한 거라도 가전제품은 그다지 쓰고 싶지 않다. 대신 절구와 공이를 쓰고 손으로 직접 음식을 만져 요리하기를 좋아한다. 요즘 같은 시대에는 유별나 보일지 몰라도 나는 그렇게 많은 주방 도구를 다 갖추고 살 필요는 없다고 생각한다. 나는 항상 쓰는 칼과 냄비, 프라이팬을 쓰고 또 쓴다. 중요한 것은, 손에 익어 편안하고 잘 만든 물건이라 오래 써도 변함이 없고 내내 쓸 수 있을 정도로 튼튼하다는 점이다.

　다음의 도구 목록에는 이 책의 레시피를 보고 요리할 때 쓸 수 있는 도구가 모두 소개되어 있다. 아무것도 없는 상태에서 시작해 한정된 예산으로 부엌 살림을 모두 갖추어야 한다면 아주 좋은 칼 2~3개와 열전도가 잘되는 성능 좋은 취사도구를 구입하자. 정말로 평생 쓸 물건에 투자하는 것이다. 다른 주방 도구는 여윳돈이 있을 때, 내 상황에 맞춰 하나씩 장만하면 된다. 무쇠 프라이팬이나 파스타 머신, 빵 굽는 팬과 접시, 작은 도구 같은 물건은 개인이 여는 벼룩시장이나 중고품 할인 판매점에서 잘 찾아보자.

칼

잡기 편하고 균형이 잘 잡혀 있으며 손에 잘 맞아야 한다. 무겁지 않아야 하고 생각보다 여러 개가 필요하지도 않다. 칼날 길이가 7~10센티미터 정도 되는 작은 과도 하나, 20센티미터 길이의 식도 하나, 길고 톱니 날이 달린 빵 칼 하나로 시작하자. 부엌칼로 제일 좋은 것은 탄소강 함량이 비교적 높은 칼로 재질이 물러 칼날을 쉽게 세울 수 있다. 스테인리스 칼은 강하지만 날이 무뎌지면 가정에서는 갈기가 어렵다. 마음에 드는 칼을 찾아 구입하고 잘 간수하자. 사용한 후 항상 씻어서 말리고 개수대에 칼을 담가두지 말자. 칼은 식기세척기에 넣으면 안 된다. 그리고 반드시 칼날을 날카롭게 유지하자. 주기적으로 칼을 갈자. 칼을 칼갈이 봉(손잡이가 달린 아주 단단한 강철봉)에 20도 각도로 대고 몇 번 문지르면 된다. 날이 무뎌지면 숫돌에 갈든지 전문적으로 칼을 가는 사람에게 부탁한다.

도마

요리하기에 충분히 커야 하는데 도마 면적이 적어도 60제곱센티미터는 되어야 한다. 나는 나무 도마를 선호한다. 플라스틱 도마보다 보기에 더 좋고 칼을 쓰기에도 더 편안하다. 깨끗이 씻어 잘 말리고 식기세척기에만 넣지 않으면 잘 관리할 수 있다. 물과 비누로 도마를 깨끗이 씻고 벤치 스크레이퍼로 긁어 말리자. 표면이 말라 거칠어 보일 때는 가끔 미네랄 기름이나 올리브유를 발라주면 된다.

바닥이 두꺼운 냄비와 팬

냄비와 팬은 튼튼하고 견고해야 한다. 또 바닥과 옆면이 두꺼워 열이 균일하게 분산되어 바닥뿐만 아니라 옆면 끝까지 잘 전달되어야 한다. 이런 팬이라야 불에 직접 닿아도 뒤틀림 없이 형태를 유지한다. 이 기준을 충족하는 취사도구는 대개 구리나 무쇠, 스테인리스를 덧씌운 알루미늄 재질로 되어 있다.

레시피 중에 특별히 비반응 냄비와 팬이 필요한 경우가 종종 있다. 산성 식품에 화학반응을 일으키는 금속 용기에 요리하면 음식에서 쇠 맛이 나고 냄비도 음식도 색이 변하는 경우가 있기 때문이다. 비반응 냄비와 팬은 스테인리스나 도기, 법랑을 칠한 무쇠로 만들거나 비반응 스테인리스로 안을 대어 만든다. 길이 잘 든 무쇠 냄비도 사실상 비반응 용기라고 할 수 있다. 무쇠 길들이기란 기름을 한 겹 발라 열을 가해 달구고 식히기를 반복하는 것이다. 이 과정을 거치면 표면이 눌어붙지 않는다.

내가 제일 자주 쓰는 냄비와 팬은 다음과 같은 것들이다.

지름 25센티미터 무쇠 프라이팬, 잘 길들인 것
스테인리스로 안을 댄 지름 30센티미터 소테 팬
스테인리스로 안을 댄 2~3리터 냄비, 뚜껑 있는 것
11~15리터 육수 냄비
오븐에 사용할 수 있는 4~6리터 냄비, 뚜껑 있는 것
속이 얕은 3리터 냄비, 흔히 말하는 소스용 냄비
1리터 냄비

도기

도기 용기는 대개 안쪽에 유약 칠이 되어 있지만, 바깥까지 유약 칠이 된 것도 있다. 이 용기는 특히 천천히 고르게 익히는 요리에 적합하다. 도기 냄비는 사용하기 전에 반드시 길을 들여야 한다. 하룻밤 동안 물에 담가두었다가 물을 붓고 몇 시간을 계속해서 끓이면 된다. 이렇게 길들인 냄비는 오븐에 넣어도 되고 스토브에 올려도 상관없다. 단 약불이나 중불만 사용해야 한다. 도기에 직접 불이 닿지 않도록 불꽃을 조절하는 절연 완충재를 사용하는 것도 좋다.

가장 널리 쓸 수 있는 것은 다양한 크기의 그라탱 용기(두께가 얇고, 옆이 낮은 베이킹 용기로 깊이는 5~7.5센티미터이고 바닥이 넓다)와 뚜껑이 있고 용량이 적어도 4~6리터는 되는 두껍고 속이 깊은 냄비이다.

볼

가벼운 재질의 믹싱 볼 세트는 언제나 유용하다. 비싼 것을 장만할 필요는 없다.

소쿠리와 체

나는 보통 샐러드 채소 같은 것을 씻어 물을 빼고 옮겨놓는 용도로 두 개의 소쿠리를 사용한다. 크기가 다른 체나 거르개를 몇 개 구비해놓는 것도 좋다. 그런데 적어도 하나는 스테인리스 재질로 망이 촘촘해야 한다.

샐러드 스피너

초록 채소를 씻어 물기를 빼는 데에는 샐러드 스피너가 아주 유용하다. 손으로 돌리든 눌러서 스피너를 돌리든 방식이야 상관없지만 바닥에 미끄럼 방지 처리가 되어 있는 튼튼한 제품으로 사야 한다.

푸드 밀

어떤 요리는 푸드 프로세서나 블렌더보다 푸드 밀을 사용하는 것이 더 낫다. 공기에 노출하지 않고 재료를 퓌레로 만들 수 있기 때문이다.

파스타 머신

손으로 밀고 칼로 썰어 파스타 면을 만들 수도 있지만 손으로 돌리는 이태리산 파스타 머신은 반죽하고 미는 기능이 뛰어나다. 라자냐나 라비올리를 만들 때 필요한 긴 파스타 시트를 만들 때 아주 좋다.

절구와 절굿공이

2컵 이상 넣고 찧을 수 있는 커다란 절구가 다용도로 쓸 수 있어 좋다. 그렇지만 향신료를 갈거나 씨앗을 가루로 만들 때, 마늘과 생강 같은 재료를 찧을 때처럼 사소하게 재료를 분쇄하는 경우에는 작은 절구도 괜찮다. 일본산 스리바치 절구는 질그릇 볼과 나무 절굿공이로 구성되어 있는데 볼 안쪽은 유약을 칠하지 않았으며 솟은 부분이 날카로운 홈이 줄지어 패어 있다.

베이킹 시트

일반적인 가정용 베이킹 시트는 폭 30센티미터, 길이 46센티미터이고 납작한데 손으로 잡기 좋게 한쪽 가장자리만 입술처럼 말려 있는 모양이다. 옆면이 있는 것은 젤리 롤 팬이나 하프 시트 팬이라고 부른다(시트 팬은 폭 46센티미터, 길이 60센티미터로 너무 커서 대부분의 가정용 오븐에는 들어가지 않는다). 주방용품 전문점이나 업소 주방용품점에 가서 무게가 많이 나가는 전문가용 하프 시트 팬을 사는 것도 좋다. 가볍고 얇은 팬으로는 쿠키를 균일한 색으로 구워낼 수 없으며 최악의 경우 팬이 틀어지고 타기도 한다.

팬 라이너

베이킹 시트와 케이크 팬 안쪽에 유산지를 깔면 음식이 들러붙지 않아 설거지가 더 쉬워진다. 유리직물로 만든 라이너와 실리콘으로 만든 실팻 매트는 잘 눌어붙지 않고 재사용도 가능하다.

베이킹 팬

나는 지름 24센티미터 스프링폼 케이크 팬 1개, 지름 23센티미터에 높이 5센티미터인 둥근 케이크 팬 2개, 지름 23센티미터에 높이 7.5센티미터인 둥근 케이크 팬 1개, 에인절 푸드 케이크 팬 1개, 머핀 틀 1개, 파이 팬 몇 개가 있다. 파이 팬은 어느 정도 속이 깊은 것으로 구입하자. 밑을 분리할 수 있는 23센티미터 둥근 타르트 팬과 지름 10센티미터 둥근 팬, 그리고 여러 가지 모양의 작은 미니 타르트 팬도 몇 개 갖춰놓으면 좋다.

푸드 프로세서, 블렌더

나는 보통은 푸드 프로세서를 잘 안 쓰지만 이들 기구를 사용하지 않으면 질감이 적당하고 신선한 빵가루를 만들기가 상당히 어렵다. 블렌더는 재료를 퓌레로 갈아 수프를 만들 때 아주 유용하다.

스탠드 믹서

모터가 강한 튼튼한 스탠드 믹서가 특히 빵 반죽을 만들 때는 최고지만 가격이 만만치 않다. 믹서를 쓰면 힘이 덜 들긴 하지만 이 책에서 소개하는 레시피에 따르는 요리는 손으로도 만들 수 있다.

아이스크림 메이커

시중에 여러 제품이 나와 있고, 대부분은 성능도 좋다. 예산과 넣어둘 공간에 맞춰 1가지를 고르자.

토스터 오븐

내가 제일 좋아하는 가전제품은 작은 토스터 오븐이다. 특히 크루통을 만들 때, 견과류를 구울 때 편리하다.

소소한 도구

집게

스프링이 있는, 길이 25센티미터 정도의 가벼운 집게를 구입하자. 업소용 주방용품점에 가면 구할 수 있을 것이다. 양옆으로 움직이는 금속 밴드로 찰칵 닫아놓을 수 있는 집게 종류는 피하자. 밴드에 손이 끼는 일이 비일비재하다.

거름망

액체에서 덩어리를 떠낼 때 쓰는 것으로 커다란 철망이 달린 숟가락이다. 단단한 손잡이 끝에 거미줄이 달린 모양이라고 생각하면 된다. 대나무 손잡이가 달린 중국제 거름망은 비싸지도 않고 쉽게 구할 수 있다.

금속제 뒤집개, 주걱

팬케이크 종류를 뒤집는 데는 큰 뒤집개가 좋고 설탕을 입히거나 덩어리를 매끈하게 할 때는 작은 모종삽 모양으로 굽은 주걱이 좋다.

후추 갈이

고무 주걱

나무 숟가락

커다란 금속 숟가락과 길게 구멍이 난 숟가락

국자

거품기

채소 껍질 벗기는 칼

캔 따개

식품 온도계

오븐용 온도계

찜통

굴 까는 칼

제스터

작고 날카로운 구멍이 일렬로 나 있는 13밀리미터 날이 달린 제스터가 껍질을 가늘고 얇게 벗겨내는 섬세한 작업에 적합하다.

강판

납작한 강판보다는 상자 모양 강판이 치즈를 갈기에 더 편하다. 그렇지만 마이크로플레인사[社]에서 나온 납작한 강판은 다른 제품보다 날이 더 날카로워 쓰기 좋다. 강판은 2가지를 갖춰놓자. 하나는 껍질이나 너트맥 따위를 가는 용도로 쓰고 좀 굵게 갈아내는 강판은 치즈를 갈 때 쓰자.

계량컵과 계량 숟가락

액체류를 계량하는 용도로 주둥이가 달리고 적어도 2컵[480시시] 이상의 용량 표시가 돼 있는 계량컵과 마른 재료를 계량하는 데 쓰는 포개지는 계량컵 세트, 모두 필요하다.

볼 스크레이퍼

재료를 접거나 긁어낼 때 쓰는 잘 휘어지는 둥글납작한 타원형 플라스틱 판이다.

벤치 스크레이퍼

무딘 직사각형 금속제 날에 플라스틱이나 나무 손잡이가 달렸다. 반죽을 만들고 자를 때, 끈적끈적한 반죽이 묻은 작업대 표면을 청소할 때 쓴다. 다진 양파 같은 것을 떠 담기 좋고 재료를 큼직하게 다질 때도 유용하다.

밀대

페이스트리 솔

짤주머니와 모양깍지

착즙기

키친타월

요리용 실(면실)

코르크 따개

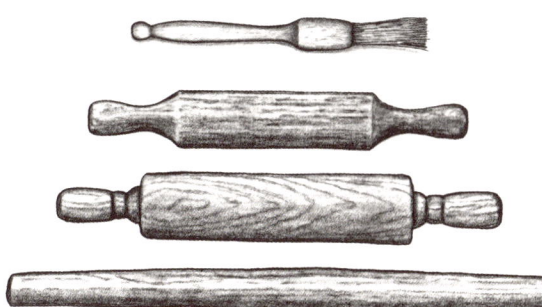

준비하기

레시피는 특정 음식을 요리하는 방법을 일러주는 가이드다. 하지만 준비하는 과정을 기계적으로 따라 할 필요는 없다. 정확한 계량에 비율도 알맞게 되어 있는 잘 작성된 레시피를 갖추었어도 요리하는 사람이 창의력을 발휘하지 않으면 맛있는 요리를 할 수 없다. 이런 과정은 요리를 시작하기 훨씬 전부터 시작되어야 한다. 첫째로 해야 할 일은 레시피를 처음부터 끝까지 잘 읽는 것이다. 무엇을 요리할지를 머릿속에 생생하게 그려보고 향과 맛까지도 생각해본다.

그런 다음 레시피를 다시 한 번 읽자. 이번에는 필요한 식재료와 양, 써야 하는 기법과 요리 순서, 그리고 걸리는 시간 등을 마음속에, 혹은 종이에 적어본다. 이 과정을 거치면 결과물이 어떤 모양일지 어떤 맛일지, 또 음식을 어떤 식으로 만들지, 상당히 구체적인 개념이 잡힐 것이다. 레시피의 어떤 부분이 명확하지 않거나 헷갈린다면, 확신이 생길 때까지 시간을 들여 연구해보거나 다시 한 번 잘 읽어보자. 요리를 시작하기 전에 전 과정을 잘 이해한다면 반드시 맛있는 요리를 만들 수 있을 것이다. 내 경우에는 새로운 레시피를 보고 요리를 만들 때, 나름의 방식으로 레시피를 줄여서 적어본다. 요리 과정을 그려놓은 나만의 지도를 만드는 것이다. 미리 철저히 준비해두면 요리는 물 흐르듯이 끊어지지 않고 진행되고, 냄비와 팬이 지글거리는 동안에 뭔가를 찾으려고 뒤적이지 않아도 된다.

　레시피를 처음부터 끝까지 읽고 필요한 식재료와 요리법을 숙지한 다음에는 식재료와 주방 도구를 준비한다. 이는 요리에서 결정적으로 중요한 과정이다. 실온에 내어놓아야 할 식재료를 냉장고에서 미리 꺼내놓자. 그리고 레시피에서 하라는 대로 재료를 씻고, 껍질 벗기고, 다지고, 계량한 다음 필요할 때 쉽게 쓸 수 있도록 볼이나 체, 혹은 접시에 놓자. 레시피대로 하는 데 필요한 주방 도구를 모두 꺼내자. 그리고 소소하게 필요한 도구랑 그릇, 냄비와 팬 등을 모두 손 닿는 곳에 놓아두자. 오븐도 예열하고, 필요하면 오븐 선반 높이도 조절해놓자. 이런 준비 과정을 프랑스어로 미장플라스 ^mise en place^ 라고 한다. '제자리에 준비해놓다'라는 말이다. 모든 것을 제자리에 두고 준비를 마치면 무언가가 타기 일보 직전이거나 허물어지려고 할 때 깜빡 챙기지 못했던 무언가를 찾느라 허둥거리는 일 없이 순조롭게 요리를 할 수 있다. 미장플라스는 미적인 기쁨을 줄 수도 있다. 준비한 식재료를 꺼내놓고 좋아하는 그릇에 담아 필요한 순서대로 다시 줄을 세워보자. 이러한 과정에서 엄청난 만족감을 느낄 수 있다.

다양한 칼질법　기본적인 몇 가지 칼질법과 요령을 익히면 채소를 비롯한 식재료를 자르고 손질하는 일은 힘들지 않고도 자연스럽게 할 수 있다. 일단은 무게가 알맞고 손에 쥐었을 때 균형이 잡혀 있는, 날이 잘 선 칼이 있어야 한다. 나머지는 연습과, 레시피에서 말하는 용어에 얼마나 익숙해졌냐에 달려 있다고 할 수 있다.

　다지기라는 말은 재료를 조각 내고, 작게, 더 작게 필요한 크기가 될 때까지 자르고 또 자른다는 말이다. 특히 허브나 초록 채소, 감귤류 껍질, 올리브, 케이퍼 같은 재료를 잘게 자를 때 다진다는 말을 쓴다.

　허브를 다질 때는 잎사귀를 포개 더미로 만든 다음 잘게 자른다. 칼날을 허브 위에 놓고 위아래로 앞뒤로 흔들며 움직이는데 이때 칼을 쥐지 않은 손으로 칼 끝을 가볍게 누르며 칼날을 고정하고 방향을 잡는다. 손가락 끝으로 칼 손잡이를 가볍게 잡자. 가볍게 잡아야만 칼의 움직임을 더 쉽게 조절할 수 있고 효과적으로 움직일 수도 있다. 가끔 허브 더미를 쓸어 모아가며 계속해서 다지면 결국 허브를 원하는 만큼 곱게 다질 수 있을 것이다.

　　깍둑썰기란 재료를 정육면체로 써는 것이다. 내 경우에는 보통 채소 다지기보다 깍둑썰기하기가 더 쉽고 빠르다. 크기가 균일하도록 깍둑썰기를 해야 하는 경우도 있지만 나는 대개 레시피에 깍둑썰기라고 적혀 있으면 빨리, 대강 깍둑썰어버리고 정확한 육면체는 만들 생각도 않는다. 썰고 있는 재료에 격자무늬가 있다고 생각하고 한 방향으로 칼질을 해 일정한 크기의 조각으로 만들자. 그런 다음 이 조각을 모아서 자르거나 하나씩 잘라서 같은 크기의 봉이나 성냥개비 모양으로 만들고, 다시 성냥개비 모양 조각을 가로로 잘라 정육면체로 만들면 된다. 조각이 얇을수록 정육면체는 더 작아지게 된다.

　　양파나 샬롯, 회향 구근처럼 둥근 채소를 깍둑썰기할 때는 먼저 줄기와 뿌리 끝부분을 정리해 자른다. 단, 뿌리 끝부분은 완전히 잘라내지 말고 남기자. 길이대로 반쪽으로 자르고 제일 바깥쪽 한 겹은 벗겨내면 된다. 반쪽으로 자른 재료를 단면이 아래로 가도록 도마에 놓자. 칼을 쥐지 않은 손의 손바닥을 양파에 올려놓고 움직이지 않도록 고정하되 힘을 주어 누르면 안 된다. 그런 다음 도마와 평행이 되도록 칼을 들고 수평으로 칼집을 넣자. 줄기가 있던 곳에서 시작해서 양파 뿌리가 있던 곳까지 칼집을 넣되 완전히 잘라버리지 않게 주의하자. 그리고 칼끝으로 양파에 수직 방향으로 칼집을 넣는다. 이때도 뿌리 끝부분은 자르지 않고 남겨두도록 하자. 위쪽부터 교차해 얇게 자르면 조각이 정육면체가 된다. 남은 뿌리 부분은 이제 버려도 된다. 조각을 더 잘게 만들고 싶으면 재료를 더 다지면 된다. 정육면체의 크기는 수평으로, 그리고 세로로 얼마나 칼집을 많이 넣었느냐에 달려 있다.

　　이런 식으로 마늘을 더 쉽게 다질 수 있다. 여러 개의 마늘을 써는 것보다 한 번에 마늘 한 쪽씩을 깍둑썰기하고 여러 번 칼질을 하면 아주 곱게 다져질 것이다. 샬롯이나 마늘, 양파 같은 채소는 다지려고 하면 뭉개지는 일이 많은데 깍둑썰기를 하면 깨끗하게 자를 수 있는 장점이 있다.

　　곱게 다지기는 말 그대로 재료를 아주 곱게 다지는 것을 말한다. 마늘을 예를 들면, 먼저 마늘을 아주 잘게 깍둑썰기한 다음 더 곱게 다지면 된다.

　　채썰기는 재료를 성냥개비 모양으로 가늘게 자르는 것이다. 깍둑썰기에서 처음 두 과정만 진행했을 때 나오는 모양 말이다. 기본적인 채썰기는 가로와 두

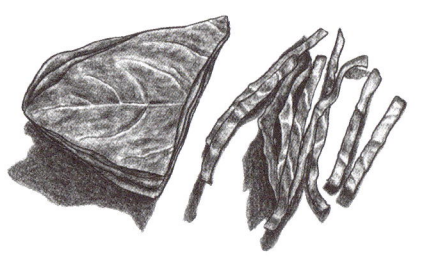

께는 3밀리미터, 세로(길이)는 5센티미터로 채를 써는 것이다. 먼저 채소를 5센티미터 길이로 자르고 이 조각을 길이대로 여덟 등분한다. 이걸 다시 여덟 조각으로 잘라 가로와 두께가 약 3밀리미터인 성냥개비 모양으로 만든다. 당근 같은 채소는 먼저 세로로 길고 얇게 한 조각을 잘라내자. 그리고 당근이 구르지 않도록 이 편평한 단면을 도마에 놓고 채를 썰면 된다. 더 가늘고 곱게 채를 썰려면 채칼을 이용해 가늘고 균일하게 재료를 저며내자. 그런 다음 이 조각을 여러 층으로 쌓거나 겹쳐서 칼로 자르면 성냥개비 모양으로 채썰 수 있다. 이렇게 가는 채를 깍둑썰기하면 곱디고운 정육면체가 된다.

시퍼나드는 잎이 많은 허브나 상추, 잎채소를 실이나 끈처럼 가늘게 써는 것을 말한다. 잎을 차곡차곡 쌓아서 시가 모양으로 돌돌 만 다음 옆으로 자르면 아주 가는 끈 모양이 된다. 바질은 그냥 자르면 산화하기 때문에 특히 시퍼나드로 자르면 좋다. 바질은 다지면 검게 변해버리지만 시퍼나드로 자르면 가장자리만 색이 변하고 가운데 부분은 밝은 초록색을 잃지 않는다.

무엇을 요리할까?

메뉴 구상하기 | 매일의 식사

친구를 초대한 저녁 식사 | 소풍과 점심 도시락

매일, 문득 '저녁에는 뭐 해 먹을까' 생각하는 시간이 있다. 이때가 바로 생각을 모으고 무엇을 요리
할지 결정하는 시간이다. 할 때마다 다르기는 하지만 마음속에서 질문을 주고받아 본다. 뭘 먹고 싶
지? 누가 같이 먹게 되지? 날씨는 어떻지? 시간이 얼마나 남았지? 얼마나 공을 들여서 만들까? 냉장
고에 어떤 재료가 있지? 시장에는 뭐가 나와 있을까? 돈은 얼마나 있지? 이런 질문을 하다 보면 저절
로 답이 몇 가지 떠오를 것이다. 다른 대안은 없는지도 고려하며 내놓은 답을 잘 따져보고 곰곰이 생
각해본다. 집에서 가족들과 먹게 되는 간단한 메뉴를 구상할 때도, 특별한 일을 축하하려고 모이는
친구들을 위한 요리를 마련할 때도 자연스럽게 이런 과정을 거치게 된다.

메뉴 구상하기

나는 메뉴를 구상할 때면 유연하게 여러모로 생각하고 하루 이상 여러 가지 가능성을 고려해본다. 요리를 자주 하는 사람이라면 자연스럽게 미리 계획을 세우는 습관을 들이게 된다. 나는 메뉴를 잘 구상하는 비결은 장을 잘 보고 좋은 식재료를 얻는 것이라고 생각한다. 가금류를 비롯한 고기를 조금 사거나 다양한 채소, 샐러드와 과일을 장만할 수도 있을 것이다. 장을 다 보고 나면 집에 와서 몇 가지를 준비한다. 닭고기에 양념하고 돼지고기를 허브와 양념에 재놓고 콩을 물에 불린다. 준비를 다 해놓은 이런 재료를 냉장고에 넣어두면 마음 편하게 요리를 시작할 수 있다. 식사 시간이 임박해서 준비할 때도 걱정이 없고, 피곤한 하루를 마치고 뭘 해 먹을지 고민하지 않아도 된다. 대신 이중에서 뭘 먹고 싶은지, 무엇을 곁들여 먹을지만 생각하면 된다. 대개는 닭고기같은 기본 식재료로 시작한다. 닭고기를 구워 먹기로 하면 냉장고나 식품 저장고에 무엇이 있는지 마음속으로 떠올리며 곁들여 먹을 채소를 1~2가지 고르거나 밥, 혹은 샐러드를 선택하기도 한다. 이런 과정을 거치며 내가 선택하지 않은 식재료는 자연스럽게 다음 날 저녁 메뉴의 기본 재료가 된다.

나는 거의 매일 이 과정을 거치는데 상세한 계획 없이 시장에 나와 있는 식재료 중 가장 좋아 보이는, 특히 신선해 보이는 것이나 제철 식재료가 무엇인지 열린 마음으로 보기를 좋아하기 때문이다. 그런 다음에 내가 구한 재료를 가지고 메뉴를 만든다. 또 다른 방법은 장을 보기 전에 메뉴에 대해 생각하고 쇼핑 목록을 미리 만드는 것이다. 이런 접근법을 통해 메뉴에 대해 충분히 생각하고 조직적이고 효율적으로 행동할 수 있다. 그렇지만 시장에서 발견한 좋은 식재료에 맞춰 그때그때 계획과 목록을 조정할 수 있어야 한다. 정말로 좋은 식재료를 구했다면 그걸로 아주 맛있는 음식을 만들 수 있기 때문이다.

나는 로스트 치킨처럼 가족들이 먹을 간단한 식사를 준비할 때면 맛과 색, 식감의 균형을 고려해 곁들일 음식을 생각해본다. 또한 시간과 공력을 얼마나 들일 수 있는지도 고려한다. 주요리를 결정한 다음 샐러드를 곁들이고(아니면 생략하고) 신선한 과일, 혹은 과일 디저트를 추가할 것이다.

예를 들면 이런 메뉴를 곁들인다.

로스트 치킨에 곁들여……

오븐에 구운 감자, 마늘 비네그레트 소스를 드레싱으로 뿌린 텃밭 샐러드
바스마티 라이스를 곁들인 찐 순무와 순무 청,
마늘로 양념한 데친 초록 채소, 감자와 뿌리셀러리 퓌레
세이지를 뿌려 오븐에 구운 겨울 호박, 폴렌타
구운 가지와 살사 베르데를 곁들인 구운 토마토
레몬과 케이퍼를 곁들여 찐 콜리플라워, 아이올리
껍질콩과 방울토마토 샐러드
당근 글레이즈와 버섯 소테
올리브유와 레몬, 파르메산 치즈를 뿌린 아스파라거스

메뉴에 대한 생각을 발전시키려면, 제일 좋아하는 요리라는 단순한 레퍼토리에서 시작하자. 그런 다음 다른 자료나 레시피를 찾아보자. 친구들에게 어떤 요리를 하는지 물어봐도 좋다. 먹고 싶은 요리가 무엇인지, 또 어떤 요리가 그럴싸하게 들리는지 기억해두자. 같이 밥을 먹는 사람들, 같이 요리하는 사람들에게 물어보기도 하자. 이런 모든 정보를 이용해서 자주 해 먹는 요리에 색다른 풍미를 더하거나 요리법을 개선하는 식으로 천천히 레퍼토리를 확장하는 것이다. 제철 식재료로 다양한 요리법을 시도해보고 같은 채소를 여러 가지 방식으로 먹자.

대개 최고의 음식은 가장 단순한 요리이다. 찌거나 소테로 요리한 채소에 약간의 올리브유나 버터와 레몬을 뿌린 것, 혹은 소금과 즉석에서 갈아낸 후추, 허브로 양념해 빠르게 석쇠에서 조리하거나 튀기거나 구운 스테이크나 갈빗살, 닭고기 같은 메뉴가 그렇다. 이렇게 쉽고 빠르게 요리한 음식은 경험이 없는 사람이라도 금새 만들 수 있으며 풍미는 최대로 즐길 수 있다.

스튜나 브레이즈를 만들고, 채소 그라탱, 라구, 과일 타르트나 감자 칩을 만들면서 부엌에서 조금 더 시간을 보내며 공을 더 들이고 싶은 날도 있을 것이다. 스튜나 브레이즈 같은 요리는 한 번에 많이 만들어 며칠 있다가 또 먹을 수 있고 여러 식재료를 넣은 채소 요리는 영양 만점에 입도 즐거운 만족스러운 주요리가 된다.

일정을 고려하면서 장을 보고 음식을 할 때 서로 다른 방식으로 실험을 해보라. 그리고 메뉴를 짤 때 가족들의 도움을 받아보자. 함께 요리를 하며 하루를 보내는 것도 좋다. 다 함께 즐거운 시간을 보내는 동시에 1주일 내내 먹을 몇 가지 음식을 만들 수 있다. 친구들을 초대해서 같이 요리해보자. 함께 일하고 음식을 같이 먹고, 넉넉하게 만들어 가져가게 하는 것이다.

매일 하는 식사

사람들은 항상 매일 뭘 해 먹을지 가르쳐달라고 한다. 특별한 날 먹는 식사가 아니라 매일 먹는 집밥 말이다. 좋은 음식이란 비싸거나 준비하기 복잡하고 어려운 음식이 아니다. 식사가 얼마나 만족스러웠는지가 관건이다. 나는 풍미와 색, 식감이 균형을 이루는 음식을 먹을 때 만족하고, 즐겁게 요리해서 준비한 음식에 만족하며, 세심하게 주의를 기울여 대접한 음식에 만족한다. 음식이 모두 하얗기만 하거나 부드럽기만 하면 색이 다채롭고 식감이 풍부한 음식보다는 맛이 덜할 것이다. 각 재료의 맛은 서로 보완하면서도 어우러져 하나가 되어야지, 다른 것을 억누르거나 서로 경쟁해서는 안 된다. 그리고 스트레스를 받아가며 조리하는 음식을 가족과 친구들에게 대접하고 싶지는 않다. 맛있어 보이게, 보기 좋게 잘 놓은 음식은 맛도 좋으며 요리를 한 사람도, 대접받는 손님도 모두 만족한다. 잘 차린 식탁(냅킨을 접고 포크만 올려놓은 간소한 식탁이라도 괜찮다)은 오감을 자극하고 몸에 영양을 공급하는 만족스러운 식사에서 화룡점정이나 마찬가지이다.

　다음으로 각 계절에 먹을 수 있는 음식 메뉴를 몇 가지 소개한다. 나는 가족 식사에는 디저트를 거의 준비하지 않는다. 대신 신선하고 잘 익은 과일로 식사를 마무리하길 좋아한다.

가을

양파와 안초비 타르트
로켓 샐러드
과일: 허니듀 멜론

감 샐러드
회향을 넣은 닭 다리 브레이즈와 에그 누들

치커리 샐러드
돼지 목살 브레이즈와 콩 그라탱
과일: 사과

렌틸콩 수프와 옥수수빵
플랑

다진 채소 샐러드
볼로네제 소스 파파르델레 스파게티
서양배 셔벗

겨울

겨울 호박 수프
오리 다리 브레이즈와 데친 초록 채소
과일: 배

로메인 샐러드
링귀니 조개 파스타
겨울 과일 콤포트

얇게 썬 회향 샐러드
빵가루를 입힌 생선 튀김과 데친 시금치
과일: 귤

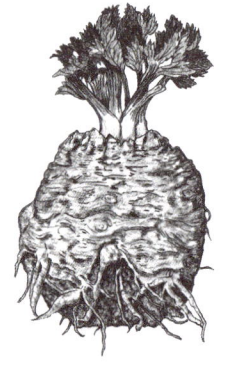

컬리엔다이브 샐러드
살사 베르데를 곁들인 보일드 디너[1]
사과 타르트

봄

허브 버터와 샬로 포칭으로 익힌 연어
아스파라거스 찜과 구운 햇감자
과일: 딸기

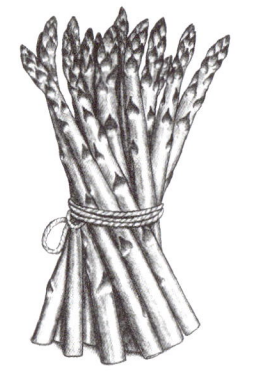

아티초크 샐러드
타프나드와 순무 찜을 곁들인 양 다리 로스트
과일: 체리

아보카도와 자몽grapefruit 샐러드
돼지갈비 구이, 허브 버터에 익힌 파와 폴렌타

페스토 소스 링귀니 파스타와 껍질콩
속을 채워 구운 살구

1 고기와 채소를 함께 삶아 만든 찜요리.

닭 가슴살 석쇠 구이
봄 채소를 넣어 만든 라구
체리 파이

여름

얇게 썬 토마토와 바질
찬 돼지고기 로스트와 토마토 샐러드
과일: 여름에 나는 산딸기류

허브와 래디시 샐러드
마늘 크루통을 올린 여름 미네스트로네 수프
과일: 천도복숭아

단옥수수 수프
생선 구이와 살사 베르데를 뿌린 여름 호박
레드 와인에 잰 딸기

토마토 크루통
허브를 곁들인 스테이크, 구운 감자와 샐러드
비스코티 쿠키와 포도

껍질콩과 구운 피망 샐러드
아이올리 소스를 곁들인, 오븐에 구운 큰 넙치와 가지구이
과일: 산딸기와 복숭아

신선한 토마토소스 펜네 리가테
텃밭 샐러드
염소 치즈와 무화과

치즈 수플레
그린 샐러드
과일: 홍자두 Santa Rosa plum

친구를 초대한 저녁 식사

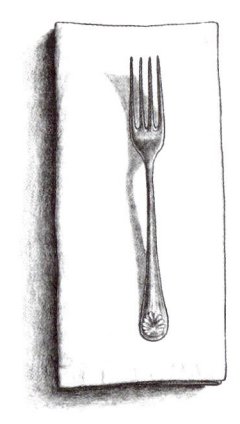

메뉴를 글로 적은 다음, 장 볼 식재료 목록, 준비할 일을 목록으로 작성하고 시간표를 짠다.

나는 요리를 해서 친구와 함께 먹기를 좋아한다. 그래서 식당을 열었는지 모른다. 생일 파티나 명절 같은 특별한 행사 때도, 친한 친구들과 격식 없이 모일 때도, 손님을 저녁 식사에 초대했을 때도 메뉴에 대해 더 많이 생각하고 심사숙고한다. 언제나 상황에 어울리고 적당한 메뉴를 짜려고 노력하지만 그만큼 중요하게 생각하는 것이, 준비 과정이 지나치게 복잡하거나 어려우면 안 된다는 점이다. 모든 일이 순조롭게 진행되는 가운데 나 자신도 즐겁고 손님들도 편안하기를 바란다.

다음은 메뉴에 대한 계획을 세울 때 내가 하는 행동과 지침이다. 바로 충분히 생각하고 요리하자는 것이다. 이 지침은 큰 모임과 복잡한 행사를 준비할 때도 적용되지만 간단한 식사 자리를 준비할 때도 요긴하다. 일단 메뉴를 결정했으면 전략을 세워야 한다. 제일 먼저 메뉴를 종이에 적은 다음 장을 볼 식재료 목록을 대충 적어보자. 적고 보니, 요리가 문제가 아니라 장을 볼 일이 지나치게 어려울 것 같다면 메뉴를 다시 고려해보거나 도와줄 사람을 찾아야 한다. 시간을 넉넉히 잡아 미리 장을 보자. 그래야 장바구니를 한 아름 안고 집에 도착했는데 막상 요리할 시간이 부족한 상황을 피할 수 있다. 장보기에 지쳐서 녹초가 되는 요리사를 위해 귀띔해주는 비결이다.

메뉴와 장을 볼 식재료 목록을 잘 살펴보면 준비 목록을 만들고 시간표를 짤 수 있다. 요리하고 음식을 차려내기 위해 준비해야 하는 일의 목록 말이다. 나는 메뉴를 기초 재료 단계로 해체해 생각하고 목록을 만든다. 예를 들어 채소 샐러드의 경우에 초록 채소를 씻어 물기를 빼고 래디시는 씻고 다듬어 비네그레트 드레싱을 준비한 다음 마지막으로 샐러드에 드레싱을 뿌려 식탁에 내놓는다는 식이다. 시간표는 이런 준비 단계에 할 일을 어느 시점에 할지를 정해둔 것이다. 상추와 래디시는 필요한 날 일찍 준비해놓으면 된다. 비네그레트는 한 시간이나 두 시간 전에 만들고 샐러드를 담을 그릇은 미리 선택해서 옆으로 빼두어야 한다. 그렇지만 샐러드는 식탁에 내 가기 직전에 버무려야 한다. 구이처럼 시간이 오래 걸리는 요리를 준비할 때 시간표를 짜려면 식사를 내 가야 하는 시간에서 거꾸로 되짚어 계산해보자. 만약에 저녁 식사를 7시에 시작한다고 하면 구이는 굽는 데 한 시간 반쯤 걸리고 30분쯤 두어야 하니 5시경에는 예열해둔 오븐에 고기를 넣어야 한다는 계산이 나온다.

몇 코스로 된 식사의 경우 미리 준비해두었다가 데우거나 소스만 뿌리면 되는 메뉴를 1~2가지 넣는 것이 좋다. 이렇게 하면 막판에 주의를 집중해야만 하는 요리 1가지에 전력을 다할 수 있는 여유가 생길 것이다. 메뉴에 브레이즈나 수프 같은 음식이 들어 있다면 하루 전에 만들어두었다가 데워 내기만 하면 된다. 이런 음식은 하루 재두면 맛도 더 좋아진다. 음식에 따라 다르긴 하지만 나 같은 경우에는 디저트를 당일 아침이나 전날 미리 만든다. 예를 들어 디저트가 사과 타르트라고 하면, 타르트 반죽을 하루 전에 만들거나 냉동고에서 꺼내 둔 다. 만들어두었던 반죽을 당일 오후에 밀어서 준비를 마친 상태로 냉장고에 넣 어둔다. 손님들이 도착하면, 지원자를 뽑아 사과 껍질을 벗기고 잘라서 반죽 위 에 놓게 하고 그동안 나는 다른 일을 한다. 음식을 먹기 시작하는 시점에 타르 트를 오븐에 넣으면 디저트를 먹어야 할 때쯤이면 따뜻하게 잘 구워져 있을 것 이다. 사람들은 요리에 참여하기를 좋아하니 시간표만 잘 숙지하면 어떤 일을 어떤 식으로 도와달라고 어렵지 않게 부탁할 수 있을 것이다.

요리를 담을 접시를 고르고 식탁을 차리는 일도 시간표에 넣어야 하는 사항 이다. 나는 어린아이였을 때부터 식탁 차리기를 좋아했는데 아직도 그렇다. 항 상 손님이 오기 훨씬 전에 식탁을 차려놓는데 일단 요리를 하기 시작하면 다른 일에 신경을 쓰고 싶지 않기 때문이다. 또 손님들이 도착해서 준비가 끝난 식탁 을 보고 '나를 기다리고 있었구나!' 하고 생각하길 바라기 때문이다. 또한 식탁 을 차리다 보면 식사와 음식을 어떻게 내어 가야 할지를 상상해볼 수 있다. 나 는 거의 모든 음식을 큰 접시에 담아 덜어 먹는 형식으로 차린다. 큰 서빙용 접 시에 담거나 큰 볼, 혹은 음식을 요리한 그릇에 담아 식탁에 놓고 손님들에게 건네주면 필요한 만큼 덜어 먹는 식이다. 예외도 있는데 예를 들어 파스타의 경 우 부엌에서 접시에 담아 내는 것이 낫다. 또, 나는 손님들이 도착해서 주전부 리로 먹을 수 있는 음식을 조금 준비해놓는 편이다. 따뜻하게 데운 올리브나 구 운 견과류처럼 단순한 음식도 좋다. 위에 맛있는 음식을 얹은 크루통(70쪽 참 고)도 자주 만든다. 내가 좋아하는 또 다른 주전부리는 막 자른 계절 채소(당근, 회향, 래디시, 셀러리, 파프리카)에 소금 조금 뿌리고 레몬즙을 약간 짜서 뿌린 것이다. 식사 준비의 마지막 단계를 마무리하는 동안 손님들이 간식을 먹으며 서로 어울리고 나와 인사도 나눌 수 있도록 이런 음식을 부엌에서 대접한다.

메뉴를 단순하면서도 맛있어 보일 뿐 아니라 자신이 만들 수 있는 것으로 정 하라. 이 점은 강조하고 또 강조하고 싶다. 만들고 나면 지쳐버리고 좌절감을 주는 메뉴를 야심 차게 시도해보느니 어떻게 만드는지 확실히 아는 음식을 요 리하는 편이 훨씬 낫다. 준비와 계획만 잘한다면 멋진 저녁 파티를 성공적으로 치러낼 수 있고 더불어 매 순간을 즐길 수 있을 것이다.

특별한 날의 저녁 파티 메뉴를 몇 가지 소개해본다.

§ 특별한 날의 식사 메뉴 §

큰 넙치 타르타르와 꽃상추 샐러드
양 다리 오븐 구이와 토마토, 풋마늘 그라탱
버터로 조리한 콩
레드 와인에 잰 딸기

마늘 수프
셰물라와 하리사 소스를 곁들인, 오븐에 구운 생선과 사프란으로 물들인 밥
찐 순무와 당근
살구 수플레와 레몬 버베나 차

안초비와 타프나드 크루통
석쇠에 구운 생선과 껍질콩, 콜리플라워, 감자, 회향과 당근을 곁들인
그랑 아이올리[2]
가든 샐러드
천도복숭아와 민트 차

아티초크, 회향을 넣은 파르메잔 샐러드
에그 누들을 곁들인 쇠고기 브레이즈와 그레몰라타
오렌지 셔벗과 고양이 혀 쿠키[3]

생굴과 호밀빵 토스트
리크 비네그레트와 다진 달걀
구운 돼지 등심과 삶은 양배추
찐 감자
타르트 타탱

2   마른 생선과 각종 채소를 따로따로 소금물에 삶아, 아이올리 소스 주변에 늘어놓고 찍어 먹는 프랑스 남부 프
     로방스 지방의 전통 요리.
3   고양이 혀처럼 길고 얇은 모양의 쿠키.

소풍

소풍은 일상에 변화를 주며 인근의 공원이나 숲, 해변으로 나갈 수 있어 좋다. 야외에서 먹으면 식욕이 좋아지고 맛도 더 좋은 것처럼 느껴진다. 아무리 단순한 음식이라도 장소가 바뀌면 맛이 한층 좋아지는 법이다. 색다른 경험을 하기 위해 음식을 진짜 접시에 담아보자. 혹시 모르니 깨지기 쉽거나 귀중한 그릇은 삼가야겠지만 대부분의 그릇과 볼은 소풍에 가져가도 문제없다. 크고 색이 화려한 천을 깔고 보관 용기 대신 예쁜 볼과 그릇에 음식을 멋지게 담으면 기분이 훨씬 좋아진다. 나는 실제로 재사용이 가능한 식기류(종이나 플라스틱이 아닌)를 가지고 소풍을 가는데, 예를 들어 양철로 된 접시와 컵을 쓰면 재미도 있고 실용적이기도 하다. 이가 빠지거나 짝이 안 맞는 도자기도 쓴다. 작은 유리잔을 가져가면 와인을 마시거나 물, 레모네이드, 차를 마실 때도 좋다. 큰 바구니를 1~2개 준비하면 접시와 음식을 모두 담을 수 있다. 조금 무거울 수는 있지만 수고가 아깝지 않을 만큼 만족스럽다. 더운 날에는 작은 아이스박스에 얼음을 넣어 가자. 음료수와 과일을 차게 식히고 아이올리를 시원하게 하며 신선한 채소가 시들지 않게 해준다. 추운 날에는 큰 보온병에 뜨거운 차와 수프를 넣어 가면 좋다.

　소풍을 갈 때 즐겨 가져가는 음식은 빵과 크루통, 올리브와 래디시, 프로슈토, 살라미, 햄 같은 가공 육류와 파테, 피클과 머스터드, 치즈, 방울토마토와 당근, 회향, 셀러리 같은 생채소, 루콜라와 미나리, 치킨 샐러드, 달걀 샐러드, 감자 샐러드, 렌틸콩 샐러드, 껍질콩과 토마토 샐러드, 아이올리와 채소, 완숙 달걀과 안초비, 데블드 에그, 프리타타, 차갑게 먹는 구운 고기, 혹은 닭고기, 타볼리, 누에콩 퓌레와 여러 종류의 샌드위치이다. 그리고 신선한 과일과 아몬드 타르트, 레몬 타르틀렛, 비스코티, 쿠키도 가져간다. 정성 들인 음식이든 아니든, 단순한 음식이든 화려한 음식이든 가져갈 수 있는 거라면 뭐든지 좋다.

도시락 싸기

학부모라면 누구나 마찬가지겠지만 학교에 가져갈 점심 도시락을 싸는 일은 쉽지 않다. 영양도 있고 맛도 있으면서 무엇보다 아이가 기꺼이 먹을 만한 음식이어야 하기 때문이다. 내 목표 중 하나는 전국의 학생들이 직접 기르고 요리하고 차리는 것을 도운, 몸에 좋고 맛있는 음식을 먹도록 학교 점심 식단을 혁신하는 것이다. 아이들에게 스스로 몸을 보살피고 잘 먹는 방법을 가르치고 천연자원을 지속시키는 법을 일러주는 최선의 방법은 음식이 어디서 오는지를 알게 하는 것이다. 이는 장기적으로 노력을 기울여야 하는 일이며 책 한 권을 쓸 수 있을 만한 주제이다. 그전까지는 점심 도시락이 대안이다.

　내 딸이 어렸을 때, 나는 점심 도시락을 샌드위치, 칩스, 주스로 싸줘야 한다는 공식에서 벗어나면, 또 우리 집 식탁에서 먹는 것 같은 음식으로 싸준다고 생각하면 더 나은 식단을 고안해낼 수 있다는 사실을 깨달았다. 딸은 비네그레 트를 좋아해서(아이들이 다 그렇다) 이 소스를 뿌린 거라면 뭐든지 잘 먹는다. 그래서 나는 여러 해 동안 다양하게 변형시킨 비네그레트 소스를 만들어 작은 그릇에 넣어주고 소스에 찍어 먹을 재료를 여러 가지 준비했다. 로메인 상추, 당근 스틱이나 껍질을 벗겨 얇고 길게 저민 당근, 껍질콩과 자른 회향, 래디시, 오이, 찐 브로콜리와 콜리플라워, 온갖 종류의 생채소나 익힌 채소를 넣어주고 먹고 남은 닭고기나 생선, 크루통을 조금 싸주기도 했다. 소풍에 가져가면 좋을 음식은 점심 도시락에도 적합하다. 채소 약간과 고기, 혹은 과일과 견과류가 들 어간 라이스 샐러드, 렌틸콩, 통보리와 타볼리 샐러드, 마요네즈 대신 오일로 버무린 감자, 달걀과 채소 샐러드 같은 음식은 샌드위치를 좋아하지 않는 아이 에게 싸주면 좋을 메뉴이다. 작은 보온병을 준비해 수프나 따뜻한 스튜를 넣어 주면 좋다. 그리고 나는 단 과자 대신 신선하고 잘 익은, 맛있어 보이는 과일을 함께 넣어주곤 했다. 멍들기 쉬운 배나 부드러운 딸기류, 그리고 부서지기 쉬운 음식은 반드시 그릇에 넣어야 망가지지 않는다. 단열 처리가 되어 있는 가방은 음식을 한 겹 더 보호해주며 음식의 온도를 유지해주기도 한다.

　나는 무슨 음식을 점심으로 싸주면 좋을지 항상 딸에게 물어보았다. 아침에 는 그런 질문을 해봤자 좋은 답이 나오기 어렵다. 등교 준비를 하느라 정신이 없기 때문이다. 저녁을 먹은 후에 다음 날 점심으로 먹을 만한 남은 음식이 있 으면 이건 어떠냐고 물으며 함께 생각해보기도 했다. 전날 밤에 일부나마 준비 가 끝난다면 다음 날 아침 일이 훨씬 쉬워지고 좀 더 균형 잡힌 식단을 구성하는 데 도움이 될 것이다. 딸이 계속해서 점심 식사에 관심을 가지게 하려고 도시락 에 예상치 않았던 음식을 넣어 놀라게 한 적도 있다. 도시락 가방에 항상 먹는 음식이 들어 있다고 생각하지 않고 무엇이 나올지 기대하게 만들고 싶었다.

　직장에 도시락을 싸 가면 밖에서 점심을 사 먹는 것보다 돈이 덜 들고, 건강에 도 더 좋고 맛도 더 있다. 저녁을 넉넉하게 준비하고 음식을 남겨두면 다음 날 점심으로 싸 가지고 갈 수 있다.

4가지 필수 소스

비네그레트 | 살사 베르데 | 아이올리 | 허브 버터

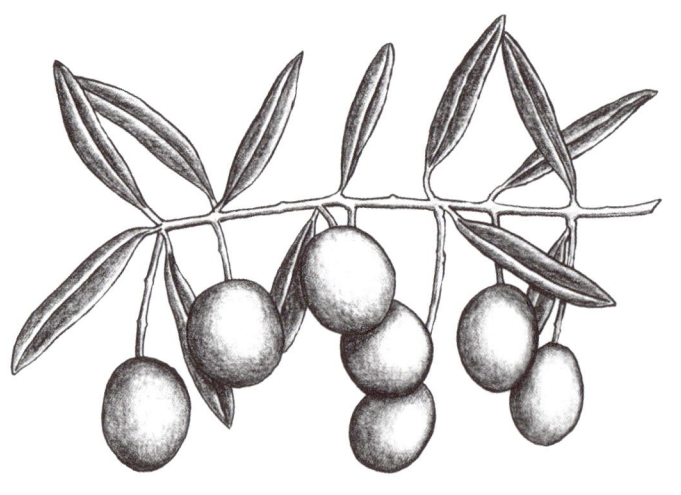

이 4가지는 음식에 많은 풍미를 더하고 음식의 차원을 높여주며 색감을 더해주는 기본 소스여서 나는 이것들 없이는 요리할 생각도 못한다. 이 4가지 소스는 음식 맛이 잘 어우러지도록 도와주며 단순한 고기나 채소도 완성된 요리로 바꾸어놓는다. 만들기도 쉬워서 몇 번만 해보면 레시피를 다시 볼 필요가 없을 정도다. 유일한 문제는 너무나 단순해서 이 소스들의 재료를 도저히 숨길 수가 없다는 사실이다. 향이 좋은 올리브유, 개성이 강하고 풍미가 좋은 와인 식초, 정원에서 기른 싱싱한 허브, 그리고 신선한 버터처럼 그것 자체로 맛이 좋은 식재료의 준비가 소스 만들기의 출발점이다.

비네그레트
약 1/4컵 분량

어림잡기

1:4의 비율을 지키자

식초 1 : 기름 3~4

올리브유와 좋은 와인 식초로 만든 비네그레트는 내가 아는 한 최고의 샐러드 드레싱이다. 간단히 말하자면 비네그레트는 식초와 기름을 약 1:3이나 1:4의 비율로 섞은 것이다. 먼저 비네그레트가 대략 얼마나 필요한지 생각하자. 어디에 쓸지에 따라 양이 결정된다. 예를 들어 그린 샐러드 4인분에는 1/4컵이면 충분하지만 사실 필요한 양을 정확하게 계산할 필요는 없다. 먼저 식초를 볼에 붓는다. 소금을 1꼬집 녹이고 균형이 맞는지 간을 본다. 소금의 양과 식초의 맛은 관계가 있다. 소금 적당량을 더하면 식초의 신맛이 줄어들어 맛이 균형을 이룬다. 소금을 조금씩 넣어가며 계속 맛의 변화를 본다. 소금을 너무 넣었다면 식초를 조금 더 넣는다.

검은 후추를 조금 갈아 기름에 넣고 섞는다. 비네그레트는 맛이 깔끔하게 균형이 맞아야 한다. 너무 기름져도 안 되고 시어도 안 된다. 올리브유를 너무 많이 넣었을 때는 식초를 더 넣고, 필요하면 소금을 넣어 균형을 맞추어야 한다.

작은 볼에

> **레드 와인 식초 1큰술**

을 넣고

> **소금**
>
> **신선하게 갈아낸 검은 후추**

를 더한다. 소금이 녹도록 휘저은 다음 맛을 보고 간을 맞춘다.

포크나 작은 거품기로 섞으며

> **엑스트라 버진 올리브유 3~4큰술**

을 조금씩 넣는다. 넣으면서 계속 맛을 보고 적당하다 싶으면 그만 넣는다.

변형하기

- 갈아둔 마늘이나 깍둑썬 샬롯을 조금 넣거나 2가지 다 식초에 넣는다.
- 레드 와인 식초 대신 화이트 와인 식초, 셰리 와인 식초, 혹은 레몬즙을 쓸 수 있고 일부 섞어 써도 좋다.
- 올리브유를 넣기 전에 겨자를 조금 넣고 푼다.
- 호두 같은 견과류의 갓 짠 기름으로 올리브유를 일부 대신할 수 있다.
- 헤비 크림[1]이나 크렘 프레슈[2]를 올리브유 대신 쓰거나 일부 섞어 써도 좋다.
- 완성된 비네그레트에 신선한 허브를 조금 다져 넣는다.

---

1 우유에서 유지방만을 분리해서 만든 제품으로 유지방을 48퍼센트 이상 함유한 것.

2 젖산을 첨가해 약간 발효시킨 크림으로 사워크림과 아주 유사한 프랑스 유제품이다. 유지방은 약 28퍼센트이다.

살사 베르데
2/3컵 분량

이탈리아의 대표적인 그린 소스로 올리브유에 다진 파슬리를 넣고 레몬 제스트와 마늘, 케이퍼로 풍미를 가미한 소스이다. 살사 베르데는 거의 모든 단순한 요리에 톡톡 튀는 상큼한 맛을 더한다. 잎이 납작한 이탈리안 파슬리를 쓰면 더 좋지만 잎이 꼬불꼬불한 파슬리도 괜찮다. 주재료인 파슬리는 신선하면 신선할수록 좋고 거기에 신선하고 부드러운 허브를 넣어서 살사 베르데의 맛을 향상시킬 수 있다. 타라곤, 처빌, 차이브 같은 허브가 좋다.

파슬리나 허브를 다질 때는 날이 잘 선 칼을 써야 한다. 무딘 칼은 잎을 뭉개 물크러지게 하는 반면 잘 드는 칼은 잎을 깨끗이 절단해서 향과 색을 보존한다.

제스트란 레몬 껍질 맨 바깥쪽의 노란색 얇은 층을 말한다. 안쪽 흰색 껍질(중과피라고 한다)은 쓴맛이 나므로 같이 갈지 않도록 주의하자. 제스트를 넣으면 소스의 맛이 상큼해진다. 아끼지 말고 사용하자. 레몬 1개에서 나오는 제스트 분량보다 더 많이 필요할 수도 있다.

망설이지 말고 다양하게 실험해보자. 나는 용도에 따라 살사 베르데를 되게도 만들고 묽게도 만든다. 구운 고기나 석쇠에 구운 채소에는 기름을 적게 넣어 만든 소스를, 생선 요리에는 기름을 더 많이 넣어 만든 소스를 쓴다.

사용하는 허브
파슬리
바질
차이브
처빌
타라곤
고수 잎
수영
마저럼
세이버리
타임
민트
로즈메리

작은 볼에

> **대강 다진 파슬리(잎과 가는 줄기만 사용) 1/3컵**
> **레몬 1개 분량의 제스트**
> **아주 잘게 다지거나 찧은 작은 마늘 1쪽**
> **씻어 물기를 빼고 크게 다진 케이퍼 1큰술**
> **소금 1/2작은술**
> **신선하게 갈아낸 검은 후추**
> **올리브유 1/2컵**

을 넣고 잘 섞어 맛을 본 뒤 필요하면 소금을 더하자. 소스를 만들어 잠시 놓아두면 풍미가 더 깊어진다.

변형하기
- 파슬리 대신 다른 허브를 넣거나 다양한 허브와 파슬리를 섞어 쓸 수도 있다.
- 염장 안초비 필레를 조금 다져서 넣거나 다진 샬롯, 혹은 완숙 달걀을 다져 넣을 수 있고 3가지 다 넣어도 된다.
- 레몬즙이나 식초를 넣으면 소스의 풍미가 더 강해지지만 산이 들어가면 허브의 색이 변하기 때문에 식탁에 내기 직전에 넣어야 한다(식성에 따라 다진 샬롯을 식초나 레몬에 담가두었다가 써도 된다).

마요네즈 만들기

프랑스 사람들은 부드럽고, 감미로우며 마늘 향이 그윽한 마요네즈를 아이올리라고 부르는데 이 역시 내가 항상 쓰는 소스이다. 샌드위치, 생채소, 익힌 채소, 고기나 생선에 쓴다. 또 치킨 샐러드와 달걀 샐러드에 넣어 재료가 서로 엉기도록 하며 타르타르 같은 소스의 기초 재료로 쓰기도 한다. 아주 어린 아이들을 포함해 아이들은 거의 모두 아이올리를 좋아하는데 아이올리에 찍어 먹게 해주면 빵, 당근, 감자, 심지어 평소에는 잘 안 먹던 채소까지 모두 먹으려고 한다.

어떤 마늘이냐에 따라 다르기는 하지만 달걀노른자 1개당 절구에 찧은 작은 마늘 2~3쪽을 넣으면 상당히 향이 강한 마늘 마요네즈가 된다. 마늘 향은 신선도와 계절, 품종에 따라 강하고 약한 정도가 다르다. 나는 언제나 절구에 마늘을 찧어 쓰는데 절반은 덜어놓고 아이올리를 만든 다음에 필요하면 추가로 넣는다(마늘은 필요하면 얼마든지 더 넣을 수 있지만 빼낼 수는 없으니 말이다). 마늘은 아주 부드러울 정도로 잘 빻는 것이 중요하다. 그래야 마늘 조각이 여기저기 섞여 있는 마요네즈가 아니라 고르게 마늘 맛이 나는 소스가 된다.

달걀노른자 1개는 많게는 기름을 1컵까지 흡수하지만 많은 양이 필요하지 않다면 기름을 적게 넣으면 된다. 처음에는 기름을 방울방울 떨어뜨리면서 휘젓다가 점점 더 많이 부으면 된다. 볼이 고정되어 안정되면 더 쉽게 저을 수 있다. 볼이 움직이지 않도록 행주를 똬리 모양으로 감아 그 위에 볼을 놓자.

기름을 섞기 전에 달걀노른자에 물을 조금 부으면, 소스가 서로 나누어지는 현상, 즉 '분리'를 방지할 수 있다. 만약 분리되었다면 기름을 더 붓지 말고 일단 멈추자. 실망도 하지 말자. 신선한 달걀을 깨뜨려 노른자를 새로운 볼에 분리해두고, 마찬가지로 물을 조금 넣고 천천히 휘저으면서 분리된 소스를 넣고 그런 다음 나머지 기름을 넣으면 된다.

아이올리를 30분 전에 만들어두자. 그러면 풍미가 더 잘 어우러진다. 날달걀로 만든 음식이 모두 그렇듯이 마요네즈는 한 시간 내로 소비해야 하며 그렇지 않은 경우에는 냉장 보관해야 한다. 아이올리는 만든 당일에 가장 맛이 좋다.

아이올리
(마늘 마요네즈)
대략 1컵 분량

어림잡기
달걀노른자 1개:
올리브유 1컵

작은 마늘 2~3쪽

의 껍질을 벗기고

소금

을 1꼬집 넣어 절구에 고르게 잘 빻는다. 믹싱 볼에

달걀노른자 1개

를 분리해 넣고 빻은 마늘의 절반을 넣은 다음

물 1/2작은술

을 넣는다. 그리고 거품기로 잘 섞는다.

주둥이 달린 컵에

올리브유 1컵

을 담아 달걀노른자와 재료를 섞어놓은 볼에 천천히 똑똑 떨어뜨리면서 거품기로 계속해서 휘젓는다. 달걀노른자가 기름을 흡수하면서 소스는 걸쭉해지고 색은 더 밝아지며 점점 불투명해진다. 생각보다 빨리 이런 상태로 변한다. 그러면 계속해서 휘저으며 기름을 조금 더 빠른 속도로 부으면 된다.

소스가 너무 걸쭉하다 싶으면 물을 몇 방울 넣어 묽게 만들자. 맛을 보고 부족하면 소금과 마늘을 더 넣으면 된다.

변형하기

- 나는 구운 고기를 낼 때, 흘러나온 고기즙을 아이올리에 조금 섞는 것을 좋아한다.
- 삶은 게에 아이올리를 곁들여 내는 경우, 게의 내장을 아이올리에 조금 섞으면 훨씬 더 맛있어진다(터멜리라고도 하는 게의 내장은 익힌 게의 껍질 안쪽에 있는 부드럽고 노란 부분을 말한다).
- 아이올리의 맛을 강하게 하려면 다진 케이퍼와 안초비를 많이 넣는다.

플레인 마요네즈 아이올리와 같은 방법으로 만들지만 마늘은 넣지 않고 마지막 단계에 식초나 레몬즙을 조금 넣는데 다양하게 응용할 수 있다.

- 겨자나 서양고추냉이 마요네즈는 샌드위치에 잘 어울린다.
- 파슬리, 차이브, 타라곤, 처빌 같은 허브를 다져 넣고 레몬즙을 조금 넣은 허브 마요네즈는 생선이나 조개류에 정말로 잘 어울린다.
- 타르타르 소스를 만들려면 마요네즈에 다진 피클과 피클 국물을 더한 다음 양파를 갈아 넣고, 케이퍼와 파슬리, 붉은 고춧가루를 1꼬집 넣으면 된다.
- 색이 고운 초록색 마요네즈를 만들려면 미나리나 바질을 절구에 넣고 두드려 마요네즈에 넣는다.

허브 버터
약 3/4컵 분량

다른 버터
파슬리 버터
안초비 버터
검은 후추 버터
세이지 버터
바질 버터
치폴레 버터
한련화 버터

허브 버터는 허브를 넣어 풍미를 더한 부드러운 버터이다. 만들기 쉬운 데 비해 고기나 생선, 채소 소스로 굉장히 잘 어울리며 음식에 풍미를 크게 더한다. 나는 허브를 풍성하게 넣고 버터는 허브가 한데 뭉칠 정도만 넣어 초록에 가까운 허브 버터를 만든다. 프랑스 요리에 쓰는 전통적인 핀제르브(파슬리, 차이브, 타라곤, 처빌)를 넣은 허브 버터를 곁들여 내는 생선 조림은 맛이 절묘하다.

허브 버터를 만들 때는 가염 버터를 써도 되고 무염 버터를 넣어도 된다. 소금을 넣을 때는 사용한 버터를 감안해 양을 조절하면 된다.

레몬즙은 허브의 풍미를 끌어내고 붉은 고춧가루는 자극적인 맛을 더한다. 신선한 허브라면 어떤 종류든 사용할 수 있다. 파슬리, 바질, 차이브, 처빌처럼 잎이 조금 더 부드러운 허브라면 반드시 아주 신선한 것을 사용하고 사용하기 직전에 다져야 한다. 세이지나 로즈메리처럼 향이 자극적인 허브는 다진 다음 녹인 버터에 넣어 약불에 데우면 훨씬 더 맛있어진다(부드럽게 녹인 버터를 상온으로 식힌 후에 다진 허브를 넣어야 한다). 또 허브를 넣어도 되고 넣지 않아도 되는데 버터에 염장한 안초비(물에 씻고 살을 발라내 다진다) 1~2마리, 레몬 제스트와 검은 후추를 넣어 풍미를 더하고 한련화나 매운 고추를 다져 넣어 독특한 맛과 색을 지닌 버터를 만들어보자.

펴 바를 수 있도록 부드러운 상태로 허브 버터를 내자. 아니면 비닐 랩이나 왁스 페이퍼에 편 다음 통나무처럼 둥글게 말아 차게 식힌다. 딱딱하게 굳혀 자르면 동전 모양이 되는데 이 조각을 뜨거운 음식에 올려 내면 된다. 남은 허브 버터는 냉장 보관해 두었다가 필요할 때 꺼내 쓴다.

부드럽게 만든 버터 8큰술(1덩어리)
다진 허브(파슬리, 처빌, 차이브 같은 허브) 1/2컵
곱게 다진 마늘 1쪽
레몬즙 조금
소금과 신선하게 갈아낸 검은 후추
붉은 고춧가루 1꼬집

을 작은 볼에 함께 넣고 잘 섞는다. 필요하면 소금과 레몬즙을 조금 더 넣는다.

변형하기
- 다진 샬롯과 절구에 찧은 마늘을 넣어도 맛있다.
- 풍부한 레몬 향을 원한다면 곱게 간 레몬 제스트를 조금 넣는다.
- 자루째 익힌 옥수수에 잘 어울리는, 맛이 자극적인 버터를 만들려면 마른 고추를 불린 다음 물기를 빼고 절구에 찧어서 만든 반죽을 넣는다.

샐러드

상추 샐러드 | 그리스식 샐러드
오렌지와 올리브 샐러드

나는 샐러드를 사랑한다. 샐러드 채소를 씻는 일도 먹는 일도 좋다. 나에게 샐러드 없는 식사는 온전한 식사라고 할 수 없다. 내가 정말로 좋아하는 것은 상추와 각종 채소, 과일을 섞은 샐러드로 아주 간단히 준비해서 상큼한 비네그레트를 뿌리고 버무려 만든다. 샐러드의 매력은 신속성이다. 그러니 양상추, 토마토, 당근, 래디시, 감자, 감, 피칸 같은, 제철에 쉽게 얻을 수 있는 신선하고 건강한 식재료를 쓰자. 좋은 재료라면 뭐든지 맛있는 샐러드로 만들 수 있다. 신선한 파슬리 다발에서 뜯어낸 이파리까지도 레몬즙과 올리브유, 소금을 조금 뿌려 뒤적이기만 하면 된다.

상추

봄·여름
루콜라
초록 오크 리프[1]
붉은 오크 리프
콘샐러드[2]
붉은 샐러드 볼[3]
롤로 로소[4]
버터크런치 상추
톰 섬 상추
리틀 젬[5]
로메인

가을·겨울
윈터 덴시티
에스카롤[6]
트레비소 치커리
라디치오[7]
컬리엔다이브(치커리 종류)
벨지언 엔다이브

1 참나무 잎을 닮은 유럽 상추의
   한 품종.
2 유럽과 북아프리카가 원산지
   인 허브의 한 종류이다. 16세기
   경부터 샐러드용 채소로 재배
   했다.
3 국화과에 속하는 유럽 상추의
   한 종류.
4 이탈리아가 원산지인 상추의
   한 종류.
5 로메인 상추의 한 종류.
6 꽃상추의 한 종류.
7 붉은색 치커리.

상추 샐러드를 만드는 일, 방금 수확한 싱싱한 상춧잎을 씻어 허브를 뿌리고 비네그레트를 부어 뒤적이는 일은 먹는 것만큼이나 내게 큰 기쁨을 준다. 나는 여러 가지 색의 상추를 모두 좋아하고 상추의 쌉싸름한 맛도, 달큰한 맛도 좋아하며 처빌이나 차이브 같은 허브의 향과 복합적인 풍미도, 단순한 비네그레트의 상큼함도 좋아한다. 레드 와인 식초와 올리브유, 마늘을 살짝 넣은 비네그레트는 상추와 허브의 풍미를 압도하지 않고 오히려 강조한다.

샐러드가 제대로 된 풍미와 활기를 품으려면 먼저 막 뽑은 신선한 상추를 마련해야 한다. 다행스럽게도 우리 집 뒷마당에 작은 텃밭이 있어 나는 갖가지 종류의 상추와 허브를 키워 샐러드에 쓴다. 그렇지만 텃밭이 없는 경우 좋은 초록 채소를 찾으려면 상당한 공을 들여야 할 수도 있다. 가장 먼저 생산자 직거래 장터를 둘러보자. 우리 집 텃밭에서 채소가 나오지 않거나 집이 아닌 곳에 있을 때는 양상추를 사고 상추와 루콜라, 치커리, 그리고 구할 수 있는 부드러운 허브를 내 맘대로 섞어 샐러드를 만든다. 보통은 샐러드 믹스, 특히 미리 봉지에 담아놓고 파는 제품은 사지 않는데 여기에는 다른 채소와 어울리지 않는 종류가 꼭 1~2가지 섞여 있기 때문이다. 지역에서 샐러드 채소를 재배하는 이가 잘 만들어놓은 샐러드 믹스가 있으면 괜찮지만 그렇지 않다면 구할 수 있는 가장 좋은 양상추를 사고 여러 가지 채소를 마음대로 섞어 샐러드를 만들어보자.

대야나 볼에 찬물을 담아 상추를 살살 잘 씻자. 제일 먼저 상추를 다듬는다. 색이 노랗게 변했거나 상한 억센 겉잎은 벗겨서 퇴비용 양동이에 던져 넣는다. 그런 다음 줄기 끝부분을 잘라 속잎을 모두 떼어내고 물에 담근다. 손으로 부드럽게 흔들어 씻고 물에서 건져내 체에 넣는다. 상추가 아주 더러우면 물을 새로 받아 다시 한 번 씻어야 한다.

샐러드 스피너에 상추를 넣어 물기를 뺀다. 단, 스피너에 상추를 너무 많이 넣고 돌리지 말자. 적은 양을 넣어 여러 번 돌리는 것이 많은 양을 넣고 한 번이나 두 번 돌리는 것보다 훨씬 물기가 잘 빠진다. 물기를 뺀 다음에는 바로바로 스피너에 모인 물을 비워야 한다. 잎에 물기가 남아 있으면 비네그레트가 묽어지기 때문에 상추에 남은 물이 있나 잘 살펴보고 만약 조금이라도 젖어 있으면 다시 스피너에 넣어 물기를 제거해야 한다. 나는 물기를 뺀 상춧잎을 면포에 펴 놓고 부드럽게 면포째 말아 샐러드를 내어 갈 시간이 될 때까지 냉장고에 넣어 둔다. 식사 시간이 되기 몇 시간 전에 미리 해두어도 괜찮다.

샐러드를 준비할 시간이 되면 채소를 뒤적일 수 있을 만큼 커다란 볼에 상추를 넣고, 있으면 차이브나 처빌을, 혹은 2가지를 모두 재빨리 다지거나 가위로 잘라서 1줌 집어넣자.

비네그레트를 넣고 모든 재료를 뒤적여 섞는데 잎에 소스가 가볍게 묻어 반짝일 정도로만 넣어야 한다. 작고 부드러운 상춧잎에 소스가 지나치게 많이 묻지 않도록 주의하자. 잎이 시들고 흐무러진다. 나는 보통 손으로 샐러드를 버무린다(먹을 때도 손으로 먹는다). 그러면 채소를 부드럽게 다룰 수 있고 꼼꼼하게 소스를 고루 묻힐 수 있기 때문이다. 필요하면 맛을 보고 소금을 뿌리고 식초를 조금 넣거나 레몬즙을 짜 넣어 마무리하자. 다시 맛을 보고 잘 생각해본 다음 마지막으로 한 번 더 뒤적여 샐러드를 바로 낸다.

내가 제일 좋아하는 주방용품 중 하나는 스리바치라고 하는 작은 자기 절구이다. 안쪽 표면에 홈이 줄무늬 모양으로 파여 있어 빠르게 재료를 으깨거나 허브를 조금 찧는 데 적합하다. 나는 스리바치에서 허브 몇 가지를 으깨고 마늘 1쪽을 찧어 바로 비네그레트를 만들기도 한다.

상추 샐러드
4인분

상추 크게 4줌
을 살살 씻어 물기를 뺀다.
곱게 빻은 마늘 1쪽
레드 와인 식초 1큰술
소금
신선하게 갈아낸 검은 후추
를 넣고 소금이 녹도록 잘 저어준 다음 맛을 보고 필요한 양념을 추가한다.
올리브유 3~4큰술
을 넣고 거품기로 젓는다.
기름을 부으며 상추 잎으로 비네그레트 소스를 찍어 맛을 보자. 씻어 물기를 뺀 상추를 큰 볼에 넣고 만들어놓은 비네그레트를 3/4 정도만 부어 버무리자. 일단 맛을 보고 필요하면 소스를 더 넣자. 바로 식탁에 내어 놓는다.

변형하기
• 상추는 계절에 따라 구할 수 있는 종류가 다양하다. 로메인 상추는 보통 여름에 가장 맛있다. 가을과 겨울에는 치커리 종류(라디치오, 에스카롤, 벨지언 엔다이브, 컬리엔다이브)가 푸짐하다.

여러 가지 식재료로 샐러드 만들기

여러 가지 식재료가 들어간 샐러드를 '컴포즈드' 샐러드라고 한다. 재료를 모두 섞어 함께 드레싱을 버무린 것도, 따로따로 소스에 버무려 한 접시에 담아낸 것도 컴포즈드 샐러드이다. 뒤에 레시피를 소개할 그리스식 샐러드 같은 컴포즈드 샐러드는 풍성한 요리이다. 껍질이 바삭바삭한 빵과 함께 먹으면 더운 날 밤 저녁 식사의 주요리로 손색이 없다. 세심하게 준비한 컴포즈드 샐러드, 예를 들어 게살 몇 조각을 담고, 자몽을 좀 얹고 크림을 넣은 소스에 버무린 컬리엔다이브를 올려 낸 컴포즈드 샐러드는 품격 있는 식사의 첫 코스가 될 수 있다. 어떤 재료라도 컴퍼즈드 샐러드에 쓸 수 있다. 다양한 품종의 상추와 샐러드 채소는 물론이고 생채소나 익힌 채소를 다지거나 깍둑썰어서, 혹은 얇게 잘라 쓸 수 있다. 또 정육면체 모양으로 자르거나 얇게 저며 구운 고기, 참치를 비롯한 생선, 조개류도 가능하며 완숙 달걀을 4조각으로 자르거나 다져도 좋은 재료가 된다.

먹다 남긴 맛있는 음식도 컴포즈드 샐러드에 넣으면 좋다. 그렇지만 지나치게 많은 재료를 한 접시에 담아 내지는 말자. 너무 다양한 맛이 서로 부딪힐 수도 있으니 말이다. 샐러드에 들어갈 재료는 맛과 식감을 고려해 잘 선택해야 하며, 드레싱은 모든 재료의 단점을 보완하여 잘 어우를 수 있는 것으로 골라야 한다. 상큼한 소스가 필요할 때는 비네그레트가 가장 잘 어울리지만 부드럽고 풍부한 맛이 필요한 경우에는 마요네즈나 크림이 많이 들어간 소스가 좋다. 포테이토 샐러드는 이 3가지 소스 모두 잘 어울리지만 사용한 소스에 따라 완전히 다른 샐러드가 된다.

부드러운 상춧잎과 아티초크 하트나 과일 조각처럼 무게감이 있는 재료가 함께 들어가는 컴포즈드 샐러드에 소스를 뿌려 맛을 낼 때는, 상추는 뒤적여서 소스를 묻힌 다음 접시에 놓고 주변에 무게 있는 재료를 따로따로 버무려 배치하는 것이 좋다. 그렇게 해놓지 않으면 샐러드를 제대로 먹을 수 없다. 모든 재료가 접시 바닥으로 내려앉을 테고 약한 잎은 모두 으스러지고 말 것이기 때문이다. 상추가 전혀 들어가지 않는 샐러드라 할지라도 신경 써서 재료를 배치해야 한다. 가장 중요한 것은 각 재료가 그것만으로도 맛있어야 한다는 것이다. 각 재료를 모두 맛보고 필요하면 모두 소량의 소금이나 드레싱으로 간을 한 다음 한 접시에 담아 내자. 재료를 한데 넣고 한꺼번에 버무리는 경우에도 너무 많이 뒤적이지 말자. 하나하나의 재료가 독특한 개성을 잃고 서로의 풍미를 해치게 되며 샐러드의 모양도 나빠진다(샐러드를 준비해서 비네그레트를 붓기만 해서 내도 좋고 비네그레트를 소스 병에 따로 담아 내도 좋다).

컴포즈드 샐러드에 어떤 재료를 쓸지, 어떤 소스로 맛을 낼지 결정하기 전에 각 재료를 모두 맛보자. 이것이 사실 컴포즈드 샐러드를 만들 때 지켜야 할 유

나는 컴포즈드 샐러드를 할 때 접시에 상추를 깔고 그 위에 따로따로 소스에 버무린 다른 재료를 올려 낸다.

일한 규칙이다. 이 말이 애매모호하게 들려 실망스러울지 모르지만 샐러드를 몇 번 만들어보고 경험이 쌓이면 좋아하는 맛을 기억하고 알아볼 수 있게 되며 함께 먹으면 좋겠다 싶은 재료가 무엇인지 알게 될 것이다.

그리스식 샐러드
4인분

잘 익은 작은 토마토 2개

의 꼭지를 도려내고 쐐기 모양으로 자른 다음

소금

을 뿌려둔다.

중간 크기의 오이 1개

를 껍질 벗겨 반으로 자르고 두껍게 썬다(씨가 굵으면 반으로 자른 오이의 중심에 숟가락을 대고 씨를 긁어내면 된다).

작은 자색 양파 1/2개나 파 5대

를 껍질 벗겨 얇게 썰어둔다.

작고 붉은 파프리카 1개

를 반으로 잘라 심과 씨를 잘라내고 얇게 썬다.

검은 올리브 1/4컵

을 물에 헹구고 취향에 따라 씨를 뺀다(한 사람당 올리브가 2~3개씩 돌아가도록 개수를 계산해서 넣자).

페타 치즈 110그램

을 작게 자르거나 손으로 부스러뜨린다.

비네그레트를 만들자.

레드 와인 식초 2작은술

레몬즙 1작은술(취향에 따라)

다진 신선한 오레가노 2작은술

소금, 신선하게 갈아낸 검은 후추

를 넣고 섞는다.

엑스트라 버진 올리브유 6큰술

을 넣고 거품기로 젓는다.

오이와 양파에 소금으로 간을 하고 미리 소금을 뿌려두었던 토마토의 맛을 보고 필요하면 소금을 조금 더 넣는다. 비네그레트의 3/4 정도를 넣고 채소를 부드럽게 뒤적인다. 맛을 보고 부족하다 싶으면 소금이나 식초를 더 넣는다. 여러 가지 풍미가 함께 어우러지도록 샐러드를 몇 분 정도 놔둔다. 식탁에 올리기 직전에 샐러드를 다시 한 번 부드럽게 뒤적여 섞고 치즈와 올리브를 올려 장식한다. 남은 비네그레트를 숟가락으로 떠 넣는다.

변형하기

- 로메인이나 다른 상춧잎을 몇 장 깔고 그 위에 샐러드를 얹어 식탁에 낸다.
- 염장 안초비를 조금 씻어 살을 발라 샐러드에 얹으면 훌륭한 고명이 된다.
- 신선한 오레가노 대신 말린 것도 괜찮다. 그렇지만 반드시 1작은술만 쓰자.

과일 샐러드 만들기

과일 샐러드에 대해 꼭 하고 싶은 말이 있다. 내가 말하는 과일 샐러드는 시럽을 듬뿍 뿌린 달달한 과일 칵테일이 아니라 다른 컴포즈드 샐러드와 같은 방법으로 만든 향긋한 샐러드이다. 신선한 과일만 넣어 만들거나 상추 같은 샐러드 채소를 함께 넣기도 한다. 또 견과류와 치즈를 넣어 풍부한 맛과 질감을 더할 수도 있다. 초록 채소를 구할 수 없는 상황이지만 무언가 신선한 것이 먹고 싶다면 대신 상큼한 과일 샐러드를 준비하면 식사를 시작하기 전에 먹어도 좋고 식사를 마감할 때도 좋을 것이다. 무화과, 사과, 배, 석류, 감과 거의 모든 종류의 감귤류가 과일 샐러드의 좋은 재료가 된다. 초록 채소는 있어도, 없어도 괜찮지만 가을과 겨울에 나는 이 모든 과일은 에스카롤, 라디치오와 컬리엔다이브처럼 풍성한 치커리 종류와 잘 어울린다. 내가 제일 좋아하는 과일 샐러드는 검은 올리브를 넣은 오렌지 샐러드, 얇게 썬 아보카드와 자몽을 넣은 샐러드, 감이나 배, 견과류를 넣고 발사믹 식초를 뿌린 샐러드, 얇게 썬 오렌지와 양념에 잰 비트를 넣은 샐러드이다.

오렌지 등의 감귤류는 껍질을 벗기고 조각을 내야 샐러드에 쓸 수 있다. 바깥쪽 껍질뿐만 아니라 속껍질도 모두 벗겨내고 알맹이만 써야 한다. 작고 날카로운 칼이 필요하다. 먼저 오렌지의 속살이 나오도록 윗부분과 아랫부분을 잘라낸다. 그런 다음 칼날을 과일 위쪽의 속살과 껍질이 만나는 부분에 대고 과일 윤곽을 따라 아래쪽까지 잘라낸다. 이런 방식으로 오렌지를 돌려가며 위쪽에서 시작해 아래쪽까지 자르며 겉껍질과 속껍질까지 잘라낸다. 속껍질의 흰 부분이 조금이라도 남아 있다면 깨끗하게 다듬자. 그런 다음 오렌지를 자르는데 가로로 얇게 잘라도 되고 알과 알 사이를 잘라 분리해도 된다.

사과나 배는 껍질을 벗겨도 좋고 안 벗겨도 되지만 자른 면이 산화해서 갈변하기 때문에 식탁에 내기 직전에 잘라야 한다. 감은 꼭 껍질을 벗겨야 한다. 미리 껍질을 벗겨도 괜찮지만 표면이 마르지 않도록 반드시 덮어두자.

과일 샐러드에는 보통 아주 단순한 드레싱을 뿌린다. 간단히는 올리브유나 식초를 조금 두르기도 하고, 감귤즙을 넣고 식초를 아주 조금 더한 다음 다진 샬롯, 소금, 후추와 올리브유를 넣은 비네그레트를 쓰기도 한다.

가을에는 아삭아삭하고 달콤한 단감으로 맛있는 샐러드를 만들 수 있다. 특히 호두와 배, 석류 같은 과일을 함께 넣으면 더 맛있다.

오렌지와 올리브 샐러드

4인분

루비와 호박 같은 보석처럼 색이 아름다운 블러드 오렌지를 쓰면 샐러드가 화려해진다. 블러드 오렌지는 한겨울에 몇 달 동안만 먹을 수 있다.

작은 오렌지 4개나 중간 크기 오렌지 3개

의 겉껍질과 속껍질을 벗기고 즙이 풍부한 속살이 나오도록 손질한다. 6밀리미터 두께로 자르면 풍차 날개처럼 되는데 이 조각을 접시에 모양 내어 담는다.

작은 자색 양파 1개

를 세로로 반 잘라 껍질을 벗기고 얇게 썬다. 양파는 세로로 써는 것보다 가로로 썰어 내면 더 예쁘다. 매운 양파라면 얼음물에 5~10분 담가두었다가 쓰자. 샐러드에 넣기 전에는 완전히 물기를 빼야 한다.

비네그레트를 만들자.

오렌지즙 2큰술

레드 와인 식초 1작은술

소금

신선하게 갈아낸 검은 후추

를 넣고 잘 섞는다. 소스를 저으며

올리브유 2큰술

을 넣는다. 맛을 보고 필요하면 소금과 식초를 더 넣자. 접시에 담아놓은 오렌지에 얇게 썬 양파를 뿌리고 그 위에 숟가락으로 비네그레트를 떠 넣는다.

작고 검은 올리브(한 사람당 4~5개)

를 올려 장식한다. 나는 모양이 온전하고 보기에도 좋은, 씨를 빼지 않은 올리브를 잘 내는데 그런 경우에는 반드시 친구들에게 씨를 빼지 않은 올리브라고 이야기해줘야 한다. 구할 수 있다면 니수아즈 올리브를 쓰면 좋지만 염장한 검은 올리브라면 다 괜찮다(올리브가 너무 크면 기호에 따라 크게 다져서 쓴다).

빵

크루통 | 허브 빵, 피자 도우 | 빵가루

밀가루와 이스트, 소금과 물을 한데 섞어 만든 반죽이 빵 덩어리로 변하는 과정은 마치 마법 같다. 나는 제빵을 즐기지 않고 이웃에 있는 정말 맛있는 빵집을 이용한다. 하지만 가끔은 반죽을 만지는 느낌을 즐기는데 반죽이 부풀어 오르는 모양을 보면 기쁘고, 집 전체에 따뜻한 이스트 냄새가 퍼지는 것이 좋아서 집에서 빵을 굽거나 피자를 만들기도 한다. 게다가 식구들 모두 집에서 만든 빵을 좋아한다. 나는 집에서 만든 빵이 남아서 굴러다니는 것을 본 적이 없다. 충분히 부풀지 않았거나 너무 오래 구웠거나 덜 익힌, 실패한 빵이라고 하더라도 말이다.

크루통

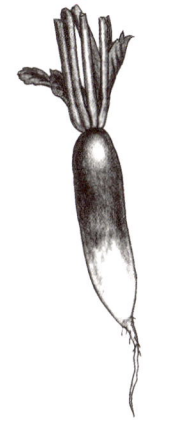

크루통에

마늘과 기름

타프나드(올리브 페이스트)

콩 퓌레

래디시와 버터

아보카도

닭 간 볶음

완숙 토마토

크랩 샐러드

달걀 샐러드

훈제한 생선

초록 채소 볶음

가지 캐비어

안초비

치즈

염장한 고기

를 올려 먹는다.

빨리 한입 먹어야 할 때, 손님들이 막 도착하려고 하는데 뭔가 주전부리로 내놓을 음식을 급하게 준비해야 할 때 제일 먼저 생각나는 음식이 크루통이다. 크루통, 크루트, 크로스티니, 토스트, 브루스케타는 모두 토스터나 석쇠에 구운, 혹은 오븐에서 건조하거나 기름에 튀긴 다양한 크기의 빵 조각이다. 브루스케타는 불에 석쇠를 얹고 직화로 굽거나 토스터에 구워 마늘을 문질러 올리브유를 뿌린 두꺼운 빵 조각인데 그냥 먹거나 즙이 많은 토마토와 바질을 올려 낸다. 크루통, 크로스티니, 토스트는 보통 얇게 썬 빵을 가리키지만 크루통이라고 하면 정육면체로 자르거나 일정한 모양 없이 막 찢어 토스터에 굽거나 올리브유, 혹은 버터에 튀겨 수프나 샐러드에 얹어 내는 작은 빵 조각을 말하기도 한다.

품질 좋은 빵이면 좋은 크루통을 만들 수 있다. 크고 둥근 시골 빵을 두껍게 잘라 석쇠에 굽고 초록 올리브유를 뿌리면, 뻑뻑한 흰 식빵 한 조각을 삼각으로 잘라 토스터에 구운 다음 가장자리를 정리하고 버터를 녹여 붓으로 바르고 다진 파슬리를 뿌려낸 것과는 확실히 다른 크루통이 된다. 내가 가장 자주 만드는 크루통은 크고 둥근 천연 발효빵 덩어리를 잘라 만드는데 크기가 일정하지 않은 이 빵 조각에 마늘을 문질러 먼저 구운 다음에 올리브유를 뿌린다.

손으로 마구 뜯어낸 빵 조각(풀드 브레드라고도 부른다)을 오븐에 넣어 굽고 기름을 부어 뒤적이면 샐러드에 넣기 좋은 크루통이 된다.

바게트는 크루통으로 만들기 쉬운 빵이다. 둥근 모양으로 일정하게 자를 수 있고 비스듬하게 썰면 긴 타원형도 쉽게 만들 수 있기 때문이다. 타원형으로 자르면 누에콩 퓌레나 타프나드를 찍어 먹기에 좋다.

크루통을 균일하게 노릇노릇 굽고, 더 바삭거리게 하고 싶거나 튀긴 것 같은 맛을 더 내고 싶다면 굽기 전에 버터나 기름을 바르자. 작은 크루통은 볼에 넣고 기름이나 녹인 버터를 부은 다음 뒤적거려서 오븐에 넣으면 된다. 더 크고 납작한 크루통은 베이킹 시트에 한 겹 깔고 붓으로 기름이나 버터를 바른 다음 175도로 예열한 오븐에서 가장자리가 노르스름해지기 시작할 때까지 굽는다. 잘 지켜보면서 구워야 한다. 어떤 종류의 빵을 쓰는가, 얼마나 마른 빵으로 만드는가, 얼마나 두껍게 잘랐는가에 따라 굽는 시간이 크게 다르기 때문이다. 오븐에서 막 꺼내 뜨거운 크루통에 다진 마늘과 허브를 넣고 버무려 수프나 샐러드에 얹으면 맛있는 고명이 된다.

퓌레로 만들어 부드러운 수프에는 정육면체로 작게 잘라 버터에 튀긴 크루통을 뿌린다. 프라이팬에 버터를 넉넉히 녹이고 크루통이 버터를 흡수하면 더 넣는다. 중불에서 간간이 저어주거나 뒤집으면서 크루통이 노릇노릇해질 때까지 익힌다.

자른 빵을 직화로 구우려면 중간 정도 열기로 달아오른 석탄 위에 석쇠를 올려 각 면을 1~2분 동안 구워 빵 표면에 먹음직스러운 석쇠 자국이 생기고 여기저기 노릇하게 되도록 굽는다. 구운 빵에 마늘 1쪽을 문지르고 올리브유를 뿌려 마무리한다.

크루통은 막 만들었을 때 가장 맛있지만, 빵은 미리 잘라두어도 괜찮다. 잘라놓은 빵 조각은 면포로 감싸 마르지 않도록 한다(마른 빵으로 크루통을 만들면 휘거나 동그랗게 말린다). 식탁에 가져갈 시간이 되면 면포를 펼치고 빵을 꺼내 빨리 굽는다.

빵 만들기

도우 스크레이퍼(벤치 스크레이퍼)는 반죽을 자를 때, 작업대 위에서 무른 반죽을 치댈 때, 작업대 표면을 깨끗이 청소할 때 유용하다.

빵을 만들 때는 여러 요소가 결과물에 영향을 미치는데 어떤 환경에서 어떤 결과가 나오는지 알 수 없는 경우도 있다. 가장 중요한 것은 밀가루다. 품질이 좋지 않은 밀가루로는 맛있는 빵을 만들 수 없다. 표백하지 않고, 방부 처리도 하지 않고 첨가제를 넣지도 않은 밀가루를 써야 한다. 모든 밀가루, 특히 통밀가루는 시간이 지나면 상해서 맛과 냄새가 고약해진다. 신선한 밀가루를 사자. 대량으로 판매하고 상품 회전율이 높은 지역의 유기농 상점을 들러보는 것이 가장 좋을 듯하다.

물도 중요하다. 물의 온도와 양은 빵의 질감에 영향을 미친다. 효모의 종류, 반죽의 휴지 시간과 발효 시간에 따라서도 결과물의 차이가 크다. 베이킹소다나 파우더로 만든 퀵브레드는 부드럽고 질감이 거의 케이크 같은 반면 천연 효모를 쓰고 반복해서 천천히 발효시킨 빵은 쫄깃쫄깃하고 바삭거리며 복합적인 풍미를 가진다. 날씨도 빵에 영향을 준다. 습도, 더위와 추위 등이 모두 다르게 작용하는데 이 모든 요소 때문에 제빵은 변화무쌍하고 흥미로워진다.

빵의 세계는 아주 다채롭다. 옥수수빵이나 아이리시 소다빵 같은 퀵브레드는 비교적 짧은 시간 내에 준비해서 쉽게 식탁에 올릴 수 있다. 그런가 하면 철판에서 막 구워낸 토르티야나 튀기면 부풀어 오르는 통밀가루로 만든 푸리, 석쇠에 직화로 구운 피타 같은 납작한 빵도 있으며, 내가 가장 좋아하고 매일 먹는 천연 발효빵처럼 프랑스와 이탈리아에서 전통적으로 먹어온 발효빵도 있다. 천연 발효빵은 원종으로 천연 발효종을 만들어 반죽을 발효시켜 만든다. 캔버스 천으로 안을 댄 바구니에 반죽을 넣어 오랫동안 천천히 발효시키고 부풀린다. 반죽 덩어리를 굽기 전에 원종을 일부 떼어두었다가 다른 반죽을 발효시키는 데 다시 쓰는 것이 전통적인 방법이다. 집에서 만들기에는 약간 복잡한 천연 발효빵을 만드는 레시피 대신 이 책에서는 다용도로 쓸 수 있는 반죽 레시피를 소개하겠다. 이 반죽으로 납작하고 바삭바삭한 포카차나 피자 도우를 만들 수 있다(아이들은 도우를 잡아당겨 늘리고 자기들만의 피자를 만들어 먹는 일을 정말 좋아한다).

허브 빵, 피자 도우
포카차 1개나 지름 25센티미터
피자 도우 2개 분량

미지근한 물 1/2컵

드라이이스트 2작은술

을 섞어 잘 저은 다음

무표백 백밀가루 1/4컵

호밀 가루 1/4컵

을 넣고 섞는다. 30분 정도, 거품이 올라올 때까지 이 반죽을 가만히 놓아두자. 다른 볼에

무표백 백밀가루 3¼컵

소금 1작은술

을 넣고 섞어 이스트와 밀가루를 섞어놓은 반죽과 합치고

찬물 3/4컵

올리브유 1/4컵

을 붓는다.

손으로 뭉치지 않게 잘 섞든지 전기 스탠드 믹서에 넣어 돌린다. 손으로 반죽을 한다면 밀가루를 조금 뿌린 작업대에 반죽을 꺼내 놓고 반죽 덩어리가 부드럽고 찰기가 생길 때까지 5분 정도 치댄다. 반죽이 너무 묽어서 달라붙으면 밀가루를 더 넣으면 된다. 그렇지만 반죽 상태는 부드럽고 약간 달라붙을 정도로 질어야 한다. 스탠드 믹서를 써도 좋다. 믹서에 반죽용 도우 훅을 끼우고 5분 정도 치댄다. 반죽이 믹서의 볼 옆면에는 붙지 않고 바닥에만 붙는다면 다 된 것이다. 아주 부드럽고 약간 물기가 있는 진 반죽으로 만들어야 맛있는 포카차가 된다.

반죽이 끝난 덩어리는 커다란 볼에 넣고 위를 덮은 다음 부풀어 오르도록 따뜻한 곳에 놓아두자. 두 시간 정도 지나면 거의 2배로 부풀어 오를 것이다. 더 맛있고 탄력이 좋은 반죽을 만들려면 냉장고에 넣고 밤새 천천히 부풀린다(반죽을 성형하기 두 시간 전에 냉장고에서 꺼내놓아야 한다).

가로 40센티미터, 세로 25센티미터짜리 베이킹 팬이나 시트 팬에 기름을 넉넉히 바른다. 볼에서 반죽을 살살 떼어내 베이킹 팬에 놓고 살살 눌러서 편다. 중앙에서 시작해서 바깥쪽으로 부드럽게 손으로 눌러가며 팬에 맞춰 모양을 만든다. 반죽이 늘어나지 않거나 도로 튀어 오르면 10분 정도 두었다가 다시 모양을 잡자. 반죽을 누르는 과정에서 공기를 너무 많이 빼버려 납작해지거나 뭉개지면 안 된다. 모양을 잡은 다음 손가락으로 군데군데 살짝 눌러 표면이 옴폭

반죽에 호밀이나 다른 통밀가루를 조금 섞으면 풍미가 더욱 좋아진다.

피자

들어가게 한다.

올리브유 2큰술

을 위에 뿌리고 표면을 덮은 다음 두 시간 정도, 다시 2배로 부풀어 오를 때까지 그냥 둔다. 반죽이 부푸는 동안 오븐을 230도로 예열한다. 베이킹 스톤이 있으면 빵을 굽기 전에 오븐 아랫단에 넣고 30분 동안 굽는다. 반죽에

굵은 천일염 1작은술

을 뿌리고 팬을 베이킹 스톤에 바로 올린다.
포카차가 노릇해지고 위쪽과 아래쪽이 바삭해질 때까지 20~25분 동안 굽는다. 팬을 뒤집어 빵을 빼내 식힘망에서 식힌다.

변형하기
- 반죽을 굽기 전에 신선한 로즈메리나 세이지 잎을 다져 1큰술 뿌린다.
- 부드럽고 신선한 허브를 1큰술 정도 다져서 기름과 함께 반죽에 섞는다.
- 성형하기 전에 반죽을 2개로 나누고 1.3센티미터 두께의 원판 모양으로 눌러 편다. 이 반죽을 기름칠한 지름 20센티미터 파이 접시에 올린다. 올록볼록 들어가게 손가락으로 누르고, 기름을 칠한 다음 부풀어 오르도록 두었다가 오븐에 굽자. 10분 후에 구워진 정도를 확인한다.
- 볶은 양파와 치즈, 얇게 썬 토마토를 올리거나 볶은 초록 채소를 얹어 오븐에 굽는다.

피자 만들기

피자를 만들려면 반죽을 직사각형 모양으로 성형하지 말고, 일단 2개로 나누어 공 모양으로 동글린다. 공 모양 반죽을 비닐로 느슨하게 싸서 한 시간 정도 실온에 둔다. 반죽을 눌러 지름이 13~15센티미터 정도 되는 원판으로 성형하고 밀가루를 조금 뿌린 다음 다시 마르지 않도록 덮어 15분 정도 더 두자. 제일 아랫단에 베이킹 스톤을 놓고(베이킹 스톤을 쉽게 놓으려면 위쪽 그물 선반은 모두 빼놓으면 된다) 오븐을 260도로 예열한다.

둥글게 눌러놓은 반죽을 부드럽게 잡아당겨 지름이 25센티미터 정도 되도록 늘이고 밀가루를 뿌린 피자용 나무 주걱에 올리거나 베이킹 시트를 뒤집어 그 위에 올려놓는다. 도우에 붓으로 올리브유를 바르고 가장자리 1.3센티미터를 제외한 나머지 부분에 원하는 재료를 올린다. 다진 마늘, 신선한 토마토로 만든 소스, 모차렐라 치즈 같은 조합도 좋고 오래 볶은 양파, 허브와 안초비를 올리거나 살짝 볶은 초록 채소와 소시지를 올려도 좋다. 피자를 베이킹 스톤에 미끄러뜨려 올리고 도우가 노릇해질 때까지 10분 정도 구우면 된다.

빵가루

집에서 갓 만든 빵가루는 쓰임새가 많다. 그라탱에 뿌리면 바삭바삭하고 맛있어지고 고기나 생선, 채소에 묻혀 기름에 튀길 수도 있다. 또 요리에 넣는 소에 더하면 질감이 가벼워지고 미트볼에 넣으면 담백해진다. 내 부엌에서는 바삭거리는 일종의 다용도 소스로도 중요한 역할을 한다. 노릇하게 방금 구워낸 빵가루를 신선하고 부드러운 다진 허브와 섞든지 여러 가지 허브(파슬리, 마저럼, 타임)를 섞어 다진 것에 뿌리고 잘게 다진 마늘도 넣어 버무린다. 파스타, 채소, 구운 요리, 샐러드 등 어느 요리든 마지막 단계에 뿌리면 훌륭한 마무리가 된다. 요즘에는 구운 빵가루를 튀긴 허브와 조합한다. 로즈메리, 세이지나 윈터 세이버리 같은 허브를 올리브유에 바삭해질 때까지 1분 이하로 짧게 튀겨 빵가루에 버무리는 것이다.

어떤 빵이라도 신선하고 맛있는 빵가루가 되는 것은 아니다. 대량으로 만들어서 자른 다음 비닐에 넣어 파는 빵, 그러니까 보존제와 인공 감미료가 첨가된 빵으로는 안 된다. 첨가제를 넣은 빵은 부스러기가 잘 생기지 않고 감미료를 넣은 빵가루는 요리의 맛을 망치며 구우면 빨리 타버리기 때문이다. 빵가루는 하루나 이틀 정도 조금 말린 빵으로 만들면 제일 좋다. 신선한 빵에는 안에 습기가 너무 많아 좋은 빵가루를 만들기 어렵다. 낱낱이 떨어지는 완벽한 빵가루 대신 덩어리지고 축축한 빵 뭉치가 되어버린다. 빵가루 옷을 입히는 요리나 튀김 요리에는 팽 드 미나 풀먼 식빵같이 질감이 부드러운 흰 빵으로 만든 빵가루가 제일 좋다. 그렇지만 개인적으로 구운 빵가루를 만들 때는 천연 발효 빵이나 거친 질감의 시골 빵을 가장 선호한다.

이렇게 만든 빵가루는 완전히 마른 빵으로 만든 빵가루와 다르고 식료품 상점에서 파는 너무 곱고, 맛은 좋지 않은 빵가루와는 천양지차이다. 파는 빵가루로는 이 책에서 소개하는 레시피를 제대로 소화할 수 없다.

빵가루는 분쇄기나 푸드 프로세서를 쓰면 제일 쉽게 만들 수 있다. 먼저 빵 껍질을 잘라내자. 껍질은 너무 질기고 가루에 섞이면 요리에 썼을 때 고루 노릇해지지 않는다. 다음으로 껍질을 제거한 빵을 깍둑썰기해서 한 줌씩 간다. 뭉치지 않게 잘 갈아야 빵가루의 크기가 일정해서, 요리하면 색이 일정하게 노릇해진다. 빵가루 옷으로 쓸 경우에 더 곱게 갈아야 한다. 그래야 재료에 골고루 잘 붙는다. 빵가루는 용도에 따라 굵게 혹은 가늘게 갈아도 된다.

구운 빵가루를 만드는 법은 다음과 같다. 빵가루에 올리브유(녹인 버터나 오리 고기 기름도 좋다)를 붓고 뒤적인 다음 베이킹 시트에 고루 펴서 굽는다. 그리고 금속 재질로 된 주걱으로 몇 분마다 한 번씩 섞어준다. 팬 가장자리에 있는 빵가루가 먼저 노릇해지니 가운데 있는 빵가루를 바깥쪽으로 옮겨가며 잘 섞어야 한다. 수분이 마른 후에 색이 나기 시작하니 처음에는 빨리 노릇해지지 않지만 다 구워지기 전, 마지막 1~2분 사이에 금세 색이 변해버리니 주의해서 지켜보아야 태워 먹지 않는다.

오래된 빵이 너무 많다면 모두 빵가루로 만들어 냉동해놓았다가 쓰자. 마른 빵이 없는데 빵가루를 만들어야 하는 상황이라면 신선한 빵을 두껍게 썰어 베이킹 시트에 놓고 따뜻하게 데운 오븐에 넣어 살짝 말린 다음 갈면 된다.

구운 빵가루

오븐을 175도로 예열한다.

천연 발효 빵이나 다른 시골 빵

의 껍질을 모두 벗겨내고 빵을 깍둑썰기한 다음 분쇄기나 푸드 프로세서에 넣고 원하는 굵기로 간다.

소금 1꼬집

빵가루 1컵당 올리브유 1큰술

을 넣고 빵가루와 버무린다. 빵가루를 베이킹 시트에 얇게 펴고 노릇해질 때까지 굽는다. 몇 분에 한 번씩 뒤섞어주어야 고르게 색이 난다.

변형하기

- 중불에서 뜨겁게 달군 올리브유에 허브를 1줌 넣고 바삭할 때까지 튀긴다. 허브를 건져내 기름을 빼고, 구운 빵가루에(필요하면 소금을 1꼬집 넣고) 버무린다.
- 마른 고춧가루를 빵가루에 섞으면 알싸한 맛을 낼 수 있다.

육수와 수프

닭고기 육수 | 당근 수프 | 미네스트로네

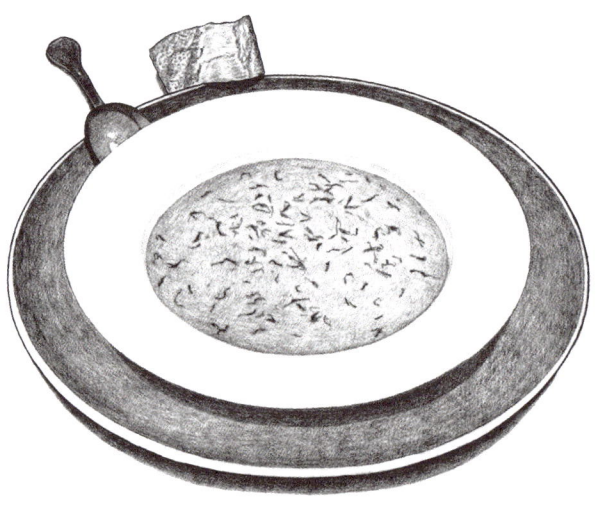

내가 요리를 처음 시작했을 때는 수프를 좋아하지 않았다. 어떻게 만들어야 하는지 모르니까! 그때는 순진하고 어려서 아무것도 몰랐다. 먹고 남은 것을 냄비에 넣고 물이나 육수를 좀 넣어서 끓이기만 하면 짠! 하고 수프가 된다고 생각했다. 그러다가 결국 풍미를 최대한 살릴 수 있는 기본 기법을 터득해야 한다는 사실을 깨닫게 되었다. 좋은 육수는 어떻게 만드는지, 부드럽게 익힌 채소와 허브를 기초로 한 수프는 어떻게 만드는지, 단출한 수프나 퓌레에는 채소 한 가지를, 더 풍성한 수프에는 여러 가지 채소나 파스타, 고기, 생선을 어떤 방식으로 더하는지를 알아야만 했다. 어떤 재료를 쓰느냐에 따라 수프를 다양하게 변형할 수 있기 때문이다.

육수 만들기

육수를 만드는 순서
끓인다

찌꺼기를 걷어낸다

채소를 더한다

푹 곤다

거른다

대다수 수프의 기본은 고기와 채소로, 혹은 채소만으로 만든 육수(브로스 혹은 스톡이라고 한다)이다. 이 육수는 수프의 맛을 풍부하게 하고 풍미를 더하는 바탕이 된다. 맛이 충분히 풍부하고 향이 좋은 육수는 그 자체로 맛있는 수프이다. 나는 닭고기 육수에 파스타나 파슬리만 넣거나 수란을 만들어 넣어서도 잘 먹는다. 음식을 만들어서 잘 얼려두지 않지만, 육수는 만들기 쉽지 않기 때문에 수프나 리소토를 만들 때 바로 쓸 수 있도록 항상 얼려놓는다.

나는 육수를 만들 때 닭 1마리를 통째로 넣는다. 재료를 너무 헤프게 쓴다고 생각할 수도 있지만 그렇게 하면 맛있고 향이 좋으며 감칠맛 나는 육수를 낼 수 있다(한 시간 동안 끓인 뒤 닭을 꺼내 가슴살을 발라내고 다시 냄비에 넣는다. 익힌 닭 가슴살에 살사 베르데를 곁들이면 훌륭한 한 끼 식사가 된다). 육수를 남다르게 만드는 것은 바로 살코기이다. 뼈를 사용해 육수를 만드는 경우에는 고기가 많이 붙어 있는 부위를 쓰자. 목뼈나 등뼈, 날개를 쓰면 좋다. 살점이 붙어 있지 않은 뼈만 쓰면 진한 육수를 얻을 수 없다. 로스트 치킨을 먹고 남은 뼈와 살점도 육수를 낼 때 더하면 좋다. 오븐에 구운 고기는 육수의 풍미를 한층 깊게 해준다(석쇠에 구운 grilled 닭고기의 뼈는 쓰지 않았으면 한다. 육수에서 매캐한 탄내가 날 수 있기 때문이다).

닭 1마리를 다 써서 육수를 만들 때는 목뼈도 넣어야 한다. 배를 열어 내장(염통, 모래주머니, 간)을 꺼내 손질한다. 염통과 모래주머니는 육수에 넣고 간은 따로 두었다가 다른 요리에 쓴다. 육수를 낼 때는 찬물에 재료를 넣어 끓여야 한다. 물이 데워지고 끓으면서 고기와 뼈에서 풍미가 빠져나온다. 물의 양에 따라 육수의 농도가 정해진다. 닭이 잠길락 말락 할 정도로 물을 넣으면 굉장히 진하고 향이 좋은 육수를 얻을 수 있다. 더 가볍고 섬세한 맛이 나는 육수를 내고 싶다면 물을 더 부으면 된다.

육수가 부글부글 완전히 끓을 때까지 기다렸다가 바로 불을 줄이자. 육수가 팔팔 끓으면 피나 여분의 단백질이 응고해 거품 형태가 되어 표면에 떠오르게 된다. 맑은 육수를 얻으려면 이런 찌꺼기를 모두 걷어내야 한다. 육수를 너무 오래 끓이면 색이 흐려지고 지방이 유화되어 물과 결합하는데 이렇게 되면 육수는 탁하고 기름지게 되어버린다.

찌꺼기를 걷어낼 때는 국자를 써서 거품만 걷어내야지 기름기까지 걷어내면 안 된다. 닭에서 나온 기름은 육수가 끓는 동안 풍미를 더해주기 때문에 맨 마지막에 걷어내야 한다. 거품을 떠낸 후에 채소를 넣자. 그렇게 해야만 채소에 찌꺼기가 엉기지 않는다. 채소는 통째로 넣거나 크게 잘라 넣어야 부서져서 육수를 흐리는 일이 생기지 않는다.

소금을 넣어서 육수를 내면 끓는 동안 소금이 재료의 맛을 더 끌어내기 때문에 마지막에 소금을 더할 때보다 풍미가 훨씬 강한 육수를 얻을 수 있다. 그렇지만 너무 많이 넣지는 말자. 육수가 끓는 동안 수분이 증발해서 졸아들기 때문에 약한 듯이 간을 해서 끓이기 시작한다.

그런 다음에는 육수를 고아야 한다. 육수 표면에 간헐적으로 거품이 생겼다 터질 정도로 아주 약하게 끓여야 한다는 뜻이다. 실수로 육수를 너무 센 불에서 빨리 끓여 물이 졸아버리면 물을 조금 더 붓고 약불에서 다시 고아본다.

부담 없고 섬세한 맛이 나는 육수를 낼 때는 세 시간 정도만 끓이지만 그 외의 경우에는 거의 네다섯 시간 동안 끓인다.

육수는 살코기와 뼈에서 모든 풍미를 다 끌어낼 수 있을 만큼 오랫동안 끓여야 하지만 또 너무 오래 끓이면 섬세하고 산뜻한 맛을 잃을 수 있어서 주의해야 한다. 닭고기 육수인 경우에는 네다섯 시간 끓인다. 끓이는 중에 계속해서 맛을 보고 맛이 다 우러났다 싶을 때 바로 불을 꺼야 한다. 맛을 볼 때는 숟가락으로 조금 떠낸 다음 소금으로 간을 해서 먹어보아야 완전히 조미했을 때 어떤 맛이 날지 가늠할 수 있다. 육수를 내는 내내 시간별로 맛을 보면 풍미가 어떻게 변해가는지 알게 될 것이다.

조리가 끝나면 육수를 걸러야 한다. 냄비에서 국자로 내용물을 떠내 망에 걸러 비반응 용기에 담자. 맑은 육수가 필요하면 깨끗한 면 행주에 육수를 한 번 더 거르든지 성긴 면포에 거르면 된다.

육수를 바로 쓰려면 기름을 걷어내야 한다. 나는 육수를 바로 써야 하는 경우에만 그렇게 한다. 아니면 육수를 식혀 냉장고에 넣어두면 기름이 표면에 굳기 때문에 육수를 조금도 낭비하지 않고, 풍미도 해치지 않고 기름을 걷어낼 수 있다. 차갑고 단단하게 굳은 지방은 걷어내기도 쉽다. 완전히 식기 전에 육수 냄비의 뚜껑을 덮으면 냉장고에 넣어도 빨리 식지 않아 육수가 발효해 쉬어버리고 만다(내가 겪은 일이다. 육수가 상하면 바로 알아챌 수 있다). 육수는 냉장실에서 1주일, 냉동실에서 3달 보관할 수 있다. 육수를 50시시나 100시시 그릇에 담아 얼려두면 필요한 만큼 녹여 쓸 수 있어 편하다. 냉장 보관했거나 얼려둔 육수는 반드시 팔팔 끓여서 써야 탈이 나지 않는다.

닭고기 육수
5리터 분량

커다란 냄비에

> **1.5~2킬로그램 닭 1마리**

를 넣고

> **찬물 6리터**

를 붓는다. 강불에 냄비를 올리고 팔팔 끓인 다음 약불로 낮춘다. 찌꺼기를 걷어낸 다음

> **껍질을 벗긴 당근 1개**
> **껍질을 벗겨 반으로 자른 양파 1개**
> **반으로 자른 마늘 1통**
> **셀러리 1대**
> **소금 조금과 검은 통후추 1/2작은술**
> **파슬리와 타임 잔가지를 묶은 허브 다발(부케 가르니)**
> **커다란 월계수 잎 1장**

을 넣는다. 이 육수를 약불에서 은근히 네다섯 시간 더 끓인 다음 거른다. 바로 써야 하면 기름기를 걷어내고 소금으로 간을 해서 맛을 보자. 식탁에는 뜨겁게 내고, 저장할 때는 차갑게 식혀 냉장 혹은 냉동 보관한다.

간단한 채소 수프

내가 제일 자주 만드는 간단한 수프는 부드럽게 익힌 양파를 바탕으로 거기에 채소를 1~2종류 더해 만드는 것이다. 육수나 물을 넣어 채소가 부드러워질 때까지 은근히 끓인다.

제일 먼저 양파가 부드러워지고 풍미가 그윽해질 때까지 버터나 기름에 살살 볶는다. 바닥이 두꺼운 냄비를 쓰면 맛이 완전히 달라진다. 열이 고르게 분산되어 채소가 갈색으로 쉬이 변하지 않고 천천히 익기 때문이다. 기름의 양도 중요하다. 양파에 막이 생길 정도로 버터나 기름을 넉넉하게 넣어야 한다. 약불에서 천천히 15분 정도 볶으면 양파는 아주 부드럽고 투명하게 변하여 수프에 달큰한 맛을 더하는 기본 재료가 완성된다.

다음으로는 당근 같은 채소를 더한다. 재료는 균일하게 익도록 같은 크기로 잘라야 한다(그렇게 하지 않으면 어떤 채소는 설익고, 어떤 채소는 지나치게 익어버리는 일이 생길 수 있다). 채소 자체에 간이 배도록 소금을 넉넉하게 치고 몇 분 더 볶는다. 이렇게 먼저 채소에 간을 하고 볶으면 기름에 채소의 향과 풍미가 녹아들게 된다. 그리고 이 기름은 수프에 채소의 풍미를 속속들이 전달한다. 이것이 맛있는 수프를 만드는 중요한 비결이다. 아니 수프뿐만 아니라 거의 모든 요리에 해당되는데, 요컨대 바로 다음 단계로 넘어가기 전에 충분히 재채소가 각별히 신선하고 맛있으면 물만 넣어 수프를 만들자. 가장 순수하고 섬세한 풍미를 맛볼 수 있다.

료의 풍미를 끌어내고 향상시키라는 것이다.

이제 볶은 재료에 육수나 물을 더할 순서이다. 물을 붓고 일단 부글부글 끓인 다음 약불에서 은근히 익힌다. 채소가 부드러워질 때까지 끓이면 되지만 흐무러져 부서질 정도로 익히지 않도록 주의한다. 채소가 충분히 익어 풍미가 모두 우러나면 수프는 완성된 것이다. 계속해서 맛을 보자. 수프가 끓는 동안 맛이 어떻게 변하는지, 어떻게 향상되는지 알게 되는 놀라운 경험을 할 수 있다. 소금이 더 필요할까? 확신이 들지 않으면 숟가락으로 수프를 조금 떠낸 다음 간을 해서 맛이 더 나아지는지 확인해보자. 이 방법밖에 없다.

이대로만 하면 갖가지 채소로 맛있는 수프를 만들 수 있다. 채소에 따라 다른 것이라고는 익을 때까지 걸리는 시간뿐이다. 수프를 제대로 만드는 제일 좋은 방법은 끓이는 중간중간 계속해서 맛을 보는 것이다. 지금 생각나는 가장 맛있는 채소 수프는 순무와 순무 청을 넣은 수프, 옥수수 수프, 감자와 리크[1]를 넣은 수프, 땅콩 호박 수프, 양파 수프이다.

물보다 풍미가 그득한 육수를 넣어 만든 채소 수프는 시골풍의 '고기 육수' 수프라고도 부르는데, 정말 맛있다. 사실 나는 육수의 맛이 충분히 진할 경우에는 버터에 미리 볶는 과정을 건너뛰고 양파와 채소를 약불에서 끓고 있는 육수에 바로 넣기도 한다. 육수 대신 물을 넣고 재료를 균일한 질감이 나도록 으깨어 퓌레로 만들면 채소 자체의 순수한 맛이 두드러지는, 더 섬세한 맛이 나는 수프가 된다. 누에콩, 완두콩이나 옥수수 같은 부드럽고 단맛이 나는 채소는 이런 식으로 수프를 만드는 편이 더 맛있다. 나는 푸드 밀로 퓌레를 만들지만 믹서를 써도 좋다. 믹서로 갈면 더 곱게 퓌레를 만들 수 있다. 믹서를 이용해 뜨거운 수프를 퓌레로 만드는 경우에는 각별히 주의한다. 뚜껑에 공기구멍이 나 있는지 확인해야 한다. 증기가 빠져나가지 못하면 용기가 폭발할 수도 있기 때문이다.

수프를 낼 때는 다양한 고명이나 장식을 얹으면 된다. 많은 요리사들은 퓌레로 만든 수프에 크림을 1덩이 얹거나 버터 1조각을 넣어 마무리한다. 또, 수프를 내기 직전에 허브나 향신료를 뿌리거나 레몬즙을 조금 짜 넣으면 맛이 확 살아날 수도 있다. 그렇지만 무엇이든 지나치지 않게 한다. 고명이 지나치면 수프 자체의 맛이 너무 복잡해지거나 눌려버릴 수 있으니 말이다.

1 대파와 비슷한 모양으로 풋마늘과 양파와 비슷한 맛이 난다.

당근 수프

8인분

바닥이 두꺼운 냄비에

버터 4큰술(1/2 토막)

을 녹이고

얇게 썬 양파 2개

타임 잔가지 1개

를 넣고 중불에서 약 10분간 양파가 부드러워질 때까지 볶다가

껍질을 벗기고 얇게 썬 당근 1킬로그램(약 6컵 분량)

을 넣는다.

소금

으로 간을 하고 5분 정도 더 익힌다. 양파와 당근을 함께 볶으면 풍미가 우러난다.

육수 6컵

을 붓고 팔팔 끓으면 불을 낮춰 당근이 부드러워질 때까지, 약 30분간 은근히 익힌다. 완성되면 소금을 넣어 맛을 보자. 기호에 따라 재료를 퓌레로 갈아도 좋다.

변형하기

- 더 부담 없고 간단하게 만들려면 육수를 넣되 양파를 볶는 전 과정을 건너 뛰면 된다. 대신 양파와 당근을 육수에 바로 넣고 부드러워질 때까지 은근히 익힌다.

- 휘핑크림이나 크렘 프레슈를 얹고 소금, 후추, 다진 허브로 간을 한다. 처빌이나 차이브, 타라곤 같은 허브를 쓰면 좋다.

- 당근과 함께 바스마티 라이스를 1/4컵 넣고 육수 대신 물을 넣자. 재료를 갈아 퓌레로 만들기 전, 플레인 요거트를 1컵 넣고 완성한 수프는 민트 잎을 올려 장식한다.

- 할라피뇨 고추 1개를 양파와 함께 볶고 재료를 갈아 퓌레로 만들기 전에 고수 잎을 조금 넣는다. 그리고 다진 고수 잎을 수프에 얹어 낸다.

- 팬을 가열한 후 녹인 버터나 올리브유를 조금 두르고 쿠민 씨를 한 숟가락 가득 떠 넣어 지글지글 굽는다. 그리고 이 씨를 수프에 고명으로 얹는다.

갖가지 채소를 넣은 수프

미네스트로네 같은 수프는 이것만 먹어도 속이 든든하고 아주 만족스러운 식사가 된다. 계절에 따라 제철 채소로 재료를 바꾸어 1년 내내 식탁에 내도 좋다.

미네스트로네는 이탈리아 말로 '푸짐한 수프', 갖가지 채소가 들어가는 속이 든든한 수프라는 뜻이다. 수프에 들어가는 재료가 모두 적당히 잘 익어야 하니 차례로 넣어 익힌다. 제일 먼저 맛있는 소프리토(향이 좋은 채소로 만든 수프 베이스)를 만들고, 익는 데 시간이 오래 걸리는 채소를 넣은 다음 물이나 육수를 붓고 팔팔 끓인다. 그리고 쉽게 익는 채소를 넣는다. 마른 콩이나 파스타 면은 따로 삶아서 마지막에 넣으면 된다. 이 책에서는 전통적으로 여름에 먹는 미네스트로네 레시피를 대표로 소개하고, 계절에 따라 다른 재료를 써서 만들 수 있도록 방법을 일러주겠다.

소프리토를 만들 때는 양파만 쓰기도 하지만 대개 당근과 셀러리도 함께 넣는다. 더 섬세한 맛을 원할 때는 셀러리 대신 회향을 써도 좋다. 마늘은 항상 마지막에 넣어 태우지 않도록 주의한다. 그리고 바닥이 두꺼운 냄비를 쓰고 올리브유를 듬뿍 넣어야 한다. 더 맛이 진한 수프를 만들고 싶으면 소프리토가 노르스름해질 때까지 익히면 된다. 좀 가벼운 맛을 원한다면 채소의 색이 변하지 않을 정도로만 익힌다. 얼마만큼 익히든 간에 채소는 충분히 잘 볶아 수프에 풍부한 풍미를 추가해주어야 한다. 10분 정도 볶으면 충분하리라 본다. 보기에도 좋고 그냥 먹어도 좋을 만큼 맛이 나면 완성된 것이다.

소프리토를 다 만든 다음에는 호박이나 껍질콩 같은 채소를 넣는데 수프를 숟가락으로 떴을 때 여러 가지 채소가 모두 들어가도록 작게 잘라 넣어야 한다. 너무 익어 곤죽이 되지 않도록 익는 시간을 고려해서 각 채소를 순서대로 넣어 익힌다. 초록 채소도 한입 크기로 잘라 준비한다. 길게 띠 모양으로 자르면 먹을 때 수프가 채소를 타고 흘러내려서 옷이나 턱에 묻을 수 있기 때문이다. 케일이나 근대 같은 겨울 채소는 익는 데 시간이 오래 걸리기 때문에 먼저 익히는 채소와 함께 넣는다. 시금치 같은 부드러운 채소는 익는 데 몇 분 걸리지 않기 때문에 요리가 거의 마무리될 때 넣어야 한다. 수프가 조리되는 중간에 소금으로 간을 한다. 마지막에 소금을 넣는 것보다 이렇게 하면 풍미가 강해지고 맛도 더 좋아진다.

마른 콩과 파스타 면을 더하려면 따로 삶아두었다가 수프에 넣어야 한다. 콩 삶은 물은 잘 두었다가 수프에 넣자. 수프가 더 맛있어지고 향이 강해진다. 익힌 콩은 수프가 완성되기 10분쯤 전에 넣어야 하는데 그래야만 콩이 풍미를 흡수해 맛있어지고 또 너무 많이 익어서 흐물어지지 않기 때문이다. 파스타 면은 제일 마지막에 넣어야 불어서 퍼지지 않는다.

수프의 신선한 풍미를 보존하기 위해 올리브유와 치즈를 고명으로 쓸 때는 냄비에 넣을 게 아니라 수프를 담은 그릇에 올려야 한다. 나는 언제나 치즈 가루와 올리브유를 병째 식탁에 가지고 가서 취향껏 넣어 먹는다.

미네스트로네

8인분

모든 채소를 한입 크기로 잘라 숟가락으로 떠서 입에 넣었을 때 다양한 채소의 맛과 질감을 느낄 수 있도록 한다.

마른 카넬리니[2]나 볼로티[3] 1컵

을 준비한다(콩에 대해서는 뒷장에서 자세히 이야기하겠다). 마른 콩을 삶으면 2½컵이나 3컵이 된다. 콩 삶은 물은 버리지 말고 둔다. 바닥이 두꺼운 냄비에

올리브유 1/4컵

을 두르고 중불에서 달군 다음

곱게 다진 큰 양파 1개

껍질을 벗겨 곱게 다진 당근 2개

를 넣고, 재료가 부드러워질 때까지 15분간 볶는다. 여기에

굵게 다진 마늘 4쪽

타임 잔가지 5개

월계수 잎 1장

소금 2작은술

을 넣고 5분 동안 더 익힌다. 그런 다음

물 3컵

을 붓고 팔팔 끓여

깍둑썰기한 작은 리크 1대

2.5센티미터 길이로 자른 껍질콩 230그램

을 넣고 5분 동안 더 끓인다.

작게 깍둑썰기한 중간 크기의 애호박 2개

껍질을 벗겨 씨를 빼고 다진 중간 크기 토마토 2개

를 더 넣고 15분 동안 끓인 후 맛을 보고 필요하면 소금을 더 넣어 간을 맞춘다. 여기에 삶아둔 콩을 넣는데

콩 삶은 물 1컵

굵게 다진 시금치 잎 부분 2컵(450그램)

도 함께 넣어 5분 더 삶는다. 수프가 너무 되면 콩 삶은 물을 더 넣어 농도를 조절한다. 월계수 잎을 건져낸다. 수프를 그릇에 담아

엑스트라 버진 올리브유 2작은술

파르메산 치즈 가루 1큰술 정도

를 고명으로 올려 낸다.

페스토 역시 수프의 고명으로 잘 어울린다.

---

2 강낭콩과 모양이 비슷한 흰콩으로 이탈리아가 원산지.

3 담황색 꼬투리를 가진 흰콩으로 이탈리아, 포르투갈, 터키 등지에서 인기 있는 식재료 중 하나이다.

• **케일과 땅콩 호박을 넣은 가을 미네스트로네** 앞에서 소개한 레시피와 거의 같지만 조금 다른 부분이 있다. 소프리토를 만들 때 셀러리 줄기 2대를 곱게 다져 넣고 노릇노릇한 갈색이 될 때까지 볶는다. 타임을 넣는 대신에 다진 로즈메리 1/2작은술, 다진 세이지 1작은술을 마늘과 함께 넣는다. 카넬리니 대신 볼로티나 크랜베리 빈을 넣어도 좋다. 껍질콩, 애호박, 신선한 토마토와 시금치 대신 케일과 토마토 통조림, 땅콩 호박을 넣는다. 케일 1묶음에서 줄기를 떼어내 씻어 다지고, 작은 토마토 통조림 하나를 따서 국물은 따라 버리고 알맹이는 다진다. 그리고 땅콩 호박은 반 통 필요한데 껍질을 벗기고 6밀리미터 크기로 깍둑썰어 준비한다(2컵 정도). 소프리토에 토마토와 케일을 넣고 5분 정도 볶다가 물을 부어 15분 끓인다. 호박을 넣고 무를 때까지 10~15분 익히다가 삶아두었던 콩을 넣으면 된다.

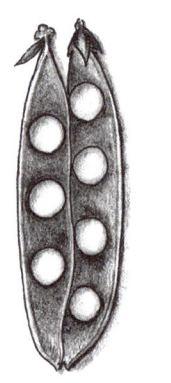

• **순무, 감자, 양배추를 넣은 겨울 미네스트로네** 기본 미네스트로네 레시피를 따르지만 다른 부분이 있다. 소프리토에 셀러리 2대를 곱게 다져 넣고 노릇한 갈색이 될 때까지 볶는다. 양배추 반 통을 한입 크기로 잘라 소금을 넣어 끓인 물에 넣고 부드러워질 때까지 익힌다. 껍질콩, 호박, 토마토 대신 껍질을 벗겨 역시 한입 크기로 자른 순무 450그램, 감자 230그램을 넣는다. 신선한 무청이 붙어 있는 순무라면 줄기는 버리고 잎만 씻어 다진 다음 순무, 감자와 함께 수프에 넣으면 된다. 요리가 거의 완성될 때 콩을 넣고, 시금치 대신 익혀두었던 양배추를 넣는다.

• **완두콩과 아스파라거스를 넣은 봄 미네스트로네** 소프리토에 당근 대신 회향 구근 하나를 다듬어 한입 크기로 잘라 넣는다. 갈색으로 변하기 전에 불을 끄자. 풋마늘을 구할 수 있으면 마늘 대신 2~3개 정도 다듬어 다져 넣으면 된다. 리크를 1대 넣는 대신 2대 다듬어 넣는다. 물을 넣어(준비해둔 것이 있으면 물 반, 육수 반을 넣어도 좋다) 팔팔 한소끔 끓이고 불을 낮춰 10분 정도 은근히 끓인다. 껍질콩, 호박, 토마토는 넣지 않는다. 깍지를 깐 완두콩 1컵(꼬투리째로 450그램)과 다듬어서 1.3센티미터 두께로 어슷하게 썬 아스파라거스 230그램을 대신 쓴다. 콩을 넣을 때 아스파라거스도 함께 넣고 5분간 익힌 후 시금치를 넣는다. 수프를 바로 내지 않을 거라면 얼음을 채운 그릇에 담가 재빨리 식힌다. 그래야 아스파라거스의 초록색이 변하지 않는다.

마른 콩과 생콩

로즈메리와 마늘을 넣은 흰콩

크랜베리 빈 그라탱

누에콩 퓌레

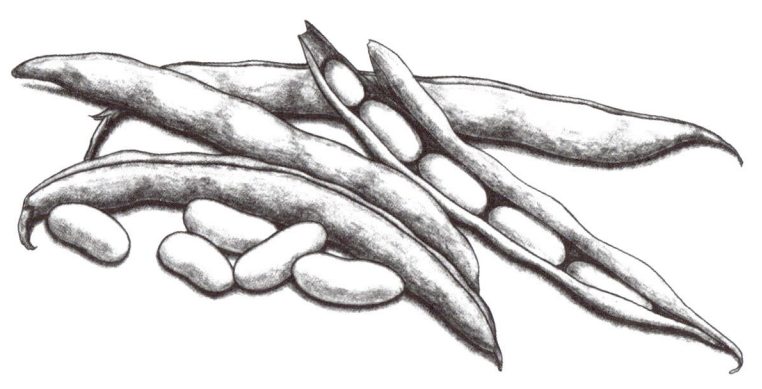

콩^{bean}은 꽃이 수정되면 안에 씨가 들어 있는 꼬투리나 깍지가 생기는 모든 식물을 포함하는 방대한 식물 종에 속한다. 콩과 식물이라고 하는데 콩, 완두콩, 대두, 렌틸콩이 모두 이에 속한다. 봄에 꽃이 피고 나면 꼬투리가 자라고 부풀어 오른다. 그리고 안에 맺힌 씨가 점점 커지는데 몇 주 만에 순식간에 자라서 맛있게 익고 바로 덩굴이 마르기 시작한다. 깍지가 마르고 종이처럼 얇고 바스락거리면 콩을 거둬야 할 시기가 된 것이다. 물론 껍질콩은 껍질을 먹는 종류지만 로마노 빈 같은 일부 품종은 따지 않고 그냥 두면 맛있는 콩을 맺기도 한다. 이 책에서 소개하는 레시피는 소위 깍지를 까서 먹는 콩, 그러니까 말릴 수 있는 콩 종류를 이용한 것이다. 수확한 직후라면 깍지를 벗기고 요리해서 신선한 상태에서 먹을 수 있고, 아니면 말려서 저장했다가 필요할 때 물에 불려 삶아 먹는다.

콩

나는 껍질을 깐 콩을 여러 가지 방법으로 요리해 먹는다. 아무것도 넣지 않고 요리할 수도 있고 로즈메리, 마늘, 올리브유를 쓸 때도 있으며 수프에 넣기도 한다. 수프는 콩만 넣어 만들기도 하고, 다른 채소를 함께 넣기도 한다. 또 콩을 갈아서 퓌레로 만들기도 하고 그냥 먹기도 한다. 바삭바삭한 빵가루를 얹어 그라탱을 만들어도 맛있다. 콩은 미리 삶아두어도 되는데 콩 삶은 물에 그대로 담가 냉장 보관하면 하루나 이틀은 끄떡없다. 다시 데워서 콩만 먹어도 되고 여러 가지 요리에 넣어도 좋다. 게다가 콩은 정말로 영양이 풍부하고 다른 단백질 식품과 비교해 가격도 저렴하다. 그래도 가장 뛰어난 장점은 어린아이들이 좋아하는 음식이라는 것이다.

요즘에는 생산자 직거래 장터와 좋은 식료품 상점에 가면 여러 종류의 생콩과 마른 콩을 쉽게 구할 수 있다. 봄에는 신선한 누에콩이 나온다. 마른 누에콩은 항시 쉽게 살 수 있지만 나는 생콩을 더 좋아한다. 8월부터 9월, 늦여름에는 아주 잠깐 동안 잘 익은 신선한 콩이 다양하게 많이 나온다. 이 콩들이 바로 늦여름과 초가을의 진정한 보물이다. 마른 콩과 달리 생콩은 물에 불릴 필요가 없고 상당히 빨리 익는다. 그리고 많고 많은 종류의 마른 콩으로 겨우내 메뉴에 다양한 색을 더할 수 있다.

시간이 지나면서 콩은 점차 수분을 잃는다. 최근에 수확해 말린 콩은 물에 불리면 금세 통통해지고 요리해도 빨리 익는다. 내 경험상 마른 콩은 포장하지 않고 덜어서 파는 상품을 사는 것이 제일 좋다. 최근에 수확한 작물일 가능성이 더 높기 때문이다. 오래된 콩은 잘 불지 않고 익는 시간도 오래 걸리며 맛도 그다지 좋지 않다. 제멋대로 익는 경우도 종종 있어 일부는 덜 익어 딱딱하고 일부는 곤죽이 되는 일도 있다. 인근에서 좋은 유기농 콩을 구할 수 없다면 동네 식료품 상점의 제품 관리자에게 이야기해보자. 또는 생산자 직거래 장터에 가서 농부에게 직접 얘기를 하자. 좋은 콩을 구한다고 여기저기 알리는 것이다. 우편이나 인터넷으로 유기농 콩을 주문해도 된다.

다양한 콩

놀랄 만큼 많은 종류의 마른 콩이나 렌틸콩, 완두콩 중에 몇 가지 콩을 간단히 소개하겠다. 경험상 대물림 종자라며 파는 옛날 품종 콩이 일반적으로 알려진 품종의 콩보다 더 맛있다. 개인적으로 좋아하는 콩 종류를 알기 위해서는 여러 가지 콩을 먹어보아야 한다.

카넬리니cannellini는 내가 제일 많이 쓰는 흰콩이다. 크림 같은 질감에 풍미가 순해서 이탈리아 요리나 프랑스 요리에 잘 어울린다. 다른 흰콩으로는 아리코 블랑haricot blanc, 화이트 러너 빈white runner bean, 유러피언 솔저European soldier, 그레이트 노던Great Northerns, 네이비 빈navy, 그리고 크기가 작은 예팥rice bean이 있다.

크랜베리 빈 Cranberry bean은 어두운 갈색 점이 있는 옅은 적갈색 콩이다. 통통하고 향이 풍부하며 파스타 에 파졸리pasta e fagioli1, 리볼리타ribollita2를 비롯한 푸짐한 이탈리아 음식에 넣는 대표적인 콩이다. 늦여름과 가을에는 신선한 생콩을 먹을 수 있고 마른 콩은 1년 내내 구할 수 있다. 비슷한 품종으로는 볼로티borlotti, 아이 오브 고트eye of the goat, 텅 오브 파이어tongue of fire가 있다.

플래절렛 빈 Flageolet bean은 작고 연한 초록색 콩으로 독특한 채소 향이 나고 식감은 상당히 단단하다. 프랑스 요리에 쓰는데 주로 양고기나 오리고기와 함께 쓴다.

리마콩Lima bean은 신선한 생콩으로 먹으면 특히 더 맛있다. 생콩이든 마른 콩이든, 내가 특히 좋아하는 것은 크고 갈색과 분홍색 반점이 있는 크리스마스 리마콩이다. 이 콩에는 특유의 고소한 맛이 있다.

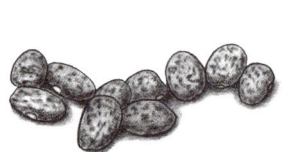

핀토 빈 Pinto bean은 멕시코 요리나 텍사스-멕시코 요리에 주로 쓴다. 통째로 먹어도 맛있고 라드에 튀긴 다음 분쇄해서 먹어도 좋다. 그중에 특출한 풍미가 있는 품종이 바로 플로르 데 마요flor de mayo, 플로르 데 후니오flor de junio, 래틀스네이크 빈rattlesnake bean이다.

검정콩Black bean은 라틴 아메리카 음식의 중심 재료이다. 소박하면서도 훌륭한 풍미가 있어 무엇보다도 수프에 넣으면 맛있다. 그렇지만 다른 콩보다 조리 시간이 오래 걸린다.

렌틸콩Lentil은 정확히 말하자면 빈bean3이 아니다. 크기가 아주 작은, 렌틸(렌즈) 모양의 두류豆類이며 콩과 식물에 속하는 다른 종이다. 렌틸콩의 색은 다양하다. 빨리 익으며, 물에 불릴 필요가 없다. 종류가 다양하지만 내가 가장 잘 쓰는 품종은 작은 프렌치 그린 렌틸콩French green lentil과 작은 검정 벨루가 렌틸콩beluga lentil으

---

1 콩을 넣어 요리한 파스타.

2 흰콩과 채소, 토마토를 넣은 수프에 빵을 넣어 끓인 이탈리아 토스카나 지방 요리.

3 렌틸콩은 콩pea류에 속하며 껍질콩 같은 씨앗 작물을 말한다.

로 이 2가지 종류는 삶아도 모양이 흐트러지지 않는다. 인도 요리에 주로 쓰는 노란색과 붉은 기가 도는 주황색 렌틸콩도 수프와 퓌레를 만들 때 즐겨 쓴다.

동부콩^{Black-eyed pea}, 그리고 사촌 격인 크라우더 콩^{crowder pea}은 고전적인 남부 요리의 주요 재료이다. 신선한 동부콩은 껍질 벗기기가 어렵기는 하지만 그만한 수고가 아깝지 않을 정도로 맛있다. 나는 동부콩과 껍질콩, 허브를 넣고 요리한 라구를 정말 좋아한다.

병아리콩^{Chickpea}은 가르반조 콩^{garbanzo bean}이라고도 하는데 다른 콩보다 익는 시간이 조금 더 오래 걸린다. 늦여름에 운이 좋다면 신선한 병아리콩을 구할 수 있는데 초록색이며 맛이 훌륭하다(마른 병아리콩으로 만든 콩가루로 여러 가지 독특한 음식을 만들 수도 있다).

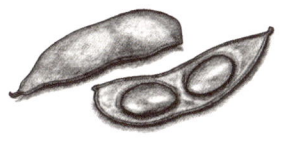

대두^{Soybean}는 신선한 풋콩을 꼬투리째 끓는 소금물에 삶은 후 소금을 조금 뿌려 식탁에 바로 낸다(일본어로는 에다마메라고 한다). 다른 양념을 하지 않고 깍지를 벗겨 알맹이를 바로 입에 넣기만 하면 된다. 몸에도 좋고 아이들도 좋아하는 간식이다.

물에 불리기와 삶기

마른 콩은 몇 시간 불려두면 잘 익는다. 밤새 불려야 제일 좋다. 콩이 푹 잠길 만큼 물을 충분히 부어둬야 콩이 물을 흡수해서 불었을 때 물 밖으로 솟아올라 마르는 상황을 막을 수 있다. 나는 보통 콩 양의 3배 정도 물을 붓는다. 밤새 완전히 물에 담가두지 않으면 다른 콩과 익는 속도가 다르기 때문에 결국 한 냄비의 콩이 일부는 많이 익고 일부는 적게 익는 일이 생기고 만다. 불리는 과정이 끝나면 그 물은 버리고 새 물을 부어 콩을 삶아야 한다.

어림잡기
마른 콩 450그램=
마른 콩 2컵=
삶은 콩 6컵

전 세계 어디서든 콩은 전통적으로 흙으로 만든 냄비에 삶았다(무슨 이유인지 그렇게 하면 맛도 더 좋은 것 같다). 그렇지만 바닥이 두꺼운 비반응성 냄비라면 어떤 것을 써도 괜찮다. 콩이 여러 층으로 겹쳐 있으면 잘 젓기 어렵기 때문에 냄비 바닥에 있는 콩은 뭉개지기 쉽다. 그러니 너무 겹치지 않도록 가능하면 폭이 넓은 솥을 쓰는 것이 좋다. 또, 물을 충분히 많이 넣으면 쉽게 저을 수 있다. 물 높이는 콩보다 2.5센티미터 이상을 유지해야 한다. 물 높이가 너무 낮으면 콩이 빡빡하게 붙어 있게 되어 저으면 쉽게 부스러지고 만다. 최악의 경우 냄비 바닥에 붙어 타버리는 일도 있다. 소금은 콩이 다 익어갈 때 넣어야 부드럽게 삶을 수 있다.

어림잡기

생콩 450그램=

깍지를 벗긴 콩 1컵=

삶은콩 1컵

콩은 부드럽지만 으스러지지는 않을 정도로 삶아야 한다. 그렇지만 덜 삶느니 많이 삶는 편이 낫다! 알 덴테로 삶아 오도독 씹어 먹어야 하는 상황은 생각도 하기 싫다. 그러면 얼마나 오래 삶을지 어떻게 알까? 가장 좋은 방법은 하나 골라 먹어보는 것이다. 콩을 삶기 시작해서 한 시간이 지나면 하나씩 먹어본다. 다 삶으면 식힌 다음 물을 따라 버리자. 익자마자 물을 다 버리고 콩을 건져서 식히면 표면이 갈라져 지저분해진다.

싱싱한 생콩을 삶을 때는 불릴 필요가 없다. 깍지를 벗겨 콩을 까고 냄비에 넣고 삶자. 콩보다 4센티미터 높게 물을 붓는다. 더 많이 부을 필요도 없다. 콩이 물을 그다지 많이 흡수하지 않기 때문이다. 처음부터 소금을 넣어 삶고, 익히기 시작한 지 10분이 지나면서부터 콩이 다 익었는지 먹어보자. 품종에 따라 한 시간도 걸릴 수 있지만, 보통은 그보다는 훨씬 빨리 익는다.

콩을 다 삶고 조미를 한 다음 바로 식탁으로 내어 가도 좋고, 조미를 했든 안 했든 다 익은 콩은 삶은 물에서 식힌 다음 그대로 냉장하거나 냉동해 두었다가 필요할 때 쓴다.

로즈메리와 마늘을 넣은 흰콩

콩 3컵 분량

마른 흰콩 1컵(카넬리니, 화이트 러너 빈, 그레이트 노던, 네이비 빈 등)
에 물 4컵을 붓고 밤새 불린다.
물을 버리고 바닥이 두꺼운 냄비에 옮겨 담는다. 콩 높이보다 5센티미터 높게 물을 붓는다. 팔팔 끓인 다음 불을 낮추고 거품을 걷어낸다. 콩이 부드러워질 때까지 두 시간 정도 약불에서 은근히 삶는다. 요리하는 도중에 물이 졸아들면 언제든지 물을 더하면 된다.

소금
으로 간을 한다. 바닥이 두꺼운 냄비나 프라이팬에

엑스트라 버진 올리브유 1/4컵
을 넣고 약불에서 달군 다음

크게 다진 마늘 4쪽

크게 다진 로즈메리 잎 1작은술
을 넣는다. 마늘이 부드러워질 때까지, 약 2분간만 볶는다. 그런 다음 콩을 넣어 함께 볶으며 맛을 보고, 필요하면 소금을 더 넣는다. 재료의 풍미가 모두 어우러지도록 몇 분 정도 두었다가 식탁에 낸다.

변형하기

- 세이지나 윈터·서머 세이버리의 잎을 로즈메리 대신 넣어도 맛있다.

콩에 조미하기

맛있는 콩 요리를 만드는 비결은 먼저 콩을 부드럽게 익힌 다음 마늘이나 허브 같은 신선한 양념을 넣는 것이다.

앞서 소개한 로즈메리와 마늘을 넣은 흰콩처럼 단순하게 양념을 해서 요리하는 콩 요리도 그렇듯이 먼저 콩을 익힌 다음 조미를 하면 맛이 한결 좋아지는 콩 요리(수프, 그라탱, 퓌레 등)가 수없이 많다. 간혹 처음에 콩을 익힐 때 마늘이나 허브, 양파를 약간 넣기도 하지만 내 경험상 콩을 다 익힌 다음에 조미를 해야 맛있는 풍미가 제일 잘 살아난다. 조미란 올리브유를 소량 넣는 것부터 복잡한 토마토소스를 더하는 것까지 요리에 따라 양념을 더하는 것을 모두 아울러 이르는 말이다. 예를 들어, 전통적인 이탈리아 요리 파졸리 알루첼레토^{fagioli all'uccelletto}는 작은 새처럼 양념한 콩 요리라는 뜻으로 삶은 콩에 마늘을 많이 넣은 토마토소스와 세이지를 넉넉하게 넣고 약불에서 은근히 익힌 것이다. 멕시코 요리에서는 프리홀레스 레프리토스^{frijoles refritos}를 예로 들 수 있는데, 익힌 콩을 마늘, 볶은 양파로 조미해 라드에 튀긴 다음 으깬 것이다(모든 규칙에는 예외가 있기 마련이다. 지금 내 머릿속에 떠오르는 예외는 돼지 다리를 훈제한 햄이나 프로슈토의 뼈 부분을 사용해서 콩에 풍미를 더하는 경우이다. 이때는 처음부터 콩과 재료를 같이 넣고 천천히 익혀야 한다).

콩은 물기를 거의 다 뺀 상태에서 마지막 조미를 해야 한다(콩 삶은 물은 두었다가 수프에 넣거나 그라탱이 촉촉하도록 물 대신 넣으면 좋다). 콩이 완전히 익으면 양념을 하면서 섞는다. 조미를 한 후 적어도 10분 정도는 더 익혀야 하는데 그래야 풍미가 콩에 온전히 스며든다.

다음에 소개하는 것과 같은 그라탱을 만들 때는 제일 먼저 양파, 당근, 셀러리를 한꺼번에 볶는다. 이 재료들의 풍미를 모두 끌어내기 위해 소금으로 간을 한 다음에 콩에 섞는다. 콩에는 지방이 거의 없기 때문에 풍미가 좋은 기름이나 지방질을 넣어주면 더 맛이 좋아진다.

크랜베리 빈 그라탱

6인분

크랜베리 빈이나 볼로티 1¼컵
에 물 4컵을 붓고 밤새 불린다.
물을 버리고 콩을 냄비에 넣은 다음 새 물을 콩 표면보다 5센티미터 높게 부어준다. 팔팔 끓인 다음 불을 낮추고 찌꺼기를 걷는다. 콩이 부드러워질 때까지 두 시간 정도 은근히 익힌다. 콩을 익히는 중간중간, 물이 줄어들면 물을 더 보충한다.
소금
으로 간을 한다. 콩 삶은 물에 그대로 식힌다. 콩이 식는 동안
양파 1/2개(썰었을 때 1/4컵 분량)
껍질 벗긴 작은 당근 1개(썰었을 때 1/4컵 분량)
셀러리 작은 줄기 1대(썰었을 때 1/4컵 분량)

를 잘게 깍둑썰기한다. 바닥이 두꺼운 팬에

올리브유 1/4컵

을 두르고 달군다. 썰어둔 채소를 넣고 부드러워질 때까지, 약 10분간 볶은 후,

얇게 저민 마늘 4쪽

다진 세이지 잎 6장

소금

을 넣는다. 5분간 더 볶은 다음 재료를 계속해서 저으면서

다진 토마토 1/2컵(신선한 생토마토나 유기농 토마토 통조림)

을 넣고 다시 5분간 더 익힌다. 맛을 보고 필요하면 소금을 더 넣는다.

  콩을 건져내고 콩 삶은 물은 따로 잘 둔다. 콩과 채소를 섞고 중간 크기의 그라탱 용기나 오븐 용기에 옮겨 담는다. 맛을 본 다음 필요하면 소금을 넣고 재료가 거의 덮일 정도로 콩 삶은 물을 붓는다.

엑스트라 올리브유 1/4컵

을 뿌리고

구운 빵가루 1/2컵(74쪽)

으로 윗부분을 덮는다.

175도로 예열한 오븐에 넣고 40분간 굽는다. 중간중간 상태를 확인하자. 그라탱이 너무 마른 것 같으면 콩 삶은 물을 조금씩 숟가락으로 떠 넣는다(그라탱 그릇 옆으로 조심스럽게 흘려 넣어야 빵가루가 젖지 않는다).

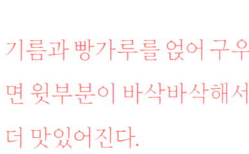

기름과 빵가루를 얹어 구우면 윗부분이 바삭바삭해서 더 맛있어진다.

변형하기

- 신선한 콩을 까서 그라탱을 만들면 훨씬 더 맛있다. 막 수확한 크랜베리 빈 1.4킬로그램을 깐다. 콩 표면보다 2.5센티미터 높게 물을 붓고 팔팔 끓인 다음 불을 낮추어 은근히 익힌다. 이후 20분쯤 지나면서부터 콩이 다 익었는지 확인하자.

- 콩을 반드시 그라탱으로 요리해야 하는 것은 아니다. 간단히 콩과 토마토와 채소를 10분 정도 끓인 후에 식탁으로 내어 가도 좋다.

- 세이지 대신 다른 허브를 쓴다. 잘게 다진 로즈메리, 타임, 서머 혹은 윈터 세이버리, 마저럼, 파슬리나 오레가노 1/2큰술을 넣는다.

신선한 누에콩

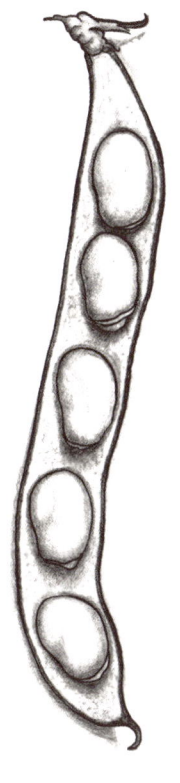

누에콩은 봄을 알리는 전령이다. 다른 콩처럼 꼬투리 안에 들어 있지만 질기고 조금 쓴맛이 나는 껍질이 한 겹 더 있다. 초봄에 수확한 콩은 크기가 작고, 밝은 초록색을 띠는데 굉장히 부드러워서 깍지를 벗길 필요가 없을 정도다. 꼬투리를 까서 바로 생콩을 먹는 경우가 아니라면 물과 기름, 혹은 버터를 조금 넣고 잠깐 삶는 것이 제일 좋다. 봄이 깊어가면 콩도 계속 자라나 크기가 커지고 전분도 더 많아진다. 이런 누에콩은 꼬투리를 까고 껍질도 벗겨서 익힌 다음 아주 부드러운 밝은 초록색 퓌레로 만든다. 이 퓌레는 바삭바삭한 크루통에 듬뿍 발라 먹거나 구운 고기와 곁들여 내면 맛있다. 누에콩은 늦봄에는 누렇게 되고 수분도 말라버리는 데다 너무 익어버려 이렇게 요리해서는 먹을 수 없게 된다.

사실 누에콩은 준비하는 데 손이 조금 많이 가는 편이지만 섬세한 맛과 화사한 색감은 그만한 수고가 아깝지 않을 정도이다. 두껍고 말랑말랑한 꼬투리를 벗겨 콩을 까는 작업은 아주 어린 아이들도 함께 할 수 있는 즐거운 일감이다. 쉽게 콩을 까는 방법은 이렇다. 양손으로 콩을 잡고 엄지손가락 두 개로 꼬투리를 밀어 뒤로 젖히고 누르면 툭하고 콩이 빠져나온다. 꼬투리에서 빼낸 콩에는 불투명한 속껍질이 한 겹 더 있는데 이것도 벗겨내야 한다(지중해 요리에서는 속껍질을 벗기지 않고 쓰기도 하지만 그렇게 하면 콩을 익히는 시간이 오래 걸리고 맛도 차이가 난다). 속껍질을 벗기려면 끓는 물에 콩을 쏟아 붓고 속껍질이 불어 벗기기 쉬운 상태가 될 때까지 둔다. 1분도 걸리지 않으니 금방 하나를 꺼내 상태를 확인해보자(콩을 너무 오래 삶으면 속껍질을 벗기다 콩이 다 으깨지는 일이 생기고 만다). 물을 따라 버리고 콩을 얼음물에 담그자. 콩이 다 식으면 다시 물을 버린 다음 손톱으로 속껍질을 찢고 다른 쪽 손으로 콩을 살짝 누르면서 밀어주면 알맹이가 빠져나온다.

속껍질까지 벗긴 콩은 너무 빨리 강불에서 익히면 안 된다. 중약불이 제일 좋다. 콩을 삶으면서 중간중간 저어주자. 그리고 삶는 물이 졸아 콩이 마르는 것 같으면 물을 조금 더 보충해준다. 숟가락으로 눌렀을 때 덩어리 없이 부드럽게 으깨질 정도로 삶으면 완성이다.

생콩, 마른 콩, 어떤 종류의 콩이든 모두 조미할 수 있고 맛있는 퓌레로 만들 수 있다. 내가 제일 좋아하는 것은 카넬리니 퓌레와 생 크랜베리 빈 퓌레, 삶아서 튀긴 핀토 빈 요리다. 또 좋아하는 전채 요리는 병아리콩에 올리브유와 매운 고추를 넣고 퓌레로 만들어 플랫브레드나 크래커와 함께 먹는 것이다.

누에콩 퓌레
약 3컵 분량

조금 더 자란 신선한 누에콩에는 아주 어린 누에콩보다 녹말이 더 많이 함유되어 있기 때문에 퓌레로 만들면 훨씬 더 맛있다.

누에콩 2킬로그램

을 까는 동안 냄비에 물을 팔팔 끓인다.

끓는 물에 콩을 재빨리 데치고 물을 버린 다음 얼음물에 넣어 식힌다. 물에서 건져 속깍지를 벗겨낸다. 바닥이 두꺼운 냄비에

올리브유 1/2컵

을 붓고 가열한다.

누에콩과

얇게 썬 마늘 4쪽

로즈메리 가지 1개

소금

물 1/2컵

을 넣는다. 누에콩이 아주 부드러워질 때까지 저어가며 익힌다. 필요하면 물을 보충한다. 15분 정도 삶다 숟가락으로 눌러보아 쉽게 으깨지면 완성이다. 콩을 숟가락으로 모두 으깨든지 푸드 밀에 넣고 갈아서

엑스트라 올리브유 1/4컵

을 넣고 잘 섞는다. 맛을 보고 필요하면 소금을 넣어 간을 맞춘다. 너무 되면 물을 넣어 농도를 조절한다. 바로 식탁으로 내 가든지 상온에 두었다가 낸다.

파스타와 폴렌타

생면 파스타

올리브유와 마늘을 넣은 스파게티니

폴렌타와 폴렌타 토르타

파스타 면과 폴렌타 가루는 식품 저장고에 항시 구비되어 있는 품목이며 이탈리아인의 식탁에서 빠지지 않는 중심 재료이다. 마른 파스타 면 한 상자와 몇 가지 다른 재료만 있으면 별다른 계획 없이도 언제나 한 끼 식사를 빠르게 만들 수 있다. 폴렌타는 그냥 옥수수를 갈아서 만든다. 이 가루는 정말 다용도로 쓸 수 있고 맛도 훌륭하다. 파스타와 폴렌타 요리는 준비과정이 비슷하다. 팔팔 끓는 소금물에 면이나 가루를 넣으면 된다. 그리고 버터나 올리브유, 그리고 치즈를 조금 뿌려 먹어도 괜찮다. 나는 생면 파스타도 잘 만들어 먹는다. 생면의 질감이, 오븐에 구운 라자냐 혹은 손으로 떼어낸 생면을 풍미 좋은 미트 소스나 스튜에 넣는 요리에는 특히 잘 어울리기 때문이다. 라비올리나 카넬로리를 집에서 만들려면 반드시 생면이 있어야 한다.

파스타 생면 만들기

파스타 생면은, 적어도 내가 제일 자주 만드는 생면은 밀가루와 달걀 외에는 아무것도 안 들어간다. 파스타를 만든다고 생각하면 겁부터 날지 모르지만 내가 보장하는데, 파스타 만들기는 정말 놀랄 만큼 쉽다. 제일 시간이 오래 걸리는 작업은 반죽을 미는 일이지만 손으로 돌리는 파스타 머신을 쓰면 이 일도 빨리, 쉽게 할 수 있다(파스타 머신은 중고품 매장이나 벼룩시장에서 사면 좋다).

파스타의 주재료는 밀가루이다. 내가 제일 잘 쓰는 밀가루는 표백하지 않은, 유기농 다목적 밀가루이다(표백한 밀가루는 화학물질이 들어 있기도 하지만 풍미가 적고, 반죽하면 끈적거린다). 다른 풍미와 질감이 필요할 때는 밀가루와 함께 통밀, 메밀, 통보리 같은 곡물로 만든 통곡물 가루를 필요한 양의 절반만큼 넣으면 된다. 절반보다 많이 쓰면 반죽이 버슬버슬하고 바스러지기 때문에 얇게 밀어 펴기 어렵다. 듀럼 밀가루를 쓰면 씹는 맛이 있는 맛있는 생면을 만들 수 있지만 아쉽게도 구하기가 어렵다. 듀럼 밀가루를 구했다면 필요한 전체 밀가루 양의 절반을 듀럼 밀가루로 하자. 세몰리나는 듀럼 밀을 간 것인데 무척 거칠어서 에그 파스타로 만들기가 어렵다. 제일 마음에 드는 밀가루가 무엇이고 어떤 비율로 사용하면 좋을지 여러 가지로 실험해보자.

손으로 반죽을 만들 때는 먼저 밀가루를 계량해 볼에 담는다. 밀가루를 담고도 재료를 섞을 공간이 충분할 만큼 큼직한 볼이 필요하다. 다른 볼이나 컵에 달걀을 깨 넣고 살짝 휘저어 노른자와 흰자를 섞는다. 손이나 숟가락으로 밀가루의 가운데를 눌러 옴폭하게 만들고 거기에 깨놓은 달걀을 붓는다. 스크램블드 에그를 만들 때처럼 포크로 달걀을 살짝살짝 저으면서 옆쪽 밀가루를 조금씩 섞어 넣는다. 달걀과 밀가루를 섞은 반죽이 너무 빡빡해져서 포크로 젓기가 어려우면 손으로 계속 섞는다. 밀가루와 달걀을 거의 다 섞었다 싶으면 밀가루를 조금 뿌린 작업대에 반죽을 꺼내놓고 가볍게 반죽을 치대어 반죽이 완전히 하나가 되게 한다. 이 반죽은 아주 부드럽게 만들 필요는 없다. 비닐이나 랩으로 감싸 실온에서 한 시간 정도 둔다(냉장고에 넣었다면 더 오래 둔다). 반죽을 이렇게 두면 포크로 젓고 손으로 밀어 활성화되었던 글루텐이 안정되기 때문에 나중에 반죽을 쉽게 밀어 펼 수 있다.

스탠드 믹서로 반죽을 만들 때는 밀가루를 볼에 담고 믹서에 노 모양의 주걱, 즉 패들을 단 다음 느린 속도로 반죽을 하며 달걀을 천천히 흘려 넣는다. 반죽이 작고 축축한 덩어리가 될 때까지 계속 기계를 돌린다. 가볍게 밀가루를 뿌린 작업대에 반죽을 올려 치대고 한 덩어리로 만든다. 천으로 반죽을 덮어 싸고 손반죽의 경우와 마찬가지로 한 시간 정도 둔다.

여러 번 실험하고 실패한 결과 조금 진 반죽이 작업하기가 더 쉽다는 사실을

파스타 반죽은 몇 시간 전에 미리 만들어 냉장고에 넣어 두었다가 필요할 때 꺼내서 밀면 된다.

깨달았다. 손으로 반죽을 밀어 펴는 경우 특히 더 그러한데 된 반죽은 밀어 펴 놓으면 금방 당겨 올라붙기 때문이다. 파스타에 이상적인 것은 쉽게 한 덩어리로 만들 수 있지만 끈적거리지는 않는 정도로 진 반죽이다. 재료를 모두 다 섞었는데 반죽이 부슬거리거나 너무 마른 느낌이라면 물을 조금 뿌려 촉촉하게 하자. 물을 한 번에 조금씩만 넣어 적당히 질게 만들어야 하는데, 그렇다고 너무 질어서도 안 된다. 반죽이 너무 질고 끈적거린다면 밀가루를 조금 더 넣어 치대자. 그렇지만 이 반죽은 적어도 한 시간은 둔 다음 한 덩이로 만들어야 한다. 만들 때마다 밀가루의 종류나 상태가 다르기 때문에 이번에 물 이만큼이 적당하다고 해도 다음번에는 그만큼이 너무 많거나 적을 수 있다.

파스타는 손으로 밀어도 되고 파스타 머신으로 밀어도 된다. 반죽을 기계의 롤러에 넣고 돌리면 완벽하게 매끄러운 면발을 뽑을 수 있지만 손으로 밀어 만든 면발은 표면이 불규칙하기 때문에 오히려 소스가 잘 흡착되어 기계로 뽑은 파스타와 맛이 미묘하게 차이가 나며 풍미도 다르다. 이런 차이를 맛보고 느끼기 위해 적어도 한 번 정도는 손으로 반죽을 밀어 파스타를 만들어볼 필요가 있다.

파스타 머신으로 밀 때는 먼저 손으로 반죽을 둥글린 다음 눌러서 납작하게 만든다. 파스타 머신을 설치하고 두께를 조절하는 다이얼을 돌려 가장 두껍게 설정한다. 그리고 손잡이를 천천히, 그렇지만 쉬지 않고 돌리면서 반죽을 기계의 롤러에 넣고 통과시킨다. 반죽 양이 많다면 한 번에 너무 많은 양을 넣지 않도록 반죽을 여러 개로 나누어 공 모양으로 만들어놓고 한 덩이씩 넣는다. 기계를 통과해 판판해진 반죽은 편지를 접을 때처럼, 세 단으로 접어 다시 기계에 넣는다. 이는 반죽을 치대는 과정이다. 반죽이 들러붙는다면 밀가루를 조금 뿌리자. 손으로 밀가루를 펴 바른 다음 다시 기계에 넣는다. 세 단으로 접고 다시 기계로 펴는 과정을 두 번 더 반복한다. 이렇게 한 반죽은 말랑말랑하고 부드러울 것이다. 그렇지 않다면 한 번 더 접어 기계에 넣고 펴는 과정을 반복한다.

치대기를 끝낸 반죽은 길게 늘여 뽑아야 한다. 처음에는 반죽이 제일 두껍게 밀리도록 설정해 반죽을 넣고 돌린다. 다음에는 조금 더 얇게 나오도록 조절해서 반죽을 넣고 뽑고, 또 더 얇게 조절해서 넣고 뽑고, 이런 식으로 반죽을 다시 넣을 때마다 두께를 조절해서 더 얇게 뽑아낸다. 반죽이 점점 더 길어지고 얇아지면 손잡이를 돌리지 않는 손을 기계로 들어가는 반죽에 살며시 올려놓는다. 이렇게 하면 반죽이 제자리에서 이탈하지 않고, 방향이 바뀌지 않으며 롤러 아래에서 뭉개지지도 않는다. 뽑혀 나온 파스타 면의 표면을 계속 관찰하자. 너무 끈적거리는 것 같으면 다시 밀가루를 조금 뿌리고 손으로 잘 펴 발라준다. 밀가루 덩어리가 조금이라도 남아 있으면 파스타 면에 흠이 생길 수 있으니 주의하

반죽을 파스타 머신에 넣어 밀고, 이것을 삼단으로 접어 다시 머신에 넣어 민다. 이 과정을 반복하면 반죽을 치댈 수 있다.

자. 기계에서 길게 늘여져 나오고 있는 파스타 면은 한 번은 앞으로, 한 번은 뒤로 접어 차곡차곡 쌓아야 다시 롤러에 어렵지 않게 넣을 수 있다. 두께를 더 얇게 조절한 기계에 접어놓았던 파스타 면의 한쪽 끝을 넣고 손잡이를 돌리면 롤러에 맞물려 들어가면서 착착 접어두었던 면이 저절로 펴져 밀려들어 간다.

반죽이 원하는 두께가 되면 자를 때가 된 것이다. 파스타 면은 익으면 약간 부푼다는 사실을 염두에 두자. 얼마나 얇게 반죽을 밀어야 할지 잘 모르겠다면 파스타 면을 몇 가닥 잘라 익혀보자. 익힌 면이 살짝 두꺼워서 조금만 더 얇게 하면 되겠다 싶으면 마지막으로 설정해두었던 기계에 반죽을 다시 넣고 그대로 돌려 뽑으면 된다. 대부분의 파스타 머신에는 자르는 도구가 딸려 있긴 하지만 직접 칼로 자르는 것도 어렵지 않다. 그러면 손으로 만든 느낌이 살아 있고 불규칙한 식감이 나서 기분 좋다. 뽑아낸 반죽의 한 면이 30센티미터, 다른 한 면이 40센티미터인 직사각형으로 여러 장 잘라 서로 들러붙지 않도록 밀가루를 넉넉하게 뿌리고 착착 쌓는다. 이 반죽을 길이대로 반으로 접고, 또 반으로 접은 다음 원하는 두께로 썬다. 그리고 밀가루를 조금 더 뿌리면서 자른 파스타 면을 펴서 접시나 시트 팬에 펼쳐놓는다(나는 이 면발이 손가락 사이로 흘러 떨어져 내리는 느낌을 정말 좋아한다). 바로 먹을 게 아니라면 유산지나 가벼운 행주로 덮어 냉장 보관한다. 라자냐, 카넬로니, 라비올리나 속을 채워 만드는 종류의 파스타를 만들 때는 면을 더 큰 사각형으로 자르든지, 그냥 길게 뽑은 상태로 두었다가 쓴다.

파스타 생면은 물을 많이 흡수한다. 그러므로 팔팔 끓는 물에 소금을 넉넉하게 넣어 면이 들러붙지 않도록 잘 저어주며 삶아야 한다. 면이 속까지 잘 익었지만, 심지는 살짝 씹는 맛이 있는 정도로 삶으면(이탈리아어로 알 덴테, 이에 씹힌다는 뜻이다) 파스타가 완성된 것이다. 생면은 빨리 익는 편이다. 면발 굵기에 따라 다르기는 하지만 3~6분간 익히면 된다.

파파르델레처럼 칼로 넓게 자른 에그 누들은 스튜나 볼로네제 소스와 잘 어울린다.

생면 파스타

4인분

생면으로 만들 수 있는 파스타 종류는 다음과 같다

링귀니

페투치니

파파르델레

라자냐

카넬로니

파촐레티

카펠레티

아뇰로티

라비올리

토르텔리니

페투치니와 링귀니처럼 칼로 자른 생면은 크림이나 버터가 많이 들어간 소스와 잘 어울리며 완두콩같이 맛이 은은한 채소와 프로슈토를 곁들여 먹으면 더 맛있다.

밀가루 2컵

을 계량해 볼에 붓는다. 다른 볼에

달걀 2개

달걀노른자 2개

를 넣고 잘 섞는다. 밀가루 가운데를 눌러 움푹 들어가게 하고 그 안에 달걀을 푼 물을 붓는다. 포크로 섞는데 스크램블드 에그를 만드는 것처럼 저으면서 밀가루를 조금씩 넣어 섞는다. 포크로 섞기에는 반죽이 너무 뻑뻑해지면 손으로 마저 섞어 마무리한다. 밀가루를 뿌린 작업대에 반죽을 꺼내놓고 손으로 가볍게 치댄다. 또는 패들을 장착한 스탠드 믹서에 밀가루를 넣고 느린 속도로 섞으며 달걀 물을 부어 넣는다. 반죽이 한데 뭉치기 시작할 때까지 계속 섞는데 만약 반죽이 마르고 부슬부슬하면 물을 몇 방울 넣어 진 정도를 조절하자. 반죽을 꺼내서 손으로 가볍게 치댄 후 원반 모양으로 만들고 비닐로 잘 싸둔다. 적어도 한 시간은 그냥 둔 다음 반죽을 민다.

가볍게 밀가루를 뿌린 작업대에 올려놓고 손으로 반죽을 밀든지 아니면 기계를 이용하자. 파스타 머신을 쓸 때는 가장 두꺼운 두께로 설정하고 반죽을 넣어 통과시킨다. 기계에서 빠져나온 반죽을 삼단으로 접어 다시 파스타 머신에 넣어 통과시킨다. 같은 과정을 두 번 더 반복하자. 그리고 한 번에 한 단계씩 두께를 얇게 조절하며 반죽을 반복해서 넣어 늘여 뽑는다. 원하는 두께가 되면 잘라서 면발로 만든다.

변형하기

- 허브 면을 만들려면 달걀을 넣기 전, 밀가루에 다진 파슬리, 마저럼이나 타임을 1/4컵 섞거나 다진 로즈메리나 세이지를 2큰술 넣으면 된다.
- 소량의 버터에 시금치 잎 110그램 정도를 넣고 부드러워질 때까지 볶은 다음 식히고 물기를 짜낸다. 달걀 1개, 달걀노른자 1개와 시금치를 넣고 곱게 갈아 퓌레로 만들어 달걀 대신 밀가루에 넣으면 시금치 면이 된다.

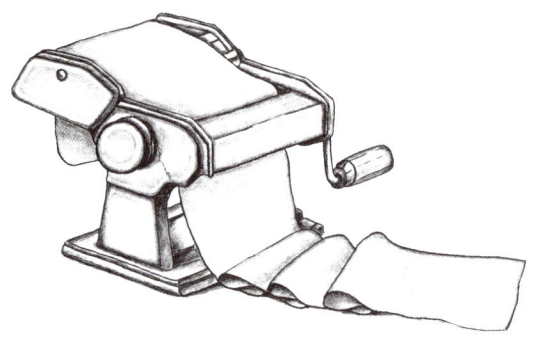

카넬로니와 라비올리 만들기

카넬로니를 만들려면 길게 늘여 뽑은 생면을 가로 10센티미터, 세로 7.5센티미터 크기의 직사각형으로 자른다. 끓는 소금물에 삶은 뒤 찬물에 식히고 행주에 올려 물기를 뺀다. 면을 바로 겹쳐 쌓지 말자. 먼저 올리브유나 녹인 버터를 한 장 한 장 발라주지 않으면 서로 들러붙고 만다.

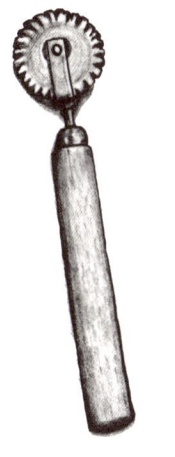

적당한 크기로 잘라놓은 파스타 면을 세로로 놓고 카넬로니 속을 숟가락으로 조금 떠서 면의 1/3 지점에 늘어놓는다. 그리고 면을 조심스럽게 말아 커다란 빨대 모양으로 만든다. 버터를 바른 오븐용 팬에 만든 카넬로니를 놓는데 이때 접착 면이 바닥으로 가게 한다. 소스나 육수, 혹은 녹인 버터와 치즈를 넣고 200도로 예열한 오븐에서 20분간 굽는다.

라비올리를 만들려면 파스타 반죽을 상당히 얇게 뽑아 길이가 36센티미터 정도 되도록 자른다. 라비올리를 만드는 동안 잘라놓은 생면이 말라버리지 않도록 밀가루를 뿌리고 잘 펴 발라 착착 쌓은 다음 행주를 덮어놓자. 라비올리 속을 1큰술 떠서 잘라놓은 면의 1/3 정도 되는 지점에 4센티미터 간격으로 놓는다. 분무기로 아주 조금, 미세한 물방울을 분사한다. 파스타 면을 위에서 아래로 반으로 접고 접은 부분부터 겹친 면을 손가락 끝으로 눌러 공기를 빼낸다. 속을 넣은 라비올리 면이 모양을 갖추고 공기도 다 뺀 상태라면 지그재그 롤링 커터를 이용해 아래쪽 가장자리를 먼저 잘라주고 속과 속 사이를 자르자. 사각형으로 자른 라비올리를 떼어내 밀가루를 뿌린 시트 팬에 하나씩 늘어놓자. 서로 닿지 않게 놓아야 들러붙지 않는다. 요리할 시간이 될 때까지 행주나 유산지로 덮어 냉장고에 보관한다. 마지막까지 냉장 보관해야 속에서 물이 나오지 않는다. 만약 물기가 배어 나오면 팬에 라비올리가 붙어버려 곤란해진다.

소금을 넣은 끓는 물에 라비올리를 넣고 5~6분 삶은 다음 물기를 빼고 접시나 개인 그릇에 라비올리를 담는다. 원하는 소스나 고명을 얹어 먹으면 된다.

파스타 건면 삶기

스파게티가 가장 사랑받는 파스타이긴 하지만 사실 파스타는 굉장히 다양하고 면을 만드는 데 쓰는 곡물의 종류도 여러 가지이다. 이들 파스타 모두 주목할 만하다. 어떤 파스타든 적절하게 익히고 적당한 소스를 쓰는 것이 중요하고 이에 따라 맛도 달라진다. 정말로 맛있는 파스타를 만들기 위한 몇 가지 조언을 하자면 이러하다.

파스타를 만들고 익힐 때는 물이 중요하다. 면은 소금물에 익히는데 이때 물이 넉넉해야 한다. 파스타 면은 익으면서 물을 많이 흡수하기 때문에 물이 모자라 공간이 좁아지면 면발이 서로 들러붙는다. 반드시 물이 팔팔 끓은 후에 면을 넣어야 한다. 물이 끓을 때는 면발이 가라앉아 냄비 바닥에 붙는 일이 생기지 않는다. 계속해서 움직이기 때문이다. 처음에는 한두 번 저어줘야 면발이 서로 들러붙거나 바닥에 붙지 않는다. 물에 소금을 넣으면 소스를 넣기 전에 면에 간이 배기 때문에 요리가 더 맛있어진다. 물에 올리브유를 넣기도 하는데 필수 사항은 아니다. 올리브유는 면이 서로 붙지 말라고 넣는데(어차피 끓는 물의 양만 충분하면 면이 붙지 않는다) 삶는 도중에 면에 기름 막이 입혀지면 소스가 면에 잘 묻지 않게 된다는 단점이 있다. 그리고 파스타 샐러드를 만드는 것이 아니라면 면을 삶은 다음 물에 헹구면 안 된다. 물에 헹궈버리면 면의 바깥쪽에 있는 전분이 씻겨나간다. 면에 붙어 있는 전분은 소스에 질감과 풍미를 더하는데 말이다.

이탈리아 할머니들의 비결은 파스타 삶은 물을 버리지 않고 두었다가 소스에 섞는 것이다.

파스타 면을 알 덴테로 삶자. 면을 잘랐을 때 하얀 심지는 남아 있지 않지만 씹어보면 약간 단단한 느낌이 살아 있는 정도가 좋다. 계속 먹어보며 얼마나 더 익혀야 할지 가늠하자. 덜 익힌 면은 잘라보면 하얀 심지가 뚜렷하게 보인다. 마른 에그 누들은 상당히 빨리 익는 편이고(5~6분), 다른 재료가 많이 들어가지 않은 면은 훨씬 오래 걸린다(10~13분). 면이 다 익으면 바로 물에서 건져야 잔열에 계속 익지 않는다. 삶은 물은 다 버리지 말고 반드시 일부 남겨두자. 파스타 소스를 만들 때 아주 요긴하게 쓸 수 있다.

파스타 면과 소스를 섞는 데도 몇 가지 방법이 있다. 한 가지는 소스에 물기를 뺀 파스타 면을 넣고 바로 뒤적여 섞는 것이다(소스에 넣기 전 면에 소금 간을 하는 것도 좋다. 특히 단순한 소스일 때 더 좋다). 또 다른 방법은 면에 기름이나 버터와 치즈, 소스를 아주 조금만 넣고 섞어 접시에 담은 뒤 소스를 더 많이 얹는 것이다. 미트 소스 파스타를 낼 때 좋은 방법이다. 살짝 덜 익었다 싶을 때 면을 건져 소스에 넣고 몇 분 더 익히는 방법도 있다. 소스에 물기가 많아 흥건한 경우에만 쓰는 방법이다. 면이 익는 중에도 계속해서 물기를 흡수하기 때문이다. 남겨두었던 면수는 너무 뻑뻑한 소스를 묽게 할 때, 너무 되직한 면을 부드럽게 할 때 아주 유용하다. 소금과 면발의 전분이 녹아 있어 풍미가 풍부하고 식감이 좋아 기름이나 버터, 소스보다 이 물을 넣으면 음식이 더 산뜻해진다.

소스마다 어울리는 면이 따로 있다. 크고 두툼한 면은 건더기가 많은 소스와 잘 어울린다. 에그 누들은 버터가 많이 들어간 소스나 고기를 넣은 라구와 함께 먹으면 맛있다. 또 가늘고 긴 파스타 면은 기본 토마토소스나 다음에 소개할 올리브유 소스와 좋은 짝이 된다.

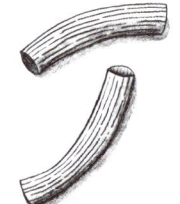

올리브유, 마늘을 넣은 스파게티니

4인분

이 파스타는 식품 저장고가 거의 비었더라도 15분이면 뚝딱 만들 수 있는 메뉴다.

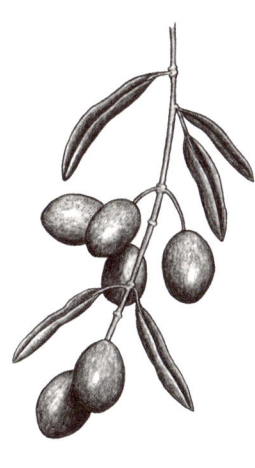

커다란 냄비에 소금을 넣은 물을 가득 넣고 팔팔 끓인 다음

스파게티니 450그램

을 넣고 알 덴테로 삶는다. 파스타 면이 익는 동안 바닥이 두꺼운 팬에

엑스트라 올리브유 1/3컵

을 넣고 중불로 데운다. 기름이 적당히 따뜻해지면

곱게 다진 마늘 4쪽

줄기를 제거하고 잎 부분을 다진 파슬리 가지 3대

매운 고춧가루 1꼬집

소금

을 넣는다. 마늘이 부드럽게 될 때까지 익히고 지글지글 소리를 내기 시작하면 불을 끈다. 마늘이 갈색으로 변하거나 타지 않도록 주의하자.

파스타 면이 다 익으면 삶은 물을 일부 따로 보관하고 나머지는 버린다. 면을 소스가 담겨 있는 프라이팬에 소량의 소금과 함께 넣고 뒤적인다. 맛을 보고 간을 맞추는데, 뻑뻑하면 면수를 조금 넣으면 된다. 바로 식탁에 올린다.

변형하기

- 파슬리를 2배로 넣거나 잎이 부드러운 다른 허브, 예를 들어 바질이나 마저럼, 서머 세이버리를 넣어도 좋다.
- 마늘을 넣고 1분이 지난 후 깨끗하게 씻어 반으로 자른 방울토마토를 2/3컵 넣는다.
- 파르메산 치즈를 갈아 위에 올린다.
- 검은 올리브를 몇 개 다져 넣거나 안초비를 다져 마늘, 파슬리와 넣는다.
- 스파게티니 대신 달걀 페투치니, 올리브유 대신 버터를 넣는다.

폴렌타 만들기

폴렌타는 옥수숫가루에 물을 붓고 끓인 아주 단순한 음식이다. 그렇지만 놀랄 만큼 맛있고, 파스타만큼이나 쓰임새가 아주 다양하다. 폴렌타는 막 요리하면 부드럽지만 식으면 점점 단단해지기 때문에 튀기거나, 석쇠나 오븐에 구울 수 있다. 부드러운 폴렌타도, 단단한 폴렌타도 모두 토마토나, 미트, 버섯 소스 한 숟가락을 뿌리면 굽거나 삶은 고기와 아주 잘 어울린다. 색다르게 먹고 싶다면 신선한 옥수수나 누에콩을 부드러운 폴렌타에 섞어 넣으면 좋다. 익힌 채소, 치즈와 소스를 폴렌타에 겹겹이 올리면 맛있는 토르타가 된다. 폴렌타 가루는 노란 옥수수나 흰 옥수수를 갈아서 만드는데 보통 옥수숫가루보다는 거칠게, 모래알보다는 곱게 간 것이다. 신선한 폴렌타는 달큰한 향이 나고 밝은 노란색이다. 다른 모든 곡물과 마찬가지로 폴렌타도 어둡고 선선한 곳에 보관하고 오래되면 버려야 한다.

폴렌타 가루는 끓는 물에 넣어 익힌다. 물과 가루의 비율은 대략 4:1이다. 어떤 옥수수를 얼마나 곱게 갈았는지, 그리고 얼마나 신선한지에 따라 이 비율은 달라진다. 가루를 살 때마다 조금씩 다를 것이다. 폴렌타를 요리할 때는 바닥이 두꺼운 냄비를 써야 바닥에 들러붙어 타지 않는다. 바닥이 두꺼운 냄비가 없다면 불꽃 조절기flame tamer를 쓴다. 물을 팔팔 끓인 다음 폴렌타 가루를 천천히, 끊이지 않게 부어 넣으면서 거품기로 계속해서 젓는다. 불을 낮추고 2~3분간 계속해서 젓다가 가루가 바닥에 가라앉지 않고 물에 뜨는 상태가 되면 멈춘다(이렇게 하면 폴렌타 가루가 바닥에 가라앉아 타는 일이 없다). 소금으로 간을 하고 끓을락 말락 할 정도로 불을 조절하여 한 시간 정도, 가끔 저어주면서 조리한다. 20분이나 30분만 끓여도 충분히 다 익고 부드러워지지만, 더 오래 끓일수록 풍미가 더욱 살아난다. 걸쭉한 폴렌타는 굉장히 뜨거우니 저을 때, 맛볼 때 각별히 주의하자. 나는 작은 접시에 폴렌타를 한 숟가락 떠 두었다가 식으면 맛을 본다.

폴렌타는 부을 수 있을 정도의 농도에 크림 같은 질감이어야 한다. 폴렌타가 너무 걸쭉하거나 요리하는 도중에 되직해지면 물을 더 넣어서 알맞은 농도로 만들어야 한다. 실수로 물을 너무 많이 넣어서 폴렌타가 묽어져서 수프처럼 되었다면 물이 증발해서 적당한 농도가 될 때까지 계속 끓인다. 폴렌타는 식으면 바로 굳어버린다. 불을 끄고 뚜껑을 덮어두면 20분 정도는 부드럽고 뜨거운 상태로 유지할 수 있다. 더블 보일러[1]에 넣어 보관하면 더 오랫동안 뜨겁게 먹을 수 있고, 아니면 폴렌타 냄비를 뜨거운 물이 들어 있는 큰 냄비에 넣어둔다. 마지막에 버터나 올리브유, 치즈를 넣으면 맛이 더 풍부해지고 풍미도 진해질 수 있다. 전통적으로 파르메산 치즈를 넣지만 다른 치즈도 넣어보자. 폰티나, 체다, 페코리노 치즈도 잘 어울린다. 부드러운 폴렌타를 그릇에 담고 마스카르포네나 블루 치즈를 얹어 내면 고급스러운 맛이 된다.

단단한 폴렌타를 만들려면 테두리가 있는 베이킹 시트에 뜨겁고 부드러운 폴렌타를 붓고 고르게 펴서 식히면 된다(팬에 기름을 꼭 두를 필요는 없다). 대략 2.5센티미터 두께로 만들면 다용도로 쓸 수 있다. 폴렌타가 완전히 굳을 때까지 실온에 두거나 냉장 보관하자. 완전히 다 식을 때까지는 베이킹 시트의 뚜껑을 덮으면 안 된다. 굳은 폴렌타는 모양을 내어 잘라 오븐이나 석쇠에 구워도 되고 튀겨 먹어도 좋다. 오븐에 구울 때는 폴렌타 조각에 기름을 바르고 175도에서 20분 동안, 바삭바삭해질 때까지 굽는다. 석쇠에 구울 때는 역시 기름을

1 수프나 국이 식지 않게 중탕으로 보관하는 기구.

바르고 달궈진 석탄에 올려두었던 석쇠에 놓고 굽는다. 석쇠가 아주 뜨거우면 폴렌타가 달라붙지 않는다. 튀길 때는 기름을 조금만 부어도 되고, 넉넉하게 부어도 좋다. 폴렌타는 식으면 굳지만, 너무 얇게 펴서 식혔거나 버터나 기름을 너무 많이 넣어 만들었을 경우 석쇠에 굽거나 튀기면 부스러질 수 있다.

폴렌타 토르타는 폴렌타와 소스, 익힌 초록 채소를 비롯한 여러 채소, 그리고 치즈를 층층이 쌓아 만든다. 막 만든 부드러운 폴렌타로 만들고, 이미 식어 단단히 굳은 폴렌타로도 만들 수 있다. 토마토소스, 미트 소스, 페스토 소스 같은 소스를 바르면 된다. 폴렌타 토르타는 미리 만들어두어도 데우기만 하면 맛있는 요리가 된다.

폴렌타
4인분

바닥이 두꺼운 냄비에

물 4컵

을 붓고 끓인다. 물이 끓으면

폴렌타 가루 1컵

소금 1작은술

을 넣고 잘 젓는다. 불을 낮추고 폴렌타 가루가 바닥에 가라앉지 않고 물에 뜨는 상태가 될 때까지 계속 젓는다. 한 시간 동안 가끔 저으며 아주 약한 불에서 은근히 끓인다. 폴렌타가 너무 되면 물을 더 넣는다.

폴렌타를 저어가며

버터나 올리브유 3큰술

파르메산 치즈 가루 1/2컵

을 넣는다. 맛을 보고 필요하면 소금을 조금 더 넣는다 (폴렌타의 맛을 볼 때는 각별히 주의해야 한다. 굉장히 뜨겁다). 식탁에 내어 갈 때까지 따뜻하게 온기를 유지한다. 혹은 테두리가 있는 베이킹 시트에 펴서 식힌다.

어림잡기
1:4
옥수숫가루 1
물 4

변형하기

- 생옥수수 알갱이 1컵을 4분간 볶아 소금으로 간을 하고 완성된 폴렌타에 섞는다.
- 깍지를 까고 껍질을 벗긴 누에콩 1컵을 완성된 폴렌타에 섞는다.
- 파르메산 치즈 대신 폰티나, 페코리노, 체다 치즈를 넣는다.

폴렌타 토르타
6인분

부드러운 폴렌타 4컵(104~105쪽 참고)
기본 토마토소스 2컵(286쪽 참고)
을 준비한다.
파르메산 치즈 1컵
을 갈아둔다.
생 모차렐라 치즈 230그램(중간 크기의 둥근 치즈 덩어리 2개 분량)
을 6밀리미터 두께로 자른다.

도기나 가장자리가 낮은 오븐 용기에 기름을 바른다. 부드러운 폴렌타 1⅓컵을 국자로 떠서 용기에 담는다. 폴렌타에 토마토소스 1컵을 펴 바른다. 잘라둔 모차렐라 치즈의 절반을 토마토소스에 골고루 올린다. 그 위에 갈아놓은 파르메산 치즈의 절반을 뿌린다. 다시 폴렌타 1⅓컵을 국자로 떠 넣고 남은 토마토소스를 모두 펴 바른다. 그 위에 남은 모차렐라 치즈를 올리고 남겨두었던 파르메산 치즈를 모두 뿌린다. 또, 나머지 폴렌타 1⅓컵을 부은 다음 적어도 30분 동안은 폴렌타가 자리를 잡도록 가만히 놓아두었다가 굽는다. 굽기 15분 전에 오븐을 175도로 예열해두자. 폴렌타가 뜨겁게 익어 부글거릴 때까지, 30분 정도 구우면 된다.

변형하기

- 근대 양파 볶음(331쪽의 레시피 참고)을 준비한다. 근대 요리를 반으로 나눠 파르메산 치즈 가루를 뿌릴 때마다 그 위에 올린다.
- 단단한 폴렌타로 토르타를 만들자. 팬의 크기에 맞춰 폴렌타를 자르고 부드러운 폴렌타로 만들 때와 마찬가지 과정을 거치면 된다.
- 익힌 채소 2컵(초록 채소, 마른 콩, 옥수수 등)을 폴렌타에 바로 넣어 섞은 다음 그 위에 소스와 치즈를 겹겹이 쌓는다.
- 페스토 소스 1컵(250쪽)을 토마토소스 대신 쓰거나 함께 쓴다.
- 모차렐라 치즈 대신 폰티나 치즈 1컵을 갈아 쓴다.
- 토마토소스 대신 볼로네제(247쪽)나 버섯 라구 소스(248쪽) 2컵을 쓴다.

쌀

밥 짓기
빨간 필라프
리소토 비안코

밥 한 공기는 가장 기본적인 음식이고, 기운을 북돋으며 빵처럼 매일 먹어도 질리지 않는 음식이다. 쌀은 모두 학명 오리자 사티바라는 종[種]에서 나왔는데 종류가 4만 가지가 넘는다. 그렇지만 크게 모양이 짧은 단립미[短粒米]와 길쭉한 장립미[長粒米], 2종류로 나눌 수 있다. 짧고 통통하며 전분이 많은 단립미는 전통적으로 한국, 일본, 중국 일부 지역과 유럽 일부 지역에서 재배하고 먹었다(스페인의 파에야, 이탈리아의 리소토에 쓰는 쌀은 단립미이다). 상대적으로 끈기가 적고 길고 가는 장립미는 향이 좋은 인도의 바스마티 라이스, 태국의 자스민 라이스, 미국의 캐롤라이나 라이스 같은 종류가 있다.

밥 짓기

장립미든 단립미든 막 추수한 벼는 모두 알갱이를 쌀겨와 왕겨, 두 겹의 껍질이 둘러싸고 있다. 왕겨만 벗겨낸 낱알을 현미라고 한다. 현미의 속껍질인 쌀겨를 깎아내고 정미하면 백미가 된다. 백미는 현미보다 빨리 익고 고소한 맛은 떨어지지만 부드럽다(와일드 라이스라는 식재료는 사실 쌀이 아니라 북미 지역에서 야생으로 자라는 수초의 거무스름한 씨앗이다). 흰 쌀밥은 뚝딱 준비해 빨리 먹는 여러 요리에서 가장 중심이 되는 재료이다. 예를 들어 저녁으로 초밥을 준비할 때면 끈기가 있는 단립미로 따뜻한 밥을 해서 큰 볼에 담고 생선회 한 접시와 얇게 썬 당근, 오이, 그리고 바삭바삭한 김 몇 장을 함께 내면 된다. 또는 쿠민과 마늘로 향을 낸 황금빛 렌틸콩 수프에 맛이 섬세한 바스마티 라이스로 밥을 해 곁들이면 대단히 만족스러운 점심 식사가 된다.

나는 항상 밥하는 일이 이상하게도 정말 어려운 것 같다. 마른 쌀알에 물을 붓고 뚜껑을 덮거나 덮지 않고 밥이 될 때까지 익히면 된다고 알고 있는데도 말이다. 밥을 할 때는 쌀에 물을 엄청 많이 붓고, 쌀이 다 익으면 물을 따라 버려도 되고 증발하는 양과 쌀이 흡수하는 양을 계산해서 딱 그만큼의 물만 넣어도 된다. 혹은 이 두 가지 방법을 조합해도 괜찮다. 물의 양과 쌀의 비율을 정확히 맞추기가 상당히 까다롭다.

쌀은 익으면 끈적끈적해지기 때문에 어떤 종류의 쌀은 미리 잘 씻어 표면의 과도한 전분을 제거하고 밥을 지어야 더 잘된다(그렇지만 리소토나 파에야에 쓰는 쌀은 절대 씻으면 안 된다. 이런 요리에는 전분이 꼭 필요하기 때문이다). 씻을 때는 쌀을 큰 볼에 넣고 찬물을 부은 다음 획획 돌리면서 손으로 문질러 씻어야 한다. 물이 흐려지면 따라 버리고(체를 쓰면 일이 쉬워진다) 다시 물을 부어 씻는데 이 과정을 거의 맑은 물이 나올 때까지 반복한다. 쌀을 잘 건져두자. 쌀을 불려야 한다면 이렇게 잘 씻어둔 쌀을 써야 한다. 쌀 높이보다 적어도 2.5센티미터는 더 올라오도록 물을 넉넉하게 붓고(혹은 레시피에서 요구하는 만큼의 물을 부으면 된다) 일정 시간 동안 쌀을 불린다.

밥을 하는 제일 쉬운 방법은 쌀이 모두 흡수할 만큼 물을 붓고 끓이는 것이다. 쌀과 물을 계량해서 냄비에 담고 팔팔 끓으면 바로 약불로 낮춘 다음 뚜껑을 단단히 닫고 물이 모두 흡수될 때까지 백미는 15~20분, 현미는 40분 동안 익히면 된다. 쌀의 종류에 따라 흡수하는 물의 양이 다르다. 현미 1컵은 물 2컵을 흡수한다. 장립 백미 1컵은 물 1½컵 정도를, 단립 백미 1컵은 물 1컵과 2큰술만 흡수한다. 앞으로 소개할 밥 짓는 법에서도 나오지만 쌀 1컵당 소금 1꼬집, 버터나 올리브유 1작은술을 넣어 풍미를 더하고 밥알이 달라붙지 않게 하는 요리사들도 많다. 어떤 방식으로 밥을 하든지 마지막에는 뚜껑을 덮은 채 5~10분 뜸을 들인 다음 밥을 살살 저어서 그릇에 푼다. 뜸을 들이는 동안 온도가 약간 떨어지기 때문에 밥알이 조금 고슬고슬해져 주걱으로 저으면 금방 포실해진다.

그렇다면 물이 다 흡수되었는지를 어떻게 알 수 있을까? 뚜껑을 열고 밥을 헤쳐 냄비 바닥을 들여다보면 된다. 그렇게 하면 밥이 잘못된다고 말하는 사람들도 많지만, 내가 장담하지만 절대 밥을 망치지 않는다! 바닥에 아직 물기가 있으면 쌀을 더 익혀야 하고 바닥이 말라 있으면 밥이 거의 다 된 것이다. 밥을 조금 먹어보자. 밥알이 아직 설익었는데 냄비 바닥에 물이 없으면 따뜻한 물을 몇 숟가락 떠서 뿌려주면 된다. 반면에 밥은 다 된 것 같은데 물기가 여전히 많으면 뚜껑을 열고 계속 가열해 물을 모두 증발시키자.

물을 팔팔 끓여 밥을 하는 방법도 있다. 쌀 1컵에 소금물 1리터 정도가 필요한데, 물부터 팔팔 끓여 쌀을 넣고 계속 강불에서 익힌다. 쌀이 곤죽이 되지 않게 부드러워질 정도로만 익히면 된다. 물에 불린 백미라면 6~7분, 물에 불리지 않았다면 10~12분 걸릴 것이다. 현미는 더 오래 걸리는데 적어도 30분은 익혀야 한다. 쌀이 다 익으면 물을 완전히 따라 버리고 필요하면 소금과 버터나 올리브유를 조금 넣어 잘 뒤적거린다.

또 다른 방법은 물을 흡수시켜서 짓는 법과 물을 끓여서 짓는 법, 두 가지를 합친 것이다. 물을 넉넉히 붓고 쌀을 6~7분 동안, 살짝 부드러워질 때까지 끓인 다음 물을 따라 버리고 버터나 기름을 넣는다. 그리고 뚜껑을 단단히 덮어 뜨거운 오븐에 넣고 추가로 15~20분 익힌다. 이렇게 하면 밥알이 물기가 적고 탄력이 있어 따뜻하게 보관하기도 좋다.

바스마티 라이스는 인도 북부에서 많이 나는 장립미이다. 이 쌀은 1년 정도 묵혀두었다가 먹으면 풍미와 향이 농축되어 더욱 깊어지며 익히면 부풀어 가볍고 고들고들해진다.

쌀밥: 물에 불려 밥 짓는 방법 1

3~4인분

나는 단립미로 초밥에 쓸 일본식 밥을 지을 때 이 방법을 쓴다.

단립미 1컵

을 씻는다.
물을 버리고 바닥이 두꺼운 냄비에 쌀을 담은 다음

찬물 1컵과 2큰술(280시시)

을 붓는다. 뚜껑을 덮고 중강불로 끓인다. 끓기 시작하면 바로 약불로 낮추고 물이 모두 흡수될 때까지 약 15분간 가열한다. 불을 끄고 뚜껑을 덮은 채 10분간 뜸을 들인다. 밥을 저어 푸고 식탁으로 가져간다.

변형하기

- 밥을 하기 전에 소금 1꼬집과 버터나 올리브유 1작은술을 냄비에 넣는다.
- 장립미를 쓴다면 쌀을 잘 씻어 물을 더 많이, 1½컵 붓고 밥을 한다.
- 현미의 경우에는 물을 더 많이, 2컵 붓고, 밥을 하는 시간도 40분으로 잡아야 한다.

쌀밥: 물에 불려 밥 짓는 방법 2

3~4인분

바스마티 라이스는 내가 제일 좋아하고 거의 매일 먹는 식재료다. 훈훈한 향과 섬세한 식감이 정말 좋다.

바스마티 라이스나 다른 장립미 1컵

을 물을 몇 번 갈아가며 잘 씻는다. 바닥이 두꺼운 냄비에 씻은 쌀과

소금 1꼬집
물 2컵

을 넣는다. 30분 동안 물에 불린다. 밥을 할 준비가 다 되면

버터 1큰술

을 넣는다. 뚜껑을 덮지 않고 팔팔 끓이다가 물이 모두 흡수되고 밥 윗면에 증기로 인한 구멍이 여러 개 생기면 불을 약불로 낮추고 뚜껑을 단단히 닫는다. 7분 더 익힌 다음 불을 끄고 10분간 뜸을 들이자. 쌀알이 서로 들러붙지 않게 주걱으로 밥을 잘 저어 식탁에 낸다.

변형하기

- 버터를 넣을 때 사프란 1/8작은술을 함께 넣는다.

끓여서 오븐에 구운 장립미

3~4인분

바스마티 라이스나 다른 장립미 1컵

을 물을 여러 번 갈아가며 잘 씻는다.
쌀 표면보다 2.5센티미터 더 올라오도록 물을 붓고 20분간 불린다. 바닥이 두꺼운 냄비에

소금물 1리터

밥을 많이 해서 따뜻하게 보관해놓으려 할 때 쓰면 좋은 방법이다. 미리 밥을 해서 오븐에 넣어두면 마지막 순간에 시간 맞춰 밥을 해야 하는 스트레스를 겪지 않아도 된다.

를 넣고 팔팔 끓인다. 쌀을 건져 끓는 물에 넣고 6~7분간 익힌다. 밥이 다 되었는지 먹어보자. 쌀을 조금 알 덴테로, 중심 부분은 딱딱한 정도로 익혀야 한다. 남은 물을 버리고 쌀을 다시 냄비에 담는다. 다른 냄비에

버터 2큰술

우유나 물 1½큰술

을 넣고 가열해 버터를 녹인다. 녹은 버터와 우유를 섞어서 쌀에 붓고 알루미늄 포일이나 딱 맞는 뚜껑으로 냄비를 꽉 닫는다. 175도로 예열한 오븐에 넣고 15분 동안, 쌀에 물기가 없고 고슬고슬해질 때까지 익힌다.

필라프

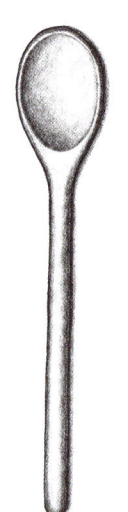

쌀을 기름에 빨리 볶아 양념 국물에 넣어 익힌 맛있는 요리다(국물이 쌀에 완전히 흡수되었다는 점에서 리소토와 다르다). 레시피에 따라 필라프에 견과류나 향신료, 채소 몇 가지를 넣거나 복잡한 고기 스튜를 쓰기도 한다. 나는 보통 단순한 필라프를 만드는 편이다. 다음에 소개할 빨간 필라프를 만들어 케사디야와 검은 콩을 곁들여 내거나 사프란과 양파를 넣어 바스마티 라이스 필라프를 만들어 채소 라구와 함께 먹기도 한다. 단립미를 쓰기도 하지만 필라프에는 보통 장립미를 사용한다.

국물을 넣기 전에 쌀을 볶는 이유는 풍미를 풍부하게 하고 쌀알 하나하나를 기름으로 코팅하기 위해서이다. 요리를 하기 전에 쌀을 잘 씻고, 이렇게 볶는 과정을 거치면 밥알이 서로 들러붙거나 뭉치지 않는다. 기름은 올리브유와 버터를 주로 쓴다. 쌀을 볶을 때 버터가 탈 수 있는데, 버터에 올리브유를 조금 섞거나 정제 버터[1](137쪽 참고)를 쓰면 태우지 않고 볶을 수 있다.

쌀을 볶기 전 보통 양파를 기름에 몇 분 동안 볶는다. 그리고 쌀을 볶은 다음 풍미 가득한 국물을 붓고 팔팔 끓인 후, 약불에서 뚜껑을 덮고 국물이 쌀에 모두 흡수될 때까지 약 15분간 은근히 익힌다. 익는 시간에 따라 채소와 고기를 순서대로 넣으면 되는데, 재료에 따라 국물과 함께 넣거나 쌀이 조금 익은 후에 넣는다. 이 책에서 소개하는 빨간 필라프는 쌀에 색이 고루 배도록 토마토를 처음부터 넣어서 만든다. 필라프가 완성되면 10분 간 뜸을 들인 뒤 식탁에 내자.

빨간 필라프

3~4인분

바닥이 두꺼운 냄비에

올리브유 1½큰술

을 두르고 데운다.

곱게 다진 작은 양파 1개

를 넣고 약 5분 동안, 색이 투명해질 때까지 중불에서 볶는다.

---

1 버터를 약불에서 천천히 녹여 물을 증발시키고 유지방을 분리하여 걸러낸 것.

쌀을 엷은 갈색이 날 때까지 볶으면 필라프의 맛이 더 고소해진다.

잘 씻고 물기를 뺀 장립미 1컵

을 넣고 섞으면서 5분간 볶는다.

곱게 다진 마늘 2쪽

껍질을 벗기고 씨를 뺀 후 곱게 다진 작은 토마토 1개(또는 대추 토마토 2개, 통조림이나 신선한 것)

소금 1/2작은술(간이 되어 있는 육수를 사용하는 경우에는 소금의 양을 줄인다)

크게 다진 고수 잎 2큰술

을 넣는다. 재료를 잘 섞으며 1분에서 2분 동안 더 볶다가

닭 육수나 물 1½컵

을 부어 끓인다. 팔팔 끓으면 약불로 낮추고 뚜껑을 단단히 닫는다. 국물이 모두 흡수되고 쌀이 부드러워질 때까지 약 15분간 익힌다. 불을 끄고 뚜껑을 덮은 상태로 10분 동안 뜸을 들이고 식탁에 낸다.

변형하기

- 뚜껑을 덮고 약 7분쯤 익혔을 때, 완두콩, 껍질콩, 콜리플라워나 브로콜리를 작게 잘라 밥 위에 뿌리듯 넣는다. 뚜껑을 덮고 쌀이 다 익을 때까지 계속 익힌다. 10분간 뜸을 들이고 식탁에 올리기 직전에 쌀과 채소를 섞는다.
- 뚜껑을 덮어 쌀을 익히는 마지막 15분 과정에 들어가기 직전, 뼈를 발라낸 로스트 치킨이나 구운 돼지고기 혹은 삶은 돼지고기를 조각내어 넣는다.
- 토마토를 빼고 고수 잎의 양을 늘려, 1/4컵 넣는다.
- 바스마티 라이스를 쓴다. 20분 동안 물에 볶은 후 물기를 뺀다. 다진 양파를 먼저 볶고 쌀과 함께 사프란 가닥을 넉넉하게 1꼬집 넣는다. 몇 분 더 볶다가 육수나 물, 소금을 넣고 뚜껑을 덮은 채 끓인다.

리소토 만들기

리소토는 이탈리아 사람들이 어릴 적 어머니의 맛이라 하면 떠올리는 대표적인 음식으로 부드러운 쌀을 크림 같은 소스와 섞은 요리다. 많은 사람들이 레스토랑에서나 먹을 만한 요리라고 생각하지만, 사실 리소토는 모든 사람이 다 좋아하는, 냄비 하나로 만들 수 있는 기본적인 음식이다. 리소토는 전분이 많아 끈끈한 단립미로 만든다. 단립미는 육수를 넣어 잘 요리하면 농축된 풍미와 즙이 풍부한 독특한 식감이 생긴다.

이탈리아 북부에서 리소토용으로 개량해서 재배하는 다양한 단립미 품종 중 가장 유명한 것은 아르보리오이지만 그 밖에도 비알로네 나노(길이가 더 짧

쌀 1⅓컵으로 리소토를 만들 때, 나는 용량이 3리터 정도 되는 폭이 넓은 냄비를 쓴다.

리소토를 요리할 때 나는 소리에 귀를 기울이자. 쌀이 따닥따닥, 지글거리는 소리는 와인을 넣을 때라고 일러주는 소리고, 이때 와인을 넣으면 기분 좋은 쉭 하는 소리가 난다. 퐁퐁 방울이 터지는 소리가 나면 육수를 더 넣어야 할 때다.

은 단립미), 발도, 그리고 내가 제일 좋아하는 카르나롤리도 있다. 이들 모두 쌀알이 짧고 통통한데 꽤 많은 물을 흡수하면서도 쌀알의 조직을 온전하게 유지하고(씹는 맛이 있다고들 한다), 표면에 전분이 많아 리소토가 크림같이 되는 데 일조한다.

리소토를 만들 때는 육수를 더하기 전에 먼저 기름에 쌀을 볶아야 하는데, 바닥이 두꺼운 스테인리스 스틸 냄비나 법랑을 칠한 주철 냄비를 써야 쌀이 쉽게 눌지 않는다. 비교적 속이 깊은 냄비를 고르자(지나치게 깊어서는 안 된다. 재료를 젓기가 어렵고 물이 잘 증발하지 않을 수도 있기 때문이다). 냄비에 쌀이 6~12밀리미터 높이로 올라올 만큼 냄비의 지름도 충분히 커야 한다.

제일 먼저 풍미가 좋은 리소토의 기본 바탕이 되는 재료인 양파를 깍둑썰기한 후 빠르게 볶아야 한다. 기름(보통 버터를 쓰지만 가끔은 올리브유나 소의 골수, 베이컨 지방을 쓰기도 한다)을 넉넉하게 두르고 양파를 부드러워질 때까지 볶는다. 양파가 부드러워지면 쌀을 넣고 몇 분 동안 더 볶는다. 이렇게 하는 것을 이탈리아어로 토스타투라tostatura라고 하는데 '볶는다'는 뜻이다. 쌀알 하나하나를 기름으로 코팅하고 밀폐하기 위한 과정이다. 쌀은 지글거리기 시작하고 투명하게 변할 것이다. 색이 진해지거나 갈색으로 변하지 않도록 주의하자. 이 단계에서 와인을 조금 넣어 과일 향과 신맛을 더한다. 나는 보통 쌀 1⅓컵에 와인 1/2컵 정도 넣지만 한 번도 정확히 계량해서 넣은 적은 없다. 그냥 쌀을 완전히 덮지는 않지만 쌀 위까지는 올라올 정도로 와인을 부어 넣는다. 쌀의 양이 얼마나 되든지 간에 이렇게만 넣으면 된다. 복잡하게 계산해서 정확한 양을 넣는 것보다 훨씬 쉽다. 육수를 넣기 전에 와인을 넣으면 노골적인 알코올 냄새가 대부분 날아간다. 레드 와인을 써도 되고 심지어는 맥주를 넣어도 좋다. 리소토를 만들어야 하는데 와인이 하나도 없는 경우에는 육수를 처음 넣을 때, 맛있는 와인 식초를 1작은술 정도 넣어주면 와인의 신맛을 유사하게 낼 수 있다.

와인이 모두 흡수되면 육수를 넣는다. 내가 제일 자주 쓰는 것은 연한 닭 육수지만 채소 육수나 버섯 육수, 조개 육수를 써도 맛있는 리소토가 된다. 육수가 맛있어야 리소토가 맛있다는 사실을 잊지 말자. 간을 하지 않았거나 아주 약간만 간을 한 육수가 제일 좋다. 많은 레시피에서 리소토를 만드는 내내 다른 냄비에 육수를 약불에서 끓여야 한다고 말하지만 꼭 이렇게 하지 않아도 된다. 솔직히 말하면, 그렇게 하지 않기를 추천한다. 오래 끓이면 끓일수록 육수가 졸아 양이 줄어들고 풍미는 농축되어 너무 강해질 수 있다. 나는 양파를 익히는 동안 육수를 보글보글 끓인 후 불을 꺼둔다. 그렇게만 해도 필요할 때 쓰기 좋을 만큼 충분히 따뜻하다.

처음에는 쌀이 겨우 덮일 만큼만 육수를 붓는다. 계속해서 부글부글 끓도록 불 조절을 잘하자. 계속 저어야 할 필요는 없지만 리소토는 그냥 내버려 두면 안 되고 자주 들여다보고 신경을 써야 한다. 쌀이 드러날 만큼 육수가 졸아들면 조금 더 부어 쌀이 잠기게 하자. 육수가 절대 완전히 증발하지 않도록 주의하자. 이 경우 전분이 엉겨 타고 만다. 조금씩 양을 늘리면서 육수를 계속 보충해 준다. 육수 양이 너무 많아서도 안 되고 적어서 말라버려서도 안 된다.

초반부터 쌀에 소금을 넣어 간을 하자. 개인적으로 내가 만든 규칙은 육수를 두 번째 보충할 때 리소토에 소금을 넣는 것이다. 이렇게 하면 익으면서 쌀알 하나하나에 소금 간이 배어든다. 넣어야 하는 소금의 양은 육수에 간이 얼마나 되어 있는가에 따라 다르다.

양파에 쌀을 부어 볶는 순간부터 계산해 20~30분 더 요리하면 리소토가 완성된다. 요리하는 내내 먹어보면서 간이 맞는지, 밥이 설익었는지 다 익었는지를 가늠하자. 육수를 마지막으로 넣을 때 얼마나 넣느냐에 따라 농도가 결정된다. 너무 많이 부으면 쌀이 너무 익어 수프처럼 돼버린다. 너무 적게 부으면 되직하고 설익게 된다. 부족하면 육수를 더 부으면 되지만 많으면 덜어내기가 어렵다는 사실을 명심하자.

쌀이 거의 다 익고 마지막으로 육수를 부은 후 리소토를 저으면서 버터 1덩어리와 파르메산 치즈 가루를 1줌, 동시에 넣는다. 냄비에 든 내용물이 모두 잘 섞이도록 힘차게 저어주고 불을 끈 다음 몇 분 동안 뜸을 들이자. 이를 만테카투라mantecatura라고 하는데 전분을 크림 같은 질감으로 바꾸는, 대단원의 막을 내리는 과정이다. 완성된 리소토의 쌀은 조금 씹는 맛이 있으면서도 부드러워야 하고(중심부에 흰 심지가 남아 있어서는 안 된다), 쌀에 소스가 많이 묻어 있는 것은 괜찮지만, 수프처럼 물기가 너무 많으면 안 된다. 바로 식탁으로 내어 가고 뚜껑은 덮지 않고 두자. 그렇게 하지 않으면 쌀이 계속해서 육수를 흡수하면서 익기 때문이다.

리소토 비안코는 소박한 흰색 리소토로 이것 자체로도 맛있지만, 아무것도 그리지 않은 빈 캔버스처럼 고기, 채소, 해산물, 치즈 등 어떤 재료를 넣어도 잘 어울린다. 경험상 리소토에 익히지 않은 재료를 넣을 때는 평상시 익는 데 걸리는 시간보다 2배는 더 걸린다고 봐야 한다. 예를 들어 완두콩이나 새우의 경우, 끓는 물에 넣으면 4~5분이면 다 익지만, 리소토에 넣을 때는 10분이 지나야 익으므로 쌀이 절반보다 조금 더 익었을 때 넣어야 한다. 당근처럼 익는 데 시간이 오래 걸리는 채소는 양파를 볶을 때 같이 볶아도 좋다. 채소 퓌레나 따로 익혀둔 채소나 고기는 마지막에 리소토를 저으면서 넣는다. 버섯은 미리 볶아서

리소토에 풍미를 더하고 색을 낼 때 쓰는 사프란 가닥은 크로커스 꽃의 수술이다. 사프란은 하나하나 공들여 손으로 따 모은다. 조금만 넣어도 충분하다. 너무 많이 넣으면 오히려 맛과 향이 지나쳐서 좋지 않다.

두 번으로 나누어 넣는데, 처음에 넣은 버섯은 육수에 풍미를 더하고 마지막에 넣은 것은 씹었을 때 리소토와 다른 맛과 식감을 선사한다. 사프란과 억센 허브는 양파와 함께 넣지만, 잎이 부드러운 허브는 식탁에 올리기 직전에 넣고 섞는다. 버섯처럼 감귤류 껍질도 두 단계로 나눠 넣는데 많이 넣으려면 미리 데쳐두었다가 써야 한다. 어떤 리소토, 특히 조개를 넣은 리소토는 마지막에 치즈를 넣지 않는다.

리소토 비안코
4인분

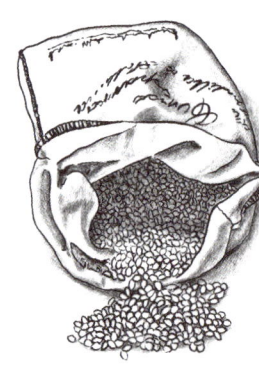

리소토를 만드는 마지막 단계에서 육수가 부족하면 시중에서 파는 고형 육수를 뜨거운 물에 잘 녹여 쓴다.

바닥이 두꺼운 2.5~3리터 용량의 냄비를 중불로 데우고

버터 2큰술

을 녹인다.

곱게 다진 작은 양파 1개

를 넣고 양파가 부드러워지고 투명해질 때까지, 약 10분간 볶는다.

리소토용 쌀(아르보리오, 카르나롤리, 발도, 비알로네 나노) 1½컵

을 넣고 가끔 저어가면서 투명해질 때까지 4분 정도 볶는다. 갈색이 되지 않도록 주의하자. 그러는 동안 다른 냄비에

닭 육수 5컵

을 붓고 끓인 다음 불을 꺼둔다. 볶은 쌀에

달지 않은 화이트 와인 1/2컵

을 붓는다. 조금 자주 저으면서 쌀이 와인을 모두 흡수할 때까지 익힌다. 닭 육수를 1컵 붓고 가끔 저으면서 부글부글 끓인다. 쌀이 빡빡해지면 육수를 다시 1/2컵 더 붓고 소금을 조금 넣는다(육수에 간이 얼마나 되어 있는가에 따라 소금의 양을 달리한다). 쌀에 물기가 없어진 느낌이 들 때마다 한 번에 1/2컵씩 육수를 계속 더하자. 쌀이 말라버리면 안 된다. 12분이 지나면 먹어보기 시작한다. 쌀이 다 익었는지, 간은 맞는지 확인한다. 쌀이 부드럽지만, 중심 부분은 딱딱할 때까지, 총 20~30분 동안 익히면 된다. 마지막에 육수를 넣는 일이 가장 중요하다. 국물이 너무 흥건하지 않을 정도로, 쌀이 마저 다 익을 수 있을 만큼만 넣어야 한다. 쌀이 거의 다 익으면 리소토를 잘 저으면서

버터 1큰술

파르메산 치즈 가루 1/3컵

을 넣는다. 그러고 나서 리소토를 힘차게 저어 전분을 크림같이 만들어야 한다. 불을 끄고 2분간 뜸을 들인 후 식탁에 낸다. 밥이 너무 되면 육수를 조금 끼얹어 낸다.

변형하기

- 화이트 와인 대신 레드 와인이나 맥주를 써도 좋다.
- 와인이 없다면 맨 처음 육수를 넣을 때 와인 식초를 1작은술 넣으면 된다.
- 양파를 볶을 때 로즈메리나 세이지를 넣는다.
- 양파를 볶을 때 사프란을 1꼬집 넣는다.

오븐 요리

로스트 치킨

양 다리 로스트

뿌리채소 구이

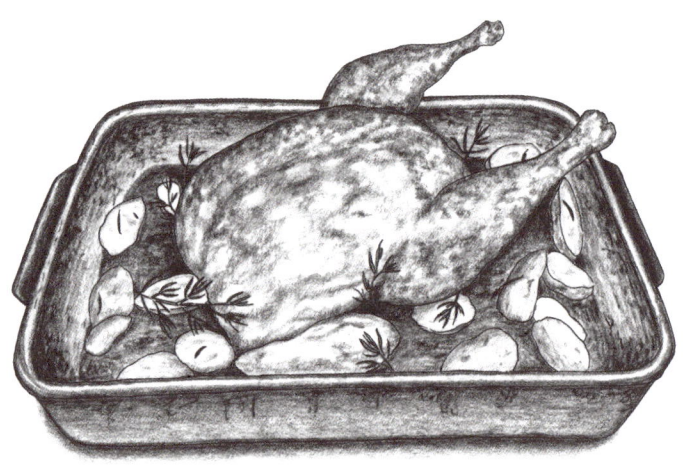

반들반들하게 통째로 구워 식탁에 올리는 통통한 닭고기나 칠면조 고기, 오븐에 구운 커다란 고깃덩어리는 전통적으로 축제일을 기념하거나, 거창한 가족 식사를 할 때 차리는 요리 메뉴였다. 아직도 가족이나 친구들에게 이런 음식을 대접해야 잘 차린 느낌이 난다. 예전에는 큰 고깃덩어리를 꼬챙이에 끼워 벌겋게 타오르는 장작불 앞에서 돌려가며 구웠지만, 요즘에는 오븐에 넣고 사방에서 나오는 열기에 익힌다. 어떤 식으로 하든, 주의해서 잘 굽기만 하면 고기 표면이 갈색으로 변하고 농축된 풍미가 우러나며 촉촉하고 부드럽게 익는다. 잠시 두었다가 자르면 맛있는 육즙이 흐를 것이다. 최상급 소갈비, 양 다리, 돼지 등심 같은 부위, 자르지 않은 닭고기나 칠면조 고기는 오븐에 구우면 특히 더 맛있다. 또, 채소도 오븐에 구우면 갈색으로 노릇노릇해지고 풍미도 훨씬 좋아진다는 사실을 잊지 말자.

로스트 치킨 만들기

노르스름하게 잘 구운 통통하고 육즙이 풍부한 로스트 치킨은 특별한 만찬뿐만 아니라 주중에 가족과 함께 하는 저녁 식사에도 잘 어울린다. 다행히 만들기도 쉽다. 특히 다음 몇 가지 조언을 따르면 더욱더 그렇다.

제일 중요하고 가장 먼저 해야 하는 일은 잘 키운 좋은 닭을 구하는 것이다. 닭은 어디서나 쉽게 구할 수 있고 가격도 저렴한 식재료지만, 어디서 왔는지, 어떻게 길러졌는지 거의 생각하지 않고 구입한다. 유감스럽지만 요즘엔 대부분 공장 같은 환경에서 닭을 기른다. 작고 복잡한 우리에 가두어 기르며 부리를 잘라내고, 항생제를 잔뜩 넣은 사료와 동물 부산물을 자주 섞어서 먹인다. 이런 환경은 닭의 건강에 좋지 않고 스트레스를 많이 준다(작업자에게도 마찬가지다). 이런 곳에서 나온 닭은 상태가 온전하지 않으며 맛도 그렇다. 친환경적으로 개방된 공간에서 놓아 기르고 항생제나 호르몬제를 섞지 않은 유기농 곡물만을 먹여 키운, 덜 좁고, 더 인도적인 환경에서 기른 닭은 더 건강하고 더 맛이 좋다. 이런 닭을 구해야 정말로 맛있는 로스트 치킨을 만들 수 있다. 친환경적으로 방사해서 키운 닭은 농산물 직거래 장터에서 구할 수 있을 것이다. 보통은 목초지에서 소규모로 놓아 기른 닭이 제일 맛있다. 동네 식육점이나 시장에 유기농 닭고기가 없다면 구해달라고 부탁해보자.

가능하면 굽기 이틀, 여의치 않으면 하루 전에 소금으로 간을 해두자. 닭을 사 온 날 바로 구워야 하는 상황이라면 집에 오자마자 소금을 뿌린다. 양념이 닭고기에 스며들어 살은 더 부드러워지고, 즙이 풍부해지며 맛도 좋아진다. 소금 1½작은술에 신선하게 갈아낸 검은 후추 1/4작은술 정도를 섞는다. 닭고기 포장을 풀자. 종이에 싸여 있다면 양념한 후에 계속 종이로 싸서 보관하면 된다. 날개의 끝을 돌려서 닭의 몸통 밑에 밀어 넣는다. 그래야 구울 때 거기만 타는 일이 없다. 소금과 후추를 안팎으로 두루 바른 다음 다시 종이나 랩으로 싸서 냉장고에 넣어둔다. 원한다면 이때 허브나 마늘을 껍질 밑에 넣는다. 껍질을 조심스럽게 들어 올려 자른 마늘과 신선한 허브의 부드러운 잔가지를 넣는다. 가슴과 허벅지가 있는 곳까지 살살 밀어 넣으면 된다.

닭고기는 적어도 굽기 한 시간 전에는 냉장고에서 꺼내두어야 한다. 냉장고에서 막 꺼낸 차가운 닭은 고르게 익지 않는다. 바깥쪽은 익은 듯 해도 속은 덜 익는다. 오븐을 200도 정도로 예열해두자. 닭과 크기가 비슷한 오븐 용기나 팬에 닭을 담아 구우면 된다. 팬이 너무 크면 구워지는 동안 흘러나오는 육즙이 타서 연기가 날 수 있다. 도자기 접시나 작은 로스팅 팬을 써도 되고 오븐용 냄비나 파이 팬도 괜찮다. 그릇에 얇게 기름을 바르고 가슴이 위쪽으로 가도록 닭을 올린 다음 20분 정도 오븐에 굽는다. 그런 다음 가슴이 아래로 가도록 닭을

나는 닭고기를 구울 때 껍질을 벗기지 않고, 자르지 않은 마늘을 많이 넣는다. 이렇게 구운 마늘은 부드러워져 퓌레처럼 되기 때문에 누르면 종잇장처럼 얇은 껍질 밖으로 밀려 나오는데 닭고기의 육즙과 잘 어우러진다.

뒤집는다. 닭을 뒤집으면 육즙과 지방이 몸 전체로 퍼져 닭고기가 고루 익고 껍질은 갈색으로 바삭바삭하게 구워진다. 또 20분 정도 굽다가 다시 가슴이 위로 가도록 뒤집어 다 익을 때까지 계속 굽는다.

1.5~2킬로그램 정도 되는 닭이 다 익는 데 한 시간 정도 걸린다. 굽기 시작해서 약 50분이 지나면 얼마나 익었는지 확인해보아야 한다. 다리와 허벅지 살에 분홍 기가 없고 가슴살에 육즙이 남아 있어 부드러운 상태가 되면 완성이다. 어느 정도 경험이 쌓이면 눈으로 보기만 해도 다 익었는지 알 수 있지만 처음에는 좀 살펴봐야 안다. 잘라보기를 겁내지 말자. 허벅지가 제일 마지막에 익는 부위이니 다리의 북채 부분과 허벅지가 만나는 부분의 관절 주변을 잘라보자. 고기는 뜨겁고 붉은 기가 없어야 한다. 나는 닭을 수도 없이 오븐에 구워보았기 때문에 몇 가지 단서를 보고 판단한다. 먼저 북채 부위의 껍질이 살코기 부분과 분리되기 시작하면 다 됐다고 생각한다. 또 다리를 조금 흔들어보기도 하는데 탄력 없이 흔드는 대로 움직이면, 이미 껍질만 봐도 알아차렸지만, 다 익은 것이다. 속까지 잘 익히는 것이 중요하지만 마찬가지로 너무 푹 익히지 않는 것도 중요하다. 너무 익어 말라버린 닭은 못 쓴다.

식탁에 내기 전에 닭고기를 따뜻한 곳에 10~15분간 그냥 둔다. 이렇게 하면 육즙이 고루 퍼지고 몸통 내부의 온도가 안정되어 바로 잘라낼 때보다 살코기의 육즙이 훨씬 더 풍부하다. 따뜻한 접시에 닭을 옮겨 담자. 팬에 남아 있는 육즙에서 기름기를 걷어내고 소스나 그레이비로 만들면 좋다. 혹은 손잡이가 있는 그릇에 옮겨 담아 식탁에서 원하는 사람이 직접 부어 먹을 수 있도록 한다.

로스트 치킨을 자를 때는 먼저 허벅지와 가슴살 사이를 껍질과 함께 자른다. 이 작업을 할 때는 육즙이 많이 흐르기 때문에 로스팅 팬에 다시 옮겨 담아야 한다. 닭고기를 기울여 빼낸 육즙을 다른 그릇에 옮겨 담는다. 닭 다리를 구부리거나 몸통에서 바깥쪽으로 당기며 칼로 더듬어 고관절을 찾아내고 관절 부분을 잘라 다리를 분리한다. 북채를 잘라내려면 봉 부분을 잡고 관절 안쪽에서 잘라낸다. 가슴살을 잘라낼 때는 맨 위에 있는 차골[1]에서 시작하는데 일단 칼끝을 가슴뼈 양쪽으로 찔러 넣는다. 그러고는 차골이 갈라진 모양을 따라 날개 쪽으로 칼날을 미끄러뜨리듯 밀며 자른다. 칼날을 살코기 아래에 밀어 넣어 잘라 갈비뼈에서 분리하는 것이다. 마지막으로 자른 살코기를 들어 올리면서 날개의 관절 부분을 잘라 가슴살과 날개를 한 조각으로 잘라내면 된다. 가슴살을 조각조각으로 잘라서 내도 좋고 사선으로 반을 잘라 내도 좋지만 후자의 경우 날개가 달린 절반이 조금 더 작게 잘라야 한다. 남은 뼈와 살코기는 잘 보관하자. 맛있는 육수를 만들 수 있다.

닭고기를 구우면 흘러나오는 육즙은 정말 맛있다. 기름기를 걷어낸 다음 같은 팬에 닭 육수를 조금 붓고 갈색으로 눌어 붙은 부분을 모두 긁어낸 다음 다시 가열해 즙을 더 진하게 응축시킨다. 로스트한 닭고기를 식탁에 낸 후 요리사만 즐길 수 있는 특별한 음식이 바로 이 육즙에 찍어 먹는 빵 조각이다. 내가 제일 좋아하는 요깃거리이다!

1 목과 가슴 사이에 있는 V 자형 뼈, 위시본이라고 한다.

로스트 치킨
4인분

1.5~2킬로그램짜리 닭 1마리

를 준비하고 내장을 제거한다.

배 안쪽에는 보통 지방이 많이 붙어 있다. 지방을 잡아당겨 제거하고 버리자. 날개 끝부분을 돌려 몸통 아래쪽에 밀어 넣어야 구울 때 타지 않는다. 가능하면 하루나 이틀 전에 미리 양념을 해두자.

소금
신선하게 갈아낸 검은 후추

를 몸통 안팎에 뿌린다. 닭고기를 느슨하게 싸서 냉장고에 보관한다. 요리하기 적어도 한 시간 전에는 꺼내 포장을 벗기고, 기름을 조금 바른 팬에, 가슴이 위쪽으로 가도록 올린다. 오븐을 200도 정도로 예열한다. 20분 동안 굽고, 가슴이 아래쪽으로 가도록 뒤집어서 다시 20분간 굽는다. 그런 다음 다시 가슴이 위쪽을 보도록 뒤집어 완전히 익을 때까지 10~20분 더 구우면 된다. 10~15분 동안 두었다가 자른다.

어림잡기
20분 동안 위쪽을 굽고
20분 동안 아래쪽을 굽고
20분 동안 다시 위쪽을 굽는다

변형하기

- 타임, 세이버리, 로즈메리의 부드러운 가지를 조금 잘라 가슴과 허벅지의 껍질 밑에 밀어 넣고 굽는다.
- 굵게 저민 마늘 몇 조각을 껍질 밑에 밀어 넣고 굽는다. 허브와 함께 넣어도 좋고 마늘만 넣어도 된다.
- 닭의 배 속을 허브로 가득 채운다. 닭고기가 익는 동안 허브 향이 고기에 스며들 것이다. 망설이지 말고 배 속을 허브로 가득 채워보자.

로스트 미트 만들기

고기에 올리브유와 신선한 허브 잔가지를 뿌리기만 해도 간단하지만 맛있게 로스트 미트를 잴 수 있다.

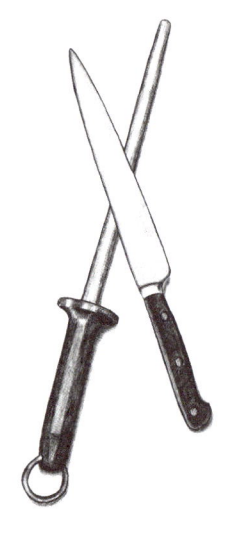

길고 날이 얇고 날카로운 칼이 있으면 로스트 미트에서 고기를 보기 좋게 잘라낼 수 있다. 칼갈이 봉에 몇 번 갈기만 하면 칼날의 상태를 유지할 수 있다.

양념을 제대로 해서 잘 익힌 로스트 미트는 품격 있는 요리이고 준비도 간단하기 때문에 만드는 방법만 확실히 알면 커다란 가족 모임이나 친구들 모임을 치러야 할 때 아주 귀중한 메뉴가 된다. 노하우가 충분하지 않다면 생각만 해도 겁이 날 수 있으므로 요리하는 데 필요한 몇 가지 기본 원칙을 소개한다.

다시 말하지만 최고의 고기는 목초지에 풀어놓고 유기농 사료를 먹여 지역에서 기른 가축에서 나온다. 공장형 농장에서는 비싸지 않은 고기를 대량 생산하지만 이런 방식은 토지와 동물, 동물을 먹는 사람들, 그리고 심지어 농장 노동자에 이르기까지 좋지 않은 영향을 미친다. 인도적인 환경에서 기른 가축의 고기가 제일 맛있다. 뿐만 아니라 고기를 구입하는 데 지불한 돈은 지역사회에서 땅을 가꾸는 이들의 생계 유지에 사용되기에 상호 가치 있는 관계가 형성되는 것이다. 이런 고기를 취급하는 상점이나 정육점을 찾는 일이 정말로 중요하다.

뼈 없는 고기를 살 수도 있지만 뼈가 있는 고기로 로스트 미트를 만들면 더 맛있다. 뼈가 있으면 훨씬 육즙이 잘 보존되고 로스트하는 도중에 풍미가 더해지기 때문이다. 양 다리, 양 어깨살, 양 갈비, 양 등심, 돼지 등심, 돼지 목심, 소갈비가 뼈가 붙은 채 로스트하면 더 맛있는 대표적인 부위다. 로스트 미트를 쉽게 자르려면 식탁에 올리기 전에 뼈를 미리 제거하는 것이 좋다. 아니면 아예 부엌에서 모두 잘라 따뜻하게 데운 접시에 담아서 내면 된다. 나는 보통 그렇게 한다.

고기에 미리 양념해두면 육즙이 더 풍부하고 부드럽고 맛있는 로스트 미트를 만들 수 있다. 로스트 미트를 만들기 하루 전에 소금을 발라두자. 그렇지만 덩어리가 큰 고기라면 이틀이나 사흘 전에 해둬도 괜찮다. 신선한 허브로 마리네이드를 만들어 고기를 재거나 마른 허브를 문질러도 좋은데 로스트하기 몇 시간 전이나 가능하면 하루 전에 재면 좋다.

굽기 전에 꼭 고기를 미리 꺼내두어 고기 온도가 실온이 되게 해야 한다는 사실을 잊지 말자. 차가운 고기를 구우면 속까지 고루 익지 않는다. 속은 아직 데워지지도 않았는데 겉은 완전히 다 익어버리는 일이 생기고 만다. 적어도 한 시간 전에는 냉장고에서 고기를 꺼내두어야 하고, 뼈가 붙은 고기라면 두 시간 전에 꺼내야 한다.

고기를 굽기 좋은 온도는 190도 정도이다. 고깃덩어리보다 살짝 큰 팬을 쓰자. 꼭 그물 선반에 올려 구워야 하는 것은 아니다. 대신 굽는 동안 고기를 두 번만 뒤집어주면 된다. 굽기 시작해서 20~30분이 지나 갈색으로 변하면 한 번 뒤집고, 또 20분 뒤 원래 아래쪽이었던 부분이 갈색으로 잘 구워지면 다시 뒤집어 굽기를 마무리한다. 이렇게 하면 고기가 골고루 갈색으로 잘 익고 굽는 동안 육즙과 지방이 고기 전체에 골고루 퍼지게 된다(구울 고깃덩어리가 작다면 오븐

로스트 미트의 내부 온도를 확인하는 데 식품 온도계가 아주 유용하다.

어림잡기
로스트 미트의 내부 온도:
양고기, 미디엄 레어 53도
소고기, 미디엄 레어 50~52도
돼지고기, 미디엄, 미디엄 레어 57도

에 넣기 전에 올리브유를 약간 발라 프라이팬에서 센불로 겉이 갈색이 되도록 굽는다. 이렇게 하면 오븐에서 고기를 뒤집어가며 구울 필요가 없다. 혹 위쪽이 너무 많이 익어 검게 변하는 경우만 빼고 말이다). 양 갈비나 뼈가 붙은 돼지 등심, 소갈비를 굽는다면 고기의 뼈 부위가 바닥으로 가도록 팬에 놓고 굽자. 뼈가 선반 역할을 해주기 때문에 중간에 고기를 뒤집을 필요가 없다.

고기가 익었는지 확실히 알 방법은 없을까? 내 경우에는 고기를 쑤셔보고 찔러보기도 한다. 그렇지만 항상 내부 온도를 재서 확실하게 판단한다. 식품 온도계를 로스트 한 고깃덩어리 아무 곳에나 찔러 넣으면 바로 알 수 있다. 제일 정확하게 온도를 측정하려면 온도계를 고기의 제일 두꺼운 부위에 길게 세로로, 뼈와 평행하게(뼈에 닿지는 않게) 찔러 넣어 측정하면 된다. 고깃덩어리에서 제일 온도가 낮은 부위의 온도를 재야 어디가 제일 덜 익었는지 알 수 있기 때문이다. 양고기는 53도, 소고기는 50~52도, 돼지 등심은 57도가 되면 오븐에서 꺼낸다. 양고기와 소고기는 미디엄 레어로, 돼지 등심은 미디엄 레어에서 미디엄 정도로 익혔을 때의 온도이다. 이 정도 온도라면 고기가 부드럽고 육즙이 풍부하며 풍미가 가득할 것이다. 더 익은 고기를 먹고 싶다면, 그러니까 한 단계를 더 익히기 원한다면 내부 온도를 5도 남짓 더 올리면 된다. 예를 들어 양 다리 고기를 미디엄으로 먹고 싶다면 내부 온도가 58도 정도 될 때까지 익히면 된다.

구운 고기를 잘라서 식탁에 올리기 전에 반드시 잠시 두는 일을 잊지 말자. 이렇게 하면 고기의 내부 온도가 안정되고 육즙도 고루 퍼져 자리를 잡는다. 최소 20분은 두어야 좋다. 따뜻한 곳에 보관해서 차가워지지 않게 한다면 더 오래 둬도 괜찮다. 굽던 고기는 오븐에서 꺼내두어도 계속해서 익는다. 내부 온도가 얼마 동안은 계속 높아지며 고기가 익는 것이다. 그러니 고기를 오븐에서 꺼내서 바로 자르면 내부는 아직 덜 익은 상태이고 육즙은 더 빨리 흘러나와 고루 익지 않고 표면이 마른 고기가 되고 만다.

로스팅 팬 바닥에 흘러나온 육즙과 바삭바삭한 갈색 부스러기는 맛있는 소스나 그레이비로 만들 수 있다. 육즙에 엉긴 지방을 따라 버리거나 걷어내고 바닥에 눌어붙은 바삭거리는 부스러기를 긁어모으는데 취향에 따라 와인을 조금 더해도 좋다. 이것을 숟가락으로 떠서 자른 고기에 뿌리거나 그릇에 담아 식탁에 낸다.

양 다리 로스트
10인분

양 다리 로스트에 풍미를 더하고 좋은 향을 내려면 타임이나 로즈메리 가지를 두껍게 깔고 그 위에 양 다리를 놓고 구우면 된다.

로스트 미트를 계속 따뜻하게 유지하려면 알루미늄 포일을 반짝거리는 면이 아래로 가도록 텐트처럼 접어 고기를 덮는다. 절대 완전히 봉해서는 안 된다. 고기가 잔열로 계속 익기 때문이다.

3킬로그램 정도 되는 뼈가 붙은 양 다리 1개

를 로스트하기 하루나 이틀 전에 얇은 지방 한 층만 남기고 지방을 모두 잘라 정리한다.

소금

신선하게 갈아낸 검은 후추

를 골고루 뿌린다.

양 다리에서 뼈를 완전히 제거했거나 부분적으로 뼈를 발라낸 경우에는 반드시 면실로 묶어야 균일하게 잘 익는다. 양 다리를 잘 덮어 냉장 보관하다 요리를 시작하기 적어도 두 시간 전에 냉장고에서 꺼내 고기 크기보다 조금만 더 큰 로스팅 팬에 올린다. 오븐을 190도로 예열한다. 양 다리를 30분 동안, 위쪽이 갈색으로 변할 때까지 굽고 뒤집어서 다시 20분간, 아래쪽이었던 부분이 갈색이 될 때까지 굽는다. 다시 뒤집어 굽는데 식품 온도계로 쟀을 때 내부 온도가 53도가 되면 완성이다. 굽기 시작하고 45분이 지나면 고기 내부 온도를 확인해봐야 한다. 양 다리는 요리가 완성되기까지 한 시간 20분 정도 걸린다. 구운 고기는 따뜻한 곳에 20분 정도 둔다.

뼈가 붙어 있는 양 다리에서 살코기를 자르는 방법은 다음과 같다. 정강이뼈를 냅킨이나 타월로 감싸 쥐고 칼날을 뼈와 거의 평행하도록 눕혀(항상 내 몸과 반대쪽으로 칼날이 향하도록 한다) 굵은 밑동 쪽에 있는 크고 둥근 근육에서 얇은 살코기 조각을 저며낸다. 양 다리를 반대로 돌려 얇은 밑동 쪽에서도 고기 조각을 저미자. 정강이 부위는 뼈와 수직 방향으로 잘라내면 된다. 날이 얇고 날카로운 칼을 쓰면 훨씬 더 쉽게 살을 저밀 수 있다. 아니면 부엌에서 다 썰어 낼 수도 있는데 뼈에서 큰 근육 덩어리들을 분리한 다음 얇게 저며서 식탁에 내면 된다.

변형하기
- 소금, 후추와 함께 마른 타임을 지방 부위에 문지른다.
- 냉장고에서 양 다리를 꺼내 실온에 둘 때, 올리브유를 전체적으로 뿌리고 듬성듬성 다진 로즈메리를 고기 표면에 가볍게 두드려 바른다.
- 양 고기를 양념할 때 회향 씨를 빻아 소금, 후추와 함께 뿌린다.
- 약하지만 고르게 타는 불에 석쇠를 놓고 양 고기를 올린다. 익히는 도중에 로즈메리 가지에 올리브유를 묻혀 고기에 바른다.

구운 채소

구울 수 있는 채소

방울양배추
아스파라거스
당근
순무
뿌리셀러리
루타바가
파스닙
콜라비
감자
호박
마늘
브로콜리
가지
회향 구근
아티초크
양파

구운 채소를 대접하면 손님들은 "이 채소는 어떻게 요리한 거죠? 정말 맛있어요!" 하고 종종 요리법을 물어본다. 그럼 나는 올리브유를 조금 뿌려 뒤적거리고 소금 간을 해 오븐에 넣어 구우면 된다고 대답한다. 사람들은 못 믿겠다는 듯이 눈썹을 치켜올리지만 그게 사실이다. 채소는 원래 쉽게 굽고 또 그렇게 맛있다. 채소를 구우면 풍미가 더 진해지고 갈색으로 노릇노릇해진 가장자리가 단맛을 더해 식감도 좋아진다. 기름은 정말 조금만 쓰기 때문에 위장에 부담도 없다. 거의 모든 채소를 구워 먹을 수 있는데 소금과 올리브유만 조금 뿌려 구워도 되고 마늘, 허브와 향신료를 넣어 풍미를 더할 수도 있다. 채소를 구울 때 가장 중요한 점은 자른 채소의 모양, 양념과 기름의 양, 그리고 굽는 온도이다.

겨울에 나는 뿌리채소는 반드시 껍질을 벗기고 작게 잘라야 한다. 아주 작은 채소는 자르지 않기도 하지만 말이다. 당근, 순무, 뿌리셀러리, 루타바가, 파스닙, 콜라비는 구워 먹으면 굉장히 맛있다. 채소는 거의 같은 크기로 잘라야 고르게 익고 같은 시간에 완성할 수 있다. 가장자리 두께가 얇은 모양으로는 자르지 말자. 가운데는 잘 익지만 가장자리는 타버리는 일이 생길 수 있다. 지나치게 작게 잘라서도 안 된다. 갈색으로 노릇해지는 부위가 많아지고 부드럽고 풍미가 좋은 부위는 적어져 별로 먹을 게 없다.

채소를 큰 볼에 넣고 손이나 숟가락으로 뒤적여 소금과 올리브유가 고루 묻게 한다. 기름은 가볍게만 묻으면 된다. 볼 바닥에 기름이 가라앉아 있다면 너무 많이 쓴 것이다. 간이 제대로 되었는지 하나 먹어보고 소금을 조금씩 계속 넣어가며 간을 맞춘다. 속이 깊지 않은 베이킹 시트에 채소를 겹치지 않게 한 층으로 늘어놓자. 굽는 도중에 채소가 마르지 않도록 뒤집어야 하는데 시트의 속이 깊지 않아야 쉽게 할 수 있다.

200도 정도로 예열해둔 오븐에 채소를 넣고 굽는다. 온도가 이보다 낮으면 굽는 중에 채소가 말라버려 가죽처럼 딱딱하고 질겨지고, 온도가 더 높으면 속까지 다 익기 전에 타버리고 만다. 굽는 중에 두세 번 채소를 뒤집는데 이때 가장자리에 놓았던 채소는 중앙으로, 중앙에 있던 것들은 가장자리로 옮긴다. 채소가 아주 부드러워지고 군데군데 노릇하게 갈색으로 변하면 완성된 것이다. 칼끝으로 한 조각을 찔러보아 다 익었는지 확인해보는 것도 좋지만 더 좋은 방법은 하나 먹어보는 것이다(꼭 식혀서 맛을 보자). 너무 많이 익히지 않도록 주의하자. 살짝 노릇하게 구우면 채소의 단맛이 더 강해지지만, 너무 구워 태워버리면 쓴맛이 난다.

감자는 통째로 구워도 좋다. 작은 햇감자를 쓰자. 손가락 감자나 알감자도 좋다. 감자를 깨끗이 씻어 기호에 따라 껍질을 벗겨도 되고 그냥 구워도 된다. 감자의 키 정도, 혹은 그보다 조금 더 속이 깊은 오븐 용기에 감자를 담은 다음, 소금을 흩치고 올리브유를 뿌린다. 마늘을 한 통 혹은 그보다 많이 넣는데 마늘통은 쪼개되 껍질은 벗기지 않으며 신선한 허브도 몇 가지 함께 굽는다. 감자를 굽는 도중에 용기를 몇 번 흔들고, 윗부분이나 아랫부분이 너무 익어서 갈색이 되면 아래 위를 뒤집는다.

델리카타, 에이콘 같이 작은 호박은 반으로 잘라서 구워 껍질째 식탁에 내어가면 된다. 호박을 반으로 잘라 씨를 긁어내고 기름을 바른 베이킹 시트에 단면이 위로 가도록 놓는다. 기름을 가볍게 뿌리고 소금을 친 다음 단면이 바닥으로 가도록 뒤집어 부드러워질 때까지 굽는다. 껍질을 벗기지 않은 땅콩 호박이나 델리카타 호박은 반으로 갈라 씨를 긁어낸 다음 다시 여러 조각으로 잘라 기름칠을 한 베이킹 시트에 놓고 구우면 된다. 완전히 익으면 껍질이 아주 부드러워지기 때문에 껍질째 먹어도 좋다. 깍둑썰기해서 구워도 되는데 깍둑썬 호박에 신선한 세이지 잎을 넉넉하게 올려서 구우면 정말로 맛있어진다.

굵은 아스파라거스의 밑동 끝부분은 잘라내고 줄기와 머리 부분은 껍질을 벗기고 기름과 소금에 잘 버무려 구우면 아주 맛있다. 레몬, 타임을 함께 넣어 구우면 독특한 맛이 난다. 구이용으로는 굵은 아스파라거스가 적합하다. 작은 것을 구우면 쪼글쪼글해지고 말라버리기 쉽다. 브로콜리의 경우 먼저 줄기의 껍질을 벗겨 굵게 썰고 송이 부분을 조각조각으로 나눈다. 그리고 기름을 뿌리고 간을 해서 구우면 된다. 가지는 쐐기 모양으로 크게 자르거나 얇게 썰어 기름을 바른 베이킹 시트에 놓고 올리브유를 흩뿌리고 소금을 쳐서 구우면 된다. 가지는 처음에는 바닥에 들러붙지만 일단 잘 익어 노릇노릇 캐러멜색이 되면 쉽게 떨어진다. 구운 가지는 식초와 바질 같은 다진 허브를 뿌려 미지근하게 식혀 식탁에 내면 맛있는 애피타이저로 손색이 없다.

로스팅 팬에 유산지를 깔면 채소가 팬에 달라붙지 않아 뒤처리가 훨씬 쉬워진다.

뿌리채소 구이

4인분

채소는 얼추 같은 크기와 모양으로 잘라야 고루 익는다.

커다란 볼에

중간 크기 당근 3개

를 껍질 벗겨 1.3센티미터 두께로 썰어 넣는다.

작은 뿌리셀러리 1개

를 껍질 벗기고 1/4등분 한 다음 1.3센티미터 두께로 썰어 넣는다.

중간 크기 파스닙 2개

를 껍질 벗기고 1.3센티미터 두께로 썰어 넣는다. 여기에

소금

으로 간을 하고 채소에 가볍게 묻을 만큼만

올리브유

를 둘러 버무리고 속이 깊지 않은 베이킹 시트에 펴 담는다. 200~220도로 예열한 오븐에 넣고 가끔 뒤적여주면서 채소가 부드러워질 때까지, 약 25분간 굽는다.

변형하기

- 1.3센티미터 크기로 깍둑썰거나 5센티미터 길이의 막대 모양으로 잘라서 굽는다.
- 루타바가나 콜라비, 회향 구근, 순무 같은 채소를 넣는다.
- 소금, 올리브유로 채소를 버무릴 때 신선한 마저럼, 타임, 세이버리 같은 허브 잎을 함께 넣는다.
- 소금과 올리브유로 채소를 버무릴 때 절구에 빻은 쿠민이나 회향 씨를 1/4작은술 넣는다.
- 오븐에서 막 꺼내 채소가 아직 뜨거울 때, 마늘 2알을 곱게 다져 넣고 버무리거나 다진 파슬리를 1큰술 넣는다. 둘 다 넣어도 좋다.

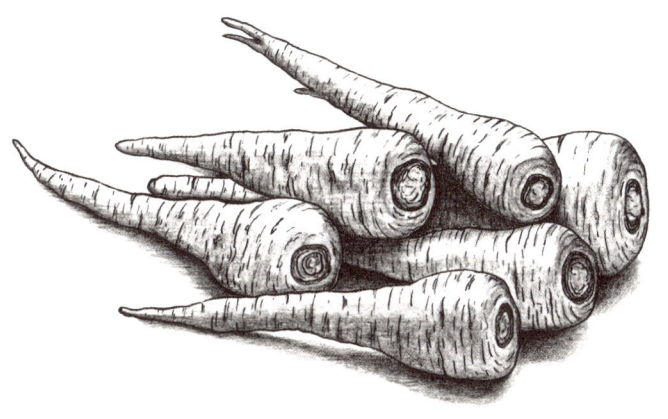

프라이팬으로 만드는 요리

콜리플라워 소테
팬 프라잉으로 익힌 돼지갈비
빵가루를 입힌 생선 튀김

프라이팬은 부엌에서 가장 많이 쓰는 도구다. 소테한 채소와 새우, 프라이팬에 지진 폭찹과 스테이크, 빵가루를 입힌 가자미와 바삭바삭하게 요리한 감자 등은 모두 프라이팬을 가열해서 빠르게 요리한 것이다. 소테는 폴짝 뛴다, 혹은 뛰어오른다는 뜻의 프랑스어 'sauter'에서 나온 말로 강불에서 기름이나 지방을 아주 조금만 넣고 재빨리 볶아 내는 요리법이다. 재료를 작게 잘라 프라이팬에 넣고 완성될 때까지 빨리 뒤집거나 뒤적이며 볶는다. 프라이팬에 재료를 넣고 지질 때(팬 프라잉)는 재료를 더 크게 자르고 한 번이나 두 번만 뒤집는다. 속이 얕은 팬에 기름을 넉넉히 넣어 튀기는 섈로 프라잉은 기름을 더 쓰지만, 재료가 완전히 잠길 만큼 넣지는 않는다. 재료가 잠길 만큼 넣는 요리법은 딥 프라잉이다. 섈로 프라잉을 할 때는 보통 식재료에 밀가루나 빵가루를 입힌다. 기름을 조금 넉넉하게 넣어야 껍질을 바삭하게 튀길 수 있고 팬 바닥에 식재료가 닿지 않는다. 튀김은 끊임없이 주의를 기울여야 하는 요리다. 튀기기 전에 미리 식탁을 차려놓자. 튀김은 팬에서 나오자마자 접시에 담아 육즙이 풍부하고 아직 지글거릴 때 바로 식탁에 내는 요리이기 때문이다.

소테

소테는 신나는 요리법이다. 소테를 할 때는 뜨거운 열기와 지글거리는 요란한 소리, 격렬하게 휘젓고 뒤집는 몸놀림, 노릇노릇 익어가는 튀김의 맛있는 냄새와 마지막에 더하는 향신료의 향내가 어우러지며 온몸의 감각이 총동원된다.

소테는 작게 자른 고기, 생선, 조개, 채소를 익힐 때 가장 적합한 요리법이다. 기름을 조금만 넣고 뜨겁게 달군 프라이팬에 재료를 넣어 뒤집고 휘저어 익힌다. 이렇게 하면 재료가 빨리 익는다. 완성된 고기에는 육즙이 풍부하고 채소는 신선하고 촉촉하다. 소테용 팬은 둥근 모양이다. 재료를 뒤적여 섞기에 더 좋기 때문이다. 그렇지만 소테용 팬 없이도 프라이팬이나 스튜용 냄비로 충분히 소테를 할 수 있다.

소테를 할 때는 모든 재료를 무더기로 넣는다. 물론 쉽게 뒤집거나 뒤적일 수 없을 만큼 많이 넣으면 안 된다. 또 재빨리 섞어야 하는데 그래야 재료의 각 면이 바로바로 뜨거운 프라이팬에 닿아 익기 때문이다. 프라이팬은 반드시 뜨겁게 달구어져 있어야 하며 재료를 넣기 직전에 불을 더 높여 재료를 즉각, 재빨리 익혀야 한다. 안 그러면 재료에서 물기가 스며 나오기 시작해 노릇노릇하게 익히기 어려워지며 팬에 달라붙을 가능성이 커진다. 재료를 팬에 넣었을 때 반드시 기분 좋게 지글거리는 소리를 들을 수 있을 정도로 팬이 뜨거워야 한다. 팬이 충분히 달궈졌는지 알려면 물을 1~2방울 떨어뜨려보면 된다.

소테를 할 때는 발연점이 높은 기름을 써야 한다. 정제 버터로는 소테가 잘되지만 유지방이 듬뿍 들어 있는 버터는 결국 타버리고 만다. 기름과 섞어 써도 그렇다. 기름은 프라이팬에 재료가 달라붙지 않을 정도로만, 아주 조금만 두르면 된다. 가끔 일부 재료가 기름을 모두 먹어 재료가 달라붙으려 하면 바로 기름을 조금 더 붓는다. 단, 기름을 프라이팬 가장자리에 흘리고 가열시킨 다음 재료와 섞는다.

고기와 채소는 미리 소금과 후추로 간을 해두어도 되고 요리를 시작하면서 재료와 함께 넣어도 된다. 다른 향신료는 대개 요리가 마무리될 시점에 넣는데 그래야 향신료가 타지 않기 때문이다. 레시피에 따라 마늘이나 생강을 뜨거운 기름에 넣어 향을 우려내고 건져낸 다음 주재료를 넣어 볶기도 한다. 일단 소테를 시작하면 하나하나 챙길 시간이 없으니 요리를 시작하기 전에 재료를 모두 준비해 손 가는 곳에 모아두자.

나는 주로 올리브유를 쓴다. 야채를 소테할 때는 특히 더 그렇다. 그렇지만 기름이 지나치게 뜨거워지지 않도록 팬의 온도를 주의 깊게 살펴야 한다.

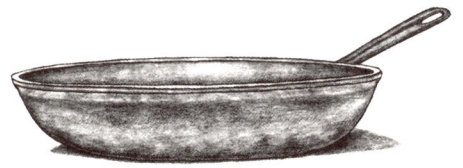

콜리플라워 소테

4인분

콜리플라워 큰 송이 1개나 작은 송이 2개

를 준비해 깨끗이 씻고 잎을 떼어낸다.

날카로운 작은 칼로 줄기의 밑동 끝을 잘라낸다. 그리고 6밀리미터 두께가 되도록 길게 자른다. 콜리플라워가 큰 경우에는 반으로 자른 다음 자르면 쉽다.

바닥이 두꺼운 팬을 중강불에서 달구고

올리브유 2큰술

을 넣는다. 뜨겁지만, 연기는 나지 않을 정도로 기름을 데워서 콜리플라워를 넣은 다음

소금

으로 간한다. 건드리지 말고 가만히 두었다가 콜리플라워가 약간 노르스름해지기 시작하면 뒤집고, 저어서 섞는다. 콜리플라워가 부드러워질 때까지 약 7분간 계속 저으면서 익힌다. 콜리플라워가 부서져도 걱정하지 말자. 그게 이 요리의 매력이다. 맛을 보고 필요하면 소금을 더 넣는다.

엑스트라 버진 올리브유

를 뿌려 마무리한다.

그대로 다른 요리에 곁들여 먹어도 맛있고 긴 파스타 면과 버무려 먹어도 좋다.

변형하기

- 콜리플라워가 다 익기 1분쯤 전에 다진 마늘 2~3쪽과 다진 파슬리 1큰술을 넣는다.
- 구운 빵가루를 완성된 요리에 한 줌 뿌린다.
- 전통적으로 이탈리아에서는 여기에 소금에 절인 안초비와 케이퍼, 매운 칠리 플레이크, 크게 다진 올리브, 파슬리와 마늘을 더한다. 파스타에 버무려 먹어도 맛있다.
- 요리가 완성되기 몇 분 전에 갈아놓은 쿠민, 다진 마늘과 강황, 다진 고수 잎을 뿌린다.

팬 프라잉

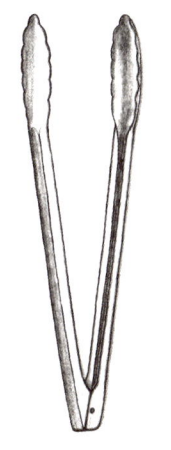

닭 가슴살, 스테이크와 갈빗살 같은 부드러운 부위가 가장 적합하다. 제대로 요리하기만 하면 겉은 군침이 돌게 바삭바삭하고 노릇노릇하며 속은 부드럽고 육즙이 가득한 고기를 먹을 수 있다. 팬 프라잉으로 저녁을 준비하면 거저먹는 거나 마찬가지이다. 사실상 미리 준비해야 하는 것도 거의 없고 고기 익는 데 시간이 많이 걸리지도 않으며 바로 식탁에 올리기만 하면 되니 말이다. 맛있는 요리를 만들어내는 데 필요한 것은 바닥이 두꺼운 프라이팬, 뜨거운 불과 좀 얇게 저민 고기이다.

바닥이 두꺼운 팬이 왜 중요할까? 얇은 팬에 요리한 적이 있는 사람이라면 누구나 가열하는 불 만한 크기의 태운 자국을 봤을 것이다. 이는 얇은 팬이 열기를 팬 바닥에 고루 분산시키지 못하고 요리하는 재료에 직접 전달해버린다는 증거다. 바닥이 두꺼운 팬을 쓰면 열기가 팬 바닥에 고루 퍼져나간다. 이것이 팬 프라잉과 소테를 하는 데 가장 중요한 요건이다. 재료의 겉을 재빨리 익히고 캐러멜화하거나 노릇노릇하게 구우려면 프라이팬을 상당히 뜨겁게 고루 달구어야 하기 때문이다.

만약 프라이팬을 딱 하나만 가져야 한다면, 나라면 무쇠 프라이팬을 고르겠다. 두꺼운 무쇠는 고루 달구어지기 때문에 재료를 노릇노릇하게 굽고 제대로 튀길 수 있다. 또 한 가지 장점은 길들이기를 한 무쇠 프라이팬에는 재료가 거의 달라붙지 않는다는 사실이다. 무쇠 프라이팬이 아니라면 스테인리스를 덧입힌 무거운 알루미늄 팬, 즉 내부에 알루미늄이 들어 있는 프라이팬을 쓸 것이다. 알루미늄은 훌륭한 열 전도체이고 스테인리스는 비반응성 물질이기 때문에 재료가 바닥에 닿아도 안전하다. 프라이팬은 무거워야 하지만 반드시 높이도 낮아야 한다. 그래야 요리를 하는 도중에 고기에서 나온 김으로 축축해지는 일이 없다.

팬 프라잉을 할 때는 팬의 온도를 높은 상태로 유지해야 하기 때문에 고기는 반드시 얇게 잘라야 한다. 돼지갈비는 1.3~2센티미터 두께로, 스테이크는 2.5센티미터 이하의 두께로 썰어야 한다. 고온에서 두꺼운 고기를 구우면 안이 익기도 전에 겉이 딱딱해지고 말라버리는 일이 생긴다. 두꺼운 갈비나 스테이크를 굽는 좋은 방법은 고열로 달군 프라이팬에서 양면을 잠깐 노릇하게 익히고 바로 꺼내 190도로 예열한 오븐에 넣는 것이다. 아니면 센불에서 노릇하게 익힌 다음 프라이팬을 뚜껑으로 덮고 약불에서 은근히 익히면 된다. 고기의 두께가 일정해야 고기가 고루 익는다는 사실도 유념하자. 닭 가슴살은 두꺼운 부분을 살짝 두드려 두께를 일정하게 만들어서 구워야 고루 익는다.

요리하기 전에 필요한 재료와 양념을 모두 준비해두는 것이 좋다. 기름은 반고기를 실온에 두었다가 요리하면 냉장고에서 막 꺼낸 고기보다 더 빨리, 골고루 익는다.

나는 항상 요리를 시작하기 한참 전에 고기에 소금을 치고 신선한 허브를 다져 넣는 등 미리 간을 해둔다.

드시 가까이 두고, 고기는 양념을 해두어야 한다. 나중에 팬 소스를 만들 생각이라면 그때 필요한 재료도 손 가는 곳에 두어야 한다. 제일 먼저 프라이팬을 달구자. 달군 팬에 기름을 두르면 고기 표면이 먼저 빠르게 익기 때문에 팬 바닥에 달라붙지 않는다. 팬을 충분히 달구지 않을 경우에도 고기에서 육즙이 빠져나와 고기가 프라이팬 바닥에 붙어버린다. 프라이팬을 충분히 달군 다음 기름을 조금 넣거나 식용유와 버터를 섞어서 넣는다(버터만 넣으면 고온에서 너무 빨리 타버린다). 프라이팬을 달군 다음 기름을 넣는 이유는 요리할 준비가 되기도 전에 기름이 타서 연기가 나는 일을 막기 위해서다. 팬 프라잉에는 기름이 아주 조금만 필요하다. 프라이팬 바닥이 얇게 덮일 만큼만 기름을 두르자. 몇 초 지난 후, 기름이 지글거리기 시작하면 고깃덩어리를 넣는다.

고기는 겹치지 않고 튀어나오지도 않게, 조각과 조각 사이에 여유를 조금 두고 잘 놓는다. 고기를 너무 가깝게 붙여놓거나 겹쳐놓으면 고기에서 빠져나오는 육즙 때문에 노릇하게 잘 익지 않는다. 그리고 프라이팬의 빈 공간이 너무 크면, 거기에 두른 기름이 타서 연기가 나기 시작할 것이다. 한 프라이팬에 가득 넣어 여러 번 굽거나 프라이팬 두 개를 동시에 써서 필요한 양만큼 구워 내도 좋다. 고기의 한쪽 면이 보기 좋게 노릇노릇해질 때까지 굽는다. 고기를 굽기 시작한 지 2~3분 지나면 아래쪽을 살짝 들춰보고 얼마나 잘 익었는지 살펴보자. 너무 빨리 익는다 싶으면 불을 낮추고, 너무 안 익는 것 같으면 불을 높인다. 집게나 길고 뾰족한 포크를 이용해 뒤집어 다른 면도 노릇하게 익힌다. 일반적으로 고기는 한 면을 익히는 데 대략 4~5분 걸린다. 닭 가슴살 같은 경우, 껍질이 있는 쪽은 시간이 조금 더 오래 걸리는데 8분 정도 소요되고 부드러운 살코기 부분은 2~3분이면 다 익는다. 나는 닭 껍질을 붙여 요리하기를 선호하는데, 껍질이 있으면 고기가 잘 마르지 않고 굽는 동안 껍질에서 나온 풍미가 더해진다. 껍질을 먹기 싫으면 요리가 완성된 후 벗겨버리면 그만이다.

손가락으로 고기를 눌러 완성되었는지 확인해보자. 덜 익었을 때는 고기가 부드러운 느낌이다. 고기가 익으면서 굳으면 약간 탄성이 생기게 된다. 고기를 잘라 얼마나 익었는지 봐도 된다. 닭 가슴살과 돼지 갈빗살은 뼈 주위나 중앙에 분홍 기가 약간 남아 있을 만큼 익었을 때 제일 육즙이 풍부하고 맛있다. 고기를 프라이팬에서 꺼낸 다음, 5분 정도 두었다가 식탁에 낸다. 그동안 잔열로 고기가 완전히 익고 육즙이 자리를 잡을 것이다. 이는 꼭 필요한 과정이다.

아직 달궈져 있는 팬에서 팬 소스를 뚝딱 만들어보자. 물이나 와인, 아니면 육수를 조금 붓고 절반으로 줄어들 때까지 졸이면서 팬 바닥에 갈색으로 눌어붙은 고기를 긁어낸다. 거의 완성될 때쯤 취향에 따라 버터를 조금 넣어 젓고,

고기를 일정 시간 두는 동안에 흘러나온 육즙을 넣어 마무리한다. 나는 항상 팬 소스에 다진 마늘과 파슬리, 익힌 고기 조각도 넣는다.

팬 프라잉으로 익힌 돼지갈비

4인분

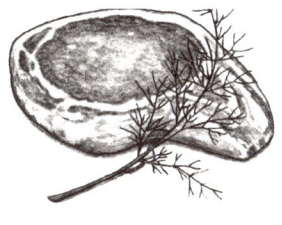

맛이 아주 뛰어난 토종 돼지 고기를 구할 수 있는지 식육 점에 문의해보자.

1.3센티미터 두께로 자른 돼지갈비 4대

를

소금

신선하게 갈아낸 후추

로 양념한다.

바닥이 두꺼운 프라이팬을 중강불로 가열하고

올리브유

를 팬 바닥을 겨우 덮을 만큼 넣는다.

돼지갈비를 넣고 한 면이 노릇하게 익을 때까지, 약 5분간 굽는다. 그런 다음 뒤집어 다른 면도 익힌다. 필요하면 한 번 더 뒤집어 고루 익힌다. 4분 정도 두었다가 고기가 부드러워지면 식탁에 낸다.

변형하기

- 다진 파슬리, 마늘이나 레몬 제스트를 완성한 갈비 요리에 얹는다(이 향료를 모두 다져서 섞어 만든 양념을 그레몰라타라고 한다. 251쪽 참고).
- 세이지 버터, 칠리 버터, 로즈메리 버터 등의 허브 버터와 함께 낸다(60쪽 참고).
- 팬에 넣기 전에 돼지갈비에 허브 잎을 대고 꾹꾹 누른다. 세이지, 로즈메리, 마저럼이나 세이버리를 쓰면 좋다.
- 고기를 구운 팬에 육수나 물을 1/2컵 넣고 간단하고 빠르게 소스를 만든다. 물의 양이 절반으로 줄 때까지 졸이고 디종 머스터드 2작은술, 버터 1큰술을 넣고 젓는다. 맛을 보고 간이 될 만큼 소금을 넣은 다음 고기에서 흘러나온 육수가 있으면 조금이라도 넣고 마무리한다.

섈로 프라잉

이름에서 알 수 있듯이 섈로 프라잉을 할 때는 팬 프라잉이나 소테를 할 때보다 기름이 더 많이 필요하지만 딥 프라잉보다는 기름을 적게 쓴다. 섈로 프라잉을 할 때는 대부분의 재료에 빵가루를 입히거나 밀가루를 묻힌다. 이렇게 하면 빵가루나 밀가루 옷은 노릇한 갈색으로 튀겨지고 육즙은 안에 가둬지기 때문에 바삭바삭하면서도 육즙이 풍부한 요리가 되는 것이다. 프라이드치킨이나 돈까스, 애호박 튀김, 빵가루를 입혀 튀긴 가자미가 그렇다.

튀김옷은 얇고, 두께가 균일하며, 튀겼을 때 부서지지 않아야 한다. 밀가루 옷을 입힐 때는 먼저 소금과 후추로 재료에 밑간을 한다. 그런 다음 밀가루에 재료를 넣고 누르면서 묻히거나 뒤적이는데 너무 많이 묻었다 싶으면 밀가루를 털어내야 한다. 포를 뜬 생선 살 같은 재료는 밀가루 옷만 입혀 바로 튀기지만 뼈가 붙어 있는 닭고기 조각이나 자르지 않은 생선처럼 익히는 데 시간이 오래 걸리는 재료는 밀가루 옷을 입힌 다음 한 시간 정도 두어 밀가루가 묻은 고기의 표면이 말라서 단단해지게 한다. 이때 고기 조각을 간격을 두고 떨어뜨려 놓아야 밀가루 옷이 서로 들러붙어 벗겨지는 일이 없다(닭고기에 밀가루 옷을 쉽게 입히려면 튼튼한 봉지에 밀가루를 넣은 다음 닭고기를 넣어 흔들면 된다).

직접 만든 빵가루를 입혀 튀긴 음식은 놀라울 만큼 풍미가 가득하다.

빵가루는 고기나 채소에 입혀 구우면 더 맛있는데 밀가루 옷보다 쉽게 타버린다. 그러므로 빵가루가 노릇해졌을 때쯤 속도 잘 익을 수 있도록 재료가 얇아야 한다. 고기와 채소를 소금, 후추, 원하는 허브나 향신료로 양념을 한다. 빵가루 옷이 잘 묻으려면 재료가 균일하게 촉촉해야 한다. 그러니 먼저 재료에 밀가루 옷을 입히고 물을 조금 섞은 달걀 물에 담갔다가 신선하고 바삭바삭하게 마른 빵가루에 굴리거나 톡톡 두드려 빵가루 옷을 입혀야 한다(빵가루 대신 거칠게 빻은 옥수숫가루를 써도 된다). 손가락에 빵가루가 엉겨 붙지 않게 하려면 한 손으로 밀가루와 빵가루 옷을 입히고 다른 손으로는 달걀 물에 재료를 담그면 된다. 빵가루를 입힌 후 한 시간 정도 두었다가 튀기면 더 바삭바삭하다. 이때 빵가루 옷을 입힌 재료가 닿아 서로 들러붙지 않도록 주의해야 한다.

샐로 프라잉을 할 때는 순수한 올리브유나 땅콩기름, 풍부한 풍미를 더해주는 정제 버터와 같이 발연점이 높은 기름을 써야 한다. 기름과 정제 버터를 섞어 써도 좋다. 라드[1], 쇠기름, 오리 기름, 슈말츠schmaltz[2]를 쓰면 확실히 풍미가 한층 풍부해진다. 감자는 샐로 프라잉을 할 때 밀가루 옷이나 빵가루 옷을 입힐 필요가 없는 몇 안 되는 재료 중 하나인데 정제 버터와 오리 기름을 섞어서 튀기면 특히 더 맛있다.

바닥이 두꺼운 프라이팬을 쓰면 기름을 고루 데울 수 있다. 또, 속이 얕아야 재료를 수월하게 뒤집을 수 있고 수증기로 인해 튀김이 축축해지는 일이 없다. 기름은 재료의 절반이 잠길 만큼 충분히 부어야 한다. 대개 6~12밀리미터 깊이가 되도록 부으면 된다. 기름이 부족하면 튀김옷이 눅눅해지고 기름이 닿지 않는 부위는 제대로 익지 않는 일이 생긴다. 기름이 아주 뜨겁되 연기는 나지 않을 정도로 가열한 후 튀김 재료를 조심스럽게 넣자. 재료를 한꺼번에 너무 많이 넣지는 말자. 여러 번 나눠 튀겨도 좋다. 겉이 노릇노릇하고 바삭해질 때까

---

1 돼지기름 굳힌 것.

2 닭비계 기름.

지 익히다 뒤집어 다른 면도 바삭하게 튀긴다. 불을 잘 조절하자. 너무 빨리 익으면 불을 낮추고 1~2분이 지났는데도 노릇해지지 않으면 높이자. 재료가 기름을 먹어 기름 양이 줄어들면 기름을 더 부어 깊이를 일정하게 유지해야 한다. 익는 데 시간이 조금 걸리는 재료, 즉 닭고기 같은 것은 여러 번 뒤집어야 한다. 튀김이 완성되면 프라이팬에서 꺼내 종이나 흡수성이 좋은 타월에 올려놓고 기름을 잘 빼서 식탁에 낸다.

빵가루를 입힌 생선 튀김
4인분

각각 140그램 정도 되는, 뼈를 발라 저민 가자미 살코기 4장
을 소금과 후추로 간한다.

달걀 1개
물 1큰술
을 잘 섞어 달걀 물을 만든다.

접시나 속이 얕은 볼에

곱게 간 신선한 빵가루 2컵
을 고루 펴놓는다.

빵가루를 입히는 순서
밀가루
달걀
빵가루

생선 살에 밀가루 옷을 입힌 다음, 불필요한 여분의 밀가루를 털어내고 달걀 물에 담갔다가 빵가루에 굴리거나 눌러 빵가루 옷을 입힌다(한 손으로는 마른 재료만 만지고, 다른 한 손으로 재료를 달걀 물에 담그면 손가락에 빵가루가 엉겨붙지 않는다). 빵가루를 입힌 생선 살을 한 시간 정도 냉장고에 넣어두어 표면을 살짝 말린다(생선 살이 서로 닿지 않게 놓아야 재료가 고루 잘 마른다).

바닥이 두껍고 속이 얕은 프라이팬을 달구고

정제 버터나 기름과 정제 버터 섞은 것을 1.3센티미터 깊이
가 되도록 프라이팬에 붓는다.

기름이 충분히 뜨거워지면 생선 살을 넣고 한 면이 노릇하고 바삭해질 때까지, 약 3분간 튀긴다. 생선을 뒤집어 다시 다른 면이 바삭해질 때까지 튀긴다. 프라이팬에서 꺼내 흡수성이 좋은 타월이나 종이에 올려두고 기름을 뺀다. 바로 식탁에 낸다.

변형하기

- 빵가루 옷을 입히기 전에 처빌, 차이브, 파슬리, 타라곤 같은 허브의 부드러운 잎을 다져 재료에 뿌린다.
- 밀가루에 붉은 고춧가루나 파프리카 가루를 1꼬집 넣어 섞는다.
- 생선 살에 소금, 후추로 간을 할 때 곱게 간 레몬 제스트를 함께 뿌린다.
- 빵가루 대신 거칠게 빻은 옥수숫가루를 쓴다.

- 굴에 빵가루를 입혀 튀겨도 좋다. 가자미 살코기 대신 껍질을 벗긴 굴 12개를 쓴다. 다른 생선 요리도 마찬가지지만 타르타르 소스(245쪽 참고)를 곁들이면 더 맛있다.

정제 버터

우유의 고형분과 수분을 모두 제거한 버터를 말한다. 유고형분은 낮은 온도에서 탄다. 이 유고형분을 분리 제거 하면 맑은 유지방만 남는데, 이 기름으로 맛있는 튀김과 소테를 할 수 있다.

정제 버터를 만드는 방법은 다음과 같다. 작고 바닥이 두꺼운 냄비를 중불로 가열해 버터를 녹인다. 유고형분이 분리되고 살짝 노릇한 갈색으로 변할 때까지, 10~15분간 끓인 다음 거름망에 부어 유고형분을 제거하면 맑고 노릇한 정제 버터만 남는다. 냉장고에 보관하면 몇 달이나 두고 쓸 수 있으니 한꺼번에 450그램 정도는 만들어도 좋다.

급할 때는 후다닥, 반˚정제 버터를 만들어 쓰기도 한다. 버터를 녹여 유고형분이 끓어서 거품 형태로 떠오르면 거품만 걷어내어 버린다. 이 방법으로 유고형분을 대부분 제거할 수 있다. 완성된 반정제 버터에 기름을 조금 섞어 튀김할 때 쓰면 된다. 빵가루 옷을 입힌, 빨리 익는 재료를 튀길 때 좋다.

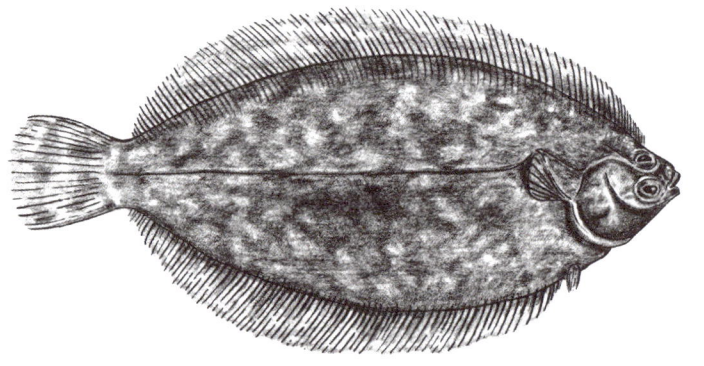

슬로 쿠킹

닭 다리 브레이즈

비프 스튜

마른 고추를 넣은 돼지 목살 브레이즈

스토브나 오븐에서 나지막한 소리를 내며 끓고 있는 브레이즈나 스튜만큼 건강하고 행복하다는 느낌을 주는 것이 또 있을까. 공기 중에 퍼지는 따스함 감도는 냄새는 마음을 어루만져준다. 이제 저녁이 준비되고 있다. 딱 필요한 만큼 잘라낸 소박한 고깃덩어리가 진하고 맛있는 소스에 담겨, 습기 가득한 열기 속에서 천천히 익어가고 뼈에서 저절로 떨어질 정도로 부드러워진다. 나는 편안하고 경제적인 이 요리법을 정말 좋아한다. 로스트를 할 때처럼 비용이 많이 들지 않고 마지막에 빠르게 후다닥 볶아내야 하는 소테처럼 격렬하지도 않은 요리법이다. 스튜나 브레이즈는 재료를 모두 담은 냄비 하나만 있으면 되고 대부분의 과정은 지켜보지 않아도 된다. 미리 만들어두었다가 다음 날 다시 데워 먹어도 걱정 없고, 심지어 하루 묵혀두면 더 맛있어지기도 한다.

고기로 브레이즈와 스튜 만들기

목초를 먹여 키운 소고기는 정말 풍미가 좋고 지방도 적다. 이런 소고기는 브레이즈를 하면 부드럽고 연해진다.

단순한 부케 가르니를 만들려면 파슬리, 타임 가지, 월계수 잎만 써도 된다.

고기로 브레이즈와 스튜를 하는 과정은 길고, 느리며, 조용하다. 브레이즈와 스튜는 뚜껑을 덮은 냄비에 소량의 액체와 재료를 넣고 가열하는 습열^{moist heat}식 요리법이다. 브레이즈는 큰 고깃덩어리로 만드는데, 대부분은 뼈가 붙은 고기를 쓴다. 반면 스튜는 고기를 작게 일정한 크기로 잘라 쓰며 브레이즈보다 물을 더 많이, 재료가 거의 잠길 만큼 붓고 요리한다(생선과 채소도 비슷한 방법으로 스튜를 만들지만 조직이 더 부드럽기 때문에 고기만큼 오래 끓이지는 않는다). 스튜와 브레이즈의 기본 재료는 고기, 향이 풍부한 채소, 허브와 양념 같은 향신료, 그리고 물이다.

오래 끓이는 요리에는 비싸지 않은 고기를 쓰는 것이 좋다. 질긴 결합조직도 요리를 하면 녹아 풍미가 가득해지고 질감이 부드러워지기 때문이다. 지방이 많지 않은 살코기나 근육조직이 많은 고기는 익히는 동안 수축하면서 수분을 모두 내보내 꽉 짠 수건같이 돼버린다. 그리고 목살이나 정강이, 다리 살과 꼬리처럼 운동량이 많아 질긴 부위에는 콜라겐으로 되어 있는 힘줄과 인대가 많은데 이 콜라겐은 물에 오래 삶으면 젤라틴으로 변한다. 지방이 적고 말라버린 근육의 섬유조직이 풍미 가득한 이 젤라틴 육수를 빨아들여 맛있고 부드러워지는 것이다. 젤라틴은 소스의 맛도 풍부하게 하며 점성도 더한다.

양파, 셀러리, 당근, 회향과 대파같이 향이 풍부한 채소를 향신채라고 한다. 이런 채소는 오래 끓여도 괜찮고 브레이즈와 스튜에 풍미와 질감을 더한다. 채소는 요리를 마친 후에 건져내도 되고 그냥 먹어도 된다. 생으로 넣어도, 조금 익혀서 넣어도 되고 심지어는 노릇하게 완전히 구워서 넣기도 한다. 채소를 익히지 않거나 조금 익혀서 넣으면 국물 맛이 가볍고 산뜻해진다. 채소를 익혀 색이 짙을수록 국물의 풍미와 색이 더 진해진다고 할 수 있다. 그렇지만 타서 갈색으로 변해버린 채소를 넣으면 국물에서 쓴맛이 난다.

신선한 허브의 가지와 잎을 넣을 때는 그냥 넣어도 되지만 면실로 묶어 다발을 만들어 넣기도 한다. 다발로 넣으면 나중에 건져내기가 쉽다. 나는 국물을 걸러서 쓰는 요리를 만들거나 투박한 요리를 할 때는 허브를 묶어 넣는 수고를 하지 않는다. 허브 다발을 냄비에서 건져낼 때는 허브를 꼭 눌러 흡수되어 있는 맛있는 육수를 모두 짜내자. 마른 허브는 향이 자극적이기 때문에 요리의 향을 압도해버릴 수 있다. 그러니 신중하게 사용하자. 그리고 요리를 시작하고 30분 후, 국물의 맛을 본 다음 필요하면 허브를 더 넣는다. 향신료는 통째로 쓰는 것이 좋다. 특히 검은 후추는 갈지 말고 넣자. 국물에 이리저리 뜨는 것이 싫다면 면포에 싸서 넣으면 된다.

브레이즈를 할 때나 스튜를 만들 때는 보통 와인이나 육수, 물을 넣는다. 와

인을 넣으면 신맛과 과일 향을 더할 수 있다. 미리 와인을 끓여 졸여서 풍미를 응축해 쓰기도 한다. 와인 대신 토마토나 식초를 조금 넣어도 좋다. 육수를 넣으면 물만 넣었을 때와는 달리 맛이 진해지고 풍미가 깊어진다. 닭 육수는 어떤 종류의 육류와도 잘 어울리고 일부 생선과도 잘 어우러진다. 닭 육수가 없는 경우, 소고기 요리에는 소고기 육수를, 양고기 요리에는 양고기 육수를 넣는다.

　도기 그릇이든 법랑을 입힌 무쇠 솥이든, 어떤 금속 용기든 간에 브레이즈와 스튜를 할 때 제일 좋은 것은 무거운 냄비이다. 바닥이 두껍고 무거운 냄비는 천천히, 고루 익히는 데 좋기 때문이다. 요리에 쓰는 고기가 살짝 여유롭게 들어갈 만큼만 큰 냄비를 고르자. 냄비가 크면 육수도 더 많이 넣어야 하기 때문에 국물의 풍미가 묽어질 수 있다. 그렇지만 냄비가 너무 작으면 재료가 너무 빡빡하게 들어가기 때문에 제대로 요리할 수 없고 국물도 충분히 많이 만들 수 없다. 국물을 오래 약불에서 은근히 끓여야 하기 때문에 고기를 넣고도 여유가 있을 만한 조금 넉넉한 크기가 제일 좋다. 딱 맞는 뚜껑이 필요하다. 조금 작으면 알루미늄 포일을 가장자리에 둘러 크게 만들고, 아예 없다 해도 포일로 만들어 쓰면 된다. 냄비의 깊이도 중요한데 고기와 국물까지 충분히 들어갈 만큼 깊어야 한다. 그렇지만 너무 깊으면 뚜껑 밑의 빈 공간이 많아지기 때문에 수분이 지나치게 많이 증발해 고기가 말라버릴 수 있다. 속이 깊은 솥을 쓸 수밖에 없는 상황이라면 솥의 용적에 맞춰 유산지를 잘라 고기를 덮은 다음 뚜껑을 덮어 요리한다.

　브레이즈나 스튜 요리를 하려면 먼저 고기에 소금과 후추로 밑간을 해야 한다. 풍미를 더 좋게 하려면 하루 전에 미리 해둔다. 보통, 냄비에 넣기 전에 고기의 겉면을 그슬리거나 노릇하게 익히는데 이렇게 하면 더 맛있어 보일 뿐만 아니라 풍미도 더 좋아지고 국물의 색도 짙어진다. 가능하면 브레이즈나 스튜를 만들 때 쓸 냄비에 고기를 넣고 굽는 것이 좋다. 아니라면 무쇠 프라이팬처럼 바닥이 두꺼운 팬을 쓰자. 소테를 할 때처럼 팬을 잘 달구고 기름을 조금 넣은 다음 고기를 넣고 굽는다. 재료를 한꺼번에 너무 많이 넣지 말자. 육즙이 흘러나와 색을 잘 내기가 어려워진다. 필요하면 고기를 여러 번에 나눠 천천히 굽는데 고기의 각 면을 모두 노릇하게 익힌다. 고기를 건져내고 불을 끈 다음, 기름은 부어버리고 아직 팬이 뜨거울 때 와인이나 육수를 붓는다. 보글보글 끓으면 팬 바닥에 갈색으로 붙어 있는 고기 부스러기를 긁어모은다. 이 부스러기에서 풍미가 우러나오기 때문이다. 이 과정을 전문 용어로 데글레이즈라고 한다. 바닥에 붙은 것을 말끔히 잘 긁어내 끓여야 하는데 그냥 붙어 있는 채로는 몇 시간을 고아도 풍미가 거의 우러나오지 않기 때문이다.

채소도 익혀야 한다면 데글레이즈한 소스를 갈색으로 구운 고기에 붓는다. 그리고 팬을 깨끗이 닦아 기름을 조금 넣고 달군 다음 채소를 넣어 익힌다. 냄비에 익힌 채소, 고기와 데글레이즈한 소스를 모두 넣고 육수나 물을 붓는다. 브레이즈를 할 때는 고기의 절반 정도 높이까지 육수를 붓고 스튜를 할 때는 고기가 거의 잠길 만큼, 그렇지만 완전히 잠기지는 않을 만큼 붓는다. 먼저 재료를 팔팔 끓인 다음 불을 낮추고 고기가 부드러워질 때까지 가장 낮은 불에서 푹 고거나 150도로 예열한 오븐에 넣고 익힌다. 가끔 냄비 속을 들여다보고 너무 빨리 익고 있는 것은 아닌지, 육수가 너무 졸아버린 것은 아닌지 확인하자. 육수가 줄어버렸다면 더 보충해준다.

일부 레시피에 따라 채소와 베이컨 같은 재료를 더 넣을 수도 있는데, 모두 각기 다른 방식으로 익힌 다음 거의 다 완성된 브레이즈나 스튜에 넣고 섞으면 된다. 이렇게 하면 채소의 신선함이 살아 있고 모양도 부스러지지 않는다. 예를 들어, 작은 감자를 로스트하고 순무를 쪄서 소고기 스튜에 넣으면 풍미가 다양해진다. 그리고 햇 완두콩이나 누에콩을 넣으면 어린 양고기 브레이즈의 맛을 더 살릴 수 있다. 레드 와인에 닭고기를 브레이즈한 전통적인 프랑스 요리, 코코뱅coq au vin에는 언제나 윤기 나게 졸인 작은 양파, 소테로 볶은 버섯, 노릇하게 구운 베이컨을 넣는다. 부드러운 허브를 다져서 완성된 스튜나 브레이즈에 뿌리면 신선함과 생기를 더할 수 있고 마지막에 다진 파슬리를 곱게 다진 마늘(가능하면 레몬 제스트도 갈아서 넣는다)과 섞은 것을 뿌려도 상큼하다

맛있는 국물을 남기지 않고 다 먹으려면 브레이즈나 스튜에 신선한 파스타나 에그 누들을 넣는다. 또는 으깬 감자나 찐 감자, 볶음밥, 폴렌타, 마늘을 문질러 석쇠에 굽거나 토스트한 빵을 곁들여 낸다.

집에 벽난로와 무쇠 솥(더치 오븐)이 있으면 숯불에서 브레이즈를 해보는 것도 좋다. 나무 향이 음식에 배어들어 독특한 풍미가 생긴다.

닭 다리 브레이즈

재료만 모두 준비되면 닭 다리 브레이즈는 완성하는 데 한 시간도 채 걸리지 않으며 어떤 종류의 허브나 향신료, 채소와도 잘 어울리는 요리이다. 고기가 부드럽고 육즙이 풍부하면 국물도 진하고 맛있다. 브레이즈를 하기에 제일 좋은 부위는 다리지만 흰살코기를 선호하는 사람이라면 가슴 부위를 써도 좋다. 단, 부드럽고 육즙이 풍부한 요리를 만들려면, 가슴은 다리보다 훨씬 짧은 시간 요리해야 한다는 사실을 유념하자.

먼저 닭 다리에 소금과 후추를 뿌린다. 시간이 있으면 하루 전에 미리 해둔다. 다리를 통째로 써도 되고 관절 부위를 잘라 허벅지와 북채를 분리해서 써도 좋다. 무쇠 팬이나 바닥이 두꺼운 팬을 중불로 달구고 기름을 넉넉하게 둘러 닭 껍질이 있는 부분이 아래로 가도록 놓고 노릇하게 지진다. 풍미를 한층 더하려면 기름과 버터를 섞어 쓴다. 껍질이 바삭바삭하게 익고 노릇한 갈색이 되도록 굽는 데 12분 정도 걸릴 것이다. 이 과정을 공들여 천천히 하지 않으면 마지막에 실망할 일이 생기고 만다. 표면만 살짝 노릇하게 익히면 브레이즈를 하는 도중에 색이 씻겨나가 완성된 요리의 색이 희끄무레하고 맛없어 보이기 때문이다. 껍질 쪽이 노릇하게 익으면 뒤집어 반대쪽을 4분 정도 굽는다. 반대쪽에는 껍질이 없기 때문에 금방 노릇해진다.

닭 다리를 팬에서 꺼낸 다음 남은 기름을 부어 버린다. 와인, 토마토, 육수나 물을 붓고 팬 바닥에 붙어 있는 갈색 부스러기를 긁어 데글레이즈를 한다. 레시피에 따라, 향이 좋은 채소를 기름에 볶아 넣거나 생채소를 냄비에 담는다. 채소 위에 닭 다리를 껍질 쪽이 위로 오도록 놓고 데글레이즈한 소스와 육수, 혹은 물을 닭 다리가 절반 정도 잠기도록 붓는다. 팔팔 끓인 다음 불을 낮춰 뚜껑을 덮고 45분 정도 푹 고거나 160도로 예열한 오븐에 넣고 굽는다.

닭 다리가 다 익으면 냄비에서 꺼내고 흩어진 허브 가지나 월계수 잎, 부케 가르니(꼭 짜서 육즙은 빼내고)를 건져 버린다. 냄비에 남은 국물을 체에 걸러 작은 냄비나 볼에 담고 기름기를 걷어낸 다음 맛을 보고 필요하면 소금을 넣는다. 재료를 모두 합치는데 따로 익힌 채소가 있으면 같이 넣는다. 그대로 식탁에 내든지 나중에 다시 데워 먹는다. 국물이 너무 많으면 졸여서 풍미를 진하게 만들자. 소금도 졸아들어 맛이 짜질 수 있기 때문에 요리가 완성된 다음에 맛을 보고 간을 더 해야 한다.

닭 가슴 부위도 함께 브레이즈할 때는 껍질을 벗기지 말고 뼈를 발라내지도 말자. 껍질도 뼈도 모두 요리에 풍미를 더하고 고기를 촉촉하고 부드럽게 해주니 말이다. 날개의 맨 끝 쪽 두 마디는 관절 부분을 잘라 버리고 요리하는데, 가슴을 통째로 요리해도 되고 두 쪽으로 잘라서 써도 좋다. 이때 두꺼운 날개 부위가 있는 조각을 살짝 더 작게 잘라야 한다. 소금, 후추로 양념하고 다리를 구

오리 다리도 닭 다리와 같은 방식으로 브레이즈하면 되지만 익히는 데 시간이 조금 더 오래 걸린다.

울 때 가슴 부위도 같이 노릇하게 구워둔다. 닭 다리를 30분간 브레이즈한 후에 구운 닭 가슴살을 육즙과 함께 팬에 넣는다.

닭 다리 브레이즈를 만드는 다른 방법도 있다. 닭 다리를 오븐에 넣고 뚜껑을 덮어 살이 부드러워질 때까지 익힌 다음 뚜껑을 벗기고 노릇하게 굽는 것이다. 여러 사람을 대접해야 할 때 이 방법을 쓰면 좋지만 가슴 부위는 이렇게 요리해서는 안 된다. 향이 좋은 채소를 깔고(레시피에 따라 익힌 채소나, 생채소를 쓴다) 허브와 향신료와 함께 간을 한 닭 다리를 껍질 쪽이 아래로 오도록 놓는다. 와인을 넉넉하게 붓고 육수나 물을 부어 국물에 다리가 절반 정도 잠기게 한다. 시간을 절약하려면 육수를 미리 팔팔 끓여놓았다가 부으면 된다. 180도로 예열한 오븐에 넣고 뚜껑을 덮어 40분간, 살이 부드러워질 때까지 익힌다. 뚜껑을 벗기고 다리를 뒤집는다. 국물이 많아 다리가 완전히 잠겨버린다면 껍질이 밖으로 나올 정도로 국물을 덜어두자. 다시 닭 다리를 오븐에 넣고 뚜껑은 벗긴 채 윗부분이 노릇하게 변할 때까지, 약 20분간 굽는다. 국물에서 기름과 찌꺼기를 걷어내고 식탁에 내면 된다.

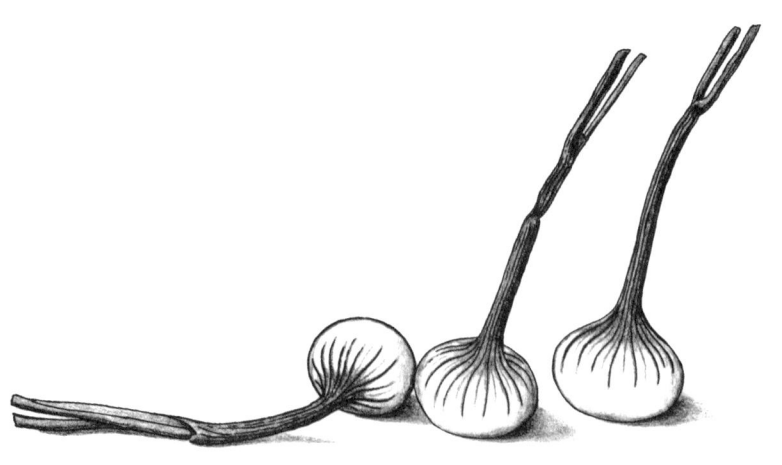

토마토, 양파와 마늘을 넣은 닭 다리 브레이즈

4인분

먹고 남은 닭고기 브레이즈 는 다져서 맛있는 닭고기 샐 러드 샌드위치를 만들면 된 다. 도시락으로 아주 좋다.

가능하면 하루 전에

닭 다리 4개

에

소금

신선하게 갈아낸 검은 후추

를 뿌려, 미리 양념한다. 바닥이 두꺼운 팬을 중불에서 달구고

올리브유 2큰술

을 두른다. 껍질이 아래로 가도록 닭 다리를 팬에 올리고 바삭하고 노릇해질 때까 지, 약 12분간 굽는다. 뒤집어 다시 4분간 굽는다. 닭고기를 꺼내고 그 팬에 바로

두껍게 썬 양파 2개(크게 깍둑썰기해도 좋다)

를 넣고 약 5분간, 양파가 투명해질 때까지 볶는다. 여기에

얇게 저민 마늘 4쪽

월계수 잎 1장

작은 로즈메리 가지 1개

를 넣고 2분간 볶는다. 거기에

큼직하게 깍둑썬 토마토 4개나 340그램 캔 1개 분량의 오가닉 홀 토마토 깍둑썬 것(토마토즙까지)

을 모두 넣고 팬 바닥에 갈색으로 눌러 붙은 부스러기를 긁어 5분간 끓인다. 익힌 채소 위에 닭 다리를 껍질이 위로 오도록 놓고 흘러나온 육즙도 모두 부은 다음

닭 육수 1컵

을 넣는다. 국물은 닭고기의 절반이 잠길 정도여야 한다. 부족하면 더 붓는다. 팔팔 끓인 다음 불을 낮춰 은근히 곤다. 뚜껑을 덮고 아주 약한불에서 뭉근히 끓이거나 160도로 예열한 오븐에서 45분간 익힌다. 다 익으면 국물만 작은 볼 에 따로 붓고 기름을 걷어낸다. 월계수 잎과 로즈메리를 건져 버린다. 맛을 보 고 필요하면 소금을 넣어 간을 맞춘다. 다시 국물을 닭고기가 담긴 팬에 붓고 식탁에 낸다.

변형하기

- 볶은 양파에 토마토를 더하기 전에 달지 않은 화이트 와인을 1/3컵 넣어 절 반이 되도록 졸인다.
- 다진 파슬리 1큰술에 마늘 1쪽을 곱게 다져 섞은 것을 완성한 닭 다리에 뿌 린다.

- 닭 다리 2개를 빼고 닭 가슴살을 2덩어리 쓴다. 닭 다리와 함께 익히는 것이 아니라 가슴살을 노릇하게 구워두었다가 닭 다리를 브레이즈한 지 30분이 지나면 넣는다.
- 로즈메리 대신 바질, 오레가노나 마저럼을 쓴다.

스튜 만들기

뼈가 붙어 있는 고기 부위로 스튜를 만들 때는 한 사람당 500그램 정도 돌아가도록 양을 가늠해야 한다. 뼈가 없는 고기는 350그램 정도 면 된다.

스튜에 쓰면 좋은 부위는 소꼬리, 소 다리, 소 목살, 소갈비, 돼지 목살, 소 볼살, 양 어깨살, 양의 목 부위 살이다. 이들 부위는 결합조직과 지방이 많아 부드럽고 풍미가 가득하다. 스튜를 만들 때는 고기를 작은 조각으로 잘라야 한다. 정육점에서 고기를 살 때 갈비나 양 다리 같이 뼈가 붙은 고기는 5센티미터 길이로 잘라달라고 부탁하고 소 어깨살이나 목살같이 뼈가 없는 부위는 4센티미터 크기의 정육면체로 잘라달라고 하자. 시골풍의 스튜를 만들 때는 더 크게 잘라서 쓰기도 하지만 이보다 더 작게 자르면 익혔을 때 부스러질 수 있다. 이미 스튜용으로 잘라놓은 고기를 사는 경우에는 어떤 부위인지 물어보고 구입하자. 대부분의 정육점에서는 우둔살과 설깃살을 쓰는데 이 부위는 기름기가 너무 적어 익히면 말라버리기 때문에 맛있는 스튜를 만드는 데 적합하지 않은 것 같다. 대신 목살을 스튜용으로 좀 잘라달라고 하거나 큰 덩어리 고기를 사서 집에서 잘라 쓰자.

고기를 소금과 후추로 간한다. 시간 여유가 있으면 하루 전에 하면 좋다. 고기를 양념장에 재서 쓸 때는 가끔 뒤적여 섞어줘야 양념이 고루 밴다. 양념장에 함께 넣을 채소는 먼저 기름을 조금 두른 다음 익혀 풍미를 더욱 끌어낸다. 그리고 완전히 식힌 다음 고기와 섞는다.

기름을 넉넉하게 두르고 고기를 노릇하게 굽는다. 팬에 고기를 한꺼번에 너무 많이 올리지 말자. 여러 번 나누어 굽는다. 프라이팬이 타지 않는 한 앞서 한 차례 두른 기름으로 계속 고기를 구워도 괜찮다. 팬이 탔다면 닦아내고 새로 기름을 부어 굽는다. 갈색으로 잘 익으면 고기를 꺼낸 다음 팬에서 기름을 따라내고 와인과 토마토, 육수나 물을 넣어 데글레이즈한다. 갈비와 소꼬리는 내가 제일 좋아하는 스튜용 고기이다. 풍미가 그득한 소스를 만들 수 있기 때문이다. 이 부위는 오븐에서 노릇한 색이 날 때까지 구워도 괜찮다. 얕은 팬에 고기를 잘 늘어놓고 230도로 예열한 오븐에 넣어 고기가 노릇하게 변하고 지방이 녹아 흘러내릴 때까지 굽는다. 이 경우 데글레이즈를 할 수 없다는 단점이 있지만 가스레인지에서 할 때보다 훨씬 빠르고 쉽게 고기를 구울 수 있다.

스튜에 향이 좋은 채소를 넣고 고기와 함께 끓여 먹으려 한다면 채소를 너무 크지 않게 일정한 크기로 자른다. 채소는 향만 내고 스튜가 완성된 후 건져서 버릴 거라면 건지기 좋게 크게 자르는 편이 좋다. 채소와 고기, 데글레이즈한 국물을 냄비에 넣는다. 고기를 두세 층으로 쌓을 수 있을 만큼 큼직한 냄비를 선택해야 한다. 그러나 너무 여러 층으로 쌓으면 위쪽 고기가 채 익기도 전에 맨 아래쪽에 있는 고기가 너무 익어 부스러져버릴 수 있으니 주의하자. 고기를 뒤적여줘도 이런 현상을 막을 수 없고 아래쪽 고기가 냄비 바닥에 들러붙고 타버릴 확률도 높아진다. 레시피에 나오는 대로 육수나 물을 붓는데 고기 윗부분까지 거의 올라올 만큼, 그러나 고기가 완전히 잠기지는 않을 만큼만 넣는다. 와인을 주재료로 한 양념장에 고기를 쟀을 때는 양념장이 거의 절반으로 줄 때까지 졸인 다음 냄비에 넣는다. 이렇게 하면 와인 맛이 은은해지며 육수를 더 많이 넣을 수 있기 때문에 국물 맛이 더 진해진다.

국물을 팔팔 끓인 다음 꺼질락 말락 할 정도로 불을 낮추고 뚜껑을 덮어 은근히 곤다. 스튜가 끓어 넘치지 않도록 필요하면 불꽃 조절기를 사용해도 좋다. 아니면 160도 정도로 예열한 오븐에 스튜를 넣어도 된다. 스튜를 너무 센 불에서 펄펄 끓이면 고기는 모두 풀어지고 국물은 유화된다. 지방과 수분이 엉겨 탁해지는 것이다. 냄비를 자주 들여다보고 잘 익고 있는지, 국물이 너무 졸아들지는 않았는지 확인하자. 필요하면 육수나 물을 더 넣어준다.

고기가 완전히 부드러워질 때까지 익히자. 부위에 따라 대략 두 시간에서 네 시간 정도 걸릴 것이다. 작은 칼이나 꼬챙이로 고기를 찔렀을 때 쑥 들어갈 정도면 된다. 고기가 다 익으면 국물에서 기름기와 찌꺼기를 최대한 걷어내자. 스튜가 더 이상 부글거리지 않을 정도로 조금 식고 국물이 굳었을 때 이 작업을 하면 훨씬 쉽다. 국물은 채에 걸러도 되지만 무척 조심해야 한다. 고기가 굉장히 부드러워져 있기 때문에 쉽게 부스러질 수 있다. 스튜를 미리 만들어놓고 다음 날 먹을 거라면 냉장고에 넣어두었다가 굳은 기름을 간단히 걷어내면 된다.

국물이 너무 묽거나 연하면 걸쭉하게 만들면 된다. 국물을 끓이면서 버터와 밀가루 섞은 것을 조금씩 넣고 젓는데 한번 넣으면 1분 정도 저어주고 다음에 또 넣어야 한다. 국물에 점성이 조금 생길 만큼만 넣자. 그렇지만 나는 이 방법보다는 고기를 구울 때 밀가루를 조금 뿌리는 방법을 쓴다.

스튜를 데우고 맛을 본 다음 필요하면 소금을 넣고 따로 익혀두었던 채소를 넣는다. 스튜가 완성되었다! 허브를 뿌리고 식탁으로 내어 가자(허브를 안 뿌려도 상관없다). 그리고 이 맛있는 국물을 남기지 않고 다 먹을 수 있도록 찍어 먹을 음식을 함께 내자.

요리가 거의 다 되어갈 때쯤에는 여러 번 자주 들여다봐야 한다. 고기가 완전히 익어서 부드러워졌는지 아닌지 알려면 조금 떼어내 맛을 보면 된다.

비프 스튜

4인분

가능하면 하루 전에

4센티미터 크기로 깍둑썰기한, 목초를 먹여 키운 소고기 장정육 1.4킬로그램

에

소금

신선하게 갈아낸 검은 후추

를 넉넉하게 뿌린다. 바닥이 두꺼운 팬을 중강불로 달구고

오일 2큰술

을 두른다.

1.3센티미터 크기로 자른 베이컨 3장

을 넣고 기름기가 빠지고 바삭할 정도까지는 아니고 살짝 노릇해질 때까지 굽는다. 베이컨을 덜어내고 한 번에 구울 수 있을 만큼의 고기를 넣어 각 면을 노릇하게 익힌다. 익힌 고기를 바닥이 두꺼운 냄비나 브레이즈 용기에 담는다. 팬에 있는 기름은 모두 따라내고 불을 낮춘 다음

껍질을 벗겨 4등분한 양파 2개

정향 2개(자른 양파에 찔러 넣는다)

껍질을 벗겨 5센티미터 두께로 자른 당근 2개

타임, 세이버리, 파슬리 가지 각 2개씩

월계수 잎 1장

통후추 2~3개

를 넣는다. 채소가 살짝 노릇해질 때까지 익혀 고기를 넣어둔 냄비에 합친다. 프라이팬을 다시 레인지에 올리고 불을 높인 후

브랜디 3큰술(취향에 따라)

을 부어 넣는다. 불이 붙어 타오를 수 있으니 조심해야 한다.

레드 와인 1¾컵

을 넣고 2/3컵 분량이 될 때까지 졸이면서 팬 바닥에 붙은 갈색 부스러기를 모두 긁어 같이 끓인다. 이것을 소고기와 채소를 담은 냄비에 붓고 여기에

깍둑썬 신선한 토마토나 캔에 든 토마토 3개

껍질 벗기고 거칠게 다진 작은 마늘 1통

얇은 오렌지 제스트 1줄

소고기 육수(혹은 닭 육수) 2컵

도 같이 넣는다. 육수의 양을 계속 확인하자. 소고기 덩어리의 3/4이 잠길 정도를 유지해야 한다. 육수가 줄어들면 보충하자. 뚜껑을 단단히 덮고 꺼질락 말락

향이 풍부한 정향을 통째로 넣으면 스튜의 다른 풍미도 미묘하게 살아난다.

채소 껍질 벗기는 칼을 쓰면 쉽게 오렌지 껍질을 종잇장처럼 얇게 저며낼 수 있다.

할 정도의 약불에서 뭉근히 끓이거나 160도로 예열한 오븐에 넣고 두세 시간 익힌다. 스튜가 팔팔 끓지 않도록 자주 불을 확인하고 조절하며 국물이 부족하지 않은지도 살펴보자. 고기가 부드러워지면 불을 끄고 국물이 굳도록 몇 분간 가만히 두었다가 기름을 모두 걷어낸다. 월계수 잎과 정향, 통후추도 건져 버린다. 맛을 보고 소금이 필요하면 더 넣는다.

> **다진 파슬리 1큰술**
> **곱게 다진 마늘 1~2쪽**

을 섞어서 뿌린 다음 식탁에 낸다.

변형하기

- 스튜가 완성되기 30분 전에 씨를 빼지 않은 작고 검은 올리브 1/2컵을 넣고 섞는다. 씨를 뺀 올리브를 쓴다면 스튜가 다 된 후에 넣는다.
- 레드 와인 대신 화이트 와인 3/4컵을 넣는다. 양이 절반으로 줄어들 때까지 졸인다.
- 포트 로스트를 만들 때는 고기를 자르지 말고 통째로 써야 한다. 장정살이나 우둔살, 양지머리를 쓰면 된다. 고깃덩어리의 절반 정도만 잠길 정도로 물을 붓는다. 요리 시간은 고기를 잘라서 만들 때보다 조금 더 오래, 한 시간 정도 걸린다.
- 마른 포르치니 버섯 1/4컵에 뜨거운 물 1/2컵을 부어 10분간 불린다. 물을 따라 버리고 버섯을 대강 다져 토마토 페이스트 2½큰술과 함께 스튜에 넣는다. 토마토는 넣지 않는다. 버섯을 불린 물에 불순물이 많지 않다면 육수의 양을 조금 줄이고 대신 버섯 물을 넣는다. 오렌지 제스트는 넣지 않는다.

목살 로스트 브레이즈 하기

브레이즈는 돼지고기든 양고기든 소고기든 간에 목살 로스트를 해 먹는 가장 좋은 방법 중 하나이다. 이 요리법은 로스트라는 요리와 브레이즈라는 요리의 장점만을 합쳐 입에서 녹을 만큼 부드럽고 군침 돌 정도로 노릇한 로스트 고기를 진하고 풍미가 그득한 소스와 곁들여 먹을 수 있는 요리로 만들어내는 방법이다. 뚜껑을 덮지 않고 국물은 소량만 넣어 오븐에서 고기를 익히는데 이렇게 하면 고기가 노릇하게 구워지며 오븐의 건조한 열기에 지방은 녹아서 흘러내린다. 그리고 아래쪽은 풍미가 좋은 육즙에 잠겨 뭉근히 끓는다. 한 시간쯤 익히다가 고기를 뒤집는데 그러면 노릇하게 구워진 고기 위쪽은 육즙에 잠겨 수분과 풍미를 흡수하고 잠겨 있던 아랫부분은 오븐의 열기에 구워진다. 이렇게 고기를 뒤집어 번갈아 굽고 브레이즈하는 것이다. 채소와 와인에서 나온 당분이 국물에 잠긴 고기를 감싸는데 고기가 오븐의 건조한 열에 노출되면 캐러멜화 현상이 일어나 너무나도 맛있는 황금색 껍질이 된다. 이 껍질은 고기를 뒤집을 때마다 소스에 젖기 때문에 잘 타지도 않는다.

목살 부위는 다 풍미가 좋지만 가능하면 뼈가 붙어 있는 고기를 고르는 것이 좋다. 완전히 익히면 고기가 부드러워지고 뼈에서 쉽게 분리된다. 정육점에서 다듬어두지 않은 것을 샀다면 고기 겉면에 붙어 있는 지방을 거의 다 잘라내고 소금과 후추를 넉넉히 뿌려 양념한다. 풍미를 더하려면 드라이 러브^{dry rub}를 쓴다. 러브는 허브와 향신료 가루, 고추를 소금, 후추와 섞은 것이다. 아니면 빻은 마늘, 허브, 향신료에 올리브유를 조금 섞은 반죽을 만들어 간이 된 고기에 문지른다. 풍미가 밤새 고기에 충분히 스며들도록 시간이 된다면 하루 전에 미리 이렇게 해둔다.

향이 좋은 채소를 크게 자른다. 로스트할 고기보다 조금 더 큰 무거운 오븐 용기에 채소를 넣는다. 허브와 향신료를 넣고 양념한 고기를 채소에 올리는데 지방이 있는 부분이 위로 가도록 둔다. 와인이나 육수, 혹은 물을 고기의 1/4이 잠기도록 붓는다. 뚜껑을 덮지 않고 190도로 예열한 오븐에서 한 시간가량 굽는다. 고기를 뒤집고 30분 더 구운 다음 다시 뒤집고 또 30분을 굽는다. 이때쯤 고기가 다 익었는지 확인해보자. 날카로운 칼이나 꼬챙이로 찔렀을 때 아주 조금 걸리는 느낌이 있거나 아니면 쉽게 들어가는 상태일 것이다. 조금 더 익혀야겠다 싶으면 고기를 다시 뒤집어 완성될 때까지 굽는데 30분에 한 번씩은 뒤집어줘야 한다는 사실을 유념하자. 고기의 크기에 따라 굽는 시간이 길게는 세 시간 30분쯤 걸릴 것이다.

고기가 익는 동안 육수의 양을 주의해서 지켜보고 졸아들면 더 보충하자. 녹아서 흘러내린 지방 때문에 육수의 양이 줄지 않은 것처럼 보일 수 있기 때문이다. 숟가락을 이용해 남아 있는 국물의 양을 측정하고 필요하면 더 넣자. 국물이 다 증발해버리면 채소와 고기가 바닥에 들러붙어 타버리는 것은 물론이고 고기와 함께 낼 소스도 없어져버린다.

다 익으면 고기를 팬에서 꺼내고 소스에서 기름기와 찌꺼기를 잘 건다. 채소에서 풍미가 다 빠져나왔으니 식탁에 내어 가고 싶지 않다면 채소는 꺼내서 버려도 된다. 아니면 푸드 밀에 넣고 갈거나 거친 망에 걸러 소스와 섞어도 좋다. 소스를 데우고 고기를 썰어 식탁에 낸다. 소스를 뿌려 내거나 작은 저그 혹

브레이즈를 해 가늘게 찢은 부드러운 고기는 샌드위치에 넣어 먹으면 정말 맛있다. 또 에그 누들에 얹어 먹어도 좋으며 라비올리나 토르텔리니 속으로 써도 훌륭하다.

은 소스 그릇에 따로 내서 각자 뿌려 먹게 한다.

마른 고추를 넣은 돼지 목살 브레이즈

4인분

안초고추는 묵직하고 달콤한 풍미가 있으며 그다지 맵지 않다. 치폴레 고추는 훈제향이 나며 꽤 매콤하다.

돼지고기 브레이즈는 고추를 넣지 않아도 맛있다.

소금 1큰술

신선하게 갈아낸 검은 후추 1/4작은술

신선한 마저럼이나 오레가노 다진 것 1큰술

안초 고춧가루 1작은술

을 섞어 드라이 러브를 만든다.

뼈가 붙어 있는 2킬로그램가량의 돼지 목살

에서 필요 없는 지방을 제거하고 드라이 러브로 양념한다. 가능하면 하루 전에 하는 것이 좋다.

　고기를 잘 싸서 냉장고에 두었다가 요리를 시작하기 한 시간 전에 꺼낸다. 고기보다 조금 더 큰 무거운 오븐 용기나 로스팅 팬에

껍질을 벗기고 크게 다진 양파 2개

껍질을 벗기고 크게 다진 당근 1개

반으로 갈라 씨를 뺀 마른 안초고추 3개

반으로 갈라 씨를 뺀 마른 치폴레 고추 1개

껍질을 벗기고 크게 다진 굵은 마늘 1통

검은 후추 3~4개

신선한 마저럼이나 오레가노 가지 몇 개

를 넣는다. 오븐을 190도로 예열한다. 양념을 한 고기를 채소 위에 놓고

닭 육수 2컵(혹은 물)

을 붓는다. 육수의 양을 확인하자. 고기의 1/4이 잠길 정도는 되어야 한다. 부족하면 육수를 더 붓는다. 오븐에 넣고 한 시간 15분 동안 굽는다. 고기를 뒤집어 30분간 더 굽고 다시 뒤집는다. 국물이 줄지 않았는지 계속 살펴보고 줄었다면 물이나 육수를 보충한다. 다시 30분 동안 더 굽고 얼마나 익었는지 확인한 다음 다 익을 때까지 뒤집어가며 계속 굽는다. 팬에서 고기를 들어낸다. 국물을 거르고 기름과 찌꺼기를 잘 걷어낸다. 채소를 푸드 밀에 갈아 소스에 넣고 섞는다. 뼈를 발라내고 고기는 잘라 데운 접시에 차려낸다. 소스를 뿌려 내도 좋고 저그나 소스 그릇에 담아 내도 된다.

변형하기

- 여러 가지 종류의 마른 고추를 섞어 쓴다.
- 신선한 마저럼이나 오레가노를 다져 식탁에 내기 직전에 뿌린다.

- 마늘 4쪽을 빻아 올리브유 2작은술과 함께 드라이 러브에 섞는다. 이것을 고기에 문질러 양념한다.

시머링

컬리엔다이브 샐러드와 수란^{水卵}

샐로 포칭으로 익힌 연어

보일드 디너

시머링^{Simmering}(은근히 끓이기)과 포칭^{poaching}(천천히 끓여 익히기)은 재료를 약불로 끓이는 국물에 담가 조리하는 방법이다. 재료를 포칭하면 아주 약한 불에서 섬세하게 익는다. 팬에 담긴 액체의 표면에 진동이 없을 정도로 보글거리는 방울이 하나도 생기지 않아야 한다. 이렇게 익힌 달걀은 감탄할 만큼 맛있다. 연어도 그렇다. 재료를 시머링할 때는 포칭보다는 불을 조금 더 강하게 해서 가끔 여기저기서 보글거리는 방울이 터질 정도로 끓인다. 끓을락 말락 할 정도로 시머링해서 만든 육수에 닭고기와 마블링이 좋은 소고기 한 점, 소시지 하나둘, 풍미가 풍부한 채소 몇 가지를 넣고 끓이면 맛있는 요리가 된다. 미국에서는 예로부터 이 요리를 보일드 디너라고 부르지만, 프랑스식으로 포토푀^{pot-au-feu}라고 하거나 이탈리아식으로 볼리토 미스토^{bollito misto}라고 하면 더 낭만적으로 들린다. 그렇지만 어디서 먹든, 이름을 뭐라고 부르든 간에 은근히 끓는 냄비에서 나온, 풍미가 짙은 육수와 부드럽고 맛있는 고기가 어우러진 이 요리는 꼭 맛봐야 할 음식이다.

수란

수란은 만들기 쉽고 영양이 풍부하며 경제적이다. 또 큰 힘 들이지 않고 만들어 어떤 음식과도 함께 낼 수 있다. 버터를 발라 구운 부드러운 빵 1조각에 수란을 올리면 완벽한 아침 식사가 된다. 보글보글 끓여 김이 나는 닭 육수에 수란을 만들어 한 그릇에 담아 내면 행복이라는 따스한 느낌이 우러나오는 영양이 풍부한 점심 식사가 되며 미지근한 비네그레트 소스에 버무린 컬리엔다이브 샐러드에 베이컨을 곁들이고 수란을 얹어 내면 내가 제일 좋아하는 저녁 식사용 샐러드가 된다. 달걀은 컬리엔다이브 잎에 고루 묻은 비네그레트의 맛을 더 풍부하게 만든다.

　수란은 달걀 껍질을 깨서 물이나 육수, 혹은 와인에 흰자가 겨우 응고하고 노른자가 뜨거워질 정도로만 익혀 만든다. 달걀 익히는 물은 아주 뜨거워야 하지만 물 표면에 방울이 생겨 표면이 흔들릴 정도로 팔팔 끓여서는 안 된다. 부드럽고 잔잔한 열로 요리해야 흰자위가 부드럽게 익고 달걀 모양이 흐트러지지 않는다. 신선한 달걀을 쓰는 것이 가장 좋다. 신선한 달걀을 접시에 깨뜨려 보면 흰자는 두껍고 젤리 같은 제형이며 짙은 주황색 노른자에 단단하게 붙어 있다. 그리고 노른자는 통통하며 높이 솟은 모양이다. 달걀이 오래되면 풍미가 사라지고 흰자는 묽어져 가장자리가 거의 물처럼 변하기 때문에 수란을 만들기가 어렵다.

　열이 고루 퍼져야 달걀이 바닥에 들러붙지 않으니 무거운 팬을 사용하자. 바닥이 두꺼운, 무거운 팬이 없다면 불꽃 조절기를 써야 한다. 속이 얕은 팬을 써야 뜨거운 물에서 달걀을 건지기가 쉬울 것이다. 나는 얕은 소스 팬을 쓴다. 팬에 5~7센티미터 깊이로 물을 채우고 식초를 넉넉하게 후드득 뿌린 다음 중불에 팬을 올려놓자. 식초를 넣으면 흰자가 좀 더 빨리 응고되며 물속에서 부풀며 퍼져 나오는 현상을 막을 수 있다. 맛이 조금 남기 때문에 좋은 식초를 쓰는 편이 좋다. 나는 물 4컵에 식초 1큰술 정도를 넣는 편인데 수란에서 식초의 풍미가 나는 것을 좋아하는 사람은 더 넣어도 된다. 수프나 육수에서 수란을 만들 때는 식초를 넣어서는 안 된다.

　노른자가 터지지 않도록 조심해서 달걀을 깨서 컵이나 작은 볼에 하나씩 담는다. 이렇게 하면 달걀 껍질이 들어가도 쉽게 건져낼 수 있고 끓는 물에 달걀을 하나씩 흘려 넣기도 좋다. 노른자가 터졌다면 따로 두었다가 다르게 요리를 해 먹자. 물이 뜨겁지만 방울은 생기지 않을 정도로 끓으면 달걀이 든 컵을 끓는 물에 가까이 가져가 조심스럽게 기울여 달걀이 미끄러지듯이 들어가게 흘려 넣는다. 이렇게 물에 부드럽게 넣어야만 달걀 모양이 흐트러지지 않는다. 1분쯤 지난 다음 달걀이 팬 바닥에 붙지 않도록 물을 잠시 가만히 휘젓는다. 각별히 주의해야 하는데 흰자가 굳지 않은 달걀은 쉽게 모양이 흐트러지기 때문이다. 물이 부글거리려고 하면 불을 낮춘다.

달걀의 개수, 크기, 물에 넣을 때의 온도에 따라 요리에 걸리는 시간은 다양하다. 냉장고에서 막 꺼낸 큰 달걀 하나를 익히는 데는 평균 3분 정도 걸린다. 흰자는 굳고 노른자는 아직 부드러울 정도로 익히는 것이다. 노른자를 완전히 익히고 싶다면 5분 정도 익히면 된다. 구멍이 여러 개 뚫려 있는 숟가락 모양의 건지개로 달걀을 들어내어 손가락으로 살짝 눌러보면 노른자와 흰자가 얼마나 단단해졌는지, 얼마나 더 익혀야 할지 알 수 있다. 완성된 수란을 조심해서 건져 타월에 잠시 올려놓고 윗면을 아주 부드럽게 닦아 수분을 제거한다. 막 만든 수란은 따뜻한 물이나 육수에 몇 분은 담가두어도 괜찮으니 여러 명이 먹을 수란을 만들 때 먼저 만든 수란은 그런 식으로 보관한다.

컬리엔다이브 샐러드와 수란

4인분

커다란 컬리엔다이브(프리제) 2포기

에서 짙은 초록색 겉잎을 떼어내고 다듬는다. 잎을 하나하나 떼어내고 씻어 수분을 잘 제거한다.

베이컨 2장

을 8밀리미터 길이로 자른다. 중불에 바닥이 두꺼운 작은 팬을 올리고

올리브유 2작은술

을 넣어 달군다. 자른 베이컨을 넣어 노릇해지고 지방이 빠질 때까지, 그렇지만 바삭바삭하지는 않을 정도로 익힌다. 베이컨을 팬에서 꺼내고 흘러나온 기름을 다른 그릇에 따라둔다.

레드 와인 식초 1큰술
디종 머스터드 1큰술
소금
신선하게 갈아낸 검은 후추
눌러 부순 마늘 1쪽

을 모두 섞은 다음

올리브유 2½큰술
베이컨에서 흘러나온 기름 1½큰술

을 넣고 저어 비네그레트 소스를 만든다.
맛을 보고 필요하면 소금과 식초를 더 넣는다.
바닥이 두꺼운 소스 팬에 물을 4컵 붓고

레드 와인 식초 1½큰술

을 넣는다.

물을 펄펄 끓기 직전까지 끓이다가

깨 두었던 달걀 4개

를 넣어 3분 30초나 4분 정도 익힌다. 구멍이 있는 건지개를 이용해 물에서 건져내고 따뜻하게 보관한다. 비네그레트(바순 마늘은 건져낸다)를 커다란 볼에 넣고 베이컨을 넣은 다음 볼째 뜨거운 물에 넣어 중탕으로 드레싱을 데운다. 잎채소를 넣고 잘 뒤적거린다. 소스가 묻은 채소를 따뜻하게 데워둔 접시 4개에 나눠 담는다. 수란의 물기를 부드럽게 닦아내고 샐러드에 하나씩 올린다. 검은 후추를 갈아서 수란에 조금씩 뿌리고 바로 식탁으로 내 간다.

변형하기

- 이 샐러드에는 다른 초록 채소도 잘 어울린다. 시금치, 에스카롤, 식용 민들레 잎이나 카스텔프랑코^{Castelfranco}, 슈거로프^{Sugar Loaf} 같은 부드러운 라디치오 품종으로 샐러드를 만들어보자.
- 이 따뜻한 샐러드는 수란 없이도 맛있다.
- 베이컨을 빼고 베이컨 기름 대신 올리브유를 더 많이 넣어 드레싱을 만든다.
- 간단하게 크루통을 만들어 아직 뜨거울 때 곱게 다진 마늘과 뒤적인다. 이 크루통에 비네그레트 소스를 조금 넣어 버무린 다음 채소와 섞어준다.

생선 포칭하기

생선은 포칭해서 먹으면 특히 맛있다. 맛있는 풍미와 식감이 물의 부드러운 열기에 그대로 보존되기 때문이다. 뜨겁지만 팔팔 끓지는 않는 물에 생선을 푹 담가 익히면 살이 촉촉하고 부드러우며 담백한 맛이 난다. 연어, 넙치, 대구, 가자미와 송어는 통째로 익히든 두툼하게 토막으로 잘라 넣어 익히든, 뼈를 발라내고 저며서 익히든 간에 포칭으로 익히는 것이 제일 잘 어울린다. 소금물을 써도 되고 풍미가 가득한 채소 육수에 와인을 넣은 쿠르 부용^{Court Bouillon}(356쪽 참고)에 익혀도 된다. 이렇게 익힌 생선은 풍미가 은은하기 때문에 버터 소스나 마요네즈, 혹은 살사 베르데를 변형한 소스처럼 단순한 소스와 함께 내면 좋다.

  생선을 포칭하는 다른 방법도 있다. 이는 평상시 식사에 특히 잘 어울리는데 물에 생선이 완전히 잠기게 해서 익히는 전통적인 방법과는 조금 다르다. 나는 이 방법을 섈로 포칭이라고 부른다. 특별히 육수를 만들 필요가 없다. 생선은 금세 팬에 들어갔다가 나와서 몇 분 안에 바로 식탁에 올라간다. 속이 얕고 바닥이 두꺼운 팬에 물을 2.5~5센티미터 깊이가 되게 붓거나 생선이 반 정도 잠길 정도로 붓는다. 화이트 와인을 넉넉하게 뿌리고(아니면 와인 식초를 조금 넣는다) 파슬리, 회향이나 타임 가지를 하나나 둘, 혹은 모두 조금씩 넣는다. 그리고 소금을 넉넉하게 1꼬집 넣는다. 레몬 1~2 조각을 물에 띄우기도 한다. 이 물을 팔팔 끓인 다음 바로 끓을락 말락 할 정도까지 불을 낮추고 소금으로 간을 한 생선을 넣는다. 한 면을 몇 분간 익힌 후 조심조심 뒤집어 완전히 익을 때까지 끓인다. 익히는 중에 물이 팔팔 끓지 않도록 불을 잘 조절하자. 1.3센티미터 두께로 얇게 저며낸 생선 살은 다 익히는 데 5~7분 걸리고 두꺼운 토막은 12분까지 걸릴 수 있다. 다 익었는지는 뾰족한 도구로 찔러보면 알 수 있다.

생선이 다 익으면 구멍이 있는 건지개로 건져 미리 데워둔 접시에 올린다. 곁들일 팬 소스를 간단하게 만들어보자. 불을 높여 생선 삶은 물이 반으로 졸아들 때까지 끓인다. 버터 2덩어리를 넉넉하게 덜어 작게 자른다. 버터를 조금씩 넣으며 거품기 같은 도구로 저어서 풀어준다. 버터를 다 넣은 다음 불을 끄고 팬을 레인지에서 들어내 불기가 없는 곳에서 버터 섞기를 마무리한다. 소스의 맛을 보고 필요하면 레몬을 짜서 조금 넣든지 소금을 1꼬집 넣는다. 혹은 둘 다 넣는다. 따듯한 생선에 소스를 부어 식탁에 낸다.

가자미처럼 저며낸 생선 살이 아주 얇은 경우에는 물을 더 적게 넣고 버터도 미리 물에 넣어서 포칭한다. 바닥이 두꺼운 팬에 물을 6밀리미터 깊이가 되도록 붓고 소금 간을 하며 신선한 허브 가지를 하나나 둘 넣는다. 와인이나 와인 식초를 붓고 버터를 2큰술가량 넣는다. 중불에 팬을 올리고 물이 끓기 직전에 간을 한 생선 살을 넣고 뚜껑을 닫는다. 완전히 익을 때까지, 4~5분간 익히는데 중간중간 불이 너무 세지 않는지 확인해야 한다. 생선을 건져낸 후 강불에 소스를 팔팔 끓여 걸쭉하게 만든다. 맛을 보고 필요한 양념을 넣고 간을 맞춘다. 생선에 소스를 부어 식탁에 내면 된다.

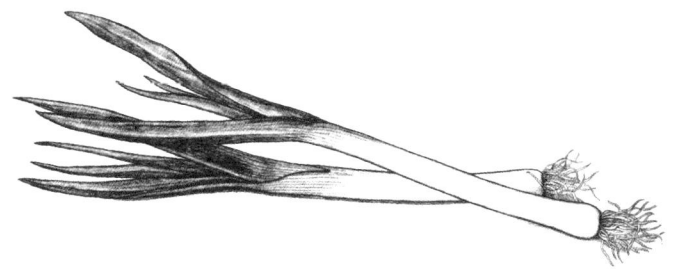

샐로 포칭으로 익힌 연어
4인분

140그램 순살 연어살 4장이나 커다란 연어(340~420그램) 2토막

을

소금

으로 간한다. 바닥이 두꺼운 팬에 생선이 반 정도 잠길 만큼 물을 충분히 붓고

달지 않은 화이트 와인 1/4컵

파슬리 가지 2개

타임 가지 2개

소금 넉넉하게 1꼬집

을 넣는다.

물이 팔팔 끓으면 바로 불을 낮추어 끓을락 말락 할 정도가 되도록 한다. 생선을 넣고 3분 30초간 익힌다(두툼하게 자른 토막을 요리할 때는 1~2분 더 익힌다). 생선을 뒤집고 완전히 익을 때까지 약 3분간 더 끓인다. 불의 세기를 계속 조절해서 물이 아주 뜨겁기는 하되 팔팔 끓지는 않도록 하자. 생선을 미리 데워둔 따뜻한 접시에 옮겨 담고 식탁으로 내 간다. 간단하게 소스를 만들려면 생선 삶은 물을 끓여 반으로 졸이고

잘게 자른 버터 4큰술(1/2덩어리)

를 넣어 휘젓는다. 맛을 보고 필요하면

소금

레몬즙

을 추가한다. 아직 따뜻한 생선에 소스를 붓는다.

변형하기

- 와인 대신 화이트 와인 식초를 1½큰술 넣는다.
- 얇게 썬 레몬 2조각을 물에 넣는다.
- 다양한 허브를 넣는다. 회향, 바질, 타라곤, 처빌과 마저럼도 좋다.

고기와 채소 시머링하기

보일드 디너는 사실 시머링 디너라고 말하는 편이 더 정확할 듯하다. 이 요리는 고기와 여러 가지 채소를 넣고 부드러워질 때까지 천천히, 은근하게 끓여서 만든다. 국물은 맑고 풍미가 가득하며 고기는 포크가 쑥 들어갈 만큼 부드럽고 촉촉한, 몸과 마음을 모두 회복시키는 따뜻하고 기운 나는 음식이다. 여러 가지 고기를 넣을 수 있는데 그중에 젤라틴이 많은 부위는 육수에 감칠맛을 더해주고 뼈가 붙은 부위는 풍미를 풍부하게 한다. 내가 좋아하는 고기는 소갈비, 양지머리, 소의 볼살, 소의 혀, 뭉치사태, 소꼬리, 목정, 닭고기(다리만 넣어도 되고 1마리 모두 써도 좋다)이며 소시지나 소시지를 넣은 양배추 롤을 넣어 만들어도 맛있다. 보일드 디너는 코스의 첫째 요리로 국물을 먼저 낸 다음 고기와 채소를 따로 내는 경우가 많은데 나는 한꺼번에 내는 것을 더 좋아한다. 고기와 채소를 속이 깊은 수프 그릇에 담고 국물을 넉넉하게 한 국자 떠 넣는 것이다. 보통은 고기와 함께 먹도록 굵은 바닷소금, 피클, 살사 베르데나 디종 머스터드, 서양고추냉이 크림(서양고추냉이를 갈고, 헤비 크림을 섞은 다음 소금 1꼬집, 화이트 와인 식초를 뿌려서 만든다), 케이퍼를 넣은 토마토소스 같이 톡 쏘는 맛이 나는 소스를 곁들인다.

하루 이틀 전에 고기를 미리 준비해 소금과 후추를 넉넉하게 뿌려 양념해두면 익혔을 때 육즙이 더 풍성하고 맛있어진다. 소 혀를 넣을 때는(나는 개인적으로 보일드 디너에는 소 혀를 넣는 것이 정말 좋다) 적어도 여덟 시간은 소금물에 담가 이물질을 제거한 다음 간을 해야 한다. 고기를 살 때는 먹고도 남을 만큼 많이 사는 것이 좋다. 국물로는 환상적으로 맛있는 수프와 리소토를 만들 수 있고 고기는 잘라서 살사 베르데를 곁들여 뜨겁게 혹은 차갑게 먹어도 맛있다. 또 샌드위치를 만들어도 훌륭하고 다져서 해시[1]를 만들어도 된다.

전통적으로 보일드 디너는 물을 넣어 만든다. 그렇지만 나는 물 대신 닭 육수를 쓰거나 닭 육수 반, 물 반을 넣어 국물 맛을 더 진하고 감미롭게 만드는 편이 더 좋다. 이 요리는 만들기 쉽지만, 시간이 오래 걸리니 몇 시간 동안 시머링을 할 작정을 해야 한다. 냄비가 뭉근히 끓도록, 아주 가끔만 방울이 생겼다가 터지는 정도로만 끓도록 불 조절을 잘하자. 너무 팔팔 끓여서 익히면 고기가 마르고 국물이 끈적끈적해진다. 소의 혀와 소시지, 양배추는 풍미가 강해 국물에서 이 맛만 날 수도 있기 때문에 소고기나 닭고기와는 따로 익혀야 한다. 양배추와 소시지뿐만 아니라 속을 채운 양배추 롤을 만들어 넣는 것도 생각해보자. 고기와 함께 먹을 채소는 요리가 마무리될 때쯤 넣으면 국물에 신선하고 감미로운 맛이 더해진다.

보일드 디너는 겨울에만 먹는 음식이 아니다. 나는 계절마다 다양한 제철 채소를 넣어 보일드 디너를 만든다.

---

1 잘게 썬 고기, 다진 고기, 감자와 향신료 등을 넣은 요리.

보일드 디너

8~10인분

이제부터 완벽한 보일드 디너(전통적인 이탈리아의 볼리토 미스토와 같은 요리) 레시피를 소개하겠다. 이 레시피에는 혀를 비롯해 다양한 부위의 소고기와 닭 다리, 소시지, 속을 채운 양배추 롤이 들어간다. 기본적으로 풍성한 음식이지만 소고기에 당근만 넣고 끓여서 만들 수도 있다. 내 레시피가 너무 길어 만들기에 힘들어 보일지 모르지만 어떤 재료는 미리 준비했다가 만들어도 괜찮다. 고기와 소의 혀는 미리 익혀두었다가 육수에 넣기만 해도 된다. 소시지와 속을 채운 양배추 롤, 채소는 식탁에 올리기 직전에 준비해서 익혀야 제일 좋다. 사실 시간 조절이 그렇게 중요하지는 않다. 재료를 다 익혀두었다가 먹을 준비가 다 되면 고기와 채소를 육수에 모두 넣고 다시 데워 내기만 하면 되기 때문이다.

요리를 하기 하루나 이틀 전에

목초를 먹여 키운 소의 갈비, 양지머리나 목정 1.4킬로그램

닭 다리 4개

를

소금

신선하게 갈아 낸 검은 후추

로 양념한다.

소금 4큰술

물 2리터

를 섞어 소금물을 만든다.

목초를 먹여 키운 소의 혀 900그램

을 밤새 소금물에 담가둔다. 소 혀를 소금물에서 꺼내 바닥이 두꺼운 냄비에 넣고 소 혀가 완전히 잠기고도 5센티미터 더 올라오도록 물을 붓는다. 팔팔 끓이다가 끓을락 말락 할 정도로 불을 낮춘 다음 기름기를 잘 걷어내고

두껍게 썬 양파 1개

껍질 벗긴 당근 1개

검은 통후추 1/4작은술

올스파이스 열매 3알

타임 잔가지 4개

월계수 잎 1장

화이트 와인 1/2컵이나 화이트 와인 식초 3큰술

소금 넉넉하게 1꼬집

을 넣는다. 부드러워질 때까지, 거의 다섯 시간 정도 끓인다. 은근히 끓고 있는

물에 소 혀가 완전히 잠기도록 물이 졸아들면 계속 보충한다. 완전히 익으면 물에 담근 채로 식혀 소 혀의 맨 바깥쪽 두꺼운 외막을 벗겨낸다. 소 혀를 삶은 물은 버린다. 소 혀를 끓이는 동안 양념해두었던 소고기를 용량이 10리터 정도 되는 속이 깊은 냄비에 넣고

닭 육수 2리터

물 2리터

를 붓는다. 국물은 고기보다 5센티미터 더 올라올 정도로 많아야 한다. 양이 부족하면 더 부어주자. 팔팔 한소끔 끓인 다음 국물이 은근하게 끓을 정도로 불을 낮추고 떠오르는 지꺼기를 걷어낸 후,

양파 1개

정향 2개(양파에 박아 넣는다)

껍질 벗긴 당근 1개

월계수 잎 1장

를 넣고 은근하게 두 시간 동안 끓인다. 중간중간 기름기와 찌꺼기를 걷어낸다. 그동안 속을 채운 양배추 롤을 만들자.

양배추 1통

을 준비해 잎이 찢어지지 않게 조심해서 양배추 잎 10장을 떼어낸다. 양배추 잎을 끓는 소금물에 넣고 부드러워질 때까지, 약 4분간 데친 후에 물을 버리고 식힌다.

신선한 빵가루 1/2컵 (74쪽 참고)

생크림 1/3컵

을 섞어 버무리고 수분이 흡수될 때까지 10분 정도 기다린다. 그러는 동안 다른 볼에

주황색, 노란색, 하얀색 대물림 종자 당근은 겨울 식탁에 생기를 더한다.

돼지고기나 닭고기 간 것 340그램

닭 간 2개를 깨끗이 씻어 다진 것

달걀 1개

소금 1작은술

신선하게 갈아낸 검은 후추 1/4작은술

다진 신선한 타임 1작은술

을 생크림과 빵가루를 버무려놓은 볼에 넣고 조심스레 섞는다. 이 소를 조금 떼어 작은 팬에 구워서 먹어본다. 소금이나 양념이 부족하면 넣어서 간을 맞춘다.

양배추 잎에서 두껍고 단단한 심을 손질해 잘라내고 편평하게 펼친 후 만들어둔 소를 넉넉하게 떠서 아래로부터 1/3 정도 되는 지점에 놓는다. 소가 덮이

도록 옆쪽 잎을 접고 양배추 잎을 위로 돌돌 말아 면실로 느슨하게 묶는다.

소고기를 두 시간 정도 삶은 후, 닭 다리를 넣고 30분간 더 끓인다. 처음에 넣었던 양파와 당근을 건져내고

껍질을 벗긴 작은 당근 8개나 껍질을 벗겨 반으로 자른 큰 당근 4개

씻어 손질한 큰 리크 4대나 작은 리크 8대

껍질을 벗겨 반으로 자른 중간 크기 양파 4개 혹은 껍질을 벗긴 보일링 어니언[2] 24개

를 넣는다. 채소가 곤죽이 되지 않게 부드러워질 정도로만, 30분간 은근히 끓여 완전히 익으면 냄비에서 건져낸다.

고기와 채소를 포칭하고 있는 냄비에서 육수를 몇 국자 덜어 작은 냄비에 넣는다. 겨우 끓을 정도로만 데운 다음 속을 채운 양배추 롤과 함께

마늘 소시지 4~5개

를 넣고 20분간, 혹은 완전히 익을 때까지 뭉근하게 끓인다. 롤과 소시지를 건져내 따뜻하게 보관한다. 이 육수를 보관해두었다가 나중에 다른 용도로 써도 좋다.

재료가 다 익으면 고기 국물을 촘촘한 체에 꼼꼼하게 거른다. 식탁에 내어 갈 시간이 되면 고기와 소시지를 자르고 국물을 조금 끼얹어 채소, 양배추 롤과 함께 데운다. 속이 깊고 큰 접시에 한꺼번에 담아내든지 한 사람당 하나씩 먹을 수 있도록 수프 그릇에 나눠 담은 후 따뜻한 국물을 국자로 떠 붓는다. 취향에 따라 먹을 수 있도록 굵은 소금, 살사 베르데(57쪽 참고)와 머스터드를 식탁에 올려둔다.

변형하기

- 소고기만 쓴다. 소꼬리나 갈비처럼 뼈가 붙은 부위 3.6킬로그램 또는 양지머리나, 소 볼살, 목정처럼 살코기만 있는 부위로 2.7킬로그램을 준비한다. 살코기만 가지고 보일드 디너를 만들 때는 가능하면 골수가 든 뼈를 2~3개 구해서 넣어보자.

- 닭 다리 대신 닭 1마리를 통째로 넣고 소 혀는 넣지 않는다. 닭을 45분간 뭉근히 끓인 다음 식힌다. 다리를 잘라서 건져내고 속이 덜 익었다면 다시 몇 분간 더 끓인다. 닭고기가 다 익으면 건져서 닭 가슴살은 저며내고 닭 다리는 관절 부위에서 잘라 두 개로 나눈다. 국물을 조금 붓고 데워서 식탁에 낸다.

- 속을 채운 양배추 롤을 만드는 대신 크기가 작은 양배추를 쐐기 모양으로

2 지름이 2.5~4센티미터 정도 되는 알이 작고 흰 양파.

잘라 따로 물이나 육수를 넣고 뭉근히 삶는다. 완전히 익으면 양배추를 건져 고기, 다른 채소와 함께 데워 식탁에 낸다.

- 당근 대신 파스닙, 루타바가, 순무 같은 뿌리채소를 고기와 함께 익혀 먹어도 맛있다.
- 코스 요리 첫 메뉴로 삶은 국물에 파스타나 구운 크루통을 곁들이거나 파르메산 치즈를 갈아 고명으로 올린 국물을 뜨겁게 데워 낸다. 고기와 채소는 따로 두 번째 메뉴로 낸다.

숯불에 직화로 굽기

허브를 뿌려 구운 등심 스테이크

통째로 구운 생선

구운 채소를 넣은 라타투이

불에 직접 식재료를 올리는 직화 구이는 가장 기초적인 단계의 요리법이다. 이렇게 구우면 재료의 맛이 마법처럼 바뀐다. 다른 요리사도 그렇겠지만 내가 제일 좋아하는 요리법이 바로 석쇠에 직화로 굽는 것이다. 직화로 구우면 가스레인지나 가스 오븐, 전기 오븐에 굽는 것과는 완전히 다른 맛이 난다. 직화 요리법에는 결과를 예측할 수 없을 정도로 변수가 많고 뭔가 야생적인 느낌이 있으며 재빠른 반응이 필요하다. 모든 요소를 다 고려해야 하며 조심해서 불을 다뤄야 한다. 직화로 요리하기를 좋아하는 요리사들은 본능적으로 불에 이끌리는 성향이 있다. 불가는 따뜻하고 사교를 나누기 좋은 장소이며 음식이 익어가는 맛있는 냄새를 맡을 수 있는 곳이다. 우리에게는 숯 덩어리를 찔러 뒤적이고 연기 냄새를 들이마시면서 석쇠에서 지글지글 굽고 있는 요리를 들여다보고 싶은 욕구가 내재되어 있다.

석쇠 구이 배우기

침니 스타터 chimney starter 를 쓰면 라이터 기름을 쓰지 않고도 숯에 쉽게 불을 붙일 수 있다.

포도 덩굴 조각이나 무화과나무를 비롯한 과실수 장작을 숯에 넣으면 직화로 굽는 각종 고기나 생선에 놀랄 만큼 맛있는 향미를 더할 수 있다.

나는 불을 붙이고, 숯을 다루고, 음식을 익히는 일 등 직화로 조리하는 모든 과정을 좋아한다. 숯에 불을 붙여 골고루 잘 깔아두는 것은 필수적인 일이다. 음식을 익히는 것이 바로 벌겋게 달아오른 잉걸불에서 나오는 뜨거운 열기이며, 이 열기가 사그라들지 않고 필요한 시간 내내 적절한 온도를 유지해야 최상의 결과를 낼 수 있다. 무엇보다 내가 제일 중요하게 생각하는 점은 음식이 익는 동안 불에 쉽게 접근할 수 있어야 한다는 점이다. 석쇠 밑에 있는 숯을 건드려 열기를 조절하고 섬세하게 요리해야 하기 때문이다. 바로 그래서 숯이 들어 있는 부분에 손이 닿지 않도록 디자인된 석쇠를 쓰기 싫어한다.

무거운 쇠살대가 달린 석쇠를 추천한다. 물론 쇠살대는 불 위에서 올렸다 내렸다 할 수 있어 원할 때 아래에 있는 숯을 뒤적일 수 있는 구조여야 한다. 벽돌을 양쪽으로 두 장 겹쳐 올리고 그 사이 공간에 숯을 피워 석쇠를 올리는 극히 단순한 구조물도 괜찮다. 나는 토스카나식 석쇠를 쓰는데 불 위에 걸치는 단조鍛造 철물로 2개의 다리가 있고 높이를 세 단계로 조절할 수 있으며 뺐다 끼웠다 하는 석쇠를 위에 올릴 수 있다. 이 석쇠는 실내용 벽난로에는 거의 다 맞고 야외에서도 쉽게 쓸 수 있다. 나는 석쇠를 뒷마당의 벽돌로 포장한 아주 작은 공간에 세워놓고 쓴다. 내 것처럼 무거운 석쇠는 무쇠 프라이팬과 같은 장점이 있다. 뜨거운 열기를 표면 전체로 골고루 전달하고 온도를 계속 유지해 음식물을 고루 익힌다. 거기에 더해 식재료 표면에 보기 좋은 석쇠 자국도 남긴다.

연료로는 숯덩어리나 단단한 목재, 아니면 두 가지를 섞어 쓴다. 내가 쓰는 숯은 화학 첨가물을 넣지 않고 순수하게 목재만을 구워 만든 것이다. 이런 숯은 고열을 내며 쓸 만한 잉걸불을 만들어내는 데 20분 정도밖에 걸리지 않을 정도로 빨리 탄다. 단단한 목재를 연료로 쓰면 40~50분 정도는 태워야 숯이 되어 음식을 구울 수 있을 정도가 된다. 숯에 불을 붙일 때는 언제나 침니 스타터를 쓴다. 스타터 윗부분을 숯으로 채우고 신문지를 몇 장 뭉쳐 스타터 아래쪽에 넣은 다음 여기에 불을 붙이면 된다(라이터용 기름을 부으면 음식에 불쾌한 석유 냄새가 남기 때문에 쓰지 않는다). 숯이 밝은 붉은색으로 타오르다가 회색으로 변하면 잉걸불을 쓸 수 있는 상태가 된 것이다. 이 회색 숯은 30분 정도 쓸 수 있다. 어떤 재료를, 얼마나 오래 구울지에 따라 다르지만 나는 보통 불이 붙은 숯을 예비해두었다가 쓰던 숯이 다 타버리면 이 숯을 갈퀴로 밀어 넣어 다시 불을 붙인다. 혹은 석쇠 아래에 깔아두었던 불붙은 숯 주변에 새로운 숯을 계속 보충하거나 침니 스타터를 두 개 사용하는 방법도 있다. 첫째 침니 스타터에 불을 붙이고 15~20분 지난 후 둘째 스타터에 불을 붙이는 것이다. 숯은 약 5센티미터 두께로 깔고 구울 재료보다 2.5~5센티미터 더 넓게 놓으면 좋다.

숯을 다 깔고 난 후에는 석쇠를 자리에 놓고 뜨겁게 달군다. 달구는 동안 쇠솔로 석쇠를 잘 닦는다. 구울 재료를 놓기 직전에 석쇠 전체에 기름을 넉넉하게 발라야 재료가 들러붙지 않는다. 특히 생선을 구울 때 이렇게 기름을 잘 바르면 도움이 많이 된다. 키친타월이나 깨끗한 행주에 기름을 묻혀 석쇠 표면 전체를 문지른다. 집게로 쥐고 발라도 된다. 굽기 전에는 불의 온도를 확인하자. 재료마다 적당한 온도가 있다. 스테이크는 뜨거운 불에서 익혀야 하며 발라낸 생선살도 상당히 뜨거운 온도로 구워야 한다. 그렇지만 닭고기나 소시지, 햄버거와 채소, 자른 빵은 중간보다 조금 더 뜨겁게 구워야 한다. 불이 너무 뜨거우면 속까지 다 익기 전에 표면이 타고 만다. 석쇠보다 2.5센티미터 정도 높은 위치에 손을 올려보자. 2초 정도 참을 수 있다면 불이 뜨거운 것이다. 4초 정도 견딜 수 있다면 중간보다 조금 뜨거운 중강불이다. 숯덩어리를 이리저리 옮겨 불을 조절하자. 온도를 낮추려면 넓게 펴두면 되고 높이려면 숯을 긁어모으거나 쌓아 올린다. 석쇠의 높이를 높이거나 낮추어도 된다. 음식이 연료에 가깝게 갈수록 조리 온도도 높아진다.

스테이크 구이　　　　스테이크는 직화로 석쇠에 굽기에 제일 좋은 재료다. 부드럽고 마블링이 좋으며 얇고 편평하게 자른 고깃덩어리는 뜨거운 숯불에서 구워내기에 안성맞춤이다. 제대로 구운 스테이크는 입에 침이 돌게 한다. 겉은 갈색으로 바삭하고 속은 분홍색으로 육즙이 넘치는 스테이크. 불에 구운 스테이크와 초록 채소 샐러드보다 쉽게 만들 수 있고 간단한 저녁 메뉴가 또 있겠는가? 게다가 설거지 거리도 얼마 나오지 않는다.

　어떤 부위라도 상관없다. 대표적으로는 립 아이 스테이크, 뉴욕 스테이크, 필레미뇽이나 안심스테이크, 포터하우스 스테이크를 들 수 있지만, 더 경제적인 다른 부위로 해도 아주 맛있다. 목정 부위의 부챗살이나 치맛살, 토시살, 안창살, 양짓살이나 등심, 삼각살도 모두 풍미가 좋다. 스테이크는 1인분씩 잘라서 구워도 되고 큰 덩어리로 구워 잘라도 된다. 석쇠에 구울 때는 2.5~5센티미터 두께로 자르는 것이 제일 좋다. 이것보다 얇으면 겉을 충분히 굽기 전에 속이 너무 익어버리고 두꺼우면 속이 채 익기도 전에 겉이 타버리고 만다. 지방은 6밀리미터 정도 두께로 한 층만 남겨두고 모두 잘라낸다. 지방이 녹아 흘러내리면 불꽃이 확 타올라 고기가 그을린다.

　스테이크에 간단하게 양념을 할 때는 소금과 검은 후추만 갈아서 뿌려도 충분하지만 나는 허브 크러스트로 양념하는 것을 아주 좋아한다. 내가 만드는 허브 크러스트에는 꼭 로즈메리가 들어가는데 그 밖에도 타임, 오레가노, 마저럼 같은 신선한 허브를 대량으로 다져서 굵은 소금과 검은 후추 분말과 섞어 만든다. 이 허브 크러스트를 스테이크를 굽기 약 한 시간 전에 약간의 올리브유와 함께 고기에 문질러 바른다. 스테이크는 반드시 굽기 30분이나 한 시간 전에 미리 냉장고에서 꺼내 실온이 되도록 두었다 구워야 고루 익는다는 사실을 잊지 말자.

뜨겁게 불을 지피고 석쇠를 예열한 다음 쇠솔로 석쇠를 깨끗이 닦아놓는다. 손을 석쇠에 올려보았을 때 2초 이상은 견디지 못할 정도로 불이 강해야 한다. 석쇠에 기름칠을 하고 스테이크를 올린다. 표면에 그물코 모양 무늬를 만들고 싶다면 일단 스테이크를 2~3분간 구운 후, 90도 각도로 고기를 돌려서 다시 2~3분간 굽는다. 그리고 고기를 뒤집는다(스테이크 가장자리에 지방층이 있다면 스테이크를 집게로 잡고 그쪽을 석쇠에 대고 눌러서 1~2분 동안 지방을 구운 다음 뒤집는다). 다른 쪽도 2~3분간 구운 다음 90도로 돌려 더 굽는다. 굽기 시작하고 2분이 지나면 다 익었는지 확인해보아야 하는데 집게손가락이나 집게 등으로 고기를 눌러보면 된다. 레어로 덜 익었을 때는 고기가 부드럽고 미디엄 레어로 익었을 때는 탄력이 조금 느껴지며 완전히 웰던으로 익으면 튕겨 나오는 느낌이 확실해진다. 스테이크를 잘라보면 눈으로 확인할 수 있지만 스테이크를 여러 개 구우면서 계속 눌러보면 어느 순간 잘라보지 않아도 익은 정도를 판단할 수 있는 경지에 이르게 된다. 원하는 정도로 익기 조금 전에 스테이크를 석쇠에서 들어내자. 잔열로 고기가 계속 익기 때문이다. 2.5센티미터 두께의 스테이크는 8분 정도 구우면 레어로 익고 10~12분간 구우면 미디엄으로 익는다.

스테이크를 구우면서 불을 잘 지켜보며 숯을 이리저리 옮겨 불을 더 뜨겁거나 약하게 조절해야 한다. 불꽃이 확 치솟으며 타오르면 재빨리 고기를 옮겨 불꽃이 닿지 않도록 해야 한다. 순식간에 고기가 타서 매캐한 맛이 나고 겉이 검고 딱딱해지는 수가 있다. 고기를 다 익혀 석쇠에서 내려놓은 후에는 내부의 육즙이 안정되도록 몇 분간 그냥 두어야 잘랐을 때 육즙이 너무 많이 흘러나오지 않는다. 바로 식탁으로 내 가지 않는다면 포일로 느슨하게 덮어 따뜻하게 보관한다. 너무 단단히 봉해두면 고기가 계속 익을 수 있으니 주의하자.

손으로 온도 측정하기

2초= 강불

4초= 중강불

6초= 중불

내가 생각하는 이상적인 스테이크는 겉은 진갈색으로 구워져 풋풋한 생나무 향이 그득하며 속은 살짝 덜 익은 상태로 구워진 것이다. 이렇게 구우려면 아주 뜨거운 불이 필요하다.

허브를 뿌려 구운 등심 스테이크

4인분

석쇠에 고기를 굽다가 뒤집을 때 내가 제일 잘 쓰는 도구는 집게다. 집게는 가벼우며 고기에 자국을 남기지 않고 쓰기도 쉽다.

목초를 먹여 키운 소 등심 560그램을 4센티미터 두께로 자른 것

에서 지방층을 6밀리미터 정도만 남기고 모두 정리해 떼어낸다.

다진 허브 모음 3큰술(로즈메리, 타임, 오레가노나 마저럼)

굵은 소금 1½작은술

신선하게 갈아낸 검은 후추 1작은술

을 한데 섞어 스테이크에 문질러 바른다.

올리브유 1큰술

을 뿌린다.

스테이크를 실온에 한 시간 동안 둔다.

불을 뜨겁게 지피자. 석쇠를 예열한 다음 깨끗이 닦고 기름칠을 한다. 스테이크를 석쇠에 올리고 3분간 구운 후 110도 돌려 그물코 모양 석쇠 자국을 낸다. 필요하면 그대로 2~3분간 더 굽는다. 스테이크를 뒤집고 이 과정을 되풀이한다. 스테이크를 굽기 시작한 지 도합 8~10분 지나면 고기가 얼마나 익었는지 확인한다. 아직 원하는 만큼 익지 않았다면 뒤집어 다시 굽는다. 스테이크 레어는 8~10분간, 미디엄 레어는 10~12분간, 이런 식으로 시간을 계산해서 구우면 된다. 석쇠에서 고기를 들어내고 5분간 둔 다음 식탁에 낸다.

생선구이와 조개 구이

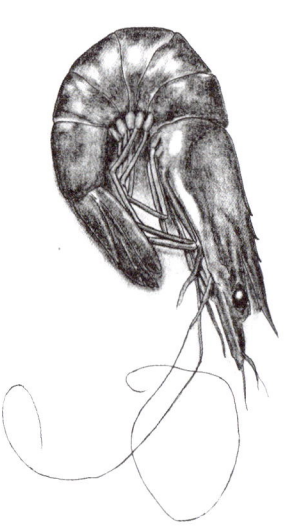

생선과 조개는 석쇠에 구웠을 때 최고로 맛있다. 뜨거운 불이 육즙을 빠르게 가두고 연기는 생선 살에 섬세하게 향을 더한다. 생선은 포를 떠서 살만 구워도 되고 스테이크처럼 토막을 내서 굽거나 아니면 통째로 구워도 좋다. 가리비나 굴 같은 조개류는 껍데기째 구워도 좋고 알맹이만 빼내 구워도 된다. 새우는 껍질을 벗기지 않고도 굽고 껍질을 벗겨서도 굽는다. 이런 재료들은 소금과 후추로 간을 하고 레몬즙만 조금 짜서 뿌리면 다른 양념 없이 먹어도 정말 맛있다. 그렇지만 올리브유와 허브, 복숭아(251쪽)나 토마토(251쪽)로 만든 톡 쏘는 맛의 살사 소스, 혹은 허브 버터(60쪽)나 베어네이즈 소스(249쪽), 따뜻한 버터 소스(248쪽)에 미리 재두었다가 구워도 좋다.

뜨겁게 타오르는 강불은 커다란 생선을 통째로 구울 때만 빼고 어떤 식재료든 굽기에 좋다. 손을 올려 온도를 측정해보자. 석쇠에서 2.5~5센티미터 높은 곳에 손을 대었을 때 2초 이상 견딜 수 없으면 된 것이다. 석쇠는 반드시 예열하고 깨끗이 닦아야 한다. 가장 중요한 점은 생선을 올리기 직전에 기름칠을 골고루 잘해야 한다는 것이다. 그래야 생선이 달라붙지 않는다. 저며낸 생선 살과 생선 토막에 소금과 후추를 뿌리고 붓으로 기름을 바른 후에 석쇠에 올린다. 아니면 허브와 향신료, 감귤류의 껍질을 갈아낸 제스트, 그리고 올리브유를 섞은

부스러지기 쉬운 생선을 뒤집을 때는 길고 조금 낭창낭창하게 휘어지는 금속 뒤집개를 쓰는 것이 좋다.

원하는 만큼 잘 익었는지 확인하려면 주저 말고 생선을 잘라서 속을 보자.

양념에 재놓았다가 구워도 된다. 적어도 한 시간은 재야 풍미가 잘 스며든다. 2.5센티미터 두께의 생선 살은 평균 6~8분 정도면 다 익는다. 생선 껍질을 벗겨내지 않았다면(껍질을 석쇠에 구우면 바삭바삭해서 더 맛있다), 껍질이 붙은 쪽이 아래로 가도록 놓고 거의 이쪽 면만 구우면 된다. 약 6분이 지나면 생선이 잘 익었는지 확인하고 완성 단계의 마지막 순간에 뒤집어 반대쪽은 그슬리기만 한다. 생선이 다 익었는지 확인해보려면 손가락이나 뒤집개로 살을 누르거나 칼로 찔러보면 된다. 살이 흐트러지지 않고 눌렀을 때 조금 단단하지만 아직 촉촉한 상태면 다 익은 것이다. 연어나 참치 같은 생선은 바깥쪽은 그슬리고 안쪽은 살에 아직 광택이 있고 투명하도록, 거의 안 익은 정도로 구웠을 때 제일 맛있다. 석쇠에서 내린 후에도 계속 살이 익는다는 사실을 잊지 말자. 석쇠에서 너무 오래 구우면 나중에는 바싹 말라버린다.

생선 스테이크는 등뼈가 일부 들어가도록, 적어도 2.5센티미터 두께가 되도록 토막 내야 하며 껍질이 붙은 채로 구워야 한다. 껍질이 안 붙은 생선 살을 구울 때와 같은 방법으로 굽지만 5분 후에는 뒤집고 굽기 시작해서 8분이 지나면 생선이 다 익었는지 확인해야 한다. 생선을 눌러보거나 등뼈 주변 살을 칼로 잘라 속을 들여다보자. 살이 등뼈에서 쉽게 분리되지만 아직 촉촉한 상태면 완성된 것이다.

생선을 통째로 구울 때는 비늘을 잘 긁어내고 내장도 제거해야 한다. 이 작업은 생선 가게에 부탁하면 해준다. 생선은 자르지 말고 뼈도 그대로 두고 가능하면 대가리도 붙은 상태로 굽는다. 이렇게 구우면 더 촉촉하다. 소금과 후추로 양념하든지 위에서 설명했던 것처럼 양념을 만들어 수시로 뒤집어가며 양념에 잘 재서 구워도 좋다. 안초비나 정어리처럼 작은 생선은 뒤집기 쉽도록 꼬챙이에 꿰어 강불에서 굽는다(나는 안초비를 민트를 조금 다져 넣은 양념에 재두었다가 활활 타는 뜨거운 불에 구워 먹는데 이렇게 하면 정말 맛있다). 큰 생선은 지느러미와 꼬리 끝을 잘라낸다(주방용 가위를 쓰면 이런 일쯤은 간단히 할 수 있다). 빈 배 속에는 얇게 썬 레몬과 각종 허브를 채워 넣어도 좋다. 큰 생선은 다 익히는 데 시간이 오래 걸리기 때문에 중강불로 구워야 한다. 큰 생선을 석쇠에서 구울 때는 살짝 굴리며 뒤집어야 하며 껍질이 타지 않도록 자주 뒤집어야 한다. 생선 몸통에서 제일 두꺼운 부분의 두께를 재보고 다 익는 데 2.5센티미터당 10분이 걸린다고 생각하고 굽는다. 내 친구는 큰 생선을 직접 잡아서 깨끗이 씻고 비늘을 벗긴 다음 회향 잎이나 허브 가지, 혹은 정원에 있는 레몬나무의 푸른 잎이 붙은 부드러운 가지로 생선을 완전히 감싸고 젖은 실로 잘 묶어 석쇠에 굽는다. 이렇게 초록 잎으로 덮어서 구우면 생선이 증기로 익고 좋은 향이 더해져 정말로 맛있다. 생선 살이 뼈에서 쉽게 떨어지면 다 익은 것이다. 초록 잎으로 감싸서 구웠다면 잎을 떼어낸 다음 생선 살을 조심스럽게 등뼈에서 발라내며 살에 붙은 잔가시를 골라낸다.

껍데기를 까서 조갯살만 빼낸 가리비, 굴과 오징어, 새우(껍질을 벗겨도 되고 안 벗겨도 좋다)는 꼬치에 끼워서 구우면 제일 간단하다. 꼬치에 끼운 해산물에 원하는 양념을 하거나 양념장에 잰다. 뜨거운 불에 단시간에 구워내면 살은 부드럽고 육즙도 그대로 남아 있다. 다시 한번 말하지만 예열을 잘한 다음 깨끗이 닦고 골고루 기름칠한 석쇠에는 해산물이 거의 들러붙지 않는다. 대합조개, 홍합이나 굴같이 껍데기가 두 개인 조개는 모래와 진흙만 잘 씻어내고 석쇠에 올려 구우면 된다. 이런 조개의 한쪽 껍데기는 대부분 좀 편평하고 다른 쪽은 더 둥글거나 볼록하다. 볼록한 쪽이 아래로 가도록 석쇠에 올려놓으면 익을 때 나오는 조개 국물이 흐르지 않는다. 김을 내면서 조개가 입을 벌리면 다 익은 것이다.

생선 통구이
4인분

1.4킬로그램 정도 되는 생선 1마리나 700그램 정도 되는 생선 2마리(볼락, 붉돔, 게르치나 줄무늬 농어 같은 생선)

를 구입해 생선 장수에게 비늘을 벗기고, 내장을 빼고, 꼬리와 지느러미를 손질해달라고 하자.

소금
신선하게 갈아낸 검은 후추

로 생선 겉과 속에 넉넉하게 양념을 한다.

얇게 썬 레몬
회향 잎 1움큼(야생 회향이나 재배 회향의 깃털처럼 길게 갈라진 잎)이나 다른 허브의 가지

를 생선 배에 채운다.
생선의 겉에도 회향 잎이나 허브 가지를 조금 흩뿌린다.

올리브유

를 바른다. 이 상태로 한 시간 정도 둔다.

불을 붙여 중간 세기로 조절한다. 석쇠를 예열하고 깨끗이 닦는다. 생선을 구울 준비가 다 되면 키친타월에 기름을 묻혀 석쇠에 골고루 바른 다음 생선을 올려놓는다. 완전히 익을 때까지 굽는데 겉이 타지 않도록 자주 뒤집는다. 몸통에서 가장 두꺼운 부분의 두께를 재고 2.5센티미터당 10분 정도 굽는다고 생각하자. 생선 살이 뼈에서 쉽게 떨어지지만 아직 촉촉한 상태라면 다 된 것이다. 꼬

생선 1마리에서 먹을 수 있는 살만 발라내면 원래 무게의 40~45퍼센트 정도가 된다.

최대한 신선한 생선을 구해야 한다. 생선 장수에게 그날 들어온 생선이 무엇인지 물어보고 구입하자.

챙이로 찔러 확인해보자. 살에서 탄성이 조금 느껴지는 상태여야 한다. 석쇠에서 생선을 들어내고 통째 내어 가거나 부엌에서 살만 발라 낸다.

쐐기 모양으로 자른 레몬 조각

엑스트라 버진 올리브유

와 함께 낸다.

변형하기

- 생선 배 속에 채워 넣은 것과 같은 허브로 만든 살사 베르데(57쪽 참고)를 생선과 함께 낸다.
- 회향 잎이나 허브 가지로 생선을 완전히 감싸 젖은 면실로 잘 묶어 굽는다.

채소 굽기

고기나 생선 못지않게 채소도 석쇠에서 복사열로 구우면 훈제 향이 더해져 맛있다. 간단한 살사 베르데나 비네그레트 소스를 곁들여 그냥 먹어도 되고 리소토에 넣거나 라타투이나 페페로나타처럼 채소를 구워 넣는 스튜를 만들어 먹어도 좋다. 석쇠에 구운 감자는 샐러드를 만들면 독특하게 맛있는데 여기에 석쇠에 구운 파를 좀 넣으면 맛이 훨씬 나아진다.

종류가 다른 채소는 서로 다른 방식으로 구워야 하지만 어떤 채소는 여러 가지 방법으로 구울 수도 있다. 대체로 채소는 중간이나 중강 정도 뜨거운 숯불에 굽는다. 불이 더 뜨거우면 속까지 완전히 익기 전에 겉이 타고 만다. 다행히 따로 조절하지 않아도 보통 고기나 생선을 굽고 나면 채소를 굽기 딱 좋은 온도가 된다. 숯을 잘 배치해 부분 부분의 온도가 다르게 만들어, 예를 들어 한 부분은 아주 뜨겁게, 한 부분은 중강 정도 뜨겁게 만들어서 스테이크와 채소를 동시에 구울 수도 있다. 손을 올려 온도를 확인해보자. 불이 중강으로 뜨거우면 손을 석쇠에 올려놓고 4초 정도 견딜 수 있을 것이다. 석쇠가 뜨거워지면 깨끗이 닦고 골고루 기름칠을 한 다음 채소를 올려놓는다.

여름 호박, 가지, 감자, 양파는 반드시 6~12밀리미터 두께로, 되도록 일정한 크기로 자른다. 피망은 반으로 자르거나 4등분하고 속을 깨끗이 파내 정리한다. 슬라이스한 양파는 편평한 단면이 불에 닿도록 꼬치에 꽂으면 뒤집기가 쉽다(꼬치는 물에 몇 분 동안 담가두었다가 쓰면 불이 붙지 않는다). 채소에 소금을 뿌리자. 이 작업은 미리 해둬도 좋지만 소금을 너무 일찍 뿌려놓으면 수분이 빠져나와 나중에 구울 때 물이 흥건할 수 있다. 굽기 전에 채소에 붓으로 올리브유를 넉넉하게 바른다. 다진 허브에 굴려서 구워도 좋다. 석쇠에 자른 채소를 올리고 몇 분이 지나면 90도 각도로 돌려 먹음직스러운 석쇠 자국을 내자.

채소를 구울 때는 불의 온도가 굉장히 중요하다. 불이 너무 뜨거우면 겉은 타고 속은 설익는다.

몇 분간 더 구운 다음 채소를 뒤집어 굽고 또 90도로 돌려 격자무늬를 만든 다음 굽기를 마무리한다. 채소가 부드러워지면 바로 석쇠에서 내린다. 줄기와 닿는 꼭지 부분이 제일 늦게 익으니 그 부분이 다 익었는지를 확인하면 된다(다시 한번 말하지만 석쇠 구이를 할 때 내가 제일 많이 쓰는 도구는 집게다. 채소를 정말 쉽게 뒤집을 수 있다).

잎이 많은 채소, 즉 쪽파나 작은 리크를 구울 때, 혹은 라디치오를 쐐기 모양으로 잘라 구울 때는 석쇠에 올리기 전에 물을 좀 뿌려두면 좋다. 먼저 올리브유를 채소 전체에 묻히고 물을 뿌리거나 스프레이로 축이면 된다. 구우면서 타지 않도록 자주 뒤집고 수분을 잃지 않도록 계속 물을 뿌리거나 스프레이로 분사해야 한다. 더 빨리 익히려면 금속 재질로 된 볼을 거꾸로 뒤집어 채소에 덮는다. 이렇게 하면 석쇠에서 굽는 동시에 수분이 증발하며 생기는 김으로도 찌는 셈이 되는 것이다.

먼저 끓는 물에 삶아 부드러워질 때까지 익힌 다음 석쇠에 구워 마무리하는 것이 더 나은 채소도 있다. 예를 들어 아스파라거스와 쪽파보다 굵은 리크, 그리고 작은 아티초크와 감자가 그렇다. 석쇠에서 쉽게 뒤집을 수 있도록 감자와 아티초크는 꼬치에 끼워 굽는데 석쇠에 균등하게 닿도록 자른 면이 모두 같은 쪽을 향하게 주의해서 끼운다.

토마토도 석쇠에 구우면 좋은데 단 아주 뜨거운 불에 구워야 한다. 토마토는 반으로 잘라 단면이 아래로 가도록 석쇠에 슬며시 올려놓는다. 3분 정도 구워 표면이 굳으면 뒤집는다. 토마토를 구우면 언제나 석쇠가 더러워지니 다른 것을 구우려면 꼭 석쇠를 먼저 닦아야 한다는 사실을 잊지 말자.

가지, 여름 호박, 피망은 통째로 구워 먹을 수 있다. 그렇지만 속까지 다 익히려면 시간이 오래 걸리니 불은 중강보다는 중간 정도 뜨겁기로 구워야 한다. 빨리 익도록, 그리고 내부에서 증기가 생겨 표면이 터지지 않도록 옆면에 몇 군데 깊게 칼집을 내어 굽자. 옥수수도 몇 가지 손 가는 일을 해야 하지만 구우면 정말 맛있다. 겉껍질을 떼내지는 말고 벗겨서 아래로 뒤집어 당겨놓고 옥수수수염을 모두 제거한다. 소금과 후추로 양념을 하고 기호에 따라 고춧가루나 허브를 조금 뿌려도 좋다. 붓으로 버터나 기름을 바른 다음 물을 조금 뿌린다. 겉껍질로 다시 옥수수자루를 감싸 중불이나 중강불에 굽는데 자주 뒤집으며 10분 정도 구우면 된다. 큰 버섯은 두껍게 썰어서 석쇠에 굽는다. 작은 버섯은 통째로, 혹은 반으로 잘라 꼬치에 끼워 굽는다. 버섯을 석쇠에 올리기 전에 붓으로 올리브유를 골고루 바르고 소금과 후추를 뿌려 양념한다. 모닥불에 구운 자연산 버섯도 믿을 수 없을 만큼 맛있다.

석쇠에 빵을 막 구워 뜨거울 때 올리브유를 좀 뿌리고 마늘 조각을 문질러서 먹으면 정말 맛있다.

채소처럼 빵도 중불이나 중강불로 구워야 좋다. 두껍게 자른 빵은 석쇠에 구운 다음에 기름을 바르지만 얇게 썬 빵은 굽기 전에 발라야 한다. 석쇠에 구울 빵은 굽기 몇 시간 전에 잘라놓거나 기름을 발라두어도 괜찮지만 반드시 깨끗한 행주로 단단히 싸서 보관해야 말라서 비틀어지지 않는다.

구운 채소를 넣은 라타투이
4인분

라타투이는 색이 다채롭고 마늘 향이 강한 스튜다. 여름 채소를 올리브유에 익히면서 흘러나온 채소즙을 육수로 쓰고 바질로 마무리한다. 그러나 내가 소개하는 레시피는 전통적인 방법이 아니다. 같은 여름 채소를 쓰지만 먼저 석쇠에 완전히 익히고, 그런 다음 먹기 좋은 크기로 잘라 마늘과 바질, 올리브유와 섞어 만든다.

채소를 씻어 잘라서 다듬고 소금으로 양념한다.

중간 크기의 가지 1개
중간 크기의 여름 호박 2개

의 꼭지를 잘라내고 6밀리미터 두께로 자른다.

큰 양파 1개

의 껍질을 벗기고 6밀리미터 두께로, 가로로 자른다.

파프리카 2개

를 길이대로 2등분하고 하얀 심과 씨를 제거한다.

완숙 토마토 3개

의 꼭지 부분을 파낸다.

중강불로 조절하고 석쇠를 얹어 예열한다. 불이 뜨거워지면 석쇠를 깨끗이 닦고 행주나 종이 타월로 기름칠을 한다. 석쇠 밑의 한 부분에 연료를 조금 높이 쌓아올려 불이 더 뜨겁게 타게 해둔다.

준비해둔 채소에 붓으로

올리브유

를 바른다.

자른 토마토는 단면이 아래로 가도록, 석쇠에서 제일 뜨거운 부분에 올려놓는다. 3~4분간 굽다가 뒤집어 다시 4분 정도 더 구운 다음 석쇠에서 내린다. 토마토를 굽는 동시에 다른 채소도 중강불에 양면을 약 4분씩 굽는다. 타지 않도록 자주 뒤집으며 줄기와 닿는 꼭지 부분이 다 익었는지 확인한다. 채소가 부드러워지면 석쇠에서 내려 식힌다. 채소를 모두 구워 손으로 만져도 될 만큼 식힌 후 1.3센티미터 길이로 네모나게 자른다.

볼에 자른 채소를 모두 담고

곱게 다진 마늘 2~3쪽

소금

다지거나 가늘게 채 썬 바질 잎 10장

엑스트라 버진 올리브유 3큰술

과 섞는다.

맛을 보고 필요하면 올리브유, 소금, 바질, 마늘 등의 양념을 더 넣는다. 따뜻하게 내거나, 차갑지 않을 정도로 식혀 식탁에 낸다.

오믈렛과 수플레

치즈 오믈렛

근대 프리타타

염소 치즈 수플레

오믈렛과 프리타타는 신선한 달걀을 휘저어 버터나 기름에 재빨리 익혀 내는 단순한 요리법을 여러 가지로 변형한 것이다. 오믈렛은 기본적으로 스크램블드 에그를 한 장으로 넓적하게 구워 고기나 채소, 혹은 치즈 속을 감싸 만드는 요리이고 프리타타는 달걀로 만든 케이크에 조금 더 가깝다고 할 수 있다. 프리타타에서 달걀은 스페인 토르티야(멕시코 토르티야와는 다르다)를 만들 때처럼 익힌 채소를 한데 묶어 결합하는 역할을 한다. 수플레는 달걀을 흰자와 노른자로 나누어 만들어낸 인상적인 요리이다. 먼저 노른자로 맛이 진한 수플레 베이스를 만들고 흰자를 거품기로 저어 공기처럼 가벼운 거품을 만든 다음 두 가지를 접듯이 가볍게 섞는다. 이 혼합물은 구우면 높이 높이 솟아올라 감동적일 만큼 맛있고 질감이 가벼우며 여리여리한 음식이 되는 것이다. 나는 뭉게뭉게 부풀어 오른 수플레가 만들어내는 한 편의 작품을 사랑한다. 달콤한 수플레든 짭짤한 맛이 나는 수플레든 모두 다. 따뜻하고 부드러우면서도 풍미가 가득하고 달콤한 수플레는 내가 제일 좋아하는 디저트 중 하나다.

오믈렛

오믈렛은 위에 부담이 없고 만들기 쉬우며 영양도 풍부하며 경제적이기까지 하다. 아침, 점심, 저녁 어느 때 먹어도 좋은 음식이다. 또, 부드럽고 맛이 단순해 마음에 위안을 주기도 한다. 신선한 달걀에 버터를 살짝 더하고 치즈나 다른 재료를 조금 넣어 풍미와 색을 입힌다. 내가 제일 자주 만드는 오믈렛은 파슬리, 차이브, 소렐, 타라곤이나 처빌 같은 신선한 허브를 달걀에 섞어 익히고 속에 그뤼에르나 부드러운 리코타 치즈를 조금 넣은 것이다. 오믈렛 속에 넣을 수 있는 재료는 셀 수 없이 많다. 심지어 지난 저녁에 먹고 남은 볶은 초록 채소나 구운 피망 한 숟가락, 브레이즈한 양고기나 소테로 익힌 햄 조각을 넣어도 좋다.

유기농 사료를 먹고 야외에서 자유롭게 돌아다니며 먹이를 찾은 암탉이 낳은 신선한 달걀로 만든 오믈렛이 제일 맛있다는 사실은 두말할 필요도 없다. 농산물 직거래 장터에서 가끔 그런 달걀을 찾을 수 있다. 식료품 상점에서 재료를 산다면 지역에서 생산하고 놓아먹인 닭이 낳은, 그리고 가능하면 유기농 인증을 받은 달걀을 사자. 한 사람당 달걀을 2~3알 먹는다고 보면 된다. 내가 좋아하는 것은 아주 두껍지 않고, 부드럽게 부풀어 오른 달걀을 잘 오므려 속이 여전히 촉촉한 오믈렛이다. 이렇게 만들려면 프라이팬의 크기가 중요한데 내가 정해둔 대강의 규칙이 있다. 달걀 2개로 오믈렛을 만들 때는 15센티미터, 3개로 만들 때는 20센티미터, 6개로 만들 때는 25센티미터 프라이팬을 쓰고 달걀 12개까지는 30센티미터 프라이팬을 쓴다. 그리고 달걀 물을 부었을 때 6밀리미터보다 두꺼워서는 안 된다. 프라이팬은 반드시 두껍고, 바닥이 매끄럽거나 달라붙지 않도록 잘 처리된 것을 써야 한다. 중약불에 프라이팬을 3~5분 동안 예열하고 달걀을 넣는다. 이것이 재료를 빨리, 달라붙지 않도록 요리하는 비결이다. 달걀을 볼에 깨어 넣고 오믈렛을 만들기 직전에 소금을 달걀 1개당 1꼬집씩 넣는다(소금을 미리 넣으면 달걀에 물이 생겨 묽어진다). 그리고 포크나 거품기로 달걀을 가볍게 저어 풀어준다. 달걀을 잘 섞을수록 오믈렛이 더 잘 부풀고 부드러워지지만 흰자, 노른자가 구분 안 될 정도로 완전히 섞어버리면 오히려 그렇게 안 된다.

버터 1덩어리를 뜨거운 팬에 넣는다. 바로 녹아서 거품이 버글버글 일어날 것이다. 버터를 녹여 프라이팬 전체에 두르면 거품은 잦아들고 버터 특유의 고소한 향이 나기 시작한다. 버터가 갈색으로 변하기 전에 달걀 물을 붓는다. 만들려는 오믈렛이 크다면 이때 불을 중간 세기로 키운다(작은 오믈렛을 만들 때는 이렇게 할 필요가 없다). 달걀을 프라이팬에 넣으면 맛있게 지글거리는 소리가 나야 한다. 달걀 물 가장자리는 금방 굳는다(아니라면 불을 더 뜨겁게 조절해야 한다). 포크나 뒤집개로 가장자리를 가운데 쪽으로 들어 올린다. 이때 익지 않은 달걀 물이 프라이팬이 드러난 부분으로 흘러나갈 것이다. 오믈렛 아 랫부분이 모두 익어 굳을 때까지 가장자리를 들어 올리고 팬을 기울여 익지 않 은 달걀 물을 아래쪽으로 흘려보내는 이 과정을 반복한다. 달걀이 거의 다 익으 면 치즈 혹은 넣고 싶은 속을 뿌려 넣는다. 조금 더 익히다가 오믈렛을 반으로 접어 접시에 미끄러트리며 옮겨 담는다. 달걀말이처럼 달걀을 말아서 모양을 내고 싶다면 팬을 들어 바깥쪽으로 기울인 다음 흔들어 오믈렛이 밀려 내려가 도록 한다. 그리고 가까운 쪽 가장자리를 접어 말고, 또 기울여 오믈렛을 밀어 내고 가장자리를 접어 말다가 마지막에 멀리 있는 가장자리로 오믈렛을 덮은 다음 미리 데워두었던 접시에 굴려 담는다. 이때 접합 부분이 아래로 가도록 한 다. 이렇게 달걀의 모양을 만드는 데는 1분도 채 걸리지 않을 것이다. 버터 1조 각으로 오믈렛을 쓸어주면 오믈렛의 표면이 반짝거린다.

치즈 오믈렛

4인분

커다란 볼에

달걀 8~12개

를 깨 넣는다.

다진 파슬리 2큰술

여러 가지 허브 다진 것 2큰술 (차이브, 처빌, 타라곤이나 마저럼)

신선하게 갈아낸 검은 후추 조금

을 넣고 달걀노른자와 흰자가 겨우 풀려 섞일 만큼만 가볍게 풀어준다. 요리를 시작할 준비가 다 되면 달걀에

소금

을 넣어 양념한다. 커다랗고 바닥이 두꺼운 프라이팬(30센티미터)이나 식재 료가 달라붙지 않도록 처리된 프라이팬을 중약불에서 3~5분간 예열한다. 프 라이팬이 완전히 뜨거워지면

버터 1큰술

을 넣는다. 버터가 녹아서 거품이 생겼다가 잦아들면 달걀을 붓는다. 더 뜨겁게 중불로 조절한다. 익은 달걀 가장자리를 들어 안 익은 달걀 물이 아래로 흘러가 도록 한다. 가장자리가 익으면 또 들어 올리고 팬을 기울여 안 익은 달걀 물을 아래로 흘려보내는 과정을 반복한다. 달걀이 거의 다 익어 굳으면

그뤼에르나 체다 치즈 가루 110그램

을 뿌린다. 잠시 더 익히면서 치즈를 데운다. 오믈렛을 반으로 접고 커다란 접 시에 미끄러뜨리듯 옮겨 담는다. 버터 1조각으로 오믈렛 위쪽을 문지른 다음 식탁에 낸다.

- 그뤼에르나 체다 치즈 대신 리코타 치즈 110그램을 넣는다.
- 허브를 넣지 않는다.
- 한 사람당 달걀 2~3개로 잡고 작은 오믈렛을 4개 만든다.

프리타타

프리타타는 속 재료를 미리 달걀과 섞어서 만든, 납작하고 둥근 오믈렛이다. 나는 가장자리가 없을 정도로 속을 많이 넣은 파이처럼, 빽빽할 만큼 채소를 많이 넣어 만든 프리타타를 좋아한다. 프리타타에 넣을 수 있는 재료는 무수히 많다. 볶은 양파, 데친 초록 채소, 로스트한 피망, 얇게 썬 감자, 버섯, 심지어 파스타를 넣어 만들 수도 있다. 프리타타는 따뜻하게 내도 되고 차갑지 않을 정도로 식혀서 먹어도 괜찮으며 그냥 먹어도 맛있고 소스를 곁들여 먹어도 좋다. 그리고 코스 요리의 첫째 음식으로도, 한 끼 저녁 식사로도 손색이 없는 음식이며 샌드위치에 넣어도 정말 맛있고 피크닉에 가져가기도 좋다.

속에 들어가는 재료는 모두 익혀서 넣어야 한다. 풍미를 추가하려면 채소를 갈색이 나도록 볶거나 허브와 향신료로 양념을 해서 익히면 된다. 어떤 레시피에는 프라이팬에 채소를 익힌 뒤 바로 달걀 물을 부어 프리타타를 만들라고 되어 있지만 내 경우에는 달걀에 오일과 소금을 조금 넣고 푼 다음 채소와 허브, 치즈 같은 양념을 넣고 섞어서 예열해둔 깨끗한 프라이팬에 넣고 프리타타를 만들었다. 이렇게 하면 깨끗하게 뒤집혀서 보기 좋은 모양으로 완성할 수 있다.

프리타타는 중불이나 중강불에서 요리해야 한다. 이보다 온도가 높으면 아래쪽이 타버리고 만다. 가장자리가 익어서 굳으면 팬의 옆면에서 떼어내고 팬을 살짝 들고 기울여 익지 않은 달걀 물이 아래로 흘러가도록 한다. 프리타타가 거의 익으면 팬과 크기가 비슷하거나 더 큰 접시를 뒤집어서 덮어놓는다. 접시를 단단히 누르면서 프라이팬을 뒤집어 프리타타를 접시로 옮겨 담는다(행주나 냄비 손잡이를 잡을 때 쓰는 장갑을 이용해 접시를 눌러야 손을 다치지 않는다). 프라이팬에 기름을 조금 더 두르고 접시의 프리타타를 미끄러뜨려 프라이팬에 다시 올린다. 2~3분간 더 익혀 접시에 옮겨 담는다. 프리타타는 겉은 완전히 다 익었지만 속은 촉촉한 정도로 요리해야 한다.

프리타타는 오븐에 익혀도 된다. 단 사용하는 팬이 오븐에 넣어도 되는지를 반드시 확인하자. 오븐을 175도 정도로 예열한다. 먼저 프리타타를 앞에서 설명한 것처럼 프라이팬에서 몇 분간 익히다가 팬에 담은 채로 오븐에 넣고 윗면이 다 익을 때까지 7~10분간 구우면 된다.

근대 프리타타

4인분

근대 1단

을 잘 씻고 줄기에서 잎을 떼어낸다. 줄기는 6밀리미터 길이로 자르고 잎은 크게 다진다. 바닥이 두꺼운 팬에

올리브유 1큰술

을 두르고 중불에 올려 달군다.

껍질을 벗기고 얇게 썬 중간 크기 양파 1개

를 넣고 5분간 볶은 후 근대 줄기를 넣는다.

소금

으로 간을 한다. 4분간 더 익히다가 근대 잎을 넣는다. 잎이 부드러워질 때까지 볶는데 팬이 너무 마른 것 같으면 물을 조금 넣는다. 접시에 볶은 재료를 옮겨 담는다.

커다란 볼에

달걀 6개

를 깨 넣는다.

소금

올리브유 2작은술

신선하게 갈아낸 검은 후추

고춧가루 1꼬집

다진 마늘 4쪽 분량

을 넣는다.

가볍게 저어 달걀을 푼다. 근대를 손으로 살며시 눌러 물기를 대부분 짜내고 달걀 물에 넣어 섞는다. 25센티미터 프라이팬을 중약불에 올려 예열한 다음

올리브유 2큰술

을 넣는다.

몇 초간 기다렸다가 근대를 섞은 달걀 물을 붓는다. 바닥이 익으면 가장자리를 들어 올려 익지 않은 달걀 물이 아래로 흘러가게 한다. 계속해서 익히다가 윗부분이 거의 다 굳으면 접시를 뒤집어 프라이팬을 덮는다. 접시를 누르면서 프라이팬을 뒤집어 프리타타를 접시에 옮겨 담고 프라이팬에

올리브유 1작은술

을 넣는다.

다시 프리타타를 프라이팬에 미끄러뜨려 올리고 2~3분간 더 익힌다. 접시에 옮겨 담고 따뜻하거나 차갑지 않을 정도로 식힌 프리타타를 식탁에 내 간다.

변형하기

- 요리가 마무리될 때쯤 근대 잎에 더해 수영 1다발을 넣는다.
- 근대 대신 브로콜리 라브, 겨자 잎, 쐐기풀이나 다른 초록 채소를 넣는다.
- 기본 토마토소스(286쪽 참고)에 프리타타를 얹어 따뜻하게 낸다.
- 살짝 구워 마늘을 문질러 바른 빵 사이에 쐐기 모양으로 자른 프리타타와 햄 1장, 얇게 저민 토마토 몇 조각을 끼우면 맛있는 샌드위치가 된다.

수플레

봉오리 부분은 황금빛으로 빛나며 부드러워 파르르 떨리고 뭉게뭉게 깃털처럼 가볍게 부풀어 인상적인 요리, 수플레는 비밀스러운 요리법으로만 만들 수 있을 것 같다. 그렇지만 알고 보면 비법은커녕 깜짝 놀랄 만큼 단순하면서도 기발한 방법으로 만드는 요리이다. 기본적인 수플레는 밀가루, 버터와 우유로 만든 단순한 화이트소스에 달걀노른자가 들어가며 이 재료들이 어우러져 풍부한 맛이 난다. 여기에 치즈(과일이나 리큐어를 넣으면 디저트 수플레가 된다)처럼 맛을 더하는 재료를 넣어도 된다. 그리고 여러 번 거품기로 쳐서 크게 부풀어 오른 달걀흰자를 넣으면 수플레 반죽은 더 가벼워진다. 달걀흰자 거품에 갇힌 공기가 오븐의 열에 팽창해 수플레를 더 불룩하게 부풀리는 것이다. 수플레를 만들면서 꼭 지켜야 하는 단 한 가지는 수플레가 완성되자마자 재빨리 식탁으로 내어 간다는 점이다. 김이 펄펄 나는, 오븐에서 막 나온 수플레는 금방 식고 우뚝 솟은 봉오리도 꺼져버리고 만다.

맛있는 수플레를 만드는 기본적인 방법은 다음과 같다. 제일 먼저, 베샤멜이라고도 하는 화이트소스를 만든다. 바닥이 두꺼운 소스 팬에 버터를 녹인다. 버터에 밀가루를 넣고 1~2분 볶는다(이렇게 만든 것을 '루^{roux}'라고 한다). 여기에 우유를 넣고 거품기로 휘젓는데 우유를 조금씩 나누어 넣고 넣을 때마다 거품기로 저어 잘 섞은 다음에 우유를 다시 더한다. 밀가루와 버터는 한데 뭉쳐 있는 상태였다가 우유를 조금씩 부을수록 묽어져서 풀어진다. 우유를 한 번에 다 넣으면 소스가 덩어리져버리니 주의하자(이런 경우에는 소스를 체에 거르면서 덩어리를 풀어야 한다). 우유를 넣은 다음에는 소스를 계속 저으면서 팔팔 끓인다. 이렇게 하면 밀가루가 우유와 섞이면서 익어 소스가 걸쭉해진다. 최대한 불을 낮추고 중간중간 저으면서 적어도 10분 정도 은근히 끓여 생밀가루의 맛을 없앤다. 소스에 소금, 후추, 넛맥과 카이엔 고춧가루를 넣어 간을 하고 조금 식힌다.

달걀 흰자와 노른자를 분리하고 노른자는 하나씩 터뜨려 저으며 베샤멜 소스에 넣고 흰자는 큰 볼에 따로 모아둔다. 흰자는 나중에 거품을 내서 쓸 것이

어림잡기
화이트소스 1¼컵에 치즈 1¼컵, 혹은 채소 퓌레1¼컵, 그리고 달걀 4개

다. 달걀을 분리할 때 노른자가 터지지 않도록 각별히 주의해야 한다. 흰자에 노른자가 조금이라도 들어가면 거품이 충분히 높이, 단단하고 안정감 있게 만들어지지 않기 때문이다. 흰자에 터진 노른자가 섞인 흔적이 조금이라도 보이면 달걀 껍데기로 떠내면 되는데 떠내기 어려운 경우에는 새 달걀을 분리해서 써야 한다. 노른자와 흰자가 섞인 달걀은 다른 용도로 쓰자. 생산된 지 여러 주가 지난 신선하지 않은 달걀은 흰자가 물처럼 묽고 노른자도 터지기 쉽기 때문에 아무래도 흰자가 단단하고 노른자도 탄탄하게 솟아 있는 신선한 달걀보다 나누기가 어렵다.

베샤멜 소스와 노른자 섞은 것에 치즈를 갈아 넣거나 다른 맛을 내는 재료, 예를 들어 채소 퓌레(리크, 아스파라거스, 마늘)나 다진 조개, 허브를 더한다. 이것을 수플레 베이스*base of the soufflé*라고 한다. 이 과정을 거친 재료는 냉장고에 보관했다가 써도 괜찮지만 적어도 한 시간 전에는 수플레 베이스와 달걀흰자를 실온에 내놓았다가 구워야 한다는 사실은 잊지 말자.

구울 준비가 다 되면 오븐을 190도로 예열한다(수플레를 크게 하나로 만들지 않고 작게 여러 개로 만들려면 200도로 예열한다). 수플레는 오븐의 한중간에 놓고 구워야 한다. 필요하면 랙의 위치를 조정해서 수플레가 부풀어 올라도 부딪히지 않게 위 공간을 충분히 비워두자. 베이킹 용기에 부드러운 버터를 듬뿍 바른다. 수플레는 전통적인 수플레 그릇에 구워도 되지만 얕은 그라탱 그릇이나 다른 베이킹 용기, 혹은 오븐에 넣어도 되는 컵이나 도자기 라미킨 그릇에 구워도 상관없다. 심지어 옆면이 있는 납작한 시트 팬에 굽기도 한다. 물론 이렇게 하면 수플레가 그다지 많이 부풀지 않지만 갈색으로 구워지는 부분이 많아지니 이것도 나쁘지 않다. 철사로 만든 거품기로 흰자를 격렬하게 쳐서 거품을 낸다. 거품 꼭대기가 뿔처럼 꼿꼿하게 솟을 때까지 치는데 그래도 거품은 촉촉하고 부드러운 상태여야 한다. 전기 믹서로 거품을 내면 너무 많이 쳐서 망치는 일이 종종 일어나니 조심해야 한다. 흰자가 뻑뻑해지기 시작하면 그때부터 주의를 기울이고 수시로 기계를 멈추고 상태를 살펴보자(거품을 지나치게 내면 거품이 덩어리지고 오돌토돌한 모양이 된다).

달걀흰자의 1/3 정도는 먼저 수플레 베이스에 잘 섞어 베이스를 약간 묽게 만든다. 그리고 고무 주걱으로 남은 달걀 거품을 긁어 이 베이스에 넣은 다음 휘젓거나 거품기로 치지 않고 주걱으로 부드럽게 접듯이 섞는다. 너무 심하게 저어서 섞으면 흰자가 꺼져버리고 만다. 이 과정이 매우 중요한데 수플레가 마지막에 부푸는 정도가 바로 흰자 거품에 달려 있기 때문이다. 접듯이 섞는 방법은 다음과 같다. 고무 주걱의 날을 칼날이라고 생각하고 볼의 한중간에서 날을

달걀흰자를 풀 때 구리 볼을 쓰면 확실히 다른 효과를 낸다. 달걀과 구리 사이에서 일어나는 화학반응으로 거품이 안정화된다.

세워 반죽 바닥까지 자른다. 바닥 쪽에서 옆면으로 날을 돌리며 반죽을 긁어 올려 남은 절반의 반죽 위에 덮는다. 긁어 올려서 덮는 동작을 하는 것이다. 다른 손으로 볼을 조금씩 돌려가며 이렇게 자르며 내려가서 긁으며 올라와서 덮는, 반원을 그리는 듯한 동작을 몇 번 하면 흰자가 다 섞여 거의 보이지 않게 될 것이다. 버터를 발라두었던 그릇에 반죽이 3/4 정도 찰 만큼만 살며시 붓는다. 일단 오븐에 넣은 반죽은 건드리지 말고 불룩하게 부풀고 노릇하게 될 때까지 굽는다. 큰 수플레라면 35~40분, 작은 용기에 담아 여러 개로 굽는다면 10분 정도 구우면 될 것이다. 가장자리가 황금빛으로 바삭거리고 중앙은 부드럽고 폭신하게 되었다면 제대로 구운 것이다.

달콤한 수플레는 조금 다른 방법으로 만든다. 베샤멜 소스 대신 페이스트리 크림(398쪽 참고)을 베이스로 삼으며, 맛을 내는 재료로 과일이나 초콜릿, 리큐어를 준비해 차갑게 식힌 페이스트리 크림에 넣는다. 준비가 다 되면 기본 수플레를 만들 때와 같은 방식으로 거품을 낸 달걀흰자를 섞어서 굽는다.

염소 치즈 수플레
4인분

바닥이 두꺼운 팬을 중불에 올리고
버터 5큰술
을 녹인다.
밀가루 3큰술
을 넣고 저으면서 2분간 볶는다.
우유 1컵
을 조금씩 넣으면서 거품기로 잘 풀어주는데 우유를 더 넣기 전에는 특히 세심하게 잘 젓는다.
베샤멜 소스에

소금
신선하게 갈아낸 검은 후추
카이엔 고춧가루 1꼬집
타임 가지 하나에서 떼어낸 잎
을 넣고 간을 한다.
약불에서 10분간 끓이면서 간간이 저어준다. 불에서 내려 조금 식힌다.
달걀 4개
의 흰자와 노른자를 분리한다.
노른자를 베샤멜 소스에 넣어서 젓고
부드럽고 맛이 강하지 않은 염소 치즈 110그램

을 넣고 저은 후 간이 적당한지 맛을 본다. 살짝 짜다 싶을 정도여야 나중에 간이 전혀 없는 달걀흰자를 섞었을 때 맛이 적당해진다.

오븐을 190도로 예열한다. 1리터 용량의 수플레 그릇이나 그라탱 그릇 같은 베이킹 용기에

부드러운 버터 1큰술

을 바른다. 달걀흰자를 쳐서 촉촉하지만 꼿꼿하게 봉우리처럼 솟도록 거품을 낸다. 수플레 베이스에 흰자의 1/3을 넣어 잘 섞는다. 이어서 남은 거품을 붓고 수플레 베이스를 살며시 접듯이 섞는다. 거품이 터지거나 꺼지지 않도록 조심하자. 모두 섞은 반죽을 버터 바른 그릇에 붓고 수플레가 부풀어 오르고 노릇하게 변할 때까지 35~40분간 굽는다. 완성된 수플레는 가운데 부분은 부드럽고 가볍게 흔들어봤을 때 살짝 꿀렁거릴 정도로 익어야 한다.

변형하기

- 맛이 진하지 않은 염소 치즈 절반, 맛이 강하고 숙성된 염소 치즈 절반을 넣는다.
- 오븐을 200도로 예열한다. 1리터 용량 수플레 용기 대신 110그램 용량 라미킨 8개에 버터를 바른다. 라미킨에 반죽을 3/4 정도만 차도록 붓고 10분간, 혹은 수플레가 부풀어 오르고 노릇하게 익을 때까지 굽는다.
- 염소 치즈 대신 그뤼에르 치즈 가루 3/4컵과 파르메산 치즈 가루 1/4컵을 넣는다.
- 치즈를 넣을 때 마늘 퓌레(330쪽 참고) 1/4컵을 함께 넣는다.
- 버터를 바른 그릇 안쪽에 곱게 간 빵가루나 파르메산 치즈 가루를 골고루 뿌린다.

세이버리 타르트와 달콤한 타르트

양파 타르트

사과 타르트

초콜릿 타르틀렛

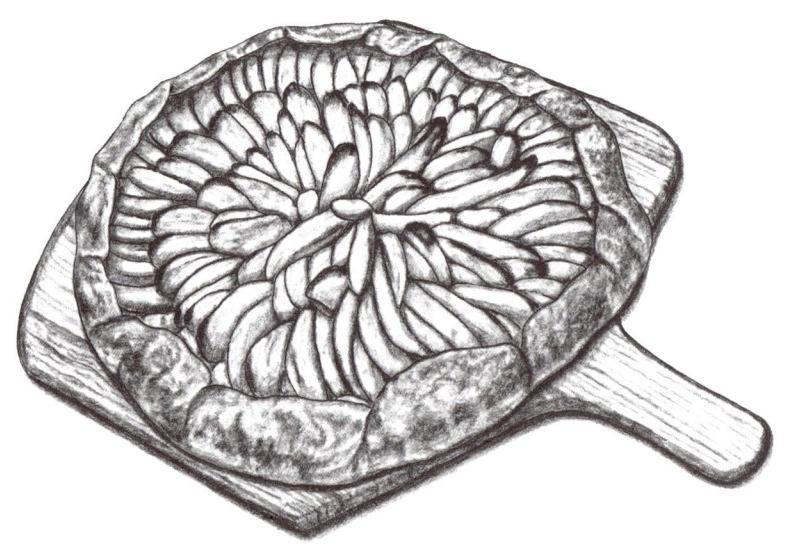

버터 맛이 나는 파이 껍질 안에 짭짤하거나 달콤한 재료를 넣고 속을 채운 타르트는 샌드위치나 피자처럼 완벽한 먹거리라고 할 수 있다. 내가 제일 좋아하는 타르트 종류는 원형에 납작하고 바삭바삭하며 재료가 위에 드러나 보이는 갈레트이다. 페이스트리 껍질을 아주 얇게 만들고 과일이나 채소로 만든 속을 위에 올려(껍질보다 2배는 두껍게 올린다) 원하는 모양으로 구워서 만든다. 갈레트는 껍질이 바삭바삭해지고 황금색으로 변하며 위에 얹은 재료가 부드러워질 때까지 굽는데 이렇게 하면 재료의 풍미가 응축되어 겉과 속의 맛과 질감이 이상적으로 어우러진다.

타르트 반죽 만들기

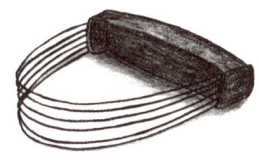

페이스트리가 타르트의 맛을 좌우한다. 어떻게 만들고 어떻게 밀고 얼마나 오래 익히는가가 관건이다. 내가 만드는 타르트 반죽은 짭짤한 재료를 넣은 타르트나 달콤한 타르트 모두에 잘 어울리며 파이 껍질로 써도 좋다. 밀가루, 버터와 물만 넣어 만든 페이스트리는 부드럽고 얇게 벗겨지며 바삭바삭하다. 나는 한때 몇 년 동안이나 타르트 반죽을 만들지 않았다. 만들기 어렵고 만들어봤자 결과가 만족스럽지 못했기 때문이다. 그런데 실력 좋은 페이스트리 제빵사인 친구가 밀가루와 버터, 물이 어떻게 어우러져 작용하는지 차근차근 잘 설명해주었고 몇 번 연습해보니 반죽이 어떤 느낌이며 어떤 모양이어야 하는지 감을 잡을 수 있었다. 그리고 나니 타르트 반죽이 점점 더 좋아졌다.

빵 만들기에 관해 설명할 때 이미 이야기했지만, 밀가루에는 글루텐이라는 여러 단백질의 혼합물이 들어 있다. 밀가루를 물과 섞으면 이 단백질들이 활성화되고 분자 망이 형성되어 반죽에 끈기가 생긴다. 반죽을 많이 젓거나 치댈수록 글루텐이 더 많이 형성된다. 빵을 만들 때는 글루텐이 형성될수록 좋다. 반죽이 부풀 때 견딜 수 있는 강력한 조직이 필요하기 때문이다. 그렇지만 타르트의 경우 이야기가 다르다. 페이스트리가 질겨지기 때문에 타르트 반죽을 지나치게 치대거나 밀어서는 안 된다. 내 레시피대로 하려면 중력분을 쓰는 것이 가장 좋다. 빵을 만들 때 쓰는 강력분은 글루텐 함량이 너무 높고 페이스트리용, 케이크용 박력분에는 글루텐이 너무 적게 들어 있다(이 밀가루로 페이스트리를 만들면 파슬파슬해진다). 중력분에 들어 있는 글루텐의 양이 얇게 벗겨지는 페이스트리를 만들기에 가장 적당하다. 그리고 이 밀가루에 버터가 들어간다.

버터를 넣으면 페이스트리의 맛이 풍부해지고 풍미가 좋아지며 질감도 많이 달라진다. 버터를 넣으면 일부 밀가루에 막이 입혀지고 이 밀가루는 물과 섞이지 않기 때문에 글루텐의 형성 속도가 늦추어져 페이스트리가 더 부드러워진다. 버터 중 일부가 크고 작은 조각으로 남아 있다가 밀가루를 치대는 동안 납작해지고, 반죽을 구우면 뜨거워져 김을 뿜어내는데 이때 글루텐 조직층이 서로 분리되어 껍질이 얇게 벗겨지는 페이스트리가 되는 것이다. 버터를 많이 넣을수록 반죽이 더 부드러워진다. 버터 조각의 크기가 더 들쑥날쑥할수록 껍질이 더 얇게 벗겨지는 페이스트리를 만들 수 있다.

밀가루에 섞을 때 버터는 반드시 냉장 온도 정도로 차가워야 한다. 너무 부드럽거나 녹아버린 버터를 쓰면 반죽이 기름지게 된다. 재료를 다 준비해두고 반죽을 시작하자. 차가운 버터를 대강 6밀리미터 크기 정육면체로 적당히 잘라두고, 밀가루는 계량해서 준비하며, 얼음처럼 차가운 물을 떠둔다. 먼저 손가락 끝으로 버터를 재빨리 밀가루와 섞는다. 페이스트리 블렌더라는 도구를 가지고 있다면 일이 한결 쉬울 것이다. 가장 중요한 점은 이 작업을 빠른 속도로 진행해야 한다는 것이다. 손가락 끝으로 버터와 밀가루를 함께 쥐고 가볍게 문지르거나 페이스트리 블렌더로 다지듯이 눌러가며 1분 정도 섞는다(스탠드 믹서를 써도 좋다. 적당한 부속 주걱을 끼워 1분 정도, 중약 속도로 섞는다). 자, 이제 물을 넣을 순서다.

물은 밀가루에 수분을 공급해서 글루텐을 활성화하기 위해 넣는다. 너무 질척거리지도, 너무 뻑뻑하지도 않을 정도로 점성이 있는 반죽을 만들 만큼 물을 넣어야 한다. 뻑뻑하고 바슬바슬한 반죽은 밀어서 펴기 어렵고 먹기에도 퍽퍽하다. 질척거리고 끈적이는 반죽으로 만들면 페이스트리가 질겨진다. 밀가루도, 버터도 제품마다 특성이 다르기 때문에 찬물이 얼마나 필요한지, 단정해서 말하기는 어렵다. 레시피에서 요구하는 만큼의 물을 계량해두는데 한 번에 다 부어버리지는 말자. 먼저 계량한 물의 3/4만큼만 붓는다. 물을 쪼르륵 흘려 부으며 포크로 반죽을 이리저리 뒤집는다. 되도록 반죽을 치대거나 주무르지 않아야 한다(믹서로 반죽을 한다면 믹서가 느리게 도는 동안 볼 가장자리로 물을 조금씩 흘려 넣는다. 반죽 시간은 30초가 넘지 않아야 한다). 반죽이 한데 엉기기 시작하면 바로 물 붓기를 중단한다. 반죽이 공처럼 뭉쳐 있으면 물을 너무 많이 넣은 것이고 반죽이 건조하고 바스러진다면 물이 부족한 것이다. 물을 더할 때는 한 번에 몇 방울씩만 떨어뜨리면서 반죽을 살살 뒤집어 섞는다.

반죽의 점도가 적당하다 싶으면 손가락으로 빠르게 살짝 만져서 보슬보슬한 공 모양으로 만든다(손바닥 온도가 손가락보다 훨씬 따뜻하기 때문에 손가락 끝으로 만져야 한다). 반죽을 여러 개의 공 모양으로 만들어야 하면 미리 균등한 크기로 나눠두어야 한다. 공 모양으로 만든 반죽은 비닐로 덮어두자(시장에서 받아온 비닐봉지를 재활용할 좋은 기회다). 비닐로 싼 반죽을 꼭 쥐어 단단히 다지고 납작하게 눌러 원판 모양으로 만든다. 갈라지는 부분이 있다면 손가락으로 꼭꼭 꼬집듯이 쥐어 봉한다. 이렇게 갈라지는 틈을 모두 여며두면 나중에 반죽을 밀어 펼 때 일이 훨씬 쉬워진다. 비닐에 싼 채 원판 모양으로 눌러둔 반죽을 냉장고에 넣고 적어도 한 시간은 두었다가 밀어야 한다. 그동안 반죽의 수분량이 균등해지고 글루텐은 느슨해지기 때문에 나중에 밀기가 좋아진다. 반죽은 냉장실에서는 이틀, 냉동실에서는 2달간 보관할 수 있다. 냉동해두었던 반죽은 전날 밤 미리 냉장실에 넣어 해동해 쓴다.

타르트와 파이 반죽

280그램 반죽 2덩어리를
만들 분량이다.
28센티미터 타르트 2개나
23센티미터 더블 크러스트 파
이를 만들 수 있다.

이 레시피를 따르되 재료를
반으로 줄이거나 2배 분량
으로 늘려 만들어도 된다.

얼음물 1/2컵
을 계량해서 준비한다.
무표백 중력분 2컵
소금 1/2작은술(가염 버터를 사용하는 경우에는 소금을 넣지 않는다)
을 섞는다.
작게(6밀리미터) 깍둑썰기한 차가운 버터 12큰술(1½ 덩어리)
을 밀가루에 넣고 페이스트리 블렌더로 잘라가며 섞거나 손가락 끝으로 비벼
서 섞는데 일부 버터는 완전히 비비지 말고 크고 일정하지 않은 모양으로 그냥
남겨둔다. 이 작업은 1~2분 안에 모두 끝내야 한다(스탠드 믹서를 쓸 때는 알맞
은 부속 주걱을 끼워 중약 속도로, 1분 이하로 반죽한다). 준비해둔 물의 3/4을
부으며 포크를 이용해 반죽을 휘젓는데 반죽이 뭉쳐서 엉기기 시작하면 멈춘
다(스탠드 믹서를 쓸 경우 속도를 낮추고 물을 볼 가장자리로 흘려 부으며, 30
초 이하의 짧은 시간 동안 반죽한다). 반죽이 너무 되면 물을 더 넣는다. 반죽을
2개로 나누어 공 모양으로 만들고 따로 랩으로 싸둔다. 이 공 모양 반죽을 꾹 눌
러 원판 모양으로 납작하게 만든다. 한 시간 이상 냉장실에 넣어둔다.

타르트 반죽 밀기

타르트 반죽은 부드럽기보다 조금 탄성이 있는 편이 더 밀기 좋다. 몇 시간 동
안 반죽을 냉장 보관해서 차가워진 상태라면 밀기 20분쯤 전에 냉장고에서 꺼
내두면 부드러워진다. 실내 온도에 따라 시간이 좀 더 걸릴 수도 있고 덜 걸릴
수도 있으니 유념하자. 바닥이 매끈하고 서늘하며 편안하게 반죽을 밀 수 있을
정도로 크기가 넉넉한 작업대에 반죽을 놓는다.

　모든 준비가 끝나면 원판 모양으로 만들어 랩에 싸두었던 반죽을 꺼내 손으
로 눌러가며 납작하게 만든다. 갈라진 틈이 있다면 가볍게 두드리거나 꼬집듯
이 눌러 틈을 여민다. 작업대에 밀가루를 얇게, 골고루 뿌리고 중앙에 반죽을
놓는다. 반죽 위에도 밀가루를 넉넉하게 뿌린다. 밀대로 반죽을 다지듯이 여러
차례 툭툭 두드려 더 납작하게 만든 다음 밀기 시작한다. 반죽의 중앙에서 시작
해서 가장자리를 향해 미는데 균등하게 힘을 주어 누르면서 민다. 몇 번 민 다
음 반죽을 뒤집은 후 반죽에 밀가루를 고루 펴 바른다. 또, 반죽을 들어 올리고
작업대에도 밀가루를 뿌린다. 반죽을 밀어 펴면서 가장자리에 갈라진 틈이 생
기면 반드시 꼬집듯이 집어 여며줘야 한다. 밀대로 밀었을 때 반죽이 부드럽게

밀려 늘어나야 바람직하다. 원판이 점점 더 커질 것이다. 밀대를 앞뒤로 왔다 갔다 미는 것이 아니라 중앙에서 시작해서 바깥쪽으로 밀어내듯이 밀어야 한 다는 사실을 잊지 말자. 반죽이 자전거 바퀴라고 생각하고 바큇살이 중앙에서 바깥으로 퍼지듯이 바깥 방향으로 밀어낸다고 생각하면 될 것이다. 반죽을 45 도씩 돌려가며 미는데 밀대에 들러붙지 않도록 반죽 위와 아래에 밀가루를 뿌 려가면서 작업한다.

반죽이 들러붙기 시작하면 페이스트리 스크레이퍼로 가장자리를 살짝 들어 올려 작업대에서 반죽을 떼어낸다. 조심조심 반죽을 반으로 접고 작업대에 밀 가루를 뿌린다(밀가루를 많이 뿌려도 상관없다. 마지막에 털어내면 된다). 접 었던 반죽을 다시 펴고 밀가루가 충분히 묻었는지, 들러붙지 않고 잘 움직이는 지 조금 밀어서 확인해본다. 반죽을 판판하고 균일한 두께로 밀어서 마무리한 다. 두꺼운 부분이 있다면 살짝 밀어서 얇게 펴준다.

내용물을 얹어 굽는 오픈 페이스드 타르트라면 밀어놓은 반죽은 3밀리미터 보다 얇아야 한다. 파이나, 뚜껑까지 씌우는 더블 크러스티드 타르트라면 이것 보다 조금 두껍게 민다. 밀기를 마친 후에는 부드러운 솔(행주로 살짝 털어내 도 상관없다)로 반죽에서 밀가루를 털어낸다. 반죽을 반으로 접고, 그것을 다 시 반으로 접어서 들면 늘어나지도 찢어지지도 않는다. 접은 반죽을 유산지를 깐 베이킹 시트로 옮긴 다음 다시 편다(유산지를 깔아야 반죽이 팬에 들러붙 지 않으므로 꼭 사용할 것을 권장한다). 반죽을 옮기는 다른 방법은 밀대에 말 아서 감싼 다음 유산지로 옮기고 풀어서 펴는 것이다. 베이킹 시트에 올린 채로 반죽을 냉장실에 넣어 조금 단단하게 굳힌다. 이렇게 해야 속을 넣고 마무리를 하기 쉽다. 페이스트리를 더 만들어야 한다면 작업대에 밀가루를 골고루 뿌리 고 붓으로 편다. 밀대로 민 반죽을 겹쳐 두어서는 안 된다. 붙지 않도록 유산지 에 따로 떨어뜨려 올려두거나 하나씩 다른 팬에 올려둔다.

속을 넣지 않고 타르트나 파이 껍질을 먼저 굽는 것을 '베이크 블라인드'라고 한다. 일단 알루미늄 포일이나 유산지를 타르트 반죽 위에 깔고 다시 그 위에 마른 콩(혹은 파이의 속이 부풀지 않도록 눌러주는 돌을 써도 된다)을 한 겹 올 린다. 그리고 190도로 가열된 오븐에서 15분간 굽거나 가장자리가 밝은 갈색 으로 변할 때까지 굽는다. 타르트를 오븐에서 꺼내고 포일을 벗기고 콩을 들어 낸다. 다시 오븐에 넣고 타르트 전체가 밝은 갈색으로 변할 때까지 5~7분간 더 굽는다.

타르트를 많이 구울 때는 둥 근 모양의 베이킹 시트나 피 자 팬을 손 닿는 곳에 미리 준비해둔다.

세이버리 타르트

바삭바삭한 타르트 1조각
에 상큼한 드레싱을 뿌린 샐
러드를 곁들이면 훌륭한 점
심 식사가 되고, 가벼운 저녁
식사로도 좋다.

세이버리 타르트 혹은 갈레트의 종류는 무척 다양하지만 대부분 타르트 요리
는 양파를 소테로 익히면서 시작한다. 소테로 익힌 양파는 버터의 풍미가 그윽
해 바삭바삭한 타르트 껍질의 맛을 한층 살려준다. 타르트가 오븐에서 익으면
서 함께 넣은 채소와 양파에서 즙이 흘러나와 타르트의 속이 촉촉하게 유지되
며 풍미도 깊어진다. 그리고 타르트를 길고 얇은 직사각형으로 만들어 작게 잘
라내면 파티에서 손으로 집어 한입에 먹기 좋은 핑거 푸드가 된다.

양파는 생각보다 종류가 많아서 모양도 가지가지이고 특성도 다양하다. 굉
장히 빨리 익고 즙이 풍부해서 물기를 제거한 다음에 타르트에 넣어야 하는 종
류도 있다. 또 어떤 양파는 익는 데 시간이 오래 걸리고 잘 부드러워지지도 않
으며 즙이 거의 나오지 않는다. 보통 껍질이 얇은 양파가 더 달콤하고 즙이 많
다. 반대로 단단하고 색이 진하며 껍질이 노르스름한 갈색을 띠는 양파는 잘 안
익는다. 양파라는 채소는 익히면 모두 부드러워지고 맛있어지긴 하지만 가능
하면 껍질이 얇고 부드러우며 옅은 색의 커다란 양파를 쓰는 것이 좋다. 양파가
제철인 여름에는 왈라 왈라^{Walla Walla}나 비달리아^{Vidalia}, 버뮤다^{Bermuda} 같이 단맛이
강한 양파를 쓰면 구웠을 때 꿀을 넣은 것처럼 달콤한, 맛있는 타르트를 만들
수 있다. 봄에는 말려서 보관해놓았던 양파보다는 푸른 잎자루가 달린 풋양파
나 햇양파를 쓰면 좋다. 껍질을 벗기고 잎자루를 손질한 다음 두껍게 썰어서 살
짝 부드러워질 때까지 익히면 된다. 풋양파의 풍미는 섬세하지만 단맛은 잘 익
은 저장 양파보다는 덜하다.

맛있는 타르트를 만드는 비결은 적당한 양의 양파를 적절히 골고루 익히는
것이다. 속이 얕고 바닥이 두꺼운 팬에 기름을 넉넉히 두르고 양파를 우르르 쏟
은 다음 허브를 좀 뿌리고 부드럽고 맛있어질 때까지 천천히 볶는다. 적어도 30
분 이상은 익혀야 한다. 그리고 익힌 양파는 반드시 식힌 다음에 페이스트리에
올려야 하는데 그러지 않으면 타르트가 채 익기도 전에 양파의 열기에 버터가
녹아버리고 만다. 양파의 즙도 적당해야지 지나치게 물기가 많으면 타르트가
눅눅해져버린다. 양파의 즙이 너무 많다 싶으면 물기를 좀 짜내고 쓴다. 짜낸
즙은 따로 모아두자. 나중에 이 즙을 졸여서 타르트를 낼 때 소스로 쓰거나 비
네그레트 소스에 섞어도 좋다.

타르트를 더 바삭바삭하게
만들려면 피자 스톤을 쓴다.
오븐 맨 아랫단에 피자 스톤
을 넣고 예열한 후 베이킹 시
트를 깔고 타르트 반죽을 올
려 굽는다.

즙을 짜내고도 여전히 물기가 많아 보이면 페이스트리에 밀가루를 조금 뿌
리고(가장자리 부분은 제외) 양파를 올리면 된다. 타르트가 익는 동안 양파에
서 나온 즙을 밀가루가 어느 정도 흡수하기 때문이다. 타르트는 오븐의 아랫단
에 놓고 구워야 껍질의 바닥 부분이 바삭바삭하고 먹음직스럽게 노르스름해
진다. 타르트를 뒤집개로 살짝 들어서 바닥이 잘 구워지고 있는지 계속 확인하

자. 다 익었다 싶으면 팬을 기울여 타르트를 미끄러뜨리듯이 식힘망으로 옮긴다. 베이킹 팬에 그냥 두고 식히면 김이 나와서 페이스트리가 눅눅해지고 만다.

　여러 가지 재료를 넣는 타르트도 시도해볼 만하다. 양파를 볶아 절반쯤 익혔을 때 파프리카나 매운 고추를 얇게 썰어 넣고 볶다가 마무리하기 몇 분 전, 거의 다 익었을 때쯤 강판에 갈아둔 여름 호박을 넣는다. 아니면 양파만 볶아서 식기를 기다리는 동안, 그러니까 타르트에 올리기 전에 방울토마토를 반으로 잘라 양념한 것을 양파에 넣어도 좋고, 오븐에 구워 껍질을 벗기고 얇게 썬 피망을 섞어도 맛있다. 또 타르트에 양파를 올린 다음 얇게 저민 토마토나 잘라서 살짝 석쇠에 구운 가지를 얹을 수도 있다. 달콤한 세이버리 타르트를 만들려면 다져서 오븐에 구운 무화과를 양파에 섞는다. 양파를 올리기 전에 강판에 간 치즈를 페이스트리에 뿌리거나 다진 허브를 섞은 올리브유를 붓으로 발라줘도 맛있다. 아티초크 하트도 따로 볶아서 양파와 섞어도 되고 얇게 썬 다음 오븐에 구워 양파에 올려줘도 좋다. 오븐에서 타르트를 구워 꺼내자마자 마늘과 허브를 섞은 버터를 바르면 그것도 맛있다. 그리고 연중 내내 제철에 나는 채소, 즉 콜라드(케일의 일종), 근대, 시금치, 브로콜리 라브나 겨자 잎을 볶아서 양파와 함께 넣을 수도 있다. 그것도 아니라면 타르트가 다 익기 10분쯤 전에 안초비와 검은 올리브를 올려도 된다.

양파 타르트
8인분

속이 얕고 바닥이 두꺼운 팬을 가열한다

올리브유나 버터 4큰술

을 두르고

껍질을 벗기고 얇게 썬 중간 크기의 양파 6개(약 900그램)
타임 잔가지 3개

를 넣는다. 중불에서 양파를 익힌다. 양파가 부드러워지고 즙이 흘러나올 때까지, 20~30분 동안 볶으면 된다.

소금

으로 간을 한다.

몇 분 더 볶은 후, 볼에 옮겨 담아 식힌다. 양파에서 즙이 너무 많이 나왔으면 거름망에 받쳐 물기를 제거한다.

280그램짜리 타르트, 파이 반죽 1덩어리(190쪽 참고)

를 밀어서 35센티미터 원판 모양으로 만든다.

여분의 밀가루를 털어내고 반죽을 유산지를 깐 베이킹 시트로 옮긴 다음 냉장실에 10분 정도 넣어 살짝 단단하게 만든다. 완전히 식힌 양파(타임 가지는 골라내 버린다)를 반죽에 올려 펴는데 가장자리에는, 약 4센티미터 정도, 올리지 않고 비워둔다. 아무것도 올리지 않은 가장자리를 접어 양파를 덮는다.

달걀 1개

우유나 물 1큰술

을 섞어서 접어놓은 반죽 가장자리에 붓으로 바르면 구웠을 때 반질반질 윤기가 나고 색이 그럴싸해진다. 190도로 예열한 오븐의 아래쪽 단에 반죽을 넣고 45~50분 동안, 바닥 쪽 껍질이 노르스름한 갈색으로 변할 때까지 굽는다. 타르트를 팬에서 미끄러뜨리듯이 식힘망으로 옮겨서 식힌다. 따뜻하게 혹은 차갑지 않은 정도로 낸다.

과일 타르트

내가 가장 좋아하는 디저트는 과일이다. 먼저 집어들 디저트는 아마도 잘 익은 과일 한 쪽이겠지만 과일 타르트도 거부할 수 없는 유혹이다. 거의 모든 과일을 타르트로 만들 수 있다. 한 가지만 가지고 만들 수도 있지만 다른 과일과 섞어 만들어도 좋다. 사과, 배, 자두, 살구, 복숭아, 천도복숭아, 크랜베리, 마르멜로, 산딸기, 블랙베리, 허클베리 등 타르트를 만들 수 있는 과일은 무궁무진하다.

완전히 익은 과일이 제일 좋지만 무를 정도로 익지는 않아야 한다. 멍이 조금 들거나 흠이 있는 과일을 써도 상관없다. 상처 난 부분을 잘라내면 된다. 베리류나 체리는 씨만 발라내고 덩어리째 쓰지만 나머지 과일들은 잘라서 쓴다. 살구나 작은 자두류(씨는 발라낸다)와 무화과는 반으로 자르고 단면이 페이스트리에 닿도록 놓는다. 큰 자두와 천도복숭아는 얇게 저며서 써야 좋다. 복숭아, 사과, 배는 반드시 껍질을 벗기고 씨를 발라내거나 가운데 심을 파낸 다음에 잘라야 한다. 마르멜로나 마른 과일 종류는 달콤한 시럽에 살짝 졸인 다음에 잘라서 타르트에 올린다. 루바브로 파이를 만들 때는 과일을 길게 채썰거나 얇게 저며서 쓴다. 과일은 6~8밀리미터 두께로 썰어야 잘 익는다.

가장자리를 4센티미터 정도 남겨두고 페이스트리에 과일을 올린다. 반죽 전체에 골고루 흩뿌려도 되고 동심원 형태로 가지런히 올려도 된다. 사과처럼 즙이 많지 않은 과일은 빼곡히 서로 겹치도록 둘러가며 올린다. 자두와 복숭아같이 즙이 풍부한 과일은 한 겹만 올려야 한다. 과일은 반드시 빼곡하게 꼭 맞게, 하나하나 거의 닿도록 놓아야 하는데, 구우면 과일 조각의 크기가 줄어들기 때문이다. 즙이 많은 과일에서는 익으면서 즙이 계속 흘러나오기 때문에 파이 껍질이 눅눅해지기 마련이다. 이에 대처하는 방법이 몇 가지 있다. 제일 손쉽게 할 수 있는 일은 과일을 올리기 전에 페이스트리에 밀가루를 1~2큰술 흩뿌리는 것이다. 가장자리는 그냥 두고 과일이 올라갈 부분에만 뿌리면 된다. 이때 밀가루를 설탕이나 다진 견과류, 혹은 갈아둔 향신료와 섞어서 뿌리면 풍미가 한층 깊어진다. 페이스트리와 과일즙 사이에 막을 만드는 또 다른 방법은 페이스트리에 프렌지페인(아몬드 페이스트, 설탕과 버터를 섞은 것)을 바르는 것이다. 타르트 하나에 1/2컵 정도 바르면 적당하다. 잼을 2~3큰술 발라도 좋은데 즙이 조금만 나오는 과일에 쓸 때 좋은 방법이다.

나는 타르트 중에서도 과일이 들어간 타르트를 제일 좋아한다. 접어 올릴 수 있을 만큼만 가장자리 공간을 조금 비워두고 반죽에 과일을 가능한 한 많이 올리자.

비워둔 가장자리를 접어 과일을 살짝 덮고 그 위에 녹인 버터를 듬뿍 바르고 설탕은 많아도 2큰술 정도만 뿌린다. 설탕을 조금 더 떠서 과일에도 살살 뿌린다. 보통 과일에 뿌리는 설탕은 2~3큰술이면 충분하다. 그렇지만 루바브나 타르트용 자두, 살구는 설탕을 더 많이 뿌려야 한다. 타르트에 과일을 올려놓으면서 과일을 조금 먹어보자. 단맛이 강한 과일에는 설탕을 조금 적게 뿌리면 된다. 이 과정을 모두 마친 후에는 타르트를 구워야 할 시간이 될 때까지 냉장실에 넣어두거나 냉동실에 보관한다. 저녁 식탁에 앉기 직전에 타르트를 오븐에 넣는 것이 가장 좋다. 이렇게 하면 디저트를 먹을 시간에 딱 맞춰 타르트가 완성되어 따뜻하게 먹을 수 있기 때문이다. 오븐 아랫단에 타르트를 넣고 바닥이 노릇노릇해질 때까지 굽는다. 세이버리 타르트도 그랬지만 반드시 페이스트리 바닥이 노르스름해지고 바삭거리게 구워야 한다.

아주 간단한 타르트라도 예쁘게 장식할 수 있다. 타르트를 30분 정도 구운 후 산딸기나 허클베리, 블랙베리(설탕에 살짝 굴려서 쓴다)같이 부드러운 베리류를 타르트에 뿌린다. 이렇게 타르트가 어느 정도 익은 후에 넣으면 베리도 익지만 수분이 다 빠질 정도로 바싹 구워지지는 않는다. 커런트, 설타너 같은 건포도류는 과일을 타르트에 올리기 전에 뿌린다(건포도가 바싹 마른 경우에는 물이나 코냑에 담가 불려 쓴다). 그리고 다 구운 타르트를 오븐에서 꺼낸 후에 설탕에 절인 감귤 껍질을 다져서 뿌려도 좋다.

다음에 소개할 사과 타르트 레시피에 여러 가지 재료를 넣거나 빼면서 다양한 시도를 해보자.

타르트에 윤기를 주고 풍미를 더하려면 다 구운 타르트에 광택제를 바르면 된다. 즙이 많은 과일로 타르트를 만들었다면 분명히 굽는 동안 과일즙이 흘러나와 고였을 것이다. 그 즙을 타르트에 다시 붓으로 바른다. 로스트한 고기에서 흘러나온 육즙을 다시 끼얹어주는 것과 같은 맥락이라고 보면 된다. 다 구운 타르트 위에 따뜻하게 데운 잼을 발라도 좋다. 이때 잼에 들어 있을 수 있는 과일 건더기는 걸러내도 되고 그냥 써도 상관없다.

사과 타르트
8인분

오른을 200도 정도로 예열한다.

사과 1.4킬로그램(시에라 뷰티, 피핀, 그래니 스미스 등이 좋다)

의 껍질을 벗기고 씨를 제거한 다음 6밀리미터 두께로 자른다.

280그램으로 나누어 놓은 타르트와 파이 반죽(190쪽 참고)

을 35센티미터 크기 원판 모양으로 민다.

여분의 밀가루를 털어내고 반죽을 유산지를 깔아놓은 베이킹 시트에 올린다. 베이킹 시트째 10분 정도 냉장실에 넣어 단단하게 굳힌다. 그리고 냉장고에서 반죽을 꺼내 4센티미터 정도 가장자리를 비워놓고 안쪽에 자른 사과를 다닥다닥 붙여 한 줄로 가지런히 두른다. 그리고 나머지 사과를 그 원 안쪽에 배치하는데 빽빽하게 서로 겹치도록 두른다. 이때 반드시 반만 겹치게 배열해야 한다. 아무것도 올리지 않았던 반죽의 가장자리를 접어 사과를 덮는다.

버터 3큰술

을 녹여 솔을 이용해 접은 반죽 가장자리에 듬뿍 바르고 남은 버터는 사과에 두드리듯이 바른다.

반죽 껍질에

설탕 2큰술

을 뿌리고

사과에

설탕 2~3큰술

을 뿌린다. 오븐 아랫단에 넣어 45~55분, 바닥의 껍질이 노릇노릇해질 때까지 굽는다. 팬에서 미끄러뜨리듯이 식힘망으로 옮겨 식힌다.

마르멜로를 졸인 물은 계속 더 졸이면 맛있는 적갈색 물이 되는데 사과 타르트에 광택제로 발라 윤기를 더할 수 있다.

변형하기

* 사과 양의 절반 정도를 졸인 마르멜로(206쪽 참고)로 대체한다.
* 껍질을 벗겨 씨를 도려낸 후 자른 사과 2개 분량을 작은 냄비에 넣고 물을 조금 넣어 부드러워질 때까지 삶는다. 사과를 으깨어 퓌레로 만들고 식힌 다음 페이스트리에 펴 바른다(가장자리는 4센티미터 비워둔다). 그 위에 잘라놓은 사과를 둘러 얹는다.
* 페이스트리에 살구 잼을 몇 숟가락 바르고 자른 사과를 얹는다. 그리고 다 구운 타르트에 따뜻하게 데운 잼을 발라 윤기를 더한다.
* 사과 주스 1컵을 걸쭉하고 끈끈한 시럽이 될 때까지 졸이면 광택제로 쓸 수 있다. 코냑을 더하면 풍미가 좋아지고 레몬즙을 좀 넣으면 맛이 훌륭해진다. 식탁에 올리기 전에 타르트에 붓으로 바르면 된다.

달콤한 타르트 반죽 만들기

달콤한 타르트 반죽, 파트 쉬크레pâte sucrée는 앞에서 소개했던 타르트 반죽과는 크게 다르다. 이 반죽은 달콤하고 부드럽다. 그리고 바삭바삭하며 겹겹이 벗겨지는 대신 잘 바스러진다. 나는 이 반죽을 바닥이 탈착식인 타르트 팬에 구워 디저트 타르트를 만든다. 보통은 타르트 반죽을 미리 한 번 구워두는데 그렇게 하면 촉촉한 속을 넣어 구워도 껍질이 계속 바삭바삭하다. 디저트 타르트 중에 내가 제일 좋아하는 것은 레몬 커드와 아몬드, 초콜릿 타르트다.

　달콤한 타르트 반죽에는 버터와 밀가루뿐만 아니라 달걀과 설탕이 더 들어간다. 여러 가지 재료를 섞는 과정은 페이스트리보다는 쿠키 반죽과 비슷하다고 할 수 있다. 실제로 이 반죽으로 엄지 쿠키Thumbprint cookie를 만들어도 맛있다. 엄지 쿠키는 동글동글하고 작게 반죽을 빚어 엄지손가락으로 꾹 누르고 그 자리에 레몬 커드나 잼을 채워 넣는 쿠키다.

　달콤한 타르트 반죽이 연하고 무른 이유는 버터와 설탕을 크림처럼 만들어서 넣기 때문이다(말랑하고 푹신해질 때까지 섞는다). 그래야 밀가루와 완전히 결합해 글루텐 형성을 억제하고 반죽을 부드럽게 만든다. 반죽에 필요한 수분으로 물 대신 달걀노른자를 쓰는데 이것도 글루텐 형성을 막는 또 한 가지 요소이다. 그렇지만 이런 요소들이 작용한다 해도 반죽을 너무 많이 주무르면 글루텐이 만들어져 망칠 수 있다. 그렇기 때문에 밀가루를 넣기 전에 달걀과 버터를 골고루 섞어두어야 한다. 버터를 실온에 15분 정도 두어 부드러워지면 저어서 크림같이 만든다. 달걀노른자를 섞어서 저을 수 있을 정도로 버터가 아주 부드럽게 녹아 있어야 하지만, 밀가루와 섞었을 때 반죽을 기름지게 만들 만큼 너무 많이 녹아 있어도 안 된다. 나무숟가락(믹서를 써도 된다)으로 버터를 부드럽고 푹신해질 때까지 휘저은 후 설탕을 섞으며 다시 젓는다. 여기에 달걀노른자와 바닐라를 넣고 완전히 섞어준다. 달걀도 실온에 두었다가 사용하면 훨씬 쉽게 섞인다. 냉장고에서 바로 나온 차가운 달걀노른자 때문에 언저리의 버터가 굳어버릴 수 있다(달걀이 너무 차가우면 미지근한 물에 몇 분간 담가두었다가 노른자를 분리해서 쓰자). 버터와 달걀의 혼합물을 젓고 뒤집어가며 밀가루를 조금씩 넣는다. 밀가루가 뭉친 채 남지 않도록 주의하자. 그러면 구웠을 때 해당 부분이 갈라지고 만다. 완성된 반죽은 부드럽고 설탕이 들어가서 끈적끈적하기 때문에 적어도 네 시간은 냉장실에 넣어두었다가 밀어야 한다. 반죽을 동그랗게 공 모양으로 만들어 랩으로 감싼 다음 다시 납작하게 눌러 원판 모양으로 성형해서 냉장실에 넣는다. 냉장실에서는 이틀, 냉동실에서는 최대 2달 동안 보관했다가 쓸 수 있다. 냉동실에 두었던 반죽은 쓰기 하루 전날 냉장실에 옮겨 해동한다.

반죽을 밀 때가 되면 냉장실에서 반죽을 꺼낸다. 딱딱하게 굳어 있는 상태라면 20분 정도 실온에 둬서 부드럽게 만든다. 달콤한 타르트 반죽은 본래 부드럽고 끈적끈적하기 때문에 유산지나 왁스 페이퍼를 2장 준비해 반죽 아래위에 깔고 덮어 방망이로 밀면, 이 작업을 훨씬 쉽게 할 수 있다. 종이 2장을 가로, 세로 35센티미터 크기의 정사각형 모양으로 자른다. 1장을 깔고 밀가루를 뿌린 다음 반죽을 위쪽에 올린다. 반죽에 밀가루를 뿌리고 나머지 종이 1장을 위에 덮는다. 반죽을 중앙에서 바깥쪽을 향해 밀어서 약 30센티미터 크기의 원 모양으로 만든다. 반죽이 종이에 들러붙으면 종이를 벗기고 반죽에 밀가루를 조금 더 뿌린다. 종이를 다시 덮고 통째로 뒤집어 아래쪽 종이도 벗긴 다음 밀가루를 더 뿌리자. 반죽을 미는 도중에 너무 물렁물렁해졌다 싶으면 반죽을 종이째 베이킹 시트에 올려 냉장실에 몇 분간 넣어두면 된다.

중간중간 밀가루를 뿌려가며 반죽의 두께가 약 3밀리미터가 되도록 민다. 완성된 페이스트리 반죽은 다시 냉장실에 몇 분간 넣어두었다가 쓴다. 지름 30센티미터 크기의 둥근 반죽은 23센티미터 타르트 팬에 넣으면 된다(착탈식 타르트 팬을 쓰면 타르트를 다 구운 후에 틀에서 빼내는 작업을 훨씬 수월하게

바닥을 뺐다 끼웠다 할 수 있는 타르트 팬을 쓰면 틀에서 타르트를 훨씬 쉽게 빼낼 수 있다.

할 수 있다). 베이크 블라인드(속을 넣지 않고 초벌로 굽기)를 하려면 반죽을 덮었던 종이를 벗겨내고, 포크로 반죽을 골고루 가볍게 찔러 구멍을 낸다. 이 과정을 도킹이라고 하는데 이렇게 반죽에서 공기를 빼내지 않으면 굽는 도중에 페이스트리가 부풀어 오를 수 있다. 타르트 팬에 반죽을 뒤집어 올리고 남은 종이도 제거한다. 반죽의 가장자리 부분을 살며시 누른다. 팬 가장자리 바깥으로 튀어나오는 반죽은 엄지손가락으로 누르면서 문질러 잘라 팬 바깥쪽으로 떨어뜨린다. 가장자리를 정리한 다음에는 팬의 옆면에 붙은 반죽을 살짝 끌어올리면서 눌러준다(이렇게 하면 반죽이 구워지는 도중에 옆면이 무너져 내리는 현상을 방지할 수 있다). 남은 반죽으로 갈라진 부분이나 구멍을 메운다. 오븐에 굽기 전에 다시 냉장실에 넣어 적어도 15분 정도는 차갑게 굳힌다. 크기가 작은 타르틀렛을 만들 때는 팬의 지름보다 1.3센티미터 정도 크게 반죽을 자른다. 반죽을 팬 위에 올리고 주걱으로 팬의 바닥과 옆면의 반죽을 골고루 누른다. 그리고 타르트를 만들 때와 마찬가지로 여분의 반죽을 잘라내고 옆면을 끌어올리면서 누른다. 잘라낸 여분의 반죽은 다시 밀어서 타르트를 만들 때 쓰기도 하고 쿠키를 만들어도 된다.

제대로 도킹하고 굽기 전에 충분히 휴지시킨 반죽은 베이크 블라인드를 해도 크기가 줄어들지 않으며 누름돌을 올려 굽지 않아도 된다. 차갑게 식혀 굳힌 반죽을 175도로 예열한 오븐에 넣고 15분간, 밝은 갈색으로 골고루 노릇해

질 때까지 굽는다. 7~8분 구웠을 때 타르트 반죽을 오븐에서 잠깐 꺼내 살펴보고 방울지며 부풀어 오른 부분이 있으면 살짝 눌러 가라앉힌다. 구운 타르트 껍질을 반드시 완전히 식힌 후에 재료를 채워 넣어야 한다. 구운 타르트를 틀에서 빼낼 때도 마찬가지이다.

달콤한 타르트 반죽 (파트 쉬크레)

310그램짜리 반죽 1개 분량. 이 반죽으로 22센티미터 크기의 타르트는 1개, 10센티미터 크기의 타르틀렛은 6개, 쿠키라면 30개를 만들 수 있다.

버터 8큰술(1덩어리)

설탕 1/3컵

을 크림처럼 부드러워질 때까지 저어 섞는다.

거기에

소금 1/4작은술

바닐라 농축액 1/4작은술

달걀노른자 1개 분량

을 넣고 완전히 섞은 다음

무표백 중력분 1¼컵

을 넣는다. 마른 덩어리가 없어질 때까지 휘젓고, 뒤집어가며 잘 섞는다. 단단하게 굳을 때까지 하룻밤 냉장 보관하든지, 적어도 네 시간은 냉장실에 넣어둔다.

변형하기

- 계피 가루 1작은술을 밀가루에 섞는다.
- 엄지 쿠키를 만드는 방법은 다음과 같다. 반죽을 밀어 지름이 2.5센티미터 정도 되는 공 모양으로 빚는다. 이 반죽을 설탕에 굴려 유산지를 깐 베이킹 시트에 역시 2.5센티미터 정도 간격을 두고 올린다. 반죽을 엄지손가락으로 꼭 눌러 움푹하게 자국을 만든다. 175도로 예열한 오븐에 넣고 12분간 굽다가 꺼내 오목한 곳에 레몬 커드나 잼을 채워 넣는다. 다시 오븐에 넣고 살짝 노릇해질 때까지, 약 5분간 더 굽는다. 완전히 식혀 식탁에 낸다.

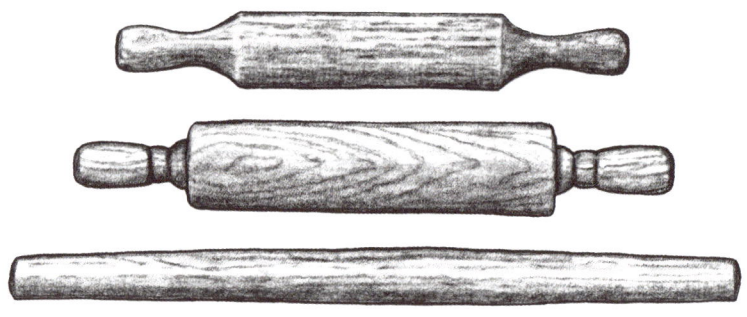

초콜릿 타르틀렛

10센티미터 크기의 타르틀렛 6개나 약 4센티미터 크기의 미니 타르트를 18개 만들 수 있는 분량이다.

풍미가 가득한 유기농 초콜릿을 쓰면 타르트에 채워 넣는 가나슈에서 초콜릿의 풍미가 고스란히 살아난다.

이 단순하면서도 절묘하게 달콤쌉싸름한 맛이 진한 초콜릿 타르틀렛의 표면은 반짝반짝 매끈하고 파이 껍질은 금빛이 찬란하다. 초벌로 구운 타르틀렛 껍질에 따뜻한 크림과 쌉쌀한 초콜릿으로 만든 부드러운 초콜릿, 즉 가나슈를 붓는다(가나슈를 차게 식히고 걸쭉하게 만들면 초콜릿 트러플의 재료가 된다).

달콤한 타르트 반죽 1덩어리(199쪽)

를 밀어 30센티미터 크기의 원판으로 만든다.

포크로 반죽을 살짝살짝 찌른다. 12~13센티미터 크기 원형 6개로 자르거나(지름 10센티미터 크기 타르틀렛을 만들 수 있다) 5센티미터 크기 원형 18개로 자른다(4센티미터 타르틀렛을 만들 수 있다). 자른 조각을 10센티미터나 4센티미터 크기의 타르틀렛 팬에 눌러 담는다. 팬 위로 튀어나오는 여분의 반죽을 엄지손가락으로 눌러 잘라낸다. 반죽 가장자리를 정리하고 옆면의 반죽을 끌어올리듯 밀며 눌러준다. 남은 반죽으로 구멍이나 갈라진 틈을 메운다. 타르틀렛 껍질을 냉장실에 적어도 10분 정도는 넣어둔다. 반죽을 175도로 예열한 오븐에 넣고 초벌구이를 하는데 15분간, 혹은 고르게 노르스름해질 때까지 굽는다. 굽기 시작하고 7~8분 지나면 오븐 속을 들여다보고 둥글게 부풀어 오른 부분이 있으면 눌러서 가라앉힌다. 다 구워지면 식힌 후 팬에서 떼어낸다.

가나슈를 만드는 과정은 다음과 같다. 중간 크기의 내열 용기에

설탕이 거의 들어가지 않은 쌉싸름한 초콜릿 170그램

을 다져서 넣는다

헤비 크림 1컵

을 데우는데 끓기 시작하면 바로 불을 끈다. 초콜릿에 데운 크림을 붓고 30초 정도 기다린다. 초콜릿이 녹을 때까지 젓는데 지나치게 많이 저으면 거품이 생길 수 있으니 주의하자. 가나슈가 아직 따뜻하고 굳지 않았을 때 타르틀렛 껍질에 살며시 붓는다. 페이스트리 껍질을 살짝 톡톡 치거나 흔들면서 부으면 가나슈 표면이 편평해진다. 실온에 적어도 한 시간은 두고 굳힌다.

변형하기

- 이 레시피로 커다란 타르트 1개를 만들 수도 있다. 23센티미터 타르트 팬에 반죽을 넣고 손질해서 초벌구이하고 위에서 설명한 방법대로 가나슈를 넣으면 된다.
- 초콜릿과 데운 크림을 섞은 후에 코냑이나 브랜디, 럼을 2작은술 넣는다.
- 휘핑크림을 얹어 함께 낸다. 휘핑크림 밑에 깔린 타르트의 초콜릿 부분이 테두리처럼 보이면 장식을 한 것처럼 예쁘다.

과일 디저트

복숭아 크립스와 코블러

서양배 조림

감귤 아이스

무르익은 제철 과일 한 조각을 먹으면 그 계절을 가장 잘 실감할 수 있다. 식탁에 과일을 두고 신선함과 달콤함을 맛보고 과일의 아름다움도 즐길 수 있지만 특히 지역에서 재배한 과일이라면 강렬한 향토색까지 느낄 수 있다. 아주 옛날, 설탕이 들어가는 달콤한 디저트가 흔치 않던 시절에는 후식이라고 하면 잘 익은 과일, 아무것도 가미하지 않은 과일을 의미했다. 나에게 식사를 끝내는 최고의 마무리는 무엇인가 신선하고 산뜻하며 향기롭고 순수하게 달콤한 것을 먹는 것이다. 생산자들이 소규모로 직접 기른 농산물을 선보이는 농산물 직거래 장터에서 더 많은 재래종 과일과 잘 알려지지 않았던 품종의 과일을 발견할 때의 기쁨은 말할 수 없이 크다. 이런 직거래 장터에서는 가장 잘 익었을 때 딴 완숙 과일, 무르익어 상처가 나기 쉽기 때문에 가게에서는 잘 취급하지 않는 과일을 만날 기회가 많다. 어느 지역에나 그곳에서만 나는 종류의 과일이 있어서 식사를 정말로 특별하게 마무리 짓게 해준다. 과일을 어떤 식으로 내는가는 중요하지 않다. 그냥 썰어서 내도 좋고 따뜻한 코블러나 상큼한 셔벗으로 만들어도 좋다.

후식용 과일

과일은 후다닥 씻어서 볼이나 접시, 혹은 쟁반에 포도 잎이나 무화과 잎을 깔고 보기 좋게 얹어 그냥 내기만 해도 된다. 과일 꼭지에 신선한 이파리가 매달려 있으면 더 예쁘고 아니라도 잎이 달린 가지를 과일 사이에 꽂아 내면 좋다. 단순한 정물화 같은 이 모양이 너무나도 아름다워 접시를 식탁에 내어 가면 사람들은 모두 하던 일을 멈추고 쳐다보게 된다. 식사하는 사람들 앞에 일일이 작은 접시와 칼을 하나씩 놓자.

잘라서 내는 편을 더 좋아하면 여러 가지 제철 과일을 모두 잘라서 볼 하나에 섞어 내도 되고 종류대로 다른 접시에 담아도 괜찮다. 자른 과일에 설탕이나 오렌지 주스, 와인을 조금 뿌려보자. 오렌지 주스에 딸기를 담가 내거나, 레드 와인에 자른 복숭아를 담가 차게 내면 훌륭한 후식이 된다. 신선한 무화과를 반으로 자르고 사이사이에 산딸기를 흩뿌린 다음 꿀을 조금 부어도 좋다. 멜론도 인상적인 과일 후식이다. 달콤하고 육즙이 풍부하며 종류가 다양하고 종별로 맛도 조금씩 달라 이것저것 섞어 내도 좋고 한 가지씩 먹어도 맛있다. 섞어 내면 부드러운 파스텔톤 색조가 어우러져 보기도 좋다. 여름에 나는 말랑말랑한 여러 가지 베리류와 가운데 큰 씨가 들어 있는 핵과류 과일은 어떻게 섞어 내도 훌륭한 조합을 이룬다. 복숭아와 블랙베리, 자두와 산딸기가 대표적인 예다. 배와 사과도 훌륭한 조합이다. 단품으로 내도 맛있고 함께 내도 좋다. 어둡고 침침한 겨울날에는 감귤류와 대추야자가 이들 과일이 무르익는 따스한 지역의 밝고 따뜻한 기운을 전해준다. 귤과 대추야자는 예전부터 식탁에 함께 오르는 대표적인 과일이다. 견과류는 굽든 생으로든 과일과 잘 어울린다. 예를 들어 호두는 무화과나 배와 잘 어우러지고 아몬드는 사과와 대추야자와 함께 내면 좋다. 치즈도 그렇다. 나는 특히 치즈와 배, 사과를 같이 먹는 것을 좋아하는데 무화과나 대추야자 같은 과일과 곁들이는 것도 시도해볼 만하다.

제철에 수확해서 완전히 익었을 때 식탁에 올리는 과일은 순간을 완벽히 투영한다. 최고의 과일은 그날 시장에서 고른 제일 예쁘고 가장 맛이 잘 든 바로 그 과일이다. 충분히 무르익은 과일, 멍이나 상처가 거의 없고 향긋한 과일을 고르자. 냄새를 맡아보고 맛을 보고 싶다고 하자. 배를 제외하고, 돌처럼 단단한 과일은 절대로 장터에서 맛본 것만큼 맛있게 후숙되지 않는다. 여러 종류를 골고루 맛보고 사자. 완숙 과일은 바로 먹어야 한다. 그럴 수 없는 상황이라면 너무 익지 않도록 냉장고에 보관한다. 단, 사 오자마자 아무 생각 없이 냉장고에 넣는 일도 삼가자. 실온에 보관한 과일이 훨씬 향기롭고 더 맛있다. 어떤 과일은, 예를 들어 완전히 익은 딸기는 막 수확했을 때 향이 가장 강하며 바로 그날이 최고의 상태이다. 하루나 이틀만 냉장고에 넣어두어도 향이 날아가 버린다.

과일 저장하기

직접 여러 가지 과일의 맛을 보고 비교해서 생으로 먹어서 맛있는 과일과 조리해야 맛있는 과일을 찾아보자.

과일은 제일 많이 나는 시기, 한창 제철일 때 맛이 제일 좋고 가격도 가장 저렴하다. 그때가 바로 과일을 비축하고 다가올 겨울에 대비해 저장해야 하는 시기이다. 직접 과일나무를 키워서 거둬들이는 것이 제일 좋지만 이웃의 나무에서 과일을 딸 수 있거나 직접 수확해서 가져갈 수 있는 농장이 있다면 그런 기회를 최대한 활용하자. 아이들도 과일 따기를 좋아한다. 열매가 주렁주렁 열린 체리나무에 기어오르는 일, 무르익은 열매의 무게로 가지가 휘어버린 산딸기 줄기 사이를 어슬렁거리는 일은 마치 마법 같은 경험이다.

며칠 혹은 몇 달을 두고 먹을지에 따라 과일을 저장하는 방법이 다르다. 제일 간단한 방법은 냉동하는 것이다. 어떤 종류든 베리류는 모두 냉동하는 편이 수월하다. 하나하나 곰팡이 난 것이 있는지 잘 살펴보고 쟁반에 한 겹으로 잘 펴 담아 한두 시간 냉동한다. 냉동한 베리를 거둬 밀폐 용기나 비닐봉지에 넣고 잘 밀봉하여 냉동 보관하면 3개월 정도는 끄떡없다. 가운데 큰 씨가 들어 있는 과일은 설탕을 조금 넣고 빠르게 익혀 퓌레로 만들어 수플레나 아이스크림 같은 후식을 만들 때 쓸 수 있다. 퓌레를 냉동하면 몇 달간이나 보관할 수 있다. 완전히 무르익은 과일을 쉽고 빠르게 저장하는 제일 좋은 방법은 모두 잘라 설탕을 넣고 과즙이 흘러나올 때까지 졸이는 것이다. 이렇게 만든 과일 콩포트는 우리 가족이 가장 좋아하는 후식이다. 콩포트만 내도 좋고 아이스크림에 얹어 내도 맛있다. 우리는 아침에도 즐겨 먹는데 팬케이크에 얹어 먹거나 오트밀에 섞어서 먹는다. 과일 콩포트는 냉장고에서 1주일 정도 보관할 수 있다.

과일 시럽, 잼과 젤리는 만드는 데 시간이 훨씬 오래 걸리지만, 더 오래 두고 먹을 수 있다. 조금씩만 만들 수도 있지만 도와줄 만한 친구들에게 연락해서 많은 양을 함께 만들어 나눠 먹어도 된다. 반짝거리는 단지와 병을 식품 저장고에 늘어놓으면 맛있는 음식이 그득해서 기분이 좋아질 뿐만 아니라 보기에도 아름답다. 과일 치즈라고도 하는 과일 페이스트는 과일 퓌레를 아주 아주 오래 졸여 걸쭉하게 만들고 차갑게 식힌 것이다. 보통 틀에 넣어 식혀서 굳힌다. 마르멜로나 사과 페이스트를 얇게 잘라 치즈에 곁들이면 식사를 훌륭하게 마무리할 수 있다. 과일 페이스트는 냉장고에 넣어두면 몇 달간 신선하게 먹는다. 집에서 다 먹을 수 없을 정도로 많은 양을 만들었다고 해도 직접 만든 잼이나 과일 페이스트는 항상 환영받는 선물이니 걱정하지 말자.

크립스와 코블러

크립스
사과와 배

사과와 허클베리

천도복숭아와 블랙베리

복숭아와 산딸기,
루바브

딸기와 루바브

사과와 브랜디에 담근 건포
도

자두

올라리베리

사과와 마르멜로

코블러
살구와 산딸기

살구와 체리

여러 종류의 베리류를
섞은 것

블루베리

크립스와 코블러는 많이 달지는 않지만 풍미가 그득한 소박한 후식이다. 과일을 여러 겹으로 두껍게 깔고 위에 바삭바삭한 토핑을 올리는 크립스나 크림 비스킷을 얹어 굽는 코블러는 윗 껍질이 있고 밑 껍질은 없는 딥 디시 파이와 비슷하다고 보면 된다. 어느 계절에나 새로 나오는 제철 과일이 있다. 사과와 배는 가을과 겨울 과일이고 루바브와 딸기는 봄, 핵과류 과일과 베리류는 여름에 난다.

크립스 토핑은 밀가루와 황설탕, 견과류와 향신료를 섞어 입자가 거친 반죽으로 만든 다음 이 반죽에 버터를 넣고 바슬바슬해질 때까지 잘 섞어 만든다. 크립스 토핑은 대량으로 만들기도 어렵지 않기 때문에 많이 만들어 냉동하면 최대 2달간 보관할 수 있다. 이렇게 냉동해둔 토핑이 있으면 생각지 않게 후식이 필요할 경우 언제든지 냉동실에서 꺼내서 뚝딱 크립스를 만들어 낼 수 있어 요긴하다.

비스킷을 얹어 만드는 코블러는 크립스보다 달지 않은데 과즙이 많은 과일로 만들 때 가장 맛있다. 내가 만드는 단순한 크림 비스킷은 밀가루와 버터를 섞고 베이킹파우더를 조금 넣어 발효시킨 다음 헤비 크림을 넣어 촉촉하다. 반죽은 좀 두껍게 밀고 모양틀로 찍어낸다. 자른 반죽은 굽기 전에 한두 시간 냉장실에 넣어두었다가 구워야 한다.

크립스와 코블러는 과일을 여러 겹으로 많이 쌓을수록 더 맛있다. 두 가지 모두 과일을 한입 크기(8밀리미터 두께로 저미거나 2.5센티미터 크기로 깍둑썰기한다)로 잘라서 쓰는데 과일 파이를 만들 때와 마찬가지로 밀가루와 설탕에 살짝 굴려서 넣는다. 크립스 토핑 자체가 달기 때문에 크립스에 들어가는 과일에는 코블러보다 설탕을 적게 넣어야 한다. 루바브 타르트에는 설탕을 좀 많이 넣고 사과는 상대적으로 적게, 복숭아처럼 단맛이 강한 과일에는 거의 넣지 않아도 된다. 과일을 자르면서 조금 먹어보고 또 설탕을 넣은 다음에도 맛을 보아야 한다. 필요하면 설탕을 더 넣어야 하기 때문이다. 과즙이 너무 많아 흥덩흥덩한 경우에는 밀가루를 조금 넣으면 바특해진다. 넣어봤자 1~2큰술 정도, 많이 넣지 않아도 된다.

크립스나 코블러는 오븐 용기째 식탁에 내 가서 바로 나눠 먹는 것이 좋으니 처음부터 보기 좋은 용기에 굽도록 하자. 금속 용기는 과일의 산과 반응할 수 있으니 도자기 용기가 제일 좋다. 용기는 최소한 8센티미터 깊이는 되어야 과일을 충분히 쌓을 수 있다. 재료를 넣은 용기는 베이킹 시트에 올려 구워야 과일즙이 넘치는 경우에도 안전하다. 크립스의 표면이 노릇하게 진한 갈색으로 변하고 측면의 과일이 부글거리며 들썩거릴 때까지 굽는다. 코블러의 경우에는 비스킷이 속까지 완전히 익고 노릇하게 변할 때까지 구워야 한다. 과일이 다 익기 전에 크립스 토핑이 갈색으로 변하기 시작한다면 포일을 덮어 지나치게 구워지지 않게 열을 차단한다. 다 구워지기 몇 분 전에 포일을 벗기고 토핑을 조금 더 구우면 된다. 다 구운 후식은 바로 식탁에 내거나 여의치 않으면 오븐에 두고 따뜻하게 보관했다가 낸다. 코블러와 크립스는 그냥 먹어도 맛있지만 차가운 헤비 크림이나 휘핑크림과 함께 먹으면 더 맛있다.

복숭아 크립스와 코블러
8인분

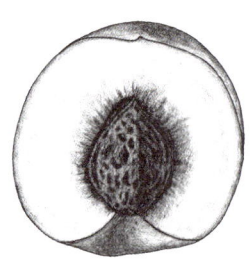

잘 익은 복숭아 2킬로그램

의 껍질을 벗긴다.

끓는 물에 10~15초 동안 데쳐 껍질을 벗긴다. 복숭아를 반으로 자르고 씨를 제거한 다음 8밀리미터 두께로 자른다. 다 자른 복숭아의 양이 7컵 정도는 되어야 한다. 과일의 맛을 보고

설탕 1큰술(필요하면)

밀가루 1½큰술

을 넣고 뒤적인다.

2리터가 들어갈 만한 오븐 용기에 과일을 여러 층으로 쌓고 위에

크립스 토핑 3컵(레시피는 이후에 소개) 혹은

굽지 않은 크림 비스킷 8개(297쪽)

를 얹는다. 190도로 예열한 오븐에서 40~55분간 굽거나(고르게 익히기 위해 한두 번 방향을 바꿔가며 굽는다) 크립스 토핑이나 크림 비스킷이 노릇해지고 과일이 부글부글 끓어오를 때까지 굽는다.

변형하기

- 복숭아는 1.4킬로그램만 쓰고 산딸기나 블랙베리, 혹은 블루베리 1~2컵을 자른 복숭아 조각과 버무려 넣는다.
- 황도와 백도를 섞어 쓰거나 천도복숭아를 섞는다.
- 휘핑크림이나 아이스크림과 내거나 생크림을 저그에 담아 함께 낸다.

크립스 토핑
3컵 분량

견과류를 좋아하지 않으면 크립스 토핑에 견과류를 넣지 않아도 상관없다.

견과류 2/3컵(피칸, 호두나 아몬드)

을 190도로 예열한 오븐에서 6분간 굽는다.

식힌 다음 굵게 다진다.

다진 견과류를 볼에 넣고

밀가루 1¼컵

황설탕 6큰술

백설탕 1½큰술

소금 1/4작은술(가염 버터를 사용한 경우에는 넣지 않는다)

계피 가루1/4작은술(취향에 따라)

을 넣고 잘 섞는다. 그리고

버터 12큰술(1½덩어리)

을 작게 잘라 넣는다.

밀가루를 비롯한 곡물 가루와 견과류를 섞은 것에 버터를 넣고 손가락이나 페이스트리 블렌더, 혹은 적당한 부속 주걱을 붙인 스텐드 믹스를 이용해 섞는다. 반죽이 대강 한데 뭉치기 시작하고 거칠고 바슬바슬한 질감이 되면 섞기를 멈춘다(모래알처럼 잘게 부서질 정도로 반죽해서는 안 된다). 쓰기 전까지는 차갑게 보관한다. 크럼스 토핑은 미리 만들어놓고 냉장 보관하면 1주일 정도 두고 먹을 수 있고 얼려두면 2달까지 보관 가능하다.

과일 조림

과일로 조림을 만들면 형태는 그대로 살리고 풍미는 더 좋아진다는 장점이 있다. 조림은 과일을 묽은 시럽에 넣고 약불에서 끓여서 익히는 것이다. 조림 시럽에는 향신료나 감귤류 껍질을 넣기도 하고 와인을 넣어 풍미를 더하기도 한다. 배, 복숭아, 자두, 살구, 마르멜로, 체리, 금귤로 조림을 만들기도 하고 건포도나 살구, 자두, 말린 체리 같은 건과일을 조려 만들기도 한다. 깔끔하게 조려서 만든 과일 조림은 그냥 먹어도 완벽한 후식이지만 바닐라 아이스크림이나 쿠키, 산딸기나 초콜릿 소스와 함께 내면 특별한 날에 어울리는 화려한 후식이 된다. 제철에 나는 여러 과일 조림을 섞어 달콤한 조림 시럽과 함께 내는 콩포트는 모든 사람을 기쁘게 하는 계절 후식이다. 과일 조림은 케이크에 곁들이는 장식으로도 훌륭하고 맛있는 타르트의 재료로 쓸 수도 있다.

과일 조림에 쓸 과일은 꼭 부드럽게 잘 익은 것이 아니라도 된다. 익힌 다음에 형태가 그대로 남아 있기를 원한다면 더더욱 그렇다. 조금 덜익은 과일이나 흠 있는 과일은 조림으로 만들면 그냥 먹는 것보다 훨씬 맛있어진다. 또, 조린 과일은 며칠이나 두고 먹을 수 있기 때문에 빨리 먹어야 하는 과일이 넘쳐나는 경우에는 이렇게 조리는 방법이 아주 유용하다. 조리기 전에 전처리가 필요한 과일이 몇 가지 있다. 배는 반드시 껍질을 벗겨야 한다. 나는 보기 좋으라고 배 꼭지도 떼지 않고 자르지도 않고 조림으로 만들지만 반으로 자르거나 4등분하고 씨 부분을 도려내고 만들어도 된다. 보스크, 바틀릿, 앙주 같은 종의 배는 조림으로 만들기 좋다. 복숭아와 살구는 통째로 조림으로 만들어도 되고 조린 후에 껍질을 벗기고 반으로 잘라도 괜찮다. 작고 납작한 백도, 납작 복숭아는 통째로 조리기 딱 좋다(복숭아 씨를 몇 개 부수고 알맹이를 꺼내 조림 시럽에 넣어보자. 아몬드 에센스 같은 풍미를 더할 수 있다). 체리는 씨를 빼도 되고 그냥 조려도 된다. 사과는 반드시 씨 부분을 도려내야 하고 껍질은 취향껏 벗겨도 되고 안 벗겨도 상관없다. 골든 딜리셔스, 피핀, 시에라 뷰티, 그래니 스미스 같은 품종이 조림으로 만들기 좋다. 마르멜로는 껍질을 벗기고 씨 부분을 도려낸 후 시럽에 넣는데 다른 과일보다 오래 조려야 한다. 마른 과일은 불리지 않고 바로 시럽에 넣어 끓이면 된다.

조림 시럽은 보통 밝은 빛깔이 나는 설탕물이다. 기본적으로 설탕 1/4컵에 물 1컵을 넣는데 취향에 따라, 과일의 종류와 상태에 따라 설탕을 가감한다. 타르트용 과일 조림은 더 달게 만든다. 시럽의 양은 과일이 푹 잠길 만큼 충분해야 한다. 과일과 시럽을 다 넣고도 여유가 있을 만큼 크고 바닥이 두꺼운 팬을 준비하자. 먼저 설탕과 물을 넣고 끓이면서 설탕이 녹도록 젓다가 완전히 끓으면 약불로 낮춰 은근히 끓인다. 이 시점에서 넣고 싶은 향신료를 넣으면 된다. 어떤 과일을 조림으로 만들든 간에 나는 레몬즙과 레몬 껍질을 즐겨 넣는다. 길게 반으로 쪼갠 바닐라 빈을 넣거나 시나몬 스틱, 통후추, 정향 같은 여러 향신료를 넣기도 한다. 물론 로즈메리, 바질, 타임 같은 허브를 넣어도 좋다. 민트나 레몬 버베나 같은 조금 연약한 허브는 조림이 마무리될 때 넣어야 풍미를 보존할 수 있다. 생강이나 오렌지 껍질, 찻잎도 맛있는 풍미가 우러난다. 그리고 달든 달지 않든, 레드 와인이든, 화이트 와인이든 일단 와인을 넣으면 과일 향이 한층 살아나고 신맛이 강해진다. 와인과 물의 비율은 2:1로 하자. 포트와인이나 소테른 같은 달콤한 와인을 넣는다면 시럽에 넣는 설탕의 양을 좀 줄인다. 백설탕 대신 꿀이나 황설탕, 메이플 시럽을 넣으면 시럽의 색이 더 짙어지고 맛도 진해진다. 조림 시럽에 풍미를 더하는 또 다른 방법도 있다. 산딸기나 블랙커런트 같은 과일을 퓌레로 만들어 넣는 것이다.

시럽이 완성되면 미리 준비해둔 과일을 넣는다. 공기에 노출되면 금새 갈변하는 과일도 있다(배나 마르멜로가 그렇다). 그런 과일은 즉석에서 껍질을 벗겨 하나씩 시럽에 넣는다. 조리는 동안에는 구멍을 몇 개 낸 유산지를 팬 모양으로 둥글게 잘라 과일에 덮는다. 이렇게 하면 과일이 위로 떠오르지 않고 시럽에 잠긴 채 조려진다. 시럽 밖으로 나온 과일은 색이 변하기도 하고 균일하게 익지 않는다. 조림을 만드는 중간중간 과일을 덮은 종이를 누른다. 꺼질락 말락 낮은 불에서 과일을 은근히, 부드러워질 때까지 익히는데 지나치게 익혀 곤죽을 만들어버리지 않도록 주의하자. 날카로운 과도나 이쑤시개로 제일 두꺼운 부분을 찔러보면 익은 정도를 알 수 있다. 칼끝이 아주 살짝 뻑뻑하게 들어가면

향신료나, 풍미를 더하는 자극적인 향이 나는 재료를 조림 시럽에 더할 때는 조금만 넣어도 맛이 확 달라질 수 있다는 사실을 항상 유념해야 한다. 특히 마른 과일은 풍미가 응축되어 있기 때문에 더욱 주의해야 한다.

완성된 것이다. 과일의 종류에 따라 또 얼마나 잘 익었는지에 따라 조리는 데 걸리는 시간이 다르다. 잘 익은 과일은 금세 조려진다(다양한 조건에 따라, 조림을 완성하는 데 걸리는 시간이 달라지니 조림을 시작하고 얼마 지나지 않은 시점부터 계속 익은 정도를 확인해야 한다). 여러 종류의 과일을 섞은 조림을 만들고 싶다면 한 종류씩 따로 조려서 시럽에 섞는다.

과일 조림이 완성되면 불을 끄고 과일이 시럽에 잠겨 있는 상태로 식힌다. 단 과일이 좀 많이 익은 상태라면 시럽 온도로 과일이 계속 익을 수 있으니 시럽에서 꺼내서 따로 식힌다. 그리고 시럽이 완전히 식으면 다시 넣는다. 과일 조림은 바로 먹어도 되고, 과일을 시럽에 완전히 담근 상태로 밀폐 용기에 넣어 냉장고에 보관하면 1주일 정도 두고 먹을 수 있다. 시간이 지날수록 과일에 시럽의 맛과 향이 푹 스며들어 풍미가 더욱 진해진다. 과일 조림은 차갑게 내도 좋고 시럽과 함께 따뜻하게 데워 먹어도 맛있다.

조림 시럽을 소스로 활용할 수도 있다. 시럽을 걸러 바닥이 두꺼운 팬에 끓여 걸쭉하게 졸인다. 신선한 레몬즙을 조금 짜 넣거나 와인을 좀 넣어 상큼한 풍미를 더한다.

서양배 조림
4인분

조림 시럽을 계속 졸여서 타르트나 페이스트리에 바르면 보기좋게 윤이 난다.

바닥이 두꺼운 냄비에
물 4컵
설탕 1¼컵
을 넣고 팔팔 끓인다
약불로 낮추고
레몬 1개의 껍질로 레몬 제스트를 만들고 알맹이로는 즙
을 짜서 넣는다
중간 크기 서양배 4개(보스크, 바틀릿, 앙주 같은 종의 배)
를 꼭지는 남겨둔 채 껍질만 벗긴다. 꼭지 반대쪽, 꽃받침 부분은 살짝 도려내고 약불에서 끓을락 말락 하는 설탕 시럽에 배를 넣는다. 배가 모두 잠기지 않을 만큼 시럽이 졸아 있는 상태라면 물을 조금 더 붓는다. 배의 종류나 익은 정도에 따라 시간을 조절하여 15~40분 동안, 과육이 말랑말랑해지고 투명해질 때까지, 그렇지만 지나치게 무르지 않을 정도로 조린다. 예리한 과도로 배의 가장 두툼한 부분을 찔러보면 익은 정도를 알 수 있다. 불을 끄고 차갑게 식힌다. 따뜻하게 식탁에 내도 되고 조림 시럽을 조금 끼얹어 차갑게 내도 좋다. 시럽의 상태는 졸여진 것이든, 거의 졸여지지 않아 묽은 것이든 무방하다.
시럽에 담가 냉장 보관한다.

변형하기

- 물 3컵 대신 단맛이 없고 과일 향이 강한 화이트 와인이나 레드 와인을 3컵 넣는다.
- 레몬즙과 제스트를 넣을 때 시나몬 스틱 1/2개를 부수어 넣고 5센티미터 길이의 바닐라 빈 하나를 길게 반으로 쪼개 넣는다.
- 설탕 대신 꿀을 3/4컵이나 1컵 넣는다.
- 배를 4등분한다. 껍질을 벗기고 씨와 주변을 말끔히 도려낸다. 시럽에 담가 10~15분간 말랑해질 때까지 조린다.
- 배 대신 마르멜로를 넣는다. 마르멜로를 4등분해서 껍질을 벗긴다. 씨 부분을 도려내고 0.6~1.3센티미터 두께로 저민 다음 부드러워질 때까지, 약 45분간 조린다.
- 휘핑크림이나 크렘 프레슈, 따뜻한 초콜릿 소스를 얹어 내든지 신선한 산딸기를 고명으로 올리고 산딸기 소스와 함께 내자. 그냥 산딸기 소스만 뿌려도 괜찮다.

아이스와 셔벗

아이스와 셔벗은 과일 퓌레나 과일즙을 얼려 만든 디저트다. 퓌레나 과일즙은 강하고 확실한 풍미 가득한 과일의 진액이라고 볼 수 있다. 아이스는 빙과^{water ice}라고도 하고 그라니타^{granita}라고도 하는데 식감이 기분 좋을 정도로 거친 반면 소르베라고도 하는 셔벗은 아이스크림 메이커를 이용해 얼리기 때문에 벨벳처럼 부드럽다.

셔벗과 아이스를 만드는 기본 재료는 과일과 설탕이다. 거기에 바닐라 농축액이나 리큐어를 아주 조금, 혹은 소금을 1꼬집 정도 넣으면 한층 맛이 좋아진다. 완전히 무르익어 풍미가 그득한 과일을 써야 한다. 반드시 과일의 맛을 보고 만들어야 한다는 말이다. 맛이 없는 과일로 만들면 셔벗도 아이스도 맛이 없다. 즙을 낼 수 있거나 퓌레로 만들 수 있는 과일이라면 아이스나 셔벗으로 만들 수 있다. 부드러운 과일은 생으로 분쇄기나 믹서에 넣고 갈아서 퓌레로 만들고 체에 걸러 씨를 골라내면 된다. 베리류로 만들 때는 보통 설탕을 조금 넣고 즙이 나오기 시작할 때까지만 살짝 끓인 후에 퓌레로 만든다. 배나 마르멜로처럼 단단한 과일은 부드러워질 때까지 삶아서 퓌레로 만든다. 감귤류의 즙을 짤 때는 체로 거르지 않아도 된다. 씨는 손으로 골라내고 알갱이는 그냥 두어야 식감도 풍미도 더 좋아진다.

설탕을 넣으면 달콤해질 뿐만 아니라 과일즙이 어는점을 낮추기 때문에 얼음 결정이 쉽게 생기지 않는다. 식감이 부드러운 셔벗을 만들 때 이 점이 특히

그라니타, 즉 아이스를 만들 때는 아이스크림 메이커를 쓸 필요가 전혀 없다.

중요하다. 차갑게 식히고 얼리면 단맛이 잘 느껴지지 않는다. 따라서 실온에서 설탕을 넣을 때 많이 달다 싶을 만큼 넣어야지 얼렸을 때 적당히 달콤한 맛이 난다(이런 실험을 해봐도 재미있을 것이다. 퓌레나 과일즙을 1큰술씩 3군데에 나눠 담고 설탕의 양을 달리해서 넣어보자. 모두 얼린 다음 각각 단맛의 정도와 식감이 어떤지 맛을 본다).

아이스는 말 그대로 과일즙이나 과일 퓌레를 얼린 것이다. 과일 퓌레나 과일 즙에 설탕으로 단맛을 더하고 야트막한 유리그릇이나 스테인리스 접시에 부어 얼린다. 설탕은 단계적으로 넣어야 한다. 조금씩 떠서 먹어본 다음 필요에 따라 설탕을 더한다. 전체를 다 얼리기 전에 일부를 조금만 덜어 얼려서 먹어보면 결과적으로 어떤 맛이 될지 알 수 있을 것이다. 설탕을 섞은 과일즙이나 퓌레를 냉동실에서 얼리면서 얼음 결정이 덩어리지지 않도록 부수고 과일의 수분도 분리되지 않도록 생각날 때마다 꺼내어 젓는다. 더 자주 저으면 얼음 결정이 더 고와진다. 나는 아이스의 윗부분과 옆부분이 얼기 시작하면 일단 한 번 젓고, 단단하지 않고 약간 질척거릴 정도로 얼었을 때 또 젓는다. 아이스가 단단한 듯하지만 찔러보았을 때 부드러운 정도로 얼면 냉동실에서 꺼내어 쿡쿡 사정없이 쑤신다. 포크로 위부터 긁으면서 아래까지 파 내려가거나 페이스트리 스크레이퍼로 아래위, 옆으로 쑤셔서 얼음을 보슬보슬하게 긁어 모으고 모두 부순다. 그러고 나서 냉동실에 넣어 얼려두었다가 식탁에 내 가면 된다. 포크로 아이스를 살짝 부풀리며 떠서 오목한 볼이나 컵에 담아 낸다. 아이스의 주재료였던 과일을 설탕에 굴리거나 조려서 아이스와 함께 내면 맛과 식감이 대조되면서도 잘 어우러지니 훌륭한 후식이 된다.

셔벗은 아이스와 만드는 방법이 유사하지만, 아이스크림 메이커를 이용해서 얼린다. 그리고 가장 중요한 차이는 셔벗 특유의 질감을 내기 위해 단맛을 아이스보다 훨씬 더 많이 가미해야 한다는 점이다. 어느 정도 단맛을 더해야 하는지 양을 가늠하기 위해 조금만 만들고 얼려서 맛을 봐야 한다. 몇 번 반복해서 만들고 먹어보면 어렵지 않게 만들 수 있다. 퓌레나 즙과 설탕을 섞은 다음 차갑게 식혀 보관해두었다가 아이스크림 메이커에 넣는다. 이렇게 하면 셔벗이 빨리 얼고, 얼음 결정이 작게 만들어진다. 셔벗을 2가지 이상 만들어 함께 내면 정말로 특별한 후식이 된다. 이때 잘 어울리는 과일 몇 가지로 셔벗을 만들어서 함께 내도 되고 같은 과일이지만 여러 가지 다른 품종으로 셔벗을 만들어서 내도 좋다.

감귤 아이스

4인분

탠저린 오렌지나 귤 1.4킬로그램 정도

를 씻어서 말린다.

귤 2개의 껍질을 갈아서 제스트를 만든다. 나머지 귤은 즙을 짠다. 2¼컵은 족히 나와야 한다. 귤즙 중에 1/2컵은 냄비에 제스트와 함께 넣고

설탕 1/3컵

을 넣어 설탕이 완전히 녹을 때까지만 저으면서 끓인다. 이것을 남은 귤즙과 섞는다.

맛을 보고

신선한 레몬즙(취향에 따라)

소금 아주 조금 1꼬집

을 넣는다.

맛을 보고 필요하면 설탕을 더 넣는다. 비반응성 물질로 만들어진 얇은 팬에 부어서 얼린다. 한 시간 후, 아니면 옆면과 위쪽이 얼음 결정으로 덮이기 시작하면 젓는다. 두 시간 후, 혹은 질척거릴 정도로 얼었을 때 다시 젓는다. 단단히 굳으면, 그러나 딱딱하게 얼기 전에 다지듯이 부순다. 차갑게 얼려두었던 그릇에 옮겨 담는다.

마이크로플레인사[註]에서 나오는 제스터는 모양은 단순하지만 감귤류 껍질을 갈아내는 데는 최고의 도구다.

변형하기

- 셔벗을 만들려면 설탕의 양을 1/2컵으로 늘리고 충분히 차갑게 식힌다. 아이스크림 메이커의 설명서를 참조해 얼려 만든다.
- 아르마냑이나 코냑을 1작은술 넣는다.
- 반으로 잘라 즙을 짜낸 귤 껍질을 버리지 않는다. 속을 깔끔하게 파내고 얼린다. 완성된 셔벗이나 다져서 부순 아이스를 껍질 속에 채워넣고 얼려두었다가 식탁에 낸다.

커스터드와 아이스크림

바닐라 푸어링 커스터드

레몬 커드

딸기 아이스크림

이 장에서 소개하는 레시피는 어렵지 않아서 쉽게 익힐 수 있다. 이 레시피에서는 달걀을 벨벳처럼 매끄럽고 부드럽게 만들고 감미로운 두께감을 끌어내는, 단순하지만 섬세한 수작업이 필요한 과정을 설명한다. 이 기본적인 기술을 제대로 익히면 커스터드, 푸딩, 달콤한 소스와 아이스크림 믹스 등 달걀로 만드는 수많은 요리를 할 수 있게 된다. 아이스크림과 커스터드를 처음부터 직접 만들면 시중에서 접하기 어려운 다양한 맛을 낼 수 있다(내가 제일 좋아하는 맛은 꿀, 캐러멜과 신선한 민트를 넣어 만든 것이다). 지역에서 나는 신선한 유기농 달걀로 만들 수 있으니 그것도 좋은 점이라고 할 수 있겠다.

푸어링 커스터드

우유와 달걀노른자, 설탕을 냄비에 넣고 약불에서 살며시 익히면 가장 기본적인 푸어링 커스터드, 즉 크렘 앙글레즈 crème anglaise가 된다. 차갑게 식힌 컵에 담아 이것만 먹어도 단순하고도 놀랄 만큼 맛있는 후식이 되지만 잘라낸 신선한 과일이나 오븐에 굽거나 조린 과일, 케이크에 곁들여 내는 소스로 더 많이 쓴다.

푸어링 커스터드에는 달걀의 노른자만 쓴다. 노른자를 천천히 데우면 점점 뻑뻑해지므로 우유의 맛도 풍부해지고 농도도 진해진다. 일반적으로 우유 1컵당 노른자 2개를 넣어 커스터드를 만든다. 달걀에서 노른자를 분리하고 흰자는 다른 곳에 쓸 수 있도록 따로 보관한다. 작은 볼에 넣고 가볍게 저어 노른자를 터트린다. 너무 많이 휘젓거나 거품기로 치면 거품이 일어날 수 있으니 주의하자. 바닥이 두꺼운 냄비에 우유와 설탕, 길게 반으로 가른 바닐라 빈을 넣고 데운다(바닐라 빈 대신에 바닐라 농축액을 써도 괜찮지만, 풍미가 상당히 떨어지고 바닐라 빈의 검은 씨가 커스터드에 콕콕 박혀 시각적인 맛까지 더하는 효과도 기대할 수 없다).

우유가 데워지면서 설탕이 녹고 바닐라 빈의 향이 배어든다. 따뜻한 우유는 노른자의 밀도도 높일 것이다. 냄비 가장자리에 작은 거품이 조금 보글거리며 올라오기 시작하고 우유에서 김이 나면 바로 불을 끈다. 부글부글 끓게 두면 절대 안 된다. 노른자에 데운 우유를 조금 부어 노른자를 묽게 하고 살짝 덥힌 후에 아직 따뜻한 우유에 노른자를 섞는다. 우유 1국자를 노른자에 붓고 잘 휘저은 다음 계속 저으면서 이것을 뜨거운 우유에 부으면 된다.

제일 중요한 과정이 남았다. 우유를 너무 끓이면 온도가 지나치게 높아져서 노른자가 엉기고 우유와 분리되어버린다. 반드시 중불에 끓이면서 계속 저어야 한다. 나는 뒤집개처럼 끝이 납작하고 평평한 나무 주걱으로 크게 숫자 8을 그리면서 바닥 전체를 젓는다. 냄비는 바닥이 제일 뜨거우므로 바닥과 닿은 우유가 지나치게 뜨거워질 가능성이 크다(그래서 바닥이 두꺼운 팬을 사용해야 한다). 냄비 바닥과 옆면이 만나는 가장자리까지 빠뜨리지 말고 잘 긁으면서 저어야 한다. 커스터드가 주걱 뒷면에 묻어도 흘러내리지 않을 정도로 걸쭉해지면 불을 끈다. 색이 짙은 나무 주걱을 쓸수록 커스터드의 완성도를 더 쉽게 확인할 수 있다. 주걱 뒷면을 손가락으로 길게 훑듯이 긁어보자. 커스터드가 손가락에 긁혀 빈 곳으로 다시 흘러 모이지 않고 나뉜 모양 그대로 있다면 완성이다. 이 상태의 커스터드 온도는 77도 정도다. 완성되었을 때 보이는 또 다른 시각 신호는 바로 김이다. 보통 다른 액체가 막 끓기 시작할 때처럼 커스터드에서 김이 무럭무럭 피어오르면 다 된 것이다. 커스터드를 저으면서 계속 잘 들여다보며 관찰하자. 커스터드는 처음에는 한동안 아무 변화도 없는 것 같지만 적당한 온도에 이르면 어느 순간 갑자기 걸쭉해져버린다.

    요리를 시작하기 전에 거름망과 볼을 준비해두었다가 커스터드가 걸쭉해지면 바로 불에서 내리면서 1~2분간 빠르게 저어주고 거름망에 부어 거른다. 커스터드의 내부 온도 때문에 계속 익을 수 있으니 쉬지 않고 저으면서 식혀야 한다. 거름망에 남은 바닐라 빈 꼬투리를 커스터드에 꾹 짜서 넣는다. 씨와 맛있는 즙이 흘러나올 것이다. 완성된 커스터드를 바로 식탁으로 내어 가도 좋고 완전히 식혀 뚜껑을 덮은 채로 차갑게 두었다가 먹어도 된다. 커스터드는 식으면서 계속 걸쭉해진다. 먹기 전에 잘 섞어서 덜어 낸다.

    푸어링 커스터드, 즉 크렘 앙글레즈는 과일 퓌레, 에스프레소, 캐러멜, 초콜릿이나 럼, 혹은 코냑을 비롯한 브랜디를 넣어 다양하게 풍미를 더할 수 있다. 여러 가지 맛이 가미된 푸어링 커스터드에 크림을 더해 진한 맛을 더하고 아이스크림 메이커에 넣어 얼리면 맛있는 아이스크림이 된다. 그리고 달걀노른자를 하나 더 넣으면 커스터드를 더 걸쭉하게 만들 수 있고 우유와 하프 앤드 하프 _{half-and-half}를 섞어 쓰거나 하프 앤드 하프만 넣어 우유 맛이 더 진한 커스터드를 만들 수도 있다.

    커스터드는 가스 레인지나 전자레인지보다 오븐에 구워 먹는 게 좋다. 크림을 넣어 진한 커스터드(크림과 하프 앤드 하프, 혹은 우유를 섞어 만들어도 된다)로 만든 포 드 크렘 _{pots de crème}이 대표적인 메뉴이다. 보통 커스터드와 마찬가지로 크림 1컵당 달걀노른자 2개씩 넣으면 된다. 노른자와 크림 섞은 것을 오븐용 도자기 용기나 작은 라미킨에 넣고 굽는데 오븐의 뜨거운 열이 바로 커스터드에 미치지 않도록 중탕으로 익힌다. 온도를 약 175도까지 올려 옆면은 단단하게 굳었지만, 중앙은 아직 덜 굳고 출렁출렁하는 정도로 익을 때까지 굽는다. 중탕하던 커스터드 용기를 꺼내 식힌다.

    틀에 넣고 구워 모양을 내는 플랑 같은 커스터드 종류는 달걀에 달걀노른자를 더해 만든다. 달걀흰자는 구조를 치밀하게 해주고 밀도를 높여 커스터드의 모양을 잡아주는 역할을 한다. 전통적으로 플랑은 우유로 만들어 맛이 진하지 않다. 플랑을 만들 때는 우유 1컵당 달걀노른자 1개와 달걀 1개를 넣는다.

---

1 크림과 우유를 반반 섞은 유지방 함량 10퍼센트의 유제품.

바닐라 푸어링 커스터드
(크렘 앙글레즈)

2¼컵 분량

크림을 넣어서 만든 크렘 앙글레즈는 미국에서 프렌치 바닐라 아이스크림이라고 부르는 아이스크림의 기본 재료가 된다.

달걀 4개

에서 노른자를 분리한다. 흰자는 따로 보관해두었다가 다른 용도로 쓴다. 노른자가 터질 정도로만 휘젓는다. 바닥이 두꺼운 냄비에

우유 2컵

설탕 3큰술

을 넣는다.

5센티미터 길이의 바닐라 빈 1개

를 길게 쪼개 냄비에 씨를 긁어 넣고 바닐라 빈 깍지도 넣는다.

뜨거운 것을 넣어도 깨지지 않는 볼 위에 거름망을 걸친다. 중불에서 우유를 데우며 설탕이 녹도록 가끔 젓는다. 우유가 데워지면 조금 떠서 달걀노른자에 붓고 잘 섞은 다음 다시 노른자를 우유 냄비에 붓고 휘젓는다. 쉬지않고 저으면서 주걱 뒷면에 묻은 커스터드가 흘러내리지 않을 정도로 걸쭉해질 때까지 중불에서 끓인다. 부글부글 끓이면 절대 안 된다. 불에서 내리고 재빨리 거름망에 거른다. 따듯하게 내도 좋고 차갑게 식혀 내도 된다.

변형하기

- 우유와 하프 앤드 하프를 섞거나 하프 앤드 하프만 쓰면 맛이 더 진한 커스터드가 된다.
- 노른자를 1개 더 넣으면 커스터드가 조금 더 걸쭉해진다.
- 바닐라 빈 대신 바닐라 농축액 1작은술을 커스터드가 식은 후에 넣는다.

과일 커드

레몬 커드가 대표하는 과일 커드는 과일 커스터드의 일종이지만 우유나 크림을 넣지 않고 만든다. 레몬 커드는 레몬즙과 레몬 제스트, 설탕, 달걀과 버터를 섞고 걸쭉해질 때까지 약불에서 가만히 끓여서 만든다. 커드를 완전히 식히면 빵에 펴 바를 수 있을 정도로 농도가 진해진다. 레몬의 상큼하게 신맛이 더해져 풍부하고 감미로운 레몬 커드는 전통적으로 토스트나 스콘에 발라 먹던 소스지만 그것이 다가 아니다. 달콤한 타르트 껍질에 넣고 구우면 놀랄 만큼 맛있는 레몬 타르트가 된다. 여기에 머랭까지 올리면 더 말할 것도 없다. 또, 쿠키나 케이크, 페이스트리의 속으로 써도 훌륭하고 막 만든 프렌치 바닐라 아이스크림에 섞어도 좋다(나는 메이어 레몬 에클레어를 정말 좋아한다!).

전통적으로 레몬으로 커드를 만들어 먹긴 했지만 그렇다고 커드를 레몬으로만 만들 수 있는 것은 아니다. 라임, 오렌지, 자몽, 귤 등 감귤류는 다 되고 산딸기나 블랙베리 같은 산딸기류 퓌레도 가능하다. 감귤 제스트와 즙을 섞은 것

에(감귤류 커드에서 과일즙뿐만 아니라 제스트도 풍미를 내는 데 커다란 역할을 한다), 혹은 산딸기 퓌레에 설탕과 달걀, 버터를 넣고 달걀 커스터드를 만들때와 같은 방법으로 끓인다. 바닥이 두꺼운 냄비에 넣고 중불에서 계속 저으며 주걱 뒷면에 묻은 커스터드가 흘러내리지 않을 때까지 끓인다. 재료가 보글보글 끓지 않도록 주의해야 한다. 너무 끓이면 달걀이 엉긴다. 볼이나 유리병에 부어 식힌다. 커드는 식는 동안 계속 걸쭉해지면서 굳는다. 밀폐 효과가 확실한 용기에 넣어 냉장 보관하면 2주일간 두고 먹을 수 있다.

레몬 커드
2인분

레몬 4개

를 잘 씻어 물기를 뺀다. 강판의 제일 작은 구멍으로 레몬 1개를 갈아 레몬 제스트를 만든다. 레몬 4개의 레몬즙을 짠다. 레몬즙이 1/2컵은 나와야 한다.

달걀 2개

달걀노른자 3개

우유 2큰술

설탕 1/3컵

소금 1/3작은술(가염 버터를 쓰는 경우에는 생략)

이 서로 어우러질 만큼만 섞는다. 레몬즙, 제스트를 넣고

작게 자른 버터 6큰술

을 섞는다. 비반응성 소재로 만든 크지 않은 두꺼운 냄비에 넣고 계속 저으면서 중불에서 끓이다가 주걱 뒷면에 묻은 커드가 흘러내리지 않을 정도가 되면 불을 끈다. 팔팔 끓이면 달걀이 엉기니 주의하자. 적당히 걸쭉해진 커드를 볼이나 유리병에 부어 식힌다. 뚜껑을 덮어 냉장 보관한다.

변형하기

- 당분이 더 많고 껍질의 향이 진한 메이어 레몬으로 커드를 만들면 훨씬 더 맛있다. 위의 레시피를 따르되 레몬 4개 대신 보통 레몬 1개와 메이어 레몬 3개를 쓰고 메이어 레몬 2개의 껍질로 제스트를 만든다.
- 프로스팅은 레몬 커드에 설탕을 넣은 휘핑크림을 넣고 가볍게 접듯이 섞어 만든다. 내 경우에는 휘핑크림과 커드의 비율을 1:1로 한다.
- 레몬 커드 타르트를 만든다. 달콤한 타르트 반죽(197쪽 참고)으로 23센티미터 크기의 타르트 껍질을 만들고 레몬 커드 2컵을 부어 속을 채운다. 커드의 표면을 반반하게 정리하고 190도로 예열한 오븐에 넣어 15~20분간, 레몬 커드가 굳을 때까지 굽는다.

아이스크림 만들기

아이스크림은 남녀노소 누구나 좋아하는 음식이다. 특히 아이스크림 메이커에서 막 나온 수제 아이스크림은 최고라고 할 수 있다. 수제 아이스크림은 기본적으로 두 종류가 있다. 첫째는 단순하게 단맛을 내고 향을 더한 다음 얼려서 만든 아이스크림이고 둘째는 단맛을 더한 크림과 달걀노른자로 만든 커스터드를 얼린 것인데 이편이 훨씬 맛이 풍부하고 질감도 부드럽다. 각자 다른 매력이 있지만 나는 얼린 커스터드 아이스크림을 훨씬 좋아한다.

아이스크림은 크림만 가지고 만들어도 되고 크림과 하프 앤드 하프를 섞어서 만들어도 된다. 그렇지만 하프 앤드 하프나 우유를 섞어서 만든 아이스크림에서 풍미가 더 강하게 느껴지는 것 같다. 크림을 데워 설탕(혹은 꿀)을 녹인다. 바로 이때 바닐라 빈이나 커피콩, 허브, 곱게 다진 볶은 견과류처럼 맛을 더하는 재료를 넣어 크림에 풍미가 배어들게 하면 된다. 재료의 풍미가 크림에 배어들게 20분가량 두었다가 체에 거르고 크림을 차갑게 식힌다. 과일 퓌레나 농축액은 크림이 완전히 식은 후에 넣는다. 자른 과일이나 다진 견과류, 강판에 간 초콜릿처럼 단단한 재료는 아이스크림이 다 언 후에 넣어서 섞는 것이 가장 좋다. 미리 넣으면 아이스크림이 제대로 얼지 않을 수도 있기 때문이다. 커스터드를 기본으로 하는 아이스크림을 만들 때는 따뜻하게 데운 크림을 체에 거른 다음 달걀노른자와 섞고 걸쭉해질 때까지 끓인다. 충분히 식힌 후 얼린다.

아이스크림은 속이 얕은 팬이나 쟁반에 부어 냉장고에서 얼려 만들어도 되지만 아이스크림 메이커로 만들면 훨씬 질감이 부드럽다. 쉬지 않고 돌아가는 주걱, 즉 교반기가 얼어가는 아이스크림의 얼음 결정을 부수고 약간의 공기를 아이스크림 반죽 사이에 불어 넣는다. 시중에는 여러 종류의 아이스크림 메이커가 나와 있다. 전통적인 메이커는 나무로 만든 양동이 모양의 통 안에 금속 재질의 용기가 들어 있다. 그리고 금속 용기와 통 사이에 부순 얼음 조각과 암염巖鹽을 넣는다. 소금을 넣으면 얼음의 어는점이 낮아지기 때문에 아이스크림이 더 빨리 얼게 된다. 용기 안에 붙어 있는 교반기는 손으로 돌리는 L 자형 손잡이나 전기 모터로 작동한다. 교반기와 용기를 미리 얼려서 차갑게 만든 후에 아이스크림 믹스를 넣어 작동시키면 아이스크림이 더 잘 만들어진다. 크기가 더 작은 여러 가지 아이스크림 기계가 시중에 나와 있는데 보통 용기가 이중으로 되어 있고 그사이에 액체 냉각제가 들어있다. 이 냉각제가 단단히 얼 때까지 냉동고에 넣어두었다가 사용하는 것이다. 모든 준비가 끝나면 용기에 아이스크림 믹스를 넣고 아이스크림을 섞는 주걱을 돌리는 모터를 조립해서 작동시키면 된다. 이렇게 이중 단열 처리가 된 용기는 사용하기 편리하지만 얼리는 데 시간이 좀 더 오래 걸린다는 단점이 있다. 아이스크림 용기를 냉동실에 보관하자. 언제든지 필요할 때 아이스크림을 바로 만들 수 있을 것이다. 아이스크림 믹스는 반드시 아주 차갑게 식힌 후에 아이스크림 메이커에 넣어야 한다. 그렇지 않으면 믹스가 채 얼기도 전에 용기의 온도가 올라가버리기 때문이다. 그리고 아이스크림 믹스를 용기의 2/3 정도만 차도록 넣어야 한다. 믹스는 얼면서 부피가 커진다. 아이스크림 메이커는 30~35분간 작동하며 아이스크림을 얼린다.

아이스크림이 막 완성되는 단계에서는 질감이 부드러워서 견과류나 당절임을 한 과일 같은 단단한 재료를 섞어 넣기 좋다. 크기가 작은 아이스크림 메이커는 뚜껑에 큰 구멍이 나 있어서 다른 식재료를 넣기 용이하다. 전통적인 메이커는 작동을 멈추고 뚜껑을 열어서 재료를 더해야 한다. 완성된 아이스크림은 바로 먹어도 좋고 몇 시간 얼려서 더 단단하게 만들어 먹어도 된다. 전통적인 메이커를 사용할 경우에는 아이스크림을 얼음으로 둘러싼 용기에 그냥 두었다가 나중에 먹어도 되지만(위쪽까지 차가워지도록 얼음을 더 보태야 한다) 이중 구조로 되어 있는 메이커를 쓸 때는 용기의 온도가 계속 올라가기 때문에 완성된 아이스크림을 계속 두면 안 된다. 반드시 부드러운 아이스크림을 차갑게 식혀둔 보관 용기에 옮겨 냉동실에 넣어야 한다. 얼음 결정이 더 생기지 않도록 아이스크림 용기를 단단히 밀폐하자. 최대 1주일까지는 풍미가 완전히 살아 있는 상태로 보관할 수 있지만, 질감은 떨어진다. 단단하게 굳은 아이스크림은 먹기 몇 분 전에 미리 냉동실에서 꺼내두면 쉽게 떠낼 수 있다.

딸기 아이스크림

1리터 분량

작은 볼에

　　달걀노른자 3개

를 넣고 살짝 저어 노른자를 터트린다.

바닥이 두꺼운 냄비에

　　하프 앤드 하프 우유 3/4컵

　　설탕 1/2컵

을 계량해 넣는다.

내열 그릇에 거름망을 걸쳐놓는다. 중불에서 하프 앤드 하프를 데우며 가끔 저어 설탕을 녹인다. 충분히 뜨거워지면 우유를 조금 떠서 노른자에 붓고 섞어서 덥힌 다음, 이 노른자를 다시 뜨거운 우유에 부어 잘 섞는다. 재료가 주걱 뒷면을 덮었을 때도 흘러내리지 않을 정도로 걸쭉해질 때까지 중불에서 계속 저으

며 끓인다. 절대 보글보글 끓게 두어서는 안 된다. 불에서 내려 빨리 거름망에 거른다. 여기에

헤비 크림 3/4컵

을 넣고 섞은 후 뚜껑을 잘 덮고 냉장고에 넣어 차갑게 한다.

딸기 3컵(750시시)

을 씻어 물기를 빼고 꼭지를 딴다.

감자 으깨는 도구로 딸기를 눌러 으깨거나 푸드 밀을 이용해 퓌레로 만들고

설탕 1/4컵

을 섞는다.

설탕이 녹을 때까지 종종 저으면서 흘러나온 딸기즙에 딸기가 충분히 불도록 잠시 둔다. 으깬 딸기를 차갑게 식힌 아이스크림 믹스와 섞고

바닐라 농축액 2~3방울

소금 1꼬집

을 넣어 풍미를 더한다.

다시 냉장고에 넣어 아주 차갑게 식히고, 제조사의 설명서를 참고해 재료를 아이스크림 메이커에 넣고 얼린다.

변형하기

- 풍미를 더 진하게 하려면 키르시(체리로 만든 브랜디) 1~2작은술을 바닐라 농축액과 함께 넣는다.
- 산딸기, 블랙베리, 오디(내가 제일 좋아하는 오디!) 같은 부드러운 베리류 3컵을 퓌레로 만들고 체에 걸러 씨를 골라내 딸기 대신 넣는다. 산딸기는 그렇게 하지 않아도 되지만 다른 베리류는 반드시 즙이 살짝 흘러나올 때까지 따뜻하게 데워서 퓌레로 만들어야 한다. 필요하면 신선한 레몬을 한 번 꼭 짜서 즙을 넣는다.
- 딸기 대신 껍질을 벗기고 으깬 복숭아나 천도복숭아를 1½컵 넣는다.
- 딸기 대신 자두나 배 퓌레를 1½컵 넣는다. 자두나 배는 얇게 저미고 설탕과 물을 조금 넣어 부드러워질 때까지 끓인 후에 퓌레로 만들어야 한다.
- 이 레시피대로 하되 달걀노른자는 빼도 된다. 노른자를 넣지 않은 아이스크림은 식감이 더 가볍고 질감은 오돌토돌 살짝 거칠며 크림같이 보드라운 느낌이 덜하다.

쿠키와 케이크

진저 스냅

아니스 아몬드 비스코터

1-2-3-4 케이크

누구나 생일이 있다. 그리고 생일 케이크 아니면 생일 쿠키라도 직접 만들어주면 누구라도 좋아할 것이다. 그렇지만 생일은 집에서 상상력을 발휘하고 사랑을 담아 직접 구운 빵으로 축하해야 하는 여러 날 중 하루일 뿐이다. 아이들과 집에서 함께하는 간단한 베이킹은 부엌에 관해 알려주는 신나는 놀이이다. 무언가를 준비하는 법, 계량하는 법, 섞는 법, 오븐을 사용하는 법, 그리고 정리하고 치우는 일을 가르칠 수 있다. 요리에 평생을 바치는 많은 요리사는 어릴 적 쿠키를 만든 경험이야말로 요리에 대한 정열에 불을 붙인 기폭제가 되었다고 이야기한다. 빵 만드는 것을 무서워하는 사람(바로 나 같은 사람)들도 쿠키나 케이크를 만들 일이 생기니 짧게나마 설명이 필요하겠다.

쿠키 만들기

쿠키 레시피의 종류는 엄청나게 많지만 모두 1가지 기본 공식에 기초하고 있다. 버터와 설탕을 한데 섞고 달걀을 넣어 수분을 더하며 마지막에 밀가루를 넣어 반죽한다는 것이다. 그래야 농도에 따라, 밀어서 펴고 잘라내기 좋을 정도로 단단한 반죽이 나오고 숟가락으로 떠서 바로 베이킹 시트에 올려놓아야 할 정도로 부드러운 반죽이 되며 달걀흰자만을 넣어 아주 무르게 만들어 짤주머니에 넣어서 짜거나 베이킹 시트에 칼로 얇게 펴야 할 정도로 진 반죽이 나온다(고양이 혀라는 뜻의 랑그 드 샤 langue de chat라는 맛있는 쿠키는 이렇게 무른 반죽으로 만든다).

버터와 설탕을 한데 넣고 거품처럼 푹신해지고 옅은 색으로 변할 때까지 거품기로 휘젓는 과정을 크림화한다고 한다. 여기에 설탕을 더하고 다시 계속 휘저어 질감이 가벼워지고 푹신푹신해지도록 만든다. 이렇게 크림화하면 버터에 공기가 섞이게 된다. 공기 방울이 버터와 강제로 섞여 들어가게 되는 것이다. 이 공기 방울은 구우면 부풀어서 쿠키를 더 바삭바삭하면서도 부드럽게 만든다. 버터는 손으로 거품기를 젓거나 믹서를 돌려 크림화할 수 있다. 믹서를 쓰는 경우에는 버터와 설탕을 한 번에 넣고 돌려야 한다. 중간-빠름으로 2~3분 돌린다(스탠드 믹서인 경우에는 알맞은 주걱을 끼워야 한다). 중간에 한두 번 믹서를 정지시키고 옆면으로 튀어 오른 반죽을 긁어 넣으면서 설탕이 버터에 고루 섞여 녹았는지 확인하자. 차가운 버터를 그냥 써야 하는 상황이라면 믹싱볼에 버터만 먼저 넣고 부드러워질 때까지 휘저은 다음에 설탕을 넣는다. 버터가 부드러워야 크림화가 제대로 된다.

버터와 설탕을 크림화했다면 달걀을 넣고 다시 잘 섞는다. 믹서를 쓰면 옆면에 튄 반죽을 잘 긁어 넣는 것을 잊지 말자. 달걀은 반드시 상온에 두었다가 써야 한다. 찬 달걀을 바로 섞으면 버터가 오그라들어 공기 방울이 납작하게 눌려 터지고 반죽은 망치게 된다. 바닐라 농축액이나 리큐어, 당밀이나 꿀처럼 풍미나 단맛을 더하는 액상 재료는 달걀과 함께 넣는다.

밀가루를 제일 마지막에 넣는다. 밀가루는 항상 같은 방법으로 계량해야 한다. 그렇게 해야 일관된 결과물을 만들어낼 수 있다. 내가 추천하는 방법은 이것이다. 일단, 밀가루를 저어서 부풀린다. 그리고 위쪽이 평평해서 끝까지 가득 채울 수 있는 계량컵을 물기 없이 바싹 말려 준비한다. 계량컵으로 바로 뜨거나, 숟가락으로 떠서 밀가루를 가득 담은 후 주걱이나 칼로 계량컵 윗부분을 평평하게 깎는다. 계량컵을 바닥에 대고 툭툭 치지 말자. 밀가루가 꺼져버린다. 버터와 달걀을 섞은 것에 밀가루를 더하고 가루가 모두 섞일 정도로만 가볍게 휘젓는다. 밀가루가 덩어리지지 않고 모두 섞여야 하지만 너무 많이 저으면

나는 밀가루를 체에 쳐서 공기층을 형성시켜 부풀려야 한다. 또 항상 정확하게 계량해야 한다는 사실을 배우고 나서야 베이킹을 더 잘할 수 있게 되었다.

밀가루에 글루텐이 형성되기 때문에 쿠키가 딱딱해진다. 소금과 향신료 가루, 베이킹파우더나 베이킹소다는 밀가루에 미리 섞어서 달걀, 버터와 합친다. 다진 견과류나 초콜릿, 건과일처럼 덩어리가 큰 재료는 밀가루를 넣고 반죽한 다음에 더하고 살며시 저어서 섞어야 한다.

반죽을 떠서 굽는 드롭 쿠키는 반죽을 만들자마자 구워도 되고 냉장고에 보관했다가 나중에 구워도 상관없다. 형태를 만들어야 하거나 밀어 편 다음에 모양을 만들어 굽는 쿠키 종류는 반죽을 먼저 차갑게 굳혀야 한다. 대부분의 쿠키 반죽은 통나무 모양으로 돌돌 말아서 차갑게 굳힌 다음 잘라서 구워도 된다. 이렇게 둥글게 만 반죽을 눌러서 타원형이나 네모, 혹은 직사각형으로 성형해두면 더 다양한 모양의 쿠키를 구울 수 있다. 길게는 2달간 얼려두었다가 쓸 수 있는데 이렇게 반죽을 얼렸다가 잘라 만드는 쿠키는 따로 해동하지 않고 바로 굽는다. 또, 반죽을 필요한 만큼 잘라 쓰고 남은 반죽은 다시 냉동해두어도 된다.

쿠키를 제대로 구우려면 바닥이 두꺼운 베이킹 시트 1~2장 정도는 구비해두는 것이 좋겠다. 바닥이 두꺼운 베이킹 시트를 쓰면 쿠키가 골고루 익고 바닥이 타는 일이 없다. 오븐용 온도계도 유용한데, 오븐의 실제 온도를 알 수 있기 때문이다. 나는 베이킹 시트에 유산지나 실리콘 매트를 까는데 이렇게 하면 쿠키가 들러붙지 않고 나중에 설거지하기도 쉽다. 유산지는 여러 번 쓸 수 있다.

예열한 오븐의 중간 랙에서 쿠키를 굽자. 필요하면 선반을 옮겨 자리를 만든다. 어느 집 오븐이나 특별히 뜨거운 부분이 있는데 거기서 굽는 쿠키가 더 빨리 익는다. 모두 골고루 익도록 오븐에 굽다가 베이킹 시트를 꺼내 이리저리 돌리고 자리를 옮긴다. 앞에 있던 쿠키를 뒤쪽으로, 위에 있던 시트를 아래로, 아래 있던 시트를 위로 옮겨 자리를 바꾼다. 아래쪽에 두었던 베이킹 시트의 쿠키가 너무 빨리 익어 노릇하게 먼저 변해버리면 더 아랫단에 빈 베이킹 시트를 넣어 뜨거운 열기를 조금 차단한다. 또 베이킹 시트 가장자리에 놓인 쿠키가 좀더 빨리 익을 수도 있는데 이런 경우에는 시트를 꺼내 다 익은 쿠키를 꺼내고 다시 시트를 넣어 남은 쿠키를 마저 굽는다. 완성된 쿠키는 완전히 식힌 후에 통에 담아 보관한다.

전문가용 하프 시트 팬을 쓰면 놀랄 만큼 큰 차이를 느낄 수 있다. 바닥을 태우지 않고 골고루 노릇한 쿠키를 구워낼 수 있을 것이다.

진저 스냅

30개 분량
5센티미터 크기

진저 스냅 쿠키로 아이스크림 샌드위치를 만들면 정말 맛있다.

오븐을 175도로 예열한다.

밀가루 2컵

베이킹소다 1½작은술

소금 1/2작은술

계피 가루 2작은술

생강 가루 1½작은술

을 계량해서 볼에 담고 잘 섞는다. 다른 볼에

부드러운 버터 11큰술(버터 1덩어리와 3큰술을 넣어도 된다)

을 넣고 부드럽고 폭신폭신해질 때까지 거품기로 젓는다.
여기에

설탕 2/3컵

을 넣고 가볍고 푹신해질 때까지 저어 크림화하고

바닐라 농축액 1/2작은술

당밀 1/4컵

상온에 둔 달걀 1개

를 더하고 잘 섞는다. 마른 재료를 넣는다. 너무 많이 휘젓지 않되 모든 재료가 골고루 잘 섞이도록 하자. 완성된 반죽을 비닐에 싸서 두 시간가량 냉장고에 넣고 차갑게 굳힌다. 가볍게 밀가루를 뿌린 판에 반죽을 놓고 3~6밀리미터 두께가 되도록 민다. 역시 밀가루를 뿌린 쿠키 커터로 반죽을 잘라 모양을 내고 유산지나 실리콘 매트를 깐 베이킹 시트에 4센티미터 간격을 두고 자른 반죽을 올린다. 반죽이 부풀고 단단해질 때까지 약 10분간 굽는다. 팬에 1~2분간 그대로 두고 조금 식힌 후에 옮긴다.

변형하기

- 반죽을 나누어 돌돌 말아 지름이 4센티미터 정도 되는 통나무 모양으로 2개 만든 다음 비닐에 싸 냉장실에서 적어도 두 시간, 냉동실에서는 30분간 굳힌다. 완전히 차가워지면 6밀리미터 두께의 동전 모양으로 잘라 유산지를 깐 베이킹 시트에 4센티미터 간격으로 올려서 굽는다. 취향에 따라 굽기 전에 설탕에 한 번 굴려서 구워도 맛있다.
- 반죽을 둥글려 2.5센티미터 크기의 공 모양으로 만들고 유산지를 깐 베이킹 시트에 7.5센티미터 간격으로 놓는다. 평평한 유리잔 바닥에 설탕을 묻혀 동그란 반죽을 납작하게 눌러 굽는다.
- 검은 후추를 갈아서 1/2작은술을 밀가루에 섞으면 알싸한 맛 쿠키가 된다.

비스코티

이탈리아 말로 비스코티는 '두 번 구운'이란 뜻이다. 비스코티는 먼저 커다란 덩어리로 한 번 굽고, 가늘고 얇게 잘라 한 번 더 살짝 구워 만든다. 비스코티는 바삭바삭하고 딱딱한 쿠키로 장기간 두고 먹을 수 있으며, 크게 달지 않아 더 맛있는 듯하다. 견과류나 초콜릿, 여러 가지 향신료와 리큐어, 건과일 같은 다양한 재료를 넣어 풍미를 더할 수도 있다. 나는 살짝 구운 아몬드와 아니스 씨를 넣은 비스코티를 즐겨 만드는데 커피 한잔이나 차, 와인 한잔과 곁들이면 아주 잘 어울린다.

내가 제일 즐겨 쓰는 비스코티 레시피에는 버터가 들어가지 않는다. 달걀에 설탕을 넣어 옅은 색으로 부풀어 오르고 거품기를 들어 올렸을 때 들러붙어 끈처럼 늘어질 때까지 거품기로 친다. 이 상태에서 거품기를 들어 올리면 걸쭉해진 달걀 물이 떨어지면서 리본처럼 접친다. 이 정도로 만드는 데 미지근한 달걀은 3~4분 걸리고 차가운 달걀은 10분까지 걸릴 수 있다. 깜박 잊고 냉장고에서 미리 달걀을 꺼내두지 않았다면 조금 뜨거운 물을 담은 볼에 껍데기를 깨지 않은 달걀을 넣어 몇 분간 데우면 된다.

거품기로 친 달걀 물에는 공기가 갇혀 비스코티의 질감이 가벼워진다. 밀가루는 가루가 풀릴 정도로만 가볍게 섞어야 하며 다른 재료도 달걀 물의 공기층이 꺼지지 않도록 가볍게 접듯이 섞어야 한다는 사실을 유념하자. 반죽을 길쭉하고 납작한 덩어리 모양으로 만들어 유산지를 깐 베이킹 시트에 올린다. 반죽은 아주 질고 끈적끈적할 것이다. 반죽을 만지기 전에 손에 물을 조금 묻히면 반죽이 덜 달라붙는다. 숟가락과 손으로 기다란 반죽의 표면을 매끈하게 다듬는다. 덩어리가 노릇해지고 단단하게 굳을 때까지 굽는다. 오븐에서 막 꺼낸 쿠키는 잘 부서지지만 식으면 좀 단단해진다. 덩어리를 올려놓은 유산지를 조심조심 잡아당겨서 종이째로 식힘망에 올린다. 완전히 식혀서 긴 톱니 칼날이 달린 빵칼로 얇게 썬다(길이가 긴 비스코티를 만들고 싶으면 대각선으로 썬다). 자른 쿠키를 겹치지 않게 잘 펴서 베이킹 시트에 올린 뒤 노릇하고 바삭해질 때까지 굽는다. 밀폐 용기에 넣어 보관하면 1달은 두고 먹을 수 있다.

플레인 비스코티든 달콤 쌉싸름한 초콜릿을 입힌 비스코티든, 후식으로 체리나 귤을 함께 먹으면 식사가 완벽하게 마무리된다.

아니스 아몬드 비스코티

쿠키 40개 분량

오븐을 175도로 예열한다.

통아몬드 1½컵

을 베이킹 시트에 올려 5분간 굽는다.

식혀서 굵게 다진다.

무표백 중력분 2¼컵

베이킹파우더 1작은술

아니스씨 3/4작은술

을 계량해서 한데 넣고 섞는다.

다른 볼에

실온에 두었던 달걀 3개

설탕 1컵

레몬 제스트 1/4작은술

을 넣고 섞는다. 달걀 물이 끈처럼 늘어질 때까지 거품기로 친다. 밀가루를 비롯한 재료를 섞어 넣고 밀가루가 풀릴 정도로만 휘젓는다. 이어 아몬드를 넣고 부드럽게 접듯이 섞는다.

반죽을 너비가 7.5센티미터 되는 덩어리 2개로 만들어 유산지를 깐 베이킹 시트에 7.5센티미터 정도 간격을 두고 올린다. 물을 묻힌 손으로 쓸어 반죽 덩어리 표면을 판판하게 다듬는다. 25분 정도, 살짝 노릇하게 변할 때까지 굽는다. 구운 과자 덩어리를 오븐에서 꺼내어 약 10분간 식힌다. 오븐 온도를 150도로 내린다. 과자가 완전히 식으면 1.3센티미터 두께로 잘라서 베이킹 시트 2개에 단면이 아래로 가도록 나눠 올린다. 10분간 구운 후 쿠키를 뒤집고 다시 10분간, 갈색으로 노르스름해질 때까지 더 굽는다.

변형하기

- 아몬드를 빼고 대신 건포도 1컵과 호두 1컵을 넣는다. 다른 견과류나 건과일을 같은 양으로 넣어도 된다.
- 감귤류 껍질 정과正果(404쪽) 1/2컵을 넣는다.
- 아니스 대신 회향 씨나 고수 씨 같은 향신료를 넣거나, 아예 넣지 않고 대신 제스트의 양을 늘려 1작은술 넣는다.

케이크 만들기

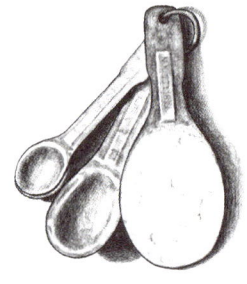

1-2-3-4

버터 1컵
설탕 2컵
밀가루 3컵
달걀 4개

버터 향 가득하고 맛이 섬세한 고전적인 케이크를 완벽하게 만들 줄 안다고 생각할 때마다 정말 마음이 뿌듯해진다. 주재료인 버터와 설탕, 밀가루와 달걀의 비율을 이름으로 삼은 고전적인 1-2-3-4 케이크의 여러 레시피 중 하나를 이제 소개하려 한다. 이 케이크는 풍미가 그윽하며 질감이 촉촉하고 부드러운데 이 두 가지 장점이 어우러져 더 맛있다. 아무 장식도 하지 않은 1-2-3-4 케이크는 싱싱한 과일과 완벽하게 잘 어울리는 티 케이크이며 장식을 올리면 생일이나 결혼식용 케이크로 쓸 수 있고, 작은 컵케이크로 만들어도 좋다.

베이킹은 다른 요리를 할 때보다 더 정확히 계량해야 하기 때문에 처음부터 재료를 모두 모아서 세밀하게 계량해두면 훨씬 쉽게 할 수 있다. 케이크를 만드는 첫 단계는 팬을 준비하고 오븐을 예열하고 재료를 한데 모으는 일이다. 먼저 케이크용 팬 안쪽에 버터를 바른다. 부드럽게 녹은 버터를 버터 포장지나 붓, 혹은 손가락으로 얇고 고르게 펴 바른다. 그리고 케이크가 팬 바닥에 들러붙지 않도록 유산지를 깐다. 유산지에 팬을 올려놓고 바닥 모양대로 선을 그린 다음 잘라서 팬 바닥에 깔면 된다. 유산지에도 버터를 바른다. 팬에 밀가루를 뿌리라는 레시피도 있다. 그런 경우에는 밀가루 2~3큰술(초콜릿 케이크를 만드는 경우에는 코코아 가루)을 뿌리고 팬을 살살 돌려 밀가루가 버터에 골고루 묻게 한다. 버터를 밀가루가 골고루 덮으면 팬을 뒤집어 남은 밀가루를 털어낸다.

케이크는 예열한 오븐에 굽는다. 오븐에 넣고 처음 몇 분 안에 케이크가 부푸는 정도가 결정된다. 오븐이 충분히 뜨거워지지 않으면 제대로 부풀지 않는다. 적어도 15분 동안은 예열해야 하며 오븐용 온도계로 온도를 확인한 후에 케이크를 넣자.

재료를 미리 상온에 두고 계량을 마친 후에 베이킹을 시작해야 모든 과정을 순조롭게 해낼 수 있으며 실수할 확률도 낮아진다. 재료는 반드시 상온에 두었다가 써야 한다. 차가운 재료를 섞으면 반죽이 오그라들어 붙어버리고 공기가 빠져 납작해지므로 케이크의 질감이 안 좋아진다. 케이크가 가볍고 부드러워야 하는데 묵직하고 뻑뻑해지고 마는 것이다. 버터도 부드러운 상태여야 한다. 적어도 30분 전에 냉장고에서 꺼내 말랑말랑해지도록 한다. 작은 조각으로 잘라두면 더 빨리 부드러워질 것이다. 우유도 계량해두고 달걀도 노른자, 흰자를 미리 분리해서 상온에 두고 찬 기운을 없앤다.

밀가루에는 소금과 베이킹파우더나 베이킹소다 같은 화학적 발효제를 섞는다. 가볍고 맛이 더 섬세한 케이크를 만들 때는 단백질 함량이 적은 부드러운 밀을 아주 곱게 빻은, 케이크용 밀가루를 쓴다. 그게 없다면 페이스트리용 밀가루도 좋다. 중력분을 써도 되지만 그렇게 하면 케이크의 질감이 묵직하고 거칠어진다. 케이크용 밀가루만 써도 맛이 확 달라질 것이다. 밀가루를 제일 정확하게 계량하는 방법은 무게를 다는 것이지만 대부분의 레시피에는 양으로 계량하게 되어 있다. 케이크에 들어가는 밀가루의 양이 완성된 케이크의 질감에 큰 영향을 미치기 때문에 일관된 결과물을 만들어내려면 정확하게 같은 방법으로 밀가루를 계량하는 습관을 들여야 한다. 부드러운 케이크를 만들 때는 레시피에서 요구하는 양보다 밀가루를 조금 더 많이 떠서 체로 잘 친 다음에 계량하는 것이 좋다. 밀가루를 체로 치면 밀가루 사이 사이에 공기가 들어가고 다른 재료와 잘 섞이기 때문에 케이크가 더 부드러워진다. 계량컵으로 뜨든지 숟가락으로 퍼서 계량컵(입구 테두리가 평평하고 따르는 주둥이가 없는, 잘 마른 계량컵을 쓰자)에 밀가루를 넣고 주걱이나 칼을 이용해 솟아오른 밀가루를 깎아내 평평하게 만든다. 컵을 바닥에 두드리거나 다져서 밀가루를 누르면 절대 안 된다. 밀가루를 체에 치고, 계량을 마친 후, 마른 가루 재료를 밀가루에 섞는다. 여러 레시피에서 마른 재료와 밀가루를 함께 체에 거르라고 하지만 밀가루에 넣고 젓는 편이 훨씬 잘 섞인다.

반죽을 만드는 첫 단계는 부드러운 버터와 설탕을 섞어 크림화하는 것이다. 버터와 설탕을 섞어 부드럽고 폭신폭신해지고 색이 밝아질 때까지 거품기로 치면 된다. 이 과정을 전기 반죽기로 한다면 버터와 설탕을 처음부터 한데 넣고 섞어도 되지만 손으로 직접 하는 경우에는 버터를 먼저 거품기로 잘 치고 나서 설탕을 섞어야 한다. 버터와 설탕을 크림화하는 데는 5~10분이 걸린다. 힘들다고 대충해서는 안 된다. 제대로 크림화하는 것이 부드럽고 잘 부푼 폭신한 케이크를 만드는 열쇠이다. 설탕이 버터를 파고들면서 공기층이 생기고 버터의 조직이 늘어나 가벼워질수록 공기층이 더 커지고 많아진다. 이렇게 공기층이 생긴 버터와 설탕 혼합물이 케이크의 기초가 되는 것이다. 여기에 상온에 두었던 달걀노른자를 한 번에 1개씩 넣고 섞는데 먼저 넣은 것이 완전히 다 섞인 후에 다음 노른자를 넣는다. 이 상태에서 액체와 고체가 조금 멍울지고 분리되는 것처럼 보일 수도 있지만 걱정할 필요는 없다. 마지막에 밀가루를 넣으면 모두 해결된다.

다음 단계에서는 밀가루와 가루 재료를 섞은 것과 상온에 두었던 우유를 넣는다. 밀가루 조금, 우유 조금, 다시 밀가루 조금, 이런 식으로 번갈아 넣고 섞는데 처음과 마지막에는 밀가루를 넣는다. 작은 체나 고운 망을 쓰고 밀가루를 1/3씩 나눠 넣는 편이 제일 좋다. 밀가루가 다 섞이지 않았을 때 우유를 넣어도 상관없다. 우유와 밀가루가 겨우 어우러질 정도로만 섞는다. 우유로 인해 밀가루의 글루텐이 형성되기 때문에 너무 많이 섞으면 케이크의 질감이 단단해지

베이킹파우더는 물과 열에 반응하여 이산화탄소를 만들어내는 발효제다. 이 이산화탄소가 크림화하면 생기는 공기 방울을 더 크게 만들어 케이크를 부풀게 한다. 베이킹파우더는 6개월에서 1년이 유효기간이니 사기 전에 잘 확인하고, 가정에서도 잘 메모해두고 쓰자.

고 만다. 달걀흰자를 거품기로 쳐서 견고하고도 촉촉한 거품을 낸다. 이 흰자의 1/3을 반죽에 섞어 조금 질게 만든 다음 나머지 흰자를 넣고 반죽을 부드럽게 접으면서 섞는다. 미리 준비해둔 팬에 반죽을 붓는다. 케이크가 부풀어 오를 여유가 있도록 팬의 2/3 정도만 채워야 한다.

케이크는 오븐 중앙에 놓고 굽는 것이 가장 좋다. 필요하면 선반을 빼서 자리를 만들자. 처음 15분 정도는 케이크를 건드리지 말아야 한다. 오븐을 열면 온도가 급격히 낮아지고, 이렇게 갑작스럽게 온도가 변하면 케이크가 주저앉고 만다. 이 처음 15분이 지나면 케이크 조직이 다소 안정되고 훨씬 단단해진다. 케이크가 잘 부풀어 올라 노릇하게 변하고 팬의 옆면에서 케이크가 살짝 떨어지면 다 익었는지 슬슬 확인해야 한다. 긴 꼬챙이나 나무 이쑤시개로 케이크 중앙 부분을 찔러보자. 이쑤시개에 반죽이 조금도 묻어나오지 않으면 다 된 것이다. 케이크가 식도록 기다렸다가 팬에서 들어낸다.

이 촉촉한 1-2-3-4 케이크는 하루 전에 만들어두어도 괜찮다. 팬에 놓아둔 채 단단히 밀봉해 보관하면 최상의 상태를 유지할 수 있다. 필요한 날 팬에서 들어내 장식해 내면 된다. 팬에서 깨끗하게 떼어내려면 케이크 팬 가장자리에 칼을 넣고 한 번 돌린 다음 팬에 접시를 붙이고 뒤집어 케이크를 옮긴다. 유산지를 벗긴 다음 다시 다른 접시를 대고 뒤집어 바로 놓는다.

1-2-3-4 케이크

23센티미터 둥근 케이크
2개 분량

이 레시피는 재료를 반으로
줄이거나 2배로 늘려 만들
기에 수월하다. 나는 1단짜
리 케이크를 만들 때는 이 레
시피 재료의 양을 반으로 줄
여 만든다.

오븐을 175도로 예열한다.

케이크 팬에 버터를 바르고 바닥에 유산지를 깐다. 유산지에도 버터를 바르고 밀가루를 뿌려 골고루 입힌 후 여분의 밀가루는 털어낸다.

달걀 4개

의 노른자와 흰자를 분리한다.

우유 1컵

을 계량한다. 밀가루를 체에 친 후

케이크용 밀가루 3컵

을 계량한다.

베이킹파우더 4작은술

소금 1/2작은술(가염 버터를 쓰는 경우에는 1/4작은술)

을 밀가루에 섞는다. 다른 볼에

말랑말랑한 버터 1컵(2덩어리)

을 넣고 가볍고 폭신해질 때까지 거품기로 친다. 버터에

설탕 2컵

을 넣는다. 다시 색이 옅어지고 푹신푹신하게 크림화한다. 달걀노른자 4개를 한 번에 1개씩 넣고 섞는다.

바닐라 농축액 1작은술

을 넣는다. 모두 잘 섞은 후 밀가루를 비롯한 가루 재료를 섞은 것과 우유를 넣는다. 밀가루를 3등분해서 처음에 밀가루를 넣고 다음에는 우유를 넣은 후 마지막에 또 밀가루를 넣는다. 밀가루가 겨우 섞일 정도로만 젓는다. 다른 볼에 달걀흰자를 넣고 거품기로 쳐서 부드러운 거품을 만든다. 먼저 흰자 거품의 1/3을 반죽과 섞은 다음에 나머지 흰자를 넣고 반죽을 부드럽게 접으면서 섞는다. 반죽을 예열해둔 팬에 붓고 30~40분간 굽는다. 이쑤시개로 케이크 중앙을 찔러봐서 아무것도 묻어나오지 않으면 된 것이다.

변형하기

- 이 반죽을 케이크 팬 3개에 나눠 구워 3단 케이크로 만들 수 있다. 또, 버터를 바르고 밀가루를 뿌린 금속 머핀 틀에 구우면 컵케이크 24개를, 유산지로 만든 틀에 구우면 30개를 만들 수 있다. 아니면 가로 30센티미터, 세로 46센티미터짜리 하프 시트 팬에 구워 시트 케이크를 만들어도 된다. 컵케이크와 시트 케이크는 오븐에서 20분가량 굽는다.
- 레몬 케이크를 만들려면 곱게 간 레몬 제스트 1큰술과 레몬즙 2작은술을

반죽에 섞는다. 같은 양의 레몬 커드와 휘핑크림을 살살 섞은 다음 케이크에 바른다.

- 오렌지 케이크를 만들려면 곱게 간 오렌지 제스트 1큰술과 오렌지즙 2작은술을 반죽에 섞는다. 휘핑크림과 얇게 저민 딸기를 듬뿍 올린다.

제 2 부

식탁에서
At the Table

매일매일의 식단
Recipes for Cooking Every Day

간단하지만 특별한……

A Little Something……

허브를 넣어 구운 아몬드
Roasted Almonds with Herbs
1½컵 분량

오븐을 190도로 예열한다. 볼에

뜨거운 물 1½작은술

소금 1/2작은술

을 계량해서 넣는다. 잘 저어서 소금을 녹이고

아몬드 1½컵

타임 잔가지 3개에서 떼어낸 잎

윈터 세이버리 잔가지 1개에서 떼어낸 잎

을 넣고 뒤적인다. 아몬드를 한 겹으로 펼쳐놓기에 충분히 큰 무쇠 프라이팬이나 베이킹 용기에 재료를 모두 쏟아붓는다. 5분마다 한 번씩 저어가며 15~20분간, 안쪽까지 노르스름한 갈색으로 익을 때까지 굽는다(아몬드 하나를 쪼개 속을 확인한다). 견과류는 일단 갈색으로 변하면 금세 타버린다. 잘 지켜보자! 오븐에서 꺼내 커다란 믹싱 볼에 쏟는다. 완전히 식기 전에

올리브유 2작은술

을 넣어 잘 섞는다. 맛을 보고 심심하면 소금을 조금 더 넣는다.

변형하기
- 다른 허브를 넣는다. 마저럼 잎과 다진 세이지 잎 같은 허브도 좋다.
- 다른 견과를 쓴다. 호두나 헤이즐넛, 피칸도 이렇게 만들면 맛있다.
- 소금물을 넣지 않고 마른 상태로 견과를 굽는다. 다 구운 견과를 올리브유와 소금으로 간한다.

따뜻하게 데운 올리브
Warm Olives
1컵 분량

씻은 올리브를 따뜻하게 데우기만 해도 올리브의 풍미를 조금 더 살릴 수 있다. 거기에 허브와 마늘, 레몬 껍질 간 것을 조금 더하면 훨씬 더 맛있어진다.

씨를 빼지 않은 올리브 1컵(맛과 색이 다양한 여러 가지 올리브를 섞어 쓴다)

을 체에 담고 흐르는 물에 헹군다. 물기가 빠지도록 옆에 둔다.

바닥이 두꺼운 작은 팬에

올리브유 2작은술

을 넣고 가열한다. 물기를 뺀 올리브에

껍질을 벗기고 4등분한 마늘 1쪽

붉은 고추 1개(마른 고추나 생고추)

타임이나 세이버리 잔가지 3개

오렌지나 레몬 껍질 간 것 2조각 분량

을 넣는다.

가끔 저어가며 약불에서 은근히, 약 5분간, 혹은 올리브가 속까지 따뜻해질 때까지 끓인다. 불을 끄고 식탁에 내가기 전까지 따뜻한 팬에 몇 분간 그냥 둔다. 가능하면 따뜻한 상태로 먹는 게 좋다. 다시 데우기도 어렵지 않다.

변형하기
- 타임이나 세이버리 대신 다른 허브를 넣는다.
- 회향 씨, 쿠민 씨, 캐러웨이 씨나 검은 겨자씨를 통째로 넣는다.
- 붉은 고춧가루나 파프리카 가루를 몇 꼬집 넣는다.

근대 무침
Marinated Chard
3~4인분

라피니, 겨자 잎, 비트 잎, 시금치, 루콜라, 케일 잎 등 초록 채소라면 모두 이 방법으로 요리할 수 있다. 그렇지만 이 채소를 모두 섞어서 쓸 때는 익는 데 걸리는 시간이 각기 다르기 때문에 따로따로 익혀서 합쳐야 한다. 케일처럼 단단한 초록 채소는 오래 익혀야 한다. 각각 익힌 다음 한데 넣고 이 단순한 올리브유 무침 양념에 버무려 내면 된다. 따뜻한 채로 층층이 쌓아 올리고 크루통을 얹어

내도 되고 식힌 다음에 프로슈토 햄에 감아 내도 좋다.

> **근대 1단(약 340그램)**

을 잘 씻는다.

한 번에 1줄기씩 한 손에 쥐고 다른 손으로 잎을 뜯어낸다(줄기는 따로 보관해두었다가 다른 요리를 만드는 데 쓴다. 그라탱에 넣어도 맛있다). 잎을 5센티미터 길이로 다지듯이 자른다.

바닥이 두꺼운 소테 팬이나 프라이팬을 중강불로 가열한 후에

> **올리브유 1큰술**

을 넣는다.

여기에 자른 초록 잎을 넣고

> **소금**

을 조금 뿌린다.

가끔 뒤적이며 잎이 부드러워질 때까지, 약 5분간 익힌다. 채소를 씻을 때 묻은 물만으로도 충분히 촉촉하겠지만 만약 그렇지 않다면 익히는 중간에 물을 조금 끼얹는다. 팬에서 채소를 덜어내고 식힌다. 남은 물기는 꼭 짜서 제거하고 볼에 옮겨 담은 다음

> **올리브유 1큰술**
> **곱게 다진 마늘 1쪽**
> **레몬즙 한번 짠 분량**
> **마른 고춧가루 1꼬집**

을 넣고 섞는다. 맛을 보고 필요한 양념을 추가한 다음 식탁에 낸다.

타프나드
Tapenade
약 2/3컵 분량

> **씨를 빼고 크게 다진 블랙 올리브 1/2컵(니수아즈,**
> **니옹 올리브, 혹은 염장 건조 올리브)**
> **깨끗이 씻어 물기를 빼고 크게 다진 케이퍼 1큰술**
> **물에 담가 소금기를 뺀 후에 뼈를 발라내 다진**
> **염장 안초비 2마리**
> **껍질을 벗기고 싹이 난 부분이 있다면 도려낸 후**

> **곱게 다지거나 퓌레로 간 마늘 1쪽**
> **세이버리 가지 하나에서 훑어낸 잎을 곱게 다진 것**
> **브랜디 1/2작은술**
> **올리브유 1/4컵**

을 모두 섞는다.

맛을 보고 필요하면

> **소금**

을 더한다. 맛이 모두 한데 어우러지도록 상온에 30분가량 두었다가 식탁에 낸다.

변형하기

- 구운 아몬드 다진 것을 2큰술가량 섞는다.
- 오렌지 제스트를 갈아 1/4작은술 넣는다.
- 블랙 올리브 대신 그린 올리브를 쓰거나 그린과 블랙 올리브를 섞어 넣는다.

구운 피망
Roasted Sweet Peppers
4인분

오븐을 230도로 예열한다.

> **두껍고 부드러운, 중간 크기 파프리카나 피망 3개**

를 씻어서 물기를 뺀다.

피망이 골고루 구워지도록 가장자리가 있는 베이킹 시트에 적어도 1.3센티미터 정도의 간격을 두고 올린다. 5분마다 상태를 확인하며 오븐에 굽는다. 노릇하게 변하기 시작하면 피망을 돌려준다. 껍질 표면에 수포가 생겨 검게 변하고 피망이 말랑말랑해질 때까지 계속 돌려가며 35분 정도 굽는데 너무 익혀서 흐물흐물해지고 모양이 망가질 때까지 구우면 안 되니 주의하자. 껍질 표면은 다 익었는데 아직 속이 단단한 상태라면 뚜껑이 있는 용기에 피망을 옮겨 수증기로 마저 익히자. 다 구워졌으면 꺼내서 식힌다.

피망을 반으로 자르고 씨와 속을 긁어낸다. 껍질도 벗긴다. 피망을 1.3센티미터 길이로 찢거나 잘라서

> **찧은 작은 마늘 1쪽**
> **올리브유 1큰술**

식초 1작은술
다진 신선한 마저럼 1작은술
신선하게 갈아낸 검은 후추
간이 될 만큼의 소금

을 섞은 것에 피망을 잰다.

실온에 두었다가 전채 요리의 일부로 내거나 따뜻하게 데워 석쇠에 구운 고기나 가금류 고기와 함께 낸다.

변형하기

- 오븐에 넣어 굽는 대신 중간 정도 뜨겁기의 숯불에 직화로 구워 훈연 향을 더한다.

허브를 넣은 올리브유에 절인 치즈
Marinated Cheese with Herbs and Olive Oil
170그램 분량

부드럽고 맛이 순한 하얀 치즈라면 어떤 종류를 써도 상관없다. 원통형이나 둥근 모양의 신선한 염소 치즈, 페타 치즈, 심지어는 요거트로 만든 뻣뻣한 라브네 치즈도 쓸 수 있다. 이 레시피로 만든 절인 치즈는 크루통에 발라서 먹어도 맛있고 샐러드에 곁들여 먹어도 훌륭하다.

염소 치즈나 페타 치즈 170그램

을 지름이 1.3센티미터 정도 되도록 둥글게 자르든지, 얇게 저미거나 쐐기 모양으로 자른다.

비반응성 용기에 치즈를 넣고

엑스트라 버진 올리브유 3/4컵
타임 가지 3~4개
월계수 잎 2~3장

를 더한다. 단단히 밀봉한 후 적어도 하루, 길게는 일주일 동안 냉장고에 넣어둔다.

변형하기

- 로즈메리, 마저럼, 오레가노, 세이버리나 히솝 같은 다른 허브를 넣는다.
- 마른 고추를 조금 넣어 매운 맛을 살짝 더한다.
- 통후추나 회향, 아니스, 쿠민이나 고수 씨를 통째로

넣는다.

- 허브와 함께 씻어서 물기를 뺀 니수아즈 올리브 1/4컵을 넣는다.
- 올리브유의 절반을 팬에 붓고 반으로 자른 마늘을 2~3쪽 넣어 약불에서 부드러워질 때까지, 그렇지만 노릇하게 변하지는 않을 만큼 익힌다. 올리브유가 식을 때까지 팬에 그냥 두었다가 치즈에 기름을 마늘째 붓는다.
- 올리브유에 담가두었던 치즈를 꺼내 마른 빵가루를 치즈 전체에 묻히고 뜨거운 오븐에 넣어 노릇하고 바삭바삭할 때까지 5~10분간 굽는다. 마늘을 넣은 샐러드를 곁들여 낸다.

가지 캐비어
Eggplant Caviar
2컵 분량

오븐을 200도로 예열한다.

중간 크기 가지 2개

를 길게 반으로 쪼갠다.

자른 단면에

소금
신선하게 갈아낸 검은 후추
올리브유

를 바르고 뿌린다. 베이킹 시트에 단면이 아래로 가도록 가지를 놓고 부드러워질 때까지 굽는다. 꼭지 부분을 보고 익은 정도를 확인한다. 반드시 아주 말랑말랑해질 때까지 구워야 한다. 완성된 가지를 오븐에서 꺼내 식힌다. 가지 속을 긁어 볼에 담고 세게 저어서 퓌레로 만든다. 여기에

신선한 레몬즙 2큰술
올리브유 1/4컵
소금
신선하게 갈아낸 검은 후추
껍질을 벗기고 곱게 빻은 마늘 1쪽

다진 파슬리나 고수 잎 2~4큰술

을 넣고 잘 섞는다. 필요하면 소금과 레몬즙을 더한다.

변형하기

- 파슬리나 고수 잎 대신 다진 민트 잎을 2큰술 넣는다.
- 볶은 고수 씨를 빻아서 1/2작은술 넣는다. 볶을 때는 바닥이 두꺼운 팬에 고수 씨를 넣고 중불에서 살짝 노르스름해질 때까지 볶으면 된다. 절구에 넣고 절굿공이로 빻거나 무거운 팬 밑에 넣고 눌러서 부수어 쓴다.
- 마른 고춧가루를 1~2꼬집 넣는다.
- 훈연 향을 더하려면 가지 하나를 자르지 말고 통째로 뜨거운 숯불이나 가열 기구의 불꽃에 직화로 부드러워질 때까지 구워서 태운다. 다 구운 가지를 반으로 잘라 속을 파내고 양념과 섞는다.

스터프드 에그
Stuffed Eggs
반으로 자른 달걀 12개 분량

유명한 달걀 요리인 데빌드 에그를 아주 단순화한 요리라고 할 수 있지만 나는 맛있는 달걀 자체의 풍미를 덮어 버리는 향신료나 다른 부재료가 그다지 많이 들어가지 않는 이 요리를 상당히 좋아한다. 나는 식탁에 내기 직전에 신선한 허브를 다져서 달걀 위에 좀 뿌린다.

중간 크기의 냄비에 물을 붓고 팔팔 끓인 다음

실온에 두었던 달걀 6개

를 넣고 9분간 부글부글 끓인다. 물을 버리고 달걀을 얼음물에 담가 완전히 식힌다.

껍질을 벗기고 길게 반으로 자른 다음 조심스럽게 노른자를 빼내 믹싱 볼에 담는다. 흰자는 단면이 위로 가도록 접시에 올려놓고

소금
신선하게 갈아낸 검은 후추

를 뿌린다.
노른자를 모아둔 볼에

집에서 만든 마요네즈(58쪽 참고) 3큰술

디종 머스터드 1작은술
소금
신선하게 갈아낸 검은 후추

를 넣고 포크로 으깨며 잘 섞는다.

노른자와 재료를 섞은 것이 너무 뻑뻑하면 찬물을 티스푼으로 조금씩 넣어 농도를 맞춘다. 맛을 보고 필요한 양념을 더한다. 흰자에 노른자 양념한 것을 채워 넣는다. 한 시간 내로 먹을 것이 아니라면 냉장고에 보관한다. 식탁에 내기 전에 차이브나 파슬리처럼 부드러운 허브 잎을 다져 뿌린다.

변형하기

- 마요네즈 대신 부드러운 버터와 올리브유를 섞어 넣는다.
- 파프리카 가루를 노른자 양념한 것에 넣거나 스터프드 에그에 뿌린다. 속에도 넣고 더 뿌려도 된다.
- 파슬리나 처빌, 차이브, 민트, 타라곤이나 고수 잎 같은 허브를 다져 노른자 양념한 것과 섞는다.
- 마늘을 찧어 노른자 양념한 것에 넣고 완성한 스터프드 에그에 안초비 살을 올려서 낸다.
- 케이퍼나 올리브를 다져 노른자와 섞는다.

과카몰리
Guacamole
4인분

아보카도는 종류가 무척 다양한데 어떤 것을 써도 상관없지만 해스 아보카도가 제일 좋다. 과육에 기름이 많아 고소하고 풋풋한 풀 향이 난다. 오랫동안 저장해두고 먹을 수 있으며 껍질이 쉽게 벗겨지고 씨도 어렵지 않게 빼낼 수 있다. 아보카도를 엄지손가락으로 부드럽게 눌러 보았을 때 살짝 들어가면 다 익은 것이다.

잘 익은 아보카도 2개

를 반으로 자르고 씨를 뺀다.
껍질은 두고 과육만 숟가락으로 긁어서 절구에 넣고 공

이로 대강 으깬다. 여기에

> **신선한 라임즙 1큰술**
> **곱게 다진 양파 2큰술**
> **다진 고수 잎 2큰술**
> **소금**

을 넣고 잘 섞는다. 맛을 보고 필요하면 소금과 라임즙을 더 넣는다.

변형하기

- 과카몰리를 매콤하게 만들려면 씨를 뺀 할라페뇨나 세라노 고추를 아주 작게 깍둑썰어서 넣는다.

신선한 채소 피클
Fresh-Pickled Vegetables

각종 채소를 건강하고 맛있게 잘 먹는 방법 중 하나는 식초를 넣은 피클로 만드는 것이다. 완성하는 데 몇 주나 몇 달이 걸리는 발효 피클과는 달리 이 피클은 만들고 몇 분 후에 바로 먹을 수 있고 1주일가량 두었다 먹을 수도 있다. 피클은 여러 가지 용도로 쓸 수 있는데 만들어두었다가 샤퀴테리^{Charcuterie}에 곁들여 상큼한 맛을 더하거나 피클만 전채 요리로 내기도 한다. 다음에서 제시하는 모든 재료를 더하고 팔팔 끓여서 피클 국물을 미리 만든다. 이 끓는 국물에 여러 가지 채소를 종류별로 따로따로 넣어 아삭아삭할 정도로 익으면 건져낸다. 따로 놓고 완전히 식힌다. 익힌 채소가 모두 식고 피클 국물도 실온 정도의 온도로 내려가면 채소를 한데 섞고 항아리나 뚜껑 있는 용기에 넣은 다음 채소가 잠길 만큼 피클 국물을 붓고 밀봉해 냉장고에 보관한다.

작게 자른 콜리플라워, 얇게 썬 당근, 4등분한 알이 작

은 양파나 치폴리네 양파, 반으로 자른 오크라, 줄기째 쐐기 모양으로 자른 작은 순무, 껍질콩, 작게 깍둑썰기 한 큰 뿌리셀러리 등의 채소도 같은 방법으로 피클로 만들 수 있다. 나는 가끔 자색 양파를 아주 얇게 썰고 피클 국물을 팔팔 끓여 양파에 그냥 부어둔다. 다 식으면 먹기 좋을 만큼 양파가 익어 있어 훈제한 생선 요리와 햇감자와 곁들이면 정말로 맛있다.

피클 국물에 들어가는 재료는 다른 것으로 대체해도 상관 없다. 화이트 와인 식초 대신 레드 와인 식초를 써도 괜찮고 사프란을 조금 넣어봐도 된다. 다른 마른 고추나 생 할라페뇨 고추를 썰어 넣어도 좋다.

3½컵 분량의 피클 국물을 만들려면

> **화이트 와인 식초 1½컵**
> **물 1¾컵**
> **설탕 2½큰술**
> **월계수 잎 1/2장**
> **타임 가지 4개**
> **마른 카이엔 고추 1/2개나 고춧가루 1꼬집**
> **고수 씨 1/2작은술**
> **정향 2개**
> **껍질을 벗기고 반으로 쪼갠 마늘 1쪽**
> **소금 넉넉하게 1꼬집**

을 섞어 팔팔 끓인다.

치즈 퍼프(구제르)
Cheese Puffs (Gougères)
작은 치즈 퍼프 40개, 큰 치즈 퍼프 20개 분량

방돌에서 온 내 친구 루루는 이 치즈 퍼프의 달인인데 원래 레시피를 살짝 변형해 안초비를 넣어서 잘 만든다. 오븐에서 막 나와 아직 뜨거울 때 차게 식힌 로제 와인이랑

함께 먹으면 완벽한 안주거리다.

바닥이 두꺼운 작은 냄비에

> **물 1/2컵**
> **작게 자른 버터 3큰술**
> **소금 1/2작은술**

을 넣고 팔팔 끓지는 않을 정도로 데운다.

버터가 녹기 시작하면

> **밀가루 1/2컵**

을 한 번에 넣고 저어서 섞는다.

재료가 팬에 들러붙지 않고 모두 엉겨 가장자리에서 떨어질 때까지 계속 힘차게 젓는다. 그러고도 약 1분간 불위에서 더 젓다가 믹싱 볼에 옮겨 살짝 식힌다(옮긴 후에도 계속 저으면 더 빨리 식을 것이다).

> **달걀 2개**

를 하나씩 깨 넣는다. 하나를 완전히 섞은 후에 다음 달걀을 넣고 또 섞는다. 여기에

> **그뤼에르 치즈 가루 85그램(약 3/4컵)**

을 넣고 섞는다.

오븐을 200도로 예열한다. 베이킹 시트 2개에 유산지를 깐다(꼭 깔아야 하는 것은 아니지만 이렇게 하면 뒷정리하기가 더 쉽다). 지름이 2.5~5센티미터가 되도록 반죽을 숟가락으로 듬뿍 떠서 베이킹 시트에 얹는데 4센티미터 정도의 간격을 두어야 한다. 반죽을 짤주머니에 넣고 1.3센티미터 원형 깍지를 끼워 짜서 올려도 된다.

10분간 건드리지 않고 200도로 굽다가 온도를 190도로 낮추고 15분간 더 굽는다. 퍼프의 표면은 노르스름한 갈색을 띠고 바삭바삭해야 한다. 김이 빠져나오도록 끝이 날카로운 칼로 따뜻한 퍼프를 찔러 작게 구멍을 낸다. 이렇게 하면 퍼프가 금방 축축해지지 않는다. 바로 식탁에 낸다. 식은 퍼프는 190도로 예열한 오븐에 3분간 데우면 다시 따뜻하고 바삭하게 먹을 수 있다.

변형하기

- 치즈 대신 염장 안초비 2~3마리를 넣는다. 안초비는 물에 담가 소금기를 빼고 뼈를 발라낸 다음 다져서 쓴다.

메밀 팬케이크(블리니)
Buckwheat Pancakes (Blinis)
4인분

반죽을 두 단계로 만든다. 먼저 효모로 부풀린 반죽(우유, 밀가루, 달걀노른자와 이스트의 밥이 되며 풍미를 한층 깊게 만들어주는 설탕을 섞어 만든다)을 만들고 첫번째 발효가 끝난 다음에 설탕과 밀가루를 더 넣는다.

> **우유 6큰술**

을 미지근하게 데우고

> **드라이 이스트 3/4작은술**

을 넣고 젓는다.

커다란 볼에

> **메밀가루 1/4컵**
> **중력분 1/4컵**
> **설탕 1작은술**
> **소금 1/4작은술**

을 넣고 섞어둔다.

따뜻한 우유와 이스트 섞은 것에

> **달걀노른자 2개**

를 넣고 저은 다음, 모아놓은 마른 재료에 붓고 잘 섞는다. 볼을 밀봉하고 반죽이 2배로 부풀어 오를 때까지 한 시간가량 따뜻한 곳에 둔다.

> **메밀가루 1/4컵**
> **중력분 1/4컵**

을 섞어두었다가 효모를 넣어 발효시킨 반죽이 부풀어 오르면

> **상온에 두었던 우유 6큰술**

과 함께 섞는데 밀가루 조금 넣고 섞고, 우유 조금 넣고 섞고, 또 밀가루 조금, 우유 조금, 이런 식으로 교대로 조금씩 넣으며 섞는다. 반죽이 덩어리지지 않도록 충분히 잘 섞는다. 다시 한 시간 정도 반죽이 2배가 될 때까지 발효시킨다. 차가운 곳이라면 네다섯 시간 발효시켜야 한다.

블리니를 구울 준비가 다 되면

> **달걀흰자 2개**

를 거품기로 쳐서 부드럽지만 뾰족하게 솟은 형태를 유

지할 정도로 밀도가 있는 거품을 만들고 반죽을 접듯이 저어 거품과 엉길 정도로만 부드럽게 섞는다.

살짝 버터를 두르고 뜨겁게 가열한 프라이팬에 반죽을 숟가락으로 떠서 올린다. 블리니는 다른 팬케이크보다 빨리 익기 때문에 가장자리가 마르기 시작하자마자, 표면의 공기 방울이 터지기 전에 빨리 뒤집어야 한다. 이 시점은 반죽을 올리고 채 2분도 되지 않았을 때이다. 다른 쪽도 살짝 색이 날 정도로만 익힌다.

전통적으로 따뜻한 블리니에 녹인 버터와 크렘 프레슈를 올려 먹거나 훈제 연어, 보타르가, 캐비어와 차이브 같은 짭짜름한 재료를 곁들이며 사과 소스나 잼과 함께 먹기도 한다.

변형하기
* 블리니는 아침 식사로 훌륭하다. 하루 전에 미리 반죽을 만들어 두 번째 발효를 끝내고 냉장고에 넣어둔다. 다음 날 아침, 반죽을 꺼내 상온에 두었다가 달걀흰자 거품과 접듯이 섞어서 굽는다. 따뜻한 살구 잼과 곁들여 낸다.

생굴과 익힌 굴 요리
Oysters, Raw and Cooked

굴은 방금 물에서 건져 올려 완벽하게 신선한, 살아 있는 것이 으뜸이다. 바다의 순수한 생명력이 그대로 느껴지는 맛이 난다. 그중에서도 바다의 온도가 가장 낮을 때 건져낸 굴이 제일 맛이 좋다. 여름에 수온이 높아지면 굴이 산란을 해서 육질이 흐물흐물해지고 맛이 없어진다. 굴은 단단하게 입을 다물고 있는 것으로 구입해서 숨을 쉴 수 있도록 입구를 살짝 열어놓은 채 봉지나 용기에 넣어 냉장고에 보관한다.

굴을 껍질에 올려 식탁에 낼 때는 먹기 직전에 껍질을 뗀다. 살과 껍질을 분리할 때는 각별히 주의를 기울여야 한다. 행주나 두꺼운 장갑으로 손을 보호하고 품질이 좋은 굴 까는 도구나 굴 까는 칼, 아니면 예리한 칼을 써야 한다. 단단한 작업대에 행주를 깔고 굴을 올리는데 더 오목하게 깊이 파인 껍질이 아래로 가게 놓는다. 행주를 접어 굴 껍데기의 앞부분을 덮어 쥐고 굴 칼을 위, 아래 껍질이 맞붙는 쪽, 그러니까 굴 뒷부분에 쑤셔 넣는다. 굴 칼을 앞뒤로 움직이면서 비틀며 밀어 넣어 껍질의 접합부를 연다. 껍질이 열리면 위 껍질 안쪽으로 칼을 밀어 넣어 위, 아래 껍질을 연결해 붙들고 있는 근육조직을 자른다. 이때 칼을 위 껍질에 최대한 밀착시켜 근육만 잘라내고 굴의 살점은 그대로, 완벽하게 보존해야 한다. 떼어낸 위 껍질은 버리고 다시 굴 칼을 아래 껍질의 바닥 안으로 밀어 넣어 굴을 껍질과 분리한다. 껍질 조각이 붙어 있으면 모두 골라내고 손질한 굴을 부순 얼음을 깔아놓은 그릇에 올린다. 맛있는 즙을 조금이라도 흘리지 않도록 주의하자(얼음은 비닐봉지에 넣어 망치로 쉽게 부술 수 있으며 푸드 프로세서에 갈아도 된다).

나는 주로 굴을 아래 껍질에 올린 채로 쐐기 모양으로 자른 레몬과 작은 라미킨 그릇에 담은 미뇨네트 소스와 곁들여 낸다. 작은 샬롯 하나를 다지고 화이트 와인 식초 3큰술, 달지 않은 화이트 와인이나 샴페인 3큰술과 섞은 후 검은 후추를 갈아 넣으면 미뇨네트 소스가 된다.

굴을 익혀 먹을 때도 생굴을 먹을 때와 마찬가지로 먼저 위 껍질을 떼어내야 한다. 오븐 용기에 굵은 암염을 깔고 아래 껍질이 붙은 굴을 안정되게 놓는다. 여러 가지 재료로 맛을 낼 수 있는데 매콤한 살사를 뿌려도 좋고 허브 버터를 넣거나 마늘 버터와 빵가루를 뿌려도 맛있다. 아니면 구운 베이컨과 차이브를 다져서 뿌려도 괜찮다. 단순하지만 내가 제일 좋아하는 요리법은 다진 샬롯과 버터에 후추를 갈아 넣고 파슬리와 레몬 제스트, 레몬즙을 짜서 섞은 양념을 숟가락으로 가득 떠서 굴에 올린 다음 200도로 예열한 오븐에서 굴이 단단해지고 뜨거워질 때까지, 6~8분 굽는 것이다. 오븐에서 바로 꺼내 막 구운 빵이나 크루통과 함께 낸다.

또, 굴을 석쇠에 직화로 구우면 껍질이 열리는데(169쪽 참고) 이 굴을 껍질째 들고 살을 빼내 먹는 방법도 있다. 그리고 생굴을 까서 빵가루를 입혀 튀겨 먹어도 맛있다(74쪽 참고)

소스

Sauces

또……

타르타르 소스
Tartar Sauce
약 1컵 분량

빵가루를 입혀 튀긴 가자미나 굴과 함께 내는 소스이다.

믹싱 볼에
> **달걀노른자 1개**
> **화이트 와인 식초 1작은술**
> **물 1/2작은술**
> **소금 1꼬집**

을 넣고 거품기로 잘 섞는다. 주둥이가 있는 컵에
> **올리브유 3/4컵**

을 계량해서 부은 다음 달걀노른자에 조금씩 천천히 흘려 넣으며 거품기로 계속 젓는다. 노른자가 기름을 흡수하면서 소스는 조금씩 걸쭉해지고 색이 더 옅어지며 불투명해질 것이다. 이런 변화는 생각보다 금방 일어난다. 그후로는 기름을 좀 더 빠른 속도로 더하면서 섞어도 된다. 이렇게 만든 마요네즈가 너무 뻑뻑하면 물이나 식초를 조금 더 섞어 묽게 만든다. 기름을 다 부었다면 거기에
> **다진 케이퍼 1큰술**
> **다진 오이 피클(스위트 피클은 안 됨) 1큰술**
> **다진 파슬리 1큰술**
> **다진 타라곤 1작은술**
> **다진 차이브 1작은술**
> **다진 처빌 1큰술**

을 넣고
> **소금**
> **신선하게 갈아낸 검은 후추**

로 양념한다. 맛을 보고 필요하면 식초를 더 넣는다. 풍미가 모두 살아나고 한데 어우러질 때까지 타르타르 소스를 30분 정도 둔다.

변형하기
- 화이트 와인 식초 대신 신선한 레몬즙 2큰술과 레몬 제스트를 갈아서 1/4작은술 넣는다.

화이트소스(베샤멜 소스)
White Sauce (Béchamel Sauce)
2컵 분량

라자냐와 채소 그라탱, 세이버리 수플레를 만드는 데 들어가는 기본적인 화이트 소스이다.

바닥이 두꺼운 냄비에
> **버터 3큰술**

을 넣고 녹인다. 여기에
> **밀가루 3큰술**

을 넣고 섞는다. 중불에서 3분간 가열하다가 거품기로 계속 저으면서
> **우유 2컵**

을 조금씩 부어 넣는다.
소스가 덩어리지지 않도록 우유를 조금 붓고 완전히 섞은 다음 다시 우유를 더해야 한다. 이렇게 했는데도 덩어리가 있다면 우유를 다 넣은 다음 소스를 체에 거르고 다시 불에 올려 끓인다. 팔팔 끓을 때까지 은근하게 가열하는데 쉬지 않고 저어야 한다. 완전히 끓으면 꺼질락 말락 할 정도로 불을 낮추고(필요하면 불꽃 조절 장치를 쓴다), 소스가 바닥에 들러붙지 않도록 계속 저으면서 20~30분 더 둔다.
> **소금**
> **너트맥 1꼬집(취향에 따라)**
> **고춧가루 1꼬집(취향에 따라)**

을 넣고 간을 한다. 바로 다른 요리에 쓰든지 아니라면 따뜻하게 보관해야 한다(식으면 단단히 굳어버린다).

변형하기
- 수플레에 쓸 소스는 더 걸쭉해야 하니 밀가루를 더 넣고 우유는 덜 넣는다. 버터 4큰술에 밀가루 4큰술, 우유 1½컵을 넣는다.
- 채소 그라탱에 넣는 소스에는 최대 우유 1컵 분량을 빼고 채소 육수를 대신 넣을 수 있다(채소를 넣고 삶은 물을 써도 되고 익힌 채소를 꼭 짜서 나온 물을 넣어도 된다).

팬 그레이비
Pan Gravy
1½컵 분량

전통적으로 오븐 구이를 하면 나오는 육즙으로 만든다. 쇠고기, 양고기, 돼지고기, 닭고기, 칠면조 고기, 어떤 고기를 굽든지 모두 이 방법으로 팬 그레이비를 만들 수 있다. 고기를 구운 그 팬에 바로 그레이비를 만들면 일이 한결 수월하다.

팬에서 고기를 따뜻한 곳으로 옮긴다. 그리고 같은 팬에

기름기가 있는 육즙 1큰술

만 남기고 나머지는 따라 버리거나 기름기를 걷어 버린다. 약불에 팬을 올리고

무표백 밀가루 1큰술

을 더한다. 가끔 저으면서 몇 분간 끓이다가

육수나 물 1½컵

을 조금씩 섞으면서 덩어리지지 않도록 계속 젓는다. 계속 저으면서 그레이비를 끓이다가 팔팔 끓으면 불을 끈다. 팬 바닥에 붙은 갈색 찌꺼기까지 모두 긁어내서 끓인다. 갈색으로 눌어붙은 이 찌꺼기가 바로 소스에 풍미를 더하는 비결이다.

소금

신선하게 갈아낸 검은 후추

로 양념한다. 덩어리가 조금이라도 있다면 체에 거른다.

비프 리덕션 소스
Beef Reduction Sauce
1컵 분량

여러 부위의 뼈를 섞어서 끓여 만들면 제일 좋다. 무릎도가니를 넣으면 연골 때문에 감칠맛이 진해지며 힘줄과 정강이뼈, 목뼈에서는 고기 특유의 풍미가 우러나온다 (정강이뼈에 붙은 고기는 발라내서 갈색빛이 나도록 따로 구워서 넣는다). 고기나 뼈를 아끼지 말자. 고기도 뼈도 풍미를 더하며 듬뿍 넣을수록 소스의 격이 달라진다.

튼튼한 베이킹 시트나 로스팅 팬에

소뼈 1.4킬로그램 (고기가 붙은 뼈와 도가니를 섞은 것)

을 올린다.

200도로 예열한 오븐에서 약 40~50분간 뼈가 갈색으로 변할 때까지 굽는다. 뼈를 굽는 동안 바닥이 두껍고 속이 깊은 냄비를 중불에 올린다. 가열되어서 뜨거울 때

올리브유 2큰술

2.5센티미터 크기로 자른 소고기 230그램(뭉치사태살, 정강이살, 목살 등)

을 넣는다. 고기를 가끔 뒤적거리면서 갈색빛이 나게 잘 굽는다. 완전히 다 익으면 흘러나온 기름을 거의 따라 버리고 거기에

껍질을 벗겨 숭덩숭덩 자른 당근 1개

껍질을 벗겨 큼직하게 자른 양파 1개

크게 자른 셀러리 줄기 1대

소금 1꼬집

을 넣는다.

가끔 뒤적이며 채소가 완전히 무르도록 익힌다. 냄비 바닥이 타지 않도록 주의해서 살피자. 그리고

검은 통후추 1/4작은술

정향 1개

올스파이스 열매 2알

타임 가지 3개

파슬리 몇 줄기

달지 않은 레드 와인 1컵

을 더하고 냄비 바닥에 붙은 갈색 고기 조각까지 긁어서 잘 섞는다. 와인을 섞은 물이 확연히 줄어들 때까지 끓인다. 갈색으로 구운 뼈를 넣고

닭고기 육수나 소고기 육수 5컵

을 붓는다. 국물을 팔팔 끓이다가 아주 약한불로 낮추고 표면에 떠오르는 거품과 찌꺼기를 모두 걷어낸다. 뼈를 구웠던 팬에 남은 기름기는 모두 쏟아 버린다. 팬 바닥에 갈색 지꺼기가 눌어붙어 있다면 냄비의 육수를 조금 떠 넣고 불린 다음 모두 긁어서 다시 육수 냄비에 붓는다. 꺼질락 말락 낮은 불에서 서너 시간 졸이면서 고기와 채소를 꾹꾹 눌러 즙을 모두 빼낸다. 동동 뜨는 기름기는 모두

걷어내고 얕은 팬에 옮겨 계속 졸이다가 다시 강불에서 팔팔 끓여 육수를 1컵까지 졸인다. 소금으로 간한다.

변형하기

- 레드 와인 대신 화이트 와인을 쓴다.
- 소뼈와 소고기 대신 양뼈 1.4킬로그램(그중 450그램은 고기가 많이 붙은 목뼈)과 양고기 110그램을 쓴다.
- 소뼈와 소고기 대신 돼지 뼈 1.4킬로그램과 돼지고기 230그램을 쓴다.
- 소뼈와 소고기 대신 닭 1마리와 닭 다리 2~3개를 넣는다. 닭은 토막 쳐서 자른 다음에 갈색빛이 나도록 구워 야 풍미를 최대한 우려낼 수 있다.
- 소뼈와 소고기 대신 오리 1마리와 오리 안심이나 오리 다리처럼 살이 많이 붙은 부위로 230그램 넣는다. 오리는 토막을 쳐서 자른 다음 굽는다.

볼로네제 소스
Bolognese Sauce
3컵 분량

완성하기까지 시간이 오래 걸린다. 그러니 한번 만들 때 레시피의 분량을 2배로 늘려서 많이 만드는 것도 생각해볼 만하다. 볼로네제 소스는 특히 칼로 자른 신선한 에그 누들(100쪽 참고)이나 라자냐(292쪽 참고)와 잘 어울린다.

바닥이 두꺼운 커다란 냄비에

올리브유 1큰술

을 두르고 가열한다.

곱게 다진 판체타[1] 60그램

을 넣는다. 판체타가 살짝 노릇해질 때까지 약 5분간 중불에서 볶다가

곱게 다진 양파 작은 것 1개
곱게 다진 셀러리 줄기 1대
곱게 다진 당근 1개
곱게 다진 마늘 2쪽

세이지 잎 5장
타임 가지 2개
월계수 잎 1장

을 넣는다. 중불에서 간간이 저어가며 재료가 부드러워질 때까지 약 12분간 볶는다.

채소가 익는 동안 바닥이 두꺼운 커다란 팬(주물 팬이면 더 좋다)에

올리브유 1큰술

을 넣고 가열한다.

3밀리미터로 깍둑썰기한 안창살skirt steak **450그램**
거칠게 다진 돼지 목살 110그램

을 두 번에 나눠 넣고 중강불에서 노릇하게 굽는다. 고기가 보기 좋은 갈색이 될 때까지 굽다가

달지 않은 화이트 와인 1컵

을 붓고 팬 바닥에 눌어붙은 갈색 고깃점을 긁어내며 와인이 절반으로 줄도록 졸인다. 노릇하게 구운 고기와 와인으로 데글레이즈한 육즙을 부드러워진 채소에 넣고

토마토 페이스트 2큰술
소금

을 넣는다. 그리고

소고기나 닭고기 육수 1컵
우유 1½컵

을 계량해서 섞는다.

이 육수와 우유 섞은 물을 고기와 채소가 잠길 만큼 냄비에 붓는다. 약불에서 뭉근하게 고기가 아주 부드러워질 때까지 한 시간 30분가량 끓인다. 국물이 졸아들면 남은 육수 섞은 우유를 계속 보충하고 표면에 떠오르는 거품과 찌꺼기를 걷어낸다.

고기가 부드러워지면 불을 끈 후 맛을 보고 소금을 더넣어 부족한 간을 하며

신선하게 갈아낸 검은 후추

를 뿌린다.

변형하기

- 마른 포르치니 버섯 1/4컵을 불려 물기를 빼고 곱게

---

1 이탈리아식 베이컨.

다져서 채소와 함께 넣는다.

- 안창살 대신 소고기의 다른 부위를 사용한다. 목정이나 토시살을 넣어도 맛있는 볼로네제 소스가 되지만 토시살을 넣으면 적어도 한 시간은 더 끓여야 고기가 충분히 부드러워진다는 사실을 유념하자. 이렇게 추가로 끓이는 시간이 길어지면 소스가 너무 뻑뻑해질 수 있으니 반드시 육수나 우유를 더 부어서 농도를 맞춰야 한다.

버섯 라구 소스
Mushroom Ragù
2컵 분량

볼로네제 소스처럼 맛이 진하고 풍미가 묵직하지만 고기는 전혀 넣지 않고 만든다.

바닥이 두껍고 커다란 프라이팬에
> **올리브유 2큰술**

을 붓고 가열한다.
> **껍질을 벗기고 곱게 다진 큰 양파 1개**
> **껍질을 벗기고 곱게 다진 큰 당근 1개**
> **곱게 다진 셀러리 줄기 2대**
> **소금**

을 넣고 중불에서 흐물흐물해질 때까지 볶는다.
노르스름하게 색이 변하지 않도록 주의하며 설익은 곳이 없도록 완전히 익힌 후에
> **타임 가지 6개에서 떼어낸 잎**
> **파슬리 가지 6개에서 따서 다진 잎**
> **월계수 잎 1장**

를 넣는다.
약 1분간 더 볶다가
> **다진 토마토 1/2컵**

을 넣고 5분간 더 익힌다.
프라이팬은 잠시 밀어두고
> **버섯 900그램(살구버섯[꾀꼬리버섯^{chanterelles}],**
> **뽈나팔버섯^{black trumpets}, 노루궁뎅이버섯^{hedgehogs},**
> **흰색이나 갈색 양송이버섯 같은 버섯**

2~3가지를 섞어쓴다)
을 깨끗하게 닦아서 얇게 썬다.
버섯이 매우 더러운 상태라면 반드시 씻어야 한다(흙먼지와 모래 찌꺼기를 씹으면 누구라도 기분이 상할 것이다). 버섯이 물을 조금 흡수하겠지만 뜨거운 프라이팬에 볶으면 바로 빠져나오니 걱정하지 않아도 된다. 버섯을 볶으면 버섯에서 즙이 흘러나올 것이다. 계속 가열해서 즙을 그냥 증발시켜도 되고 팬을 기울여 다른 그릇에 받아둔다. 살짝 노릇해질 때까지 버섯을 볶는다(올리브유를 조금 붓거나 버터를 넣고 볶는다). 따로 담아두었던 즙은 물이나 육수와 함께 나중에 소스에 넣으면 된다.
> **올리브유와 버터 조금**

을 넣고 종류가 다른 버섯을 따로따로, 부드러워지고 살짝 노릇해지도록 볶는다.
볶은 버섯을 도마에 옮겨 익혀둔 채소와 같은 크기로 다진다. 큰 프라이팬에 있는 채소, 허브에 버섯을 넣고
> **크림이나 크렘 프레슈 1/2컵**
> **물이나 닭고기 육수 1컵**

을 더한다. 15분간 바글바글 끓인다. 맛을 보고 필요하면 소금을 더 넣어 간을 한다. 너무 뻑뻑한 것 같으면 물이나 육수를 조금 더 넣어 농도를 맞춘다.

변형하기
- 육수와 크림을 넣을 때 완두콩이나 시금치, 루콜라, 근대 같은 초록 채소 데친 것을 1/2컵 넣는다.

뵈르 블랑(따뜻한 버터 소스)
Beurre Blanc
1컵 분량

바닥이 두꺼운 작은 냄비에
> **곱게 다진 샬롯 2개**
> **화이트 와인 식초 1/4컵**
> **달지 않은 화이트 와인 1/2컵**
> **검은 통후추 몇 개**
> **소금 1꼬집**

을 넣고 끓인다. 내용물이 거의 다 없어질 정도로 졸인다

(국물이 졸아들면 불을 낮춘다). 샬롯이 부드러워지고 국물이 자작해지면 불에서 냄비를 내린다(여기까지는 소스를 본격적으로 만들기 전에 미리 해두어도 된다). 냄비를 다시 아주 약한 불에 올리고

작은 조각으로 자른 버터 14큰술(1¾덩어리)

을 조금씩 넣으면서 저어 녹인다. 먼저 넣은 버터가 완전히 녹아서 소스와 섞인 후에 다음 버터를 넣어야 한다. 불의 세기를 주의해서 지켜보자. 버터를 넣어 녹이는 동안에 소스는 반드시 따뜻하기만 해야 한다. 뜨거우면 지방과 소스가 분리되어버린다. 이상하지만 버터를 넣는 동안 온도가 너무 차가워져도 분리되고 만다. 버터를 모두 녹여 섞는 과정이 끝나면 맛을 보고 소금을 조금 더 넣어 간을 맞춘다. 신선한 와인을 몇 방울 넣거나 육수, 혹은 물을 조금 넣어 농도를 조절한다. 이렇게 묽게 하면 소스가 분리되거나 말라서 갈라지는 일이 없고 맛도 조금 산뜻해진다. 건더기가 있는 것이 싫으면 체에 걸러서 쓴다. 만들어 바로 식탁에 내면 좋지만 그렇지 못하는 경우에는 뜨겁지 않은, 따뜻한 물에 중탕해서 보관하거나 데워둔 보온기에 넣어둔다.

변형하기

- 허브나 케이퍼, 나스터튬[2]을 다져 넣어 소스에 풍미를 더한다.
- 고수 씨나 회향 씨를 통후추와 함께 넣는다.
- 와인 3큰술, 레몬즙이나 물을 팬에 넣고 끓인 다음, 작게 자른 버터 4큰술(1/2덩어리)을 조금씩 넣고 팬을 흔들어 돌리면서 녹이든지, 소스를 저어 녹이든지 어떤 방식으로든 모두 녹인 후 소금 1꼬집을 넣고 만들면 더 간단한 버전의 버터 소스가 된다.

---

2 한련화라고도 하며 꽃, 잎, 씨를 모두 먹는 허브이다.

베어네이즈 소스
Béarnaise Sauce
1/2컵 분량

샬롯과 타라곤으로 풍미를 낸 고급 소스로 톡 쏘는 강렬한 맛이 특징이다. 석쇠에 구운 스테이크나 로스트비프와 곁들이면 황홀할 정도로 맛있는 음식이 된다.

바닥이 두꺼운 작은 냄비에

껍질을 벗기고 갈아둔 샬롯 1개
다진 처빌 1큰술
다진 타라곤 2큰술
소금 1꼬집
검은 통후추 몇 개
화이트 와인 식초 3큰술
달지 않은 화이트 와인 6큰술

을 넣어 팔팔 끓이고 내용물이 2큰술 정도만 남을 때까지 졸인다. 채에 걸러 볼에 담는데 재료를 꾹꾹 눌러서 최대한 많은 즙을 빼낸다. 남은 건더기는 버린다.
중간 크기의 비반응성 내열 용기에

달걀노른자 2개

를 분리해 넣는다.
채에 거른 소스를 달걀에 붓고 잘 섞는다. 물이 끓지는 않을 정도로 냄비를 뜨겁게 데우고 달걀과 소스를 담은 내열 용기를 냄비 위에 걸쳐둔다. 용기 바닥이 물에 닿지 않고 공중에 뜬 상태로 얹혀야 하니 주의를 기울이자. 내용물을 약 1분간 젓다가

녹인 무염 버터 6큰술(3/4덩어리)

를 조금씩 흘려 넣으면서 계속 저어 섞는다. 소스가 너무 뻑뻑해지면 따뜻한 물을 1작은술 넣는다. 소스는 따뜻한 상태여야 하지만 너무 뜨거워져서도 안 된다. 온도가 너무 높아지면 지방과 소스가 분리되고 노른자는 뭉쳐버리고 만다. 버터를 모두 섞은 다음

다진 타라곤 1~1½큰술
고춧가루 1꼬집

을 넣는다. 맛을 보고 소금으로 간을 맞춘다. 바로 식탁

에 낸다. 아니라면 완성된 소스의 용기를 뜨겁지 않은, 따뜻한 물에 얹어 보관하거나 데운 보온통에 넣어둔다.

변형하기

- 타라곤 대신 민트나 바질, 차이브 같은 허브를 넣는다.
- 올랑데즈^{hollandaise} 소스를 만들려면 타라곤과 샬롯을 넣고 졸인 것 대신 달걀노른자에 따뜻한 물 1큰술, 신선한 레몬즙 2작은술을 넣고 잘 섞는다. 베어네이즈 소스와 같은 분량의 버터를 넣고 소금으로 간을 맞춘 뒤 입맛에 따라 레몬즙을 추가해 마무리한다.

바냐 카우다
Bagna Cauda
약 1컵 분량

이탈리아 방언으로 '따뜻한 목욕탕'이라는 뜻이다. 안초비가 들어간다고 이 메뉴를 포기하는 일은 없었으면 한다. 마늘의 강한 향과 안초비가 따듯한 버터와 올리브유와 어우러지면서 완벽하게 균형을 유지한다. 생채소만 찍어 먹어도 황홀하리만큼 맛있는 소스이고 직화로 구운 채소 혹은 석쇠나 오븐에 구운 생선과도 잘 어울린다.

    염장 안초비 5마리

를 5분간 물에 담가둔다. 뼈를 발라내고 살만 다진다. 다진 안초비가 2큰술 분량은 되어야 한다.

    중탕기나 작은 냄비에 바닥에 깔릴 정도로 물을 넣고 보글보글 데운다.

    안초비를 중탕기의 안쪽 그릇에 넣거나 중간 크기의 비반응성 내열 용기에 담고 끓는 물에 넣는다. 거기에

    버터 6큰술(3/4 덩어리)
    엑스트라 버진 올리브유 1/3컵
    껍질을 벗겨 아주 얇게 저민 마늘 3쪽
    레몬 1개로 만든 레몬 제스트
    신선하게 갈아낸 검은 후추 1/4작은술

을 넣고 버터가 다 녹을 때까지 저으며 끓인다. 맛을 보고

    소금

으로 간한다.

페스토
Pesto
약 1½컵 분량

내가 제일 즐겨 만드는 소스이다. 재료를 빻을 때의 느낌, 향을 맡고 맛을 보는 일 모두 감각을 자극하는 경험이라 무척 즐겁다. 페스토는 파스타 소스에 그치지 않는다. 토마토를 잘라서 페스토를 발라 먹어도 채소를 찍어 먹어도 맛있고, 피자에 얹어 먹어도 석쇠에 구운 닭고기와 채소의 소스로 곁들여 먹어도 훌륭하다.

바질 1묶음에서 따낸 잎 1컵과, 절구와 절굿공이를 준비한 후

    껍질을 벗긴 마늘 1쪽
    소금

을 넣어 찧다가

    살짝 구운 잣 1/4컵

을 더해 더 찧고

    파르메산 치즈 가루 1/4컵

을 넣는다. 이렇게 찧은 재료를 볼에 옮겨둔다. 바질 잎을 대강 다져 절구에 넣는다. 절굿공이로 으깬다. 찧어서 따로 두었던 잣을 절구에 더한다. 절굿공이로 바질 잎과 잣, 마늘, 치즈 가루 섞은 것을 함께 찧는다. 여기에

    엑스트라 버진 올리브유 1/2컵

을 조금씩 흘려 넣으면서 계속 절구질을 한다. 맛을 보고 필요하면 소금을 더 넣어 간한다.

변형하기

- 바질과 파슬리나 루콜라를 섞어 만들거나 파슬리, 루콜라만 넣고 만든다.

- 파르메산 치즈의 분량을 반으로 줄이고 그 분량만큼 페코리노 치즈를 갈아 넣는다.
- 잣 대신 호두를 쓴다.

그레몰라타와 페르시아드
Gremolata and Persillade

그레몰라타는 다진 파슬리와 마늘, 레몬 제스트를 섞어 만든다. 페르시아드는 다진 파슬리와 마늘만 섞으면 된다. 이 2가지는 엄밀히 말하면 소스라고 하기 어렵지만 나는 주로 로스트나 브레이즈로 익힌 고기, 그리고 파스타에, 또 재료가 무엇이든 석쇠에 구운 요리에 뿌려서 산뜻하고 상큼하게 마무리하는 데 쓴다.

그레몰라타를 만들려면
다진 파슬리 3큰술
갈거나 곱게 다진 레몬 제스트 1작은술
곱게 다진 마늘 2쪽

을 섞는다. 페르시아드는 레몬 제스트는 빼고 파슬리와 마늘 다진 것만 섞으면 된다.

신선한 토마토 살사
Fresh Tomato Salsa
1컵분량

이 소스는 만들기도 쉽지만 사 먹는 살사 소스보다 정말로 맛이 좋다! 여름에는 신선한 완숙 토마토로 살사 소스를 만들고 다른 계절에는 홀 토마토 통조림으로 만들면 된다.

중간 크기의 완숙 토마토 2개나 홀 토마토

통조림의 토마토 4개

를 골라 꼭지 부분을 도려내고 적당한 크기로 깍둑썬다.
껍질을 벗기고 곱게 다진 마늘 1쪽
곱게 다진 흰 양파나 자색 양파 1/2개
다진 고수 가지 6개 분량(줄기와 잎 모두 쓴다)
라임 1/2개의 즙
소금

을 모두 볼 하나에 넣고 가만히 저어 섞으면서 소금과 라임즙을 더 넣어 간을 맞춘다. 각 재료의 풍미가 모두 잘 우러나오도록 5분간 두었다가 먹는다.

변형하기
- 할라페뇨나 세라노 고추 1개를 곱게 다져 넣는다.
- 볶은 쿠민 씨 1/4작은술을 빻아 넣는다.
- 아보카도 1/2개를 적당한 크기로 깍둑썰어 섞는다.

복숭아 살사
Peach Salsa
1½컵분량

석쇠나 오븐에 구운 생선, 혹은 피시 타코에 곁들이면 상큼하다.

잘 익은 복숭아 2개

의 껍질을 벗긴다. 팔팔 끓는 물에 복숭아를 10~15초간 담그면 껍질이 술술 벗겨진다. 씨만 남기고 과육을 모두 저며 적당한 크기로 깍둑썬다. 여기에
곱게 다진 작은 자색 양파 1/2개
씨와 고추 속을 긁어내고 곱게 다진 세라노나
　　할라페뇨 고추 1개
라임 1개의 즙
소금
다진 고수 잎 1~2큰술

을 넣는다. 젓고 섞으면서 맛을 보고 짠맛, 매운맛, 신맛이 부족한지 확인하고 소금, 고추, 라임즙으로 간을 맞춘다.

변형하기

- 복숭아 대신 파파야나 망고, 멜론 같은 과일을 쓴다.
- 자색 양파 대신 파 2대를 넣는다.
- 작은 아보카도 1개의 껍질을 벗기고 씨를 제거한 후 1.3센티미터의 주사위 모양으로 깍둑썰어 넣는다.

토마티요 살사
Tomatillo Salsa
2컵분량

석쇠에 구운 요리에 곁들이면 최고다. 스테이크, 치킨, 새우, 채소 등 어떤 재료든 잘 어울리며 토르티야 칩을 찍어 먹어도 맛있고 타말레에 소스로 넣어도 훌륭하다.

토마티요 450그램(중간 크기 12개가량)
의 겉껍질을 벗긴다.
깨끗이 씻어 소스 팬에 넣고 잠길락 말락 할 정도로 물을 붓는다. 소금을 1꼬집 넣고 팔팔 끓인 후 불을 낮추고 부드러워질 때까지 4~5분간 보글보글 끓인다. 물을 다른 곳에 따라둔다. 이 물을 1/2컵 계량해서 블렌더에 붓고
씨를 빼고 잘게 썬 할라페뇨나 세라노 고추 2개
다진 고수 잎과 줄기 1컵
편으로 썬 마늘 1쪽
소금
을 넣는다. 여기에 익힌 토마티요를 넣고 블렌드를 잠깐만 돌려서 내용물을 간다. 소스는 입자가 씹히는 느낌이 들어야 하니 많이 갈지 않는다. 맛을 보고 필요하면 소금을 더 넣어 간을 맞춘다. 풍미가 더 살아나도록 소스를 실온에 둔다. 식으면 뻑뻑해지지만, 토마토 삶은 물을 조금 더 넣어 농도를 맞추면 된다.

변형하기

- 매콤한 맛을 더하려면 할라페뇨나 세라노 고추를 하나 더 넣는다.
- 중간 크기 아보카도를 으깨 이 소스와 섞어도 맛있다.
- 토마티요를 익히지 않고 다져서 생수와 섞어 소스를 만들어도 된다.

- 구하기는 어렵지만 손에 넣을 수만 있다면 그냥 토마티요 대신 자주색 토마티요를 쓴다. 단맛이 조금 더 강한데, 특히 익히지 않고 생으로 쓰면 더 맛있다.

오이-요거트 소스
Cucumber-Yogurt Sauce
1½컵분량

차갑게 식혀, 쿠민 씨와 계피, 카이엔 고춧가루를 뿌려 먹는 인도의 요거트 소스, 라이타를 변형한 소스이다. 레몬 오이나 아르메니안 오이, 추청 오이 등 다양한 종의 오이로 만들어보는 것도 좋겠다. 오이 씨가 너무 크면 길게 반으로 자른 다음 숟가락으로 긁어낸 후에 쓴다. 오이의 성장 시기에 날씨가 너무 서늘하면 쓴맛이 강할 수 있기 때문에 오이를 쓰기 전에 일일이 잘라서 맛을 봐야 한다.

중간 크기 오이 1개
의 껍질을 벗긴 다음 길게 반으로 자르고 다시 반달 모양이 되도록 적당한 두께로 자른다.
중간 크기의 볼에 오이를 담고
소금 1꼬집
을 뿌려 섞는다.
10분 정도 소금에 재두었다가 오이에서 나온 물을 따라버린다.
우유로 만든 요거트 3/4컵
빻은 작은 마늘 1쪽
올리브유 1큰술
민트 가지 2개에서 딴 잎을 돌돌 말아 가늘게 채로 썬 것
을 모두 넣고 잘 섞는다.

변형하기

- 오이를 잘라서 만들지 않고 강판에 갈아서 만들면 소스의 질감이 훨씬 부드럽다.
- 매콤한 맛을 더하려면 마라쉬나 카이엔 고춧가루를 1꼬집 넣는다.

하리사
Harissa
3/4컵 분량

북아프리카의 소스이며 파프리카와 고추 퓌레로 만든다. 수프나 로스트 미트, 석쇠에 구운 채소에 넣어 매콤한 맛을 더하거나 샌드위치에 발라 먹으며 쌀 요리나 쿠스쿠스 요리에 곁들여 먹기도 한다.

마른 안초 칠리 5개(약 60그램)

를 뜨거운 오븐에 넣거나 뜨거운 철판에 올려 표면이 불룩 부풀고 향긋한 향이 날 때까지 굽는다. 태우지 않도록 주의하자. 안초 칠리의 씨와 고추 속을 긁어내고 작은 볼에 담은 후 완전히 잠길 만큼 끓는 물을 붓는다. 20분 정도 물이 스며들도록 두었다가 물을 따라 버린다.

빨강 파프리카 큰 것 1개

를 불에 직접 대고 전체적으로 표면이 검게 그을리고 껍질이 부풀어 터질 때까지 굽는다.

검게 태운 파프리카를 타올로 덮어두거나 종이봉투에 넣고 입구를 막은 채 약 5분간 두면 김이 나와 축축해지고 껍질이 흐물흐물해진다. 파프리카의 껍질을 벗겨내고 씨를 비롯한 속을 모두 긁어 버린다.

믹서나 푸드 프로세서에 물에 담가두었던 고추와 껍질을 벗겨낸 파프리카를 모두 넣고

껍질을 벗긴 마늘 4쪽
소금
올리브유 3/4컵
레드 와인 식초 1작은술

과 함께 덩어리가 없고 걸쭉한 상태가 되도록 간다. 취향에 따라 물을 조금 넣어도 된다. 올리브유를 부어 기름 막으로 덮은 상태라면 최대 3주일간 냉장 보관할 수 있다.

변형하기
- 더 매콤한 맛을 내려면 카이엔 고추를 넣는다.
- 볶아서 빻아 가루로 만든 쿠민 씨와 고수 씨를 각각 1/2작은술, 캐러웨이 씨를 1/4작은술 넣는다.

셰물라
Chermoula
3/4컵 분량

이 레시피는 북아프리카의 소스인 셰물라 만드는 법을 변형한 것이다. 이 소스는 고수의 향이 강하게 나는데 채소나 생선을 곁들인 사프란 밥과 잘 어울린다.

껍질을 벗긴 2.5센티미터 길이의 신선한 생강 1개
씨와 속을 제거한 세라노 고추 1개
엑스트라 버진 올리브유 1/2컵
소금

을 믹서에 넣고 덩어리가 안 생기도록 갈다가

이탈리안 파슬리 잎 1/3컵
고수 잎과 줄기 1/2컵

을 믹서에 넣고 잎이 완전히 다져지긴 했지만 씹는 질감이 남아 있을 정도로 간다. 볼에 내용물을 쏟아붓고

레몬즙 1/2컵
절구에 찧은 마늘 1쪽

을 넣는다. 필요하면 소금과 레몬즙을 더 넣어 간을 맞춘다. 각 재료의 풍미가 잘 어우러지도록 10분간 둔다.

변형하기
- 생강과 고추를 넣을 때 껍질을 벗기고 깍둑썰기한 양파 1/2개를 함께 넣는다.
- 생선이나 닭고기를 재는 용도로 쓸 때는 올리브유의 양을 줄여 1/4컵만 넣고 셰물라를 만든다.
- 볶아서 가루를 낸 쿠민 씨나 고수 씨를 1/2작은술 넣는다.

크렘 프레슈
Crème Fraîche
1컵 분량

버터밀크에 들어가는 것과 같은 생효소를 넣어 걸쭉하게 발효시킨 헤비 크림이다. 진하고 매끄러운 질감에 톡 쏘는 새콤한 풍미가 있다. 사워크림 대신 크렘 프레슈를 사용해서 요리하면 끓여도 서로 분리되지 않는다는 장점이 있다. 크렘 프레슈는 만들기도 쉽고 놀랄 만큼 다용도로 쓸 수 있다. 비네그레트 드레싱에 넣고 섞으면 크림처럼 부드러우면서 새콤한 맛을 가미할 수 있다. 크렘 프레슈에 허브를 넣어 풍미를 더하고 소금을 살짝 넣어 간을 하면 수프에 완벽하게 어울리는 가니쉬가 된다. 파스타 소스나 브레이즈에 넣어 소스를 더 진하고 걸쭉하게 만들기도 하며 감자 그라탱에 넣으면 감탄할 만큼 절묘한 맛을 낸다. 또 설탕, 꿀이나 메이플 시럽을 넣어 단맛을 더하면 간단하게 디저트에 어울리는 시럽이 된다. 거품기로 저어 부드러운 휘핑크림으로 만들 수도 있다(지나치게 많이 저으면 헤비 크림의 경우와 마찬가지로 우툴두툴하게 질감이 거칠어지니 주의하자). 녹인 초콜릿과 섞으면 훌륭한 프로스팅(408쪽)이 되며 아이스크림으로 만들어도 맛있다.

깨끗한 유리 주전자에

헤비 크림 1컵(초고온으로 살균한 제품은 안 됨)

을 붓고

발효 버터밀크 1큰술

을 더한 다음 잘 젓는다. 주전자 입구를 느슨하게 봉하고 크림이 걸쭉하게 될 때까지 실온에 24시간 이상 둔다. 실내 온도에 따라 밖에 두는 시간은 조금씩 달라질 수 있다. 일단 걸쭉하게 변하면 입구를 단단히 밀봉해 냉장고에 넣는다. 오래 둘수록 더 뻑뻑해지고 톡 쏘는 신맛이 강해진다. 걸쭉한 크렘 프레슈를 저으면 조금 묽어진다. 너무 뻑뻑할 정도로 걸쭉하면 우유나 물을 조금 넣는다. 크렘 프레슈는 최대 10일까지 냉장 보관할 수 있다.

샐러드

Salads

파르메산 치즈를 곁들인 로켓 샐러드
Rocket Salad with Parmesan
4인분

로켓, 혹은 아르굴라는 에루카 겨자과 식물로 매운맛이 있는 샐러드용 채소, 루콜라^{Eruca vesicaria}의 또 다른 이름이다. 어두운 초록색이며 가장자리의 모양이 들쑥날쑥한 잎은 고소하면서도 후추처럼 알싸한 맛이 난다.

> **로켓 크게 4줌**

에서 질긴 줄기를 끊어내고 다듬는다. 깨끗이 씻은 다음 물기를 빼고 서늘한 곳에 보관한다.

> **레드 와인 식초 1큰술(셰리 와인 식초와 레드 와인**
>   **식초를 섞어 써도 된다)**
> **소금**
> **신선하게 갈아낸 검은 후추**

를 섞고 거기에

> **엑스트라 버진 올리브유 3~4큰술**

을 넣고 거품기로 섞어서 비네그레트 드레싱을 만든다. 올리브유를 아주 조금씩 넣으면서 로켓의 잎사귀로 드레싱을 찍어 먹어보고 올리브유나 소금을 더 넣어 간을 맞춘다. 식탁에 올릴 시간이 되었을 때 로켓을 드레싱에 버무린다. 날이 예리하고 견고한 감자 칼로

> **파르메산 치즈나 페코리노 치즈 같은 경질류 치즈**

를 긁어서 동글동글 말리도록 얇게 벗겨낸다. 긁은 치즈를 샐러드에 뿌려 식탁에 낸다.

변형하기

- 헤이즐넛 1/4컵을 175도로 예열한 오븐에 넣고 갈색이 날 때까지 굽는다. 헤이즐넛이 아직 뜨거울 때 행주로 비벼서 껍질을 벗긴다. 다져서 로켓 샐러드에 흩뿌린다. 잣이나 호두, 피칸을 넣어도 맛있다.
- 감 1~2개의 껍질을 벗기고 아주 얇게 저며서(260쪽 참고) 로켓 샐러드 사이 사이에 넣는다.

크림 드레싱을 곁들인 로메인 속대 샐러드
Hearts of Romaine with Creamy Dressing
4인분

로메인을 자르지 않은 채로 만드는 것이 제일 좋다. 큰 겉잎을 몇 장 떼어내면 속대에 붙은 작고 예쁜 연초록색 잎이 나온다. 리틀 젬^{Little Gem}이나 윈터 덴시티^{Winter Density}처럼 부드럽고 잎사귀가 작은 종으로 만들면 더 맛있다. 집 근처의 농산물 장터에서 이런 종류의 로메인을 찾아보자.

> **로메인 상추 2포기**

에서 짙은 색의 겉잎을 떼어낸다. 상추의 대 부분은 잘라내고 잎을 뗀다. 깨끗이 잘 씻은 다음 조금씩 덜어 샐러드 스피너에 넣고 물기를 뺀다.

드레싱을 만들 차례다. 커다란 볼에

> **화이트 와인 식초 1큰술**
> **레몬 1개의 껍질을 강판에 갈아 만든 레몬 제스트**
> **신선한 레몬즙 1큰술**
> **소금**
> **신선하게 갈아낸 검은 후추**

를 모두 넣고 섞는다.

맛을 보고 필요하면 부족한 재료를 조금씩 더 넣고

> **엑스트라 버진 올리브유 3큰술**
> **헤비 크림 3큰술**

을 넣고 거품기로 젓는다.

맛을 보고 소금이나 식초를 더 넣어 간을 맞춘다. 로메인 상추 잎에 드레싱이 골고루 묻도록 살살 버무린다.

변형하기

- 염장 안초비 1~2마리를 깨끗이 씻어 살만 발라내고 드레싱에 다져 넣으면 굉장히 맛있다.
- 바질, 처빌, 차이브와 타라곤 같은 허브 중 하나만 다져서 뿌려 넣어도 좋고 모두 넣어도 좋다.
- 이 드레싱은 버터 레터스, 양상추의 일종인 비브 레터스나 프리제라고 하는 치커리, 라디치오라는 적색 치커리에도 잘 어울린다.

시저 샐러드
Caesar Salad
4인분

로메인 상추 2포기

를 준비해 바깥쪽의 짙은 색 겉잎을 떼어내고 연녹색의 작고 여린 잎만 남긴다.

상추 대의 끝부분을 자르고 잎을 떼어내는데 안쪽 속대에 붙어 있는 작은 잎은 통째로 두고 큰 잎은 손으로 작게 찢는다. 꼼꼼하게 씻어 샐러드 스피너에 넣고 물기를 제거한다. 드레싱을 부어서 먹기 전까지는 서늘한 곳에 보관한다.

하루 묵은 시골 빵 종류의 빵 85그램

을 1.3센티미터 크기로 작게 깍둑썬다. 빵 조각이 20개 정도는 되어야 한다. 빵 조각을 볼에 넣고

엑스트라 버진 올리브유 1½큰술
소금

을 넣어 버무린다. 베이킹 시트에 올리고 고루 펴서 175도로 예열한 오븐에서 10~12분간, 노르스름한 갈색이 될 때까지 굽는다. 중간중간 크루통을 뒤적거려 위치를 바꿔주며 고르게 굽는다.

드레싱을 만들 차례다. 작은 볼에

레드 와인 식초 1큰술
신선한 레몬즙 1큰술
완전히 빻은 마늘 2쪽
다진 염장 안초비 2작은술 분량(안초비 필레 2~3조각 정도)
소금
신선하게 갈아낸 검은 후추

를 넣고 잘 섞는다. 거기에

엑스트라 버진 올리브유 1/4컵

을 넣고 잘 젓는다.

샐러드를 내기 직전에

파르메산 치즈 1/2컵 분량(약 30그램)

을 갈고 드레싱에

달걀노른자 1개

를 넣고 거품기로 잘 섞는다.

갈아놓은 치즈를 작게 한 주먹 넣고 드레싱이 뻑뻑해질 때까지 거품기로 젓는다. 로메인 상추 잎사귀로 드레싱을 찍어서 먹어보고 필요하면 짠맛과 신맛을 더한다. 입맛에 따라 양념을 조절해서 넣으면 된다. 손질해놓았던 로메인 상추를 큰 볼에 넣고 드레싱의 3/4 분량을 부어 버무린다. 맛을 보고 부족하면 남은 드레싱을 더 넣는다. 나머지 치즈를 대강 모아 뿌리고 다시 가볍게 버무린다. 샐러드를 커다란 접시에 놓는다. 만들어둔 크루통을 볼에 넣고 그릇에 묻은 드레싱을 긁어서 살짝 버무려 샐러드에 뿌린다. 남은 치즈를 긁어모아 샐러드에 올리고 마지막으로 후추를 갈아 넣는다.

치킨 샐러드
Chicken Salad
약 2½컵 분량

먼저 마요네즈를 만든다. 커다란 볼에

달걀노른자 1개
화이트 와인 식초 1/4작은술
소금 1꼬집

을 넣고 거품기로 젓는다.

혼합물을 거품기로 계속 저으며 천천히, 일정한 속도로

올리브유 3/4컵

을 부어 넣는다.

완성된 마요네즈에

로스트한 닭고기나 끓는 물에 데쳐서 익힌 닭고기를 6밀리미터 크기로 자른 것 2컵 분량
아주 얇게 썬 차이브나 파 2큰술
곱게 다진 셀러리 2대
씻어 물기를 뺀 다음 거칠게 다진 케이퍼 1큰술
소금
신선하게 갈아낸 검은 후추

를 넣고 섞는다. 먹어보고 입맛에 맞춰 소금을 더 넣어도 좋다. 샌드위치로 만들어 먹어도 맛있고 단순한 비네그레트 소스를 뿌린 상추에 올려서 식탁에 내도 좋다.

변형하기

- 조금 자극적인 맛을 더하려면 카이엔 고춧가루를 1꼬집 넣는다.
- 셀러리 대신 오이를 깍둑썰어 넣는다.
- 완숙으로 익힌 달걀을 다져 넣는다.
- 마요네즈에 마늘을 빻아 넣는다.
- 씨를 뺀 그린 올리브를 몇 개 다져서 넣는다.
- 처빌이나 파슬리, 타라곤, 바질 같은 부드러운 허브 잎을 다져 넣는다.

촙 샐러드
Chopped Salad

얇게 썰거나 다진 초록 잎채소와 역시 가늘게 채 치거나 다진 채소, 달걀, 치즈, 고기나 생선을 모두 섞어 비네그레트 소스에 버무린 샐러드다. 촙 샐러드 중에 제일 유명한 것이 콥 샐러드로 일반적으로 아보카도, 베이컨, 닭고기와 블루치즈, 토마토와 달걀이 들어간다. 무엇을 넣어도 좋지만 촙 샐러드에 반드시 들어가야 하는 재료가 있다면 바로 아삭아삭하고 싱싱한 초록 채소. 로메인 상추, 리틀 잼 양상추, 샐러드용 꽃상추, 적색 치커리나 양상추, 어느 것을 넣어도 좋다. 시금치나 루콜라, 갓의 잎사귀를 넣어도 맛있다.

초록 잎채소를 잘 씻어둔다. 자르고 손질하는 작업은 샐러드에 드레싱을 뿌리는 마지막 순간까지 미뤄두자. 제일 먼저, 소스가 재료에 잘 묻도록 레드 와인 비네그레트 소스에 겨자를 조금 넣는다. 생크림이나 크렘 프레슈를 소스에 조금 넣으면 맛이 더 풍부해지고 약간 쓴맛이 있는 채소와도 잘 어울린다. 마늘을 빻아 넣거나, 안초비, 혹은 케이퍼를 몇 알 넣어도 비네그레트와 잘 어우러져 훌륭한 맛을 낸다

썰어놓은 재료에 따라 사용할 드레싱도 달라진다. 봄에는 가늘게 채를 친 회향, 껍질콩과 호두나 아몬드 몇 알을 넣는데 이런 재료에는 담백한 크림 드레싱을 뿌리면 신선하고 산뜻한 맛이 나는 샐러드가 된다. 여름에는 토마토, 오이, 피망이나 파프리카, 아보카도가 촙 샐러드의 좋은 재료이다. 이렇게 농익은 맛이 나는 재료를 쓸 때는 단순한 레드 와인 비네그레트에 마늘을 조금 빻아 넣고 바질과 민트를 1움큼 손으로 뜯어 넣어 드레싱으로 뿌리면 딱 좋다. 핑크색 비트나 황금색 비트를 깍둑썰기해서 넣으면 아름다운 색이 두드러지는 촙 샐러드가 되지만 빨간 비트를 넣으면 붉은 즙이 흘러나와 다른 재료에 모두 붉은 물이 들고 만다. 어떤 종류의 촙 샐러드라도 상관없이 삶은 달걀을 다져 넣으면 맛있다. 다른 재료와 섞어도 좋고 그냥 샐러드에 뿌려 얹어도 좋다.

촙 샐러드는 일단 상추류를 뺀 나머지 재료를 모두 다져 비네그레트 소스, 소금, 후추를 넣고 버무린 뒤 한데 모은다. 그 뒤에 상추를 씻어 물기를 제거하고 잘게 썰어 먼저 버무린 재료와 합친다. 드레싱을 조금 더 넣고 뒤적인다. 맛을 보고 간을 맞추고, 식탁에 낸다.

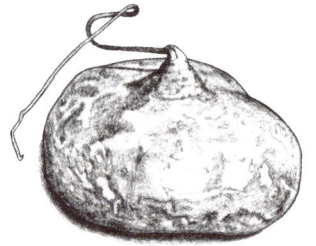

오렌지와 고수 잎을 넣은 히카마 샐러드
Jicama Salad with Orange and Cilantro
4인분

작은 히카마(콩감자) 1개(약 230그램)
의 껍질을 벗기고 길게 2등분한다. 이 히카마를 6밀리미터 두께로 조각을 내고, 자른 조각도 폭이 6밀리미터가 되도록 자른다.

오렌지 2개
를 날카로운 칼로 속껍질까지 말끔히 벗겨내고 과육만 남긴다.
동그란 단면이 나오도록 오렌지를 횡으로 자르는데 두께는 6밀리미터가 되도록 자르고 씨를 모두 골라낸다. 히카마와 오렌지 자른 것을 접시에 올리고
파프리카 가루나 매콤한 고춧가루(안초나 과히요 고추)를 1꼬집

뿌린다.

라임 1개에서 짜낸 즙
소금
엑스트라 버진 올리브유 2큰술

을 거품기로 섞어 드레싱을 만든다. 히카마와 오렌지에 드레싱을 붓고

다진 고수 잎 1~2큰술

을 흩뿌린다.

변형하기

• 얇게 썬 무 1/4컵 분량을 더 넣는다. 맛을 보고 필요하면 라임즙을 더 넣는다.

감과 석류 샐러드
Persimmon and Pomegranate Salad
4인분

시장에 나가 보면 2가지 종류의 감이 있을 것이다. 단감과 대봉감이다. 단감은 둥글납작하며 아삭아삭한 상태에서도 맛있게 먹을 수 있다. 감을 샐러드에 넣으면 맛있기도 하고 색이 예뻐서 보기도 좋다. 대봉감은 타원형이며 끝이 뾰족하다. 완전히 익어서 아주 부드러워지기 전에는 타닌의 떫은맛이 있어 먹을 수 없다.

완전히 익은 중간 크기의 단감 3개

의 꼭지를 도려내고 껍질을 벗긴다.
감을 얇게 썰거나 작은 쐐기 모양으로 자르면서 씨를 모두 빼낸다. 자른 감을 접시에 예쁘게 올려둔다.
볼 위에서

석류 1/2개

를 단면이 아래로 가도록 손으로 잡고 커다란 숟가락으로 둥근 쪽을 탕탕 두드려서 알을 떨어뜨린다. 알과 함께 떨어진 하얀 속껍질을 골라낸다. 석류알을 자른 감에 흩뿌린다.
간단하게 비네그레트 소스를 만드는데

셰리 와인 1큰술이나 레드 와인 식초 1큰술
소금

신선하게 갈아낸 검은 후추

를 한데 넣고 잘 저어 소금을 완전히 녹인 다음

엑스트라 버진 올리브유 3큰술

을 넣고 섞는다. 맛을 보고 필요하면 소금과 식초를 더 넣는다. 숟가락으로 감과 석류에 비네그레트 소스를 끼얹어 식탁에 낸다.

변형하기

• 비네그레트 소스를 만들고 소스의 절반을 덜어내 4줌 분량의 상추와 버무린다(나는 루콜라, 치커리, 꽃상추, 적색 치커리나 벨지움 엔다이브 같은 채소를 즐겨 쓴다). 상추를 접시에 올리고 감과 석류, 기호에 따라 견과류를 상추에 올린다. 남은 비네그레트 소스를 뿌리고 구운 호두를 올려 장식한다.

자몽과 아보카도 샐러드
Grapefruit and Avocado Salad
4인분

중간 크기의 레드 루비 자몽 2개

를 잘 드는 칼로 과육만 남기고 속껍질까지 깨끗하게 벗긴다. 자몽이 나뉘어 있는 부분에 칼집을 넣고 조각을 떼어낸다. 남은 속껍질을 꼭 눌러 즙을 짜낸다. 자몽즙 2큰술을 계량해 작은 볼에 넣고

화이트 와인 식초 1작은술
소금
신선하게 갈아낸 검은 후추

를 더해 기품기로 잘 섞는다. 거기에

엑스트라 버진 올리브유 2큰술

을 넣고 섞는다.
맛을 보고 부족하면 식초와 소금을 더한다.

중간 크기의 아보카도 2개

를 반으로 자르고 씨를 빼낸다. 반으로 자른 아보카도의 껍질을 벗기고 6밀리미터 두께로 자른다. 가볍게 소금을 뿌려 간한다. 접시에 자몽 조각과 자른 아보카도를 번갈아 놓고 비네그레트 소스를 숟가락으로 끼얹는다.

변형하기

- 물냉이나 처빌로 장식한다.
- 비네그레트 소스의 양을 2배로 늘리고 절반을 덜어 루콜라 4줌을 가볍게 버무린다. 버무린 채소에 아보카도와 자몽 조각을 올리고, 숟가락으로 남은 비네그레트 소스를 끼얹는다.
- 아보카도 대신 큰 아티초크 2개나 작은 아티초크 4개를 쓴다. 잎을 잘라내 정리하고 안쪽의 솜털로 덮인 초크 부분을 제거하고 그 속의 아티초크 하트 부분을 소금물에 넣고 부드럽게 삶아낸다. 얇게 잘라 비네그레트 소스 2~3숟가락 분량에 재두었다 쓴다.
- 달큰한 맛이 나는 쪽파 하나를 얇게 썰어 비네그레트 소스 1숟가락 분량에 담가둔다. 드레싱을 샐러드에 붓기 전에 이 쪽파를 먼저 샐러드 채소에 흩뿌린다.

바질을 넣은 토마토 샐러드
Sliced Tomatoes with Basil
4인분

토마토의 계절인 7~9월에 농산물 시장에 가면 다양한 색, 크기와 향을 지닌 토마토를 볼 수 있다. 여러 종류의 토마토를 얇게 저미거나 쐐기 모양으로 잘라 눈부실 정도로 화려한 샐러드를 만들어보자.

중간 크기의 토마토(약 570그램) 4개
를 씻어 꼭지를 도려낸다. 6밀리미터 두께로 잘라 접시에 놓고

소금
을 뿌린다.

바질 잎 5장
을 잘 겹쳐 돌돌 말아 길고 가는 원통형으로 만든다. 가위나 칼로 원통형으로 만든 바질 잎을 송송 썬다. 썬 바질 잎을 풀어보면 얇고 긴 모양이 된다(이렇게 썰어 놓은 모양을 시퍼나드라고 한다). 이 바질 시퍼나드를 토마토에 올리고

엑스트라 버진 올리브유 2~3큰술
을 뿌린다.

변형하기

- 신선한 모차렐라 치즈나 페타 치즈, 케소 프레스코 queso fresco 230그램을 얇게 썬다. 역시 얇게 잘라서 소금으로 간을 한 토마토 사이 사이에 치즈를 끼우고 바질과 올리브유로 마무리한다.
- 올리브유 대신 비네그레트 소스를 만들어 쓴다. 샬롯 하나를 다지고 레드 와인 식초 1큰술, 소금을 섞고 후추를 갈아 넣는다. 신선한 바질 가지 1개를 넣고 15분 정도 불린다. 바질을 건져내고 엑스트라 버진 올리브유 3~4큰술을 넣고 잘 젓는다.
- 바질 대신 여름 세이버리, 민트나 마저럼, 파슬리 같은 허브를 써도 좋다.
- 방울토마토 몇 개를 반으로 잘라 소금을 뿌린 다음 올리브유, 혹은 비네그레트 소스에 굴린다. 바질을 얇게 썬 토마토 위에 뿌릴 때 이 방울토마토도 같이 올린다.

껍질콩과 방울토마토 샐러드
Green Bean and Cherry Tomato Salad
4인분

방울토마토와 껍질콩은 크기가 다양하고 색도 여러 가지다. 구할 수 있는 모든 색과 크기의 껍질콩과 방울토마토를 모두 섞어서 샐러드를 만들어보자. 껍질을 까서 먹는 콩알도 넣으면 좋다. 콩 종류는 미리 익혀 냉장고에 식혀둔다.

껍질콩 230그램(풋강낭콩, 어린 블루레이크 껍질콩 Blue Lake**, 켄터키 원더**Kentucky Wonder **같은 종류의 껍질콩을 쓴다)**
의 깍지 끝부분을 잘라 버린다. 소금을 넣고 끓인 물에 넣고 부드러워질 때까지 익힌다. 물을 버리고 재빨리 납작한 오븐 팬이나 쟁반에 콩을 펴놓고 식힌다.
방울토마토 230그램
의 꼭지를 따고 반으로 자른다.
곱게 다진 작은 샬롯 1개 분량
레드 와인 식초 1큰술
소금과 신선하게 갈아낸 검은 후추

를 커다란 볼에 넣고 잘 섞는다. 맛을 보고 부족한 양념을 추가한다. 15분 이상 두고 맛이 어우러지게 한 다음

엑스트라 버진 올리브유 1/4컵

을 넣고 거품기로 섞는다. 필요하면 식초와 소금을 더 넣어 간을 한다. 방울토마토를 볼에 넣고 만들어둔 소스에 버무린다. 또 맛을 본 다음 껍질콩을 넣고

바질 잎 6장

을 가늘고 길게 썰어서(원하는 다른 모양으로 썰어도 상관없다) 살살 섞는다. 마지막으로 또 맛을 보고 소금이나 식초를 더 넣어 간을 맞춘다.

변형하기

- 검정 올리브를 다져서 드레싱에 넣는다.
- 껍질콩만 넣어도 훌륭한 샐러드가 된다. 무엇보다 바질 조금과 파슬리를 많이 다져서 섞으면 정말 맛있다.
- 방울토마토 대신 빨강 파프리카를 구워 껍질을 벗기고 얇게 썰어서 넣어도 좋다.

니스식 샐러드
Niçoise Salad
4인분

재료를 섞지 않고 가지런히 따로따로 담아 내는 샐러드로 프로방스 지방의 레시피를 기본으로 해서 만들었다. 니스식 샐러드는 점심으로 먹으면 안성맞춤이고 가벼운 저녁 메뉴로도 훌륭하다. 상큼한 여름철 채소와 향이 강한 안초비, 든든한 완숙 달걀의 맛이 잘 어우러져 맛있다.

염장 안초비 3마리

를 물에 담가 짠 기를 제거하고 뼈를 발라낸다. 살을 길이 방향으로 길게 잘라서 올리브유를 살짝 바른다.

완숙 토마토 340그램

을 씻어 꼭지를 도려낸다. 쐐기 모양으로 작게 자르고

소금

으로 간을 한다.
소금을 넣어 끓인 물에

손질한 껍질콩 110그램

을 넣고 부드러워질 때까지 데친 다음 물을 버리고 펼쳐서 식힌다.

반으로 잘라서 꼭지와 씨, 심지를 도려낸 붉은색 파프리카 1개

를 얇고 길게 자른다.

중간 크기 오이 2개나 큰 오이 1개

의 껍질을 벗기고 자른다. 쐐기 모양의 한입 크기로 잘라도 되고 큼직큼직하게 썰거나 얇게 저며도 상관없다. 우묵한 냄비에 물을 담아

달걀 2개

를 삶는다. 보글보글 끓는 물에서 5분 정도 삶아 찬물에 식힌다.

레드 와인 식초 1½큰술

소금

신선하게 갈아낸 검은 후추

껍질을 벗겨 다진 마늘 1쪽

을 작은 볼에 넣고 잘 섞는다. 소금이 모두 녹도록 잘 저은 다음 몇 분간 가만히 둬 양념이 어우러지게 한다.

엑스트라 버진 올리브유 4큰술

다진 바질 잎 5장 분량

도 넣어준다. 맛을 보고 소금이나 식초가 더 필요하면 추가한다.

달걀 껍질을 벗기고 4등분한다. 오이와 피망, 껍질콩에 소금을 뿌려 간을 하고 준비한 비네그레트 소스에서 1/4가량을 남기고 부어서 버무린다. 준비한 채소를 접시에 올리고 남은 소스에 토마토를 살살 버무린 다음 채소 주위에 두르듯이 올린다. 샐러드에 달걀과 손질한 안초비를 올려 장식한다.

변형하기

- 좀 더 든든한 샐러드를 만들려면 신선한 참치 살코기 340그램을 석쇠에 굽거나 프라이팬에 빠르게 살짝 익힌다. 속은 거의 익지 않을 정도로만 익혀 조각내고 비네그레트 소스를 조금 넣어 버무린 다음 채소와 함께 접시에 올린다.
- 상추나 루콜라를 바닥에 깔고 샐러드를 올려 내도 좋다.

- 피망을 구워 껍질을 벗기고 씨를 제거한 다음 길게 잘라서 샐러드에 넣는다.

리크 비네그레트
Leeks Vinaigrette
4인분

리크는 상추류가 잘 안 나는 추운 계절이 제철이다. 리크에 겨자 맛이 강한 비네그레트 소스를 뿌리면 겨울에 어울리는 산뜻한 샐러드가 된다.

작은 리크 12대(지름이 최소 2.5센티미터는 되어야 함) 혹은 중간 크기의 리크 6대
를 손질하고 깨끗이 씻는다(280쪽 참고).
냄비에 소금물을 넉넉하게 끓여 리크를 7~12분간 부드러워질 때까지 데친다. 잘 드는 칼로 뿌리 부분의 가장 두꺼운 부분을 잘라서 다 익었는지 확인해보자. 리크가 완전히 부드러워진 상태라면 잘 잘릴 것이다. 리크가 다 익으면 조심스럽게 꺼내 물기를 제거하고 한쪽에 두어 식힌다.
　비네그레트를 만들 차례이다.
레드 와인 식초 1큰술
디종 머스터드 2작은술
소금
신선하게 갈아낸 검은 후추
를 작은 볼에 한데 넣고 잘 섞는다.
엑스트라 버진 올리브유 1/4컵
을 넣고 거품기로 젓는다.
맛을 보고 필요한 양념을 보충한다.
　식힌 리크를 손에 쥐고 남아 있는 물기를 부드럽게 짜낸다. 두꺼운 리크 줄기는 길게 반으로 자르거나 4등분한다. 소금을 1꼬집 뿌리고 부드럽게 뒤적여 양념한다. 식탁에 낼 준비가 다 되면 접시에 리크를 올리고 비네그레트 소스를 뿌린 다음 살짝 뒤집어 소스를 고루 입힌다.
다진 파슬리나 처빌 1큰술
을 흩뿌린다.

변형하기
- 완숙 달걀 1½개 분량을 큼직하게 다져 파슬리와 함께 리크에 뿌린다.
- 소금에 절인 안초비 필렛 4개를 큼직하게 다져 파슬리와 함께 리크에 뿌린다.
- 익힌 리크에 올리브유를 뿌리고 소금으로 양념한 후 중간 세기의 숯불에 구워 소스를 뿌려 낸다.

뿌리셀러리 레물라드
Celery Root Rémoulade
4인분

이 겨울 샐러드는 절인 비트 샐러드나 당근 샐러드, 혹은 루콜라 샐러드와 곁들여 내는 것이 좋다.

중간 크기의 뿌리셀러리 1개
의 갈변한 잎사귀 부분을 정리하고 잔뿌리를 자른다. 잘 씻은 다음 잘 드는 칼이나 채칼을 이용해 뿌리셀러리를 3밀리미터 두께로 자른다. 이 뿌리셀러리를 다시 잘라 성냥개비 크기로 채 썬다. 여기에
소금
화이트 와인 식초 1작은술
을 넣고 뒤적인다. 작은 볼에
크렘 프레슈 2큰술
디종 머스터드 2작은술
레몬 1/2개 분량의 레몬즙
엑스트라 버진 올리브유 2작은술
소금
신선하게 갈아낸 검은 후추
를 넣고 잘 저어 섞는다. 뿌리셀러리에 뿌리고 뒤적여서 양념이 고루 묻도록 한다. 먹어보고 짠맛이나 신맛이 부족하면 양념을 더한다. 바로 식탁으로 내어 가도 좋고 하루 정도는 냉장 보관해두었다가 먹어도 괜찮다.

변형하기
- 다른 뿌리채소를 생으로 채썰어 뿌리셀러리 샐러드에 더한다. 루타바가rutabaga, 당근이나 무가 잘 어울린다.

- 다진 파슬리나 처빌, 민트를 뿌린다.
- 로켓 샐러드와 섞어서 먹는다.
- 크렘 프레슈 대신 달걀노른자 1개와 올리브유 3큰술을 거품기로 잘 섞어 넣어도 된다.

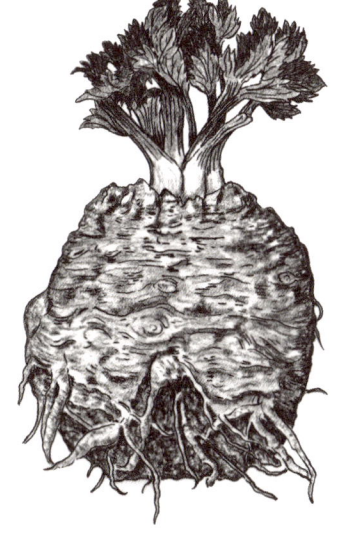

절인 비트 샐러드
Marinated Beet Salad
4인분

여러 색깔의 비트를 섞어 쓰면 보기 좋은 샐러드를 만들수 있다. 단 빨간색 비트는 따로 손질해서 넣어야 다른 재료에 색이 물들지 않는다.

비트의 잎사귀 부분을 1.3센티미터 정도만 남기고 모두 잘라낸다.

비트 450그램(붉은 비트, 키오자 비트, 속이 노란 비트 혹은 흰색 비트)

을 꼼꼼하게 씻는다. 물 조금과 함께 오븐 용기에 넣고 (용기의 바닥에 찰랑거릴 정도로 물을 넣거나 3밀리미터 정도 깊이로 붓는다)

소금

을 뿌린다. 오븐 용기의 뚜껑을 완전히 닫고 175도로 가

열한다. 날카로운 칼끝으로 찔러보아 쑥 들어가면 다 익은 것이다. 비트의 크기에 따라 다르긴 하지만 30분에서 한 시간 정도 익히면 된다. 뚜껑을 열고 구운 비트를 식힌 다음 비트의 줄기가 달려 있던 윗대와 뿌리 부분을 잘라내고 껍질을 깐다. 껍질을 벗긴 비트를 작게 쐐기 모양으로 자르거나 6밀리미터 크기로 깍둑썰고

식초 1작은술(레드 와인 식초, 셰리 와인 식초나 화이트 와인 식초)

소금

을 뿌린다. 비트에 양념이 스미도록 몇 분간 둔 후에 맛을 보고 필요하면 식초와 소금을 더한다.

엑스트라 버진 올리브유 1~2작은술

을 넣고 뒤적거린다. 비트만 그릇에 담아 내거나 다른 샐러드에 곁들여 낸다.

변형하기

- 식초만 넣는 대신 식초와 신선한 오렌지 주스를 섞어 넣고 오렌지 껍질을 갈아 넣고 버무린다.
- 민트나 타라곤, 고수 같은 신선한 허브 잎을 1큰술 다져 넣고 섞는다.
- 신선한 생강을 갈아서 1/2작은술을 올리브유를 넣는 단계에서 함께 넣는다.
- 오븐에 구울 때 회향 씨나 쿠민 씨 1작은술을 뿌린다.
- 올리브유 대신 견과 기름을 조금 넣고 버무린다. 호두 기름이 특히 비트와 잘 어울려 맛있다.

코울슬로
Coleslaw
4인분

그린 캐비지, 적채나 사보이 양배추, 배추를 쓴다. 배추는 다 맛있지만 양배추의 종류에 따라 특징이 다른 샐러드가 된다.

작은 양배추 1개

의 질긴 겉잎을 뜯어낸다. 양배추를 4등분하고 중앙의 심지 부분을 잘라 버린다. 단면을 아래로 하고 짧은 쪽부

터 얇게 채를 친다.

최대한 얇게 채 친 작은 자색 양파 1/2개
소금

과 양배추를 커다란 볼에 넣고 섞는다.

사과주 식초나 와인 식초 1큰술
소금
신선하게 갈아낸 검은 후추

를 넣고 섞어 비네그레트 소스를 만드는 기초 작업을 한다. 소금이 녹도록 잘 저으면서

올리브유 4큰술

을 넣고 거품기로 섞는다.

맛을 보고 부족하면 식초와 소금을 더 넣어 간을 맞춘다. 소스를 양배추와 양파에 붓고 잘 뒤적인다. 다시 맛을 보고 신맛과 짠맛을 조절한다. 바로 먹어도 되고 풍미가 스미고 양배추가 부드러워질 때까지 잠시 두었다가 먹어도 맛있다.

변형하기

- 사과 하나를 4등분하고 씨를 도려낸다. 얇게 저미거나 깍둑썰어서 양배추, 양파와 섞는다.
- 파슬리나 다른 부드러운 허브 잎 다진 것 2~3큰술을 마지막에 넣고 섞는다.
- 뿌리셀러리의 껍질을 벗기고 성냥개비처럼 가늘고 길게 채썰어 1/4컵을 넣는다.
- 할라페뇨나 세라노같이 아주 매운 고추 2~3개의 씨와 줄기를 제거하고 얇게 썰어 섞는다. 식초 대신에 라임즙을 넣고 마지막에 다진 고수 잎 1큰술을 뿌려 버무린다.
- 올리브유 대신 직접 만든 마요네즈 1/4컵(58쪽 참고)을 쓴다.

감자 샐러드
Potato Salad
4인분

옐로 핀이나 유콘 골드와 같은 속이 노란 감자는 감자 샐러드를 만들기에 질감이 적당하고 풍미가 좋다. 구워 먹

는 러셋 감자 같은 종류는 잘 부스러지기 때문에 적당하지 않다.

매끈매끈한 감자 700그램(옐로 핀, 유콘 골드나 레드 크리머)

을 팔팔 끓는 소금물에 넣고 물렁해질 때까지 삶는다(작고 예리한 칼로 찔러보았을 때 푹 들어갈 정도로 익혀야 한다). 물기를 빼고 식힌 다음 껍질을 벗기고 한입 크기로 자른다. 믹싱 볼에 옮겨 담는다.

실온에 두었던 달걀 2개

를 끓는 물에 넣고 9분간 삶는다. 찬물에 식혀 껍질을 벗긴다.

와인이나 사과주 식초, 혹은 쌀 식초 1큰술
소금
신선하게 갈아낸 검은 후추

를 한데 섞는다. 잘라둔 감자에 소스를 붓고 가만 가만 뒤적여 섞은 후 7분 정도 그대로 두어 식초가 감자에 스며들도록 한다.

6밀리미터 크기로 깍둑썰거나 얇게 저민 자색 양파 1/2개
엑스트라 올리브유 1/4컵

을 감자에 넣는다. 조심스럽게 섞는다. 맛을 보고 소금과 식초를 더 넣어 간을 맞춘다. 달걀을 다져

다진 쪽파 1큰술
다진 파슬리 1큰술

과 함께 감자에 넣고 살살 섞는다.

변형하기

- 올리브유 대신 직접 만든 마요네즈 1/3컵(58쪽 참고)을 넣는다.
- 올리브유 대신 크렘 프레슈 1/4컵을 쓴다.
- 절인 케이퍼의 물기를 빼고 다져서 2큰술 넣는다.
- 익힌 감자가 아직 뜨거울 때 껍질을 벗기고 자른 다음 소금과 식초로 버무린다. 작게 자른 베이컨 2~3조각을 강불로 빠르게 익힌다. 올리브유 1큰술당 베이컨 기름 1큰술을 대신해서 넣는다. 남은 베이컨 기름을 감자와 허브에 뿌리고 베이컨도 넣어 섞은 다음 따뜻

할 때 식탁에 낸다. 달걀을 아예 빼거나 감자 샐러드에 올린다.

당근 샐러드
Carrot Salad
4인분

내 딸이 제일 좋아하는 샐러드이다. 그래서 가끔 아주 조금만 만들어서 점심 도시락에 넣어주곤 했는데 그때마다 지루하지 않도록 당근의 모양을 여러 가지로 바꿨다. 강판에 갈기도 했고 껍질 벗기는 칼로 얇게 저며 돌돌 말리는 모양으로 만들어도 보았고 성냥처럼 길쭉하게, 혹은 그냥 얇게 썰어서 샐러드를 하기도 했다.

당근 450그램
의 껍질을 벗기고 강판에 간다.
작은 볼에
레드 와인 식초 1작은술
신선한 레몬즙 2작은술
소금
신선하게 갈아낸 검은 후추
를 넣고 저어서 비네그레트 소스를 만들 준비를 한다.
올리브유 1/4컵
을 넣고 거품기로 저어 섞는다.
맛을 보고 필요한 양념을 더 넣는다. 소스에 당근을 넣고 섞으면서
다진 파슬리 2큰술
도 넣어 버무린다. 샐러드를 10분 정도 놓아둔 다음 다시 맛을 보고, 필요하면 소금이나 레몬즙, 혹은 올리브유를 넣어 간을 맞춘다.

변형하기
• 당근을 가는 대신 굉장히 잘게 썰거나 아주 가늘게 채를 썰어 샐러드를 만든다.

• 신선한 오렌지즙을 2큰술 넣는다.

생강을 넣은 모로코식 당근 샐러드
Moroccan Carrot Salad with Ginger
4인분

당근이 향신료의 풍미를 완전히 흡수하도록 오래오래 절였을 때 가장 맛있는 샐러드다.

커다란 당근 4개
의 껍질을 벗겨 길이 5센티미터, 폭 6밀리미터인 작은 직사각형 막대 모양으로 자른다. 소금을 넣고 끓인 물에 부드러워질 때까지 삶는다. 나긋나긋하게 휘어지지만 가운데는 단단함이 남아 있을 정도로만 익혀야 한다. 물을 따라내고
소금
을 뿌린다.
작은 볼에
볶아서 가루를 낸 쿠민 씨와 고수 씨 각각
1/2작은술
껍질을 벗겨 곱게 간 신선한 생강 2.5센티미터
크기 1조각
고춧가루 1꼬집
을 넣고 섞는다. 온기가 남아 있는 당근에 양념을 뿌리고 살살 뒤적인다. 실온에서 몇 시간 동안 양념이 스미도록 두거나 냉장고에 밤새 보관한다. 식탁에 내기 직전에
라임 1/2개 분량의 라임즙
엑스트라 버진 올리브유 2큰술
다진 고수나 파슬리 2큰술
을 거품기로 섞는다. 당근 샐러드에 붓고 부스러지지 않게 살며시 버무린다. 맛을 보고 간이 부족하면 소금과 라임즙을 더 넣는다.

변형하기
• 블랙 올리브나 그린 올리브를 샐러드에 올린다.
• 고수나 파슬리 대신 민트를 쓴다.

얇게 썬 회향 샐러드
Shaved Fennel Salad
4인분

회향 구근을 종잇장처럼 얇게 저며 샐러드를 만들면 아주 섬세한 맛이 난다. 그렇지만 칼로 구근을 얇게 썰기가 굉장히 어렵기 때문에 나는 종종 일제 플라스틱 채칼을 쓴다. 채칼을 쓸 때는 손가락을 베지 않게 항상 조심하고 안전장치를 최대한 이용해야 한다.

회향 구근 2개
의 꼭지 부분과 뿌리가 있던 아랫부분을 잘라 다듬는다. 깃털처럼 보드라운 잎사귀 몇 개는 따로 챙겨 장식할 때 쓴다. 색이 변했거나 수분이 빠져 마른 겉잎은 벗겨서 버린다.

신선한 레몬즙 2큰술
레몬 1/4개 분량의 껍질 간 것
화이트 와인 식초 1작은술
소금
신선하게 갈아낸 검은 후추
를 섞어서 드레싱을 만들 준비를 한다. 여기에

엑스트라 버진 올리브유 3큰술
을 넣으면서 저어 섞는다. 맛을 보고 소금과 레몬즙을 더 넣어 간을 맞춘다. 식탁에 낼 준비가 다 되었을 때 회향을 가로로 얇게 썬다. 크기가 작은 일제 채칼이 있으면 이 작업을 쉽게 할 수 있고 자른 모양도 예쁘다. 회향을 드레싱에 버무린다. 또 맛을 보고 필요한 양념을 추가한다. 취향에 따라

다진 회향 줄기 1작은술
을 뿌려도 좋다.

변형하기
- 감자 칼로 깎으면 파르메산 치즈가 얇고 둥글게 말리는데 회향 샐러드와 곁들여 먹으면 아주 맛있다.
- 메이어 레몬을 구할 수 있다면 일반 레몬을 쓸 때보다 2배 많은, 1/2개 분량의 껍질을 갈아서 넣는다.
- 다진 초록 올리브 1½큰술을 드레싱에 넣는다.
- 회향에 다진 파슬리 이파리 2큰술을 섞는다.
- 파프리카, 셀러리, 래디시도 얇게 저며서 회향과 함께 드레싱에 버무려 먹는다(따로 버무려서 섞어도 되고 다 함께 버무려도 상관없다).

올리브와 케이퍼를 넣은 콜리플라워 샐러드
Cauliflower Salad with Olives and Capers
4인분

한겨울에 먹으면 짜릿하게 맛있는 샐러드다.

중간 크기 콜리플라워 1개
의 잎을 떼고 줄기를 잘라내며 다듬는다. 먼저 크게 조각을 낸 다음 작은 봉오리를 잘라 나눈다. 끓는 소금물에 살짝 익을 정도로 데쳐 물기를 빼고 식힌다.

1개 분량의 레몬즙
소금
신선하게 다진 검은 후추
를 커다란 볼에 넣고 섞는다.

엑스트라 버진 올리브유 3큰술
을 넣으면서 젓는다.
손질한 콜리플라워를 넣고 드레싱에 버무린다. 맛을 보고 필요하면 레몬즙과 소금을 더 넣는다.

씨를 빼고 굵게 다진 올리브 1/4컵
다진 파슬리 2큰술
물에 헹구어 다진 케이퍼 1큰술
을 넣고 가볍게 뒤적여 섞는다.

변형하기
- 케이퍼 대신 얇게 썬 래디시를 1/4컵 넣는다.
- 파슬리 대신(또는 추가해서) 마저럼, 바질, 민트 등을

넣어도 좋다.

크림과 민트를 넣은 오이 샐러드
Cucumbers with Cream and Mint
4인분

오이의 종류는 무척이나 많으며 모두 풍미와 식감이 다르다. 내가 좋아하는 종류는 아르메니안 오이, 재패니즈 오이, 레몬 오이이다.

오이 2개
의 껍질을 벗기고 얇게 썬다. 굵고 억센 씨가 들어 있으면 오이를 길게 반으로 자른 다음 숟가락을 이용해 씨 부분을 긁어내고 얇게 썰면 된다. 오이를 중간 크기의 볼에 넣고

소금
을 뿌린다.
다른 볼에

헤비 크림 1/4컵
올리브유 3큰술
레몬 1/2개의 레몬즙
신선하게 갈아낸 검은 후추

를 넣고 섞어 드레싱을 만든다. 오이에서 물이 나오면 따라 버린다. 오이에 드레싱을 붓고 섞는다.

민트 가지 3개에서 잎만 따서
굵게 다지고 오이에 넣고 버무린다. 맛을 보고 필요하면 소금을 더한다. 차갑게 보관해두었다가 식탁에 낸다.

변형하기
- 찧은 마늘을 드레싱에 넣는다.
- 얇게 썰어 올리브유와 식초에 버무린 비트를 오이 샐러드에 곁들인다.
- 오이를 강판에 갈거나 작게 깍둑썰어서 구운 연어에

끼얹으면 맛있는 소스가 된다.
- 민트 대신 파슬리, 처빌, 바질이나 고수를 써도 좋다.
- 헤비 크림 대신 플레인 요거트를 쓴다.
- 쿠민 씨, 고수 씨, 겨자 씨 같은 향신료를 드레싱에 더한다.

렌틸콩 샐러드
Lentil Salad
4인분

풍미가 풍부하며 익혀도 모양이 흐트러지지 않아서 프렌치 그린 렌틸콩이나 검정 벨루가 렌틸콩이 가장 좋다.

렌틸콩 1컵
에서 상태가 좋지 않은 것을 골라내고 깨끗이 씻는다. 렌틸콩보다 7.5센티미터 더 높게 물을 붓고 삶는다. 부글부글 끓으면 불을 줄이고 콩이 완전히 말랑해질 때까지 약 30분간 익힌다(물이 졸아 부족해지면 더 부어준다). 콩 삶은 물을 모두 버리지 말고 1/2컵 남겨둔다.

레드 와인 식초 1큰술
소금
신선하게 갈아낸 검은 후추

를 콩에 넣고 섞는다. 5분간 양념이 스미도록 기다린다. 맛을 보고 필요하면 소금과 식초를 더 넣는다.

엑스트라 올리브유 3큰술
얇게 썬 스캘리언 1/4컵이나 곱게 다진 샬롯 3큰술
다진 파슬리 3큰술

을 넣고 뒤직여 섞는다. 렌틸콩이 마른 듯하고 잘 섞이지 않으면 보관해두었던 콩 삶은 물을 조금 넣으면 된다.

변형하기
- 깍둑썬 오이 1/2컵을 넣는다.
- 프라이팬에 올리브유 두어 숟가락을 두르고 아주 작게 깍둑썬 당근, 셀러리, 양파 각 1/4컵을 넣어 부드러워질 때까지 볶는다. 완전히 식혀서 스캘리언이나 샬롯 대신 샐러드에 넣는다.
- 부슬부슬하게 부순 고트 치즈나 페타 치즈 1/2컵을 샐

러드에 올린다.

- 쿠민 씨 1/2작은술을 볶아서 빻아 샐러드에 넣는다. 파슬리 대신 고수 잎을 넣는다.
- 풍미가 가득한 피망 1/4컵을 깍둑썰어 소금으로 간을 하고 부드러워지도록 잠시 둔다. 스캘리언이나 샬롯과 함께 샐러드에 넣는다.

타불레 샐러드
Tabbouleh Salad
4인분

벌거bulgur와 다진 허브, 그리고 토마토를 넣어 만든 레바논 샐러드이다. 이 샐러드는 곡물보다 허브가 더 많이 들어가서 놀랄 만큼 푸릇푸릇하고 신선한 맛이 난다. 벌거는 살짝 삶거나 쪄서 말린 밀을 빻은 것이기 때문에 잠깐 끓이거나 간단히 물에 담그기만 해도 먹을 수 있다.

벌거 밀 1/2컵

에 벌거보다 2.5센티미터 정도 더 올라올 만큼 찬물을 붓는다. 벌거가 통통하게 불 때까지 20분 정도 담가뒀다가 체에 받쳐 물기를 뺀다. 벌거를 불리는 동안 다른 재료를 준비한다.

커다란 파슬리 1½다발(다졌을 때 1½컵 분량)
민트 1다발(다졌을 때 1/3컵 분량)
스캘리언 1개, 흰 부분과 초록 부분을
골고루(다졌을 때 1컵 분량)

다진다. 커다란 볼에 다진 허브를 한데 섞고

잘 익은 중간 크기 토마토 2개

도 꼭지 부분을 도려내고 잘게 썰어서 넣는다.
물에 불린 벌거를 손으로 꼭 쥐어짜고 최대한 물기를 제거한다. 미리 다져두었던 허브, 토마토와 벌거를 섞고

레몬 1개의 즙
소금
엑스트라 버진 올리브유 1/4컵

을 넣어 버무린다. 맛을 보고 부족하면 소금이나 레몬즙, 올리브유를 더 넣는다. 벌거에 허브와 양념의 풍미가 충분히 스며들도록 식탁에 올리기 전에 한 시간은 재

두어야 한다. 취향에 따라 로메인 상추 잎을 곁들여 내고 샐러드를 상추에 올려 먹어도 좋다.

수프

Soup

또……

소고기 육수
Beef Broth
약 3리터 분량

비프 브레이즈, 스튜, 수프에 넣으면 좋은 기본 소고기 육수를 만드는 레시피이다.

두꺼운 베이킹 팬이나 로스팅 팬에
> **소고기 뼈 2킬로그램(살이 붙은 뼈와 뼈 도가니 부위를 섞으면 좋다)**

을 담아 200도로 예열한 오븐에 넣고 갈색이 될 때까지 약 25분간 굽는다. 뼈를 뒤집고 이 로스팅 팬에
> **껍질을 벗겨 큼직하게 썬 당근 1개**
> **껍질을 벗겨내고 커다랗게 자른 양파 1개**
> **크게 툭툭 자른 셀러리 줄기 1대**

를 넣고 다시 25분간 굽는다. 구운 뼈와 채소를 커다란 냄비에 옮겨 담고
> **검은 통후추 2~4개**
> **타임 가지 3대**
> **4등분한 토마토 2개(취향에 따라)**
> **파슬리 줄기 몇 대**

도 넣는다. 내용물이 다 덮이도록 물 4리터를 붓는다. 팔팔 끓도록 두었다가 약불로 줄여 보글보글 끓인다. 떠오르는 찌꺼기는 다 걷어낸다. 여섯 시간 동안 약불에서 곤다. 중간중간 물의 양을 확인하고 뼈가 드러날 정도가 되면 물을 보충한다. 여섯 시간 후 건더기를 거르고 기름을 걷어낸다. 보관 용기에 넣어 뚜껑을 닫기 전에 완전히 식혀야 한다. 냉장실에서는 1주일, 냉동실에 넣으면 2달까지 보관이 가능하다.

풋마늘과 세몰리나 수프
New Garlic and Semolina Soup
약 2리터 분량; 4~6인분

거칠게 빻은 듀럼 밀, 즉 세몰리나는 집에서 만든 단순한 닭고기 육수를 더 든든하고 식감도 부드러운 수프로 바꾼다.

무거운 수프 냄비에
> **닭고기 육수(치킨 브로스) 2리터**
> **면실로 묶은 허브 1다발(타임과 파슬리 몇 대와 월계수 잎 1장)**
> **소금**

을 넣고 팔팔 끓인다.
거품기로 계속 저으면서
> **세몰리나 ½컵**

을 뿌려 넣는다. 불을 낮추고 세몰리나가 육수에 떠 있지 않고 바닥에 가라앉아 있지도 않은 상태가 될 때까지, 약 5분간 끓이다가
> **초록 잎 부분을 다듬고 곱게 다진 풋마늘 3대 (뿌리와 줄기 모두)**

를 넣는다. 약불로 약 20분간 살살 끓이면서 간간이 나무주걱으로 젓는다. 허브 다발을 건져내고 맛을 보고 소금이나 물을 더해 간을 맞춘다. 뜨거운 상태로 식탁에 낸다.

변형하기

- 식탁에 낼 때 익혀서 다진 시금치를 그릇에 넣는다.
- 수프를 담은 그릇에 파르메산 치즈나 페코리노 치즈를 갈아 넣는다.
- 수프를 담은 그릇에 허브 버터를 조금 띄운다.
- 수프를 13분간 끓인 시점에 껍질을 깐 완두콩이나 얇게 썬 스냅 피 1컵을 넣는다.

세이지와 파슬리를 넣은 마늘 육수
Garlic Broth with Sage and Parsley

마늘과 허브의 활력이 녹아들어 있는 이 수프는 육수를 넣어 만들지만, 없을 경우 물만으로도 만들 수 있는 유서 깊은 원기 회복용 수프이다. 옛말에 "마늘은 열 엄마 못 지않다"라는 말도 있지 않은가.

이른 봄에 덜 익은 풋마늘로 만들어도 좋고 늦은 봄, 이른 여름에 땅에서 막 수확해서 마늘 쪽이 다 야물지 않은 햇마늘로 만들어도 좋다.

육수 1컵당 얇게 썬 풋마늘 2~3작은술이나 얇게 저민 마늘 1~2쪽 분량의

신선한 마늘의 껍질을 벗겨 얇게 썬다.

묽은 닭고기 육수 약간에 신선한 세이지 몇 잎파리를 넣고 끓인다. 팔팔 끓으면 체를 써서 세이지 잎을 건져낸다(세이지를 너무 오래 끓이면 육수의 맛이 떨어지고 색이 검어진다). 썬 마늘을 육수에 더하고 소금을 넣어 간한다. 약 5분간 더 끓인다. 묵은 빵도 좋고 아무 빵이나 한 조각 구워서 올리브유를 조금 뿌리고 수프 그릇에 담는다. 빵이 담긴 그릇에 국자로 수프를 떠 담고 큼직하게 다진 파슬리 1꼬집을 뿌려 먹는다. 더 든든한 수프로 먹고 싶으면 육수에 달걀 하나를 깨 넣고 수란으로 익혀 빵에 올려 함께 먹으면 된다

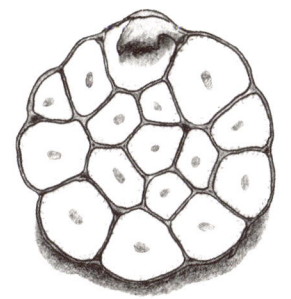

토르티야 수프
Tortilla Soup
2리터분량;4~6인분

식탁에 다양한 고명거리를 올려놓고 원하는 것을 직접 넣어 먹는, 전통적인 멕시코 스타일 수프다.

닭고기 육수 1.5리터

를 뭉근히 끓이고

닭 가슴살 1쪽(껍질과 뼈까지 붙어 있으면 수프의 풍미가 더욱 좋아진다)

을 넣는다. 부글부글 끓을락 말락 할 정도로 불을 낮추어 약 20분간, 닭고기가 완전히 익을 때까지 끓인다. 불을 끄고 닭 가슴살을 접시에 옮겨 식힌다. 뼈와 닭 껍질을 발라내고 닭고기를 잘게 찢는다.

지름 20센티미터 크기의 바닥이 두꺼운 냄비를 중불에 올리고

땅콩 기름이나 식물성 기름 1/2컵

을 붓고

1.3센티미터 굵기로 길게 썬 토르티야 4개 분량

을 튀긴다. 토르티야는 조금씩 나눠 넣고 노릇하고 바삭하게 튀긴다. 종이 타월에 올려 기름을 빼고 소금으로 간을 한다.

커다랗고 바닥이 두꺼운 냄비에

올리브유 2큰술

을 넣고 가열한 후

씨를 빼고 얇고 길게 썬 애너하임 그린 고추 1개
얇게 채 썬 중간 크기 양파 1/2개
편으로 썬 마늘 2쪽
소금

을 넣는다. 재료가 모두 부드러워질 때까지, 약 5분간 볶는다. 뜨거운 닭고기 육수에 익힌 재료를 넣고

껍질을 벗겨 씨를 제거한 후 깍둑썰기한 토마토 2개, 혹은 캔에 든 홀 토마토 3개를 깍둑썬 것 (토마토즙도 넣어야 함)
씨를 제거한 치폴레 건고추 1개
소금

을 더하고 재료를 넣은 닭고기 육수를 팔팔 끓인 후 보글보글 끓을 정도로 불을 낮추고 30분간 더 가열한다.

찢어두었던 닭고기를 넣고 다시 팔팔 끓지는 않을 정도로 살짝 수프를 데운다. 맛을 보고 부족하면 소금을 더 넣어 간을 맞춘다.

수프에는 바삭바삭한 토르티야 튀김을 곁들이고 고명으로 올리도록

다진 고수 1/2컵

쐐기 모양으로 자른 라임 6조각

바스러프린 케소 프레스코 queso fresco **나 강판에 간 몬터레이 잭 치즈 110그램**

껍질을 벗겨 채를 썬 히카마 1/2컵

잘게 썬 무 1/2컵

깍둑썬 아보카도 1개

를 그릇에 따로 담아 낸다.

변형하기

- 신선한 멕시칸 오레가노 다진 것 1½작은술을 육수에 넣는다.
- 할라페뇨 피클과 자색 양파도 수프에 올리면 맛있다.
- 삶아서 물기를 뺀 검정콩과 기름에 빠르게 볶은 근대를 넣으면 더 든든한 수프가 된다.

치킨 누들 수프
Chicken Noodle Soup
1.5리터 분량; 4인분

몸이 좀 안 좋을 때면 생각나는 수프다. 위에 부담스럽지 않고, 깔끔하면서도 풍미가 가득하다.

커다란 냄비에

닭 가슴살 1쪽(껍질과 뼈까지 붙어 있으면 수프의 풍미가 더욱 좋아진다)

닭고기 육수 1리터

를 넣고 팔팔 끓이다가 보글보글 끓도록 불을 낮춘다. 육수 위에 떠오른 거품은 걷어내고

껍질을 벗겨 얇게 썬 중간 크기의 양파 1/2개

껍질을 벗겨 얇게 썬 당근 1/2개

다듬어 얇게 썬 셀러리 줄기 1/2대

껍질을 벗겨 얇게 썬 파스닙 1/4개

파슬리 가지 1개

를 넣는다. 40분간 아주 약한 불로 뭉근히 끓인다. 불을 끄고 조심해서 닭 가슴살을 건져내 식힌다. 고운 망에 육수를 거르고 남은 채소 건더기를 버린다. 기름을 걷어내고 소금을 넣어 간을 맞춘다.

닭 가슴살이 완전히 식으면 껍질과 뼈를 분리해 버리고 살을 한입 크기로 찢는다. 살코기를 오목한 그릇에 담고 닭고기 육수를 1~2순가락 떠넣어 살이 마르지 않게 한다.

그동안 소금 넣은 물을 냄비에서 팔팔 끓이고

부수거나 한입 크기로 자른 페투치니 파스타 면 30그램

을 넣고 면이 부드러워질 때까지 삶은 후 체로 건져 찬물로 헹군다.

바닥이 두꺼운 육수용 냄비에

깍둑썬 양파 3큰술

깍둑썬 당근 3큰술

깍둑썬 셀러리 3큰술

깍둑썬 파스닙 2큰술

소금

을 넣고 재료가 잠기도록 닭고기 육수 2컵을 붓는다. 약 15분간 채소가 부드러워질 때까지 약불로 보글보글 익힌다. 채소가 다 익으면 남은 육수를 모두 붓고 삶은 파스타 면과 찢어두었던 닭 가슴살을 넣는다. 맛을 보고 필요하면 소금을 더 넣는다.

식탁에 올리기 직전에

신선한 딜 다진 것 1작은술

을 넣고 섞는다.

케일을 넣은 칠면조 수프
Turkey Soup with Kale
3리터 분량; 6~8인분

추수감사절 다음 날 만들기 좋은 수프이다.

구운 칠면조 1마리

에서 고기를 전부 발라낸다.
살코기를 큼직큼직하게 다지고 따로 보관한다. 남은 칠
면조의 뼈 부위와 잔해를 커다란 육수용 냄비에

껍질을 벗긴 양파 1/2개
껍질을 벗긴 당근 1/2개
셀러리 줄기 1/2대
타임 가지 6개
파슬리 가지 3개
월계수 잎 1장
물 3리터

와 함께 넣고 팔팔 끓이다가 약불로 줄여 뭉근하게 끓인
다. 떠오르는 거품을 걷어내면서 두 시간가량 끓이면 된
다. 그러는 동안 커다란 수프용 냄비에

올리브유 2큰술

을 넣고 달군다. 중불에서

껍질을 벗겨 깍둑썬 양파 1½개
껍질을 벗겨 깍둑썬 당근 1½개
깍둑썬 셀러리 줄기 1½대
소금

을 넣고 채소가 익어 아주 부드러워질 때까지 볶는다.
냄비에 소금 넣은 물을 팔팔 끓여

줄기에서 잎을 떼어내 큼직하게 다진 케일 1단

을 5~10분간 잎이 부들부들해질 때까지 익힌다. 체로 건
져 물기를 짜내고 따로 둔다. 거름망을 채소를 볶은 냄비
에 올리고 칠면조 육수를 바로 부어 건더기를 걸러낸다.
이 냄비를 10분 정도 보글보글 끓인 다음 칠면조 살코기
와 케일을 넣고 소금을 넣어 간한다. 뜨겁게 식탁에 낸다.

변형하기
• 수프를 내기 직전에 소테로 볶은 버섯(포치니 버섯이

특히 좋다)을 고명으로 올리면 이 단순한 수프에 고급
스러운 풍미와 식감을 더할 수 있다.
• 케일의 일부를 마늘과 마른 칠리 플레이크와 함께 소
테로 볶고 구운 빵에 올려 수프에 띄워서 낼 수도 있다.
• 식탁에 내기 직전에 익힌 쌀이나 파스타 면을 넣는다.
• 수프 냄비에 판체타를 아주 작게 깍둑썰기해 넣어서
볶다가 이어 깍둑썬 채소를 넣는다.

컬리 케일과 감자 수프
Curly Kale and Potato Soup
2리터 분량; 4~6인분

컬리 케일이나 러시안 케일 큰 단으로 1단

을 다듬으며 억센 줄기 부분에서 잎을 떼어낸다. 세척하
고 물기를 잘 제거한 후 큼직큼직하게 썬다.
바닥이 두꺼운 수프용 냄비에

엑스트라 버진 올리브유 1/4컵

을 넣고 가열한 후

얇게 썬 양파 2개

를 넣고 중불에서 가끔 뒤적이며 부드러워지고 살짝 갈
색이 날 때까지, 약 12분간 볶는다.
양파가 익는 동안

감자 450그램(옐로 핀이나 유콘 골드)

의 껍질을 벗겨 반으로 잘라 6밀리미터 두께로 썬다.
양파가 다 익으면

다진 마늘 4쪽

을 넣고 몇 분간 더 볶은 다음 감자와 다진 케일을 넣는
다. 그리고

소금을 크게 1꼬집

넣고 가끔 저으며 5분간 더 익힌 후

닭고기 육수 6컵

을 붓는다. 불을 세게 키우고 팔팔 끓으면 바로 보글보글
끓을 정도로 다시 불을 낮추고 30분간, 혹은 감자와 케
일이 다 익을 때까지 뭉근하게 끓인다. 수프의 맛을 보고
부족하면 소금을 더 넣는다. 뜨거운 상태로 식탁에 내는
데 그릇에 담긴 수프마다

엑스트라 버진 올리브유
파르메산이나 다른 경질 치즈 가루

를 올려 낸다.

변형하기

- 링귀사나 초리초, 혹은 매운 맛이 나는 마늘 소시지 230그램을 얇게 썬다. 양파를 볶기 전에 기름에 먼저 소시지를 볶고 갈색으로 익으면 덜어낸다. 케일을 넣는 시점에 소시지를 수프에 함께 넣는다.
- 크루통을 수프에 올린다. 빵 조각을 1.3센티미터 크기로 깍둑썰기하고 올리브유와 소금에 버무려 175도로 예열한 오븐에서 약 12분간, 노릇노릇해질 때까지 굽는다.
- 익힌 흰콩 1½컵을 수프가 완성되기 10분 전에 냄비에 넣는다.

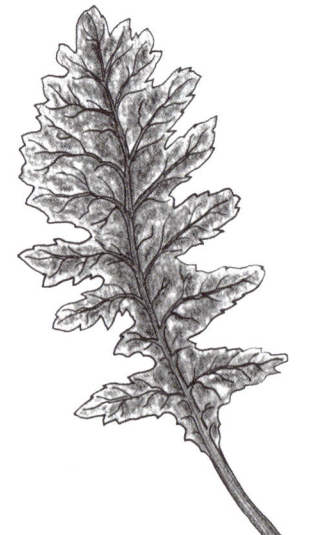

순무와 순무 잎을 넣은 수프
Turnip and Turnip Greens Soup

2리터 분량; 4~6인분

잎이 달린 어린 순무는 봄과 가을에 시장에 나온다. 순무와 순무 잎을 같이 쓰면 맛있는 수프나 훌륭한 곁들임 음식이 된다.

잎이 달린 어린 순무 2묶음

에서 줄기와 잎을 함께 잘라낸다. 줄기에서 잎을 손질해서 떼고 줄기는 버린다. 잎은 잘 씻어서 물기를 빼고 1.3센티미터 크기로 자른다.

순무의 뿌리 부분을 다듬는다. 필요하면 껍질을 벗겨 얇게 썬다(잘라서 맛을 보고 껍질이 억세면 벗긴다). 중불에 바닥이 두꺼운 냄비를 올리고

버터나 올리브유 3큰술

을 데운다.

얇게 썬 양파 1개

를 넣고 부드러워질 때까지 약 12분간 볶는다. 썰어둔 순무와

월계수 잎 1장
타임 가지 2개
소금

을 넣고 5분 정도, 간간이 저으면서 익히다가 재료가 모두 잠기도록

닭고기 육수 6컵

을 넣고 팔팔 끓인다. 육수가 완전히 끓으면 끓을락 말락 할 정도로 불을 낮춰 10분간 더 가열한다. 순무 잎을 넣고 다시 10분간, 혹은 잎이 부드러워질 때까지 익힌다. 맛을 보고 필요하면 소금을 더 넣는다.

변형하기

- 프로슈토나 훈제 베이컨을 작게 잘라 순무와 각종 허브를 익힐 때 같이 넣는다.
- 파르메산 치즈를 갈아 수프에 올린다.
- 수프에 육수 대신 맹물을 넣어 끓이면서 마지막에 버터나 올리브유를 몇 숟가락 넣어 진한 맛을 더한다.

콩과 파스타 수프
Bean and Pasta Soup
2리터 분량; 4~6인분

이탈리아에서 사랑받는 전통 요리, 파스타 에 파졸리^{pasta} ^{e fagioli}는 만들기도 쉽고, 식탁에 신선한 콩을 올릴 수 있어서 한층 더 좋은 훌륭한 요리다(89쪽 참고). 껍질을 깐 신선한 콩은 거의 다 이 수프의 재료로 쓰긴 하지만 전통적으로는 크랜베리 콩이나 카넬리니 콩을 쓴다.

신선한 콩 900그램

의 깍지를 까고 콩을 분리한다. 콩을 냄비에 넣고 콩이 완전히 잠기고도 4센티미터 정도 더 올라오도록 물을 붓는다. 팔팔 끓인 후 보글보글 끓도록 불을 낮추고 콩이 부드러워질 때까지, 그렇지만 으스러지지 않을 정도로 만 익힌다. 끓기 시작하고 20분 정도 지나면 익은 정도를 확인해봐야 한다. 콩이 다 익으면

소금

을 넣어 간을 한다.
콩을 익히는 동안 바닥이 두꺼운 수프 냄비에

올리브유 1/3컵

를 넣고 가열한다.
그리고

곱게 다진 양파 1/3컵
잘게 다진 당근 1/4컵
작게 다진 셀러리 1/4컵
마른 칠리 플레이크
대강 다진 신선한 세이지 잎 2작은술

을 넣는다. 중불에서 이따금 저어가면서 채소가 부드러워질 때까지 약 12분간 볶다가

크게 다진 마늘 4쪽
소금

을 넣고 몇 분간 더 익힌 후

껍질을 벗겨 씨를 제거한 후 깍둑썬 완숙 토마토
450그램이나 340그램짜리 홀 토마토
통조림에서 국물을 빼고 다진 토마토

를 넣는다. 약 5분간 더 익힌 후 콩을 넣고 재료가 잠길 만큼만 콩 삶은 물을 붓는다. 약불에서 가끔 저어가며 콩이 아주 부드러워질 때까지 약 15분간 더 요리한다.
그러는 동안 소금물을 넉넉하게 끓여

파스타 면 110그램(짧게 자른 면이나 길이가 짧은 파스타 면을 쓴다)

을 삶는다.
익힌 콩을 1/3 정도 덜어내 으깨거나 푸드 밀에 넣고 간다. 익혀서 물을 뺀 파스타 면과 으깬 콩을 다시 수프에 섞어 넣고 5분간 더 끓인다. 필요하면 콩 삶은 물을 넣어 수프의 농도를 맞춘다. 맛을 보고 심심하면 소금을 더 넣어 간을 한다. 식탁에 내기 전 그릇에 담은 수프에

엑스트라 버진 올리브유
파르메산 치즈 가루

를 뿌린다.

변형하기

• 신선한 콩 대신에 마른 콩 1컵을 삶아 사용한다(90쪽 참고).

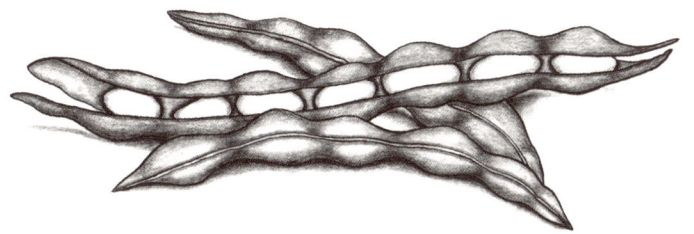

흰콩과 땅콩 호박 수프
White Bean and Butternut Squash Soup
2리터 분량; 4~6인분

밤새 물 4컵에
**마른 흰콩 1컵(카넬리니 콩, 아리코 블랑이나
네이비 빈 같은 흰콩)**
을 불린다. 물에서 건져 커다란 냄비에 담고
닭고기 육수 3컵
물 4컵
을 부어 팔팔 끓이다가 불을 낮추고 콩이 부드러워질 때
까지 보글보글 끓인다. 45분 뒤부터 콩이 얼마나 익었는
지 계속 확인해야 한다. 완전히 익으면 간을 한다.
바닥이 두꺼운 냄비에
올리브유나 오리 기름 2큰술
을 넣고 데운 후
얇게 썬 양파 2개
세이지 잎 3~4장
월계수 잎 1장
를 넣는다. 양파가 다 익을 때까지 약 15분간 중불에서
익히다가
**껍질을 벗겨 1.3센티미터 크기로 깍둑썰기한 중간
크기의 땅콩 호박 1개**
소금
을 넣고 섞는다. 약 5분간 더 익힌다. 익힌 콩을 건져 물
기를 빼서 따로 두고 콩 삶은 육수 6컵을 호박과 양파가
들어 있는 냄비에 붓는다. 호박이 부드러워지기 시작할
때까지 보글보글 끓이다가 콩을 넣고 호박이 완전히 흐
무러질 때까지 계속 익힌다. 맛을 보고 필요하면 간을 더
한다.

변형하기
- 두껍게 썬 시골 빵이나 르방에 오리 기름이나 올리브
유를 발라 바삭바삭하고 노르스름하게 구운 후 그 위
에 뜨거운 수프를 부어 먹는다.
- 다른 겨울 호박을 쓴다. 델리카타, 도토리 호박, 단호
박, 프렌치 호박.

매운 콜리플라워 수프
Spicy Cauliflower Soup
2리터 분량; 4~6인분

다른 수프와 달리 맵고 맛이 진하다. 매운 맛을 즐기지
않는 사람은 맛이 강한 향신료의 양을 조절해서 쓴다.

바닥이 두꺼운 수프 냄비에
올리브유 1/4컵
을 넣고 가열한 다음
껍질을 벗겨 깍둑썬 양파 1개
껍질을 벗겨 깍둑썬 당근 1개
바스라뜨린 고수 씨 1작은술
바스라뜨린 쿠민 씨 1작은술
고춧가루 1작은술
울금 1/4작은술
마른 칠리 플레이크 1/4작은술
소금
신선하게 갈아낸 검은 후추
를 넣고 가끔 저으면서 중불에서 익힌다. 재료가 부드러
워졌지만 아직 노릇하진 않은 상태가 되면
크게 다진 고수 가지 6개
**초록 잎 부분을 떼고 크게 다진 콜리플라워 1개의
봉오리 부분(약 6컵)**
닭고기 육수 3컵
물 3컵
을 넣는다. 불을 강불로 높이고 중간중간 저으면서 팔팔
끓인다. 다시 보글보글 끓도록 불을 낮추고 콜리플라워
가 완전히 부드러워질 때까지, 약 30분간 더 익힌다. 숟
가락이나 거품기로 세게 저어서 재료를 거칠게 으깬다.
수프가 너무 뻑뻑하면 육수나 물을 더 넣어서 농도를 맞
춘다. 간을 보고 필요하면 양념을 더하고 뜨거운 상태로
식탁에 낸다. 각 수프마다
요거트
다진 고수나 민트
라임즙 조금
을 얹어 낸다.

변형하기

- 더 진한 맛을 내고 싶으면 물 대신 닭고기 육수를 더 쓴다. 가벼운 맛을 원하거나 채식주의자들을 위해 수 프를 끓인다면 물만 넣는다.

리크와 감자 수프
Leek and Potato Soup
2리터 분량; 4~6인분

리크 900그램

의 뿌리 끝과 초록 잎의 질긴 끝부분을 잘라내고 다듬는 다. 그리고 리크를 길이대로 반으로 자른다. 찬물을 담 은 볼에 넣어 씻은 후 리크를 건져 물을 뺀다.

바닥이 두꺼운 냄비를 중불로 가열하고

버터 3큰술

을 녹인다. 리크와

타임 가지 2개
월계수 잎 1장
소금

을 넣고 부드러워질 때까지 약 10분간 볶은 다음

껍질을 벗겨 반으로 자르거나 4등분한 후 얇게 썬 감자 450그램

을 넣고 4분가량 더 볶다가

물 6컵

을 붓고 팔팔 끓인 후 불을 낮추어 보글보글 끓인다. 채 소가 모두 부드러워질 때까지, 그렇지만 뭉개지진 않을 정도로 30분 정도 끓인다. 그런 다음에

크렘 프레슈나 헤비 크림 1/3컵

을 넣고 섞는다. 크림을 넣은 후에는 절대 팔팔 끓이면 안 된다. 맛을 보고 간을 맞춘다. 그릇에 담기 전에 월계 수 잎과 타임은 건져낸다.

변형하기

- 신선하게 갈아낸 검은 후추와 다진 차이브를 수프에 조금 올려 낸다.
- 물 대신 육수를 사용하면 더 든든한 수프가 된다.
- 월계수 잎과 허브 가지를 건져내고 수프 재료를 모두

으깨어 퓌레로 만든 다음에 크림을 넣는다.

- 크림을 넣지 않고 수프 재료를 모두 으깨고 요리를 마 무리한다. 식탁에 낼 때 파슬리 버터 1덩어리를 수프 에 얹는다(60쪽 참고)

완두콩 수프
Spring Pea Soup
2리터 분량; 4~6인분

이 수프는 내가 생각하기에 육수보다 그냥 물로 만들었 을 때 더 맛있다. 물을 써야만 콩의 달큰하고 섬세한 풍 미가 그대로 살기 때문이다.

바닥이 두꺼운 수프 냄비를 데우고

버터 3큰술

을 녹인다. 중불에서 가열하면서

얇게 저민 큰 양파 1개
소금

을 넣고 볶으면서 간간이 젓는다.

물 5컵

을 붓고 팔팔 끓이다가

아주 신선한 완두콩 깐 것 3컵(약 900그램)

을 넣고 불을 낮추어 콩이 부드러워질 때까지 5분 정도 가끔 저어가며 보글보글 끓인다. 여러 번 나누어 믹서에 갈아서 퓌레로 만든다. 뜨거운 수프가 믹서의 진동으로 튀어 올라 넘치지 않도록 재료는 용기의 1/3 정도만 채 워야 한다. 맛을 보고 간을 맞춘 다음 식탁에 낸다. 바로 먹을 것이 아니라면 얼음을 담은 그릇에 볼을 올리고 퓌 레로 만든 수프를 볼에 부어 빠르게 식혀야만 수프의 밝 은 초록색을 유지할 수 있다. 수프를 데울 때는 눋지 않도 록 조심해서, 계속 저어가며 데워야 한다.

변형하기

- 퓌레로 만든 수프를 체에 거르거나 푸드 밀에 넣어서 다시 갈면 수프의 질감이 더 부드러워진다.
- 완두콩 수프는 뜨겁게 먹어도, 차갑게 먹어도 맛있고 다양한 고명과도 잘 어우러진다. 수프에 크렘 프레슈

나 요거트와 민트, 버터를 발라 구운 크루통, 처빌이나 타라곤, 차이브 같은 허브를 올린다.

빨강 파프리카 수프
Red Pepper Soup
2리터 분량; 4~6인분

노랑 파프리카도 이 수프에 아주 잘 어울리지만 초록 피망은 충분히 달지 않아서 안 된다. 빨강과 노랑 2가지 색의 수프를 동시에 끓여 한 그릇에 태극 무늬처럼 어우러지게 담는 것도 괜찮다.

바닥이 두꺼운 수프 냄비에

    올리브유 1큰술

을 넣고 데운 후

    얇게 채 썬 큰 양파 1개
    반으로 갈라 씨와 심 부위를 제거하고 곱게 채 썬
    빨강 파프리카 2개
    소금

을 넣고 자주 저으며 중불에서 볶는다. 채소가 아주 부드러워졌지만 아직 노릇하지 않은 상태가 되면

    껍질을 까서 다진 마늘 2쪽
    타임 가지 6개에서 떼어낸 잎

을 넣고 4분간 더 조리한 다음

    쌀 1/4컵
    닭고기 육수 4컵
    물 2컵
    레드 와인 식초 1작은술

을 붓는다. 불을 세게 키우고 가끔 저으면서 팔팔 끓인 다음 다시 불을 보글보글 끓을 정도로 낮추고 약 20분간, 쌀이 부드러워질 때까지 익힌다. 살짝 식혀서 질감이 매끄럽고 부드러워지도록 믹서에 간다. 수프가 너무 뻑뻑하면 육수나 물을 넣어 농도를 맞춘다. 맛을 보고 필요하면 소금을 더 넣어 간을 맞춘다. 뜨겁게 식탁에 낸다.

변형하기
- 신선한 고추나 마른 고추를 수프에 조금 넣는다.

- 파프리카 수프에 크렘 프레슈와 차이브, 바질이나 파슬리 같은 허브를 얹어 낸다.
- 한 면이 1.3센티미터 정도 되도록 파프리카를 깍둑썰고, 쌀은 넣지 않고 물 대신 닭고기 육수만 쓴다. 믹서에 가는 과정을 거치지 않고 수프를 완성해서 먹는다.

단옥수수 수프
Sweet Corn Soup
1.5리터 분량; 4인분

신선한 단 옥수수만 있다면 절대 실패하지 않는 수프다. 제철에 나는 다양한 식재료를 얹어 먹으면 좋다.

바닥이 두꺼운 냄비를 중불에 올리고

    버터 4큰술(1/2 덩어리)

을 녹인 후

    깍둑썬 양파 1개

를 넣고 부드러워질 때까지, 그렇지만 노르스름하게 변하진 않을 정도로 약 15분간 볶으면서

    소금

으로 간을 한다.
그동안

    옥수수 5자루

의 껍질을 벗기고 옥수수 대에서 알을 분리한다. 옥수수 알을 볶은 양파에 넣고 2~3분간 더 볶은 후

    물 1리터

를 붓고 팔팔 끓인다. 끓자마자 불을 낮추어 보글보글, 옥수수가 딱 적당히 익을 정도로 약 5분간 끓인다. 불에서 내려 믹서에 조금씩 나눠서 간다(뜨거운 수프를 믹서에 넣고 갈 때는 각별히 주의하고 뜨거운 김이 빠져나갈 수 있는 공기 구멍이 있는지 확인하고 사용해야 한다). 구멍 크기가 중간 정도 되는 거름망에 간 수프를 내려서 질긴 옥수수 속껍질을 걸러 버린다. 맛을 보고 필요하면 소금을 더 넣어서 간을 맞춘다.

변형하기
- 다진 세이버리, 소금과 후추로 간을 한 크렘 프레슈를

수프에 올린다.

- 다진 한련 꽃잎이나 한련 버터(소금과 후추로 간을 한 부드러운 버터에 다진 한련 꽃잎을 섞어 넣은 것)를 수프에 올린다
- 파프리카나 매운 고추를 버터나 크림과 함께 갈아 진한 맛이 나는 퓌레를 수프에 얹는다.

요거트와 민트를 곁들인 매콤한 여름 호박 수프
Spicy Summer Squash Soup with Yogurt and Mint
2리터 분량; 4~6인분

바닥이 두꺼운 수프 냄비에

> **올리브유 1/4컵**

을 데우고 중불에서

> **얇게 저민 큰 양파 1개**
> **마른 사프란 1꼬집**
> **쿠민 씨 1작은술**
> **고수 씨 1작은술**
> **강황 1/4작은술**
> **파프리카 가루 1작은술**
> **카이엔 고춧가루 1/2작은술**
> **껍질을 벗겨 얇게 저민 마늘 2쪽**

을 넣어 재료가 부드러워질 때까지, 그렇지만 노르스름하게 변하지 않을 정도까지 익힌다. 양파나 마늘이 냄비 바닥에 달라붙으려고 하면 불을 더 낮추고 물을 조금 넣는다.

양파를 익히는 동안 찬물에

> **중간 크기 초록색이나 노란색 여름 호박 5개**

를 씻어 두껍게(2센티미터 두께) 썬다. 양파가 다 익으면 썬 호박과

> **소금**

을 넣는다. 2분간 볶은 후

> **닭고기 육수 3컵**
> **물 3컵**

을 붓고 팔팔 끓이다가 부글부글 끓도록 약불로 낮춰 호박이 부드러워질 때까지, 약 15분간 삶는다. 그러는 동안 요거트와 민트를 준비한다

> **민트 가지 4개에서 딴 잎**

을 채 친다. 중간 크기의 절구에 채 친 민트 잎 중 절반을 넣고 찧는다. 남은 민트 잎과

> **올리브유 2큰술**
> **요거트 2/3컵**
> **소금**

을 찧은 민트와 섞는다. 수프가 좀 식도록 잠시 기다렸다가 믹서에 나눠 넣고 부드럽게 간다(뜨거운 김이 빠져나갈 수 있도록 공기구멍을 반드시 확보하고 갈아야 한다). 수프를 다시 데우는데 너무 뻑뻑하다 싶으면 물을 조금 넣어 농도를 맞추고, 맛을 보고 필요하면 소금을 더 넣어 간을 맞춘다. 요거트와 민트 섞은 것을 올려 뜨겁게 식탁에 낸다

> **자른 라임 조각**

을 식탁에 함께 내서 원하는 사람은 넣도록 한다.

가스파초
Gazpacho
3리터 분량; 6~8인분

그다지 정통적인 방식은 아니지만, 맛있는 완숙 토마토만 있으면 이 레시피대로 상큼한 여름 수프를 만들 수 있다. 일종의 물 샐러드라고 할 수 있는데 갈고 빻고 다지는 수고로움을 모두 잊을 정도로 맛있다. 여름에 가벼운 한 끼 식사로 먹고 싶으면 새우 몇 마리나 생선 살, 혹은 조개류를 수프에 넣으면 된다.

뜨거운 물을 담은 볼에

> **마른 안초 칠리 1개**

를 넣고 15분간 불린다. 물기를 닦아내고 중간 크기의 절구에 넣고 빻아서 으깬다. 다른 그릇에 옮겨 담고 일단 보관한다.

다른 볼에 찬물을 담고

> **하루 정도 묵은 시골 빵 종류의 흰빵을 부스러기 없이 깍둑썬 것 2컵**

을 넣어 2분 정도 불린다. 물에서 건져 물기를 꼭 짜낸다. 절구에

마늘 2쪽

소금 1꼬집

을 넣고 찧는다. 여기에 불린 빵 조각을 넣고 덩어리가 없어질 때까지 찧어둔다.

완숙 토마토 2.3킬로그램

을 하나씩 가로로 2등분한다. 볼을 밑에 두고 상자 모양 강판의 중간 크기 구멍에 토마토의 단면을 문질러 간다. 껍질만 남을 때까지 갈고 껍질은 버린다. 씨가 씹히는 것이 싫으면 간 토마토를 채에 걸러도 좋다. 커다란 볼에 빻은 칠리와 으깬 빵, 간 토마토를 한데 넣어 섞고

엑스트라 버진 올리브유 1/4컵

소금

을 넣는다. 충분히 차가워지도록 냉장고에 넣어둔다. 더 빠르게 식히고 싶다면 얼음을 채운 큰 볼 안에 수프 그릇을 넣으면 된다. 식탁에 올리기 전에 다시 맛을 보고 필요하면 소금을 더 넣는다.

수프에 얹어 먹을 고명을 만들어보자.

반으로 자른 방울토마토 230그램

껍질을 벗겨 깍둑썬 오이 1개

씨를 제거하고 깍둑썬 노랑 파프리카 1개

깍둑썬 자색 양파 1/2개

다진 처빌과 다진 바질 각각 1움큼씩

레드 와인 식초 2큰술

엑스트라 버진 올리브유 1/4컵

소금

신선하게 갈아낸 검은 후추

를 모두 섞는다. 차갑게 식힌 수프를 그릇 6~8개에 나눠 담고 수프마다 만들어둔 고명을 듬뿍 떠서 올린다.

토마토 수프
Tomato Soup
1.5리터 분량; 4인분

여름이 한창일 때 먹기 딱 좋은 수프다. 토마토가 제철이고 완숙 토마토를 푸짐하게 구할 수 있는 계절이기 때문이다.

바닥이 두꺼운 프라이팬을 데우고

올리브유 2큰술

버터 1큰술

얇게 썬 중간 크기 양파 1개

작은 리크의 흰 부분과 초록 부분을 골고루 섞어 얇게 썬 것 1대

소금 1꼬집

을 넣는다. 뚜껑을 덮고 부드러워질 때까지, 그렇지만 노릇해지지 않을 정도로만 익힌다. 갈색으로 변하려고 하면 물을 조금 붓는다. 여기에

껍질을 벗겨 편으로 썬 마늘 2쪽

을 더 넣는다.

2분간 더 익히고

깨끗이 씻어 꼭지를 도려내고 얇게 썬 완숙 토마토 900그램(중간 크기 토마토 10개 정도)

흰 쌀 수북하지 않게 1큰술

소금 크게 1꼬집

월계수 잎 1/2장

세이버리, 타임이나 바질 작은 가지 1개

를 넣는다. 중불에서 가끔 저으면서 토마토가 익어서 으깨질 때까지 익히고

물 1컵

버터 1큰술

을 넣는다. 쌀이 말랑해질 때까지 10분간 더 조리한다. 허브 가지를 건져내고 수프를 국자로 떠서 믹서에 옮겨 담는데 수프의 양이 믹서 용기의 1/3이 넘지 않도록 주의한다. 약 1분간 수프를 부드럽게 간다. 중간 구멍 크기의 체에 갈아낸 수프를 내려 씨와 껍질을 걸러낸다. 소금으로 간을 한다. 수프가 너무 진하면 물을 넣어 농도를 맞춘다.

- 수프를 묽게 만들고 싶으면 쌀을 넣지 않으면 된다.
- 크렘 프레슈와 민트, 혹은 버터를 발라 구운 크루통을 수프에 얹거나 손으로 찢은 바질, 혹은 곱게 다진 차이브와 올리브유를 올린다.

양파 파나드
Onion Panade
4인분

빵과 채소, 치즈를 켜켜이 쌓고 육수나 물로 축여서 노릇하고 부드럽게 변할 때까지 오븐에 굽는, 농도가 진한 수프이다. 이 양파 파나드는 달큰한 양파의 풍미가 가득한, 속이 든든하고 담백한 수프다.

양파 700그램(얇게 썰어서 약 4컵)
의 껍질을 벗겨내고 얇게 썬다.
바닥이 두꺼운 프라이팬에

버터나 올리브유 1/4컵
을 넣고 데운다.

타임 가지 2~3개
와 함께 양파를 넣고 중약불에서 양파가 아주 부드러워질 때까지, 약 30분간 볶은 후 불을 약간 더 키우고 가끔 저으면서 양파가 살짝 갈색이 될 때까지, 약 15분간 더 익힌다.

소금
을 넣어 간을 한다.
양파를 익히면서

하루 정도 묵은 시골 빵 1/3덩어리
를 얇게 썰고 베이킹 시트에 올린 후 175도로 예열한 오븐에 넣어 약 5분간, 노릇해지진 않았지만 바삭바삭하게 마를 정도로 굽는다.

파르메산 치즈 1/3컵
그뤼에르 치즈 1/4컵
을 갈아서 한데 섞는다.
재료를 쌓아서 수프를 만들자. 1.5리터 용량 베이킹시트의 맨 밑에 구운 빵 조각을 한 겹 깐다. 빵에 익힌 양파의 절반을 올려 고르게 펴고 치즈를 3등분해 그중 1/3 정도를 뿌린다. 그 위에 빵조각을 한 층 더 올리고 나머지 양파와 남은 치즈 1/3 분량을 올린다. 마지막으로 빵 조각을 또 한 켜 올리고 남은 치즈를 모두 뿌린다.

소고기 육수나 닭고기 육수 3~4컵
을 데워서 쌓아둔 재료에 붓는다. 베이킹시트 옆쪽에서 조심스럽게 흘려 부어야 담긴 재료들의 모양새가 흐트러지지 않는다. 맨 위쪽의 빵 조각이 육수에 조금 떠오를 만큼 육수의 양을 가늠해 부어야 한다. 그리고

버터 2큰술
을 맨 위에 조금씩 나눠 올린다. 재료가 노출되지 않도록 포일로 덮어서 175도로 예열한 오븐에서 45분간 굽고 포일을 벗겨서 다시 20~30분간, 빵이 노릇해지고 바삭해질 때까지 굽는다.

- 작은 땅콩 호박 1개나 델리카타 호박 2개의 껍질을 벗기고 씨를 긁어낸 다음 얇게 썬다. 빵 위에 호박을 켜켜이 쌓는다.
- 마른 버섯 몇 개를 다져 뜨거운 육수에 섞는다.
- 더 간단하게 양파 수프를 만들려면 노릇하게 볶은 양파에 육수를 붓고 15분 정도 뭉근하게 끓이면 된다. 맛을 보고 간을 맞춘다. 취향에 따라 버터에 구운 크루통과 그뤼에르 치즈 가루를 올려 먹는다.

파스타

Pasta

토마토소스 파스타
Pasta with Tomato Sauce

또 다른 비상 식량이다. 토마토소스는 생토마토로 단순하게 만든 것부터 베이컨, 케이퍼, 안초비나 고추, 허브를 넣어 다양하게 맛을 낸 것까지 종류가 다양하다. 가장 중요한 사항은 풍미 가득한(유기농) 토마토를 사용해야 한다는 점이다. 신선한 토마토란 완숙 토마토여야 하고 토마토 본연의 맛이 잘 보존된 과즙이 풍부해야 한다. 그런 토마토가 아니라면 홀 토마토 통조림을 사용하는 편이 더 낫다.

앞으로 소개할 대부분의 토마토소스 레시피에는 토마토의 껍질을 벗기고 씨를 제거해야 한다고 되어 있다. 이 작업을 쉽게 하려면 꼭지를 딴 토마토를 끓는 물에 넣고 껍질이 헐거워질 때까지, 상황에 따라 15초~1분간 데친다. 뜨거운 물에서 토마토를 건져 얼음물이 담긴 볼에 던져 넣어 더이상 익지 않도록 한다. 물을 빼고 껍질을 벗긴다. 토마토를 가로로 2등분하고 씨를 빼내 볼에 담는다. 씨 부분은 체에 걸러 버리고 토마토즙만 남긴다.

파스타 450그램을 요리하면 6인분 혹은 푸짐한 4인분이 되는데 소금을 넉넉하게 넣은 소금물이 적어도 4리터는 필요하고, 이 물을 팔팔 끓여야 한다. 파스타 면은 부드러워질 때까지 강불에서 빠르게 삶는다. 다 익으면 물을 빼고 건져두는데 면수에서 일부(약 1/2컵)는 버리지 않고 잘 보관해둔다. 따뜻한 토마토소스 2컵에 삶은 면을 넣고 버무린다. 면이 서로 들러붙는 것 같거나 소스가 너무 뻑뻑하다 싶으면 따로 두었던 면수를 조금 넣는다. 맛을 보고 필요하면 소금을 넣어 간을 한다. 파스타를 접시에 담고 취향에 따라 갈아낸 치즈와 다진 허브를 얹는다. 파스타를 준비하는 또 다른 방법이 있다. 삶은 면을 올리브유와 갈아낸 치즈 가루에 버무리고 접시에 담은 다음 토마토소스를 면에 얹어 내는 것이다.

기본 토마토소스
Simple Tomato Sauce
2컵분량

파스타에 바로 버무려 먹거나 여러 음식의 기본으로 삼을 수 있다. 토마토가 풍성하게 나는 계절에 대량으로 만들어서 냉동하거나 캔에 넣어 저장하기에도 좋은 소스다. 소스를 만들어 푸드 밀에 갈 생각이라면 미리 껍질을 벗기거나 씨를 제거하지 않아도 괜찮다. 푸드 밀에서 껍질과 씨까지 모두 걸러내니 수고를 할 필요가 없다.

완숙 토마토 900그램

의 껍질을 벗기고 씨를 제거한 후 깍둑썬다.
체에 걸러 씨는 버리고 즙은 썰어둔 토마토 그릇에 더한다.

커다란 마늘 5쪽

의 껍질을 벗기고 눌러 부순 다음 크게 다진다.
바닥이 두꺼운 냄비를 중불에 올리고 뜨거워지면

엑스트라 버진 올리브유 1/4컵

을 붓는다. 마늘을 넣고 지글지글 소리를 내기 시작하면 바로 토마토와 토마토즙을 넣고

소금 크게 1꼬집

도 넣어준다. 보글보글 약 15분간 끓인다. 질감이 부드러운 소스를 선호하면 푸드 밀에 간다.

변형하기

- 다진 파슬리, 마저럼이나 오레가노 1움큼이나 바질 잎을 길고 가늘게 채썰어 소스가 완성되기 몇 분 전에 넣는다.
- 마늘을 넣기 전에 먼저 작은 양파 1개를 깍둑썰어 기름에 빠르게 볶는다.
- 토마토 철이 아닐 때는 토마토 캔을 쓴다. 800그램짜리 껍질 없는 홀 토마토 캔에서 즙은 남겨 따로 보관하고 건더기는 건져낸다. 토마토를 듬성듬성 다지고 토마토즙과 합쳐서 끓인다.
- 마른 고추 하나를 넣거나 마른 칠리 플레이크 1꼬집을 넣어 알싸한 맛을 더한다.

생토마토소스
Raw Tomato Sauce
2컵 분량

이 레시피는 토마토가 최상의 상태일 때만 만들 수 있다. 토마토가 완전히 농익고 풍미가 가득해야 한다.

완숙 토마토 900그램

의 꼭지를 따고 1.3센티미터 정도의 정육면체로 자른다. 자른 토마토를 볼에 담고

소금
손으로 찢은 바질 잎 1/4컵
엑스트라 버진 올리브유 1/3컵

을 넣어 버무린다. 볼 뚜껑을 단단히 닫고 한 시간 정도 두었다가 따뜻한 파스타 면을 바로 넣어 버무린다.

변형하기

- 마른 칠리 플레이크를 1꼬집 넣어 알싸한 맛을 낸다.
- 더 깔끔한 소스로 만들려면 토마토를 자르기 전에 먼저 껍질을 벗기고 씨를 제거한다. 씨를 체에 걸러 버리고 즙을 받아서 잘라놓은 토마토를 담은 볼에 넣는다.

베이컨과 양파 토마토소스
Tomato Sauce with Bacon and Onion
2컵 분량

부카티니 면이 이 소스에 가장 잘 어울린다.

바닥이 두꺼운 프라이팬을 중불에 올리고

올리브유 2큰술

을 부은 다음

6밀리미터 크기로 잘라낸 베이컨(혹은 판체타)
3조각

을 넣고 베이컨 지방이 녹고 살코기 부분이 살짝 갈색으로 변할 때까지 볶는다. 볶은 베이컨을 덜어 따로 잘 보관한다. 팬에 남은 베이컨 기름에

껍질을 벗기고 얇게 저민 커다란 양파 1개

를 넣고 가끔 저으면서, 양파가 부드러워질 때까지 10분 정도 볶다가

껍질을 벗기고 씨를 제거한 후 다진 중간 크기
완숙 토마토 6개 혹은 홀 토마토 캔에 든
토마토만 건져내 다진 토마토 8개
소금

을 넣는다. 약불에서 10분간 조리한 후 따로 두었던 베이컨을 넣고 2~3분간 더 익힌다. 맛을 보고 필요하면 소금을 넣어 간을 맞춘다.

변형하기

- 토마토 대신 기본 토마토소스 1½컵을 넣고 4분 동안 끓인다.
- 양파를 익힌 후 화이트 와인 1/3컵을 넣고 중불로 낮춰 와인이 거의 다 졸아들 때까지 끓인다. 거기에 토마토를 넣고 나머지 과정은 레시피를 따른다.
- 소스가 거의 완성되었을 때 다진 파슬리나 가늘게 채 썬 바질 잎을 작게 1움큼 넣는다.

케이퍼와 안초비, 올리브를 넣은 매콤한 토마토소스
Spicy Tomato Sauce with Capers, Anchovies, and Olives
2컵분량

나폴리의 명물, 푸타네스카 파스타를 만들때 필요한 소스다.

바닥이 두꺼운 소스 팬을 중불에 올리고
> **올리브유 1/3컵**

을 붓는다. 그리고
> **다진 마늘 6쪽**

을 넣는다. 지글지글 소리가 나기 시작하면
> **기본 토마토소스 1컵(286쪽 참고)**
> **물에 헹군 다음 물기를 빼고 다진 케이퍼 3큰술**
> **씨를 빼고 다진 블랙 올리브 1/4컵**
> **마른 칠리 플레이크 1/4작은술(더 많이 넣어도 됨)**
> **다진 파슬리 1/4컵**

을 넣어 5분간 더 끓이고
> **물에 담가 짠 기를 뺀 후 뼈를 발라내고 살만 다진 염장 안초비 3마리**

를 넣고 1~2분간 더 조리한다. 맛을 보고 필요하면 소금을 더 넣어 간을 맞춘다.

가지와 리코타 살라타를 넣은 토마토소스 푸실리
Fusilli with Tomato Sauce, Eggplant, and Ricotta Salata
4인분

> **가지 450그램**

을 손질하고 얄팍얄팍하게 썬다. 물이 나오도록 소금을 뿌려 15분간 절여둔다.
바닥이 두꺼운 프라이팬에
> **올리브유 1/2컵**

을 넣고 가열한다. 가지의 물을 닦아내고 뜨거운 기름에 노릇하게 튀긴다. 기름을 빼고
> **소금**

으로 간을 한다.
커다란 소스 팬에
> **기본 토마토소스 2컵 (286쪽 참고)**
> **가늘게 채 썬 바질 1/4컵**

을 넣고 데운다.
소금을 넉넉히 넣고 끓인 물에
> **푸실리 면 340그램**

을 삶는다. 파스타 면을 건져 물기를 빼는데 면수 1/2컵은 버리지 않고 보관해둔다. 삶은 푸실리 면을 토마토소스와 튀긴 가지와 함께 버무린다. 맛을 보고 소금 간을 하고 소스의 농도가 너무 진하면 면수를 조금 넣는다.
> **리코타 살라타나 페코리노 치즈 가루 110그램**

을 뿌려 식탁에 낸다.

볼로네제 소스 파파르델레
Pappardelle with Bolognese Sauce
4인분

파파르델레라는 넓고 납작하게 손으로 자른 이 달걀 면은 전통적으로 라구 소스나 볼로네제 소스처럼 푸짐한 소스와 함께 먹는다.

> **파스타 생면 반죽 4인분(101쪽 참고)**

을 너무 얇지 않게 밀어 폭 2센티미터로 자른다. 덧밀가루를 면에 골고루 뿌리고 뒤적여 접시나 베이킹 시트에 펼쳐놓는다. 면포로 덮어서 냉장고에 보관한다.

소금을 넣은 물을 넉넉하게 팔팔 끓인다.

파르메산 치즈 60~85그램(약 1/2컵)

을 갈아둔다. 작은 소스 팬을 약불에 올리고

볼로네제 소스 2컵(247쪽 참고)

을 데운다. 파스타 면을 3~4분간 끓는 물에 넣고 알 덴테 상태로 익힌다. 면이 익는동안 커다란 소테 팬에

버터 2~3큰술

을 녹이고 불을 끈다. 면을 건져 물기를 빼는데 뜨거운 면수는 조금 따로 보관해둔다. 파스타 면을 버터를 녹인 따뜻한 프라이팬에 넣고 갈아두었던 치즈의 2/3 분량을 넣어 버무리면서

소금

을 넣어 간을 한다. 파스타 면이 너무 뻑뻑하지 않게 필요하면 면수를 조금 넣는다. 파스타 면을 그릇 4개에 나눠 담거나 따뜻하게 데운 큰 접시 하나에 올려 낸다. 면에 소스를 얹는다. 남은 치즈 가루와

다진 파슬리 1큰술

을 뿌린다. 바로 식탁에 낸다.

변형하기

- 파스타 면에 버터를 입힐 때 볼로네제 소스의 절반과 갈아둔 치즈의 2/3 분량을 함께 넣어 버무리고 그릇에 파스타를 담을 때 남은 소스를 고루 나눠 얹는다.
- 볼로네제 소스 대신 버섯 라구(248쪽 참고)를 쓴다.

채소와 소시지를 넣은 푸실리
Fusilli with Greens and Sausage
4인분

나는 브로콜리 라브처럼 고소한 맛이 나는 채소와 마늘 향이 강한 매콤한 소시지가 어우러진 풍미를 무척이나 좋아한다. 푸실리가 아니라도 펜네 리가테나 오레키에테같이 커다란 이빨처럼 생긴 쫄깃한 숏 파스타 면도 이 소스에 잘 어울린다.

커다란 브로콜리 라브나 근대, 케일 1단

을 다듬어 씻는다. 크게 대강대강 썰어서 끓는 소금물에

데쳐 부드럽게 익힌다. 원한다면 채소 데친 물에 파스타 면을 삶아도 된다. 채소는 물을 꼭 짜두고

회향 소시지 230그램(380쪽 참고), 혹은 껍질을 벗긴 이탈리안 소시지 230그램

을 잘라 작게 공 모양으로 뭉친다.
바닥이 두꺼운 프라이팬에

올리브유 2큰술

을 데우고 뭉친 소시지를 넣어 중불에서 소시지가 노릇하고 속까지 잘 익을 때까지, 6~8분간 익힌다. 소시지를 덜어내고 프라이팬에

얇게 썬 커다란 양파 1개

를 넣고 자주 저으며 중강불에서 빠르게 소테로 볶는다. 양파가 부드러워지고 약간 노릇하게 변할 때까지 익힌다.

소금

신선하게 갈아낸 검은 후추

마른 칠리 플레이크 1꼬집

으로 간을 한다. 데친 채소와 소시지를 프라이팬에 넣고 젓고 섞어가며 몇 분간 더 볶는다. 맛을 보고 필요하면 소금을 더 넣어 간을 맞춘다.

커다란 냄비에 소금물을 넉넉하게 넣고 팔팔 끓여

푸실리나 오레키에테, 혹은 펜네 리가테 340그램

를 알 덴테로 익힌다. 삶은 파스타는 물기를 빼고 프라이팬에 넣는다. 소금과

엑스트라 버진 올리브유

를 조금 넣어 뒤적인다. 면을 접시에 옮겨 담아 소스를 얹은 다음 올리브유를 두르고

페코리노 치즈나 파르메산 치즈 가루 1/2컵

을 뿌린다. 바로 식탁에 낸다.

변형하기

- 소시지를 넣지 않고 양파를 볶을 때 올리브유를 더 많이 넣는다.
- 끓는 물에 채소를 데치는 대신 양파를 볶은 다음 물 조금과 함께 채소를 넣어 부드러워질 때까지 프라이팬에서 볶는다.

페스토 파스타
Pasta al Pesto
4인분

파스타 면에 페스토 소스를 제대로 묻히는 비결은 뜨거운 면수에 있다. 면수만 넣어도 결과가 완전히 달라진다.

넉넉하게 팔팔 끓인 소금물에

파스타 건면(링귀네, 스파게티니, 페델리니,
트로피에)이나 파스타 생면 340그램

을 알 덴테로 삶는다. 면을 건져 물기를 빼며 면수를 1컵 따로 보관한다. 삶은 파스타 면을 다시 냄비에 넣거나 따듯하게 데운 커다란 볼에 넣고

페스토 1½컵 (250쪽 참고)
소금

에 버무린다. 보관해두었던 뜨거운 면수의 절반을 넣는다. 맛을 보고 필요하면 소금이나 면수를 더 넣어 간을 맞춘다. 그릇에 파스타를 담고

곱게 갈아낸 파르메산 치즈

를 위에 뿌린다. 바로 식탁에 낸다.

변형하기

- 얇게 썰어 소금을 뿌린 완숙 토마토를 한 겹 접시에 깔고 파스타를 담는다.
- 껍질콩 230그램을 손질한다. 따로 끓인 소금물에 껍질콩을 익혀두었다가 파스타 면이 거의 다 익었을 때 같은 냄비에 넣고 데운다. 면과 껍질콩을 함께 페스토 소스에 버무린다.
- 감자 230그램의 껍질을 벗겨 작게 깍둑썬다. 따로 익혀두었다가 파스타 면이 거의 다 익었을 때 같은 냄비에 넣고 데운다. 면과 감자를 페스토에 함께 버무린다.

조개 링귀네
Linguine with Clams
4인분

작은 조개를 껍질째 써도 좋고 대합 같은 큰 조개를 쪄서 살만 다져 만들어도 된다.

작은 조개 900그램

을 찬물에 잘 씻는다. 모래가 많은 조개는 넉넉한 찬물에 30분쯤 담가두었다가 쓴다. 조개를 건져 물을 뺀다.

큰 냄비에 소금물을 팔팔 끓인다.

바닥이 두꺼운 프라이팬에

엑스트라 버진 올리브유 1큰술

을 붓고 데운다. 프라이팬이 뜨거워지면 조개를 넣고

곱게 다진 마늘 5쪽
마른 칠리 플레이크 크게 1꼬집
화이트 와인 1/2컵

도 넣는다. 뚜껑을 덮고 중강불로 조개 입이 벌어질 때까지, 6~7분간 익힌다.

그동안 끓는 소금물에

링귀네 340그램

을 넣고 알 덴테로 익힌다.

조개의 입이 벌어지면

다진 파슬리 1큰술
엑스트라 버진 올리브유 3큰술

을 넣고 잘 섞는다. 익힌 파스타 면의 물기를 잘 빼고 만들어둔 조개 소스에 버무린다. 필요하면 소금을 조금 더 넣고 식탁에 낸다.

변형하기

- 조개 대신 홍합을 쓴다.
- 프라이팬에 조개를 넣기 전에 다듬어서 잘게 다진 중간 크기 회향 뿌리 1개를 먼저 넣고 익힌다. 재료가 거의 부드러워질 때까지 중불에서 약 5분간 볶은 뒤에 조개, 마늘, 칠리를 넣는다. 화이트 와인 대신 기본 토마토소스 1/2컵(286쪽 참고)을 넣는다.
- 대합처럼 큰 조개를 쓴다면 먼저 조개를 찐다. 입이 벌

어진 조개에서 살만 떼어내어 다져서 조개 국물과 살, 파슬리를 소스에 넣는다.

매콤한 오징어 스파게티니
Spicy Squid Spaghettini
4인분

오징어 700그램

을 손질하여 깨끗이 씻는다(365쪽 참고). 다리는 따로 떼어 두고 몸통은 6밀리미터 고리 모양으로 자른다.

소금
신선하게 갈아낸 검은 후추

로 밑간을 한다.
소금물을 넉넉한 냄비에 팔팔 끓여

스파게티니 340그램

을 넣고 알 덴테로 삶는다. 파스타 면이 다 익기 몇 분 전에 크고 무거운 프라이팬을 중강불에 올려 예열한다. 프라이팬이 달궈지면

올리브유 2큰술

을 두르고 오징어 다리를 넣고 30초간 볶는다. 불을 더 올려서 몸통 잘라둔 것도 넣는다. 저으면서 2분간 더 익힌다. 그리고

간 마늘 3쪽
마른 칠리 플레이크 1/4작은술
다진 파슬리나 바질 2큰술
엑스트라 버진 올리브유 2큰술

을 더한다. 프라이팬의 불을 끄고

레몬즙 조금

을 짜 넣는다. 맛을 보고 필요하면 소금과 레몬을 더 넣어 간을 맞춘다.

파스타 면이 다 익으면 면수는 조금 덜어두고 물기를 뺀다. 파스타에 소금, 올리브유, 익혀둔 오징어를 넣고 버무린다. 너무 뻑뻑하면 면수를 조금 넣는다.

변형하기
- 파스타에 구운 빵가루 1/2컵을 뿌린다.
- 마른 칠리 플레이크와 마늘과 함께 다진 케이퍼 1큰술도 넣는다.
- 얇게 저민 양파에 올리브유를 뿌려 부드러워질 때까지 소테로 빠르게 볶아낸다. 소금으로 간을 하고 칠리 플레이크와 마늘을 넣을 때 오징어에 같이 넣는다.
- 물을 조금 넣어 희석한 아이올리(59쪽 참고)를 파스타에 뿌린다.
- 파스타 없이, 볶은 오징어만 내놓으면 훌륭한 전채 요리가 된다.

여름 호박, 호두와 허브를 넣은 페델리니
Fedelini with Summer Squash, Walnuts, and Herbs
4인분

이 레시피에서는 여름 호박이라면 어떤 종류를 써도 상관없고, 섞어 써도 좋다. 더 생동감 있어 보이는 요리를 원하면 2~3가지 색이 나는 호박을 섞어서 만들어보자.

오븐을 175도로 예열하고

호두 1/4컵

을 살짝 굽는다. 8~10분이면 족하다. 식혀서 큼직하게 다진다.

여름 호박 450그램

의 끝부분을 손질해서 자르고 칼이나 채칼로 잘게 채 썬다. 바닥이 두꺼운 프라이팬을 불에 올리고

올리브유 2큰술

을 두른다. 채 썬 호박을 넣고 중강불에서 빠르게 볶는다. 호박을 뒤적이며 볶는데 익어서 부드러워지고 살짝 노릇하게 변하면 완성이다.

소금
신선하게 갈아낸 검은 후추
다진 마저럼, 바질이나 파슬리 3큰술

로 간을 한다.
소금물을 넉넉하게 끓여

페델리니 340그램

을 삶는다. 면수를 조금 덜어 두고 파스타 면의 물기를 뺀다. 면수를 조금 넣고 익혀두었던 호박과 면을 버무리면서

구운 호두나 잣

도 넣는다. 맛을 보고 간을 맞추고 되직하면 면수를 넣어 농도를 조절한다. 접시에 담고 취향에 따라

신선하게 갈아낸 파르메산 치즈 가루

를 뿌려 올린다.

변형하기

• 허브 대신 페스토 소스를 2~3 큰술 넣어 섞는다.

시금치 라자냐
Spinach Lasagna
8인분

그냥 맛있는 라자냐와 은혜로울 정도로 맛있는 라자냐를 가르는 핵심 요소는 실크처럼 부드럽고 신선한 파스타 면이다.

생면 파스타 반죽 8인분(101쪽 참고)
기본 토마토소스 2컵(286쪽 참고)
화이트소스 1½컵 (베샤멜 소스; 245쪽 참고)

을 미리 준비한다.

시금치 1단(약 230그램)

을 다듬어 굵고 억센 줄기는 잘라낸다. 깨끗이 씻어 물기를 뺀다.
손잡이가 긴 팬을 중불에 올리고

올리브유 1작은술

을 두른다. 시금치를 넣고

소금

으로 간한다. 숨이 죽을 때까지 익히다가

껍질을 벗기고 곱게 다진 마늘 1쪽

을 넣고 1~2분간 더 볶는다. 시금치를 덜어내 식힌 다음 손에 꼭 쥐고 불필요한 물기는 짜낸다. 곱게 다지고

리코타 치즈 230그램
올리브유 1큰술
소금

과 버무린다. 볼에 화이트소스를 넣고

곱게 갈아낸 파르메산 치즈 1/4컵

육두구 가루 1꼬집
소금

을 넣고 섞는다. 생면 파스타 반죽을 밀어 펴서 13센티미터, 15센티미터 길이의 넓은 판 모양으로 여러 장 만든다. 소금물을 넉넉하게 붓고 팔팔 끓여 라자냐 면을 알 덴테로 삶는다. 물에서 건져 찬물에 헹구고 물기를 빼서 볼에 담는다. 라자냐 면이 서로 들러붙지 않도록 면 표면에

올리브유 1큰술

을 살짝 바른다. 가로 30센티미터, 세로 25센티미터 베이킹 그릇에 기름을 바르고 라자냐를 만들기 시작한다. 맨 밑바닥에 화이트소스를 몇 순가락 펴서 바르고 라자냐 면을 한 층 쌓는다. 그릇보다 튀어나오는 부분은 잘라내고 그 위에 시금치와 리코타 치즈 버무린 것을 올려서 고르게 편다. 또 라자냐 면을 한 층 쌓고 토마토소스의 절반 분량을 올린다. 다시 라자냐 면을 올려 고르게 펴놓고 남은 화이트소스의 절반을 붓는다. 그리고 또 라자냐 면을 쌓는다. 파스타 면을 일곱 층, 시금치·리코타 섞은 것을 세 층, 토마토소스 두 층, 화이트소스를 두 층 쌓을 때까지 이 작업을 반복하며 마지막에는 라자냐 면으로 뚜껑을 씌워서 마무리해야 한다. 그 위에 올리브유를 뿌리고 포일을 덮은 후 200도로 예열한 오븐에서 20분간 굽는다. 포일을 제거하고

신선하게 갈아낸 파르메산 치즈 2큰술

을 골고루 올려 10~15분간 부글부글 익고 노릇하게 변할 때까지 더 굽는다. 오븐에서 꺼내 식탁에 올리기 전에 5분 정도 식힌다. 라자냐는 미리 베이킹 용기에 재료를 쌓아두었다가 나중에 구워 내도 상관없다. 요리하기 한 시간 전에 냉장고에서 꺼내두었다가 굽는다.

변형하기

• 토마토소스 대신 볼로네제 소스(247쪽 참고)나 버섯 라구(248쪽 참고)를 쓴다.
• 시금치 대신 근대나 에스카롤, 혹은 루콜라를 쓴다.
• 리코타 치즈를 쌓을 때 얇게 썬 모차렐라 치즈도 같이 넣는다.
• 여름에는 토마토소스 대신 완숙 토마토를 잘라 넣는

다. 시금치 대신 리코타 치즈와 페스토 소스를 섞어 넣는다.

- 라자냐와 비슷하지만 더 간단한 오븐 베이크 파스타는 파스타 면을 커다란 네모 모양으로 잘라서 라자냐를 만드는 것처럼 쌓아서 만든다. 토마토소스를 베이킹 그릇 제일 밑바닥에 담아 펴놓고 네모 모양의 파스타 면을 올리고 다시 리코타와 파르메산 치즈를 올린다. 그런 다음 파스타 면을 반으로 접어 세모 모양으로 만든다. 이 과정을 반복해 세모로 접힌 파스타가 겹겹이 쌓이도록 한다. 제일 위에는 소스를 더 떠서 올린다. 파르메산 치즈도 듬뿍 뿌린다. 그리고 230도로 예열한 오븐에서 15~20분간 보글보글 익고 가장자리가 바삭바삭하게 변할 때까지 굽는다.

리코타와 허브 라비올리
Ricotta and Herb Ravioli
4인분

이 레시피로 간단하게 만든 속은 카넬로니나 호박꽃에 넣으면 정말 맛있다. 속을 넣은 호박꽃은 졸이거나 오븐에 구워 먹는다.

볼에
    리코타 치즈 1컵
    곱게 다진 마늘 2쪽
    엑스트라 버진 올리브유 1큰술이나 부드러운
      버터 1큰술
    달걀 1개
    신선하게 갈아낸 파르메산 치즈 1/3컵
    마저럼, 바질, 타임, 세이버리, 파슬리나 세이지를

    다져 섞은 것 2큰술
    소금
    신선하게 갈아낸 검은 후추

를 담고 섞는다. 맛을 보고 필요하면 소금을 더 넣어 간을 맞춘다.

    파스타 생면 반죽 4인분(101쪽)

을 밀어서 편다. 라비올리를 만들려면 반죽을 굉장히 얇게 밀어서 35센티미터 길이로 길게 자른다. 잘라놓은 반죽은 덧밀가루를 골고루 뿌려 마르지 않도록 면포로 덮어두었다가 하나씩 꺼내 써야 한다. 잘라놓은 반죽을 가로로 놓고 아래쪽 1/3 지점에 리코타 치즈와 허브 섞은 것을 1큰술씩 떠서 쭉 놓는다. 속은 4센티미터 정도 간격을 두고 놓아야 한다. 아주 미세한 방울이 나오는 스프레이로 물을 조금씩 뿌린다. 라비올리 피의 반을 접어 위쪽 반죽으로 아래쪽을 덮는다. 접은 부분부터 손가락 끝으로 밀어서 공기를 반죽에서 빼낸다. 라비올리 속을 넣은 피의 형태를 잡고 눌러서 붙인 다음에 지그재그 롤링커터로 피의 가장자리와 속을 넣어 볼록해진 부분 사이사이를 자른다. 라비올리를 따로 따로 떼어서 덧밀가루를 뿌린 시트 팬에 하나씩 늘어놓는다. 라비올리가 들러붙기 때문에 서로 닿지 않도록 주의해야 한다. 요리할 준비가 될 때까지 면포나 유산지로 덮어서 냉장고에 보관한다. 속에서 물이 나오면 라비올리 피가 젖고 라비올리가 팬에 들러붙게 되니 쓰기 직전까지 냉장고에서 꺼내지 말아야 한다.

소금물을 보글보글 끓여 라비올리를 넣고 5~6분 익힌다. 라비올리가 다 익으면 물기를 빼고 큰 접시 하나에 모두 놓든지 개인 그릇에 나눠 담는다. 작은 소스 팬에
    버터 1큰술이나 2큰술
을 녹여서, 파스타에 두르고
    곱게 갈아낸 파르메산 치즈
를 뿌린다. 뜨거울 때 먹는다.

변형하기
- 근대나 시금치 1단을 씻어 줄기를 떼고 다듬는다. 버터를 녹여 부드러워질 때까지 볶는다. 식혀서 여분의

물기를 짜내고 잘게 다진 다음 리코타와 허브 섞은 것에 넣는다. 다진 허브의 양을 줄여 2작은술만 넣는다.

- 소스를 좀 달리 만들고 싶으면, 버터를 녹일 때 세이지 잎을 통째로 몇 개 넣는다. 중불에 가열해 버터가 살짝 갈색으로 변하고 세이지 잎이 바삭바삭해지면 된다.
- 녹인 버터 대신 기본 토마토소스(286쪽 참고)에 라비올리를 버무린다.
- 라비올리를 오목한 그릇에 담고 뜨거운 육수를 한 국자 떠 넣어 먹는다.
- 카넬로니를 만들려면 파스타 생면 레시피의 절반 분량으로 반죽을 만든다. 반죽을 밀어 펴서 가로 10센티미터, 세로 7.5센티미터 크기의 사각형으로 자른다. 끓는 소금물에 넣어 반죽을 익히고 찬물에 헹군 다음 면포 위에 하나씩 늘어놓는다. 라비올리에 넣었던 속을 몇 순가락 떠서 가로로 놓은 사각형 반죽 아래쪽 1/3 지점에 길게 올린다. 부드럽게 반죽을 말아서 커다란 빨대처럼 만든다. 버터를 바른 베이킹용 그릇에 붙인 부분이 아래로 가도록 놓는다. 카넬로니가 덮이도록 기본 토마토소스(286쪽 참고) 1½컵을 부어 200도로 예열한 오븐에서 20분간 굽는다.

치즈와 파스타 그라탱
Cheese and Pasta Gratin
4인분

이 그라탱은 마카로니 앤드 치즈로도 불리는데, 집에 여러 종류의 치즈가 남았을 때 만들기 좋은 요리다. 녹으면 실처럼 늘어나는 모차렐라아 향이 너무 강해서 요리 자체를 장악해버리는 블루 치즈만 빼면 어떤 치즈라도 다 쓸 수 있다. 나는 그뤼에르 치즈로 만든 마카로니 앤드 치즈를 제일 좋아하지만 체다 치즈나 잭 치즈, 캉탈 치즈도 잘 어울린다.

바닥이 두꺼운 팬을 가열해
버터 3큰술
을 녹이고
밀가루 3큰술

을 넣어 아주 약한불에서 거품기로 골고루 저어가며 3분간 조리한다. 기름과 밀가루를 섞은 이 루[roux]는 완성되었을 때 약하게 보글거려야 한다.
계속해서 저으면서
우유 2½컵
을 조금씩 나눠 넣는다. 소스가 뻑뻑한 크림 같은 농도가 될 때까지 계속 저어준다.
간이 맞을 만큼 소금
을 넣고 중불로 올려 소스가 보글보글 끓기 시작할 때까지 나무 주걱으로 열심히 젓는다. 불을 다시 낮추고 가끔 저으면서 약 10분간 더 끓인다.
그동안 오븐에 넣어도 되는 바닥이 두꺼운 팬을 가열하고
버터 1큰술
을 녹인 후
신선한 빵가루 1½컵 (74쪽 참고)
을 넣고 버무려 버터를 빵가루에 골고루 입힌다. 빵가루를 175도로 예열한 오븐에 넣고 10~15분간 굽는데 5분마다 뒤적여서 살짝 노르스름해지도록 고르게 구워야 한다.
화이트소스를 끓이던 불을 끄고
갈아둔 치즈 230그램
을 넣어 섞는다.
소금물을 팔팔 끓여
숏 파스타 면 340그램(마카로니, 푸질리, 펜네)
을 알 덴테로 삶는다. 삶은 면의 물기를 빼고 버터를 발라둔 그라탱 접시에 담는다. 치즈 소스를 붓고 버무려 파스타 면에 골고루 묻힌다. 맛을 보고 필요하면 소금을 더 넣는다. 구워두었던 빵가루를 파스타에 뿌리고 200도로 예열한 오븐에서 15분간, 혹은 빵가루가 노르스름한 갈색으로 변하고 소스가 부글부글 끓을 때까지 익힌다.

변형하기
- 파스타 면과 소스를 버무려서 오븐에 굽지 않고 바로 먹는다.
- 깍둑썬 햄이나 프로슈토를 넣는다.

빵과 곡물 요리

Breads and Grains

옥수수빵
Cornbread
20~23센티미터 크기의 둥근 빵이나 네모난 빵 1덩어리 만들 분량

오븐을 220도로 예열한다. 직경 20~23센티미터 베이킹 용기나 무쇠 팬에 버터를 바른다.

옥수숫가루 3/4컵

무표백 중력분 1컵

설탕 1큰술 (취향에 따라)

베이킹파우더 1큰술

소금 3/4작은술

을 한데 섞는다. 2컵까지 계량할 수 있는 계량컵에

우유 1컵

을 붓고

달걀 1개

를 깨 넣고 섞는다. 섞어둔 가루의 가운데를 우물처럼 파서 달걀, 우유 혼합물을 붓고 거품기나 주걱으로 뭉친 데 없이 골고루 잘 섞는다.

녹인 버터 4큰술(1/2 덩어리)

을 부어 섞고 이 반죽을 미리 준비해두었던 베이킹 팬에 넣고 20분간, 혹은 옥수수빵 위쪽이 갈색으로 변하고 가운데 부분을 이쑤시개로 찔러보았을 때 묻어나는 것이 없을 때까지 굽는다.

변형하기

- 반죽을 버터 바른 12구 머핀 틀에 붓고 12~15분간 굽는다.
- 밀도가 더 높은 옥수수빵을 만들고 싶다면 옥수숫가루와 밀가루의 양을 바꿔서 옥수숫가루를 1컵, 밀가루를 3/4컵 넣는다. 아니면 옥수숫가루만으로 빵을 만든다.
- 껍질을 바삭하게 만들고 싶으면 오븐을 예열하는 동안 버터 1큰술(풍미를 더 풍부하게 하려면 베이컨 요리에서 나온 기름 1큰술)을 올린 무쇠 팬을 오븐에 넣는다. 무쇠 팬이 뜨거워지면 오븐에서 꺼내 이리저리 기울여 기름을 골고루 두르고 반죽을 부어 넣는다.
- 버터밀크 옥수수빵을 만들려면 우유 대신 버터밀크

1¼컵을 넣고 베이킹파우더 1큰술 대신 베이킹파우더 2작은술과 베이킹소다 1/2작은술을 쓴다.

소다빵
Soda Bread
1덩어리 분량

소다빵은 아일랜드의 국민 빵이라고 할 수 있는데 이스트 대신 베이킹소다를 써서 발효시킨다. 전통적으로는 벽난로의 바닥돌에서 굽거나 장작이 타고 남은 잉걸불 위에 더치 오븐을 놓고 구웠다. 이 레시피대로 하면 시작부터 완성하는 데까지 한 시간도 채 걸리지 않는다.

오븐을 230도로 예열한다.
커다란 볼에

무표백 중력분 3¾컵

소금 1작은술

베이킹소다 1작은술

을 계량해서 넣고 한데 섞는다.

버터밀크 2컵

을 계량한다. 섞은 가루 중간 부분을 우물처럼 파서 버터밀크 1½컵을 부어 넣는다. 저으면서 농도를 보고 필요하면 버터밀크를 조금씩 더 넣는다. 반죽은 부드러워야 하지만 너무 질거나 끈적거리면 안 된다. 밀가루를 뿌려놓은 탁자에 반죽을 쏟아붓고 반죽이 한데 뭉칠 정도로만 치댄다. 반죽을 뒤집어서 높이 4센티미터 정도 되는 둥근 덩어리로 만든다. 베이킹 시트에 반죽을 올려두고 반죽 표면에 십자가 모양으로 칼집을 낸다. 제법 깊게, 그리고 반드시 가장자리 끝까지 칼집을 쭉 넣어야 한다. 이렇게 해야 빵이 제대로 부푼다. 예열해둔 오븐에 넣고 15분간 구운 다음 200도로 낮춰 30분간 더 굽는다. 빵의 바닥을 두드려보면 완성되었는지 알 수 있다. 속이 비어 있는 것 같은 소리가 나면 잘된 것이다.

변형하기

- 갈색 소다빵을 만들려면 통밀가루 3컵과 무표백 중력분 3/4컵을 섞어 쓴다.

크림 비스킷
Cream Biscuits
4센티미터 크기의 비스킷 8개 분량

입에 넣으면 사르르 녹아버릴 만큼 맛있는 이 크림 비스킷만으로도 훌륭한 아침 식사가 된다. 닭튀김(369쪽 참고)이나 스튜에 곁들여 먹어도 좋고 즙이 많은 과일을 넣고 코블러로 굽거나 딸기 쇼트케이크(387쪽 참고)의 베이스로 써도 된다.

오븐을 200도로 예열한다.
커다란 볼에
> **중력분 1½컵**
> **소금 1/4작은술**
> **설탕 4작은술(취향에 따라)**
> **베이킹파우더 2작은술**

을 넣고 섞은 다음
> **작게 자른 차가운 버터 6큰술(3/4 덩어리)**

을 넣어 작은 콩알 크기가 될 때까지 손가락으로 비비거나 페이스트리용 블렌더로 섞는다.
> **헤비 크림 3/4컵**

을 계량해 그중 1큰술을 따로 덜어 보관한다. 남은 크림을 반죽에 넣으면서 포크로 슬슬 섞어 크림과 반죽이 적당히 엉기게 한다. 너무 많이 치대지 않도록 주의하면서 볼에 넣은 반죽을 가볍게 두어 번만 주무른다. 덧밀가루를 뿌린 테이블에 반죽을 뒤집어 쏟아서 약 2센티미터 두께로 민다. 4센티미터 크기로 동그랗게 혹은 네모나게 잘라 쿠키 8개로 만든다. 반죽이 너무 많이 남으면 다시 밀어서 모양을 잡는다.

　유산지를 깐 베이킹 시트에 얹고 비스킷 위쪽에 따로 두었던 크림 1큰술을 붓으로 바른다. 17분 동안, 비스킷이 골고루 다 익고 노릇하게 될 때까지 굽는다.

스콘
Scones
8개 분량

레시피대로 하면 이 스콘 반죽을 만드는 데 몇 분밖에 안 걸린다. 스콘은 방과후 간식이나 애프터눈 티와 함께 먹기 좋은, 담백하고 맛있는 빵이다.

오븐을 200도로 예열한다.
커다란 볼에
> **무표백 페이스트리용 통밀가루 2컵**
> **베이킹파우더 2½작은술**
> **소금 1/2작은술**
> **설탕 1/4컵**

을 계량해서 넣고 한데 섞는다. 거기에
> **크림 1⅓컵**

을 넣고 섞는다. 반죽이 겨우 어우러질 정도로만 섞어야 한다. 반죽이 질어서 끈적끈적한 상태일 것이다. 덧밀가루를 뿌린 테이블에 뒤집어 쏟고 반죽이 완전히 뭉칠 정도로만, 아주 조금만 치댄다. 손으로 만져 20센티미터 크기의 둥근 모양으로 만든다.
> **녹인 버터 2큰술**

을 붓으로 바르고
> **설탕 1½큰술**

을 뿌린다. 둥근 덩어리를 8개의 쐐기 모양으로 잘라 유산지나 실리콘 매트를 깐 베이킹 시트에 올리는데 2.5센티미터 정도는 간격을 두고 놓아야 한다. 17분 동안 혹은 스콘이 노르스름한 갈색으로 변할 때까지 굽는다.

변형하기

- 마른 재료를 계량해서 섞을 때 마른 과일(살구, 천도복숭아나 배) 다진 것이나 마른 작은 과일(체리, 크랜베리, 건포도)을 통째로 1/2컵 넣는다.
- 레몬이나 오렌지 1개의 껍질을 갈아 넣는다.
- 라운드 커터로 하나씩 원하는 모양이나 크기로 잘라 스콘의 모양을 만든다.
- 통밀가루 대신 무표백 중력분을 쓴다.

버터밀크 팬케이크
Buttermilk Pancakes
4~6인분

밀가루의 종류가 다르면 다른 풍미가 난다. 마음에 드는 밀가루를 아무것이나 골라 섞어 써도 된다. 단, 페이스트리용 통밀가루가 절반은 들어가야 가벼운 맛이 나는 팬케이크가 된다는 사실을 잊지 말자.

커다란 볼에
> **페이스트리용 통밀가루 3/4컵**
> **여러 가지 통곡물 가루 섞은 것**(통밀가루, 스펠트 밀가루, 옥수숫가루, 호밀가루나 메밀가루) **3/4컵**
> **베이킹파우더 1작은술**
> **베이킹소다 1작은술**
> **설탕 1큰술**(취향에 따라)
> **소금 1작은술**

을 계량해서 넣고 섞는다.
> **달걀 2개**

의 흰자와 노른자를 분리해둔다.
큰 계량컵에
> **버터밀크 1¾컵**

을 계량해둔다.
나눠놓았던 노른자를 버터밀크에 넣고 섞는다. 가루를 한데 섞고 그중 한 부분을 우물처럼 움푹 파서 버터밀크를 붓고 겨우 섞일 정도로만 젓는다.
> **녹인 버터 6큰술**(3/4덩어리)

을 넣고 잘 저어준다. 다른 볼에 달걀흰자를 넣고 거품기로 쳐서 거품을 낸다. 부드러운 거품이 뾰족하게 봉오리처럼 솟아오르면 반죽에 넣고 접듯이 섞는다. 반죽이 너무 되다 싶으면 버터밀크를 조금 더 넣는다.

예열해둔 철판에 반죽을 숟가락으로 떠서 올리는데, 일단 하나만 먼저 구워서 철판의 온도가 적당한지 알아보자. 팬케이크의 바닥이 노릇한 갈색으로 익으면 뒤집어서 마찬가지로 갈색이 되게 익힌다.

변형하기
- 버터밀크 대신 요거트와 우유를 섞어 넣는다. 아니면 그냥 일반 우유만 넣어서 만들 수도 있다. 우유 1½컵에 베이킹소다는 빼고 베이킹파우더를 2작은술 넣는다.
- 질감이 더 부드러운 팬케이크를 선호한다면 버터 6큰술 대신 버터 4큰술(1/2덩어리), 사워크림이나 크렘 프레슈 1/4컵을 넣는다.
- 통밀가루 대신 무표백 중력분을 써도 된다.
- 바나나 1개의 껍질을 벗겨 듬성듬성 다진 뒤 반죽에 넣어 접듯이 섞는다. 혹은 블루베리 1컵을 섞는다.

통곡물 와플
Whole-Grain Waffles
와플 8개 분량

커다란 볼에
> **페이스트리용 통밀가루 1컵**
> **여러 가지 통곡물가루 섞은 것 1컵**(통밀가루, 스펠트 밀가루, 옥수숫가루, 호밀가루나 메밀가루)
> **베이킹파우더 1½작은술**
> **베이킹소다 1작은술**
> **설탕 1큰술**(취향에 따라)
> **소금 1/2작은술**

을 계량해 넣고 섞는다.
커다란 계량컵에
> **버터밀크 2컵**

을 계량해 담고 거기에
> **달걀 3개**

를 넣어 거품기로 잘 섞는다.
버터밀크와 달걀 혼합물을 미리 섞어둔 마른 가루에 넣고 가루가 보이지 않을 정도로만 가볍게 섞는다.
> **녹인 버터 8큰술**(덩어리 1개)

을 붓고 잘 섞는다. 반죽이 너무 되다 싶으면 버터밀크를 조금 더 넣는다. 반죽은 반드시 숟가락으로 떠서 팬에 올려야 한다. 예열해두었던 와플용 무쇠 팬에 바삭바삭하고 노릇하게 굽는다.

변형하기
- 일반 우유를 넣어 와플을 만든다면 베이킹소다는 넣지 말고 베이킹파우더의 양을 늘려 2½작은술 넣는다.

쿠스쿠스
Couscous

보통 끓는 물만 있으면 바로 만들어 먹을 수 있지만, 더 풍미 있고 식감도 좋은 쿠스쿠스를 만들려면 모로코 현지 방식으로 쪄내는 수고를 해야 한다.

한 사람당 익히지 않은 쿠스쿠스의 양을 1/4컵 정도로 잡아야 한다. 물을 넉넉하게 부어 쿠스쿠스를 꼼꼼히 씻는다. 물을 빼고 커다랗고 얇은 팬에 펼쳐놓는다. 15분 정도 두었다가 뭉쳐 있는 덩어리가 없도록 손으로 비빈다.

찜기와 찜솥을 준비하자. 생강이나 마늘, 허브와 각종 양념처럼 냄새가 좋은 향신료를 물에 조금 넣는다. 4인분을 만들려면 쿠스쿠스 1컵을 찜기에 넣고(구멍이 너무 크면 면포를 깐 다음 쿠스쿠스를 넣는다) 뚜껑을 덮어 20분간 찐다. 익힌 쿠스쿠스를 다시 얇은 팬에 펼쳐놓고 숟가락의 볼록한 면으로 눌러 뭉친 덩어리를 부순다. 물 1/2컵과 소금 1/2작은술을 뿌린다. 손가락을 갈퀴처럼 써서 골고루 섞는다. 버터 1작은술을 넣고 또 손가락으로 섞는다. 15분간 쿠스쿠스를 식혀두었다가 다시 15~20분간 찐다(마지막으로 찌기 전 단계까지 준비해두었다가 필요한 시간이 되었을 때 쪄내도 된다). 완성된 쿠스쿠스가 마르지 않게 젖은 면포로 덮어둔다. 덩어리가 있으면 손가락으로 비벼 부순다.

단촛물 밥
Sushi Rice
4컵분량

나는 각자 알아서 싸 먹는 이 초밥을 좋아한다. 커다란 볼에 단촛물 밥을 담고 구운 김을 네모나게 잘라놓는다. 얇게 저민 생선과 채소, 생강 절임과 와사비도 준비한다. 식탁에 앉은 사람들이 각자 손으로 초밥을 싸서 먹는다.

단립미 한국 쌀 2컵

을 찬물을 갈아가며 여러 차례 씻는다.
물을 잘 빼고 바닥이 두꺼운 냄비에 담고

물 2¼컵

을 붓는다. 딱 맞는 뚜껑을 덮고 가열해 팔팔 끓으면 바로 불을 약불로 낮춘다. 15분간 끓인다. 불을 끄고 10분간 뜸을 들인다.

밥을 하는 동안 단촛물을 만들자.

쌀 식초 1큰술

소금 1/4작은술

설탕 1작은술

을 잘 섞어 설탕을 완전히녹인다.

밥이 완성되면 볼에 밥을 담고 만들어두었던 단촛물을 붓는다. 나무 주걱으로 살살 섞어서 단촛물을 밥에 골고루 입힌다. 먹기 전에 밥을 식힌다.

샬롯과 파슬리를 넣은 파로 샐러드
Farro Salad with Shallots and Parsley
4인분

파로는 밀알과 보리의 중간쯤 되는 풍미를 가진 고소한 맛이 나는 통곡물이다. 파로는 빨리 익는데(쌀이 익는 속도와 비슷하다), 삶아서 그냥 먹기도 하고 양념을 해서 샐러드에 넣어 먹기도 한다. 리소토처럼 만들어 먹을 수도 있다. 나는 보통 한번에 파로 1½컵 정도를 삶는다. 절반 정도는 따뜻하게 다른 요리에 곁들여서 먹고 남은 반은 다음 날 샐러드로 만들어 먹는다.

소금물 6컵

을 팔팔 끓여서

파로 ¾컵

을 넣는다. 20~25분간, 파로가 부드러워질 때까지 뭉근하게 끓인다.

파로를 건져 물기를 빼고 볼에 담아

레드 와인 식초 1큰술

소금

을 뿌린다. 살살 저어 섞고 맛을 본다. 소금이나 식초를 더 넣어 간을 맞춘다. 거기에

곱게 다진 작은 샬롯 1개나 스캘리언 2개

다진 파슬리 2큰술

엑스트라 버진 올리브유 3큰술

신선하게 갈아낸 검은 후추

를 넣고 섞는다. 상온에 두었다가 먹든지 차게 식혀 낸다.

변형하기

- 밀알과 스펠트 밀도 같은 식으로 요리해서 먹을 수 있다. 밀알은 익히는 데 시간이 좀 더 오래 걸린다. 50분까지 걸릴 수도 있다. 끓이기 시작하고 20분이 지나면 익은 정도를 계속 확인해야 한다.
- 파슬리 대신 고수나 바질을 넣어도 된다.
- 오이와 토마토가 많이 나는 계절에는 오이는 깍둑썰어서, 방울토마토는 반으로 잘라서 넣는다.
- 레드 와인 식초의 일부나 전부를 셰리 와인 식초나 레몬즙으로 대체할 수 있다.

달걀과 치즈

Eggs and Cheese

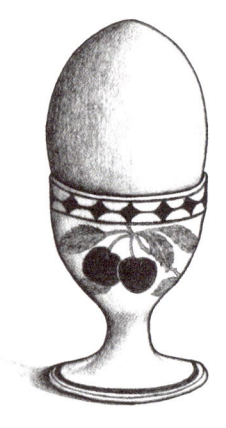

완숙과 반숙 달걀
Hard-Cooked and Soft-Cooked Eggs

완전히 익혔다고 해서 완숙이라고 하지만, 너무 많이 삶아서는 안 된다. 노른자가 적당히 굳어 찬란한 노란색이고 속은 촉촉한 상태로 삶는, 내가 즐겨 쓰는 방법을 소개한다. 물을 냄비에 끓이는 동안 달걀을 실온에 둔다. 물이 팔팔 끓으면 보글보글 끓을 정도로 불을 낮추고 길게 구멍이 나 있는 숟가락에 달걀을 얹어 물에 조심조심 내려놓는다. 불을 잘 조절해서 물이 끓을락 말락 하게 유지하며 9분 동안 삶는다. 달걀을 물에서 꺼내 바로 얼음물에 담근다. 손으로 잡을 수 있을 만큼 식으면 껍질을 벗겨낸다. 9분 동안 삶는다는 규칙을 늘 따라야 하지만 융통성을 발휘해야 한다는 사실은 유념하자. 달걀이 기준보다 살짝 클 수도, 작을 수도 있고 차갑거나 따듯할 수도 있으니 말이다.

　반숙도 같은 식으로 하면 되지만 5분 정도만 삶아야 한다는 점이 다르다. 따끈할 때 껍질을 까서 바로 먹는다.

달걀 프라이
Fried Eggs

맛있는 달걀 프라이의 핵심은 제대로 된 프라이팬이다. 내가 쓰는 프라이팬은 잘 길들이고 관리를 한 지름 25센티미터 무쇠 프라이팬이다. 사용한 후 깨끗하게 닦아내면 되고, 혹시 음식물이 들러붙어 있으면 물로 세척하면 된다. 비눗물을 쓰거나 세척기에 넣진 말아야 하고 늘 말려둬야 한다.

　무쇠 프라이팬을 중불에 올려 예열한다. 1분쯤 지나 약불로 낮추고 버터 1조각이나 올리브유를 넣는다. 팬을 기울이고 한 바퀴 돌려 녹인 버터나 올리브유를 프라이팬 바닥에 골고루 두른다. 조심조심 달걀을 깨서 팬에 넣는다. 소금과 후추를 살짝 뿌리고 흰자가 거의 다 굳

을 때까지 익힌다. 약불에서 천천히 익힌 프라이는 노른자가 아직 제대로 굳지 않은 상태이기 때문에 잘 뒤집기가 어렵겠지만 뒤집개를 살살 밀어 넣고 노른자를 터트리지 않고 한 번에 살짝 뒤집는다. 다시 소금과 후추로 간을 한다. 노른자가 줄줄 흐르는 프라이를 좋아한다면 몇 초만 더 익히고 좀 더 단단하게 굳은 노른자가 좋다면 1~2분간 더 익히면 된다. 완전히 익은 노른자를 좋아하면 달걀을 뒤집기 전에 노른자를 터트리고 불을 끈다. 프라이팬의 잔열로 완전히 속까지 익히면 된다.

스크램블드 에그
Scrambled Eggs

한 사람당 달걀 1~2개가 돌아가도록 볼에 깨서 담는다. 달걀 물을 부었을 때 1.3센티미터 정도 올라올 만큼 크고 바닥이 두꺼운 프라이팬을 선택한다(달걀 12개를 요리한다면 지름 25센티미터 프라이팬이 딱 좋다). 중불에 프라이팬을 올리고 몇 분 동안 예열한다. 바로 이게 핵심이다. 제대로 뜨거워진 프라이팬에는 달걀이 달라붙지 않는다. 프라이팬을 예열하는 동안 달걀을 가볍게 젓거나 주걱으로 쳐서 달걀 물을 만든다. 너무 많이, 세게 저으면 달걀 물이 묽어져서 익혔을 때 풍성한 느낌이 없다. 소금과 후추(취향에 따라 다진 허브)로 간을 한다. 프라이팬이 뜨거워지면 달걀 2개당 도토리 크기만 한 버터 조각 하나씩이 되도록 버터 양을 헤아려 팬에 넣는다. 버터가 녹아서 보글보글 거품이 나면 달걀 물을 붓는다. 몇 초간 달걀 물을 건드리지 말고 조금 익기를 기다린다. 달걀 물이 굳기 시작하면 이리저리 자르며 밀어서 익지 않은 달걀 물이 뜨거운 팬 위로 흐르게 한다. 불을 꺼도 잔열로 계속 익기 때문에 자기 취향보다 조금 덜 익었다 싶을 때 꺼야 한다(내 취향은 아주 부드럽게 살짝 익히는 것이다). 바로 식탁에 낸다.

달걀 샐러드
Egg Salad
4인분

완숙 달걀을 다져서 샐러드에 넣을 때는 통째로 먹을 때보다 살짝 더 익혀야 잘 부스러지지 않는다.

실온에 두었던 달걀 6개

를 끓는 물에 넣고 10분간 삶는다. 얼음물에 담가 식히고 껍질을 벗긴다. 달걀을 크게 다진다.

물에 헹구고 물기를 뺀 후 다진 케이퍼 2작은술
다진 파슬리 1큰술
다진 스캘리언, 파, 샬롯이나 차이브 2큰술
소금
신선하게 갈아낸 검은 후추
고춧가루 1꼬집
수제 마요네즈 1/3컵(58쪽 참고)

을 한데 섞는다. 다져놓았던 달걀을 양념과 섞은 마요네즈에 넣는다. 잘 버무린 다음 맛을 보고 간을 맞춘다. 취향에 따라

식초나 레몬즙

을 몇 방울 넣어도 좋다.

변형하기
- 디종 머스터드 2작은술을 넣는다.
- 보통 마요네즈 대신 아이올리 소스(59쪽 참고)를 쓴다.
- 다진 셀러리나 오이 1/2컵, 혹은 둘 다 섞어 넣는다.

케사디야
Quesadillas
4인분

토르티야에 치즈로 속을 채운 케사디야는 치즈는 말랑말랑하게, 겉은 바삭하게 구워내는데 간단하고 빠르게 만들어 쉽게 집어 먹을 수 있다. 방과후에 배고픈 아이들을 위해 비상용으로 준비할 수 있는 요리다. 쌀, 콩이나 살사와 곁들여 내면 푸짐한 점심이나 저녁 메뉴가 되기도 한다.

옥수수 토르티야나 밀 토르티야 8개
몬터레이 잭처럼 부드럽게 녹는 연성치즈 가루
1컵

을 준비한다. 치즈를 토르티야 4개에 골고루 뿌리고 남은 토르티야 4개를 위에 덮는다. 바닥이 두꺼운 프라이팬을 중불에 올리고

버터 1/2작은술

을 녹인다. 충분히 뜨거워지면 케사디야를 넣고 노릇하게 굽는다. 뒤집어서 반대편도 노릇하고 치즈가 녹을 때까지 굽는다. 식지 않도록 따뜻하게 데운 오븐에 넣어두고 나머지 케사디야도 굽는다.

변형하기
- 토르티야에 치즈를 뿌린 다음 고수를 다져 뿌리고 다른 토르티야로 덮는다. 구운 파프리카나 고추를 얇게 저며 넣어도 된다.
- 완성한 케사디야에 매운 살사나 맵지 않은 살사, 혹은 사워크림이나 과카몰리(239쪽)를 얹어 낸다.
- 기호에 따라 토르티야를 버터를 두르지 않아 기름기가 없는 뜨거운 프라이팬에 구워내도 된다.

구운 치즈 샌드위치
Grilled Cheese Sandwich

맛있는 빵에 그뤼에르 치즈를 넣고 신선한 버터에 구운 이 샌드위치는 최고라고 할 수 있다.

시골 빵 종류의 빵을 자르고 그뤼에르 치즈를 아주 얇게 썰어 세 겹 쌓아 올린다. 그 위를 빵으로 덮는다. 무거운 프라이팬(무쇠 프라이팬이 제일 좋다)을 중약불에 올리고 전체적으로 예열한다. 샌드위치의 위쪽에 말랑말랑한 버터나 올리브유를 펴 바른다(버터가 차갑게 굳어 있는 상태라면 버터를 얇게 조각내 빵에 뿌린다). 프라이팬이 충분이 뜨거워지면 버터 바른 쪽을 아래로 향하게 해서 샌드위치를 넣고 노릇하게 굽는다. 빵이 너무 빨리 갈색으로 변하고 탈 것 같으면 불을 낮춰야 한다. 샌드위치 위쪽에도 버터나 오일을 바른다. 샌드위치를 뒤집고 다른 쪽이 노릇해지고 치즈가 다 녹을 때까지 굽는다. 나는 빵의 양쪽에 바른 버터에 세이지 잎을 서너장 올려서 구워 먹기를 좋아한다. 버터가 묻은 세이지 잎은 갈색으로 변하고 바삭바삭해진 상태로 빵에 들러붙는다. 샌드위치가 완성되어 바삭할 때 껍질을 벗긴 마늘 한 쪽을 빵에 문질러 먹는다.

양파 커스터드 파이
Onion Custard Pie
23센티미터 파이 1개 분량

이 파이는 소풍에 가져가서 아침으로 먹기 좋다.

파이 반죽 280그램(190쪽 참고)

을 밀어서 30센티미터 그기의 원형으로 편다. 지름 23센티미터 타르트 팬이나 파이 팬에 반죽을 펴서 깐다. 가장자리는 접어서 2배 두께로 만든다. 가장자리를 손가락으로 잘 눌러서 딱 붙이고 바닥은 구석구석 포크로 찔러서 자국을 낸다. 적어도 한 시간은 냉장고에 넣어두었다 써야 한다.

오븐을 190도로 예열한다. 반죽이 구워지면서 줄어들지 않도록 포일을 잘라 올리든지 유산지를 덮고 그 위에 마른 콩(혹은 파이 누름돌)을 한 겹 깔아서 굽는다. 이 작업을 베이킹 블라인드라고 한다. 15분간, 혹은 가장자리가 살짝 노릇할 때까지 구우면 된다. 타르트를 오븐에서 꺼내 포일과 누름돌을 걷어낸다. 다시 오븐에 넣고 5~7분간, 전체적으로 밝은 갈색으로 변할 때까지 굽는다.

바닥이 두꺼운 프라이팬을 불에 올리고

버터 4큰술(1/2덩어리)

을 녹인다. 그리고

껍질을 벗겨 얇게 썬 양파 4개

를 넣고 중불에서 부드럽고 노릇해질 때까지 20~30분간 볶는다.

소금
신선하게 갈아낸 검은 후추

로 간을 한다. 팬에서 양파를 덜어내고 접시에 펴 식힌다.

하프 앤드 하프 1½컵
달걀 2개
달걀노른자 2개
갈아놓은 그뤼에르 치즈 1/2컵
소금
신선하게 갈아낸 검은 후추
고춧가루 1꼬집

을 한데 섞어 커스터드를 만든다. 양파가 완전히 식으면 구워두었던 타르트에 펴 담고 만들어둔 커스터드를 부은 다음 190도로 예열한 오븐에서 35~40분간, 위쪽이 불룩해지고 노릇한 갈색으로 변할 때까지 굽는다.

변형하기
- 양파를 볶을 때 타임이나 세이버리, 마저럼 같은 신선한 허브 가지를 몇 개 넣는다.
- 베이컨 4조각을 작게 자르고 바삭하게 굽는다. 기름을 빼고 타르트의 제일 밑바닥에 뿌린 다음에 양파를 올린다.
- 그뤼에르 치즈 대신 다른 치즈를 써본다.
- 양파의 양을 절반으로 줄이고, 대신 소테로 볶아서 다진 초록 채소 2컵을 커스터드에 넣는다.

채소

Vegetables

(계속)

(계속)

• 아티초크
Artichokes
계절 : 봄, 초가을

아티초크는 국화과 식물인 엉겅퀴를 개량한 것으로 꽃의 봉오리 부분을 먹는다. 크고 초록빛이 나며 둥근 아티초크도 있고 작고 보랏빛이 나는 것도 있다. 또 자색 아티초크도 있다. 가시가 하나도 없이 매끈한 종류도 있고 이파리 끝에 날카롭고 위험한 침이 붙은 것도 있다. 이들 아티초크는 서로 다른 독특한 풍미가 있다. 그래도 제일 맛있는 아티초크는 아직 어리고 갓 수확한 아티초크다. 더 자란 아티초크는 초크(안쪽에 털이 나 있는 부분)가 크고 살도 더 억세다. 색이 밝고 봉오리가 야무지게 닫혀 있으며 자른 지 얼마 되지 않아서 아직 줄기가 쪼글쪼글해지지 않은, 신선한 아티초크를 골라보자.

아티초크는 통째로 조리할 수도 있고 다 잘라내고 다듬어 색이 연한 하트 부분만 쓰기도 한다. 커다란 아티초크를 다듬을 때는 먼저 봉오리 밑 줄기 부분에 붙어 있는 작은 잎사귀(실제로는 꽃잎)를 모두 떼어낸다. 그러고 나서 무겁고 날카로운 칼로 봉오리의 끝부분을 2.5센티미터 정도 자른다. 작고 날카로운 칼로 줄기 부분과 밑동을 돌려 깎고 겉잎 중 짙은 초록색 잎을 모두 벗겨낸다. 작은 숟가락으로 솜털 같은 하얀 털 부분, 즉 초크를 파낸다. 아티초크 하트(꽃받침의 심지 부분)를 바로 요리할 것이 아니라면 레몬을 잘라서 문지르거나 레몬즙이나 식초를 탄 물에 담가 갈변하지 않도록 한다.

어리고 연한 아티초크도 비슷하게 다듬는다. 거친 바깥 잎을 꺾어서 떼어내면 끝부분은 짙은 초록이고 몸통은 밝은 연두색인 속잎이 나온다. 두 색이 만나는 부분을 잘라 끝부분은 버린다. 줄기와 밑동에 붙어 있는 짙은 초록 잎 부분을 칼로 다듬는다. 짙은 초록색 잎과 아티초크의 절반 이상을 잘라내 버린다고 아까워하지 말자. 섬유질이 너무 많아서 질기고 아무리 오래 삶아도 말랑해지지 않기 때문이다. 마찬가지로, 손질한 아티초크를 바로 요리한다면 그럴 필요가 없지만 그렇지 않은 경우라면 자른 레몬으로 문지르거나 식초 탄 물에 담가둬야 한다.

삶거나 찐 아티초크
Artichokes Boiled or Steamed

아티초크의 줄기 절단면을 다듬어 자르고 잎에 붙은 가시도 모두 잘라 손질한다. 가위를 쓰면 이 작업을 더 수월하게 할 수 있다. 강불에서 넉넉하게 팔팔 끓인 소금물에 아티초크를 넣고 부드러워질 때까지 삶는다. 큰 아티초크의 경우에는 30분 정도 걸릴 것이다. 줄기와 닿은 아티초크의 밑동 부분을 작고 날카로운 칼이나 꼬챙이로 찔러 얼마나 익었는지 확인해보자. 아티초크를 찔 때도 같은 방식으로 손질해 물이 팔팔 끓는 찜기에 넣고 딱 맞는 뚜껑을 덮어 찐다. 녹인 버터나 집에서 만든 마요네즈를 작은 그릇에 담아 함께 낸다. 그냥 마요네즈나 레몬, 마늘과 허브를 넣어 풍미를 더한 마요네즈(59쪽 참고) 모두 좋다.

아티초크 브레이즈
Braised Artichokes
4인분

아티초크와 풋마늘, 색이 진한 풋양파, 꽃이 핀 타임 가지 등의 재료를 조합해 정말 맛있는 브레이즈를 만들수 있다.

작은 아티초크 12개나 중간 크기의 아티초크 4개(700~900그램)

를 손질한다. 한 번에 1개씩, 위에서부터 1/3 부분을 잘라 버린다. 억센 바깥 잎을 꺾어 떼어내면 연초록색의 부드러운 잎이 나온다. 잘 드는 칼로 줄기의 끝부분을 잘라내고 짙은 초록 잎 부분과 줄기의 겉껍질을 다듬는다. 아티초크를 길게 4등분(큰 아티초크는 8등분)하고 초크 부위는 잘라서 꺼낸다. 아티초크의 단면을

반으로 자른 레몬 1개

로 골고루 문질러 갈변을 막는다.

풋마늘 대 1개
풋양파 1대

의 뿌리와 거친 초록 잎사귀 부위를 잘라낸다. 풋마늘과 풋양파를 길게 반으로 잘라 얇게 저민다. 중간 크기의 소스 팬을 약불에 올리고

올리브유 3큰술

을 넣어 데우고 마늘과 양파, 그리고

타임 가지 3~4개

를 넣는다. 약 5분간 볶다가 준비해둔 아티초크를 넣는다. 저어가며 2~3분간 더 볶다가

소금
신선하게 갈아낸 검은 후추

를 넣어 간을 한다.

화이트 와인 1/4컵
물 1/4컵

을 붓고 뚜껑을 덮어 가끔 저어주면서 20분 정도 약불에서 더 익힌다. 즙이 흘러 나오고 말랑해지면 완성된 것이다. 맛을 보고 필요하면 소금을 더 넣어 간을 맞추고

엑스트라 버진 올리브유 2큰술

을 뿌려 마무리한다.

양파, 마늘과 허브를 넣은 아티초크 소테
Sautéed Artichokes with Onions, Garlic, and Herbs
4인분

바닥이 두꺼운 프라이팬을 중불에 올리고

올리브유 1½큰술

을 두른다. 충분히 뜨거워지면

깍둑썬 작은 양파 1개

를 넣고 부드러워질 때까지 약 7분간 볶는다. 양파를 프라이팬에서 덜어낸다.

양파가 익는 동안

아주 작은 아티초크 12~15개(약 700그램)

를 손질해서 얇게 썬다. 양파를 덜어낸 프라이팬에

올리브유 1½큰술

을 두르고 가열한다. 썰어둔 아티초크를 넣고 가끔 저으면서 약 10분간, 아티초크가 부드러워지고 노릇해질 때까지 중불에서 볶는다. 볶아두었던 양파를 넣고

다진 마늘 3쪽
다진 허브(타임, 마저럼, 오레가노, 세이버리, 파슬리 등) 3큰술
소금
신선하게 갈아낸 검은 후추

를 뿌려 약 2분간 더 익힌다. 맛을 보고 필요하면 소금을 더 넣어 간을 맞춘다.

변형하기

- 마늘을 넣을 때, 물에 담갔다가 물기를 빼고 다진 케이퍼 2큰술을 함께 넣는다. 그리고 살짝 알싸한 맛을 더하고 싶다면 마른 칠리 플레이크를 1~2꼬집 넣는다.
- 커다란 아티초크 3개를 쓴다. 아티초크를 손질해서 먹을 수 있는 하트 부분만 얇게 썬다. 아티초크를 위와 같은 방법으로 요리한다. 아직 부드러워지지 않았는데 갈색으로 변해버렸다면 양파, 허브를 넣을 때 물을 조금 넣어서 익힌다.

• 아스파라거스
Asparagus
계절:봄

아스파라거스는 세 가지 색이 있다. 초록색, 보라색, 흰색이다. 초록색과 보라색이 나는 종류는 맛이 거의 비슷하며 보라색 아스파라거스는 익히면 짙은 초록색으로 변한다. 햇빛을 차단해서 재배하기 때문에 익혀도 색이 변하지 않는 흰색 아스파라거스는 더 구하기 힘들며 가격도 비싸다. 풍미는 다른 색의 아스파라거스보다 옅다. 아스파라거스는 뾰족한 부분(꽃봉오리의 끝부분)을 단단하게 오므리고 있는 것이 제일 좋고 막 수확해서 신선할 때 풍미가 가장 달큰하다. 줄기가 매끈하고 색이 밝으며, 잘린 단면이 마르지 않고 촉촉하고 신선해 보이면서 봉오리 부분이 단단하게 다물어진 아스파라거스를 구하자.

아스파라거스를 다듬어보자. 줄기를 손에 쥐고 구부려서 부러뜨린다. 줄기의 부드러운 부분과 딱딱한 부분이 만나는 부분에서 자연스럽게 부러질 것이다. 나는 줄기가 가는 것보다 통통한 아스파라거스를 더 좋아하는데 이런 종류가 껍질을 벗겨서 조리하면 더 달큰한 맛이 나며 풀 냄새도 덜하다. 아스파라거스 줄기의 껍질을 쉽게 벗기려면 감자 칼을 쓴다. 감자 칼로 종잇장같이 얇은 껍질을 흰색이 아니라 연녹색 살이 나올 때까지 벗기는 것이다. 아스파라거스의 줄기가 가늘다면, 혹은 줄기를 작게 잘라서 요리할 거라면 하지 않아도 된다. 봉오리 밑으로 2.5센티미터 내려간 지점부터 끝부분까지 모두 벗겨낸다.

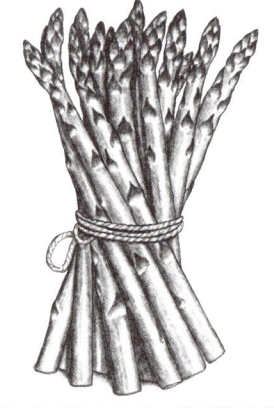

아스파라거스 요리법
Cooking Asparagus

아스파라거스를 삶아서 익혀보자. 일단 아스파라거스의 끝부분을 구부려 부러뜨리고 껍질을 벗긴다. 커다란 냄비에 소금물을 팔팔 끓여 아스파라거스를 넣고 뚜껑을 덮지 않은 채 약 3분 30초간(아스파라거스가 가늘면 더 짧은 시간 동안), 아스파라거스가 부드러울락 말락 할 때까지 삶는다. 물기를 빼고 실온이 될 때까지 식혀서 식탁에 낸다(면포에 펼쳐두고 식힌다).

아스파라거스를 쪄서 익히려면, 끓는 물 위에 찜기를 올리고 껍질을 벗겨낸 아스파라거스를 넣어 3분간, 혹은 살짝 부드러워질 때까지 찐다.

아스파라거스를 석쇠에 굽는 방법도 있다. 살짝 삶은 아스파라거스에 붓으로 올리브유를 바르고 소금과 후추를 뿌려 간한다. 적당히 뜨거워진 숯 위에 석쇠를 올리고 아스파라거스를 굽는다. 자주 뒤집어가면서 속까지 다 데워질 때까지, 그리고 살짝 노릇하게 석쇠 자국이 날 정도로 굽는다.

아스파라거스를 오븐에 굽기도 한다. 껍질을 벗겨낸 아스파라거스를 속이 좀 깊은 베이킹 팬에 한 겹으로 늘어놓는다. 올리브유와 소금을 뿌리고 아스파라거스를 앞뒤로 굴려 고루 묻힌다. 200도로 예열한 오븐에서 부드러워질 때까지, 9~11분 굽는다. 절반쯤 익었을 때 아스파라거스를 한 번 뒤집어야 한다는 점을 잊지 말자.

아스파라거스가 아직 따뜻할 때, 혹은 실온과 비슷한 정도로 식었을 때 허브 마요네즈(59쪽 참고), 비네그레트 소스(56쪽), 살사 베르데(57쪽)나 뵈르 블랑(248쪽)을 곁들여 낸다. 아니면 엑스트라 버진 올리브유를 두르고 다진 완숙 달걀과 바싹 구운 판체타, 혹은 대패처럼 밀어낸 파르메산 치즈를 뿌려 내도 좋다. 아스파라거스는 리소토에 넣어도 맛있고(312쪽 참고), 다른 채소와도 잘 어우러진다(338쪽 참고).

아스파라거스와 레몬 리소토
Asparagus and Lemon Risotto
4인분

리소토를 만드는 대략의 방법 및 자세한 설명은 114쪽을 참고하자.

아스파라거스 450그램

의 끝부분을 구부려 부수고 6밀리미터 크기로 어슷하게 자른다.

레몬 1개

의 껍질을 갈아서 제스트를 만든다. 남은 레몬 과육은 반으로 잘라 즙을 짜둔다.

바닥이 두꺼운 2.5~3리터 용량 소스 냄비를 중불에 올려서

버터 2큰술

을 녹이고

곱게 다진 작은 양파 1개

를 넣어 부드러워지고 투명해질 때까지, 약 10분간 볶은 후에

**리소토용 쌀 1½컵(아르보리오, 카르나롤리,
발도, 비알로네 나노 같은 종류)**

을 넣는다. 이따금씩 저으면서 4분 정도, 쌀이 익어서 투명해질 때까지 익힌다. 절대 노릇할 정도로 익혀서는 안 된다.

그러는 동안

닭 육수 5컵

을 한소끔 끓인 후 불을 꺼둔다.

볶은 쌀에 레몬 제스트를 넣고 섞으면서

달지 않은 화이트 와인 1/2컵

을 넣는다. 이번에는 자주 저으며 와인이 쌀에 완전히 흡수될 때까지 익힌다. 그리고 나서 따뜻한 닭 육수 1컵을 붓고 가끔 저으며 부글부글 끓인다. 쌀이 수분을 다 흡수해 너무 뻑뻑하다 싶으면 다시 육수 1/2컵을 붓고 소금을 좀 넣는다(육수의 염도에 따라 소금의 양을 조절해야 한다). 리소토가 너무 걸쭉하다 싶을 때마다 한번에 1/2컵씩 육수를 계속 보충한다. 절대 리소토가 말라버리면

안 된다. 12분간 리소토를 익힌 후 잘라두었던 아스파라거스를 넣는다. 쌀을 끓이기 시작하고 20~30분 지나면, 쌀이 많이 부드러워졌지만 아직 딱딱한 심이 남아 있을 정도로 익을 것이다. 이 정도 익혔으면 짜두었던 레몬즙 절반을 넣고 섞으면서

**버터 1큰술
신선하게 갈아낸 파르메산 치즈 1/3컵**

을 넣고 강하고 빠르게 저어 크림 같은 전분을 만든다. 맛을 보고 필요하면 소금과 레몬즙을 더 넣는다. 불을 끄고 뚜껑은 덮지 않은 채 2분 정도 뜸을 들여 식탁에 낸다. 리소토가 또 걸쭉해졌으면 육수를 더 끼얹는다.

변형하기

- 식탁에 내기 전에 다진 처빌이나 파슬리 2~3큰술을 리소토에 넣고 섞는다.
- 관자 450그램을 손질한다. 관자의 옆에 붙어 있는 작은 근육(흰색의 작은 덩어리)은 떼어버리고 깨끗이 세척한다. 관자가 크면 가로로 잘라 얇은 2개의 원반 모양 덩어리로 나눈다. 리소토가 완성되기 5분쯤 선에 관자를 넣고 섞는다.
- 껍질을 깐 콩 450그램을 리소토가 완성되기 10분 전에 넣는다. 리소토에 다진 처빌이나 길고 가늘게 자른 신선한 스피어민트 잎을 몇 장 올려 낸다.
- 레몬과 아스파라거스를 빼고 겨울 호박을 넣어 리소토를 만든다. 작은 땅콩 호박 1/2개의 껍질을 벗기고 안쪽의 씨와 실 같은 속을 긁어낸다. 작게 깍둑썬다. 바닥이 두꺼운 프라이팬을 가열해 버터 2큰술을 녹이고 신선한 세이지 몇 잎과 호박을 넣고 소금으로 간을

한다. 중약불에서 호박이 전체적으로 익었지만 아직 말랑해지진 않은 정도로 익힌다. 리소토가 완성되기 5분 전에 익힌 호박을 넣는다(또는 양파를 볶을 때 세이지를 넣고 쌀에 두 번째 육수를 부을 때 익히지 않은 자른 호박을 넣고 섞는 방법도 있다). 파스닙, 당근과 뿌리셀러리를 쓸 때도 같은 방법으로 만든다.

- 레몬과 아스파라거스를 빼고 감자와 판체타를 넣고 리소토를 한다. 큰 감자 2개의 껍질을 벗기고 작게 깍둑썬다. 판체타 2줄을 깍둑썬다. 양파를 볶을 때 판체타를 넣는다. 리소토에 육수를 처음 넣을 때 감자도 넣고 같이 조리한다.

- 레몬과 아스파라거스를 빼고 석쇠에 구운 라디치오를 넣어 리소토를 만든다. 리소토를 식탁에 내기 직전에 석쇠에 구운 라디치오(334쪽 참고)를 잘게 다져 2컵 분량을 넣고 섞는다.

• 콩
Beans

마른 콩이나 신선한 콩에 대한 정보와 어떤 콩을 골라야 하고 어떻게 손질해야 하는지는 87쪽의 마른 콩과 생콩을 참고한다.

• 껍질콩
Green Beans
계절: 초여름, 가을 내내

껍질콩은 꼬투리가 아직 연하고 속에 든 콩알도 덜 익었을 때 수확해서 먹는 콩 종류다. 세상에는 맛있는 껍질콩이 정말 정말 많다. 몇 개만 얘기해보자면 블루 레이크, 켄터키 원더, 와이드 로마노 빈(노랑색과 초록색 모두), 백편두와 보라색과 크림색이 어우러진 드래곤즈 텅 빈 Dragon's Tongue bean, 연하고 작은 프랑스산 아리코 베흐가 있다. 신선하고 색이 밝으며 아삭아삭한 껍질콩을 선택하자. 구부리면 쉽게 부러지고 안에 든 콩알은 막 생겨난 듯이 작은 것이 좋다. 최상의 풍미를 느끼려면 신선한 상태의 껍질콩을 바로 조리해서 먹어야 한다. 손질하는 방법은 다음과 같다. 물에 헹구고 줄기가 붙은 끝부분을 부러뜨리거나 잘라 버린다. 반대편 꼬투리 끝은 굉장히 지저분하거나 말라비틀어지지 않았다면 자르지 않아도 상관없다.

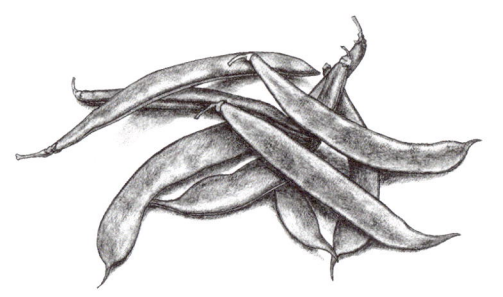

마저럼을 넣은 로마노 빈
Romano Beans with Marjoram
4인분

크고 납작한 로마노 빈은 중독성 강한 풍미에 반해서 내가 가장 고대하는 여름 채소 중 하나다. 마저럼을 쓰는데 주저하지 마라. 마저럼의 산뜻하고 톡 쏘는 향은 콩과 정말 잘 어울린다.

로마노 빈 450그램

을 잘 손질하고 줄기가 붙은 끝부분을 잘라 버린다. 콩을 2.5센티미터 길이로 자른다. 살짝 어슷하게 자르면 더 예쁘다. 넉넉하게 팔팔 끓인 소금물에 넣고 부드러워질 때까지 삶는다. 물기를 빼고

소금
엑스트라 버진 올리브유
신선한 마저럼 다진 것 1/4컵

을 넣고 버무린다. 맛을 보고 심심하면 소금을 더 넣어 간을 맞추고 식탁에 낸다.

변형하기

- 마지막에 레몬즙을 조금 짜 넣는다.
- 올리브유 대신 버터를 쓴다.
- 다른 부드러운 껍질콩을 쓴다.

신선한 콩과 껍질콩 라구
Fresh Shell Bean and Green Bean Ragout
4인분

신선한 껍질콩 여러 가지(아리코 베흐, 백편두, 로마노 빈, 블루 레이크 빈)를 섞어서 이 요리를 만들면 보기에도 좋고 맛도 있다. 껍질콩은 품종마다 익는 시간이 다르기 때문에 따로 조리해야 한다. 같은 물에 여러 번 삶아도 괜찮다. 콩을 삶으면 물에 색이 우러날 수 있기 때문에 색이 가장 연한 백편두를 제일 먼저 삶아야 한다. 깐 콩도 다양하게 섞어 쓸 수 있는데, 마찬가지로 종류가 다른 콩은 모두 따로 익혀야 한다.

신선한 콩 450그램(크랜베리 빈, 카넬리니나 플래절렛 빈)

을 깐다. 소금을 조금 넣어 팔팔 끓인 물에 콩을 넣고 말랑말랑하고 부드러워질 때까지 삶는다. 15분쯤 지난 다음부터는 계속 확인해봐야 한다. 콩이 다 익으면 삶은 물에 그냥 담근 채로 식힌다.

콩이 식는 동안

껍질콩 340그램

의 줄기가 붙은 꼬투리를 꺾어 부러뜨리고 반대편 끝도 마르거나 질긴 부분이 있으면 뜯어낸다. 손질한 껍질콩을 2.5센티미터, 한입 크기로 자른다. 팔팔 끓인 소금물에 부드럽게 삶은 후, 물기를 빼고 베이킹 시트나 접시에 펼쳐 식힌다.

바닥이 두꺼운 프라이팬을 중불에 올리고

올리브유 2큰술

을 두른다.

깍둑썬 양파 1개

를 넣고 투명해질 때까지, 약 10분간 볶고

껍질을 벗기고 다진 마늘 2쪽
다진 세이버리, 마저럼이나 파슬리 2작은술
소금
신선하게 갈아낸 검은 후추

를 넣고 4분간 조리한다. 식혀둔 콩을 건진다. 콩 삶은 물은 따로 잘 두고, 콩의 물기를 뺀다. 콩과 콩 삶은 물 1/4컵

을 볶고 있는 양파에 더한다. 불을 더 높이고 한소끔 끓인다. 익힌 껍질콩을 섞어 넣고 다시 팔팔 끓인 후 불을 낮추고 1~2분간 더 끓여 콩의 속까지 충분히 익힌다. 맛을 보고 심심하면 소금을 더 넣어 간을 맞춘다.

엑스트라 버진 올리브유

를 뿌려 식탁에 낸다.

구운 아몬드, 레몬과 함께 요리한 껍질콩
Green Beans with Toasted Almonds and Lemon
4인분

프라이팬에 튀긴 생선과 놀라울 정도로 잘 어울린다.

껍질콩 450그램

의 줄기가 붙은 꼬투리 끝을 손질한다. 바닥이 두꺼운 프라이팬을 중불에 올리고

버터 3큰술

을 녹인다. 버터가 녹아서 바글거리다가 거품이 사그라들면

얇게 저민 아몬드 1/4컵

을 넣고 자주 저으면서 아몬드가 노릇해질 때까지 볶는다. 불을 끄고

레몬 1/2개에서 짜낸 레몬즙
소금

을 넣는다.

소금물을 팔팔 끓여 껍질콩이 부드러워질 때까지 익힌다. 물기를 꼼꼼하게 빼고 아몬드와 버터에 버무린다. 맛을 보고 필요하면 소금을 더 넣어 간을 맞춘다.

변형하기

- 아몬드 대신 피칸이나 헤이즐넛을 다져 넣는다.
- 부드러운 껍질콩 대신 로마노 빈이나 드래곤즈 텅 빈을 쓴다.
- 녹인 버터를 콩에 버무리기 전에 곱게 다진 마늘 한쪽을 넣고 섞는다.

후무스
Hummus
2컵분량

집에서도 아주 쉽게 만들 수 있는 요리다. 병아리콩으로 만든 이 퓌레는 혹여 타히니(참깨로 만든 페이스트)가 없어서 넣지 못해도 여전히 맛있다. 타히니가 없으면 올리브유를 좀 더 넣는다.

마른 병아리콩 3/4컵

을 여덟 시간 동안, 혹은 밤새 불린다. 물을 따라 버리고 콩이 충분히 부드러워질 때까지 한두 시간 삶는다. 콩을 체에 부어 물기를 뺀다. 콩 삶은 물은 1/4컵을 따로 보관해두어야 한다. 푸드 밀이나 푸드 프로세서, 믹서에 넣고 갈아서 퓌레로 만든다.

타히니 1/4컵(참깨 페이스트)
신선한 레몬즙 1/4컵
껍질을 벗기고 덩어리 없이 빻은 마늘 2쪽
엑스트라 버진 올리브유 1큰술
소금

을 넣고 잘 섞어 부드럽게 만든다. 필요하면 콩 삶은 물을 넣어 농도를 맞춘다.

변형하기
- 쿠민 가루와 카이엔 고춧가루를 1/4작은술 넣어 맛을 더한다.
- 쿠민 가루와 카이엔 고춧가루를 섞은 올리브유를 완성된 후무스에 뿌린다.
- 식감이 더 부드러운 후무스를 만들려면 병아리콩을 삶은 다음에 껍질을 벗겨 넣는다.

리프라이드 빈
Refried Beans
4인분(약 2컵)

전통적으로 리프라이드 빈을 만들 때는 막 녹여서 정제한 신선한 라드를 쓴다. 라틴 아메리카 마켓에서 라드를 찾아보자.

바닥이 두꺼운 팬을 중불에 올리고

경화유 무첨가 라드 3~4큰술

을 녹인다. 기름이 뜨거워지면

깍둑썬 중간 크기 양파 1/2개

를 넣고 약 7분간, 양파가 부드러워질 때까지 익힌다.

삶은 핀토 빈이나 검은콩 2컵
콩 삶은 물 1/4컵
소금

을 더하고 몇 분간 더 볶는다. 감자 으깨는 도구(포테이토 매셔)로 콩을 으깬다. 너무 걸쭉하면 콩 삶은 물을 조금 더 넣는다. 이 단계에서는 조금 질게 해야 하는데 콩이 식을수록 점점 더 뻑뻑해지기 때문이다. 맛을 보고 소금을 넣어 간을 맞추고 식탁에 낸다.

변형하기
- 이 콩 요리에는 라드나 베이컨 기름이 제일 좋지만 대신 올리브유를 넣어도 괜찮다.
- 콩을 넣기 1분쯤 전에 마늘 2~3쪽을 다져 익힌 양파에 넣는다.

• 브로콜리
Broccoli
계절: 초봄, 가을, 늦겨울

브로콜리에서 우리가 먹는 부분은 피지 않은 꽃눈의 싹이다. 다시 말해 브로콜리는 피지 않은 커다란 꽃이라는 말이다. 가장 흔하게 먹는 것은 초록색이고 상당히 덩어리가 큰 브로콜리 종류다. 하지만 다른 종류도 먹는데 예를 들어 스프라우팅 브로콜리는 가는 줄기에 진녹색의 작은 싹눈이 조금씩 달려 따로따로 잘라 수확하는 종류이다. 로마네스코 브로콜리는 다른 세계에서 온 채소같이 생겼다. 연노랑 빛이 도는 초록색이고 뾰족뾰족한 나선형 꽃봉오리가 원뿔 모양으로 모여 있다. 보라색 브로콜리도 있는데 그중에 어떤 종류는 꽃눈이 어찌나 촘촘히 붙어 있는지 브로콜리라기보다 콜리플라워 같다. 시들거나 누렇게 변하거나 꽃이 피지 않은, 색이 밝고 단단하며 송이가 야무지게 뭉쳐 있는 브로콜리를 고르자. 송이에서 줄기 부분을 잘라내고 원하는 크기로 자르거나 나누자. 잘라낸 줄기 끝도 다듬고 굵은 줄기라면 과도나 감자 칼로 껍질을 벗긴다. 껍질을 벗긴 줄기는 길게 토막내거나 얇게 썬다.

마늘, 버터와 레몬을 넣은 찐 브로콜리
Steamed Broccoli with Garlic, Butter, and Lemon
4인분

커다란 브로콜리를 골라 두꺼운 줄기를 잘라낸다. 줄기의 껍질을 벗기고 조각낸다. 송이도 잘라서 여러 개의 작은 꽃봉오리로 나눈다. 손질한 브로콜리를 부드럽게 쪄낸다. 브로콜리를 찌는 동안 작고 바닥이 두꺼운 프라이팬에 버터 몇 큰술을 녹인다. 다지거나 찧은 마늘 2~3쪽과 소금을 더한다. 버터가 바글바글 끓기 시작하면 불을 끄고 레몬을 크게 한 번 짜 넣는다. 브로콜리를 찜기에서 식탁에 올릴 우묵한 그릇으로 옮겨 담고 녹인 버터를 부어 식탁에 낸다. 달리 먹고 싶으면 다진 마저럼이나 오레가노를 뜨거운 버터에 넣기도 한다. 버터만 넣는 대신 절반은 버터, 절반은 엑스트라 버진 올리브유를 넣어도 좋다.

뭉근하게 삶은 브로콜리
Long-Cooked Broccoli
2½컵 분량

브로콜리를 거칠게 간 퓌레처럼 보일 때까지 삶아서 만든다. 크루통에 올려서 먹어도, 파스타와 버무려 먹어도 맛있고 다른 요리에 곁들이는 음식으로도 훌륭하다.

브로콜리 700그램
의 줄기와 송이를 분리한다. 줄기의 마른 끝부분은 잘라내고 다듬은 후 껍질을 벗기고 얇게 썬다. 송이는 자르거나 손으로 작게 나눈다. 바닥이 두꺼운 냄비를 중불에 올리고

올리브유 6큰술
을 데운다. 잘라둔 브로콜리와

껍질을 벗겨 편으로 썬 마늘 6쪽
마른 칠리 플레이크 1꼬집 (취향에 따라)
소금
을 넣는다. 간간이 저으며 몇 분간 익히다가

물 1컵
을 붓고 팔팔 끓인다. 물이 끓을락 말락 할 정도로 불을 낮추고 뚜껑을 단단히 덮어 브로콜리가 아주 부드러워질 때까지, 한 시간 정도 익힌다. 가끔 저으면서 브로콜리가 마르고 바닥에 들러붙으려고 하면 물을 더 보충한다. 브로콜리가 완전히 물러지면 힘을 줘서 세게 젓는다(브로콜리가 흐물흐물 풀어질 것이다).

레몬 1개
의 즙을 짜 넣는다. 맛을 보고 소금이나 레몬즙, 혹은 올리브유를 더 넣어 간을 맞춘다.

• 방울양배추
Brussels Sprouts
계절: 가을과 겨울

아주 작은 양배추처럼 생겼다. 실제로도 양배추와 같은 과에 속한다. 초록색과 붉은색 방울양배추가 모두 시장에 나오지만, 초록색을 더 흔하게 볼 수 있다. 방울양배추는 키가 크고 두꺼운 줄기에 달려 자라는데 지역 농

산물 직거래 장터에서 줄기에 붙은 채로 팔리는 광경은 가히 장관이다. 단단하게 여물고 색이 밝으며 노랗게 변한 겉잎이 없는, 상대적으로 크기가 작은 방울양배추를 고르자. 이런 양배추는 만져보면 단단한 느낌이 나고 크기에 비해 무겁게 느껴질 것이다.

방울양배추를 손질한다. 찢어지거나 변색한 겉잎은 떼어내고 줄기와 붙어 있던 밑동을 바싹 잘라내고 깨끗하게 다듬는다. 방울양배추는 통째로 익힐 수도, 잘라서 요리할 수도 있으며 잎을 하나하나 떼어내서 쓸 수도 있다. 익힌 양배추는 찬물에 빠르게 헹구고 물기를 뺀 다음에 요리한다.

방울양배추 그라탱
Brussels Sprouts Gratin
4인분

방울양배추 450그램

의 겉잎을 떼어내고 줄기와 붙어 있던 밑동은 다듬는다. 넉넉하게 끓인 소금물에 넣고 부드러워질 때까지, 약 10~12분간 삶는다. 양배추의 물기를 잘 빼고 듬성듬성 다진다.

묵직한 프라이팬을 중불에 올리고

1.3센티미터 크기로 자른 베이컨 2줄이나 판체타 3줄

을 넣어 기름이 빠지고 살점은 흐물흐물할 정도로만 볶는다. 다져둔 양배추를 넣고

소금

신선하게 갈아낸 검은 후추

를 뿌린 후 저어주며 몇 분간 더 볶는다. 그라탱 그릇이나 베이킹 용기에 버터를 바르고 양배추와 볶은 베이컨을 넣어 고르게 편다. 거기에

하프 앤드 하프 1/2 컵이나 하프 앤드 하프와 헤비 크림 섞은 것 1/2컵

을 붓는다.

새로 구워낸 빵가루 1/3컵(74쪽 참고)

을 그 위에 고루 뿌리고

얇게 켜낸 버터

를 겹겹이 위에 올린다. 200도로 예열한 오븐에 넣고

20~25분간, 혹은 빵가루가 노릇해지고 크림이 부글거리고 올라올 때까지 굽는다.

변형하기
- 다진 타임과 마늘을 베이컨과 함께 익힌 양배추에 넣는다.

베이컨과 양파를 넣은 방울양배추 소테
Sautéed Brussels Sprouts with Bacon and Onions
4인분

방울양배추 450그램

의 손상된 겉잎을 떼어내고 줄기 부분을 다듬어 자른다. 방울양배추의 크기가 아주 작다면 반으로 자르고, 아니라면 4등분한다. 넉넉하게 끓인 소금물에 양배추가 말랑할 때까지 삶는다. 물기를 잘 뺀다.

바닥이 두꺼운 프라이팬을 중불에 올리고

올리브유 1큰술

2.5센티미터 크기로 자른 베이컨 2줄

을 넣고 베이컨의 기름이 빠지고 노릇해질 때까지, 그렇지만 바삭하지는 않은 정도로 익힌다. 구멍이 있는 큰 스푼으로 베이컨을 건져내고 그 베이컨 기름에

깍둑썬 작은 양파 1개

타임이나 세이버리 가지 2개

를 넣고 양파가 부드러워졌지만 노릇하진 않을 정도로 익힌다.

소금

레몬즙 조금(취향에 따라)

으로 간을 한다. 불을 중강불로 올리고 물기를 빼둔 방울양배추를 넣고 가끔 젓고 섞으면서 양배추가 속까지 다 익고 겉은 노릇할 때까지 볶는다. 베이컨을 다시 넣고 뒤적거린다. 맛을 보고 간을 맞춘다.

변형하기
- 베이컨을 넣지 않는다.
- 방울양배추를 넣기 1분쯤 전에 곱게 다진 마늘 2쪽을 볶아놓은 양파에 넣는다.

- 완성된 양배추 소테에 신선한 타임 잎 다진 것을 한 숟가락 가득 넣고 버무린다.
- 방울양배추의 잎만 가지고도 같은 요리를 할 수 있다. 줄기와 붙은 부분을 잘라내고 방울양배추 잎을 한장 한장 떼어낸다. 단단하게 뭉친 중앙의 심부분은 얇게 썬다. 방울양배추 잎은 삶지 않는다. 양파를 볶고 소금으로 간을 한 다음에 방울양배추를 넣고 2분간 더 볶는다. 6밀리미터 정도 깊이가 되도록 닭 육수를 붓는다. 뚜껑을 덮고 10~15분간, 방울양배추 잎이 부드러워질 때까지 약하게 보글보글 끓인다.

• 양배추
Cabbage
계절: 연중. 가을과 겨울에 가장 좋다

둥글고 매끈한 초록색 잎이 달린 양배추를 가장 많이 먹지만 다른 종류도 많다. 매끈한 양배추 잎이 초록색이거나 붉은색일 수도 있으며 둥근 모양도 있지만, 원뿔형이나 아예 납작한 양배추도 있다. 종류마다 풍미와 식감이 다르다. 내 생각에는 붉은 양배추^{적채}가 더 톡 쏘는 풍미가 있고 잎이 두껍고 억세다. 사보이 양배추는 둥근 모양으로 얇고 밝은 연두색이며 잎은 쭈글쭈글하다. 브레이즈를 해 먹을 때 제일 선호하는 종류이다. 양배추는 길고 밝은 녹색의 아주 부드러운 잎이 달려 있는데 색이 옅고 넓게 퍼진 잎맥이 있다. 양배추는 익히는 시간이 얼마 걸리지도 않고 코울슬로를 만들어도 맛있다. 청경채, 다채, 경수채처럼 아시아에서 주로 먹는 양배추 종류도 있다. 이런 종류는 잎이 느슨하게 달려 있고 짙은 초록색인데 익혀 먹을 때 제일 맛있다(어린 경수채는 제외. 어린 경수채는 샐러드로 먹기에 정말 좋다).

양배추를 고를 때는 색이 밝고 탄탄하게 여문 것을 선택하자. 단단하고 묵직한 느낌이 드는 것으로 골라야 한다. 잎이 느슨하게 달린 양배추 종류라면 잎이 시들거나 누렇게 변하지 않은 것이 좋다. 양배추는 상하거나 시든 겉잎을 떼어버리고 심지 부분도 제거해야 한다. 잎이 느슨한 종류에는 심지가 없으니 이 과정이 필요 없다.

사보이 양배추 브레이즈
Braised Savoy Cabbage
4인분

다용도로 활용할 수 있는, 겨울에 먹기 좋은 훌륭한 요리다. 양배추 브레이즈만 먹어도 맛있고 오리나 닭 브레이즈, 혹은 튀긴 소시지 요리에 곁들여 내도 좋다.

큰 사보이 양배추 1개나 작은 양배추 2개

의 억센 겉잎을 떼어낸다. 먼저 양배추를 반으로 자르고, 다시 반으로 나눠 4등분한다. 심지를 잘라내고 4등분한 양배추를 두껍게 채썬다.

소금
신선하게 갈아낸 검은 후추

로 양념을 한다. 바닥이 두꺼운 프라이팬을 데우고

올리브유 2큰술

을 두른 다음

껍질을 벗기고 작게 깍둑썬 당근 1개
껍질을 벗기고 작게 깍둑썬 양파 1개
작게 깍둑썬 셀러리 줄기 1대

를 넣는다. 채소가 물러질 때까지 약 7분간 중불에서 익힌다. 그리고 나서

월계수 잎 1장
타임 가지 2개
다진 마늘 2쪽
소금

을 넣는다. 다시 1분 정도 더 볶다가 채썰어 양념해두었던 양배추를

화이트 와인 1/2컵

과 함께 넣고 뚜껑을 덮어 와인이 모두 졸아들 때까지, 약 8분간 끓인다. 그런 다음

닭 육수나 물 1/2컵

을 넣어 한소끔 끓이고 국물이 보글보글 끓을 정도로 불을 낮추어 뚜껑을 덮고 약 15분간, 양배추가 말랑할 때까지 익힌다. 양배추를 익히는 중간중간 두세 번은 저어줘야 한다. 식탁에 내기 전에 맛을 보고 필요하면 소금이나 화이트 와인 식초를 더 넣는다.

변형하기

- 채소를 볶기 전에 먼저 작게 자른 베이컨 2줄을 올리브유에 넣고 노릇하게 익힌다.
- 돼지고기 소시지 4개를 익혀두었다가 양배추 브레이즈가 완성되기 5분 전에 넣는다.
- 감자 4개의 껍질을 벗겨 끓는 소금물에 부드럽게 익힌다. 양배추 브레이즈가 완성되기 5분 전에 넣는다.
- 양배추 브레이즈를 만드는 또 다른 방법이 있다. 4등분한 양배추를 쐐기 모양으로 다시 자른다. 프라이팬에 기름을 둘러 뜨겁게 가열하고 자른 양배추를 넣어 한쪽만 노릇하게 지진다. 이번에는 당근과 양파, 셀러리를 넣지 않고 대신 허브와 마늘, 소금, 와인과 육수를 붓고 부드러워질 때까지 익힌다. 맛을 더 진하게 하려면 버터 2~3큰술도 넣는다.

사워크라우트
Homemade Sauerkraut
약 1리터 분량

집에서 만든 사워크라우트를 한번도 먹어본 적이 없다면 이 레시피로 만든 사워크라우트 맛에 깜짝 놀랄 것이다. 집에서 만들기 어렵지도 않다. 오래 발효시킬수록 식감은 부드러워지고 풍미는 더 깊어진다. 대략 비율을 따져보면 양배추 450그램당 소금 1½작은술을 넣는다.

크고 단단한 녹색 양배추, 혹은 적채 1개

의 겉잎을 제거한다. 양배추를 반으로 자르고 심지를 제거한다. 잘라둔 반을 다시 한 번씩 더 잘라 4등분해서 최대한 가늘게 채 친다. 채 친 양배추가 5컵 정도는 돼야 한다. 양배추와

천일염 3½작은술
캐러웨이 씨 1작은술 (취향에 따라)

을 커다란 볼에 넣는다. 양배추에서 물이 나올 때까지 손가락으로 주물러 소금이 양배추에 속속들이 배게 한다. 양배추를 비반응 용기에 담는다. 2리터 용량 유리병에 넣는 것도 좋다. 양배추는 꽉꽉 눌러 담아야 한다. 다 담았을 때 물이 충분히 나와서 양배추를 덮을 정도가 되어

야 하는데 만약 그렇지 않다면

정수한 물 1컵
소금 1큰술

로 소금물을 만들어 양배추에 붓는다. 양배추에 누름돌을 올려 양배추가 소금물에 푹 잠기게 한다. 양배추를 담은 유리병을 면포로 느슨하게 덮는다. 양배추를 실온에서 1주일 정도 발효시킨다. 소금물 표면에 거품이 생길 수도 있는데 그때마다 거품을 걷어내야 한다. 이 시점에서 일단 사워크라우트를 한번 먹어보자. 지금 맛있다고 생각하면 바로 누름돌을 들어내고 유리병 뚜껑을 단단히 닫아 냉장고에 넣어야 한다. 아직 아니라면 원하는 맛이 될 때까지 계속 발효시키자. 사워크라우트는 냉장고에 최대 6주까지 보관할 수 있다.

덧붙이기: 누름돌로 쓸 물건은 깨끗하고 무겁기만 하면 뭐든 괜찮다. 양배추를 담은 용기보다 살짝 작은 접시를 올리고 그 위에 돌을 올려놓아도 좋고, 작은 병에 물을 채워 올려도 된다. 비닐봉지에 물을 채우고 새지 않게 잘 봉해서 올리기도 한다. 중요한 점은 양배추를 소금물에 푹 잠기도록 눌러줄 수 있어야 한다는 것이다.

버터를 넣어 익힌 양배추
Buttered Cabbage

이 레시피에는 초록색 양배추, 사보이 양배추, 적채, 배추, 어떤 종류의 양배추를 써도 좋다. 겉잎을 다듬어 버린다. 양배추를 반으로 가르고 심지를 제거한다. 절반을 한 번 더 잘라 4등분하고 얇게 채 썬다. 채 썬 양배추를 프라이팬에 넣고 작은 버터 1덩어리, 간이 맞을 만큼의 소금을 더한 다음 깊이 1.3센티미터 정도 될 만큼 물을 넣는다. 팔팔 끓인 다음 뚜껑을 덮고 불을 낮춘다. 양배추가 말랑할 때까지 보글보글 끓이면 완성이다. 맛을 보고 필요하면 소금과 버터를 더 넣어 간을 맞춘다.

• 당근
Carrots
계절:연중.봄과 가을에 가장 좋다

부엌에 상비해두어야 하는 필수 재료다. 당근과 셀러리, 양파는 요리를 이끄는 삼두마차라고 할 수 있다. 3가지 모두 너무나 많은 종류의 육수와 브레이즈, 스튜를 만드는 데 꼭 필요한 기본 재료다. 지역에 따라 특정 시기에 나오기는 하지만 당근은 1년 내내 구할 수 있다. 여기 캘리포니아에서는 늦봄과 가을 당근이 제일 달고 즙도 많다. 지역에서 재배하고 근래에 수확했으며 초록 잎이 아직 달려 있는 신선한 당근을 구하자. 이렇게 신선한 당근과 미리 껍질을 벗겨서 잘라 비닐에 넣어둔 상태로 파는 당근은 맛의 차이가 어마어마하다. 신선한 당근이 훨씬 잘 익고 음식에도 풍미를 한층 더한다. 당근은 종류가 많다. 심지어 주황색이 아닌 당근도 있다. 지역의 농산물 직거래 장터를 둘러보고 어떤 종류가 인근에서 재배되는지 파악해두자. 잎이 달린 당근을 구입했다면 그 부분은 자르고 냉장고에 넣어야 한다. 그래야 더 오래 신선하게 보관할 수 있다.

당근 글레이즈
Glazed Carrots

여기에서는 레시피라기보다 일반적으로 당근 글레이즈를 만드는 방법에 관해 설명하겠다. 당근 껍질을 벗겨 얇게 썰거나 긴 막대 모양으로 자른다. 당근을 바닥이 두꺼운 냄비나 프라이팬에 넣고 절반쯤 잠길 정도로 물을 붓는다(당근을 냄비 안에 2.5센티미터 이상 높게 쌓지 말자. 당근의 양이 많아서 2.5센티미터 이상 쌓이면 더 큰 냄비나 프라이팬을 써야 한다). 소금을 넉넉하게 1꼬집 넣고 버터는 1인분당 2작은술씩 넣는다. 일단 팔팔 끓여 재료를 익힌 뒤 물이 뭉근히 부글부글 끓도록 불을 낮추고 뚜껑을 덮는다. 당근이 말랑해질 때까지 익힌다. 뚜껑을 열고 계속 끓여 국물이 버터 같은 소스의 질감이 되어 당근 겉면에 고루 묻을 때까지 졸인다. 불을 꺼도 뜨거운 팬의 잔열로 계속 소스가 졸아들기 때문에 당근이 다 익었다 싶으면 바로 팬에서 건져내야 한다. 너무 오래 졸이면 소스가 분리되기도 하는데 그런 경우에는 물을 조금 더 넣으면 된다. 버터 대신 올리브유를 써도 되지만 그러면 버터 글레이즈 소스만큼 농도가 진해지진 않는다. 요리가 마무리되기 직전에 다진 고수 잎이나 파슬리, 바질을 한 숟가락 섞어 넣는다.

캐러웨이와 쿠민을 넣은 당근 퓌레
Carrot Purée with Caraway and Cumin
4인분

원래 알제리 음식으로 색이 강렬하고 맛도 있어 전채 요리로 제격이다. 실온으로 식힌 당근 퓌레는 구운 크루통이나 피타 빵, 절인 올리브와 함께 전채 요리로 낸다. 따뜻하게 데우면 세몰라 소스(253쪽 참고)를 얹은 구운 생선 요리에 정말 잘 어울리는 곁들임 음식이 된다.

큰 냄비에 소금물을 팔팔 끓여
> **껍질 벗겨 1.3센티미터 두께로 자른 당근 700그램**
> **껍질을 벗긴 마늘 2쪽**

을 넣어 당근이 말랑해질 때까지 익힌다. 당근과 마늘의 물기를 빼둔다. 작고 바닥이 두꺼운 프라이팬에
> **올리브유 2작은술**

을 둘러 데우고
> **곱게 다진 양파 1/2개**

를 넣고 약 7분간, 양파가 부드러워질 때까지 볶는다.
> **쿠민 씨 1/2작은술**
> **캐러웨이 씨 1/4작은술**

을 절구에 빻거나 무거운 프라이팬으로 눌러 부순다.
> **소금**

과 함께 향신료를 볶은 양파에 넣는다. 물기를 뺀 당근과 마늘을 볶은 양파에 더하고 2~3분간 볶는다. 불을 끄고 감자 으깨는 도구나 포크로 대강 으깬다.
> **신선한 레몬즙 1~2작은술**

을 넣고 맛을 본 다음 소금이나 다른 부족한 재료를 더 넣어 간을 맞춘다. 취향에 따라
> **다진 고수 잎**

을 올린다.

• 콜리플라워
Cauliflower
계절:봄과 가을

꽃이 달린 줄기가 큰 덩어리처럼 모인 형상이다. 꽃봉오리가 모인 이 덩어리 부분이 우유가 응고된 것과 닮았다고 해서 커드^{curd}라고 부른다. 콜리플라워는 보통 흰색이지만 초록색이나 보라색도 있다. 잎을 보면 콜리플라워가 신선한지 아닌지 잘 알 수 있다. 잎이 밝은 색이고 생생하며 커드가 단단하게 뭉쳐 있고 색이 환한 것으로 구입하자. 갈색으로 변한 부분이 있어서는 안 된다. 갈변한 부분이 있고, 커드의 질감이 거칠다면 수확한 지 오래된 것이다. 콜리플라워를 꼼꼼히 씻어 손상된 잎 부분을 말끔히 잘라낸다. 그렇지만 콜리플라워는 잎도 맛있기 때문에 성한 잎은 남겨둬야 한다.

구운 콜리플라워
Roasted Sliced Cauliflower

콜리플라워를 손질하고 깨끗이 씻은 다음 커드 전체를 6밀리미터 두께로 얇게 썬다. 베이킹 시트에 한 겹으로 자른 커드를 늘어놓고 올리브유를 붓으로 바른 다음 소금과 후추를 뿌려 간한다. 200도로 예열한 오븐에 넣고 부드러워지고 노릇해지기 시작할 때까지, 약 20분간 굽는다. 색다르게 먹으려면 다진 신선한 허브나 빻은 향신료를 뿌려 먹는다.

쪄서 익힌 콜리플라워
Steamed Cauliflower

콜리플라워는 통째로 혹은 작은 송이로 나눠 쪄서 익힐 수 있다. 통째로 찔 때는 콜리플라워가 아주 작지만 않으면 심지를 제거해야 한다. 콜리플라워를 뒤집어 놓고 중앙의 줄기 주변을 단단하게 날이 선 과도로 둥글게 돌려가며 칼집을 넣어 가파른 원뿔형으로 자른다. 이렇게 자른 심지를 꺼내서 버린다. 부드러워질 때까지 콜리플라워를 찐다. 쪄낸 콜리플라워는 여러 가지 방식으로 맛을 더할 수 있다. 작고 바닥이 두꺼운 프라이팬에 엑스트라 버진 올리브유를 데운다. 찧은 마늘 2쪽을 넣고, 씻어서 물기를 제거한 케이퍼를 1숟가락 가득 더한다. 신선한 마저럼이나 오레가노, 파슬리를 다져 1숟가락(혹은 모두 섞어서 1숟가락) 넣고 소금과 신선하게 갈아낸 검은 후추를 뿌린 다음 마늘이 따뜻해질 정도로만 살짝 볶아서 아직 따뜻한 콜리플라워에 부어서 식탁에 낸다. 익힌 콜리플라워를 바냐 카우다 소스(250쪽)를 곁들여 따뜻하게, 혹은 미지근하게 낼 수도 있다. 아니면 찐 콜리플라워를 그라탱 용기나 베이킹 용기에 담고 녹인 버터를 부은 다음 슬라이스 치즈(그뤼에르, 체다 치즈나 신선한 페코리노)로 덮는다. 180도로 예열한 오븐에서 치즈가 콜리플라워 위로 녹아내릴 때까지 굽는다.

• 셀러리와 뿌리셀러리
Celery and Celery Root
계절:셀러리는 연중, 뿌리셀러리는 가을과 겨울

셀러리와 뿌리셀러리는 같은 식물을 개량해서 만들었지만 완전히 다른 변종이다. 셀러리는 주방의 필수 기본 재료로 수프나 육수, 브레이즈에 넣어 풍미를 더한다. 그냥 잘라서 먹어도 상당히 맛있고 샐러드에 넣으면 아삭거리는 식감이 일품이다. 셀러리는 향이 상당히 강한데, 특히 잎 부분이 더 그렇다. 잘 생각해서 적당히 넣어야 한다. 예를 들어 육수의 경우, 셀러리 향이 너무 강하면 거슬릴 수 있기 때문이다. 셀러리를 고를 때는 신선하고 줄기의 색이 밝은 것으로 선택해야 한다. 바깥쪽 줄기는 주로 향을 낼 때 쓰고 안쪽 줄기는 먹는다.

뿌리셀러리는 셀러리악이라고도 하는데 뿌리에 짧은 줄기와 잎이 조금 달려 있다. 익히거나 생으로 먹는 부분은 크고 둥글며 울퉁불퉁한 뿌리다. 향은 부드럽고 달큰하다. 상대적으로 작고 단단하고 무거운 뿌리에 싱싱한 잎이 달려 있는 뿌리셀러리를 고르자. 갈색, 혹은 녹빛 얼룩이 있거나 흠집이 있는 뿌리는 구입해선 안 된다. 윗부분과 바닥 부분을 다듬어 잘라내고 억센 갈색 껍질을 벗긴다. 바로 요리할 것이 아니라면 축축한 면포에 싸두어야 갈변하지 않는다.

셀러리 브레이즈
Braised Celery
4인분

셀러리 1포기
에서 억센 바깥쪽 줄기를 떼어낸다. 줄기 아래쪽, 즉 뿌리와 닿아 있던 곳도 정리하고 잎이 무성한 위쪽도 잘라버린다. 겉의 줄기를 떼어내면 안쪽 중심부의 연녹색 줄기가 나온다. 중심부 연한 줄기들은 길게 반으로 자르고 그걸 다시 반으로 잘라 쐐기 모양으로 만든다. 자른 줄기를 모아 쥐고 가운데를 횡으로 자른다.
두꺼운 프라이팬을 중불에 올리고

올리브유 2큰술
을 두른다. 거기에

얇게 썬 작은 양파 1개
타임 가지 2~3개
를 넣고 5분간 볶는다. 자른 셀러리를 더 넣고 5~7분간, 양파와 셀러리가 살짝 노릇해질 때까지 익힌다.

소금
을 넣어 간을 하고

닭 육수나 소고기 육수 1컵
을 붓는다. 한소끔 끓인 다음 불을 낮춰 보글보글 끓도록 둔다. 프라이팬의 뚜껑을 덮고 셀러리가 충분히 부드러워질 때까지 익힌다. 소스가 졸아 걸쭉해져서 셀러리에 고루 묻어야 한다. 소스의 점도가 아직 부족하면 팬 뚜껑을 열고, 불을 높여 마음에 드는 정도로 더 졸인다. 맛을 보고 소금을 더해 간을 맞추어 식탁에 낸다.

변형하기
- 셀러리를 끓는 소금물에 넣고 7분간 데쳐서 양파와 함께 볶으면 더 부드럽다.

뿌리셀러리와 감자 퓌레
Celery Root and Potato Purée
4인분

뿌리셀러리와 감자를 함께 요리하면 너무나 완벽하게 어우러져서 완전히 새로운 맛이 생겨난다. 2가지 재료로 만든 퓌레뿐만 아니라 그라탱도 정말 맛있다(감자 그라탱, 340쪽 참고).

속이 노란 감자 450그램(옐로 핀이나 유콘 골드)
의 껍질을 벗겨 크게 조각낸다. 소금물을 팔팔 끓여 감자가 물렁해질 때까지 삶는다.

물기를 빼고 감자 라이서나 푸드 밀에 넣고 곱게 으깨어 다시 냄비에 넣는다. 덩어리가 더 씹히는 식감을 좋아한다면 삶은 감자를 냄비에 넣고 감자 으깨는 도구로 바로 으깨면 된다. 감자 냄비에

버터 2큰술
을 넣고 섞는다.

중간 크기의 뿌리셀러리 1개(약 340그램)
의 껍질을 벗기고 반으로 자른 다음 얇게 저민다.
바닥이 두꺼운 프라이팬을 중약불에 올리고

버터 3큰술
을 녹인 다음 자른 뿌리셀러리와

소금
을 넣고 뚜껑을 단단히 닫아 12~15분 동안, 뿌리셀러리가 제법 부드러워질 때까지 간간이 저으며 익힌다. 뿌리셀러리가 노릇해지기 시작하면 불을 더 낮추어야 한다. 푸드 밀에 넣어 으깨든지, 더 부드러운 식감을 원하면 믹서에 넣고 갈아 퓌레로 만든다. 뿌리셀러리 퓌레를 감자 퓌레와 섞는다. 퓌레의 농도가 너무 진하면

우유
를 넣어 조금 묽게 한다. 맛을 보고 소금이나 버터를 더 넣어 간을 맞춘다.

• 옥수수
Corn
계절: 여름

단옥수수에는 희고 노란 옥수수 알이 알알이 박혀 있다. 흰색이나 노란색 알맹이만 붙어 있는 경우도 있고 두 가지 색이 함께 있는 것도 있다. 자연 수분을 한 옥수수는 일단 수확하면 바로 당이 전분으로 바뀌기 때문에 딴 후에는 단맛이 점점 줄어든다. 근래의 교배종은 며칠 동안은 단맛을 잃지 않도록 개량한 것인데 어떤 사람들은 이런 교배종이 너무 달고 본연의 "옥수수 맛"이 안 난다고 말하기도 한다. 여러 가지 품종을 다양하게 먹어보는 방법이 제일 좋을 것 같다.

그런데 사실 어떤 품종이든 수확한 날, 신선할 때 먹는 옥수수가 최고로 맛있다. 단면을 보고 신선한지 아닌지 잘 살펴보자. 알이 통통하고 즙이 가득하며 색이 밝고 단면이 아직 생생한 옥수수자루를 골라야 한다. 아주 신선한 옥수수자루에는 갈색 옥수수수염이 살짝 끈적하게 달라붙어 있는 것처럼 보일 수도 있다. 끝쪽에 벌레가 붙어 있다고 옥수수를 내려놓진 말자. 벌레가 좋다는 말이 아니라 벌레가 있다는 사실은 옥수수를 재배한 농부가 살충제를 쓰지 않았다는 강한 신호다. 옥수수를 사 와서 바로 먹을 상황이 아니라면 껍질을 벗기지 말고 냉장고에 보관한다.

옥수수는 요리하기 직전에 껍질을 벗겨야 한다. 겉껍질과 수염을 모두 떼어내자. 벌레 먹은 흔적이 있다면 그 부분은 잘라내면 된다. 나머지 부분에는 전혀 영향이 없다. 옥수수 속대에서 옥수수 알만 떼어내려면 줄기가 붙어 있던 쪽을 손으로 잡고 뾰족한 쪽을 아래로 가게 한 다음 칼날을 훑어 내리며 옥수수 알을 잘라 떨어뜨린다. 깨끗하게 잘라내는 비결은 처음에 칼날을 적당한 깊이로 밀어 넣어야 한다는 것이다. 너무 깊이 넣으면 속대도 같이 잘리게 되고 너무 얕게 넣으면 아까운 낱알이 같이 잘리게 되기 때문이다. 옥수수자루를 로스팅 팬 위에 두고 자르면 떨어지는 옥수수 알을 모두 받을 수 있어 덜 어지르게 된다. 속대에 남은 잘린 낱알이 아까우면 칼등으로 긁어 옥수수 즙과 잘린 낱알을 그릇에 받자.

자루째 요리한 옥수수
Corn on the Cob

자루째 요리해 먹는 옥수수는 가장 간단하게 즐길 수 있는 여름철 먹거리 중 하나다. 옥수수의 껍질을 벗긴다. 겉껍질을 뜯고 키친타올로 옥수수 수염을 닦아낸다. 소금물을 넉넉하게 팔팔 끓여 옥수수를 통째로 넣고 4분 정도 익힌다(173쪽에 나오는 것처럼 석쇠에 구워도 된다). 옥수수를 건져내고 물기를 뺀 다음 버터를 바르고 소금과 후추를 뿌려 낸다.

삶은 옥수수와 버터, 소금, 라임 조각과 마른 안초 고춧가루를 함께 낼 수도 있고 부드러운 버터에 다진 파슬리, 다진 세이버리와 아주 얇게 썬 스캘리언을 섞어 곁들여도 좋다(마른 안초 고추를 갈아서 고춧가루로 만들려면 먼저 고추씨와 심을 제거하고 절구에 넣고 빻든지 향신료 그라인더에 간다).

옥수수 해시
Corn Hash
4인분

달콤한 단옥수수와 새콤한 라임, 알싸한 고추의 여러 가지 풍미가 섞여 생생하고 자극적인 맛이 나는 요리로 모든 종류의 여름 음식과 잘 어울린다.

단옥수수 4자루(옥수수 알 2컵가량)

의 껍질을 벗기고 옥수수 알을 떼어낸다.
두꺼운 프라이팬을 중불에 올리고

버터 2큰술

을 녹인 다음

다진 작은 자색 양파 1개
반으로 자르고 씨와 심을 제거한 후 아주 곱게 다진 작고 매운 고추(세라노나 할라페뇨 고추) 1개

를 넣어 채소가 부드러워질 때까지 3~4분 볶는다.

소금

을 뿌리고 1분간 더 볶다가 중강불로 높이고 옥수수 알을 넣는다. 젓고 섞으면서 옥수수가 다 익을 때까지 다시 몇 분간 더 익힌다. 필요하면 물을 조금 넣어서 촉촉하게 한다.

라임즙 조금
다진 고수 잎 1큰술

을 넣고 맛을 본 다음에 소금과 라임즙을 더 넣어 간을 맞춘다.

변형하기
- 매운 고추 대신 파프리카를 넣는다.
- 고수 대신 바질이나 파슬리를 쓴다.
- 양파 대신 파나 스캘리언을 넣는다. 고추와 함께 요리하되 1분 정도만 볶아야 한다.
- 마지막에 향이 풍부한 허브 버터(60쪽)를 작게 1덩어리 넣는다.

서코태시
Succotash
4인분

전통적으로 리마 콩과 옥수수를 섞어 만들지만 다른 콩을 넣어도 맛있다.

신선한 리마 콩이나 다른 콩 450그램

의 깍지를 깐다. 콩을 냄비에 넣고 콩 위로 4센티미터 높게 물을 붓는다. 부드러워질 때까지 삶는다. 삶기 시작해서 10분이 경과하면 얼마나 익었는지 계속 확인한다.

소금

으로 간을 한다. 콩을 삶는 동안

단옥수수 4자루

의 껍질을 벗겨 칼로 옥수수 알을 잘라낸다. 알이 2컵은 되어야 한다. 바닥이 두꺼운 냄비를 중불에 올리고

버터 3큰술

을 녹인다. 여기에

껍질을 벗겨 깍둑썰기한 작은 양파 1개
타임 가지 2~3개

를 넣고 5분간 볶다가

깍둑썰기한 작은 여름 호박 2개
소금

을 넣어 5분 더 조리한다. 옥수수 알을 넣고 다시 1분 정도 볶다가 물기를 빼둔 삶은 콩을 더한다. 옥수수가 완전히 익을 때까지 3~4분 더 조리한다. 맛을 보고 간을 맞춘다.

다진 파슬리 2작은술

을 넣고 마무리한다.

변형하기
- 옥수수 알을 볶을 때 곱게 다진 마늘 2쪽도 넣는다.
- 다진 바질이나 여름 세이버리 2작은술을 다진 파슬리와 함께 넣는다.
- 파프리카 1개를 깍둑썰어 호박을 넣기 3분 전에 볶는 양파에 넣는다.
- 토마토 2개의 껍질을 벗기고 씨를 뺀 후 깍둑썰어 옥수수를 넣기 1분 전에 볶는 양파에 더한다.

• 가지
Eggplant
계절: 한여름부터 초가을까지

가장 흔히 먹는 가지는 크고 보라빛이며 타원형이지만 다른 종류도 많다. 둥근 가지는 작은 것부터 큰 것까지 크기가 다양하며 색깔도 어두운 보라색부터 보기 힘든 흰색과 보라색 줄무늬(로사 비앙카)까지 여러 가지다. 작고 더 길쭉한 가지는 보통 아시아 가지라고 하는데 색은 짙은 보라색부터 옅은 보라색까지 다양하고 길이가 짧은 것도 있고 상당히 긴 것도 있다. 잘 알려지지 않은 종류도 많은데 구슬만큼 작은 가지도 있고 밝은 주황색과 빨간색 가지도 있다. 레시피에서 따로 특정한 가지를 언급하지 않았다면 어떤 종류의 가지를 써도 상관없다.

겉껍질의 색이 밝고 윤이 나며 만져봤을 때 단단하고, 꼭지가 신선해 보이는 가지가 제일 좋다. 껍질 색이 흐리고 윤기가 없다면 너무 익었거나 너무 오래 보관해두었던 것이다. 혹은 2가지 모두에 해당될 것이다.

가지를 깨끗이 씻은 뒤 꽃받침과 꼭지 부위를 잘라내고 손질한다. 껍질은 보통 상당히 얇고 부드럽기 때문에 대개는 껍질을 벗길 필요가 없다. 많은 레시피에 가지에 소금을 뿌려서 쓴맛을 제거해야 한다고 적혀 있긴 하지만 내 생각에 작은 가지는 그러지 않아도 될 것 같다. 사실 커다란 가지도 씨가 아직 커지지 않고 부드러운 상태라면 쓴맛을 없애려고 소금을 뿌릴 필요는 없다. 그렇지만 다른 이유에서 소금을 뿌릴 수도 있다. 가지는 요리할 때 두르는 기름을 스펀지처럼 흡수해버린다. 요리하기 전에 가지에 소금을 뿌려두면 가지 내부의 수분이 일부 빠져나오기 때문에 흡수하는 기름의 양도 줄어든다. 가지 요리를 더 산뜻하게 하려면 가지를 튀기기보다 기름에 버무려서 오븐에 굽는 것도 좋은 방법이다.

가지 오븐 구이
Roasted Eggplant

가지는 통째로 구워도 되고, 반으로 자르거나 쐐기 모양으로 잘라 구워도 좋다. 커다란 가지를 퓌레로 만들 때는 보통 통째로 굽거나 반으로 잘라 굽는다. 가지를 반으로 잘라 날카로운 칼을 써서 단면에 십자 칼집을 낸다. 소금과 후추로 간을 한다. 기름을 바른 오븐용 시트 팬에 단면이 바닥을 향하도록 놓는다. 자르지 않은 가지는 그냥 통째로 기름 바른 시트 팬에 올린다. 200도로 예열한 오븐에서 가지가 말랑해질 때까지 굽는다. 다 익었는지 확인할 때는 항상 꼭지 쪽을 살펴봐야 한다. 부드러워진 속살을 파낸다.

가지를 얇게 썰거나 쐐기 모양으로 잘라 구워서 곁들이는 음식으로 따뜻하게 내거나 양념에 재두었다가 전채 요리나 샐러드를 만드는 데 넣어도 좋다. 먼저, 줄기가 조금 달려 있는 꼭지를 잘라내고 가지를 길게 잘라 길쭉한 쐐기 모양으로 만들든지 횡으로 납작납작 두껍게 자른다(1.3센티미터 두께가 좋다). 너무 얇게 자르면 속까지 익기 전에 말라버리고 만다. 소금을 넉넉하게 치고 국물이 생기도록 몇 분간 둔다. 기다리는 동안 오븐을 200도로 예열하고 베이킹 시트나 얕은 프라이팬에 기름을 발라둔다. 잘라놓은 가지 조각을 팬에 납작하게 늘어놓고 가지 위쪽에도 기름을 바른다. 가지 조각의 크기에 따라 20~35분 동안 굽는다. 전체적으로 부드러워지고 아래쪽이 갈색으로 변하면 다 익은 것이다. 가지가 팬에 들러붙어 있으면 몇 초 정도 기다려보자. 그러면 식어서 좀 더 쉽게 떨어진다. 바로 식탁에 내도 되고 와인 식초, 편마늘, 다진 허브와 엑스트라 버진 올리브유, 소금, 신선하게 갈아낸 검은 후추에 버무려 미지근하게 먹어도 좋다.

카포나타
Caponata
약 4컵 분량

시칠리아의 대표 요리로 가지와 토마토를 넣어 만든 새
콤 달콤한 채소 스튜다. 입맛을 돋우는 애피타이저로 차
게 먹어도 좋고 여러 가지 전채를 모아 만든 모둠 요리에
곁들여도 좋다. 오븐에 구운 고기나 생선과 함께 먹을 때
는 뜨겁게 낸다.

중간 크기 가지 2개

를 손질해 2.5센티미터 크기로 깍둑썬다. 여기에 소금을
치고 15분 정도 체에 받쳐 물을 뺀다.
두꺼운 프라이팬을 중불에 올리고

올리브유 1큰술

을 데운다. 썰어놓은 가지를 프라이팬 바닥에 빈틈이 안
보일 정도로만 넣고 소테로 노릇하게 볶는다. 볶은 가지
는 옮겨놓고 다시 한 주먹씩 계속 볶아낸다. 필요하면 올
리브유를 더 넣는다. 마지막으로 볶은 가지를 옮긴 다음
올리브유를 조금 더 넣고

얇게 썬 셀러리 2/3컵

을 노릇하게 볶는다. 볶은 셀러리는 다른 그릇으로 옮기
고 프라이팬에

올리브유 1큰술
깍둑썰기한 작은 양파 1개

를 넣어 간간이 저으며 부드럽고 투명해질 때까지 약 7분
간 볶는다. 여기에

기본 토마토소스 1½컵(286쪽)

을 넣고 7분간 더 끓인다. 익혀두었던 가지와 셀러리를
넣고 섞으면서

씨를 뺀 그린 올리브 1/3컵
물에 헹구고 물기를 뺀 케이퍼 2~3큰술
물에 헹구고 살을 발라내 다진 염장 안초비 2마리
레드 와인 식초 1/4컵
설탕 1½작은술

을 넣고 마지막으로 10분간 익힌다. 맛을 보고 필요하면
소금, 식초, 설탕을 더 넣어 간을 맞춘다. 카포나타는 다

음날 먹으면 더 맛있다.

변형하기
- 다진 바질 1/4컵을 완성된 카포나타에 뿌린다.
- 구운 잣 3큰술을 완성된 카포나카에 뿌린다.
- 이 요리를 조금 더 담백하게 만들 수도 있다. 소금을
  쳐서 물을 뺀 가지를 올리브유 2큰술에 버무리고 베
  이킹 시트에 늘어놓는다. 190도로 예열한 오븐에 넣
  고 노릇한 갈색이 될 때까지 약 30분간 구우면 된다.

가지 석쇠 구이
Grilled Eggplant
4인분

깨끗한 석쇠를 가열 기구에 올리고 중강 정도로 불을 피
운다.

길쭉한 가지 4개나 크고 둥근 가지 1개

를 다듬어 꼭지를 잘라내고 8밀리미터 두께로 납작납작
썬다. 베이킹용 붓으로 가지 양면에

올리브유

를 바르고

소금

을 뿌린다. 불이 준비되면 올리브유로 석쇠를 닦고 썰
어둔 가지를 늘어놓는다. 양면을 약 3분씩 굽는다. 만져
봐서 부드러우면 다 익은 것이다. 따뜻할 때 석쇠에 구
운 생선에 가지와 살사 베르데(57쪽)를 곁들여 내거나,
미지근하게 식혀서 샬롯과 파슬리를 넣은 파로 샐러드
(300쪽)에 넣고 오이-요거트 소스(252쪽)를 뿌려 같이
먹는다.

• 누에콩
Fava Beans
계절: 초봄부터 초여름까지

신선한 누에콩을 까고 속껍질을 벗겨 손질하는 방법은 94쪽을 참고하자.

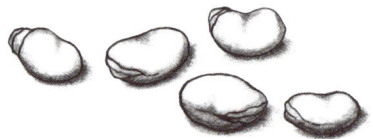

누에콩 라구
Fava Bean Ragout
4인분

누에콩 900그램

을 깐다. 끓는 물에 1분 정도 데친 다음 얼음물에 넣어 식힌다. 물기를 빼고 속껍질을 벗긴다.

바닥이 두꺼운 소스 팬에

올리브유나 버터 1큰술

을 넣어 데우고

다듬어서 얇게 썬 작은 풋양파 2대

를 넣는다. 중불에서 양파가 부드러워질 때까지 약 4분간 볶는다. 껍질을 벗긴 누에콩과 함께

다듬어서 얇게 썬 작은 풋마늘 1대
소금

을 넣는다. 소스 팬에 6밀리미터 정도 깊이로 물을 붓는다. 팔팔 한소끔 끓이고 국물이 보글보글 끓을 정도로 불을 낮춘다. 콩이 부드러워질 때까지 4분 정도 더 삶은 다음

엑스트라 버진 올리브유나 버터 2큰술
다진 파슬리나 처빌 2작은술

을 넣고 휘저어 섞는다. 맛을 보고 심심하면 소금을 더 넣어 간을 맞춘다.

변형하기

- 누에콩의 절반 분량을 완두콩으로 대체한다.
- 풋양파 대신 작은 양파를 써도 된다.

• 회향
Fennel
계절: 봄, 초봄, 가을

가장 다용도로 쓸 수 있는 채소 중 하나다. 익히지 않고 샐러드에 넣어 먹어도 좋고 여러 가지 방식으로 요리해서 먹어도 맛있다. 나는 회향을 향신채로 쓰는데 미르포아(깍둑썰기한 당근, 양파, 셀러리가 들어간다)를 만들거나 다른 요리의 기본이 되는 음식을 조리할 때 셀러리 대신 회향을 자주 쓴다. 밭에서 재배한 회향은 작고 연한 흰색 구근에 섬유질이 많은 초록색 잎자루와 솜털 같은 잎이 달려 있다. 아니스나 감초와 비슷한 향이 난다. 단단하고 상처가 없으며 마르거나 쪼그라들지 않은 구근으로 고르자. 이파리도 싱싱하고 색이 선명해야 한다.

회향을 손질해보자. 색이 진하고 섬유질이 많은 잎자루와 구근의 바닥 면은 잘라 다듬어야 하고 억세거나 흠집이 있는 겉껍질은 벗긴다. 회향 구근은 잘라놓으면 산소와 만나 갈변하기 때문에 반드시 사용하기 직전에 잘라야 한다. 단면은 젖은 면포로 덮어두어야 갈변을 막을 수 있다. 다른 사람들의 레시피에서는 보통 회향을 자르면 보이는 심을 제거해야 한다고 하지만 나는 그러지 않아도 된다고 생각한다. 오히려 심이 부드럽고 맛도 좋다. 솜털 같은 짙은 녹색 잎은 잎자루에서 손으로 떼어내서 잘게 썰어 완성된 음식에 뿌리면 풍미를 더해준다.

야생 회향은 구근이 없다. 잎과 꽃, 꽃가루와 씨를 요리에 쓰는데 향기가 아주 진해서 속을 채워 넣는 요리를 하거나 양념을 잴 때 사용하고, 음식을 마무리할 때 뿌리는 고명으로, 또 소스를 만들 때 넣는 향신료로 아주 유용하다. 거주하는 지역에서 야생 회향이 나는지 들로 나가서 찾아보자.

회향 브레이즈
Braised Fennel
4인분

회향 구근 2~3개

의 뿌리 끝부분을 다듬고 이파리가 무성한 위쪽과 섬유

질이 많은 잎자루를 잘라낸다. 흠집이 있는 겉껍질도 벗긴다. 구근을 반으로 자르고 다시 엎어서 3~4개의 쐐기 모양으로 조각낸다. 바닥이 두꺼운 프라이팬에 물 2컵과

화이트 와인 1/4컵 (취향에 따라)
회향 잎
타임 가지 4개
세이버리 가지 4개
월계수 잎 1장
바스라뜨린 회향 씨 1/2작은술
소금

을 넣고 팔팔 한소끔 끓인 후에 보글보글 끓도록 불을 낮춘다.

엑스트라 버진 올리브유 3큰술

을 넣고 회향을 넣어 뒤적거리며 말랑해질 때까지 10~12분간 더 익힌다. 회향이 다 익기도 전에 물이 너무 졸아들면 물을 조금 더 보충하면 된다. 맛을 보고 필요하면 소금을 넣어 간을 한다. 그리고

레몬즙 조금

을 넣어 마무리한다.

변형하기

- 쐐기 모양으로 자른 회향 조각을 올리브유 조금 두른 프라이팬에 노릇하게 볶은 다음 물, 와인과 향신료를 넣고 끓인다.
- 아티초크도 같은 방식으로 요리하면 된다. 아티초크를 손질해서 가능하면 줄기를 떼지 않은 채로 쐐기 모양으로 잘라서 쓴다. 아티초크를 끓일 때는 유산지 1장을 덮어 갈변을 막는다.

회향 소테
Sautéed Fennel

잎이 무성한 위쪽과 섬유질이 많은 잎자루를 잘라내고 구근 아랫면 뿌리와 붙어 있던 부위를 다듬는다. 취향에 따라 깃털 같은 잎은 일부 따로 두었다가 다져서 나중에 완성된 음식에 뿌려도 된다. 조금이라도 흠이 있는 겉껍질은 모두 벗긴다. 구근을 절반으로 자르고 아주 얇게 썬

다. 바닥이 두꺼운 프라이팬을 중강불에 올린다. 바닥 전체를 덮을 정도로 기름을 넉넉하게 두르고 자른 회향을 넣는다. 몇 분간 건드리지 않고 노릇하게 굽다가 가끔 젓고 뒤집으면서 회향이 말랑해질 때까지 익힌다. 소금, 신선하게 갈아낸 검은 후추와 잘게 썬 회향 잎을 넣어 간을 맞춘다. 마지막에 레몬즙을 조금 짜 넣거나 마른 고춧가루를 1꼬집 넣어 마무리한다.

회향 그라탱
Fennel Gratin
4인분

우유나 크림, 혹은 이 2가지를 층층이 쌓은 다른 재료 사이사이에 부어 만드는 것이 아니라 묽은 화이트소스(베샤멜 소스)를 재료에 부어 한 층으로 만든다. 나는 콜리플라워나 데친 채소, 아스파라거스 같은 다른 채소 요리에도 이 방법을 쓴다.

큰 회향 구근 2개 혹은 중간 크기 구근 3개

를 다듬어 절반으로 잘라 다시 쐐기 모양으로 조각낸다. 구근 조각을 끓는 소금물에 부드러워질 때까지 약 5분간 삶는다. 회향 삶은 물을 조금 덜어둔다. 묽은 화이트

소스를 만들어보자. 작고 바닥이 두꺼운 냄비에

버터 2큰술

을 녹이고

밀가루 1½큰술

을 넣어 섞으면서 중불에서 3분간 볶는다. 거품기로 계속 저으면서

우유 1/3컵

회향 삶은 물 1/3컵

을 조금씩 나눠 넣는다. 물이나 우유를 조금만 넣고 덩어리지지 않도록 완전히 저어서 섞은 다음에 정해진 분량의 액체를 넣어야 한다. 어쩌다 덩어리가 생겼으면 일단 정해진 분량의 액체류를 다 넣고 잘 섞은 다음 체에 걸러 다시 불에 올린다. 계속 젓다 보면 천천히 끓다가 어느 순간 팔팔 끓는데 그러면 끓을락 말락 할 정도로 불을 낮춰 15~20분 동안, 가끔 저으면서 계속 조리한다.

소금

갈아낸 육두구 1꼬집

카이엔 고춧가루 1꼬집(취향에 따라)

갈아낸 파르메산 치즈 1/2컵

으로 간을 한다. 오븐을 190도로 예열한다.

익혀낸 회향 조각을 빡빡하게 한 겹으로 모두 담을 만한 크기의 베이킹 용기나 그라탱 용기에 버터를 듬뿍 바른다. 용기에 회향을 담고 소스를 붓는다. 20분 동안, 혹은 소스가 보글보글 올라오고 위쪽이 갈색으로 노릇해질 때까지 굽는다.

• 마늘
Garlic
계절: 봄, 여름, 가을

나는 마늘이 없으면 요리를 못한다. 익힌 마늘이든 생마늘이든 모든 요리에 마늘을 넣는다. 시중에서 다양한 마늘을 구할 수 있는데 껍질이 희거나 붉은 다양한 마늘은 각자 특유의 풍미가 있다. 봄에는 덜 익은 마늘, 즉 풋마늘도 먹을 수 있다. 풋마늘의 생김새는 리크와 비슷하고 일반 마늘보다 더 부드럽고 은은한 맛과 향이 난다. 풋마늘은 맛도 있지만 어릴 때부터 좀 컸을 때, 완전히 다 자랐을 때까지 언제든지 요리의 재료로 쓸 수 있다는 장점도 있다. 풋마늘이 자랄수록 알뿌리가 점점 커지지만, 아직 알뿌리의 껍질은 부드럽고 촉촉하다. 풋마늘을 손질해보자. 알뿌리의 끝을 다듬어 자르고 상하거나 마른 겉잎은 떼어낸다. 마늘의 흰 부위는 버릴 데가 없으니 모두 사용하고 초록 줄기는 부드럽고 옅은 녹색 부위만 쓴다.

다 여문 마늘은 여름이 되어서야 시장에 나온다. 만져봐서 단단하고 무거우며 마늘 통이 야물게 꽉 다물어진 마늘을 고르자. 마늘은 철이 지나면 싹이 나기 시작한다. 마늘쪽 안에 숨어 있던 싹이 초록으로 변하고 자라나는 것이다. 또, 너무 오래 보관하면 산화되어 누렇게 변하고 불쾌한 향이 난다. 마늘에 싹이 나면 마늘쪽을 반으로 자르고 중앙의 초록색 싹을 떼어낸다. 누렇게 변하기 시작한 마늘은 먹을 수 없다.

마늘을 까는 쉬운 방법은 손바닥으로 통마늘을 꽉 눌러 마늘쪽으로 나누고 날카로운 과도로 마늘쪽의 양 끝을 자른 다음 껍질을 벗기는 것이다. 나는 필요할 때 바로바로 마늘을 찧거나 조각내지 미리 마늘을 찧어 보관하지 않는다. 자르거나 조각낸 마늘은 바로 산화되기 때문에 공기 중에 드러낸 채 두지 않도록 주의해야 한다. 다지거나 빻은 마늘은 기름에 담가 잠시 동안 보관할 수 있다.

구운 마늘
Roasted Garlic

구운 마늘 요리에는 싹이 나지 않은 단단하고 신선한 통마늘이 제일 좋다. 통마늘 바깥쪽의 종잇장처럼 마른 껍질만 벗기고 마늘쪽을 분리하지는 않는다. 통마늘을 한 겹으로 넣었을 때 모두 딱 맞게 들어갈 만큼 큰 베이킹 도기 용기나 두꺼운 오븐용 팬에 뿌리 쪽을 아래로 가도록 늘어놓는다. 닭 육수나 물을 깊이 6밀리미터 정도로 붓는다. 통마늘에 올리브유와 소금을 뿌린다. 향을 더하려면 타임이나 세이버리 가지 2~3개와 통후추를 몇 알 넣는다. 뚜껑을 단단히 씌워 190도로 예열한 오븐에서 굽는다. 20분이 지나면 익은 정도를 확인한다. 다 익은 마늘은 무르고 부드럽다. 아직 그런 상태가 아니라면 조금 더 굽는다. 마늘이 부드러워지면 올리브유를 조금 더 뿌리고 뚜껑을 덮지 않은 상태로 7분간 더 굽는다. 구운 마늘은 오븐에서 꺼내자마자 토스트한 빵과, 또 취향에 따라 염소 치즈와 올리브를 곁들여 먹는 게 제일 맛있다. 마늘쪽을 떼어내어 마늘 알을 눌러 빼고 으깨서 빵에 펴 바르고, 또 구울 때 나온 마늘즙에 빵을 찍어서 먹어보라.

마늘 퓌레
Garlic Purée

1/2컵 정도 분량

으깬 감자 요리나 수플레 반죽에 섞어 넣으면 맛있는 요리다. 또 마늘 퓌레와 소금을 버터와 섞으면 정말 맛있는 콤파운드 버터가 되고 그레이비 소스를 만드는 데 넣으면 맛을 한층 격상시킨다.

마늘 2통

을 마늘쪽으로 나누고 껍질을 벗긴다. 마늘에 싹이 났다면 마늘쪽을 반으로 갈라 초록색 싹을 제거한다. 바닥이 두꺼운 작은 소스 팬에 마늘과

닭 육수나 물 3/4컵

버터나 올리브유 1½큰술

타임이나 세이버리 가지 2~3개

소금 1꼬집

을 넣고 한소끔 팔팔 끓이다가 보글보글 끓도록 불을 낮춘다. 뚜껑을 덮고 마늘이 아주 말랑해질 때까지 10~15분 동안 익힌다. 익어가는 마늘을 가끔 들여다보고 필요하면 닭 육수나 물을 보충한다. 마늘이 충분히 물러지면 건져내고 국물은 따로 보관한다. 마늘을 눌러 으깨거나 푸드 밀에 넣어 퓌레로 만든다. 마늘 익힌 물을 넣어 퓌레를 더 묽게 한다. 남은 물은 절대 그냥 버리지 말자. 굉장히 맛있다.

변형하기

- 마늘 퓌레는 마늘 껍질을 벗기지 않고도 만들 수 있다. 쪽마늘을 조금 더 오래 삶아 익히고 푸드 밀에 넣어 퓌레로 만들면 알과 껍질이 분리된다.
- 쪽마늘 대신 얇게 썬 풋마늘 1컵을 넣는다. 물이나 육수 1/2컵에 부드러워질 때까지, 약 5분간 끓인다.

• 초록 잎채소와 치커리
Leafy Greens and Chicories
계절: 늦봄부터 겨울까지

초록 잎채소라고 하면 근대, 브로콜리 라브, 콜라드, 시금치, 비트 잎과 순무 잎까지 모두 포함된다. 이 채소들도 종류가 다양하다. 무지개 근대, 적근대, 레드 러시안 케일, 라치니아토 케일, 블룸스데일 시금치 등 이름을 다 말할 수 없을 만큼 여러 가지다. 색이 선명하고 싱싱하고 신선해 보이는 채소로 고르자. 세척하고 손질해서 비닐에 담아둔 제품은 구입하지 말았으면 한다. 이런 제품은 편리하고 시간을 절약해주기는 하지만 지역에서 재배된 채소의 신선함과 굉장한 풍미는 모든 불편을 상쇄하고도 남는다.

근대는 아니지만 다른 초록 잎채소의 줄기는 잎을 떼어낸 뒤 버려야 한다. 줄기를 한 손으로 잡고 다른 손으로 잎의 밑둥 부분을 잡아 바깥쪽으로 당기는 동시에 줄기를 잡은 손을 반대쪽으로 당겨 잎을 뜯는다. 물론 작고 날카로운 과도로 잘라내도 상관없다. 근대의 줄기 부위를 잎맥이라고 하는데, 익혀서 먹을 수 있다. 잎보다 익는 시간이 오래 걸리기 때문에 따로 삶든지 먼저 요리해야 한다. 잎채소는 모두 물을 넉넉히 받아 잘 세척하고 물기를 빼야 한다.

라디치오, 에스카롤, 벨지언 엔다이브, 프리제 모두 치커리와 같은 국화과 식물이다. 다 초록색 채소는 아니지만 모두 기분좋은 쓴맛이 난다. 라디치오는 보통 적색이고 벨지언 엔다이브는 연한 노랑이나 연녹색이다. 잎이 겹겹인 에스카롤이나 컬리엔다이브 같은 채소의 안쪽에 있는 속대는 흰색에 가깝다. 치커리는 어떤 종류라도 훌륭한 샐러드가 되지만 그중에는 브레이즈를 만들거나 석쇠에 구워도 될 정도로 단단한 종류도 있다. 겉잎은 모두 밝은 색이고 싱싱하다. 벨지언 엔다이브나 어떤 종류의 라디치오처럼 결구結球를 이루는 채소는 만져서 단단하고 야물게 닫혀 있는 것으로 골라야 한다.

샐러드에 넣을 치커리를 손질해보자. 바깥쪽의 짙은 색 겉잎은 떼어내 버려야 한다. 억세고 쓴맛이 날 수 있기 때문이다. 속잎을 떼어내 깨끗이 세척하고 물기를 완전히 뺀다. 벨지언 엔다이브는 상당히 빨리 갈변하기 때문에 요리하기 직전에 손질해서 잘라야 한다. 결구가 단단히 여문 치커리로 브레이즈를 하거나 석쇠에 구울 때는 반으로 자르거나 쐐기 모양으로 조각내 쓴다.

근대 양파 볶음
Wilted Chard with Onion
4인분

근대 큰 다발 1개

를 잘 씻어 물기를 뺀다. 잎맥에서 잎을 뜯어낸다. 잎맥의 끝부분은 잘라 버리고 얇게 썬다. 잎은 넓게 채썬다. 바닥이 두꺼운 프라이 팬에

올리브유 2큰술

을 둘러 데우고

깍둑썰기한 양파 1개

를 넣고 중불에서 볶는다. 간간이 저으며 양파가 부드러워질 때까지 약 5분간 익히면 된다. 썰어둔 잎맥을 넣고 3분간 더 볶는다. 근대 잎을 넣고

소금

을 뿌린 후 뒤적이면서 잎이 부드러워질 때까지 계속 볶는다. 수분이 너무 말라버려 양파가 들러붙고 노릇해지기 시작하면 물을 조금 넣어야 한다.

변형하기

- 올리브유를 1큰술만 두르고 양파를 넣기 전에 2.5센티미터 크기로 썬 베이컨 2조각을 먼저 넣는다. 베이컨이 노릇해질 때까지 볶다가 다른 그릇에 덜어두고 양파를 팬에 넣는다. 근대를 넣을 때 볶은 베이컨을 다시 넣는다.
- 마른 칠리 플레이크를 1꼬집 넣어 매콤한 맛을 더한다.

근대 그라탱
Chard Gratin
4인분

근대 1½단

을 씻어 잎을 떼어낸다. 잎맥은 다듬어 얇게 썬다. 소금물 2리터를 팔팔 끓여 썰어둔 잎맥을 넣고 2분간 익히다가 근대 잎을 넣고 부드러워질 때까지, 약 3분간 데친다. 물기를 빼고 식힌다. 잎맥과 잎을 손으로 살짝 쥐어 물기를 짜내고 큼직하게 다진다.

신선한 빵가루 1컵(74쪽 참고)
녹인 버터 2작은술

을 섞어 베이킹 시트에 담고 180도로 예열한 오븐에 굽는다. 가끔 뒤적거리며 빵가루가 살짝 노릇해질 때까지 10분 정도 굽는다.

바닥이 두꺼운 프라이팬을 중불에 올리고

버터 1½큰술

을 녹여

깍둑썬 양파 1개

를 투명해질 때까지, 약 5분간 볶는다. 데쳐둔 근대와

소금

을 넣고 3분간 더 볶는다.

밀가루 2작은술

을 뿌리고 잘 섞은 다음

우유 1/2컵
신선하게 갈아낸 육두구 1개

를 넣고 간간이 저으며 5분간 끓인다. 채소가 너무 뻑뻑하다 싶으면 우유를 더 넣는다. 근대에 물기가 좀 있어야 하지만 둥둥 뜰 정도로 우유를 많이 부으면 안 된다. 맛을 보고 필요하면 소금을 더 넣는다.

작은 베이킹 용기에 버터를 바른다. 근대와 끓인 우유를 고르게 펴 담고

버터 2작은술

을 여기저기 뿌린 다음 빵가루를 골고루 올린다. 180도로 예열한 오븐에서 그라탱이 노릇해지고 보글보글 끓어오를 때까지, 20~30분 동안 굽는다.

변형하기

- 근대 대신 시금치 700그램을 쓴다. 버터와 물을 조금 넣고 시금치를 살짝 볶는다. 식혀서 물을 짜내고 위와 같은 순서로 요리한다.

파르메산 치즈를 뿌린 근대
Chard with Parmesan

파르메산 치즈와 버터를 조금만 넣어도 근대 볶음이 얼마나 맛있어지는지를 알고 정말 깜짝 놀랐다. 여러분도 먹어보시길 바란다. 필요한 만큼 근대를 준비하자. 잎맥에서 이파리를 뜯는다. 잎맥은 버리거나, 다른 요리에 쓸 요량이면 따로 보관한다. 잎은 잘 씻어 넉넉하게 끓인 소금물에 넣고 4분 정도, 부드러워질 때까지 데친다. 근대를 건져 손으로 물기를 꼭 짜내고 큼직큼직 썬다. 근대 1포기에 버터 3큰술씩으로 계량해 중불에 달군 바닥이 두꺼운 프라이팬에 녹인다. 썰어둔 근대 잎을 넣고 소금으로 간을 한다. 근대를 속까지 데우면서 근대 1포기에 신선하게 갈아낸 파르메산 치즈를 크게 1움큼씩 넣는다. 불을 끄고 식탁에 낸다.

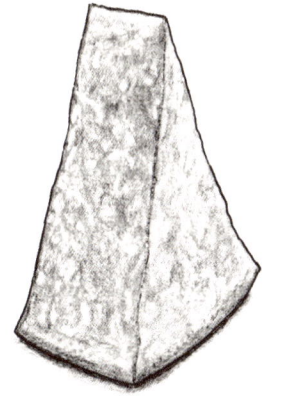

마늘과 고추를 넣은 브로콜리 라브
Broccoli Rabe with Garlic and Hot Pepper
4-6인분

내가 제일 좋아하는 초록 채소다. 쓴맛, 고소한 맛, 달큰하며 풋풋한 풀 향, 여러 가지 풍미가 뚜렷하다. 줄기도 수분이 많으면서도 씹는 맛이 있어 식감이 좋다. 브로콜리 라브는 마늘과 고추, 안초비, 식초 같은 풍미가 강한 재료와 잘 어우러진다.

브로콜리 라브 2단(약 560그램)

의 줄기를 나누고 나무처럼 굵은 부분은 잘라 버린다. 나머지 줄기 부위를 1.3센티미터 길이로 자른다. 잎이 붙은 부위는 2.5센티미터 두께로 채썬다. 채소를 찬물에 세척하고 물기를 뺀다.

커다란 소테용 팬을 중불에 올리고

올리브유 3큰술

을 두른다. 기름이 뜨거워지면

**크게 다진 마른 카이엔 고추 1개나 마른 칠리
플레이크 1꼬집
크게 다진 마늘 3쪽**

을 넣고 한번 휘저어준다. 그러고 나서 재빨리 브로콜리 라브를 넣고

소금

으로 간을 한다. 브로콜리 라브의 양이 많아서 팬에 다 들어가지 않으면 먼저 넣은 채소가 숨이 죽을 때까지 기다렸다가 나머지를 넣는다. 채소를 씻고, 아직 묻어 있는 수분으로도 충분하지만, 만약에 프라이팬이 너무 말라서 지글거리기 시작하면 물을 조금 넣는다. 브로콜리 라브가 얼마나 억센지에 따라 부드러워질 때까지 익히는 데 4분이 걸릴 수도 있고 12분이 걸릴 수도 있다. 계속 얼마나 부드러워졌는지 확인하고 간을 보자. 식탁에 내기 직전에

엑스트라 버진 올리브유 1큰술

을 넣고 섞는다.

벨지언 엔다이브 브레이즈
Braised Belgian Endive
4인분

나는 엔다이브를 이 방법으로 요리해 먹는 게 제일 좋다. 이렇게 요리하면 즙이 많아서 입안에서 살살 녹는다. 로스트한 고기나 생선 조림, 오븐에 구운 생선과 곁들여 먹기에 좋다.

벨지언 엔다이브 4포기

의 뿌리 끝을 잘라 다듬고 색이 변한 겉잎을 뜯어낸다. 길게 반으로 가르고

소금

을 뿌려 간을 한다. 바닥이 두꺼운 프라이팬에

버터 2큰술

을 녹이고 단면이 바닥을 향하도록 엔다이브를 놓는다. 중불에서 맛있게 노릇해질 때까지 굽는다. 여러 개를 한꺼번에 구워도 되는데 하나를 더 넣을 때마다 버터도 더 넣어야 한다. 프라이팬이 갈색으로 좀 타도 괜찮다. 검게만 변하지 않으면 된다. 만약 검은 자국이 생겼다면 재료를 덜어내고 일단 프라이팬을 세척한 다음 다시 구워야 한다. 엔다이브를 베이킹 용기에 노릇하게 구워진 부분이 위로 가도록 배열한다. 베이킹 용기는 엔다이브가 한 겹으로 다 들어갈 만큼 커야 한다.

닭 육수 1컵가량

을 붓는다. 닭 육수는 부었을 때 깊이 1.3센티미터 정도는 되어야 한다. 그릇 윗면을 단단히 봉하고 200도로 예열한 오븐에서 엔다이브가 부드러워질 때까지, 약 20분간 굽는다. 날카로운 칼끝으로 중심부를 찔러봐서 다 익었는지 확인한다.

변형하기

- 반으로 자른 엔다이브를 각각 얇은 판체타나 베이컨 한 조각으로 말아서 굽는다. 위아래, 좌우를 다 노릇하게 굽는데, 필요하면 버터를 더 넣는다. 그리고 위의 순서대로 브레이즈를 만든다.
- 반으로 자른 엔다이브를 베이킹 용기에 넣고 크림 3/4컵

정도를 부은 다음 소금, 후추로 간을 한다. 엔다이브가 부드럽고 노릇해지고 소스가 부글부글 끓을 때까지 오븐에서 굽는다.

마늘 비네그레트 소스를 곁들인 라디치오 구이
Grilled Radicchio with Garlic Vinaigrette

이 레시피에서는 라디치오를 가장 맛있게 먹는 방법 중 하나를 소개한다. 이 라디치오 구이는 특히 석쇠에 구운 육류와 잘 어울리며 리소토나 파스타 요리에 섞어 넣어도 훌륭하다.

라디치오를 세척하고 다듬는다. 로사 디 트레비소Rossa di Treviso를 비롯해 로메인 상추처럼 길고 잎이 많은 종류는 길게 반으로 자르거나 4등분한다. 로사 디 베로나 Rossa di Verona처럼 양배추같이 둥글게 생긴 종류는 쐐기 모양의 6~8개 조각으로 자른다. 자른 라디치오를 볼에 넣고 올리브유를 두르고 소금과 신선하게 갈아낸 검은 후추를 뿌린 다음 골고루 버무린다.

중강불을 준비하고 라디치오를 석쇠에 굽는다. 자주 뒤집으며 풀이 죽어 전체적으로 부드러워질 때까지, 약 10분간 굽는다. 라디치오의 종류와 크기, 불의 세기에 따라 굽는 시간은 달라질 수 있다. 겉쪽의 이파리는 맛있게 바삭바삭 구워질 것이다. 라디치오가 다 구워지면 레드 와인과 발사믹 식초, 마늘을 듬뿍 넣어 만든 마늘 비네그레트 소스를 뿌린다. 따뜻하게 내거나 실온과 같은 온도로 식혀서 낸다.

변형하기

- 석쇠에 굽는 대신 브로일 방식으로 구워도, 오븐에 구워도 되고 프라이팬에서 부드러워질 때까지 구워도 된다.

크림 소스를 곁들인 시금치
Creamed Spinach
4인분

시금치 450그램

의 줄기를 나누고 세척한 다음 물기를 뺀다. 바닥이 두꺼운 팬을 중불에 올리고

버터 2큰술

을 녹여

작게 깍둑썬 중간 크기 양파 1개

를 부드러워질 때까지 약 7분간 볶다가 시금치를 넣고 숨이 죽을 때까지만 볶는다. 재료에서 국물이 나왔다면 시금치를 한구석으로 모아 꽉 눌러 최대한 물기를 짜내서 버린다. 팬을 다시 불 위에 올리고

소금
헤비 크림이나 크렘 프레슈 1/3컵

을 넣는다. 크림이 졸아들어 시금치에 엉길 때까지 팔팔 끓인다. 맛을 보고 필요하면 소금을 더 넣고

신선하게 갈아낸 검은 후추나 흰 후추

를 뿌려 마무리한다.

변형하기

- 곱게 다진 마늘 2쪽을 소금과 크림을 넣을 때 같이 넣는다.
- 레몬즙을 조금 짜 넣거나 와인 식초를 조금 뿌려 요리를 마무리한다.
- 신선하게 갈아낸 육두구 1/8작은술 정도를 소금과 크림을 넣을 때 같이 넣는다.
- 크림 대신 화이트소스(베샤멜 소스: 245쪽) 1/2 컵을 넣고 약불로 보글보글 5분간 끓인다.

• 버섯
Mushrooms
계절: 연중

자연산 식용 버섯은 도처에서 자라고 있다. 나무 내음과 흙냄새가 나는 복합적인 풍미가 있으며 식감은 기분 좋게 두툼하고 쫄깃하다. 버섯을 따러 다니느라 고생한 사람들에게 보답이 되는 맛있는 식재료다. 꾀꼬리버섯, 곰보버섯, 그물버섯과 느타리버섯은 쉽게 찾을 수 있다. 그렇지만 자신이 어떤 행위를 하고 있는지 분명히 인지하고 있고, 찾은 버섯이 어떤 종류인지 명확히 알고 있는 사람이 아니라면 절대 산과 들에서 딴 버섯을 그냥 먹어서는 안 된다. 절대 모험을 하지 마라. 자신이 살고 있는 지역의 버섯에 대해 공부하는 사람들 모임이나 전문가들에게 자연산 버섯의 생태와 구별법을 꼭 배워야 한다.

자연산 버섯이 많이 나는 지역이라면 전문 채집꾼들이 시장에서 팔고 있을 것이다. 곰팡이 냄새나 상한 곳이 없는, 신선하고 생생해 보이는 자연산 버섯을 구입하자. 버섯은 종이 봉투에 넣어 냉장 보관하고 최대한 빠른 시일 내에 소비해야 한다. 버섯은 세척하는 데도 주의를 기울여야 한다. 흙이나 모래가 많이 묻어 있으면 날카로운 과도로 덩어리진 곳이나 변색된 곳을 도려내고 긁어낸 다음 축축한 행주로 문질러 닦는다. 버섯기둥의 끝과 흠집이 있는 곳을 잘라 손질한다. 특히 지저분한 버섯은 찬물에 아주 잠깐 담가 야생에서 묻어온 흙과 모래를 씻어낸다. 버섯을 물에 오래 두면 절대 안 된다. 물을 엄청 많이 흡수하기 때문이다. 씻은 버섯의 물기를 잘 뺀다.

일반적으로 재배되는 양송이버섯은 흰색도 있고 변종인 갈색 크레미니 버섯도 있는데 요즘에는 유기농으로 재배한 버섯을 살 수 있다. 버섯의 갓이 단단하게 여문, 상대적으로 작은 버섯을 고르자. 버섯기둥의 밑둥을 잘라 다듬고 갓은 깨끗하게 닦는다. 물로 씻을 필요는 없다.

버섯 소테
Sautéed Mushrooms

무쇠 프라이팬을 강불에 올린다. 프라이팬이 아주 뜨겁게 달궈지면 바닥을 다 덮을 정도로 넉넉하게 올리브유를 두른다. 재빨리 버섯을 넣고 소금을 살짝 뿌린다. 버섯에서 물이 너무 많이 나와서 버섯을 볶는 것이 아니라 끓이는 상황이 되면 팬을 기울여 국물을 따라내자. 버섯물은 다른 요리에 쓸 수 있으니 따로 보관한다. 재배한 양송이라면 물이 적게 나오고, 조금 더 낮은 불에서 조리해야 한다. 이때쯤이면 올리브유를 조금 더 넣어야할 것이다. 버섯이 노릇해지고 먹어봤을 때 부드러운 정도가 될 때까지 계속 볶는다. 여러 가지 버섯을 섞어 쓰고 싶다면 종류마다 각각 따로 볶아서 나중에 합쳐야 한다. 버섯이 다 익으면 크림을 조금 끼얹었든지 크렘 프레슈를 한 숟가락 넣고 다시 버섯이 뜨거워지도록 데운다. 아니면 다진 타임과 마늘을 넣거나 그레몰라타(251쪽)를 조금 넣고 살짝 볶아 크루통에 얹어서 석쇠에 구운 육류와 곁들여 먹는다. 오믈렛의 속 재료로 넣어도 맛있고 파스타 소스로 써도 좋다.

• 양파
Onions
계절: 연중, 봄부터 가을까지가 제일 좋음

수없이 많은 수프와 소스, 스튜와 채소 요리에 은은한 단맛과 깊이를 더해주는, 가장 기본적인 식재료다. 계절마다 다른 양파가 시장에 나온다. 가장 일반적으로 먹는 양파는 갈색 종이처럼 얇고 마른 껍질이 있는 노란색 양파인데 수확해서 저장해두었다가 1년 내내 판매하는 것이다. 초록 잎이 달린 신선한 풋양파는 봄에 수확하고 판매한다. 풋양파는 부드럽고 맛도 강하지 않아 요리하면 정말 맛있다. 왈라왈라Walla Walla, 마우이Maui, 비데일리어Vidalia 같은 단맛 나는 양파 종류는 초여름에 나오기 시작한다. 이런 양파는 얇은 껍질이 옅은 노란색이고, 큼직하고 둥근 모양인데 저장성이 좋지 않다. 한여름에는 양파가 한창이라 시장은 스캘리언을 비롯한 여러 종의 파와 최근에 수확한 양파로 가득하다(스캘리언 같은 파 종류는 풋양파와 마찬가지로 초록색 잎이 달려 있지만, 양파 같은 구근은 달려 있지 않다). 색이 밝고 껍질이 반짝거리며 신선해 보이는 잎이 달린 풋양파와 파를 골라야 한다. 뿌리도 생생하고 하얗고 시든 곳이 없어야 한다. 말려서 저장한 양파는 단단하고 종이처럼 얇은 껍질이 바삭바삭해야 한다.

풋양파를 손질해보자. 초록 잎 끝과 뿌리 끝은 잘라내고 마르거나 상처가 있는 겉껍질도 벗겨야 한다. 저장 양파를 다듬을 때는 먼저 줄기가 달려 있던 윗부분과 뿌리부분을 경사가 완만한 원뿔 모양으로 도려낸다. 양파를 동그랗게 링 모양으로 자를 게 아니라면 위에서 아래로 반으로 잘라 껍질을 벗긴다(반으로 자른 다음에 껍질을 벗기면 일이 한결 수월하다). 크기가 아주 작은 양파는 따뜻한 물에 1~2분간 담가 껍질을 불리면 쉽게 벗길 수 있다. 그냥 껍질을 벗기기 직전에 잠깐만 물에 넣으면 된다. 양파는 쓰기 직전에 자르거나 다져야 한다. 자른 양파는 바로 산화되기 시작해 최상의 풍미를 잃어버린다. 뭉개지거나 멍들지 않도록 날카로운 칼을 쓰자. 양파를 잘라 샐러드에 넣을 거라면 얼음물에 담가둔다(이렇게 하면 생양파의 맵고 아린 맛을 줄일 수 있다).

양파의 단맛과 안초비의 짠맛이 합쳐지면 정말 맛있다. 특히 양파 타르트(193쪽)는 꼭 먹어봐야 한다.

양파 오븐 구이
Baked Sliced Onions

단단하고 즙이 많은 양파를 골라 껍질을 벗기고 6밀리미터 두께의 링 모양으로 자른다. 한 사람에 2~3조각씩 돌아가도록 양을 가늠하자. 베이킹 시트에 붓으로 올리브유를 바르고 자른 양파를 한 겹으로 늘어놓는다. 소금을 뿌려 간하고 뒤집는다. 다른 면에도 기름을 바르고 소금을 뿌린 다음 190도로 예열한 오븐에서 30분간, 양파가 부드러워지고 아래쪽이 노릇해질 때까지 굽는다. 그대로 먹든지, 아니면 비네그레트 소스 1~2순가락에 재두었다가 먹어도 된다. 따뜻하게 다른 음식에 곁들여 먹거나 미지근하게 식혀 샐러드에 넣든지 안티파스토 요리의 일부로 내도 좋다.

양파 석쇠 구이
Grilled Onions

야외의 석쇠에 중강불을 피우고 쇠살대를 올려 예열한다. 양파 몇 개의 껍질을 벗기고 6밀리미터에서 1.3센티미터 두께의 고리 모양으로 썬다. 자른 양파의 속에 들어 있는 더 작은 양파 링을 분리하지 않고 통째로 테이블에 납작하게 올려두고 꼬치를 조심스럽게 바깥에서 안으로 찔러 넣어 통과시킨다. 꼬치에 꽂은 양파는 커다란 막대사탕처럼 보일 것이다. 2~3조각을 한 꼬치에 꿸 수 있다. 양파에 올리브유를 바르고 소금으로 간을 하면 된다. 석쇠의 쇠살대를 깨끗하게 닦고 행주나 여러 겹의 종이 타월에 기름을 묻혀 문지른다. 양파를 꿴 꼬치를 석쇠에 올리고 각 면을 4분 정도씩 굽는다. 시간에 맞춰 구웠는데도 양파가 부드러워지지 않으면 계속 더 굽는다. 자주 뒤집으며 구워야 타지 않는다. 따뜻하게 내거나 미지근하게 식혀 내고, 그냥 먹어도 되고 기본 비네그레트 소스와 함께 먹어도 된다.

고기나 생선을 다 구운 다음에도 불이 아직 뜨거운데, 양파나 빵 조각을 굽기에 딱 좋은 온도다. 구운 양파는 석쇠에 구운 고기나 햄버거에 곁들여 먹으면 최고로 맛있다.

• 파스닙
Parsnips
계절: 늦가을, 겨울

커다란 아이보리색 당근같이 생겼다. 실제로도 당근과 같은 과에 속하지만 당근과 달리 파스닙을 생으로 먹는 것은 좋은 생각이 아니다. 정말 못 먹을 맛이다. 그렇지만 파스닙을 익히면 견과류 맛과 달큰한 맛이 난다. 오븐에 구워도, 으깨어도, 파스닙만 먹어도, 다른 채소와 먹어도 맛있고 육수와 수프 만드는 데 넣으면 묵직하고 깊은 맛을 더한다. 시장에서 중간 크기의 단단하고 껍질이 매끈한 파스닙을 찾아보자. 작은 파스닙은 껍질을 벗겨내면 먹을 것이 별로 남지 않고, 커다란 파스닙은 나무 같은 심이 들어 있어 이걸 잘라내고 써야한다. 파스닙을 손질하는 방법은 당근과 같다. 껍질을 벗겨내고 양쪽 끝 부분을 잘라 다듬으면 된다.

파스닙, 뿌리채소 퓌레
Parsnip or Root Vegetable Purée

몇 가지 뿌리채소를 섞어서 이 퓌레를 만들 수도 있고 파스닙만 써도 노르스름하고 예쁜 크림색의 달큰한 퓌레가 된다. 파스닙은 빨리 익는다. 퓌레는 식감이 묽고 견과류 맛이 난다. 당근, 뿌리셀러리, 루타바가와 콜라비도 퓌레로 만들 수 있다. 채소의 껍질을 벗겨 큰 조각으로 자른다. 팔팔 끓는 소금물에 넣고 물러질 때까지 삶는다. 푸드 밀에 넣고 퓌레로 만들어 버터, 크림이나 올리브유를 넣어 풍부한 맛을 더한다. 뿌리셀러리와 순무는 더 작은 조각으로 잘라 버터나 올리브유에 볶은 다음 물을 넣지 않고 뚜껑을 덮어 약불에서 익힐 수 있다. 자주 저어야 하고 팬에 눌어붙으려고 하면 불을 더 낮춘다.

여러 가지 뿌리채소를 섞어서 퓌레를 만들어도 된다. 뿌리셀러리, 당근과 루타바가가 잘 어울리고 순무와 콜라비도 같이 쓰면 맛있다. 퓌레로 만든 감자는 특히 뿌리셀러리나 파스닙 퓌레와 섞으면 맛이 훌륭해진다. 여러 가지 재료로 퓌레를 만들 때는 채소마다 익는 속도가 다르므로 따로 익히는 것이 제일 좋다. 일단 익힌 채소는 같이 으깨어 퓌레로 만들 수 있다.

• 완두콩
Peas
계절: 봄, 초여름

우리가 보통 먹는 완두콩(잉글리시 피), 스냅 피, 스노 피, 이 3가지가 가장 흔히 볼 수 있는 완두콩이다. 완두콩은 깍지를 까서 안에 든 콩알만 먹을 수 있다. 스냅 피와 스노 피는 콩깍지도 콩도 모두 먹을 수 있다. 완두콩의 부드러운 순이나 덩굴의 잎눈도 먹기 좋다. 콩은 어리고 부드러울 때 수확한 것이 제일 맛있다. 당분이 아직 전분으로 변하지 않았기 때문에 제일 달큰한 맛이 나는 기시이다. 완두콩은 먹을 수 있는 기간이 아주 짧다. 아직 서늘한 기운이 남아 있는 봄에만 나기 때문이다. 스냅 피와 스노 피는 더운 날씨를 조금 더 잘 견딜 수 있어서 초여름까지 나온다.

싱싱해 보이고 단단하며 깍지가 반짝이는 완두콩으로 고르자. 아주 신선한 콩은 깍지를 맞대고 문지르면 정말 끽끽 소리가 나기도 한다. 어떤 종류든 큰 콩보다 작은 콩이 더 맛있다. 깍지까지 먹을 수 있는 콩, 특히 스노 피는 콩알이 정말 작을 때, 거의 생기지도 않았을 때 제일 맛있다. 슈거 스냅 피가 너무 자라서 통째로 먹을 수 없을 정도로 길어지면 그냥 완두콩처럼 콩알만 까서 먹기도 한다.

스냅 피와 스노 피는 콩깍지의 양쪽 끝을 구부려 부수고 아래로 쭉 당기면서 실 같은 섬유질도 같이 떼는 식으로 손질하면 된다. 콩의 새순은 따서 노랗게 변한 잎만 골라내고 씻는다. 물기를 빼고 소테로 볶거나 쪄서 먹으면 된다.

완두콩과 아스파라거스 라구
Green Pea and Asparagus Ragout
4인분

완두콩 340그램
의 깍지를 까고 콩알을 빼낸다.

아스파라거스 340그램

의 끝을 구부려 부러뜨리고 3~6밀리미터 크기로 어슷하게 썬다. 아스파라거스의 머리 부위는 썰지 않고 4센티미터 정도 남긴다. 줄기가 너무 두꺼우면 길게 반으로 가른다. 바닥이 두꺼운 팬을 중불에 올리고

버터 2큰술

을 녹여

다듬어서 얇게 썬 풋양파 3대(약 3/4컵)

를 넣고 4~5분 동안, 양파가 부드러워질 때까지 볶는다. 잘라두었던 아스파라거스와 깐 완두콩을

물 1/2컵

소금

과 함께 넣고 4~5분 동안, 재료가 부드러워지도록 더 익힌다.

버터 1큰술

다진 파슬리나 처빌 1큰술

을 넣고 섞는다. 맛을 보고 필요하면 소금을 더 넣어 간을 맞춘다.

변형하기

- 완두콩의 일부나 전체를 부드럽고 어린 누에콩으로 대체할 수 있다.
- 껍질을 깐 완두콩 대신 슈거 스냅 피를 손질해서 어슷하게 썰어 넣는다.
- 풋마늘 줄기 1~2대를 얇게 썰어 아스파라거스와 완두콩을 넣을 때 같이 넣는다.

버터에 버무린 완두콩
Buttered Peas

부드러운 완두콩을 먹는 제일 쉽고, 제일 좋은 요리법을 소개한다. 콩을 까서 냄비에서 1.3센티미터 정도 깊이의 소금물에 넣고 삶는다. 생각보다 콩은 익는 데 오래 걸린다. 보통 4분 정도 걸리는 것 같다. 계속 먹어보면서 익은 정도를 확인한다. 적당히 익으면 콩을 건져 물기를 뺀다. 버터를 크게 1덩어리 넣고 소금을 뿌린 다음 잘 섞어 바로 식탁에 낸다. 처빌이 있다면 다져서 넣고 섞으면 더

맛있다. 프로슈토 1~2조각, 아니면 다른 햄이라도 잘게 채썰어 버터랑 같이 섞어 넣으면 건면이나 날달걀 파스타 면에 잘 어울리는 소스가 된다. 또 다른 요리법도 있다. 프랑스 사람들이 좋아하는 것인데, 물을 끓이고 소금과 버터, 상춧잎 몇 장을 완두콩과 함께 넣는다. 완두콩이 말랑해지면 바로 버터를 넣고 완두콩과 상추에 잘 버무린다. 버터 대신 올리브유를 넣고 요리해도 된다.

이러한 완두콩 요리법은 슈거 스냅 피를 요리할 때도 쓸 수 있다. 스냅 피를 자르지 않고 요리해도 되고 소스에 잘 버무려지도록 길게 반으로 가르거나 어슷하게 썰어서 쓴다.

• 고추
Peppers
계절: 한여름부터 가을까지

단고추와 매운 고추는 같은 속[*]으로 종류도 색상도 놀랄 만큼 다양하다. 대부분 단고추류는 매운 고추보다 더 크고 과육도 더 많다. 모든 종류의 고추는 다 초록색에서 시작해 익어갈수록 색이 변한다. 색깔의 범위는 모든 색조의 노랑과 주황을 포함해 초록, 보라, 빨강까지 폭이 넓다. 가장 흔히 볼 수 있는 단고추는 파프리카지만 다른 종류도 많다. 헝가리 왁스 고추Hungarian wax pepper는 작고 옅은 노랑색이다. 립스틱 고추lipstick pepper는 크기가 작고 화려한 붉은 주황이다. 크기는 더 크지만 살 부위가 얇은 집시 고추도 있고 작고 붉은 체리 고추, 길고 뾰족한 코르노 디 토로 고추Corno di Toro, 통통하고 살이 많은 피망pimiento까지, 예로 다 들 수 없을 정도로 많다. 모두 달큰한 맛이 나지만 풍미가 미묘하게 차이가 나며 주로 남프랑스, 이탈리아와 스페인의 지중해식 요리에 특히 잘 어울린다. 초록색이 사라진 다 익은 단고추를 고르자. 초록색 단고추는 아직 풍미가 제대로 생기지 않았고 먹으면 소화도 잘 안 된다. 단고추는 생으로 먹어도, 익혀 먹어도, 구워 먹어도, 껍질을 벗겨서 먹어도 맛있다. 매운 고추는 단고추보다 종류가 더 많다. 풍미도 매운 정도도, 크기와 색깔도 다양하다. 매운 고추는 덜 익어서 초록색일 때 먹어도 괜찮고 완전히 익은 후에 먹어도 좋고 말려

서도 먹을 수 있다.

반짝반짝 윤이 나고 색이 밝으며 싱싱한 고추로 고르자. 껍질에 점이 생겼거나 기포가 있는 고추는 좋지 않다. 단고추와 매운 고추는 같은 방식으로 손질하면 된다. 크기가 커도, 작아도 마찬가지다. 통째로 구울 때는 구운 다음에 껍질을 벗기고 꼭지를 도려낸다. 씨와 심지(가장 매운 부분이다)도 제거한다. 자른 다음에 요리하는 방법도 있다. 꼭지 부위를 도려내고 안쪽의 질긴 심지도 자르고 씨는 털어낸다. 마른 고추는 길게 반으로 잘라서 열어 씨와 심지를 제거한다. 그리고 잠깐 뜨거운 오븐이나 팬에 구운 다음 물에 담가 불려서 소스로 만들거나 스튜에 바로 넣으면 된다.

케이퍼를 넣은 고추 소테
Sautéed Peppers with Capers
4인분

고추 소테는 피자나 파스타, 오믈렛에 넣어 먹어도 맛있고 크루통에 올려 먹어도 좋다. 취향에 따라 매운 고추와 단고추를 섞어서 쓴다.

단고추 3개(색과 종류가 다 다르면 더 좋음)

를 반으로 자르고 꼭지와 씨, 심지를 제거한다. 얇게 썰어둔다.

양파 1개

의 껍질을 벗기고 얇게 저민다. 바닥이 두꺼운 팬을 불에 올리고

올리브유 3큰술

을 두른다. 양파를 넣고 중불에서 가끔 저으며 4분간 볶는다. 고추를 넣고

소금

으로 간한다. 4~6분 동안, 고추가 부드러워지기 시작할 때까지 볶는다.

다진 마늘 2~3쪽
물에 헹궈 물기를 빼고 크게 다진 케이퍼 1큰술

을 넣고 섞은 다음 다시 몇 분간 더 익힌다. 프라이팬이 갈색으로 변하면 불을 더 낮춘다. 맛을 보고 필요하면 소금을 더 넣어 간을 맞춘다. 고추가 다 익으면

다진 바질이나 파슬리(혹은 2가지를 섞어) 1큰술

을 넣고 버무리고

엑스트라 버진 올리브유

를 살짝 뿌려 식탁에 낸다.

• 감자
Potatoes
계절: 봄, 가을

구운 감자, 삶은 감자, 알감자와 핑거링 감자, 감자 하면 떠오르는 요리도 많고 종류도 많다. 색도 노랑부터 파랑, 빨강까지 다양하다. 껍질이 빨간 감자는 삶아 먹는 감자라고도 하는데 단단하고 왁스 같은 흰 과육은 삶았을 때 쉽게 모양이 흐트러지지 않는다. 그렇지만 오븐에 구워 먹기에는 좋지 않고 익힌 감자를 으깨면 점성이 생겨 끈적거리기 때문에 매시드 포테이토를 만드는 데도 적합하지 않다. 구워 먹으면 맛있는 감자는 보통 껍질이 밝은 갈색이고 과육은 흰색이며 익히면 수분이 없고 포슬포슬하다. 그래서 구워 먹거나 프렌치 프라이로 먹으면 제일 좋다. 케네벡Kennebec과 러셋russet이 대표적인 품종이다.

제일 맛있고 다용도로 쓸 수 있는 감자는 과육이 노란 품종으로 옐로 핀, 저먼 버터볼German Butterball과 유콘 골드가 있다. 이 감자의 과육은 구워 먹는 감자와 삶아 먹는 감자의 중간 정도 질감이라고 할 수 있다. 삶으면 모양이 흐트러지지 않을 정도로 전분기가 있지만 으깨어 요리하지 못할 정도로 많진 않다. 그리고 최고의 장점은 풍미가 정말 좋다는 것이다. 어떤 흰 과육 감자보다 훨씬 더 훌륭하다.

알감자는 잎이 아직 새파랗고 껍질도 얇고 보풀이 일어나 보슬보슬할 때 캔 감자다. 알감자는 정말 특별한 즐거움을 주는 식재료다. 핑거링 감자는 아주 작은 감자로 이름에서 알 수 있듯이 길쭉하고 가는 손가락을 닮았다. 또 먹어봐야 할 맛있는 품종은 러시안 바나나Russian Banana, 저먼German, 그리고 루비 크레센트Ruby Crescent다.

단단하고 변색되지 않은 감자를 고르자. 껍질이 초록

색으로 변한 감자는 사면 안 된다. 이런 현상은 감자가 빛에 노출되었을 때 생기는데 독성이 있는 솔라닌이 생겼을 수도 있다. 초록색 껍질은 칼로 벗겨내면 되지만 아예 그럴 일을 만들지 않는 것이 더 좋다. 감자는 봉투에 넣어 보관하거나 빛이 들지 않는 찬장 안에 넣어둬야 한다. 알감자나 핑거링 감자는 절대 껍질을 벗길 필요가 없다. 요리하기 전에 잘 씻기만 하면 된다. 다른 감자의 경우에는 레시피에 나와 있는 대로, 혹은 취향에 따라 껍질을 벗기면 된다. 일단 껍질을 벗긴 감자는 갈변하지 않도록 물에 담가두어야 한다.

감자 그라탱
Potato Gratin
4인분

나는 감자를 아주 얇게 썰어서 만든 그라탱을 좋아한다(채칼을 쓰면 쉽다). 그렇게 해야 사른 감사가 둥글게 말려 가장자리가 탈 확률이 줄어든다. 유콘 골드나 과육이 말랑말랑한 노랑 감자로 그라탱을 해야 구워도 식감이 유지된다. 파슬파슬한 러셋 감자로 그라탱을 만들면 형태가 부스러진다.

가로 23센티미터 세로 30센티미터 그라탱 용기에
버터
를 바른다.
커다란 노랑 감자 4개(약 700그램)

의 껍질을 벗겨 2밀리미터 두께로 자른다.
그라탱 용기에 감자를 조금씩 겹치도록, 지붕널을 깔듯이 한 겹으로 늘어놓는다.
소금과 신선하게 갈아낸 검은 후추
를 뿌린 다음 자른 감자를 겹쳐 올린다. 한 층씩 올릴 때마다 간을 하며 감자를 모두 쌓는다. 적어도 두 겹, 많아도 세 겹 정도만 쌓는다.
우유 1컵
을 살며시 붓는다. 우유는 맨 위에 깐 감자에 닿을 정도로 부어야 한다. 부족하다 싶으면 조금 더 붓는다. 감자에
조각으로 자른 버터 3큰술
을 아낌없이 툭툭 올려놓는다. 180도로 예열한 오븐에서 감자가 노릇해지고 우유가 보글보글 끓어오를 때까지 약 한 시간 동안 굽는다. 30분쯤 구웠을 때 오븐에서 그라탱 용기를 꺼내 금속 주걱으로 꾹 눌러 감자의 맨 윗부분도 촉촉하게 우유에 적신다. 다시 오븐에 넣고 익은 정도를 계속 확인해가며 굽는다. 감자가 말랑해지고 위쪽이 노릇한 갈색으로 구워지면 완성이다.

변형하기
- 껍질을 벗기고 눌러서 부순 마늘 1쪽으로 그라탱 용기를 골고루 문지른 다음 버터도 바른다.
- 버터 대신 오리 기름을 바른다.
- 헤비 크림을 넣거나 하프 앤드 하프와 크림을 섞어서 쓴다. 이 경우 버터는 뺀다.
- 감자의 절반 정도를 뿌리셀러리나 파스닙, 혹은 순무 썬 것으로 대신한다.
- 다진 타임, 파슬리, 차이브나 처빌을 감자를 쌓는 중간중간 뿌린다.
- 버섯과 수영sorrel, 시금치나 리크를 볶아서 감자를 쌓는 중간중간에 넣는다.
- 감자를 쌓는 중간중간 그뤼에르 치즈나 파르메산 치즈 가루를 뿌리고, 그라탱이 완성되기 15분 전에 꺼내 치즈 가루를 더 뿌린다.

프라이팬에 튀긴 감자
Pan-Fried Potatoes
4인분

옐로 핀이나 유콘 골드, 혹은 러셋 감자 같은 노랑 감자 700그램

의 껍질을 벗겨 2센티미터 크기로 깍둑썰기를 한다. 감자를 가능한 한 같은 크기로 잘라야 같은 속도로 익는다. 냄비에 소금물을 팔팔 끓여 감자를 삶는다. 감자가 속까지 다 익어 부드러울 정도로 익히는데 모양이 흐트러질 정도로 너무 많이 삶으면 안 된다. 감자를 건져 물기를 뺀 다음 식고 마르도록 몇 분간 둔다.

주물 프라이팬이면 더 좋지만 없다면 바닥이 두꺼운 프라이팬을 불에 올리고

올리브유 1/2컵

을 두른다. 기름이 뜨거워지면 감자를 넣고 계속 저어주고 뒤집으면서 노릇해질 때까지 약 15분간 중불에서 튀긴다.

소금

으로 간을 하고 바로 식탁에 낸다.

변형하기
- 감자를 튀기는 기름의 절반은 올리브유, 절반은 정제 버터나 오리 기름으로 한다.
- 감자를 1센티미터 정도 크기로 작게 깍둑썬다. 감자를 삶지 않고 자주 뒤집으며 바삭해질 때까지 튀긴다.

매시드 포테이토
Mashed Potatoes
4인분

소금을 넉넉하게 넣고 끓인 소금물에

적당한 크기로 자른 노랑 감자나 러셋 감자(둘을 섞어 써도 됨) 700그램

을 넣고 15~30분 동안 완전히 익을 때까지 삶는다. 1조각을 꺼내 잘라서 안까지 잘 익었는지 확인해보자. 익힌 감자는 부드럽고, 부슬부슬하게 부서져야 하며 물기가 없어야 한다. 감자의 물기를 잘 빼고 김이 나가도록 몇 분간 체에 받쳐두자. 그러는 동안 감자를 삶고 나서 비어

있는 냄비에

우유나 감자를 삶은 물 1/2컵

을 데우고 식힌 감자를 냄비에 다시 넣는다.

조각으로 자른 버터 4큰술

을 넣고 나무 숟가락이나 도구로 감자를 으깬다. 냄비는 계속 약한 불로 가열해야 감자가 식지 않는다.

소금

을 넣어 간을 맞춘다. 으깬 감자가 너무 뻑뻑하면 우유를 더 넣어 농도를 조절한다.

변형하기
- 버터 대신 엑스트라 버진 올리브유를 넣는다.
- 오븐에 구운 마늘(330쪽)의 껍질을 눌러 마늘 알을 으깨어 빼내 매시드 포테이토에 넣는다.
- 스캘리언을 곱게 썰어 빠르게 볶은 다음 매시드 포테이토에 넣고 섞는다.
- 다른 뿌리채소(당근, 뿌리셀러리, 순무나 파스닙)를 따로 익혀 감자와 함께 으깬다.
- 질감이 더 부드러운 것을 좋아한다면 익힌 감자를 으깨는 대신 푸드 밀에 넣고 퓌레로 만든다.
- 매시드 포테이토가 남아서 차가워지면 다음 날 아침에 패티 모양으로 만든 다음 프라이팬에 튀겨 달걀과 함께 먹는다.

• 고구마와 얌 고구마
Sweet Potatoes and Yams
계절: 늦가을부터 겨울까지

부엌에서는 사실상 고구마와 얌 고구마를 딱히 구분하지 않고 쓴다. 고구마는 속살이 연한 노란색에 수분이 많지 않고 고소한 맛이 난다. 얌 고구마 중 가장 흔히 볼 수 있는 품종은 주얼과 가넷이다. 둘 다 껍질이 붉은색이나 자색이고 속살은 밝은 주황색이며 달고 수분이 많다. 단단하고 흠이 없는 고구마를 고르자. 고구마는 밭에서 캔 후에 점점 더 달아지지만, 저장성이 떨어지고 생각보다 빨리 상하고 만다. 고구마는 잘 씻어 껍질째 굽거나 껍질을 벗겨 굽거나 찌거나 튀겨 먹는다.

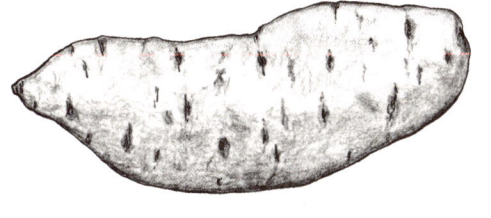

라임즙을 뿌린 고구마
Sweet Potatoes with Lime

가끔 시장에 보이는 크기가 작고 속이 자색인 하와이안 자색 고구마를 이 방법으로 요리했을 때 특히 맛있다. 단단하고 신선한 고구마를 고르자. 손으로 문질러 고구마를 깨끗이 세척한 다음 190도로 예열한 오븐에서 고구마가 물렁해질 때까지, 한 시간가량 굽는다. 고구마가 다 익으면 반으로 갈라 버터 조각을 툭툭 올리고 소금을 뿌린 다음 라임을 짜서 뿌린다. 취향에 따라 숭덩숭덩 썬 고수를 1움큼 뿌려도 좋다.

모로코식 고구마 샐러드
Moroccan Sweet Potato Salad
4인분

> **고구마 2개(약 450그램)**

의 껍질을 벗기고 가로 세로 2센티미터 크기로 깍둑썰어

> **올리브유**
> **소금**

에 버무린다. 베이킹 용기에 늘어놓고 190도로 예열한 오븐에서 고구마가 물렁해질 때까지 굽는다. 고구마가 다 익으면 오븐에서 꺼내 식힌다. 그러는 동안 마리네이드를 준비한다.

> **사프란 1꼬집**
> **신선하게 갈아낸 생강 1/2작은술**
> **갈아낸 쿠민 1꼬집**
> **파프리카 가루 1작은술**
> **소금**
> **신선한 레몬즙 2큰술**
> **엑스트라 버진 올리브유 3큰술**

을 잘 저은 다음

> **다진 고수 줄기와 잎 2큰술**
> **다진 파슬리 잎 1큰술**

을 넣고 섞는다. 마리네이드 소스를 미지근하게 식은 고구마에 끼얹고 가끔 뒤집으며 30분간 재둔다. 맛을 보고 필요하면 소금을 더 넣어 간을 맞춘다. 이 상태로 식탁에 낸다.

변형하기
- 듬성듬성 다진 그린 올리브 1큰술을 넣는다.
- 레몬 1/2개로 갈아낸 제스트를 마리네이드에 넣는다.
- 조금 다른 마리네이드를 만들어보자. 올리브유를 조금 두르고 곱게 다진 양파 1/2개에 생강과 사프란을 넣어 부드러워질 때까지, 그렇지만 노릇하진 않을 정도로 약 7분간 볶는다. 양파를 볼에 옮기고 본 레시피에 나온 나머지 마리네이드 재료를 넣고 레시피의 순서대로 조리한다.

• 토마토
Tomatoes
계절: 여름

덩굴에 달린 채로 완숙한, 향긋하고 색이 선명한 토마토보다 더 맛있는 건 없다. 지역 농산물 시장(그리고 집 마당에 가꾼 텃밭!)에서 제일 맛있는 토마토를 구할 수 있다. 대부분의 슈퍼마켓에서 1년 내내 파는 토마토는 단단한 과육을 만들기 위해 개량한 종자이지 풍미가 더 좋게 만든 것은 아니다. 이런 토미토는 전 세계로 수출할 수는 있지만 절대 맛있는 식재료가 되진 못한다. 그런 토마토가 아니라도 우리가 선택할 수 있는 토마토가 정말 많다. 작은 방울토마토가 가장 빨리 익어 시장에도 제일 먼저 나온다. 색상도 다양한데 그중에서 황금색과 빨강 방울토마토가 제일 풍미가 뛰어나다. 길쭉한 플럼 토마토는 소스로 만들면 좋다. 또 다른 종류도 많은데 대부분은 선조들이 토마토를 전 세계로 실어나르기 이전에 재배했던 종이라는 뜻으로 '대물림 종자'라는 이름을 붙여 판매한다. 이런 토마토는 노란색, 황금색, 주황색, 초록

색, 보라색, 빨간색 그리고 줄무늬 토마토까지, 고를 수 있는 무늬와 색상이 다양하다. 그만큼 크기도 여러 가지다.

부드럽지 않고 너무 단단하지도 않으며 색이 짙은 토마토를 고르자. 토마토는 딴 후에도 계속 익기 때문에 구입한 후에는 직사광선이 닿지 않는 곳에 보관해야 한다. 토마토를 냉장고에 넣지 말자. 냉기에 노출된 토마토는 풍미를 잃는다. 토마토를 씻어 꼭지 부분을 원뿔 모양으로 도려내 심지까지 제거한다. 껍질이 너무 질긴 토마토는 껍질을 벗겨서 쓰는 게 좋다. 팔팔 끓는 물에 토마토를 잠시, 15초에서 1분 정도 담갔다가 껍질이 느슨해지면 꺼내자(계속 살펴보며 언제 꺼낼지 결정해야 한다). 꺼낸 토마토는 바로 얼음물에 담가 껍질을 벗긴다. 씨를 빼내려면 토마토를 가로로 반으로 잘라서 자른 반쪽을 손에 쥐고 손가락에 힘을 줘 살짝 짜내면 된다. 씨와 함께 나온 즙은 채에 걸러 다시 요리에 넣거나 마시면 된다.

토마토 콩피
Tomato Confit
4인분

토마토를 콩피로 만들면 풍미가 농축되어 더 진해진다. 콩피 하나만 먹어도 달콤한 소스를 한 숟가락 가득 입에 넣은 것처럼 풍부한 맛이 난다.

오븐을 180도로 예열한다.
중간 크기 토마토 4개
의 껍질을 벗기고 꼭지와 심을 도려낸다. 토마토를 빼곡하게 놓을 수 있을 만큼 커다란 베이킹 용기의 바닥에
바질 가지 몇 개
를 흩어놓고 그 위에 꼭지가 있던 부분이 바닥으로 가도록 토마토를 놓는다.
소금
을 뿌리고
올리브유 1/2컵 정도
를 두른다. 약 50분 동안 굽는다. 토마토 윗부분이 살짝 갈색으로 변하고 완전히 부드러워지면 완성이다. 토마

토를 조심해서 꺼내 식탁에 낸다. 베이킹 용기 바닥에 남은 기름은 비네그레트 소스나 다른 소스에 넣으면 맛있으니 따로 잘 보관해두자.

속을 채워 구운 토마토
Baked Stuffed Tomatoes

늦여름에 나오는 작고 달콤한 토마토, 특히 얼리 걸Early Girl이라는 토마토는 속을 채워 구우면 정말 맛있다. 더 섬세한 맛을 좋아하면 껍질을 벗겨서 요리해도 되는데 취향에 따르자. 신선한 빵가루(시골 빵 스타일의 빵으로 만든다)와 다진 마늘, 그리고 신선한 바질을 듬뿍 넣어 속을 만들자. 맛이 강하고 잎이 아주 작은 피콜로 피노Piccolo fino라는 바질을 쓰면 더 좋다. 토마토의 꼭지와 심지를 도려내고 가로로 반을 잘라 씨를 뺀다. 자른 면에 소금과 후추를 뿌려 간을 하고 씨를 빼서 생긴 공간에 빵가루로 만든 속을 채워 넣는다. 속을 손가락으로 꾹꾹 눌러 채워 위로도 둥글고 불룩하게 튀어 나오도록 모양을 잡는다. 속이 얇은 베이킹 도기에 토마토를 채워 넣고 토마토 하나 하나마다 올리브유를 뿌린다. 190도로 예열한 오븐에서 30분 동안, 토마토가 맛있게 노릇해질 때까지 굽는다.

라타투이
Ratatouille
6~8인분

알록달록 색이 화려한 라타투이로 만들려면 색깔이 다른 여러 종류의 파프리카와 호박, 토마토를 넣으면 된다. 고민하지 말고 레시피의 양을 2배로 늘려 만들어보자. 먹고 남은 라타투이를 다음 날 먹으면 더 맛있기 때문이다.

중간 크기 가지 1개
를 1.3센티미터 크기로 깍둑썬다. 조각낸 가지를
소금
에 버무린다. 가지를 체에 받쳐 약 20분간 물기를 뺀다. 바닥이 두꺼운 팬에

올리브유 2큰술

을 두른다. 가지의 물기를 닦아내고 팬에 넣어 중불에서 자주 저으며 노릇하게 볶는다. 가지가 기름을 모두 흡수해서 바닥에 들러붙으면 기름을 더 넣는다. 가지가 다 익으면 덜어서 다른 그릇에 옮겨두고

올리브유 2큰술

을 두른 다음

1.3센티미터 크기로 깍둑썬 중간 크기의 양파 2개

를 넣고 7분가량, 양파가 부드러워지고 투명해질 때까지 볶는다. 거기에

다진 마늘 4~6쪽
요리용 면실로 부케처럼 묶은 바질 1/2단
소금
마른 칠리 플레이크 1꼬집

을 넣고 2~3분간 볶는다. 그리고

1.3센티미터 크기로 깍둑썬 파프리카 2개

를 넣고 몇 분간 익히다가

**1.3센티미터 크기로 깍둑썬 중간 크기 여름 호박
　　3개**

를 더하고 몇 분간 더 볶는다. 그리고

**1.3센티미터 크기로 깍둑썬 중간 크기 완숙
　　토마토 3개**

를 넣고 10분 동안 더 익힌 다음 따로 덜어두었던 가지를 넣고 다시 10~15분 더, 모든 채소가 부드러워질 때까지 조리한다. 바질 부케를 꾹 눌러 즙과 풍미를 모두 빼내고 버린다. 맛을 보고 소금을 넣어 간을 맞춘다.

다진 바질 잎 6장
엑스트라 버진 올리브유

를 넣고 섞어 따뜻하게, 혹은 차갑게 식탁에 낸다.

변형하기

- 토마토를 제외한 모든 야채를 따로 따로 부드럽게 익힌 다음 토마토, 허브, 마늘, 소금과 한데 섞는다. 모두 같이 볶아 식탁에 낸다.
- 석쇠에 구운 채소를 넣은 라타투이를 만드는 방법은 174쪽을 참고하자.

겨울에 먹는 토마토 오븐 구이
Winter Roasted Tomatoes

겨울철에 진한 토마토의 풍미를 느끼고 싶을 때 간단히 준비해서 먹을 수 있는 요리다. 정확한 계량은 별로 중요하지 않다.

폭이 넓고 속이 얕은 베이킹 도기를 준비해서 바닥이 다 덮일 만큼 올리브유를 붓는다. 올리브유 위에 깍둑썬 양파 하나, 얇게 편으로 썬 마늘 2~3쪽을 넣고 마저럼이나 파슬리, 로즈메리나 허브 같은 신선한 허브 잎을 좀 흩뿌린다. 소금을 뿌려 간을 한다. 유기농 홀 토마토 캔에서 토마토만 건져 물기를 뺀다(국물은 마시든지 따로 두었다가 다른 요리에 쓴다). 토마토를 양파와 마늘, 허브에 한 겹으로 올린다. 다시 소금과 후추로 간을 한다. 설탕도 조금 뿌리고 올리브유를 두른다. 뚜껑을 덮지 않고 135도로 예열한 오븐에 넣어 네다섯 시간 굽는다. 토마토를 숭덩숭덩 썰어 따뜻한 파스타에 소스로 올려 내거나 오븐에 구운 고기와 콩에 곁들여 내도 되고 무엇이든 좋아하는 음식과 함께 먹으면 된다. 또 이 구운 토마토를 껍질이 바삭한 빵에 올려 내면 맛있는 전채 요리가 된다.

• 순무와 루타바가
Turnips and Rutabagas
계절: 가을부터 봄까지

순무는 아루굴라(루콜라의 일종), 무와 같은 과의 작물이다. 고소하면서도 알싸한 맛이 있다는 공통점이 있지만 순무가 더 달큰하다. 순무의 색은 여러 가지다. 제일 흔히 보는 순무는 무청이 달린 윗부분이 보라색이고 아랫부분이 흰색인 종류와 전체가 다 흰색인 도쿄 순무 Tokyo turnip다. 무청도 볶거나 쪄서 먹으면 맛있다. 실제로 무청만 먹기 위해 재배하는 종도 있다.

순무는 연중 시장에 나오지만 뽑아서 바로 먹었을 때 제일 부드럽고 달큰하다. 초봄과 가을에만 무청이 달린 작고 부드러운 어린 순무를 구할 수 있다. 이런 순무는 자르지 않고 통째로 요리해도 되고 껍질을 벗겨낼 필요가 없는 경우도 많다. 순무가 커지면 껍질도 더 두껍고

뻣뻣해지며 아린 맛도 더 강해진다. 뜨거운 날씨도 순무를 더 억세게 만들고 더 쓴맛이 나게 만든다. 순무는 껍질이 매끈하고 색이 밝으면서 반질반질하고 단단해야 한다. 그 조건을 모두 갖춘 동시에 싱싱한 무청이 달린 순무를 골라야 한다. 크기가 정말 작은 순무는 무청을 떼지 않고 그대로 요리하며 깨끗이 씻는 것 말고는 손질이 필요 없다. 좀 더 큰 순무는 무청을 잘라내야 하지만 요리에 색을 더하기 위해 2.5센티미터 정도는 초록 부분을 남기는 것도 괜찮다. 조금 잘라 맛을 보고 껍질을 벗길지, 부드러우니 그냥 둘지 결정하자. 진짜 커다란 순무는 반드시 껍질을 벗기고 깨끗하게 잘라 다듬어야 한다. 살이 좀 깎일 정도로 껍질을 두껍게 벗기자.

루타바가는 순무와 양배추를 교배해서 나온 종이다. 스웨드^{swede}라고도 부르며 윗부분이 보라색인 커다란 노란 순무같이 생겼다. 루타바가는 순무보다 전분이 조금 더 많지만, 추위가 찾아와도 계속 맛있고 달큰한 풍미가 점점 깊어진다는 장점이 있다. 커다란 순무와 같은 방식으로 손질하고 요리하면 된다.

버터를 넣은 순무 요리
Buttered Turnips

순무의 과육에는 수분이 상당히 많아서 물을 전혀 넣지 않고 익힐 수도 있다. 이 레시피대로 하면 작은 순무도, 커다란 순무도 모두 맛있게 먹을 수 있다. 순무의 껍질이 억세면 벗겨내고 적당한 크기로 자른다. 작은 순무는 자르지 않고 통째로 쓰거나 반으로 자르기만 하면 된다. 조각낸 순무를 바닥이 두꺼운 프라이팬에 담고 소금을 넉넉하게 1꼬집 뿌리고 버터도 크게 1덩어리 넣는다. 팬의 뚜껑을 덮고 중불에 올려 가끔 저으며 순무가 부드러워질 때까지 익힌다. 프라이팬이 갈색으로 타기 시작하면 불을 낮춘다. 요리한 그대로 식탁에 내거나 신선한 버터를 조금 더 넣어 으깨어 내도 된다. 순무를 얄팍얄팍 잘라서 뚜껑을 덮지 않고 강불에서 갈색으로 구워도 된다. 이런 식으로 캐러멜화해서 먹으면 맛있다. 그렇지만 계속 지켜보며 너무 태워서 쓴맛이 나지 않도록 주의해야 한다.

순무와 순무청 찜
Steamed Turnips and Turnip Greens

신선한 무청이 그대로 붙어 있는 작은 순무를 구하면 무청을 자르지 않고 요리하는 것이 좋다. 순무를 깨끗하게 씻어 노랗게 변하거나 상한 잎을 떼어낸다. 무청은 그대로 두고 뿌리 끝을 잘라 다듬는다. 순무가 좀 큰 편이라면 순무를 반으로 가르거나 4조각으로 자른다. 무청이 붙은 순무를 바닥이 두꺼운 프라이팬에 넣고 소금 1꼬집을 넣고 물을 조금 붓는다. 물은 6밀리미터 정도 깊이로 부으면 된다. 팬 뚜껑을 덮고 중강불로 순무와 무청이 부드러워질 때까지 3~6분간 끓인다. 순무가 다 익으면 물에서 건져 소금과 버터 혹은 엑스트라 버진 올리브유를 조금 뿌려 식탁에 낸다.

큰 순무도 잎을 넣고 같이 요리하면 맛있다. 줄기 끝을 2.5센티미터 정도 남기고 순무에서 무청을 잘라낸다. 순무 껍질을 벗기고 쐐기 모양으로 조각낸다. 무청 줄기에서 잎을 모두 훑어 따둔다. 순무를 프라이팬에 넣고 그 위에 잎을 올린 다음 물을 조금 붓고 작은 순무 찜을 만들 때와 같은 방식으로 요리한다.

• 겨울 호박
Winter Squash
계절: 늦가을부터 늦겨울까지

늙은 호박, 델리카타, 에이콘, 땅콩 호박, 스파게티 호박과 단호박은 달콤한 맛이 나는 겨울 호박이다. 겨울 호박은 완전히 늙어서 껍질이 단단해진 다음에 먹는 호박으로 줄기에서 딴 후에도 계속 달콤해진다. 흠이 없고 단단하고 무거운 호박으로 고르자. 호박은 자르기 전까지는 냉장 보관을 하지 않아도 된다. 호박을 흔들리지 않는 안정된 곳에 올리고 묵직한 칼로 조심해서 반으로 가른다. 씨와 실 같은 속을 긁어낸다. 호박은 절단면이 아래쪽으로 가도록 놓고 부드러워질 때까지 오븐에서 굽거나 껍질을 벗겨(감자 칼을 쓰면 된다) 잘라서 구워도 된다. 또 찌거나 볶아서 먹을 수도 있다. 겨울 호박은 퓌레나 수프로 만들어도 맛있는데 호박만 넣고 만들어도 좋고 다른 채소도 넣고 육수를 더해 만들어도 맛있다.

겨울 호박 퓌레
Winter Squash Purée

달콤한 겨울 호박으로 만든 퓌레는 라비올리의 속으로 넣어도 훌륭하고 파이를 만들 때 늙은 호박 대신 넣어도 좋다. 제일 좋아하는 종류의 겨울 호박을 골라 반으로 가르고 씨를 긁어내자. 기름을 바르거나 유산지를 깐 베이킹 시트에 절단면이 바닥으로 향하도록 둔다. 180도로 예열한 오븐에서 호박이 속까지 부드러워질 때까지 굽는다. 굽는 데 걸리는 시간은 호박의 종류에 따라 다르다. 오븐에서 꺼내 식힌 다음 껍질에서 속살만 떼어낸다. 푸드 밀에 넣어 퓌레로 만들거나 숟가락, 혹은 감자 으깨는 도구로 으깬다. 올리브유나 버터, 소금과 취향에 따라 크림을 조금 넣어서 간을 한다. 좀 색다르게 먹고 싶으면 완전히 익은 배를 깍둑썰어 퓌레에 섞거나 세이지 잎을 볶아서 고명으로 올린다.

구운 땅콩 호박
Roasted Butternut Squash

작은 땅콩 호박 1개의 껍질을 벗기고 반으로 자른 다음 씨와 속을 긁어낸다. 6밀리미터 크기의 주사위 모양으로 조각낸다. 속이 얕은 베이킹 도기에 호박을 넣고 소금, 엑스트라 버진 올리브유를 뿌린다. 세이지 잎 몇 장을 손으로 찢어 넣고 잘 버무린 다음 180도로 예열한 오븐에서 부드러워지고 위쪽이 노릇해질 때까지, 약 한 시간 30분 동안 굽는다. 세이지 잎 대신 곱게 다진 마늘 4쪽, 다진 파슬리 1/4컵과 호박을 섞어서 구워도 좋다.

• 주키니와 여름 호박
Zucchini and Other Summer Squash
계절: 여름

가장 흔히 볼 수 있는 여름 호박은 초록색 주키니와 연두색 비행접시 모양의 패티팬 호박, 거위 목처럼 생긴 노란 크룩넥 호박*crookneck*이다. 맛과 식감이 다양한, 잘 알려져 있지 않은 호박도 지역 농산물 시장에서 찾아볼 수 있다. 내가 제일 좋아하는 것은 코스타타 로마네스코 *Costata Romanesco*라는 종류로 껍질에 세로 골이 있고 얼룩덜룩한 초록색으로 주키니와 비슷한 모양이다. 맛은 달큰하고 과육이 단단해서 요리해도 모양이 흐트러지지 않는다. 작고 단단하고 색이 선명한 호박을 고르자. 큰 호박은 보통 수분과 씨가 많다. 호박을 흐르는 물에 씻거나 젖은 행주로 깨끗하게 닦는다. 꼭지가 달린 쪽과 꽃이 달려 있던 아래쪽 모두 잘라 버린다. 이렇게 자른 호박은 젖은 행주로 덮어 몇 시간 정도는 냉장고에 보관할 수 있다. 여름 호박의 꽃도 요리해 먹으면 맛있다. 꽃에 달린 줄기를 자르고 잘 흔들어 꽃 안에 숨어 있는 벌레를 털어낸다. 꽃을 잘게 썰어 볶아서 오믈렛이나 파스타 소스, 리소토에 넣어 먹으면 된다. 통째로 요리할 수도 있는데 치즈로 속을 채워 삶거나 오븐에 구워도 되고 반죽에 담갔다가 튀겨도 좋다.

여름 호박 그라탱
Summer Squash Gratin
4인분

오븐을 190도로 예열한다.

**중간 크기의 여름 호박 6개(모두 같은 종류를
쓰거나 여러 색이 나도록 다른 종류를 섞어
쓴다)**

를 씻고 물기를 제거한 다음 양쪽 끝을 자른다.
호박을 아주 얇게 썬다. 채칼을 쓰면 쉽다.

바질 가지 몇 개에서 딴 잎

을 길게 채썬다. 중간 크기의 베이킹 용기나 그라탱 용기
에 호박을 한 층씩 올린다. 총 세 층으로 쌓는 것이 제일
좋다. 한 층을 쌓은 다음 채썬 바질 잎을 올리고

소금

신선하게 갈아낸 검은 후추

를 뿌리고 또 한 층 올리고, 다시 바질과 소금, 후추를 뿌
리는 과정을 반복한다. 마지막에

크림 1/2컵

하프 앤드 하프 1/2컵

을 붓는다. 크림은 마지막으로 쌓은 호박의 꼭대기에 이
르도록 부어야 한다. 크림이 보글보글 끓어오르고 위쪽
이 노릇하게 변할 때까지, 한 시간가량 굽는다. 전체적
으로 고르게 노릇한 색이 나게 하려면 그라탱을 굽는 중
간중간 뒤집개 같은 도구로 호박을 한두 번 꾹 눌러주면
된다.

변형하기

- 마늘 2쪽을 아주 얇게 편으로 썰어 바질과 함께 호박
  사이 사이에 올린다.
- 파르메산 치즈나 다른 치즈 가루 1/4컵을 호박 사이
  사이에 뿌린다.
- 바질 대신 여름 세이버리, 마저럼이나 파슬리 같은 다
  른 허브를 쓴다.
- 유제품을 넣지 않고 호박 그라탱을 만들 수 있다. 얇게
  썬 양파 1개를 부드러워지도록 올리브유에 약 10분간
  볶는다. 얇게 편으로 썬 마늘과 소금, 바질이나 다른

허브를 넣고 간을 한다. 그라탱 용기 밑바닥에 양파를
깔고 그 위에 호박 한 층, 양파 한 층, 이런 식으로 쌓아
올린다. 중간중간 소금도 뿌린다. 마지막에 올리브유
를 두르고 위를 유산지로 덮어 호박이 투명해질 때까
지 굽는다. 유산지를 벗겨내고 뒤집개로 호박을 꾹 누
른 다음 다시 호박이 부드러워지고 윗부분이 노릇해
질 때까지 굽는다.

베이컨과 토마토를 넣은 주키니 라구
Zucchini Ragout with Bacon and Tomato
4인분

**작은 주키니 4~6개(과육이 단단한 코스타타
로마네스코라면 더 좋다)**

를 씻어 양쪽 끝을 자른다. 6밀리미터 두께로 잘라

소금

에 버무린다. 체에 받쳐 물기를 뺀다.

바닥이 두꺼운 프라이 팬에

올리브유 2큰술

을 데우고

작게 자른 베이컨이나 판체타 2조각

껍질을 벗겨 깍둑썰기한 양파 1개

를 넣고 10분간 재료가 부드러워질 때까지 볶는다. 그리고

**껍질을 벗겨 씨를 제거한 후 깍둑썰기 한 토마토
340그램**

을 넣고 7분 동안, 흐물어질 때까지 익힌다. 썰어둔 주키
니를 넣고 가끔 저으면서 익힌다. 주키니가 부드러워지
고 소스가 졸아서 걸쭉해지면 완성이다. 소스가 너무 바
글바글 끓거나 바닥에 들러붙기 시작하면 불을 낮추어
야 한다. 완성되기 몇 분 전에

신선하게 갈아낸 검은 후추

다진 파슬리 2작은술

다진 바질 2작은술

을 넣고 섞는다. 맛을 보고 필요하면 소금을 더 넣어 간
을 맞춘다. 따뜻하게 식탁에 내거나 미지근하게 안티파
스토 요리로 내도 좋다. 석쇠나 토스터로 구운 빵에 마늘
1쪽을 잘라 비빈 다음 그 위에 얹어 내도 맛있다.

마저럼을 넣은 간 주키니 소테
Sautéed Grated Zucchini with Marjoram
4인분

주키니 450그램

을 씻어 물기를 닦아내고 양쪽 끝을 자른다. 상자 모양의 강판에서 제일 큰 구멍에 대고 주키니를 간다(채칼의 날로 길게 잘라도 된다). 강판에 간 주키니를 믹싱 볼에 한 층씩 쌓는데 각 층마다 소금을 가볍게 뿌린다. 20분 정도 물이 나오도록 가만히 두고 기다린다(얼마나 짠지 하나 먹어보자. 호박은 제법 간간하다 싶지만 짜진 않을 정도로 간이 되어야 한다). 체나 망에 받쳐 주키니의 물기를 빼고 손으로 꽉 짜서 최대한 물기를 제거해야 한다. 바닥이 두꺼운 프라이팬을 중강불에 올리고

올리브유나 버터 2큰술

을 넣는다. 물기를 뺀 주키니를 넣고 자주 저으며 살짝 노릇해질 때까지 약 7분간 볶는다. 나무 주걱으로 주키니를 팬에 넓게 펼쳐 전체적으로 노릇하게 만든다. 호박이 다 익으면 팬을 불에서 내리고

**듬성듬성 다진 신선한 마저럼 잎(혹은 잎과 꽃을
섞어) 3큰술**

곱게 찧은 마늘 1쪽

을 넣고 섞는다. 뜨겁게 혹은 식혀서 미지근하게 식탁에 낸다.

생선과 조개류

Fish and Shellfish

(계속)

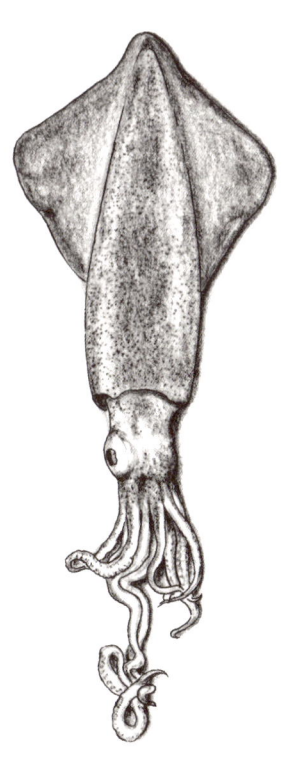

생선 구매하기
Buying Fish

생선은 거의 매일 우리의 식탁에 오르는 귀중한 자연산 식자재 중 하나다. 그러나 해양자원은 지금 위기에 처해 있다. 어떤 물고기를 사면 생태계에 어떠한 영향을 미치는지 충분히 이해하고 고심해서 사야 한다. 아주 중요한 일이다. 어업의 지속가능성은 복잡한 문제다. 어떤 생선을 먹으면 어류 자원이 고갈되지 않고 지속할 수 있는지 항상 주의를 기울여 최신 정세를 알고 있어야 한다. 세계적으로도 어업은 갈수록 산업화하여 소규모 어업에 종사해온 어민들은 일을 지속할 수 없게 되고 수산업계 전체가 바야흐로 붕괴할 위기에 처해 있다. 해양자원은 급격히 감소하고 있다. 원인의 하나로 채 성장하지 않은 대량의 치어가 양식장에서 키우는 물고기나 새우의 먹이가 되는 것을 들 수 있다. 또한 연어나 새우 양식장이 연안의 수역을 오염시킬 뿐만 아니라 양식 과정에서 투여되는 약품이나 착색제가 환경에 매우 나쁜 영향을 미치고 있다. 이러한 상황에서 소비자와 요리사의 선택이 해양자원을 회복시킬 수도, 더 이상의 붕괴를 막을 수도 있는 것이다.

나는 이러한 문제에 평생을 바친 몬터레이피시의 폴 존슨에게서 정보를 얻는다. 이 회사는 내가 쓰는 생선을 구매하는 곳이기도 하다. 그의 훌륭한 웹 사이트(www.webseafood.com)에는 어류 자원의 지속가능성에 대한 기사와 논문, 다른 사이트의 링크 정보 등이 담겨 있다. 그리고 또 하나의 정보원은 몬터레이 베이 수족관의 시푸드 워치(www.mybayaq.org/cr/seafoodwatch.asp)로, 지속가능한 해산물에 대한 소비자 정보를 제공한다.

생선 오븐 구이
baked Fish

어떤 생선이든 구워 먹을 수 있다. 통째로 혹은 토막 내거나 포를 떠서 구워도 된다. 생선에 소금을 뿌려 기름을 바른 내열 접시나 가장자리가 있는 베이킹 시트에 올린다. 생선을 굽는 동안에는 물이 나올 수 있기 때문에 옆을 막아줄 테두리가 있는 용기를 쓰면 좋다. 저민 살과 토막 고기는 220도 정도로 달군 오븐에서 굽는다. 통째로 구울 때는 좀 더 시간이 걸리기 때문에 약 190도에서 천천히 굽는다. 포를 뜬 고기는 보통 가운데가 익으면 다 된 것이다. 살에 투명한 느낌이 사라지지만 아직은 촉촉해야 한다. 참치와 알바코어(날다랑어), 연어는 예외로 이것들은 미디엄 레어로 구워서 중심부 살에 아직 투명한 느낌이 남아 있어야 맛있다. 통째로든 토막을 내서 굽든 뼈가 있는 생선을 구울 때는 더도 말고 덜도 말고 살이 뼈에서 살짝 떨어질 정도까지만 굽는다. 생선을 너무 굽지 않는 것이 중요하다. 뻑뻑하고 질겨질 우려가 있다. 포를 뜬 살은 상당히 빨리 익는다. 두께에 따라 다르지만 보통 7~10분이면 된다. 통으로 구울 때는 가장 두꺼운 부분을 기준으로 2.5센티미터당 10분 정도로 보고 계산하면 된다. 뼈까지 사선으로 칼집을 내서 구우면 익히는 시간을 줄일 수 있다. 물론 이는 대강의 지표일 뿐이므로 익었는지를 수시로 살펴보며 판단해야 한다. 손가락으로 생선 살을 눌러서 익었는지 판단할 수 있다. 덜 익으면 부드러운 느낌이 난다. 다 익으면 약간 튕기는 듯한 느낌이 들기 시작한다. 그래도 모르겠으면 망설이지 말고 잘라보자.

소금으로 기초적인 간을 하지만 풍미를 더하기 위해 와인이나 올리브유를 뿌리거나 버터를 발라 요리한다. 마리네이드 양념장에 재두었다가 구워도 맛있다. 마리네이드는 허브, 향료, 귤류의 제스트와 즙, 올리브유 등을 넣어 만들 수 있다. 포를 뜬 살과 토막 살은 오븐에 넣기 전에 페스토(250쪽 참고), 셰물라(253쪽 참고) 등의 향이 나는 소스를 바르거나 문질러서 구워도 된다. 통 생선이나 포를 뜬 살을 향긋한 무화과나 포도 잎, 라임이나 레몬, 회향 가지로 감싸면 잎사귀의 향을 생선 살에 입힐 수 있고 수분이 빠져나가는 것을 막을 수도 있다. 생선은 또 토마토소스나 양념해서 소테한 양파, 채소 라구같이 국물이 있는 소스에 담가 구울 수도 있다. 소스를 쓰는 경우에는 요리 시간을 5분 정도 늘려 잡아야 한다.

허브 버터를 바른 자연산 연어 구이
Baked Wild Salmon with Herb Butter
4인분

포를 뜬 연어 살에는 핀 본이라고 하는 찾기 쉬운 뼈가 있다. 아가미에서 몸통 중간 부분까지 늘어선 가늘고 흰 갈비뼈 같은 뼈다. 생선 살을 손가락으로 더듬어보면 뼈가 있는 곳을 알 수 있다. 코가 뾰족한 펜치로 생선 살에서 뼈를 뽑아낸다.

허브 버터 1/2컵(60쪽)

을 준비한다.

450~700그램의 자연산 연어 포를 110~170그램 크기로 자른 것

에서 핀 본을 모두 제거하고 요리 준비를 마칠 때까지 냉장고에 보관한다.

오븐을 220도로 예열하고 허브 버터를 냉장고에서 꺼내 부드러워지게 둔다.

소금

신선하게 갈아낸 검은 후추

로 연어를 양념한다. 내열 접시나 가장자리가 있는 베이킹 시트에 기름을 칠하고 연어를 올린다. 이때 껍질이 아래로 가게 놓는다. 기름을 붓으로 바르거나 뿌린다. 살의 두께에 따라 다르지만 연어 살이 막 단단해지려는 시점까지 7~10분 굽는다. 가운데 부분은 아직 분홍 기가 남아 있다. 생선 조각에 허브 버터를 숟가락으로 끼얹어 작은 볼에 잠시 둔다.

변형하기

- 잘게 다진 염장 안초비 살 4개를 허브 버터에 넣는다.
- 연어를 굽는 또 다른 방법은 천천히 굽는 것이다. 연어는 껍질을 벗기지 않고 덩어리째 요리한다. 내열 접시나 테두리가 있는 베이킹 시트에 기름을 두르고 밑부분에 신선한 허브 가지를 깔아둔다. 소금, 후추를 뿌리고 연어의 껍질이 아래로 향하도록 하여 허브 위에 놓는다. 연어 윗부분에 기름을 바르고 110도로 예열한 오븐에서 30분 정도 굽는다. 이렇게 구우면 살이 알맞게 단단해지고 믿을 수 없을 정도로 촉촉하고 부드럽다. 적당히 식은 연어를 레몬즙과 제스트를 넣어 만든 비네그레트와 함께 먹으면 정말 맛있다.

- 신선한 무화과 잎을 구할 수 있으면 반드시 써보자. 잎을 먹는 것은 아니지만 기분 좋은 코코넛 같은 향이 생선에 밴다. 연어의 살에 양념하고 기름을 발라 깨끗한 무화과 잎으로 감싼 후 위 레시피에 따라 굽는다.

생선찜
Steamed Fish

찜은 훌륭한 생선 요리법이다. 생선 고유의 자연스러운 풍미와 생선 살의 섬세한 식감을 잘 보존할 수 있다. 특히 대구, 넙치, 가자미, 연어 같은 흰살생선은 쪄서 요리하면 좋다. 간을 한 생선을 물이 끓고 있는 찜통에 넣고 뚜껑을 덮어 찐다. 향을 좋게 하려면 물에 허브, 향신료, 채소 같은 향신채를 같이 넣어도 좋다. 생선의 가운데 부분이 불투명해지고 살이 단단해질 때까지 찐다. 연어는 예외로 중앙부에 투명한 느낌이 남아 있어야 좋다. 생선을 찌면 내부의 육즙을 잡아두는 장점이 있지만, 너무 오

래 찌면 퍽퍽해지고 만다. 생선구이를 할 때처럼 향이 나
는 잎이나 가지로 싸서 찔 수도 있다. 생선찜은 살사 베
르데(57쪽 참고)나 페스토(250쪽 참고)와 곁들이면 맛
있고 어떤 버터 소스와도 잘 어울린다.

뵈르 블랑을 끼얹은 가자미 찜
Steamed Sole with Beurre Blanc
4인분

뵈르 블랑(버터 소스)은 담백한 가자미 찜에 새콤함과
풍부한 맛을 더한다. 그밖에 가자미 찜과 잘 어울릴 것
같은 맛있는 소스로는 살사 베르데(57쪽 참고)나 허브
버터(60쪽 참고)가 있다. 가자미의 풍미를 있는 그대로
느낄 수 있도록 엑스트라 버진 올리브유나 레몬즙만 뿌
리기도 한다.

가자미 살 700그램(가자미류: 서대petrale**, 렉스**rex**,**
레몬lemon**, 도버**Dover**)**
의 뼈와 껍질을 손질하고
소금
으로 간을 한다.
뵈르 블랑 1컵(따뜻한 버터 소스, 248쪽)
을 보온 용기에 보관하거나 따뜻한 물을 담은 냄비에 중

탕하여 온기를 유지한다.

　냄비에 깊이 5센티미터가량 물을 부어 끓인다. 생선
살을 찜통에 잘 넣어 끓는 물에 올린다. 살이 적당히 굳
고 촉촉하게 익을 때까지 익힌다. 생선의 두께에 따라 다
르지만 보통 4~7분 걸린다. 찜통을 냄비에서 꺼내고 생
선을 따뜻하게 데운 서빙 접시나 개인 접시에 옮긴다. 숟
가락으로 뵈르 블랑을 생선에 끼얹는다.

처빌이나 파슬리, 차이브, 타라곤같이 싱싱하고
연한 허브를 다진 것 2큰술

을 얹어 낸다.

변형하기
- 한련화가 있으면 초록 줄기를 제거한 꽃을 1줌 다져
  완성된 버터 소스에 넣고 섞는다. 가자미에 화려한 색
  을 더하고 향을 보완해서 맛을 한층 돋운다.

프라이팬에 구운 생선
Pan-Fried Fish

프라이팬은 두께가 얇은 생선 살이나 생선 토막 혹은 두
께가 2.5센티미터가 채 되지 않는 작은 생선 1마리를 구
울 때 적합하다. 소금, 후추로 밑간을 하고 싱싱한 다진
허브와 좋아하는 향신료로 양념한다. 껍질을 벗긴 생선
살을 팬에 구우려면 묵직한 소테 팬이나 프라이팬을 매
우 뜨겁게 가열한다. 기름이나 정제 버터를 넉넉히 두
르거나 기름과 버터를 섞어 팬 바닥이 다 덮이도록 붓는
다. 생선을 살살 조심해서 넣고 중강불에 3분(통째로 넣
을 경우에는 4~5분)간 익힌 후 뒤집는다. 3분 더 조리한
후 익었는지 본다. 살짝 덜 익었을 때 팬에서 생선을 들
어낸다. 생선 내부의 온도가 높기 때문에 그래도 계속 익
는다. 껍질째 생선을 요리할 때는 팬에 기름을 더 많이
두른다. 기름을 약 3밀리미터 정도 깊이로 붓는다. 껍질
이 팬의 바닥에 닿도록 놓는다. 익으면서 껍질이 수축하
여 생선이 말리므로 껍질을 팬의 뜨거운 쪽에 계속 닿아
있게 하려면(이렇게 해야 바삭하다) 요리하는 팬보다
한 치수 작은 팬에 포일을 씌워 생선을 누르며 익힌다.
이 방법을 쓰면 생선 살을 편평하게 유지하면서도 껍질

이 바삭하게 된다. 두께에 따라 다르지만, 껍질 쪽을 대략 5~7분간 시간을 들여 익힌 다음 살 쪽으로 뒤집어서 1~2분만 더 익힌다. 생선을 올리기 전에 프라이팬을 아주 뜨겁게 달궈야 한다. 그래야 살이 팬에 들러붙지 않는다. 그리고 한 번에 너무 많이 넣어서도 안 된다. 수분이 너무 많이 흘러 생선을 노릇하고 바삭하게 굽기가 어려워지기 때문이다. 그리고 생선은 절대로 너무 익히면 안 된다.

생선을 들어내고 요리한 기름을 쏟아 버린 후 같은 프라이팬에 팬 소스를 만들 수 있다. 토마토소스로 뜨거운 팬 바닥에 눌어 있는 것을 녹여내면 풍미 가득한 맛있는 소스가 된다. 또는 뜨거운 팬에 와인이나 레몬즙을 넣어 데글레이즈하고 마지막에 버터나 엑스트라 버진 올리브유, 허브 1움큼을 넣어 마무리한다. 볶은 견과류를 한 주먹 넣어도 맛과 식감을 더할 수 있다.

레몬 소스를 곁들인 줄농어 프라이팬 구이
Pan-Fried Striped Bass with Lemon Source
4인분

한때 줄농어는 멸종 위기에 처했지만, 지금은 완전히 회복해서 풍부하게 잡힌다. 이 생선은 특히 껍질째 프라이팬에 바삭하고 노릇하게 구우면 더 맛있다.

소스를 만들려면
> **엑스트라 버진 올리브유 1/4컵**
> **레몬 제스트 1/4작은술**
> **신선한 레몬즙 2큰술**
> **소금**
> **신선하게 갈아낸 후추**

를 한데 넣고 거품기로 섞는다. 맛을 보고 취향에 따라 소금과 레몬즙을 더 넣어 간을 맞춘다. 그대로 두면 소스가 분리되지만 큰 문제는 아니다. 쓸 때 다시 섞으면 된다.
> **껍질이 있는 줄농어 4토막(각 120~170그램)**
에
> **소금**
> **신선하게 갈아낸 후추**

로 간을 한다. 생선구이용으로 바닥이 두꺼운 팬을 골라 둔다. 조금 작은 팬 하나를 꺼내 바깥 바닥 면에 포일을 감싼다. 이 팬은 생선을 눌러 편평하게 유지하는 역할을 한다. 이렇게 하면 생선 껍질 전체를 바삭하게 요리할 수 있다(뜨거운 팬에 생선을 올리면 팬에 닿은 쪽 껍질이 수축해서 휘어진다). 큰 팬을 중강불로 달군다. 뜨거워지면
> **올리브유**

를 바닥 면이 완전히 잠기도록 넉넉히 붓는다. 농어 토막을 넣는데 껍질이 바닥을 향하도록 한다. 그리고 포일을 감싼 팬으로 생선 윗면을 누른다. 껍질이 노릇해지고 바삭할 때까지 약 7분간 요리한다. 굽는 중간중간 생선이 제대로 노릇해지고 있는지 확인해야 한다. 하지만 너무 타버리게 구우면 안 된다. 불의 강도를 조절하면서 요리 속도를 조절한다. 껍질이 노릇해지면 위에 올린 팬을 치우고 생선을 뒤집는다. 1분 정도 더 익힌다. 생선이 전체적으로 잘 익었지만, 안쪽은 여전히 촉촉하고 부드러워야 한다. 레몬 소스를 거품기로 다시 저어서 따뜻하게 데운 접시에 붓고 생선 껍질이 위를 향하도록 하여 소스에 얹어 낸다.

변형하기
- 파슬리, 차이브, 처빌, 고수, 바질과 같은 부드러운 허브를 다져서 2~3숟가락을 생선에 고명으로 올린다.
- 물에 담가두었다가 헹군 다음 물기를 뺀 케이퍼 1큰술 정도를 준비한다. 생선이 익으면 뜨거운 그 프라이팬에 케이퍼를 넣고 1~2분간 볶는다. 구멍이 있는 숟가락으로 건져서 생선에 흩뿌린다.
- 올리브유 소스 대신 뵈르 블랑을 쓴다.

석쇠에 구운 참치와 빵, 아이올리
Grilled Tuna with Grilled Bread and Aïoli
4인분

> **아이올리(마늘 마요네즈, 59쪽) 1컵**
을 준비한다.
물을 조금 넣어서 살짝 묽게 만든다. 소스가 숟가락에서

흘러내리기는 해도 어느 정도 되직한 느낌이 있어야 한다. 1.3센티미터 두께로 자른

시골 빵 6장

에

올리브유

를 붓으로 바른다.

그 사이 숯불을 준비한다. 깨끗하게 씻은 석쇠를 뜨겁게 달군다.

참치 4덩어리(한 조각에 120~170그램)

에 붓으로 올리브유를 바른 다음

소금

신선하게 갈아낸 후추

로 간을 한다. 석쇠에 참치를 올려 양면을 각각 3분 정도 굽는다. 참치는 빨리 익고 또, 덜 익어야 맛있다. 중심부에 빨간 기운이 꽤 남아 있어야 한다. 완전히 다 익히면 퍼석해진다. 익는 시간은 생선의 두께에 따라 다르다. 익었는지 확인하려면 주저하지 말고 단면을 잘라본다. 생선이 다 익으면 석쇠에서 따뜻한 접시로 옮긴다. 석쇠에 잘라놓은 빵을 올리고 양면을 굽는다. 숟가락으로 아이올리를 떠서 생선에 얹은 뒤 석쇠에서 구운 빵과

쐐기 모양으로 자른 레몬

을 곁들여 낸다.

변형하기

- 아이올리 대신 타프나드(237쪽 참고)를 쓴다. 엑스트라 버진 올리브유를 넣어 타프나드를 살짝 묽게 한다.
- 아이올리 대신 살사 베르데(57쪽)를 쓴다. 이때 참치와 더 잘 어울리도록 파슬리의 양을 줄이고 대신 마저럼을 넉넉하게 넣어 살사 베르데를 만든다.
- 소금과 후추로 생선을 양념할 때 회향 씨나 쿠민 씨 2작은술을 바수어 넣는다.

겉절인 정어리
Fresh-Cured Sardines
4인분

싱싱한 정어리를 구할 수 없을 때는 대신 고등어, 싱싱한 생안초비(멸치), 또는 얇게 썬 참치를 써도 된다.

생선 가게에서 비늘을 벗기고 살만 발라달라고 부탁한

싱싱한 정어리 12마리

에

소금

신선하게 갈아낸 검은 후추

로 골고루 밑간을 한다. 생선 살을 접시에 소담하게 담아놓고

얇게 편을 썬 마늘 1쪽

얇게 썬 레몬 1/2개

레드 와인 식초 2작은술

싱싱한 허브 몇 가지(세이버리, 파슬리, 타임,

　　마저럼 등)

월계수 잎 2장

을 흩뿌린다. 남은 레몬 1/2개를 짜서 즙을 낸 뒤 생선 살에 뿌리고

엑스트라 버진 올리브유 3큰술

을 붓는다. 식탁에 내기까지 한 시간쯤 둔다. 차갑게 잘 보관하면 이틀 정도 두고 먹을 수 있다. 크루통이나 버터를 바른 신선한 빵에 절임 양념과 함께 정어리를 올리고 식탁에 낸다.

변형하기

- 바게트나 다른 빵을 1.3센티미터 두께로 잘라 절임 양념을 숟가락으로 떠서 뿌린다. 그 위에 껍질이 위로 향하도록 생선을 올린다. 필요하면 빵 크기에 맞춰 정어리를 자른다. 230도로 예열한 오븐에 4분간 굽는다.
- 겉절인 정어리를 뜨겁게 달군 석쇠에 올려 양면을 1~2분간 굽는다.

생선 타르타르
Fish Tartare
4인분

여러 가지 생선을 타르타르로 해서 생으로 먹을 수 있다. 예를 들어 참치, 날다랑어, 넙치, 연어가 그런 생선이다. 굉장히 신선한 생선을 써야 한다는 점이 각별히 중요하기 때문에 생선 가게에 가서 반드시 생으로 먹을 거라고 말해주어야 한다. 집에서는 줄곧 얼음에 채워 차가운 상태를 유지해야 한다. 잘 드는 칼로 깨끗한 도마에서 생선을 잘라 얼음을 채운 그릇에 올려둔 작은 볼에 넣는다. 4명이 애피타이저로 먹으려면 230그램이면 충분하지만 주요리로 먹으려면 양을 더 늘려야 한다.

생선을 자를 때 첫 칼질로 결의 반대 방향으로 매우 얇게 저미면서 섬유질 같은 결합조직을 잘라 버린다. 저민 생선을 다시 가늘게 채를 썬 다음 정육면체 모양으로 곱게 다진다. 생선은 미리 잘라 랩에 꼭꼭 감싸 마르지 않도록 해두어도 된다. 다른 재료들은 식탁을 차리기 직전에 섞는다. 생선 타르타르는 작은 크루통이나 엔다이브 잎, 드레싱에 살짝 버무린 초록 채소에 올려 식탁에 낸다.

> **싱싱한 생선 230그램**

을 정육면체 모양으로 곱게 다진다. 얼음에 올린 볼에 담아 냉장고에 보관한다. 식탁을 차리기 직전에 작은 볼에

> **라임 1/2개의 제스트**
> **라임 1/2개의 즙**
> **바순 고수 씨 1/4작은술**
> **엑스트라 버진 올리브유 2큰술**

을 모두 섞는다. 다진 생선에 소금을 살짝 뿌려 뒤적이고

위 양념을 넣어 다시 버무린다.

> **다진 고수 잎 1½큰술**

을 넣는다. 맛을 보고 소금과 라임즙으로 간을 맞춘다.

변형하기

- 라임즙과 고수를 섞은 소스 대신 신선한 레몬즙 1큰술에 엑스트라 버진 올리브유 2큰술, 씻어서 다진 케이퍼 2작은술, 소금, (고수 잎을 빼고) 다진 바질, 민트나 마저럼 2작은술을 써도 된다.
- 라임즙과 고수 대신 신선한 레몬즙 1큰술, 엑스트라 버진 올리브유 2큰술과 막 갈아낸 생강 1/2작은술, 신선하게 갈아낸 검은 후추, 고춧가루 1꼬집, 소금, (고수 대신) 다진 깻잎이나 파슬리 2작은술을 넣는다.

쿠르 부용
Court Bouillon
4인분

생선을 익힐 때 즉석에서 빨리 만들어 쓸 수 있는 향긋한 채소 육수다(프랑스어로 부용은 '육수'라는 뜻이고, 쿠르는 '짧다'는 뜻이다).

큰고 묵직한 냄비에

> **달지 않은 화이트 와인 1½컵**
> **물 4컵**
> **껍질을 벗기고 얇게 썬 당근 2개**
> **얇게 썬 셀러리 줄기 1대**
> **껍질을 벗겨 얇게 썬 양파 2개**
> **월계수 잎 1장**
> **검정 통후추 7알**
> **고수 씨 6개**
> **타임 가지 3개**
> **파슬리 줄기 1줌**
> **소금 2작은술**

을 한데 넣고 끓인다. 중간에 떠오르는 거품은 걷어낸다. 불을 줄여 45분간 보글보글 끓이면서 졸인다. 체로 걸러 건더기는 버린다.

변형하기

- 화이트 와인이 없는 경우에는 좋은 화이트 와인 식초 2큰술을 넣는다.

생선 육수
Fish Stock
1리터 분량

생선으로 만든 육수는 세심하게 주의를 기울여 만들어야 한다. 풍미를 최대한 끌어내려면 단시간에 조심조심 끓인다. 뼈와 대가리를 쓰면 풍미와 감칠맛이 우러난다. 아가미와 내장은 꼼꼼하게 떼어내고 깨끗하게 씻어야 맑고 깨끗한 맛이 나는 육수가 된다. 흰살생선으로 육수를 내는 것이 제일 좋다. 연어, 고등어처럼 기름진 생선은 향이 너무 강하다. 생선을 통째로 사는 경우가 아니면 생선 가게 주인에게 육수를 낼 거라고 말하고 깨끗이 손질한 대가리와 뼈를 달라고 하자.

깨끗하게 씻어둔
흰살생선의 뼈와 대가리 (아가미 제거)
700~900그램
을 크고 묵직한 냄비에 넣고(필요하면 잘라 넣는다)
달지 않은 화이트 와인 1½컵
물 8컵
소금
과 함께 삶는데 팔팔 끓으면 바로 불을 보글보글 낮춘다. 표면에 떠오른 거품은 모두 제거하면서
껍질을 벗겨 얇게 썬 당근 1개
껍질을 벗겨 얇게 썬 중간 크기 양파 1개
잎을 떼고 얇게 썬 작은 셀러리 1대
검정 통후추 1/4작은술
파슬리 줄기
를 모두 넣고 45분간 끓을락 말락 할 정도로 낮은 불에서 뭉근히 끓인다. 체에 밭쳐 건더기는 걸러내 버린다. 당장 쓰지 않으면 식혀서 그릇에 담아 뚜껑을 단단히 닫고 냉장고에 넣는다. 생선 육수는 냉장고에 보관하면 하루나 이틀은 두고 먹을 수 있다. 하지만 육수를 만든 당일 가

장 맛이 좋다.

변형하기

- 상황에 따라(가령 레드 와인 생선 스튜를 만들 때) 화이트 와인 대신 레드 와인을 쓴다.
- 채소를 넣을 때 토마토를 1~2개 넣는다.

루이유를 곁들인 프로방스식 생선 수프
Provençal-Style Fish Soup with Rouille
8~10인분

이 요리는 단순한 수프 이상이다. 여러 사람이 함께 모여 먹기 좋은 푸짐한 요리고 내가 사랑하는, 음식에서 얻을 수 있는 모든 즐거움과 풍미가 있다. 나는 이 음식을 내 프랑스 '어머니'인 루루에게 배웠다. 이 책에서 가장 긴 레시피지만 부분 부분 나누어 요리하면 어렵지 않다. 이 요리는 몇 단계로 나눌 수 있다. 먼저 생선 육수를 만든다. 그리고 나서 생선과 조개를 준비한다. 루이유(파프리카 퓌레로 향을 낸 마늘 마요네즈)를 만든다. 채소와 생선 육수로 수프 베이스를 만든다. 마늘 크루통을 굽는다. 마지막으로 모두 한데 모은다. 생선과 조개를 깊은 맛이 우러난 수프 베이스에 익히고 루이유와 크루통을 곁들여 식탁에 올리는 것이다.

생선 육수를 만들려면,
흰살생선의 뼈와 대가리(아가미는 제거)
1.4킬로그램
을 깨끗이 씻는다. 필요하면 잘라서 커다랗고 묵직한 냄비에 들어가도록 손질한다.
껍질을 까서 얇게 썬 양파 1개
껍질을 벗겨 얇게 썬 작은 당근 1개
다듬어 얇게 썬 작은 회향 구근 1개
꼭지를 도려내고 크게 다진 중간 크기 토마토 3개
가로로 반 가른 마늘 1통
을 준비한다. 크고 묵직한 냄비를 중강불에 올리고
바닥을 덮을 정도로 넉넉한 양의 올리브유
를 붓는다. 싱싱한 생선 뼈를 더하고 2분간 소테한 다음 준비한 채소와

358

검정 통후추 1/4작은술
회향 씨 1/4작은술
고수 씨 1/4작은술
**신선한 허브 가지 몇 개(회향 윗대, 야생 회향,
　세이버리, 타임이나 파슬리)**
월계수 잎 1장
사프란 1꼬집
을 넣는다. 채소가 부드러워질 때까지 몇 분 더 볶는다.
달지 않은 화이트 와인 2컵
을 붓고 팔팔 끓기 시작하면 1~2분 더 끓인 후
물 1.5리터
소금
을 넣는다. 한소끔 끓고 나면 바로 불을 줄여 서서히 졸
인다. 올라온 거품은 걷어낸다. 45분 더 끓인 뒤 체에 거
른다.
그 사이에
**모둠 생선 살 900그램(쏨뱅이, 대구, 넙치 혹은
　성대 혹은 모두 섞은 것)**
에서 뼈를 발라낸다. 끓고 있는 생선 육수에 뼈를 넣는
다. 생선 살은 5~7.5센티미터로 조각내어
엑스트라 버진 올리브유
다진 회향 윗대, 야생 회향이나 파슬리 2큰술
눌러 부수고 크게 다진 마늘 4쪽
소금
에 절인다.
홍합 450그램
을 문질러 닦고 수염을 제거한다.
루이유(다음 쪽)
를 준비한다.
수프 베이스를 만든다. 묵직한 수프 냄비를 중불에 올리고
올리브유 3큰술
을 둘러 충분히 달궈지면
잘게 깍둑썰기한 중간 크기의 양파 1개
를 넣는다. 5분간 볶은 후에
다듬고 씻어 깍둑썬 리크 1대(흰 부분만)
다듬이 깍둑썬 중간 크기 회향 구근 1개

사프란술 1꼬집
을 넣는다. 부드러워질 때까지 약 7분간 저으며 익힌다.
갈색으로 너무 익히면 안 된다. 여기에
소금
**껍질을 벗기고 씨를 뺀 다음 깍둑썬 중간 크기
　토마토 4~5개(약 340그램)**
를 넣는다. 3~4분 더 익힌다. 체에 거른 생선 육수를 붓
고 팔팔 끓인 다음 불을 줄여 5분간 더 끓인다. 맛을 보고
알맞게 소금으로 간을 한다. 여기까지 과정은 미리 준비
해두어도 되는데 사실 미리 만들어두면 이 수프의 기반
이 되는 육수와 채소들이 생선을 넣기 전에 잠시 휴지되
는 효과가 있어 더 맛있어진다.
크루통을 준비한다.
얇게 썬 시골 빵 8~10장
에
올리브유
를 붓으로 바른다. 기름 바른 빵을 베이킹 시트에 올려
약 190도로 예열한 오븐에 10분, 혹은 갈색이 될 정도로
굽는다. 크루통에
깐 마늘 1쪽
을 잘라 문지른다. 식탁을 차리기 직전에 수프 베이스를
약불로 보글보글 데우고 생선을 넣는다. 3분간 끓인 후
에 홍합을 넣는다. 홍합이 입을 벌릴 때까지 약불로 은
근히 끓인다. 필요하면 소금으로 간을 맞춘다. 크루통과
루이유를 곁들여 식탁에 올린다.

변형하기
- 새우 350그램(껍질을 벗겨도 되고, 벗기지 않아도 된
다)을 홍합과 함께 넣는다(새우의 껍질을 벗겼으면
이 껍질을 육수를 끓일 때 같이 넣고 끓인다).
- 홍합과 함께 크기가 작은 조개를 넣는다.

루이유
Rouille
1½컵 분량

큰 파프리카 1개니 작은 파프리카 2개

를 오븐이나 석쇠에 굽는다. 파프리카 껍질을 벗겨내고 씨를 뺀 다음 절구에 빻아 퓌레로 만든다.

파프리카 퓌레를 볼에 옮긴 뒤 절구에

> **마늘 3쪽**
> **소금**

을 넣고 찧는다. 여기에

> **카이엔 고춧가루 1꼬집**
> **달걀노른자 1개**
> **물 1/2작은술**

을 넣고 젓는다. 모두 섞이면

> **올리브유 1컵**

을 천천히 부으면서 젓는다. 여기에 파프리카 퓌레를 넣고 섞는다. 맛을 보고 필요하면 소금으로 간을 맞춘다. 한 시간 안에 쓸 게 아니라면 냉장고에 넣어 보관한다.

변형하기

- 매콤한 맛을 더하려면 단맛이 나는 파프리카 대신 마른 안초 고추(혹은 다른 매운 고추)만 넣거나 파프리카와 섞어 쓴다. 마른 고추를 200도로 예열한 오븐에 넣고 4분간 구운 뒤 끓는 물에 10분간 담갔다가 물기를 빼고 퓌레로 만든다. 체에 내려 억센 껍질은 거른다.

부리드
Bourride
4인분

마늘 마요네즈를 넣어 국물을 진하게 만든 프로방스식 생선 수프다. 국물은 부드럽고, 풍미가 가득하며 마늘 향이 난다.

먼저 생선 육수를 만든다. 묵직한 냄비에

> **씻어 자른 흰살생선의 뼈 450그램**
> **씻어서 흰 부분만 얇게 썬 리크 1/2대**
> **얇게 썬 작은 양파 1/2개**
> **다듬어서 얇게 썬 회향 구근 1/2개**
> **껍질을 벗겨 찧은 마늘 4쪽**
> **달지 않은 화이트 와인 3/4컵**
> **검정 통후추 약간**
> **월계수 잎 1장**
> **타임 가지 2~3개**
> **소금 크게 1꼬집**
> **물 4컵**

을 넣고 팔팔 끓으면 바로 불을 줄여 보글보글 끓인다. 거품을 모두 걷어내고 45분간 끓인다. 촘촘한 체에 걸러 뼈와 채소는 버린다.

육수를 삶는 동안 매우 진한 마늘 마요네즈를 만든다.

> **달걀노른자 2개**
> **물 1작은술**

을 섞고 여기에

> **엑스트라 올리브유 1/3컵**

을 천천히 넣으면서 쉬지 않고 젓는다. 그리고

> **마늘 4쪽을 찧어 만든 퓌레**
> **소금 1꼬집**

을 넣고 섞는다. 이제 크루통을 준비한다.

> **얇게 썬 시골 빵 4장**

에

> **올리브유**

를 붓으로 바른다. 베이킹 시트에 기름 바른 빵을 올리고 약 190도로 예열한 오븐에 10분, 혹은 갈색이 될 정도로 굽는다. 크루통에

> **깐 마늘 1쪽**

을 잘라 문지른다.

> **단단한 흰살생선 450그램(쏨뱅이, 대구, 아귀,**
> **넙치)**

을 손질해서 뼈는 발라내고 살은 7.5센티미터 크기로 자른다.

소금

으로 간을 한다.

묵직한 냄비에 걸러둔 육수를 부어 팔팔 끓인다. 끓기 시작하면 바로 불을 줄여 보글보글 끓이면서 간을 한 생선을 넣는다. 생선은 약불에 6분간 익히거나 속까지 익으면 바로 건져낸다. 구멍이 뚫린 숟가락으로 생선을 건져 볼에 옮기고 따뜻하게 보관한다. 마늘 마요네즈에 뜨거운 육수를 몇 국자 떠 넣어 묽게 만들어 육수에 푼다. 중불에서 계속 저어가면서 육수가 졸아들고 진해져서 숟가락에 묻어 나올 정도까지 끓인다. 수프가 팔팔 끓으면 굳어버리니 주의하자. 따뜻한 볼에 생선을 넣고 졸인 육수를 붓는다. 크루통을 얹어 낸다.

변형하기

- 작은 양파 1개, 작은 리크 1대, 작은 회향 구근 1개를 매우 얇게 썰어 부드러워질 때까지 소테한다. 소금으로 간을 하고 생선을 넣을 때 육수에 추가한다.
- 생선을 넣을 때 홍합 450그램을 같이 넣는다. 홍합은 잘 씻고 수염을 제거해야 한다.

클램 차우더와 버터 바른 크루통
Clam Chowder with Buttered Croutons
4인분

대합 조개 900그램

을 잘 씻어 물을 뺀다. 묵직한 냄비에 물 1/3컵과 조개를 넣는다. 뚜껑을 닫고 중강불에서 조개가 입을 벌릴 때까지 익힌다. 냄비에서 조개를 꺼낸다. 식으면 조갯살과 껍질을 분리한다. 조개가 너무 크면 다지고 그렇지 않으면 통으로 쓴다. 남은 국물은 면포 2장을 겹쳐서 거른다.

감자 110그램(깍둑썰어 3/4컵 정도)

의 껍질을 벗겨 작게 깍둑썬다. 감자는 소금을 넣은 물에 삶아 익힌다. 물기를 빼서 옆에 둔다.

묵직한 수프 냄비를 불에 올리고

버터 2작은술

을 넣어 녹으면

6밀리미터 폭으로 자른 베이컨 1½장

을 넣는다. 중불로 거의 바삭할 때까지 익힌다. 베이컨은 덜어두고

곱게 깍둑 다진 양파 1개

타임 가지 2개의 잎

을 넣고 몇 분간 볶은 뒤에

작은 셀러리 1대

를 곱게 깍둑 다져서 넣는다. 간간이 저으면서 양파가 부드럽고 노르스름해질 때까지 볶는다.

소금

신선하게 갈아낸 검은 후추

로 간을 하고 감자와 베이컨을 넣어 2분 정도 더 익힌다. 조개 삶은 국물과 조개를 넣고 불을 올려 팔팔 끓인다. 끓기 시작하면 바로 불을 줄여 보글보글 익힌다. 감자가 물러질 때까지 3~4분 익히면 된다.

우유 3/4컵

크림 1/3컵

을 붓고 약불에 살살 끓인다. 수프가 팔팔 끓어버리지 않도록 주의한다. 맛을 보고 필요하면 간을 더한다.

버터를 바른 크루통(70쪽 참고)

신선하게 갈아낸 검은 후추

를 올려 식탁에 낸다.

변형하기

- 조개 대신 홍합을 쓴다.
- 생선 차우더를 만든다. 생선 살은 한입 크기로 자르고 조개 끓인 물 대신 그냥 물이나 생선 육수를 활용한다.

• 게와 바닷가재
Crab and Lobster

살아 있는 게를 시장에서 고를 때는 활발하고 묵직한 것을 선택한다. 반드시 냉장실에 보관하고 최대한 빨리 써야 한다. 살아 있을 때 요리하는 것이 매우 중요하다. 일단 물에서 나오면 신선도가 떨어지기 때문이다.

게를 요리하는 가장 쉬운 방법은 삶는 것이다. 게가 풍

덩 잠길 만큼 물을 넉넉하게 부어 팔팔 끓인다(대짜은행게와 같이 커다란 게를 겨우 1~2마리 삶을 냄비밖에 없다면 욕심부리지 말고 한 번에 1~2마리씩만 삶는다). 짜다 싶을 만큼 소금을 넉넉히 넣는다. 물이 부글부글 끓기 시작하면 게의 뒷다리 사이를 잡아(집게발에 물리지 않도록 주의한다) 물에 떨어뜨린다. 게가 끓는 물에 들어가는 순간부터 시간을 재기 시작한다. 강불을 계속 유지해야 한다. 물이 팔팔 끓지 않아도 상관 없다. 대짜은행게는 익는 데 12~15분 정도 걸리는 데 반해 크기가 작은 꽃게는 단 몇 분이면 익는다. 게를 살 때 생선가게 주인에게 물어보거나 인터넷 사이트를 찾아 다양한 종류의 게를 장만하는 방법과 요리하는 요령을 참고하자.

요리를 끝냈으면 게딱지 등을 떼어내고 바로 먹거나 찬물에 잠깐 식혀 냉장고에서 보관하면 이틀까지 두고 먹을 수 있다. 손질한 게는 녹인 버터나 집에서 만든 마요네즈(58쪽 참고)를 곁들여 내고 레몬즙을 조금 뿌려 상큼한 맛을 더한다. 나는 등딱지 안쪽에 있는 노란색 내장(이나 바닷가재의 간)을 넣은 마늘 마요네즈(59쪽 참고)를 식탁에 올리기 좋아한다. 게의 내장은 쓴맛이 나지 않을 때만 사용한다.

게를 깨끗하게 손질하려면 게를 뒤집어서 삼각형 모양의 배딱지를 들어 올린다. 잡아당긴 뒤 비틀어 몸체에서 떼어낸다. 다시 뒤집어 껍질 상단, 즉 게딱지의 한쪽 모서리를 단단히 잡고 비틀듯 잡아뗀다. 간을 제거하고 옆면에 붙은 수염과 입을 제거한다. 바닷가재의 간이나 게의 노란 내장을 좋아하면 숟가락으로 긁어 따로 보관한다. 흰색 내장은 버린다. 흐르는 찬물에 게를 깨끗하게 헹군다. 게는 반으로 가르고(물론 가르지 않아도 됨) 집게발은 망치나 게 껍질 부수는 도구를 이용해 부순다. 큰 게는 한 번 삶은 뒤에 씻고 깨서 다시 데워도 된다(게살을 파낼 때는 게 다리 끝의 뾰족한 부분을 이용하면 완벽하다). 게를 다시 데울 때는 녹인 버터나 기름을 발라(취향에 따라 허브나 향신료로 향을 돋울 수도 있다) 200도 이상으로 예열한 오븐에 5~7분 굽는다. 게가 속까지 전부 데워질 정도면 충분하다.

게를 요리하는 방법은 바닷가재에게도 그대로 적용할 수 있다. 활기차고 묵직한 바닷가재를 골라 가능한 한 빨리 요리한다. 소금을 넉넉히 넣은 끓는 물에 바닷가재를 넣고 7분간 삶는다. 바닷가재는 머리 쪽을 먼저 넣는데, 물에 들어간 순간부터 시간을 잰다. 시간이 채 되기 전에 물이 팔팔 끓어오르면 불을 줄여서 보글보글 삶는다(부글부글 끓는 물에 삶으면 살이 질겨진다). 너무 오래 삶아도 살이 뻣뻣해지므로 반드시 시계에서 눈을 떼지 말아야 한다. 만약 바닷가재를 다시 데우거나 소테를 하거나 다른 요리에 쓸 생각이면 5분만 삶는다. 삶은 바닷가재를 건져내서 물기를 빼고 바로 식탁에 올리거나, 흐르는 찬물에 식히거나 얼음에 식혀서 보관한다.

바닷가재는 통째로 손질하든지, 반으로 가르든지 아니면 집게발, 관절부, 꼬리로 분리해 다듬는다. 그러려면 먼저 몸통에서 꼬리를 비틀어서 떼어내고 다시 집게발을 비틀어 떼어낸다. 망치나 게 껍질 부수는 도구로 집게발을 깨서 살을 꺼낸다. 부엌 가위로 꼬리 아래쪽에 있는 거의 투명하고 부드러운 껍질을 가른다. 손을 다치지 않도록 타올로 꼬리 양쪽을 감싸고 뒤로 젖힌다. 자른 곳을 따라 껍질이 갈라지며 열린다. 가재 살을 들어낸다. 꼬리를 길게 잘라 살을 발라낼 수도 있다.

익히지 않은 바닷가재를 조각 내서 요리하는 레시피도 있다. 살아 있는 바닷가재를 죽이려면 등을 바닥 쪽으로 돌려놓고 타올로 머리를 잡은 뒤 무겁고 날카로운 칼로 머리 아래쪽에 칼집을 넣는다. 꼬리는 반으로 가르거나 통째 요리한다.

암컷 바닷가재는 간혹 배에 알이 들어 있는 경우도 있다. 이것을 코랄(산호)이라고 부른다. 요리하면 밝은 빨간색으로 변하고 매우 맛있다. 토말리라는 초록색 간은 모든 바닷가재에 있다. 먹을 수 있을 뿐만 아니라 소스에 넣어 풍미를 더하기도 한다.

게살 케이크
Crab Cakes
4인분

이곳 캘리포니아에서는 대짜은행게가 제철(대략 늦은 11월에서 6월까지)일 때 게살 케이크를 만든다. 속이 꽉 찬 대짜은행게 2마리면 게살이 450그램가량 나온다. 꽃게나 다른 게라면 여러 마리를 삶아 같은 분량의 살을 발라내거나 싱싱한 게살을 따로 산다.

큰 냄비에 소금을 넉넉하게 넣고 물을 끓인다.

살아 있는 대짜은행게 2마리

를 넣는다. 15분간 삶는다. 게를 건져내 물기를 빼고 식힌다. 손질할 수 있을 정도로 충분히 식으면 커다란 게 껍데기를 뜯어내고 섬유질의 폐를 떼어낸다. 살짝 헹군 후 다리를 떼고 몸통은 반으로 자른다. 다리를 부수고, 게살을 몸통과 다리에서 깨끗하게 꺼낸다. 게살을 볼에 넣는다. 꺼낸 게살을 손가락으로 부드럽게 더듬으며 남아 있는 껍질을 모두 골라낸다. 사용할 때까지 냉장고에 보관한다.

정제 버터를 만들 차례다. 중불에 작고 묵직한 냄비를 올린다.

무염 버터 5큰술

을 넣고 버터가 분리되고 우유의 고형분이 연한 갈색이 될 때까지 끓인다. 촘촘한 체에 걸러서 고형분은 제거한다.

마요네즈 1컵(58쪽 참고)

을 준비한다.

다진 차이브 2큰술
다진 파슬리 2큰술
다진 처빌 2큰술
신선한 레몬즙 1큰술
소금
카이엔 고춧가루 1꼬집

을 넣어 섞는다. 마요네즈에 게살을 넣어 버무린다. 게살이 흩어지지 않도록 조심스럽게, 하지만 골고루 미무려

야 한다. 맛을 보고 필요하면 레몬즙과 소금으로 간을 맞춘다. 반죽을 8등분해서 패티 모양으로 성형한다. 패티를

팽 드 미나 다른 단단한 흰빵(74쪽 참고)으로 만든 신선한 빵가루 1½컵

에 굴려 가루를 입힌다. 바닥이 두꺼운 팬(무쇠 팬을 써도 된다)을 중불에 올려 예열한다. 정제한 버터를 두른다. 버터가 달궈지면 게살 케이크를 올려 황금빛이 도는 갈색이 될 때까지 지진다. 양면을 각각 4분 정도 구우면 된다. 빵가루가 타기 시작하면 불을 줄인다.

변형하기
- 타르타르 소스(245쪽 참고), 아이올리(마늘 마요네즈, 59쪽) 혹은 레몬 마요네즈(59쪽)와 함께 낸다.
- 얇게 썬 회향 샐러드(267쪽) 혹은 가든 샐러드와 곁들여 낸다.
- 생선으로 만들 때는 게살 대신 살이 단단한 흰살생선(넙치, 볼락, 대구)의 다진 살 2컵을 쓴다.

바닷가재 숯불구이
Grilled Lobster
4인분

허브 버터 1/2컵(60쪽 참고)

을 준비한다. 큰 냄비에 소금을 넉넉히 넣고 물을 팔팔 끓인다(바닷물 정도로 짜야 한다). 여기에

바닷가재 4마리(각각 450~700그램)

를 넣어 1분간 삶는다. 끓는 물에서 건져내 더 익지 않도록 찬물에 담근다. 1분 후 물기를 뺀다.

무거운 칼 등으로 집게발을 깬다. 바닷가재를 뒤집어 놓고 꼬리부터 머리 밑까지 길게 꼬릿살이 드러나도록 자른다. 등쪽 껍질은 계속 붙어 있어야 한다. 모래주머니와 꼬리 쪽에 있는 내장을 제거한다. 허브 버터 2숟가락 정도를 꼬리에 밀어넣는다.

대짜은행게는 익는 데 12~15분 정도 걸리는 데 반해 크기가 작은 꽃게는 단 몇 분이면 익는다. 게를 살 때 생선가게 주인에게 물어보거나 인터넷 사이트를 찾아 다양한 종류의 게를 장만하는 방법과 요리하는 요령을 참

고하자.에 밀어 넣는다.

그사이에 숯불을 피운다. 중강불이 되면 갈라놓은 쪽이 위로 향하도록 바닷가재를 석쇠에 올리고 양면을 각각 4분간 익힌다. 뜨거울 때 쐐기 모양으로 자른 레몬과 남은 허브 버터를 곁들여 낸다(취향에 따라 버터를 녹여서 내도 좋다).

• 가리비 관자
Scallops

우리가 시장에서 보통 볼 수 있는 관자는 살집이 두툼한 원형 기둥 모양이다. 이걸로 가리비는 껍질을 열었다 닫았다 하면서 물속을 헤엄친다. 코랄이라고도 하는 알도 맛있지만, 이 나라(미국)에서는 파는 곳을 찾기 어렵다. 생선 가게 주인에게 문의하라. 싱싱한 관자는 달콤한 냄새가 나며 물이 흥건하게 나오지 않아야 한다. 흥건하면 분명 싱싱하지 않은 것이다. 관자는 튀김, 소테, 삶기, 찌기, 석쇠에 굽기, 오븐에 굽기 등 여러 방법으로 요리할 수 있다. 물론 세비체나 관자 타르타르로 만들어 날로 먹기도 한다. 맛이 담백해서 단순한 요리가 제격이다(가리비의 관자는 모두 단맛이 나지만 크기가 작은 해만 가리비 관자는 특히 달다).

관자를 요리하기 전에 측면에 붙어 있는 작은 수직 띠 모양의 근육은 떼어낸다(간혹 이 부분을 발이라고도 부르기도 한다). 관자는 많은 수분을 흡수할 수 있기 때문에 가능한 한 헹구지 않는다. 관자는 매우 빨리 익는다. 해만 가리비의 관자는 1~2분, 좀 더 큰 것이라도 4~6분이면 익는다. 큰 관자는 소테하거나 그라탱으로 요리하기 전에 가로로 2~3조각으로 잘라 쓴다. 샐러드에 넣는 경우에는 익힌 후에 자른다.

살사 베르데를 곁들인 관자 소테 볶음
Sautéed Scallops with Salsa Verde
4인분

살사 베르데 1/2컵(57쪽 참고)
을 준비한다. 측면에 붙어 있는 작은 근육(발)을 떼어낸
바다 가리비 관자 450그램

에

소금
신선하게 갈아낸 검은 후추
로 간을 한다. 바닥이 두꺼운 팬을 중강불에 올려 달군 다음

올리브유
를 프라이팬 바닥을 다 덮을 정도로 넉넉하게 두른다. 불을 높이고 관자를 겹치지 않게 올린다. 너무 빡빡하게 놓지 않는다. 수분이 흘러나오면 노릇하게 익기 어렵기 때문이다. 양면을 각각 2~3분씩 익힌다. 양이 많으면 여러 차례 나눠 익히면 되는데, 단 먼저 익힌 관자는 반드시 따뜻하게 보관해두어야 한다. 관자를 모두 익힌 후 살사 베르데를 숟가락으로 떠 얹어 바로 식탁에 낸다.

변형하기
- 바다 가리비 대신 해만 가리비를 쓴다. 뒤집어가면서 3~4분 익힌다.
- 간을 한 관자를 꼬치에 꽂아 붓으로 기름을 바르고 중강불 숯불로 각 면을 2~3분씩 굽는다.

• 새우
Shrimp

새우 양식 산업은 연안 환경에 심각한 악영향을 끼친다. 가능하면 지속가능한 방식으로 잡은 싱싱한 자연산 새우를 구매하자. 맛도 최고인 데다 환경에도 가장 바람직하다. 새우는 상하기 쉬운 재료라 사자마자 바로 요리해서 먹어야 한다. 사용하기 전에는 얼음에 재서 보관한다. 새우는 크기별로(대짜, 중짜, 소짜 등), 혹은 무게별로 분류한다. 포장재에 숫자가 적혀 있는 경우도 있는데 이는 450g의 새우 수를 표시한다(가령 16~20이라고 쓰여 있다면 450g 무게에 새우가 16~20마리가 들어있다는 뜻이다).

껍질을 벗긴 새우든 통새우든 모두 숯불 구이, 오븐 구이, 찜, 삶기, 소테 등 여러 가지 방법으로 요리해 먹을 수 있다. 새우의 종류에 따라 익으면서 밝은 핑크색이나 붉은색으로 다양하게 변한다. 색의 변화로 익었다는 것을

알 수 있다. 껍질째 익힐 경우 대부분 3~4분, 껍질을 벗긴 경우는 1~2분 익히면 된다. 새우를 요리할 때에는 계속 주시하고 있어야 한다.

새우를 껍질째 요리할 때는 밑간을 충분히 해야 한다. 간이 껍질을 통과해서 안쪽 살까지 닿아야 하기 때문이다(껍질 자체도 새우에 풍미를 더 한다). 삶거나 소테로 요리할 때는 껍질째 쓴다. 껍질째 숯불이나 오븐에 구울 때는 반을 갈라 나비처럼 펼쳐서 익힌다. 새우를 뒤집어서 길이 방향으로 자르는데 두 조각이 붙어 있을 정도로만 자른다. 새우를 납작하게 펼친다. 석쇠에 굽기 쉽도록 나비 모양으로 펼친 새우를 꼬치에 꽂아 양념하고 기름이나 버터를 붓으로 바른다.

새우 껍질을 벗기려면 배 쪽 껍질을 양쪽 엄지로 젖히며 바깥 방향으로 밀어 분리한다. 원한다면 색을 볼 수 있도록 꼬리에 가깝게 붙어 있는 껍질과 꼬리는 그대로 두어도 된다. 새우에는 등 부분을 따라 길게 창자가 붙어 있다. 큰 새우의 창자는 모래가 가득 차 있을 때도 있다. 창자의 색이 어두워 보이면 반드시 제거해야 한다(비어 있으면 굳이 떼어낼 필요 없다). 새우의 등 쪽 중간부를 칼로 너무 깊지 않게 자르면 창자를 쉽게 꺼낼 수 있다. 꺼낸 창자는 버린다.

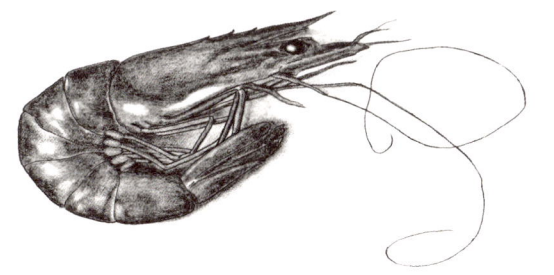

마늘과 파슬리를 넣은 새우 소테 볶음
Sautéed Shrimp with Garlic and Parsley
4인분

나는 새우를 껍질째 소테로 볶아 먹기를 좋아한다. 식탁에서 손으로 껍질을 까면 좀 지저분하긴 하지만(재미있다는 사람도 있다) 껍질에서 나오는 풍미가 좋아 그만한 수고를 무릅쓸 가치가 충분하다고 생각한다.

새우 450그램

에

소금
신선하게 갈아낸 검은 후추

로 간을 한다. 새우 껍질 안으로 양념이 배어들도록 넉넉하게 간을 한다.

마늘 4쪽

의 껍질을 벗기고 다진다. 올리브유를 조금 뿌려 산화를 방지한다.

파슬리 가지 6개

의 잎을 다진다. 적어도 3큰술은 되어야 한다.

바닥이 두꺼운 프라이팬을 불에 올려 달궈지면

엑스트라 버진 올리브유 2큰술

을 두른다. 불을 가장 뜨겁게 올린 뒤 밑간한 새우를 넣는다. 새우의 껍질에 분홍 기가 돌 때까지 자주 뒤집으며 약 3분간 익힌다. 불을 끄고 다진 마늘과 파슬리를 넣어 뒤적인다. 마늘과 파슬리가 새우에 잘 버무려지도록 팬에서 잘 젓고 뒤집는다. 바로 식탁에 낸다.

변형하기

- 스캘리온 4개를 얇게 썰어서 마늘, 파슬리와 함께 새우에 버무린다.
- 고춧가루를 크게 1꼬집 넣는다.
- 파슬리 대신 다진 고수나 길게 채썬 바질 잎을 쓴다.
- 요리하기 전에 새우 껍질을 벗기고 내장을 제거한다.

· 오징어
Squid

칼라마리라고도 하는 오징어는 싸고 맛있으면서도 우리 바다에 많이 서식하고 있어 식탁에 올리기에 딱 좋은 식재료다. 흠 없고 싱싱한 오징어를 고른다. 살이 희미하게 반짝이면서 투명해야 한다. 또 눈이 맑고 깨끗하며 싱싱하고 달짝지근한 향이 나면 좋다.

오징어는 요리하기 전에 잘 씻어야 한다. 먼저 보통 다리라고 알고 있는 촉수를 자르는데 눈에 가능한 한 바짝 붙여서 잘라낸다. 촉수의 윗 부분은 먹을 수 없는 질긴 입(혹은 부리)을 둘러싸고 있다. 촉수가 몸과 연결되어 있는 부분을 지그시 눌러 짜듯이 압력을 가하면 몸에서 분리되며 부리가 툭 떨어져 나온다. 오징어의 뾰족한 끝부분을 단단히 잡고 몸통을 편평하게 펴놓는다. 칼등으로 오징어를 위부터 밑까지 쭉 누르면서 긁어내려 내장과 속을 빼낸다. 몸통 안에 있는 투명한 뼈대(깃털 모양의 뼈 같은 조직으로 오징어의 척추처럼 길다)도 빼낸다. 이 뼈가 도중에 부러지면 몸통의 뾰족한 끝부분을 일부 자르고 그 구멍으로 빼내면 된다. 개인적으로 나는 껍질은 제거하지 않는다. 있는 그대로가 좋다. 오징어는 헹구지 않는다. 그 과정에서 엄청난 양의 물을 흡수하기 때문이다. 몸통은 속을 채워 넣거나 숯불이나 오븐에 구울 때는 통째로 쓰고 소테로 볶거나 튀기거나 스튜로 만들 때는 고리 모양으로 자른다.

　오징어에는 단백질이 많이 함유되어 있어서 요리하면 탄력 있고 쫀쫀해진다. 오징어를 부드럽게 요리하고 싶으면 고온에서 재빨리 익힌다. 3~4분을 넘기면 안 된다. 오징어는 익지만, 살이 단단해질 새는 없게 하는 것이다. 30분 이상 약불에 스튜로 끓이는 대안도 있다. 오래 익히면 결국 단백질이 풀어져서 오징어가 다시 부드러워진다.

오징어 숯불구이
Grilled Squid
4인분

나는 오징어 숯불구이를 전채 요리로 내거나 생선구이나 아이올리(59쪽 참고)를 곁들인 생선과 채소 모둠 요리에 포함시키기를 좋아한다. 숯불에서 요리할 때 올라오는 오징어 굽는 냄새는 참기 어려울 정도로 좋다.

작은 오징어 450그램
을 깨끗이 손질한다(앞쪽 참고). 몸통과 다리에 밑간을 하고
올리브유 2~3큰술
소금
신선하게 갈아낸 검은 후추

마른 고춧가루
다진 신선한 마저럼이나 파슬리 2큰술
에 재놓는다. 오징어는 꼬치에 꽂으면 쉽게 구울 수 있다. 몸통과 다리는 따로 익힌다. 대나무 꼬치로 몸통을 꽂을 때는 아래쪽 구멍이 있는 부분부터 뾰족한 끝부분까지 길게 꿰어 편평하게 편다. 다리는 윗쪽 원통부의 가장 두꺼운 곳을 꿴다. 꼬치에 꿴 오징어는 뜨거운 불에 올려 굽는다. 크기가 작으면 몇 분이면 양면이 다 익는다. 불이 세면 더 자주 뒤집어가며 굽는다. 바깥쪽이 약간 바삭하고 안쪽은 여전히 촉촉하면 잘 구워진 것이다. 뜨거울 때 먹거나 미지근하게 식혀 식탁에 올린다.

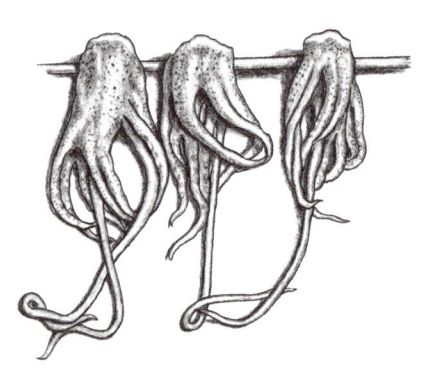

가금류

Poultry

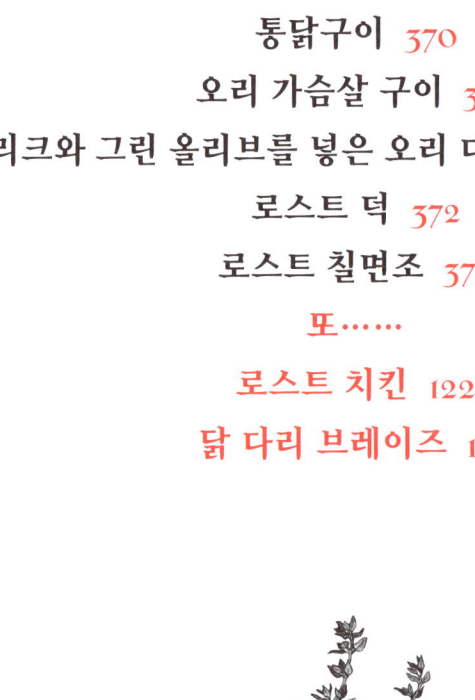

눌러 구운 닭고기 요리
Chicken Cooked Under a Brick

폴로 알 마토네^{pollo al mattone}라는 이탈리아의 전통 요리다. 무거운 누름돌로 눌러서 닭고기 요리를 하면 놀랄 만큼 껍질이 바삭해진다.

이 레시피에서는 허벅지와 북채에서 뼈만 발라낸 닭다리를 통으로 쓴다. 정육점에 뼈를 발라달라고 부탁한다. 그럴 상황이 아니라면 아주 날카로운 발골용 칼이나 과도로 닭 다리의 발목 부분을 한 바퀴 돌려가며 칼집을 넣어 껍질과 힘줄을 자른다. 살이 많이 붙어 있는 쪽이 위로 가도록 닭 다리를 놓고 발목부터 시작해서 뼈의 한쪽을 따라 쭉 자른다. 칼의 한쪽 면을 뼈에 대고 자르며 관절과 만나는 곳까지 내려간다. 다시 허벅지 뼈를 따라 자르며 마지막에 둥근 뼈끝이 나오면 다 된 것이다. 칼로 자를 때는 살코기를 젖혀 뼈가 드러나도록 해야 하고, 또 닭 다리 살을 벗기듯이 당겨 마지막에는 관절에만 살이 붙어 있는 모양이 되어야 한다. 그리고 관절의 양쪽 뼈를 구부린 다음 붙어 있는 살도 조심조심 잘라낸다. 이때 뼈 가까이 있는 닭 껍질에 칼자국을 내지 않게 조심해야 한다. 뼈는 따로 모아두었다가 육수를 낼 때 쓸 수 있다.

뼈를 발라낸 닭 다리 살에 소금과 후추로 간을 한다. 취향에 따라 마른 칠리 플레이크와 타임, 로즈메리, 세이버리, 세이지 같은 허브를 크게 다져서 뿌려도 좋다. 무쇠 주물 프라이팬을 중불에 올린다. 팬이 뜨거워지면 올리브유 1큰술을 넣고 재빨리, 조심해서 닭 다리 살을 껍질이 아래로 가도록 놓는다. 닭 다리 살의 모양을 잘 만져서 닭 껍질이 팬에 완전히 닿게 하자. 같은 크기의 주물 프라이팬을 알루미늄 포일로 감싸서 누름돌로 쓰자. 포일로 감싼 팬을 닭고기에 올린다. 이렇게 누르면 닭 껍질이 뜨거운 팬 표면에 더 찰싹 붙어서 껍질이 아주 바삭하게 구워지는 것이다. 닭고기가 적당히 지글지글 구워지도록 불을 잘 조절하자. 전체적으로 껍질을 노릇하게 바싹 구우면서도 태우지 않고, 고기를 너무 많이 익히지 않아야 한다. 또 동시에 닭고기의 기름도 좀 빼야 한다. 굽기 시작하고 몇 분이 지나면 눌러두었던 팬을 들어 아래쪽 껍질이 얼마나 잘 익었는지 확인해보자. 너무

빨리 갈색으로 익고 있다면 불을 조금 낮춘다. 껍질 색이 조금밖에 노릇해지지 않았다면 불을 조금 더 키우자. 껍질이 맛있게 노릇하고 바삭해지는 데는 10~12분 걸릴 것이며 이때쯤이면 고기도 거의 속까지 다 익었을 것이다. 눌러두었던 팬을 치우고 조심해서 닭고기를 뒤집는다. 닭고기에서 기름이 상당히 많이 나와 있을 것이다. 일부를 부어 버리든지 숟가락으로 떠낸다. 뒤집은 닭고기의 껍질을 팬으로 다시 누르면 절대 안 된다. 껍질이 눅눅해지고 만다. 닭고기가 다 익을 때까지 몇 분간 더 익혀 뜨겁게 식탁에 낸다.

변형하기

- 뼈를 발라낸 닭 다리 살은 누름돌로 눌러 중불로 석쇠에 구워도 된다.
- 뼈가 없는 닭 가슴살도 같은 방식으로 요리할 수 있다. 요리하는 데 걸리는 시간은 더 짧다.

닭튀김
Fried Chicken
4인분

뼈와 껍질이 붙어 있는 닭 가슴살 절반 2개
껍질이 붙어 있는 닭 다리 2개

를 요리하기 적어도 한 시간 전에, 가능하면 하룻밤 전에

소금
신선하게 갈아낸 검은 후추

로 밑간을 한다.

닭 가슴살을 다시 반으로 잘라 총 4조각으로 만들고 다리는 관절 부분을 잘라 북채와 허벅지를 분리한다. 이제 닭고기는 모두 8조각이 된다. 이 닭고기를 볼에 담고

버터밀크 2컵

을 부어 20분간 재놓는다. 커다란 무쇠 주물 프라이팬을 중불에 올리고

땅콩기름이나 식물성 기름

을 2.5센티미터 깊이로 붓는다.

닭고기에 입힐 튀김옷을 만들자. 파이 팬을 하나 꺼내

밀가루 2컵가량
카이엔 고춧가루 1꼬집 (취향에 따라)
소금
신선하게 갈아낸 검은 후추

를 넣고 잘 섞는다.

기름이 충분히 뜨거워졌는지 알아보자. 손가락을 버터밀크에 담갔다가 밀가루를 묻힌다. 손가락에 붙은 젖은 밀가루 덩어리를 기름에 떨어뜨렸을 때 지글거리며 둥둥 떠다니면 기름이 다 달궈진 것이다. 닭 다리 살을 밀가루에 넣고 여러 번 뒤집으며 빠진 부분 없이 밀가루를 골고루 묻힌다. 밀가루를 묻힌 닭고기를 조심조심 뜨거운 기름에 넣는다. 닭고기를 겹치지 않게 모두 넣고도 조금 공간에 여유가 있어야 한다. 프라이팬이 작으면 닭고기를 조금씩 나눠 튀겨도 되는데 먼저 튀긴 고기는 아주 낮은 온도로 데운 오븐에 넣어두어야 한다. 닭고기는 가끔 뒤집으며 노릇해지고 속까지 다 익을 때까지, 15분 정도 튀긴다. 고기를 조금 잘라 다 익었는지 확인해보자. 다 튀긴 닭고기는 철망이나 종이 타월에 올려 기름기를 뺀다.

변형하기

- 밀가루의 최대 절반까지는 옥수숫가루로 대체할 수 있다. 옥수숫가루를 섞으면 식감이 더 바삭해진다.
- 뼈가 없는 닭 가슴살과 닭 다리 살을 쓴다. 튀김이 더 빨리 익는다.
- 더 얇은 튀김옷을 좋아하면 버터밀크에 재지 않는다. 밀가루와 다른 양념을 커다란 종이봉투에 넣고 닭고기 조각을 넣은 다음 흔든다. 밀가루가 골고루 묻은 닭고기를 꺼내 30분 정도 마르게 두었다가 튀긴다.

닭 간 소테
Sautéed Chicken Livers
4인분

닭 간 230그램에서 기름 덩어리와 연결 조직을 잘라낸다. 간에 초록 무늬가 조금이라도 남아 있으면 모두 제거해야 한다. 쓸개 조각일 수 있는데 아주 쓴 맛이 나기 때문이다. 간엽 두 쪽이 연결된 부위를 잘라 나눈다. 소금과 신선하게 갈아낸 검은 후추로 간을 한다. 바닥이 두꺼운 프라이팬을 중강불에 올리고 올리브유나 버터를 넣는다. 기름이 뜨거워지면 닭 간을 넣고(너무 꽉 차게 많이 넣진 말자) 한 면을 3분간 익힌다. 그리고 뒤집어서 다시 2분 정도 더 익히면 된다. 닭 간은 속이 아직 분홍 기가 남아 있을 정도로 살짝 덜 익혔을 때 특유의 간 맛이 조금 덜하다. 풍미를 더하려면 샬롯 하나를 갈아서 닭 간을 뒤집은 뒤에 넣는다. 간이 다 익으면 프라이팬에서 꺼내고 브랜디나 와인 2큰술을 프라이팬에 붓고 끓이다가 버터를 1덩어리 넣고 섞어서 데글레이즈 소스를 만들어도 된다. 따뜻하게 먹어도 맛있고 차게 식힌 다음 녹인 버터와 함께 갈아서 파테로 만들어 먹어도 좋다.

전채로 먹을 것이 급하게 필요하면 간 1~2조각을 위와 같은 방법으로 요리한다. 익힌 간을 얇게 썰어 버터 바른 크루통에 올리고 발사믹 식초 몇 방울과 다진 파슬리를 얹어 낸다.

통닭구이
Grilled Whole Chicken
4인분

가능하면 요리하기 하루 전에

닭 1마리(1.6~1.8킬로그램)

의 등뼈를 제거한다(정육점에 부탁해도 된다). 가금류 전용 가위나 칼로 등뼈를 따라 허벅지 관절과 갈비뼈 사이를 쭉 자른다. 가슴살이 위로 가도록 뒤집어놓고 손바닥으로 가슴뼈를 꽉 눌러 부수면서 닭을 납작하게 편다. 닭에

올리브유

를 가볍게 바르고

소금

신선하게 갈아낸 후추

를 닭 전체에 골고루 뿌려 간을 한다. 닭을 넣은 용기의 뚜껑을 닫아 냉장고에 보관한다. 닭을 석쇠에 굽기 한 시간 전에 냉장고에서 꺼내둔다. 숯불이 타오르다 사그라져 중강불 정도가 되도록 준비한다(숯은 흰 재로 덮어두어야 한다). 쇠살대를 깨끗이 닦아 숯 위, 12~15센티미터 높이에 놓고 예열한다. 닭고기를 뼈가 아래쪽으로 향하도록 석쇠에 놓고 노릇해질 때까지 10~15분간 익히다가 뒤집어서 껍질이 노릇하고 바삭해질 때까지 다시 10~15분간 더 굽는다. 다시 뒤집어 계속 굽는데 5분마다 뒤집는다. 불의 세기에 따라 다르긴 한데 완전히 다 익는 데는 총 30~40분이 걸릴 것이다. 허벅지 뼈 근처를 확인해보고 얼마나 익었는지 가늠하자. 불길이 갑자기 확 올라오진 않는지, 고기가 너무 익어서 갈색으로 변해버리진 않는지 계속 지켜봐야 한다. 겉만 너무 빨리 익고 있는 것 같으면 석쇠 위에서 조금 온도가 낮은 쪽으로 고기를 옮기든지 더 자주 뒤집어야 한다. 닭고기가 다 익으면 석쇠에서 다른 그릇으로 옮기고 10분간 둔 후에 잘라서 식탁에 낸다.

변형하기

• 소금, 후추와 함께 다진 신선한 허브, 갈아낸 레몬 제스트, 바순 고수 씨를 닭고기에 발라 잰다.

• 닭고기에 소스를 발라서 구우려고 한다면, 다 익기 10분 전에 소스를 붓으로 바른다. 그보다 일찍 바르면 소스가 타버린다.

• 닭을 작게 잘라 쓴다고 해도 같은 방식으로 요리하면 된다. 익히는 데 걸리는 시간은 더 짧다.

오리 가슴살 구이
Grilled Duck Breast

오리 가슴살 3덩어리로 보통 네 사람이 먹을 수 있다. 가슴살을 손질해보자. 껍질이 있는 쪽을 아래로 두고 안심을 뗀다. 안심은 거의 가슴살 길이의 긴 근육으로 쉽게 떼어낼 수 있고 따로 요리해서 먹으면 된다. 가장자리에 튀어나온 껍질은 잘라 버린다. 가슴살을 뒤집어놓고 날카로운 칼로 껍질과 지방층에 엇갈리게 빗금을 그어 칼집을 낸다. 이렇게 하면 다이아몬드 모양이 생기는데 가슴살을 구웠을 때 이 칼금으로 지방이 더 많이 녹아 나온다. 소금과 신선하게 갈아낸 후추를 넉넉하게 뿌려 간을 한다. 풍미를 더하려면 허브와 향신료를 더 뿌린다.

석쇠에 굽기 15분 전에 냉장고에서 가슴살을 꺼낸다. 숯이 회색으로 변해 더는 붉게 타오르지 않는 온도, 중불이나 중강불로 준비한다(숯이 너무 뜨거우면 가슴살은 금세 타버린다. 또 한편 충분히 뜨겁지 않으면 지방이 빠져나오지 않고 껍질은 바삭해지지도, 노릇해지지도 않는다). 껍질을 아래로 향하게 두고 10분간, 껍질이 맛있게 노릇해질 때까지 굽는다. 그러는 동안 지방이 녹아 숯으로 떨어져 불길이 치솟지는 않는지 지켜봐야 한다. 만약 그런 일이 생긴다면 가슴살을 다른 곳으로 옮겨놓아야 타지 않는다. 10분이 지나면 가슴살을 뒤집어서 다시 3~4분간 굽는다. 오리고기는 미디엄 레어 정도로 구워야 한다. 너무 많이 익히면 살이 말라 퍽퍽해진다. 다 익은 고기는 5~10분간 두어 육즙을 안정시킨 다음 잘라야 한다. 가슴살을 얇게 썰고 흘러나온 육즙이 있다면 고기에 조르륵 부어 식탁에 낸다.

리크와 그린 올리브를 넣은 오리 다리 브레이즈
Braised Duck Legs with Leeks and Green Olives
4인분

프라이팬 하나로 완성하는 이 요리는 부드러운 폴렌타나 매시드 포테이토, 껍질을 깐 콩을 곁들여 먹으면 더 맛있다. 요리에 쓸 그린 올리브는 씨를 빼지 않은 루크 Lucques 나 피숄린 Picholines 올리브가 좋다.

오리 다리 4개(북채와 허벅지가 붙어 있는 통다리)
에서 필요 없는 지방을 떼내고 손질한다.
요리를 하기 몇 시간 전, 혹은 하룻밤 전에
소금
신선하게 갈아낸 검은 후추
로 간을 하고 오리를 넣은 용기의 뚜껑을 닫아 냉장고에 보관한다.
오븐을 220도로 예열한다.
 오리 다리를 다 넣고도 자리가 넉넉할 만큼 큰 오븐용 주물 프라이팬에
올리브유 2큰술
을 데우고
깨끗이 씻어 흰 부분과 연초록 잎만 크게 다진 리크 2대
껍질을 벗기고 크게 다진 당근 1개
를 넣고 중불에서 3분간 볶다가
소금
타임 가지 6개에서 따낸 잎들
파슬리 가지 6개에서 따낸 잎들
월계수 잎 1장
그린 올리브 1컵
을 넣고 3분간 더 익힌다. 오리 다리를 프라이팬에 껍질이 바닥으로 가게 놓고
화이트 와인 1/2컵
닭 육수 1½컵
레몬 제스트 조금
을 넣는다.

와인과 육수는 2.5센티미터 정도 깊이로 채워야 한다. 부족하다 싶으면 더 넣어도 좋다. 불을 더 높여 보글보글 끓인 다음 바로 프라이팬째 오븐에 넣는다. 30분이 지나면 프라이팬을 꺼내 오리 다리를 뒤집어 이번에는 껍질이 위쪽으로 가도록 둔다. 육수가 너무 많아서 오리고기의 껍질이 바깥으로 노출되지 않는다면 육수를 조금 따라내어 따로 둔다. 오븐의 온도를 160도로 낮추고 한 시간에서 한 시간 30분 더 굽는다. 껍질이 노릇해지고 칼끝으로 살을 찔러보았을 때 쉽게 들어가고 나오면 다 익은 것이다.

 오리 다리는 옆으로 밀어두고 팬의 육수와 채소를 작은 볼에 옮겨 담는다. 육수가 굳도록 잠시 기다렸다가 위에 떠오른 찌꺼기와 지방을 걷어낸다. 오리 다리에서 놀랄 만큼 지방이 많이 흘러나왔을 것이다. 맛을 보고 소금을 더 넣어 간을 맞춘다. 육수가 너무 묽으면 육수만 따로 졸여서 진하게 만든다. 육수와 채소를 다시 프라이팬으로 옮기고 오리 다리를 그 위에 놓는다. 식탁에 내기 직전에 다시 몇 분간 보글보글 끓여 데운다.

변형하기

- 씨를 뺀 올리브를 쓸 경우 양을 줄여 1/2컵 정도만 넣고 브레이즈에 처음부터 넣는 것이 아니라 완성되기 15분 전에 넣는다.
- 와인의 절반을 달지 않은 셰리 와인으로 대체한다.
- 올리브 대신 말린 자두나 무화과 같은 건과일을 쓴다. 화이트 와인 대신 레드 와인을 넣고 베이컨이나 판체타 1조각을 브레이즈에 넣는다. 레몬 제스트는 뺀다.
- 오리 다리 대신 닭 다리를 쓴다. 요리 시간을 30분 줄인다.

로스트 덕
Roast Duck
4인분

오리 1마리(1.4~1.8킬로그램)

의 배 속에서 지방을 잘라 꺼낸다. 작고 날카로운 칼끝이나 꼬챙이로 다리와 가슴살에 붙은 껍질을 여기저기 찔러 작은 구멍을 낸다. 오리고기를 구우면 이 구멍으로 지방이 녹아 빠져나오므로 최대한 구멍을 많이 내자. 가능하면 하루 전, 오리 몸통 안팎에

소금
신선하게 갈아낸 검은 후추

를 넉넉하게 뿌려 밑간을 한다. 굽기 한 시간 전에 냉장고에서 오리고기를 꺼낸다. 오븐을 200도로 예열한다. 오리고기를 로스팅 팬에 등이 아래로, 가슴이 위로 오도록 놓는다. 20분간 굽다가 가슴이 아래로 오도록 뒤집고 다시 20분간 더 굽는다. 조심해서 팬을 꺼내 오리고기를 다른 곳에 옮겨두고 흘러나온 기름을 모두 따라 버린다. 다시 오리고기를 팬에, 가슴이 위로 오도록 놓고 마지막으로 20분간, 혹은 완전히 익을 때까지 굽는다. 뼈와 붙어 있는 살에 아직 분홍 기가 있을 정도로만 굽는다. 오리고기를 꺼내 10분간 두었다가 식탁에 낸다. 닭고기와 같은 방식으로 자르고 살을 저며서 먹는다.

로스트 칠면조
Roast Turkey

너무 큰 것보다 5.5~8킬로그램 정도 나가는 칠면조가 손질하기 쉽다. 이 크기면 8~12명이 충분히 먹고도 남는다.

요리하기 2~3일 전, 늦어도 하루 전에 칠면조 몸통 안팎에 소금과 후추를 넉넉하게 뿌려 밑간을 한다. 양념한 소금물에 하루 이틀 담가두었다가 쓰면 더 맛있지만 맛좋은 토종 칠면조를 시장에서 살 수 있다면 그렇게까지 하지 않아도 된다. 취향에 따라 허브로 풍미를 더해도 좋다. 칠면조 배 속에 허브 가지를 채워 넣고 다진 허브 잎으로 껍질을 문지르거나 허브 가지를 가슴, 허벅지 껍질과 살코기 사이에 밀어 넣는다.

칠면조는 반드시 실온에 두었다가 오븐에 넣어야 한다. 먼저 칠면조 몸통 안팎에 녹인 버터를 바른다. 속을 넣을 거라면 갓 만든 신선한 속을 역시 실온에 두었다가 오븐에 넣기 직전에 채워 넣어야 한다. 속을 너무 많이 넣으면 안 되고 좀 여유가 있어야 고기가 골고루 익는다. 남은 속은 오븐 용기에 넣어 따로 익히면 된다.

칠면조를 두꺼운 로스팅 팬에 가슴이 위로 가도록 놓는다. 오븐 랙에 올리거나 허브 가지를 푹신하게 깔고 그 위에 올리면 더 좋다. 200도로 예열한 오븐에 넣는다. 속을 채우지 않은 7킬로그램짜리 칠면조라면 대략 450그램에 12분씩 계산해서 총 180분간 구우면 된다(더 큰 칠면조는 그램당 소요 시간을 조금 짧게 잡아야 한다). 속을 채워서 굽는다면 450그램당 5분씩 추가해야 한다.

총 굽는 시간을 3등분한다. 예를 들어 7킬로그램 칠면조의 경우, 처음 60분이 지난 후 온도를 180도로 낮추고 칠면조를 뒤집는다. 가슴이 아래로 향하도록 놓고 다시 60분 동안 굽다가 또 한 번 뒤집어 마지막 60분 동안 굽는다. 마지막으로 뒤집은 후 구울 때 흘러나온 육즙을 한두 번 칠면조에 끼얹는다. 닭을 구울 때처럼 다리 관절 부분을 잘라 고기가 얼마나 익었는지 확인하자. 칠면조의 가장 두꺼운 부분인 가슴살과 허벅지 안쪽, 지방이 제일 많은 곳의 온도를 측정했을 때 70도보다 높지 않아야 한다. 칠면조를 오븐에서 꺼내 적어도 20분 동안 두었다가 살을 저민다(실온에 그냥 두는 동안에도 칠면조의 내부 온도는 계속 올라간다). 팬에 남은 육즙으로는 맛있는 그레이비 소스를 만들 수 있다(246쪽 참고)

육류

Meat

갈비 브레이즈
Braised Short Ribs
4인분

뼈가 붙어 있는 갈비로 브레이즈를 만들면 어떤 고기 요리보다 육즙이 가득한 음식이 된다.

5센티미터 길이로 자른, 목초를 먹여 키운 소 갈비 1.6킬로그램

에 가능하면 하루 전에

소금

신선하게 갈아낸 검은 후추

로 밑간을 한다. 갈비를 담은 용기에 뚜껑을 덮어서 냉장 보관하다가 쓰기 한 시간 전에 실온에 꺼내둔다. 오븐을 230도로 예열한다. 로스팅 팬에 갈비를 뼈가 아래로 가게 해서 겹치지 않도록 늘어놓는다. 25~30분 동안 고기가 노릇해지고 지방이 녹아 나오도록 굽는다. 오븐에서 꺼내 기름을 따라내고 갈비는 잠시 팬에 그냥 둔다.

갈비를 굽는 동안 채소를 준비한다. 커다란 주물 프라이팬을 불에 올리고

올리브유 1큰술

을 두른 다음

껍질을 벗겨 4등분한 작은 양파 2개

껍질을 벗겨 큼직큼직하게 자른 당근 2개

껍질을 벗겨 4등분한 셀러리 줄기 1대

껍질을 벗겨 크게 다진 마늘 6쪽

타임 가지 6개

파슬리 가지 4개

월계수 잎 1장

을 넣고 중불에서 가끔 저으면서 10분간 볶는다. 여기에

꼭지 부분을 도려내고 4등분한 토마토 3개

를 넣고 5분간 더 익힌 다음

레드 와인 3/4컵

닭이나 소고기 육수 2컵

을 붓고 보글보글 끓인다. 로스팅 팬에 있는 갈비를 다른 그릇으로 옮기고 프라이팬에 담겨 있는 재료를 모두 팬에 쏟아붓는다. 볶은 채소 위에 갈비를 두는데 뼈가 위로

가게 한다. 뚜껑이나 알루미늄 포일로 팬을 단단히 덮는다. 로스팅 팬을 다시 뜨거운 오븐에 넣는다. 20분가량 지나고 국물이 부글부글 끓기 시작하면 온도를 160도로 낮추고 뜨거운 김이 조금 빠져나가고 국물이 끓어 넘치지 않도록 뚜껑이나 포일을 살짝 열어둔다. 고기가 아주 부드러워져서 뼈에서 그냥 떨어질 정도가 될 때까지, 약한 시간에서 한 시간 30분 동안 계속 브레이징한다. 갈비를 끓고 있는 국물에서 건져 따로 둔다. 허브와 채소에서 맛있는 즙이 모두 빠져나오도록 숟가락으로 누르면서 국물을 체에 거른다. 거르고 남은 채소는 버린다. 브레이즈한 국물은 조금 식혀 지방을 걷어낸다. 국물 맛을 보고 너무 많이 졸았거나 좀 짠 것 같으면 물을 조금 넣는다. 식탁에 내기 직전에 갈비를 국물에 담가 다시 데운다.

변형하기

- 베이컨이나 판체타 1조각을 향신채를 볶을 때 같이 넣는다.
- 마른 포르치니 버섯 몇 개를 향신채를 볶을 때 같이 넣는다.
- 여름에는 완성한 갈비 브레이즈에서 갈비를 건져 숯불에 데운다. 뜨거운 브레이즈 국물을 곁들여 낸다.
- 먹고 남은 갈비는 살만 발라 잘게 찢어 국물에 넣고 다져서 익힌 양파, 당근, 셀러리와 토마토 같은 향이 좋은 채소와 같이 보글보글 끓이면 맛있는 파스타 소스나 폴렌타에 곁들이는 소스가 된다.
- 남은 갈비는 살만 발라 곱게 다지고, 역시 다져서 익힌 양파, 당근, 셀러리, 녹인 버터, 파슬리와 마저럼 같은 허브 다진 것과 섞으면 맛있는 라비올리 속이 된다.
- 소꼬리도 같은 방법으로 요리한다. 요리하는 데 걸리는 시간은 더 길다.
- 식탁에 내기 직전에 그레몰라타(251쪽)를 뿌린다.

이탈리아식 미트볼
Italian Meatballs
4인분

나는 이 미트볼을 탁구공 크기로 크게 만들어 토마토소스에 스파게티와 같이 버무려 먹는 걸 좋아한다. 그렇지만 가끔은 조금 더 작게 만들어 아직 뜨거울 때, 갈아낸 파르메산 치즈에 굴려서 전채 요리로 내기도 한다.

목초를 먹여 키운, 소 고기 다진 것 450그램
다진 돼지 목살 340그램

을

소금
신선하게 갈아낸 검은 후추

로 양념한다.
작은 볼에

손으로 찢은, 하루 묵은 시골 빵 조각 1컵
우유 1/2컵

을 넣고 빵조각이 우유에 불어 부드러워지도록 둔다. 상자형 강판의 큰 구멍에

껍질을 벗긴 작은 양파 1개

를 간다. 이렇게 간 양파는 입자가 큰 퓌레 같아지는데 미트볼에 수분과 풍미를 더해준다. 빵을 꼭 쥐어 우유를 짜낸 다음 커다란 믹싱 볼에 양념한 고기, 갈아낸 양파와 넣는다. 그리고

올리브유 1큰술
껍질을 벗겨 소금 1꼬집을 넣고 찧어 완전히 으깬
**   마늘 2쪽**
신선한 오레가노 다진 것 1큰술(마른 오레가노
**   바순 것이라면 1작은술)**
다진 파슬리 1큰술
카이엔 고춧가루 1꼬집
살짝 푼 달걀 1개
파르메산 치즈 가루 1/4컵
소금
신선하게 갈아낸 검은 후추

를 넣고 재료를 모두 손으로 부드럽게, 구석구석 꼼꼼하게 섞는다. 반죽을 너무 많이 주무르면 미트볼이 뻣뻣해진다. 미트볼을 조금 떼어 작은 프라이팬에 튀겨서 맛을 본다. 필요하면 간을 더 한다. 너무 뻑뻑한 것 같으면 우유를 조금 넣어 반죽을 부드럽게 만든다. 반죽을 살살 만져 미트볼 모양으로 빚는다. 손으로 빚거나 아이스크림 스쿱으로 떠서 만든다. 테두리가 있는 베이킹 시트에 미트볼을 올려 230도로 예열한 오븐에서 속까지 익을 때까지, 약 6분간 굽는다. 주물 팬에 기름을 조금 붓고 튀겨도 된다. 골고루 노릇하게 익도록 자주 뒤집으며 튀긴다.

변형하기

- 소고기 대신 칠면조나 닭고기 다짐육을 쓴다.
- 민트나 마저럼, 세이지, 타임 같은 다른 허브를 다져 넣는다.
- 찧어서 완전히 으깬 마늘 2쪽과 레드 와인이나 화이트 와인 2~3큰술을 넣는다.
- 잣과 건포도를 반죽에 넣고 미트볼을 만들어 폴렌타와 양파 오븐 구이(336쪽)를 곁들여 먹으면 좋다.
- 소고기의 일부나 전체를 양고기 다짐육으로 대체한다. 쿠민 씨와 고수 씨 가루를 넣는다. 오레가노와 치즈는 뺀다. 미트볼을 노릇하게 구워 양고기 육수나 닭 육수에 부드러워질 때까지 약 30분간 브레이즈를 한다. 고수 잎을 뿌리고 쿠스쿠스와 함께 낸다.
- 빵을 찢어 넣는 대신 찬밥이나 식은 감자를 넣는다.

햄버거
Hamburgers
4인분

나는 목초지에서 풀을 먹여 키운 소의 목심을 다져서 햄버거를 만든다. 이 부위가 지방과 살코기의 비율이 적절하고 맛있다.

목초를 먹여 키운 소의 목심 다짐육 340그램
소금
신선하게 갈아낸 검은 후추
곱게 다진 마늘 2쪽

을 한데 섞는다. 반죽을 잘 치대고 모양을 잡아 패티 4개로 만든다. 고르게 잘 익히려면 패티 가장자리는 매끈하게 모양을 잡고 가운데는 움푹 들어가게 만들어야 한다. 고기가 익으면서 중앙부가 부풀어 오르기 때문이다. 미디엄 레어로 익히려면 석쇠에 숯을 피워 중강불을 준비하고 한두 번 뒤집으며 9분 동안 굽는다.
고기를 굽는 한편

빵 8조각(르방이나 포카차가 좋다)

을 굽는다. 구운 빵에 고기를 올리고 구운 양파와 루콜라나 상추 잎 조금, 그리고 무엇이든 좋아하는 식재료를 넣어 먹으면 된다.

변형하기
- 다진 허브 2작은술 정도를 고기에 넣는다. 러비지가 햄버거에 특히 잘 어울린다.

로스트 비프
Roast Beef

갈비와 가까운 목 부위의 살코기를 구워 간단히 만들 수 있고 고급스럽게 안심 1덩어리를 통째로 구워 만들 수도 있다. 어느 부위든 같은 방법으로 요리하면 된다. 기억해야 할 가장 중요한 사항은 고기에 미리 밑간을 해두어야 한다는 점, 굽기 전에 고기 온도를 실온으로 만들어야 한다는 점, 고기를 오븐에서 꺼낸 다음 일정 시간 두어야 한다는 점이다. 이런 점을 지키면 풍미와 고기의 식감을 향상시키고 고루 잘 익힐 수 있다.

고기에 붙은 지방은 밑간하기 전에 6밀리미터 정도만 남기고 모두 잘라낸다. 소금과 신선하게 갈아낸 후추로 간을 한다. 900그램~1.4킬로그램 정도인 작은 고깃덩어리는 하루 전에만 밑간해도 되지만 이틀 전에 하면 더 좋다. 더 큰 고깃덩어리는 2~3일 전에 간을 해야 한다.

로스트할 고기를 꼭 묶어야 할 필요는 없지만 묶으면 더 고르게 구워진다. 정육점에 고기를 묶어달라고 부탁하든지 요리용 면사를 이용해 고깃덩어리 전체를 묶는다. 야무지게 묶어야 하지만 너무 꽉 졸라매지는 않아야 한다. 당기면 풀어지는 매듭으로 7.5센티미터 정도 간격으로 여러 번 묶는다.

고기를 실온으로 만들려면 작은 고기는 굽기 한 시간 전에, 더 큰 고기는 두세 시간 전에 냉장고에서 꺼낸다.

나는 작은 고깃덩어리는 200도에서, 2.3킬로그램이 넘는 큰 고깃덩어리는 190도에서 굽는다. 대강 450그램당 15분 정도 굽는다고 생각하고 시간을 계산하자. 그리고 굽기 시작하고 얼마 되지 않았을 때부터 고기 속의 온도를 확인해야 한다. 원하는 정도보다 살짝 덜 익었을 때 고기를 오븐에서 꺼낸다. 그냥 두어도 고기 내부의 온도가 계속 올라가기 때문이다. 고기의 온도를 잴 때는 가장 두꺼운 부분을 여러 군데 찔러서 확인해야 한다. 여러 번 재는데 가장 낮은 온도를 기준 삼는다. 고기를 구워 실온에 두면 고기 내부의 온도가 안정되고 육즙도 고루 퍼진다. 작은 고기는 적어도 20분, 큰 고기는 30분 실온에 두자. 고기가 식지 않도록 알루미늄 포일을 접어서 느슨하게 텐트를 만들어 씌운다. 그렇지만 가장자리는 열어두어야 한다. 열이 갇혀 고기가 계속 익을 수 있기 때문이다.

내가 기준으로 삼는 고기 내부의 온도이다.

레어는 50도
미디엄 레어는 52도
미디엄은 57도
미디엄 웰던은 63도
웰던은 68도

비프 폿 로스트
Beef Pot Roast
4인분

적어도 몇 시간 전이나 하룻밤 전에

목초를 먹여 키운 소 목심 1.4킬로그램

을

소금
신선하게 갈아낸 검은 후추

로 간을 하고 고기를 담은 용기의 뚜껑을 덮어 요리하기 한 시간 전까지 냉장고에 넣어둔다. 더치 오븐이나 무겁고 속이 깊은 냄비를 뜨겁게 달구어

올리브유 2큰술

을 넣는다. 재빨리, 그렇지만 조심해서 목심 덩어리를 냄비에 넣고 냄비를 조금 기울여서 기름을 고기 주변에 두른다. 고기의 각 면을 3~4분씩 노릇하게 굽는다. 거기에

버터 1큰술

을 넣고 고기를 뒤집으며

밀가루 1큰술

을 고기 전체에 묻도록 골고루 뿌린다. 다시 각 면을 3분간 노릇하게 구운 다음

껍질을 벗겨 숭덩숭덩 썬 양파 1개
다듬어서 씻고 자른 리크 1대
껍질을 벗겨 조각낸 양파 1개
씻어서 자른 셀러리 줄기 2대
반으로 자른 마늘 3쪽
타임 가지 4개
파슬리 가지 1개
월계수 잎 1장

을 넣고

레드 와인 1/2컵
물이나 육수

를 붓는다.
고기가 거의 잠길 만큼 물을 충분히 부어야 한다. 보글보글 끓이면서 가끔 저어주고, 떠오르는 거품과 찌꺼기를 완전히 걷어낸다. 아주 슬슬 끓도록 불을 낮추고 뚜껑을 덮어 고기가 매우 부드러워질 때까지, 약 두 시간 30분

동안 끓인다.
냄비에서 고기가 끓는 동안 소금물을 따로 팔팔 끓여

껍질을 벗겨 조각낸 당근 3개
몇 조각으로 자른 셀러리 줄기 3대
껍질을 벗겨 조각낸 중간 크기의 감자 4개

를 아주 부드러워질 때까지 삶는다.
다 익은 고기는 건져 따뜻하게 보관하고 국물은 체에 거른다. 체에 남은 채소는 숟가락 뒷면으로 꽉 눌러 국물을 전부 짜내야 한다. 채소 건더기는 버린다. 국물을 좀 식혀 찌꺼기를 모두 걷어낸다. 국물을 다시 냄비에 붓고 보글보글 끓인다. 고기를 얇게 잘라 다시 냄비에 넣고 따로 익혀두었던 채소도 넣는다. 한소끔 끓여 뜨겁게 식탁에 낸다.

변형하기
- 두꺼운 판체타 1조각을 냄비에 넣어 더 진한 풍미를 끌어낸다.
- 위에 나온 채소를 다른 채소로 대체하든지, 기본 채소에 더해 다른 채소를 더 넣는다. 예를 들어 봄에는 콩과 순무, 파스닙을, 여름에는 신선한 완두콩과 껍질 벗긴 토마토를 통째로 넣는다.
- 살사 베르데(57쪽), 서양고추냉이를 갈아 화이트 와인 식초를 조금 넣어 맛을 낸 소스, 혹은 겨자를 곁들여 먹는다.

오래 익힌 양갈비
Long-Cooked Lamb Shoulder
4인분

양의 갈비는 결합조직이 많기 때문에 익히면 아주 촉촉하고 부드러워진다. 뼈가 붙어 있는 덩어리 고기를 정육점 주인에게 구해달라고 부탁해두자.

뼈가 붙은 양갈비 1.5~1.8 킬로그램

에

소금
신선하게 갈아낸 검은 후추

로 밑간을 한다. 가능하면 하루 전에 해둔다. 고기가 여유 있게 들어갈 만한 크기의 묵직한 내열 도기나 로스팅 팬에

씨를 빼고 크게 다진 중간 크기 토마토 4개 혹은
　　411그램짜리 유기농 홀 토마토 통조림 1개
껍질을 벗겨 크게 다진 중간 크기 양파 2개
껍질을 벗겨 크게 다진 당근 2개
마늘 5쪽
세이버리 가지 3개
타임 가지 3개
검은 통후추 7개
고추 1개

를 넣어 섞는다. 이 위에 갈비를 올리고

닭 육수나 물 2컵
화이트 와인 3/4컵

을 붓는다. 뚜껑을 덮지 않은 채 190도로 예열한 오븐에서 약 두 시간 30분 동안 굽는다. 국물의 높이를 가끔 살피면서 너무 졸았으면 육수나 물을 추가한다. 한 시간 30분이 지나면 갈비를 뒤집어 30분 더 굽는다. 한 번 더 뒤집고 20분 혹은 갈색이 될 때까지 굽는다. 고기는 부드럽고 연해져서 뼈에서 거의 떨어질 정도가 되어야 한다. 그 정도가 아니라면 계속 구우면서 20분에 한 번씩 뒤집는다. 다 되었으면 양고기를 팬에서 꺼내고 채소와 국물을 볼에 붓는다. 지방과 찌꺼기를 모두 걷어낸다. 채소는 푸드 밀에 갈아 요리한 국물에 다시 넣는다. 맛을 보고 필요하면 간을 더한다. 소스는 육수나 물을 부어 희석해도 된다. 고기를 그대로 자르거나 뼈를 발라 큰 덩어리로 자른다. 소스에 담가 다시 데워 식탁에 낸다.

변형하기

- 갈비를 미리 요리해두었을 경우 중강 세기로 숯불을 피워 고기를 굽는 방법도 있다. 이렇게 하면 겉이 바삭하게 된다. 얇게 잘라서 바삭하게 구운 감자와 샐러드를 곁들여 먹는다.
- 양고기를 굽지 않고 스튜로 먹을 때는 갈비 1.4킬로그램을 5센티미터 크기로 자른다. 올리브유를 두르고 고기를 중강불에 갈색이 될 때까지 구워 채소와 함께 팬에 넣는다. 국물을 붓고 뚜껑을 닫아 160도로 예열한 오븐에서 부드러워질 때까지 약 두 시간 30분 동안 굽는다.

양 사태 브레이즈
Braised Lamb Shanks
4인분

양의 정강이살, 즉 사태는 브레이즈로 만들기 가장 좋은 부위다. 특히 살이 많은 부위를 잘라서 쓴다. 먹을 것이 많아 모두 배부르게 먹을 수 있다. 사태를 덩어리째 쓰든지 정육점 주인에게 길게 반 잘라달라고 부탁해서 브레이즈한다. 마지막에 파슬리, 마늘, 레몬 제스트를 섞어 만든 그레몰라타를 오랫동안 브레이즈한 고기에 얹어 상큼하고 산뜻한 맛을 더한다.

양 사태 4대

를 손질해서 지방을 떼어낸다.

소금
신선하게 갈아낸 검은 후추

로 가능하면 하루 전에 밑간을 해둔다. 바닥이 두꺼운 팬을 중불에 올리고

올리브유

를 바닥이 다 덮일 정도로 넉넉히 두른다. 고기를 넣어 모든 면이 갈색이 되도록 잘 익힌다. 이 과정은 12분 정도

걸릴 것이다. 사태가 갈색이 되면 팬에서 꺼내고 흘러나온 지방을 조금만 남기고 모두 따라낸다. 여기에

껍질을 벗겨 큼직하게 썬 양파 2개

껍질을 벗겨 큼직하게 썬 당근 2개

반으로 자른 마늘 1통

마른 고추 작은 것 1개

검은 통후추 4개

로즈메리 가지 1개

월계수 잎 1장

을 넣는다. 채소가 부드러워질 때까지 간간이 저어가며 몇 분간 볶다가

화이트 와인 3/4컵

씨를 빼고 다진 중간 크기 토마토 2개나

411그램짜리 유기농 홀 토마토 통조림 1/2통

을 넣는다. 불을 올려 와인을 졸이면서 바닥에 눌어붙은 고기 찌꺼기를 모두 긁어낸다. 와인이 반으로 줄어들면 사태를 다시 팬에 넣고

닭 육수 2컵

을 붓는다. 고기의 중간 높이까지 차도록 국물을 부어야 한다. 끓기 시작하면 바로 불을 줄여 뚜껑을 덮고 끓을락 말락 할 정도로 두 시간 30분~세 시간 동안 끓이든지 160도로 예열한 오븐에서 같은 시간 동안 굽는다. 오븐에서 브레이즈를 할 때에는 마지막 20분 동안 뚜껑을 열어 고기가 약간 갈색이 되도록 굽는다. 양고기는 거의 녹아서 뼈에서 떨어져 나올 정도로 부드러워야 한다. 고기를 꺼내고 지방은 걷어낸다. 푸드 밀에 소스를 간다. 너무 되면 닭 육수를 조금 더한다. 맛을 보고 필요하면 간을 더 한다. 사태를 소스에 다시 넣는다.

그레몰라타(251쪽)

를 준비한다.

소스와 고기를 데워 그레몰라타를 올려 먹는다.

양 등심 구이
Grilled Lamb Loin Chops
4인분

4센티미터 두께로 자른 양 등심 8조각

에

소금

신선하게 갈아낸 검은 후추

로 간을 한다. 중강 세기의 숯불을 준비한다. 석쇠를 철 브러시로 깨끗하게 청소한다. 등심에 붓으로 기름을 바르고 석쇠에 올린다. 석쇠의 그물망 문양을 내고 싶으면 3분 동안 익힌 후 45도 돌려 굽는다. 6분 뒤에 고기를 뒤집어 미디엄 레어가 될 때까지 굽는다. 4분 정도 걸린다. 4분 동안 두었다가 식탁에 낸다.

변형하기

- 양 갈비를 석쇠에 구우려면 1인당 석 대로 잡고 위와 같은 방법으로 밑간을 한다. 다만 양쪽 면을 3분씩만 강불에 굽는다.
- 돼지고기 등심은 중간 세기 숯불에 올린다. 2.5센티미터 두께로 자른 돼지 등심은 익는 데 10~12분 걸린다.

돼지갈비 구이
Grilled Pork Spare Ribs
4인분

이 레시피에 들어가는 덜 매운 고춧가루는 직접 집에서 만들 수 있다. 애너하임이나 안초 품종의 단맛이 나는 마른 통고추를 살짝 구운 뒤 갈면 된다.

돼지 갈비 2짝(약 1.5킬로그램)

에 가능하면 하루 전에

소금
신선하게 갈아낸 검은 후추

로 밑간을 한다.

구워 갈아놓은 고수 씨 2작은술
구워 갈아놓은 회향 씨 1작은술
맵지 않은 고춧가루 3작은술
단 파프리카 가루 2작은술

을 한데 섞는다. 이 향신료 가루를 고기 양면에 두드려 바른다. 냉장고에 넣는다. 갈비는 요리하기 전에 미리 꺼내 실온으로 만든다. 불 피울 나무나 숯을 준비한다.

올리브유

를 갈비에 뿌린다. 불이 중강 정도 열기를 머금었을 때 석쇠에 고기를 올리고 포일로 느슨하게 덮는다. 너무 빨리 구우면 고기가 질겨지고 양념이 타서 쓴맛이 난다. 갈비를 10분 간격으로 뒤집으며 한 시간 동안 노릇하게 고루 익힌다. 불이 일정한 온도를 유지하도록 숯불을 잘 다스려야 한다. 뼈 사이를 잘라 갈빗대를 나누어 식탁에 낸다.

변형하기
- 베이킹 시트에 갈비를 올리고 190도로 예열한 오븐에서 한 시간 동안 굽는다. 10분마다 뒤집어준다.
- 고춧가루와 파프리카 가루 대신 마른 칠리 플레이크를 쓰고 신선한 타임 잎, 로즈메리, 세이지를 섞는다.

기본 수제 소시지
Simple Homemade Sausage
450그램 분량

소시지는 만들기 쉬운 편이다. 이 레시피는 케이싱(창자 등에 속을 넣는 것)을 하지 않은 소시지용 고기를 만드는 것이다. 이걸로 패티나 미트볼을 만들거나 다른 요리에 넣는 속, 파스타 소스로 쓰면 좋다. 보통은 소시지에 지방이 25~30퍼센트 섞여야 식감이 좋다. 이 지방은 대부분 익히는 동안 녹아 흘러나온다. 하지만 처음부터 이 정도의 지방을 넣지 않으면 고기가 퍽퍽하고 육향이 부족하게 된다. 그러므로 다리나 등심에 비해 지방이 많은 목살을 갈아 쓰는 것이 제일 좋다. 싱싱한 고기로 만들면 냉장고에서 1주일까지 두고 먹을 수 있다.

갈아놓은 돼지고기 450그램
소금 1작은술
신선하게 갈아낸 검은 후추 1/4작은술
다진 생세이지 잎 2작은술 혹은 마른 세이지 잎
** 1작은술**
신선하게 갈아낸 너트멕 1꼬집
카이엔 고춧가루 1꼬집

을 손으로 가볍게 섞는다. 양념이 고루 퍼지도록 잘 섞되 고기를 뭉개면 안 된다. 고기를 작은 패티로 만들어 프라이팬에 구워 맛을 본다. 필요하면 간을 더 한다.

변형하기
- 회향을 넣은 소시지를 만들려면 세이지, 너트멕, 카이엔 고춧가루 대신 회향 씨 2작은술을 구워 가볍게 빻은 다음, 2쪽 분량의 빻은 마늘, 레드 와인 3큰술, 취향에 따라 다진 파슬리 2작은술과 마른 칠리 플레이크 1/2작은술을 넣는다.

돼지 등심 로스트
Roast Pork Loin
4인분

부드러운 속살과 바삭하고 육즙이 흐르는 껍질이 있는 돼지고기 오븐 구이는 최고의 먹거리다. 돼지 등심은 뼈 없이도, 갈비뼈가 붙은 채로도 구울 수 있다. 뼈가 있는 상태로 구우려면 정육점에 가서 척추(등뼈)는 제거해달라고 부탁한다. 갈비뼈가 붙은 등심은 두껍게 잘라 나누어 구워도 되고 구운 뒤에 뼈를 완전히 발라내 얇게 저며서 먹을 수 있다. 이 경우에는 뼈 사이를 잘라 나누어 고기와 함께 낸다.

갈비뼈가 4대 붙은 돼지 등심이나 뼈를 발라낸 돼지 등심 1킬로그램

에

소금
신선하게 갈아낸 검은 후추

로 가능하면 하루 전에 밑간한다. 고기에 뼈가 있으면 날카로운 칼로 갈비에서 고기를 잘라낸다. 뼈 끝을 기준으로 약 2.5센티미터를 남기고 자르면 된다. 간을 할 때는 양념을 넉넉하게 고기 전체에 고루 뿌린다. 요리하기 한 시간 전에 구잇감을 냉장고에서 꺼내 고루 익도록 군데군데 면사로 적당히 묶는다.

오븐을 190도로 예열한다. 로스팅 팬에 고기를 올린다. 지방이 붙은 부위가 위로 향하도록 놓고 고기의 내부 온도가 55도가 될 때까지 한 시간 15분가량 굽는다. 굽기 시작해서 45분이 지나면 온도를 재기 시작한다. 다 구워지면 뼈를 발라내기 전 20분 정도 실온에 둔다. 로스팅 팬에서 흘러나온 기름을 일부만 남기고 부어 버리고 와인과 육수 혹은 물을 부어 데글레이즈하는데 팬 바닥에 붙은 갈색 조각들을 모두 긁어모아야 한다. 실온에 둘 때 흘러나온 육즙을 끼얹어 다시 데운다. 먹을 준비가 되면 면사를 잘라내고, 고기는 얇게 잘라 육즙과 함께 식탁에 낸다.

변형하기

- 고기와 뼈를 분리하고 허브(세이지, 회향, 로즈메리 등) 섞은 것과 마늘, 소금, 후추를 안팎으로 듬뿍 뿌린다. 면사로 고기를 묶는다. 그리고 바깥쪽에 허브 혼합물을 더 바른다.
- 고기를 냉장고에서 꺼내 실온이 되기를 기다리는 동안 레몬을 매우 얇게 잘라 갈비뼈와 고기 사이사이에 착착 끼워 넣은 다음 면사로 묶는다. 뼈가 없는 고기인 경우 고기 밑에 레몬 조각을 깐다.
- 돼지 다리도 같은 방법으로 굽는다.

카르니타스
Carnitas
4인분

바삭하게 구운 돼지고기를 토르티야 같은 것에 싸서 먹는 전통 음식이다. 고추, 치즈, 온갖 종류의 살사 소스를 함께 넣어 먹는다. 부드러워질 때까지 뭉근히 끓인 뒤 고기에서 나온 지방으로 노릇하게 구워 만든다.

뼈가 없는 돼지 목살 700그램

을 2.5센티미터 깍두기 모양으로 자른다. 넓고 묵직한 팬에 고기를 한 겹으로 놓는다. 고기가 잠길 만큼만 물을 붓는다.

소금 1/2작은술
막 짜낸 라임즙 2작은술

을 넣고 섞는다. 부글부글 끓으면 팬 뚜껑을 덮고 부드러워질 때까지 약 45분간 끓인다. 뚜껑을 열고 불을 더 높이 올린 다음 국물이 끓어 졸아들도록 한다. 고기에서 지글거리는 소리가 나기 시작하면 불을 줄이고 노릇해질 때까지 천천히 튀긴다. 팬에서 고기를 꺼내고 기름이 빠지도록 잠시 기다린다. 필요하면 소금으로 간을 더 한다.

디저트

Desserts

겨울 과일 콩포트
Winter Fruit Compote
8인분

어떤 건과일이든 이 방법으로 조합해서 새로운 요리로 만들 수 있다. 케이크 1조각에 곁들여 내거나 크렘 프레슈를 조금 얹으면 맛있는 디저트가 된다. 겨울에 싱싱한 감귤류 과일도 제스트를 넣은 시럽에 절여 맛있는 콩포트로 만든다.

중간 크기의 소스 팬에
> **옅은 노란색 건포도 1/2컵**
> **코린트 건포도 1/4컵**
> **말린 체리 1/4컵**
> **깍둑썬 말린살구 1/2컵**
> **깍둑썬 말린 사과 1/2컵**
> **싱싱한 오렌지 주스 1¾컵**
> **오렌지 제스트 3줄**
> **황설탕 1/4컵**

을 넣고 섞는다.
> **2.5센티미터 짜리 바닐라 빈 1개**

를 길게 반으로 가른다. 날렵한 칼놀림으로 빈 안에 들어 있는 검정 씨를 긁어 곧바로 소스 팬에 넣는다. 빈도 넣는다, 거기에
> **팔각 1개 (취향에 따라)**

를 넣는다. 중불에 올려 건과일은 불고 주스는 약간 되직해질 때까지 3~5분 끓인다. 살짝 식혀서 바닐라 빈, 오렌지 제스트, 팔각을 건져내 버린다.

변형하기
- 얇게 썰어서 졸인 배나 마르멜로를 식힌 콩포트에 더한다.
- 콩포트로 타르트를 만들면 정말 맛있다. 국물을 걸러내고 과일만 건져 갈레트(과일 타르트, 194쪽 참고)를 만든다. 국물은 졸여서 구운 갈레트에 발라 윤을 낸다. 크렘 프레슈, 휘핑크림 혹은 아이스크림과 함께 낸다.

여름 과일 콩포트
Summer Fruit Compote
4인분

여기 나온 것은 여름 과일 콩포트 중 하나에 불과하다. 여러 과일을 조합해서 맛있는 디저트로 만들어보자. 자두, 복숭아, 살구, 천도복숭아, 체리, 무화과 등 여름 과일이라면 무엇이든 잘라서 과일 자체의 즙과 약간의 설탕, 레몬즙에 절이면 된다. 여름 과일 콩포트는 그 자체로 맛있다. 또 팬케이크나 와플에 올려도 훌륭하고 아몬드 케이크나 에인절 푸드 케이크, 쿠키 종류와 함께 먹어도 좋다. 아이스크림, 휘핑크림, 셔벗과도 잘 어울린다.

> **1컵 분량 딸기**

의 꼭지를 떼고 얇게 썬다.
> **블루베리 1/2컵**
> **블랙베리 1/2컵**
> **라즈베리 1/2컵**

을 넣는다.
> **레몬 1개 분량의 즙**
> **설탕 2~3큰술**

을 더해 맛을 낸다. 조심스럽게 한데 섞는다. 뚜껑을 덮어 과일이 잘 절여지도록 최소 10~15분간 둔다.

금굴 조림
Poached Kumquats
4컵 분량

나는 보통 금굴을 필요한 양보다 더 많이 조린다. 조린 시럽에 담가 냉장고에 보관하면 2주일 이상 둘 수 있다. 이것은 얇게 썬 블러드 오렌지나 다른 조린 과일과 매우 잘 어울린다. 특히 자두와 잘 어울리는데 금굴을 조린 후 건더기를 건져내고 조린 시럽에 자두를 넣어 조린다. 자두도 다 조려지면 시럽을 살짝 식힌 후 금굴 조림에 넣고 섞는다.

> **금굴 450그램**

을 씻어서 꼭지를 떼어내고 가로 방향으로, 2~3밀리미터 두께로 얇게 썬다. 씨가 나오면 빼낸다. 작은 소스 팬에

> **물 2컵**
> **설탕 1컵**
> **2.5센티미터 바닐라 빈 1개(길게 반으로 갈라 긁어낸 씨도 넣는다)**

를 넣고 끓이면서 설탕이 녹도록 젓는다. 약불로 낮춰 조리며 얇게 썬 금굴을 넣는다. 투명하고 부드러워질 때까지 12~15분간 천천히 조린다. 불에서 내려 조린 시럽 채로 식힌다.

오렌지 주스에 절인 딸기
Strawberries in Orange Juice
4인분

어떤 음식을 먹었더라도 입가심하기 좋은 정말로 간단한 디저트다. 잘 익은 밝은 붉은색 딸기를 써야 한다.

씻어서 꼭지를 뗀

> **잘 익어 단맛이 나는 750시시 딸기**

를 반으로 가르거나 큰 것은 1/4로 자른다.

> **신선한 오렌지 주스 1½컵(큰 오렌지 3개 분량)**
> **설탕 3큰술(입맛에 맞춰 줄이거나 더한다)**

을 잘 섞는다. 주스를 딸기에 붓고 30분 이상 절여놓는다. 차갑게 낸다.

변형하기

- 오렌즈 주스 대신 과일 향이 강한 레드 와인을 쓰고 레몬즙을 조금 짜 넣는다.
- 오렌지 1~2개를 속껍질까지 벗기고 잘라서 딸기에 더한다.

딸기 쇼트 케이크
Strawberry Shortcake
6인분

꼭지를 떼서 얇게 썬

> **딸기 4컵(1리터 정도) 분량**

에

> **설탕 1/4컵**

을 넣고 섞는다. 딸기의 1/4을 덜어 퓌레로 만든다. 이것을 다시 얇게 썬 딸기에 부어 섞고 15분간 재놓는다.
볼에

> **헤비 크림 1컵**
> **바닐라 농축액 1/2작은술**
> **설탕 1큰술**

을 넣고 크림이 부드러운 거품이 될 때까지 거품기로 섞는다.

> **5센티미터 크기의 구운 크림 비스킷(297쪽) 6개**

를 반으로 나눈다. 서빙 접시의 바닥에 비스킷 절반을 놓는다. 비스킷 하나하나에 순가락으로 딸기와 향을 낸 휘핑크림을 얹는다. 다른 절반의 비스킷으로 덮고

> **슈거 파우더(취향에 따라)**

를 뿌린다. 바로 식탁에 낸다.

변형하기

- 딸기 대신 제철에 나는 베리류를 이것저것 섞어 쓸 수 있다.

오븐에 구운 복숭아
Baked Peached
4인분

천도복숭아와 살구도 이렇게 구우면 맛있다.
오븐을 200도로 예열한다.

잘 익은 복숭아 큰 것 4개

를 반으로 가른다. 씨를 빼고 23센티미터 × 33센티미터 크기의 속이 얕은 오븐 팬에 단면을 위쪽으로 향하게 해서 놓는다.
작은 볼에

살구 잼 5큰술
꿀 2큰술
물 1컵
레몬 제스트 1큰술
신선한 레몬즙 2작은술

을 넣고 섞는다. 이것을 숟가락으로 떠서 자른 복숭아에 얹고

설탕 1/2작은술

을 흩뿌린다. 복숭아가 무를 때까지 30~40분간 굽는다. 잘 익은 복숭아일수록 빨리 익는다. 굽는 동안 여러 차례 꺼내서 흘러나온 즙을 끼얹는다. 아이스크림과 함께 따뜻하게 낸다. 맛있는 즙을 소스처럼 뿌린다.

변형하기

• 소테른 와인(그 외에 단맛 나는 와인) 1/2컵을 물 양의 절반만큼 쓴다. 꿀은 생략한다.

타르트 타탱
Tarte Tartin
8인분

세상에서 가장 맛있는 타르트 중 하나다. 팬 바닥 면에 닿은 사과가 캐러멜화되고 과일을 덮은 페이스트리는 바삭하고 노릇하게 구워진다. 타르트는 마지막에 뒤집어 완성하는데 어두운 갈색 캐러멜 위에 흠뻑 젖은 사과가 올라온다.

살짝 밀가루를 뿌린 테이블에

타르트 또는 파이 반죽(190쪽)이나 페이스트리
반죽 250~300그램

을 놓고 밀대로 밀어 28센티미터 정도의 원형으로 만든다. 남은 밀가루는 털어낸다. 원형 반죽을 유산지를 깐 베이킹 팬에 옮겨 필요할 때까지 냉장고에 보관한다.

사과(그래니 스미스 청사과, 골든 딜리셔스
등 요리를 해도 모양을 유지하는 품종)
1.5~2킬로그램

을 4등분해서 껍질을 벗기고 씨를 제거한다. 껍질을 벗긴 뒤 갈변하는 것을 걱정할 필요는 없다. 캐러멜화되면 모두 갈색이 되니 말이다.
오븐을 200도로 예열한다. 23센티미터짜리 무쇠 프라이팬을 중강불에 올린다.

버터 2큰술
설탕 6큰술

을 넣는다. 팬을 돌리거나 나무 숟가락, 내열 주걱으로 휘저어서 버터와 섞인 설탕이 고르게 캐러멜화되도록 한다. 캐러멜이 어두운 갈색으로 변하고 거품이 일어날 때까지 끓인다. 하지만 타게 두어서는 안 된다. 캐러멜이 짙은 황갈색이 되면 불에서 팬을 내린다. 불 밖에서도 계속 익어 색이 더 진해진다. 아직 부족하다 싶으면 팬을 다시 불에 올려 색을 더 내면 된다. 타르트의 성공 여부는 진한 캐러멜 향에 달렸다.
팬이 식는 동안 4등분한 사과를 다시 길게 반으로 자른다. 사과 조각을 프라이팬 가장자리로 돌려가며 나란히 놓는다. 사과의 둥근 쪽이 아래로 향하도록 놓는다.

첫 번째 원형 안쪽으로 더 작은 원이 생기도록 사과를 돌려가며 놓는다. 두 층 더 돌려가며 놓는데 이번에는 둥근 쪽이 위로 향하게 해서 팬에 돌려가며 배열한다. 사과를 작게 잘라 틈에 채워넣는다. 익으면서 사과 크기가 줄어든다. 사과가 빽빽히 들어차도록 살짝 힘을 주어 눌러준다. 원형으로 만든 페이스트리 반죽으로 사과를 덮는다. 잠시 기다렸다가 반죽이 약간 물러지면 과일과 팬 사이로 페이스트리 가장자리를 밀어 넣는다. 반죽 윗쪽에 3~4군데 칼집을 내서 굽는 동안 김이 빠져나올 수 있도록 한다. 오븐의 중간 칸에 올려 35~40분 혹은 반죽이 노릇하게 될 때까지 굽는다. 팬을 살짝 흔들면 팬에 들어 있는 내용물이 조금씩 움직여야 한다. 오븐에서 꺼내 1~2분 정도 식힘망에 두고 식힌다. 팬보다 큰 접시를 준비해 팬 위에 뒤집어 올려놓는다. 접시로 팬을 꼭 누르면서 팬을 들고 재빨리 뒤집는다. 팬을 가볍게 흔들어주면서 들어올려 내용물을 떼낸다. 팬에 붙은 과일은 주걱으로 떼어서 타르트에 올린다.

따뜻할 때 크렘 프레슈나 바닐라 아이스크림, 휘핑크림과 함께 낸다.

레몬 커드 타르트
Lemon Curd Tart
23센티미터 크기의 타르트 1개 분량

미리 구운 23센티미터짜리 달콤한 타르트 반죽(197쪽) 껍질에 레몬 커드 2컵(217쪽)을 채운다. 커드 표면을 편평하게 해서 190도로 예열한 오븐에 15~20분 혹은 커드가 굳을 때까지 굽는다.

블루베리 파이
Blueberry Pie
23센티미터 파이 1개 분량

원판 모양으로 성형한

타르트나 파이 반죽(190쪽) 300그램짜리 2장

을 실온에 두어 부드럽게 한다.
반죽 1장을 30센티미터 크기의 원형이 되도록 밀대로 민다. 23센티미터 타르트 팬이나 파이 팬에 반죽을 잘

맞춰 올려놓고 가장자리를 1.5센티미터 정도 남기고 잘라낸다. 다른 반죽 1장도 30센티미터 크기가 되도록 민다. 유산지를 깐 베이킹 시트에 반죽을 올린다. 과일을 준비하는 동안 파이 팬에 올린 반죽과 베이킹 시트에 올린 둥근 반죽을 냉장고에 넣어둔다.

오븐 하단 1/3 정도 위치에 랙을 넣고 200도로 예열한다.
중간 크기의 볼에

블루베리 6컵
설탕 3/4컵
절구에 빻은 인스턴트 타피오카 4큰술
갈아놓은 레몬 제스트 2작은술
신선한 레몬즙 1큰술
소금 1/4작은술

을 넣고 섞는다.
10분간 둔다. 파이 껍질에 섞은 재료를 부어 넣는다.

무염 버터 2큰술

을 작은 깍두기 모양으로 잘라 블루베리에 뿌린다.
파이를 반죽으로 뚜껑처럼 덮는다. 덮은 위쪽 반죽의 가장자리를 접어 아래쪽 반죽 가장자리 밑으로 넣는다. 두 반죽을 꼬집어 붙인다. 전체가 주름 잡힌 모양이 된다.
작은 볼에

달걀 1개

를 풀어 반죽에 붓으로 가볍게 바른다. 위쪽으로 증기가 빠져나오도록 작게 4군데 정도 칼집을 낸다. 베이킹 시트에 파이를 놓고 15분간 굽는다. 오븐 온도를 180도로 내려서 파이가 노릇하게 변하고 증기 구멍에서 되직한 과일즙이 부글거리며 새 나올 때까지 45분 정도 굽는다. 가장자리가 너무 빨리 갈색으로 변하는 것 같으면 알루미늄 포일로 감싼다. 파이를 랙에 올려두고 완전히 식을 때까지 기다렸다 자른다.

변형하기

- 블랙베리, 블랙 라즈베리, 허클베리, 올러리베리 등으로 대체하거나 이것들을 조합해서 쓸 수도 있다.
- 사과 파이를 만들려면 사과(골든 딜리셔스, 시에라 뷰티, 그레이븐슈타인 같은 품종의 씨를 빼고 1.5센티

미터 크기로 자름) 1.5킬로그램에 1/4~1/2컵 정도의 설탕을 넣고 브랜디나 칼바도스를 2작은술(좋아하는 경우에만) 또는 계피 1/4작은술을 넣어 버무린다. 속을 채워 넣어 마무리하는 방법은 위와 같다.

호박 파이
Pumpkin Pie
23센티미터 크기 1개 분량

호박이나 단호박 퓌레는 누구나 쉽게 만들 수 있고 이걸로 만든 호박 파이가 제일 맛있다. 하지만 대부분의 호박은 먹기보다는 조각용으로 쓰고, 매우 물기가 많은 데다 향미도 거의 없어 맛있는 퓌레로 만들기 어렵다. 단호박 종류(예를 들어 슈거 파이, 롱 파이, 신데렐라 등)나 땅콩 호박을 쓰자. 퓌레를 만드는 방법은 346쪽을 참고한다.

타르트나 파이 반죽 300그램짜리 1장(190쪽)

을 상온에 두어 부드럽게 한다. 반죽을 밀대로 밀어 30센티미터 원형으로 만든다.

23센티미터짜리 파이 팬에 반죽을 맞춰 담는다. 적어도 한 시간은 냉장고에 넣어두었다가 써야 한다. 오븐을 190도로 예열한다. 포크를 이용하여 반죽에 구멍을 여럿 낸다. 반죽에 포일이나 유산지를 깔고 마른 콩(혹은 파이용 누름돌)을 한 겹 깔아놓는다. 190도로 예열한 오븐에서 15분간 혹은 모서리가 밝은 갈색이 될 때까지 굽는다. 타르트를 오븐에서 꺼낸다. 포일과 누름돌 역할을 한 마른 콩을 제거한다. 오븐에 다시 넣고 5~7분간 더 굽는다. 타르트가 전체적으로 밝은 갈색이 될 때까지 구우면 된다.

한켠에 두고 식힌다.

작은 소스 팬에

크림 1/4컵
밀가루 2작은술

을 넣고 잘 섞는다. 약불에서 끓어올라 되직해질 때까지 끓인다. 서서히 저으면서

크림 3/4컵

을 넣는다. 혼합물이 다시 끓을 때까지 계속 저어준다.

불에서 내린다.

중간 크기의 볼에

호박 퓌레 450그램(1½컵)
달걀 3개

를 넣고 잘 섞는다. 다른 볼에

황설탕 1/4컵
과립형 설탕 1큰술
계피 가루 1작은술
정향 가루 1/4작은술
생강 가루 1/4작은술
소금 1/2작은술
신선하게 갈아낸 검은 후추 1꼬집

을 넣고 섞는다.

설탕과 향신료 혼합물, 되직하게 만든 크림을 호박 퓌레에 넣어 잘 젓는다.

브랜디 1½작은술(취향에 따라)

을 넣어 섞는다. 구워놓은 파이 껍질에 퓌레를 붓고 가운데 부분이 거의 굳을 때까지 45~50분간 굽는다. 가장자리가 너무 빨리 갈색으로 타는 것 같으면 포일로 테두리를 감싼다. 랙에 올려두고 완전히 식힌 후 잘라서 낸다.

업사이드 다운 크랜베리 케이크
Cranberry Upside-Down Cake
20센티미터 원형이나 사각 케이크 1개 분량

다양하게 응용할 수 있는 케이크이다. 사과, 배, 복숭아, 자두 등 풍미가 가득하고 약간 신맛이 있는 과일이라면 무엇이든 넣어서 만들 수 있다. 얇게 썬 과일을 타르트 타탱처럼 가지런하게 놓으면 된다(388쪽).

오븐을 180도로 예열한다.

20센티미터 무쇠 프라이팬이나 묵직한 케이크 팬에

> **무염 버터 4큰술(1/2덩어리)**
> **황설탕 3/4컵**

을 담아 중불로 계속 저어가며 버터가 녹아 거품이 생기기 시작할 때까지 끓여 캐러멜화한다. 불에서 내려 식힌다. 작은 소스 팬에

> **싱싱한 크랜베리 2¾컵**
> **신선한 오렌지즙 1/4컵**

을 넣고 크랜베리가 터지기 시작할 때까지 끓인다. 불에서 내려 식혀둔 캐러멜에 골고루 붓는다.

> **상온에 둔 달걀 2개**

를 분리하고

> **상온에 둔 우유 1/2컵**

을 계량해두고

> **무표백 중력분 1½컵**
> **베이킹파우더 2작은술**
> **소금 1/4작은술**

을 계량해서 한데 섞는다.

> **무염 버터 8큰술(1덩어리, 부드럽게 한 것)**

을 다른 볼이나 스탠드 믹서에 넣고 부드럽게 풀어준다. 여기에

> **과립형 설탕 1컵**

을 넣는다. 계속 스탠드 믹서를 돌려 가볍고 폭신하게 될 때까지 크림화한다. 달걀노른자 2개를 넣는데 한 번에 1개씩 넣으며 계속 섞는다.

> **바닐라 농축액 1작은술**

을 넣어 섞는다. 재료가 완전히 섞이면 밀가루 혼합물을 한 번, 우유 한 번, 이렇게 교대로 넣고 섞는데 밀가루 재료를 3등분해 처음과 마지막에 넣어야 한다. 반죽이 뭉칠 때까지 섞는다. 달걀흰자는 말랑말랑한 봉오리가 형태를 유지할 때까지 거품기나 스탠드 믹서로 친다. 흰자의 1/3을 먼저 반죽에 넣어 접듯이 섞은 다음 나머지도 부드럽게 접듯이 섞어 넣는다. 반죽을 팬에 담아둔 크랜베리에 붓고 주걱으로 윗부분을 편평하게 편다. 30~35분 동안 윗부분이 황갈색이 되고 케이크가 팬 가장자리에서 살짝 떨어질 때까지 굽는다. 오븐에서 꺼내 15분간 식힌다. 팬 가장자리를 칼로 돌려 떼어낸 다음 케이크를 접시에 뒤집어 담는다.

아몬드 케이크
Almond Cake
23센티미터 원형 케이크 1개 분량

오븐을 160도로 예열한다.

23센티미터×7.5센티미터 크기의 케이크 팬에 버터를 바르고 바닥에는 유산지를 깐다. 유산지에도 버터를 바르고 팬에 덧가루를 뿌린다. 너무 많으면 털어낸다.

> **케이크용 밀가루 1컵**
> **베이킹파우더 1½작은술**
> **소금 1/4작은술**

을 모두 섞어 체로 친다.

> **아몬드 페이스트 200그램**
> **설탕 1¼컵**

을 섞는다.

아몬드 페이스트가 매우 작은 조각이 될 때까지 휘젓는다. 아니면 더 쉬운 방법으로 푸드 프로세서나 스탠드 믹서를 사용해도 된다.

> **부드럽게 한 무염 버터 280그램(2½덩어리)**

을 거품기나 스탠드 믹서로 쳐서 풀어준다. 아몬드 페이스트와 설탕 혼합물을 버터에 넣어 가볍고 폭신한 크림이 될 때까지 쳐서 섞는다.

> **바닐라 농축액 1작은술**

을 넣고

> **상온에 둔 달걀 6개**

를 한 번에 1개씩 깨 넣으면서 거품기로 섞는다.

볼 옆면에 엉긴 재료를 중간중간 계속 긁어 넣으면서 모든 재료가 빠짐없이 잘 섞이도록 한다. 밀가루 혼합물을 조금씩 넣어가며 한데 엉길 정도로만 섞는다. 반죽을 미리 준비한 팬에 붓고 한 시간 15분 혹은 가운데 부분에 이쑤시개를 찔러서 반죽이 묻어나오지 않을 때까지 굽는다. 오븐에서 꺼내 식힌다. 팬에서 케이크를 꺼내고 유산지를 제거한다. 케이크는 그냥 먹어도 되고 얇게 썬 과일과 휘핑크림과 함께 내도 좋다.

변형하기

- 시트 케이크를 만들려면 하프 시트 팬(46×33센티미터 크기의 팬)을 준비해서 반죽을 붓는다. 윗면을 편평하게 한 뒤에 약 40분간 굽는다. 2층 케이크용으로는 23센티미터 케이크 팬 두 개를 사용한다.
- 미니 케이크 24개를 만들 때는 머핀 틀에 굽는다. 버터를 바른 머핀 틀에 작은 원형 유산지를 깔고 덧밀가루를 뿌린다. 머핀 틀에 2/3까지만 반죽을 채우고 약 30분간 굽는다. 컵케이크 틀을 써도 된다.
- 이 케이크에 장식하려면 살구나 라즈베리 잼을 얇게 한 층 펴 바른다. 얇게 편을 썬 구운 아몬드를 뿌리고 슈거 파우더를 눈처럼 뿌린다.

초콜릿 케이크
Chocolate Cake
23센티미터 원형 케이크 1개분량

이 촉촉한 케이크는 여러 가지로 활용할 수 있고 보관성도 좋다. 컵케이크부터 여러 층으로 된 결혼 케이크에 이르기까지 다양한 모양으로 만들 수 있다.

오븐을 180도로 예열한다.

케이크 팬에 버터를 바르고 바닥에 유산지를 깐다. 유산지에도 버터를 바르고 밀가루나 코코아 가루를 뿌린다. 남는 가루는 털어낸다.

내열 소재의 볼에

성글게 다진 무가당 초콜릿 110그램

을 넣고 물이 팔팔 끓고 있는 팬에 볼을 걸쳐 올린다. 볼에 물이 직접 닿지 않도록 주의한다. 불을 끈다. 초콜릿이 완전히 녹아 부드러워질 때까지 간간이 휘젓는다. 볼을 팬에서 꺼낸다.

케이크용 밀가루 2컵

베이킹소다 2작은술

소금 1/2작은술

코코아 파우더 6큰술

을 체로 친다. 큰 볼에

부드럽게 만든 버터 8큰술(1덩어리)

을 넣고 크림처럼 될 때까지 거품기나 스탠드 믹서를 이용해서 친다.

황설탕 2½컵

바닐라 농축액 2작은술

을 더한 다음 가볍고 푹신하게 될 때까지 계속 젓는다.

상온에 둔 달걀 3개

를 한 번에 1개씩 깨 넣고 거품기나 스탠딩 믹서로 쳐서 섞는다. 완전히 섞이면 녹은 초콜릿을 넣고 휘저으며 섞는다. 마른 재료의 절반을 이 혼합물에 섞은 뒤

상온에 두었던 버터밀크 1/2컵

을 넣어 섞는다. 남은 마른 재료를 넣고 섞는다.

끓는 물 1¼컵

을 조금씩 부으면서 재료가 뭉쳐진 정도로만 반죽한다.

반죽을 준비한 팬에 부어 넣고 45분간 혹은 가운데 부분을 이쑤시개로 찔러 반죽이 묻어나오지 않을 정도까지 굽는다. 철망 선반에 팬을 올려 완전히 식을 때까지 둔다. 팬의 가장자리를 따라 칼집을 넣어 케이크를 떼어낸다. 팬에서 케이크를 꺼내 유산지를 벗겨낸다. 만든 날 먹을 게 아니면 팬에서 케이크를 완전히 식히고, 단단히 뚜껑을 덮어 밀폐해서 보관한다.

변형하기

- 시트 케이크를 만들려면 하프 시트 팬을 위와 같은 방식으로 준비한다. 반죽을 부어 넣고 윗부분을 편평하게 고른 후 약 20분간 굽는다. 2층 케이크를 만들려면 직경 23센티미터짜리 케이크 팬 2개를 사용한다. 컵케이크는 24개 만들 수 있는데 30분 정도 구우면 된다.

초콜릿 파베
Chocolate pavé
20×32센티미터 케이크 1판 분량

파베란 프랑스어로 '도로에 까는 돌'이라는 뜻이다. 초콜릿 파베는 맛이 진하고 부드러우며 묵직하다. 이것과 같은 초콜릿 케이크를 간혹 밀가루가 안 들어간 케이크라고 부르는데, 글루텐이 전혀 들어 있지 않기 때문이다.

오븐을 180도로 예열한다.

20×32센티미터 베이킹 팬에 버터를 바르고 바닥에 유산지를 깐다. 유산지에도 버터를 바르고 팬에 밀가루나 코코아 가루를 뿌린다. 남는 가루는 털어낸다.

중간 크기 내열 볼을 끓는 물이 담긴 냄비 위에 걸쳐놓는다. 볼이 끓는 물에 닿지 않도록 주의하자. 이 볼에

성글게 다진 무가당 초콜릿 약 100그램
성글게 다진 너무 달지 않은 초콜릿 110그램
무염 버터 15큰술(2덩어리에서 1큰술 적은 분량)

을 넣는다. 녹아서 부드러워질 때까지 열을 가한다. 자주 휘저어준다. 냄비에서 내려 식힌다.

실온에 두었던 달걀 6개

의 노른자와 흰자를 분리한다. 노른자 6개를

설탕 1/2컵

과 함께 저어 섞는다. 거품기를 들어 올렸을 때 혼합물이 리본처럼 늘어질 때까지 휘젓는다. 설탕이 완전히 녹아야 하고 10분 정도 걸릴 것이다. 노른자 섞은 것을 녹은 초콜릿에 접듯이 섞어 넣는다.

다른 볼에 달걀흰자 6개를 쳐서 거품을 낸다.

설탕 1/2컵
소금 1/4작은술

을 조금씩 넣으면서 계속 젓는다. 거품에 광택이 나고 말랑말랑한 봉오리가 형태를 유지할 때까지 치면 된다.

흰자를 초콜릿 혼합물에 세 번에 나누어 접듯이 섞어 넣는다. 흰색이 보이지 않을 때까지 접으며 섞는다.

반죽을 미리 준비한 베이킹 접시에 붓고 윗면을 편평하게 한 후 35~40분간 오븐에 굽는다. 케이크가 익어가면서 윗면에 금이 생긴다. 이게 정상이다. 옆면은 단단해졌지만 가운데는 여전히 살짝 보들보들하면 완성이다. 케이크가 완전히 식을 때까지 둔다. 베이킹 시트에 뒤집어서 케이크를 올리고 유산지를 제거한다. 그러고 나서 케이크에 접시를 올린 후 다시 뒤집는다.

슈거 파우더

를 체로 쳐서 뿌린다.

변형하기

- 케이크 윗면에 녹아 있는 초콜릿이나 초콜릿 소스(408쪽)로 장식한다. 포크를 초콜릿에 담가 묻힌 다음 케이크에 똑똑 떨어뜨려 가는 선을 그리며 장식한다.

에인절 푸드 케이크
Angel Food Cake
10인분

공기층이 많은 에인절 푸드 케이크는 그냥 먹어도 훌륭하지만 나는 보통 여름 과일 콩포트(386쪽), 휘핑크림과 함께 내놓는다. 하루 묵은 에인절 푸드 케이크는 얇게 썰어 구워 먹으면 맛있다.

오븐을 180도로 예열한다.

케이크용 밀가루 1컵

설탕 3/4컵

소금 1/2작은술

을 함께 체에 친다. 중간 크기 볼이나 거품기를 단 스탠드 믹서에

상온에 두었던 달걀흰자 1½컵(약 12개 분량)

을 넣고 거품이 생길 때까지 휘젓는다. 여기에

물 1큰술

신선한 레몬즙 1큰술

타르타르 크림 1작은술

을 넣어 젓는다. 거품이 아주 부드러워지고 작은 봉오리 모양을 겨우 유지할 정도로, 그리고 부피가 4~5배로 커질 때까지 젓는다.

설탕 3/4컵

을 넣고 다시 젓는다. 거품이 윤기를 띠고 부드럽게 솟은 모양을 유지할 때까지 친다. 거품이 너무 뻑뻑하거나 마르면 안 된다. 큰 볼에 옮긴다. 그 위에 마른 재료를 조금씩 고운 체에 쳐서 올리고 고무 주걱으로 살살, 하지만 재빠르게 접어 섞는다. 나머지 재료도 나누어 체로 쳐서 넣고 접어 섞는다.

반죽을 기름을 바르지 않은 지름 25센티미터, 높이 10센티미터짜리 도넛 모양의 팬에 붓는다. 바닥이 탈부착되는 것이 좋다. 윗면을 편평하게 다듬는다. 40~45분간 오븐에 굽는다. 손가락으로 살짝 눌렀을 때 탄력 있게 되돌아오면 다 된 것이다. 케이크가 달라붙거나 쪼그라들지 않도록 팬을 뒤집는다(지지대가 있는 팬은 지지대를 세우고 뒤집어놓는다. 아니면 큰 병의 주둥이에 원통 팬을 뒤집어 꽂아놓는다). 완전히 식힌다. 케이크를 팬에서 떼어낸다. 팬 가장자리를 따라 둘러가며 칼집을 넣고 중앙의 구멍 가장자리에도 칼집을 넣어 떼어낸다. 조심스럽게 들어올린다. 필요하면 칼을 써서 꺼낸다. 날카로운 톱칼로 케이크를 썬다. 썰 때마다 칼을 물에 담그면 케이크가 칼에 달라붙지 않는다.

변형하기

- 오렌지 꽃 추출액이나 장미 수 1/4작은술을 넣어 케이크에 은은한 향을 더한다.

- 레몬이나 오렌지 향이 나는 케이크를 만들고 싶으면 레몬 1개 혹은 오렌지 1개 분량의 곱게 간 제스트를 더한다.

플랑
Flan
6-8인분

작고 묵직한 냄비에

물 1/4컵

을 붓는다. 여기에

설탕 3/4컵

을 균일하게 흩뿌린다.

물 1/4컵

을 계량해서 준비해둔다. 설탕물을 중강불에 올려 설탕이 캐러멜이 될 때까지 졸인다. 휘젓지는 말고 캐러멜이 균일하게 만들어지지 않을 때만 팬을 들어 가볍게 돌린다. 설탕이 진한 황갈색 캐러멜로 변하면 불에서 내린다. 불에서 내린 뒤에도 남은 열로 인해 계속 색이 진해진다. 캐러멜이 어두운 황갈색으로 변하면 냄비에서 한 걸음 뒤로 물러나 계량해둔 물을 붓는다. 캐러멜에 거품이 생기면서 튈 수 있다. 캐러멜이 된 설탕과 물을 나무 숟가락으로 휘저어 섞는다. 이 캐러멜을 재빨리 23센티미터 원형 유리 그릇이나 오븐용 도기에 부어 식혀서 굳힌다.

우유 2¾컵

크림 1/4컵

을 묵직한 소스 팬에서 섞는다. 중불에서 김이 날 때까지 데운다. 하지만 끓어오르게 하면 안 된다.

설탕 3/4컵

바닐라 농축액 2작은술

을 넣는다. 불에서 내려 저으면서 설탕을 녹인다. 미지근할 때까지 식힌다.

달걀노른자 3개

달걀 3개

를 섞는다. 달걀 물을 식혀둔 크림 혼합물에 넣고 섞어서

커스터드를 만든다.

구울 준비가 되면 오븐을 180도로 예열한다. 커스터드 혼합물을 캐러멜을 굳혀둔 그릇에 붓는다. 이 그릇을 오븐에 넣을 수 있는 큰 팬에 넣고 팬은 따뜻한 물로 채워 그릇 옆면이 반쯤 잠기도록 한다. 포일로 큰 팬을 덮어 오븐에 넣고 55분에서 한 시간 동안 굽는다. 아니면 커스터드의 가장자리가 굳을 때까지 굽는다. 이때 가운데는 여전히 출렁거릴 정도로 굳지 않아야 한다. 플랑을 물이 담긴 중탕 그릇에서 꺼내 식힌다. 플랑이 잘 떨어지도록 가장자리에 돌려가며 칼집을 넣는다. 플랑과 여분의 캐러멜 소스를 충분히 담을 정도로 큰 접시로 그릇을 덮는다. 재빨리 뒤집어 접시로 옮긴다. 플랑 그릇의 바닥을 살짝 친 뒤 가볍게 들어 올린다. 소스를 숟가락으로 떠서 플랑에 뿌려 낸다.

변형하기

- 플랑을 작게 여러 개로 만들려면 캐러멜과 커스터드를 8개의 작은 라미킨 그릇이나 오븐용 커스터드 컵에 나눠 담는다. 물을 채운 중탕 그릇에 넣고 35~40분 간 혹은 막 굳기 시작할 때까지 오븐에서 굽는다.
- 바닐라 농축액 빼고 시나몬 스틱 1개와 오렌지 제스트 1큰술을 넣어 우유를 데운다. 우유가 식으면 고운 체에 거른다.

판나 코타
Panna Cotta
8인분

아몬드 오일이나 향이 없는 식물성 기름

을 110그램 용량의 라미킨 8개에 가볍게 솔질해서 바른다. 라미킨 그릇은 사용할 때까지 차게 해둔다. 작은 볼에

물 3큰술

을 계량해서 넣는다. 그 위에

7그램짜리 팩 1개 분량의 젤라틴

을 흩뿌린다. 젤라틴이 부드러워질 때까지 한켠에 둔다. 묵직한 소스 팬에

헤비 크림 3컵
우유 1컵
설탕 1/4컵
레몬 제스트 3줄

을 넣어 섞는다.

바닐라 빈 1/2개

를 길게 반으로 가른다. 씨를 긁어 크림 혼합물에 넣고 빈도 넣는다. 불에 올려 끓어오르지 않게 뭉근히 열을 가한다. 불에서 내린다. 뜨거운 크림 1컵을 젤라틴에 섞어 저어서 녹인다. 이 젤라틴 혼합물을 남은 크림에 되부어서 만지면 따뜻할 정도로, 약 43도까지 식힌다. 바닐라 빈을 꺼내고 꼭 눌러 즙을 짜서 씨와 함께 크림에 다시 넣는다. 라미킨에 붓는다. 덮개를 덮어 최소 여섯 시간 이상 차갑게 식힌다.

식탁에 낼 때는 작은 칼로 라미킨 가장자리에 빙 둘러 칼집을 넣는다. 각 라미킨에 작은 서빙용 접시를 덮고 뒤집어 그릇을 살짝 흔든 다음 조심스럽게 들어 올린다. 싱싱한 베리 종류나 딸기, 과일 콩포트나 과일 소스와 함께 낸다.

바닐라 빈 아이스크림
Vanilla Bean Ice Cream
약 1리터 분량

바닐라 커스터드로 완벽하게 맛있는 아이스크림을 만들 수 있고 생각보다 훨씬 다양한 맛과 향을 더할 수 있다.

> **달걀 6개**

의 흰자와 노른자를 분리한다. 노른자가 터질 정도로만 휘젓는다. 바닥이 두꺼운 냄비에

> **하프 앤드 하프 1½컵**
> **설탕 2/3컵**
> **소금 1꼬집**

을 붓는다. 길게 반으로 가른

> **바닐라 빈 1/2개**

의 씨를 긁어 하프 앤드 하프와 설탕이 담긴 냄비에 넣는다. 빈도 같이 넣는다. 중불로 김이 날 때까지 데운다. 하지만 끓도록 두면 안 된다. 설탕이 녹도록 저어준다. 뜨끈한 하프 앤드 하프의 일부를 달걀노른자에 넣고 푼 뒤에 따뜻해진 노른자를 다시 뜨거운 하프 앤드 하프에 넣는다. 중불에 끓이면서 계속 젓는다. 혼합물이 진득해져 숟가락 뒷부분에 묻어 잘 흘러내리지 않을 정도면 된다(77도). 불에서 내려 체로 거른다. 체에 남은 바닐라 빈은 건져내 커스터드에 꾹 눌러 씨와 즙을 모두 넣는다. 여기에

> **헤비 크림 1½컵**

을 넣고 젓는다. 커스터드에 뚜껑을 덮고 냉장고에 넣어 아주 차갑게 만든다.

차게 한 커스터드를 아이스크림 메이커에 넣어 제조사의 설명서를 참고하여 작동시킨다. 차가운 아이스크림을 깨끗하고 잘 말린 그릇에 옮겨 담는다. 뚜껑을 덮고 냉장고에서 몇 시간 얼려 단단해지면 먹는다.

변형하기

- 아이스크림 메이커로 아이스크림을 만든 뒤, 냉장고에 넣어 단단하게 굳히기 전에 다진 초콜릿, 다진 구운 견과류, 다진 견과류 정과, 다진 감귤류 껍질 정과를 1가지나 여러 가지를 조합해 1컵 넣어 섞는다.
- 초콜릿 아이스크림: 많이 달지 않은 초콜릿 140그램과 무가당 초콜릿 28그램을 성글게 다지고, 버터 2큰술을 더해 녹인다. 천천히 저으며 따뜻한 커스터드 혼합물을 넣는다. 헤비 크림을 넣고 젓는다. 앞의 레시피와 같은 방식으로 차게 해서 얼린다.
- 커피 아이스크림: 바닐라는 생략하고 하프 앤드 하프에 커피 빈 3/4컵을 설탕과 함께 넣는다. 따뜻하게 데운 후 불을 끄고 커피가 우러나오도록 15분간 기다린다. 체에 내리고, 다시 데운 뒤 앞의 레시피와 같은 방법으로 만든다.
- 생강 아이스크림: 바닐라는 생략한다. 8센티미터 길이의 생강 껍질을 벗기고 얇게 편을 썬다. 하프 앤드 하프와 설탕의 혼합물에 생강을 넣는다. 따뜻하게 데운 후 불을 끄고 생강 향이 우러나오도록 15분 동안 기다린다. 체에 걸러, 다시 데운 뒤 앞의 레시피와 같은 방법으로 아이스크림을 만든다. 좋아하는 사람은 생강 정과 1/4컵을 다져서 아이스크림에 넣고 아이스크림 머신으로 섞는다.
- 시나몬 아이스크림: 바닐라는 생략하고 시나몬 스틱 2개를 살짝 부숴 하프 앤드 하프와 설탕 혼합물에 넣는다. 따뜻하게 데운 후 불을 끄고 계피 향이 우러나오도록 25분 정도 기다린다. 향이 입에 맞을 정도로 우러나면 체에 거르고 다시 데운 뒤 앞의 레시피를 따라 만든다.
- 민트 초콜릿 아이스크림: 바닐라는 생략하고 싱싱한 스피아민트 잎을 가볍게 1컵 담아 하프 앤드 하프와 설탕에 넣는다. 따뜻하게 데운 후 불에서 내리고 10분 정도 민트 향을 우린다. 맛을 보고 나서 입에 맞을 정도로 우러났으면 체에 거른다. 다시 데워서 앞의 레시피와 같은 방법으로 만든다. 좋아하는 사람은 달콤쌉쌀한 초콜릿을 1컵 갈아 넣는다.
- 캐러멜 아이스크림: 물 1/4컵에 설탕을 넣어 캐러멜을 만든다. 암갈색이 되면 불에서 내려 물 1/4컵을 더하고 휘저어 캐러멜을 완전히 녹여 하프 앤드 하프에 넣는다. 앞의 레시피와 같은 방법으로 아이스크림을 만든다.

- 리큐어 향 아이스크림: 바닐라 빈은 생략한다. 아이스크림에 럼이나 코냑, 칼바도스 같은 술을 1/4컵 넣는다.

서양배 셔벗
Pear Sherbet
1리터 분량

잘 익어 맛이 든 배를 고른다. 과즙이 많더라도 무르거나 멍든 것은 피한다. 배 꼭지 주변 과육을 살짝 눌렀을 때 탄력이 느껴질 정도로 익은 것이 좋다. 코미스^{comice}나 바틀렛^{bartlett} 품종이 좋지만 지역에서 구할 수 있는 다른 품종으로도 시도해보자. 나는 워런^{warren}과 키퍼^{kiefer} 품종도 좋아한다.

잘 익은 서양 배 6~8개(약 1.5킬로그램)

를 준비한다. 한 번에 하나씩 작업을 해야 한다. 먼저 배 1개의 껍질을 벗기고 4등분해서 씨를 뺀다. 이 4등분한 배를 얇게 썬다. 두께가 약 1센티미터 정도면 좋다. 자른 조각을 스테인리스나 다른 비반응성 소재로 된 볼에 넣는다.

신선한 레몬즙 1작은술

을 재빨리 짜서 고운 체에 걸러 배를 담은 볼에 넣는다. 여기에 다시

설탕 1큰술

을 넣는다. 볼을 흔들어가며 툭툭 쳐서 설탕과 레몬즙을 과일에 골고루 입힌다. 이렇게 하면 만드는 도중에 배가 갈변하는 일을 막을 수 있다. 나머지 배도 하나씩 다듬고 잘라 레몬즙과 설탕에 버무린다. 이 작업이 끝나면

설탕 1/3컵
달걀흰자 1개

를 넣는다. 버무린 배를 푸드 프로세서에 넣어 퓌레로 만들거나 블렌더로 부드러워질 때까지 간다. 맛을 보고 레몬즙과 설탕을 넣어 간을 조절한다. 새콤달콤한 맛의 균형을 잘 맞춰야 한다. 아이스크림 메이커에 넣고 제조사의 설명서에 따라 작동시킨다. 냉각이 늦어지면 갈변하니 주의하자.

변형하기

- 아이스크림 메이커에 넣기 전에 알마냑, 코냑 또는 푸아르 윌리앙¹을 1~2작은술 넣는다. 술을 2작은술보다 더 많이 넣으면 셔벗이 제대로 얼지 않기 때문에 양을 꼭 지켜야 한다.

레몬 셔벗
Lemon Sherbet
1.5리터 분량

신선한 레몬즙 1컵
물 2컵
설탕 1¼컵

을 중간 크기 소스 팬에 넣어 섞는다. 설탕이 녹을 정도로만 불에 데운다. 불에서 내린 후

우유 3/4컵

을 넣는다. 위 혼합물을 볼에 옮겨 뚜껑을 닫은 후 아주 차가워질 때까지 냉장고에 보관한다. 아이스크림 메이커에 넣고 제조사의 설명서에 따라 작동시킨다. 셔벗을 깨끗이 말린 통에 옮겨 담아 뚜껑을 닫고 냉장고에서 몇 시간 보관하여 굳힌다.

변형하기

- 설탕을 녹일 때 레몬 제스트를 2줄 정도 넣는다. 아이스크림 머신에 넣기 전에 꺼내야 한다.
- 메이어 레몬²을 쓴다. 이때는 설탕 양을 1컵으로 줄여야 한다.

---

1 스위스 회사에서 제조한, 배로 만든 과실 브랜디의 브랜드 명.
2 중국이 원산으로 중국귤과 포멜로라는 감귤류의 교접종이다. 일반 레몬보다 단맛이 강하다.

복숭아 아이스바
Frozen Peach Pops
6개 분량

중간 크기 복숭아 5개(약 2½컵)

의 껍질을 벗기고, 씨를 뺀 뒤 조각으로 자른다. 블렌더나 푸드 프로세서에 넣어 부드러운 퓌레로 만든다. 여기에

청포도 주스 1/2컵

을 넣고 종이컵에 부은 후 아이스바 틀이나 나무 막대를 꽂아둔다. 얼면 부피가 팽창하므로 상단 약 1센티미터 정도를 남겨둔다. 네 시간 이상 혹은 밤새 냉장고에서 얼린다. 틀에서 아이스바를 조심스레 꺼낸다. 필요하면 이 틀을 흐르는 온수에 잠시 적신다.

변형하기

• 복숭아 대신 블루베리, 딸기, 천도복숭아, 자두 2½컵 (약 600시시)을 넣는다.

바닐라 커스터드 혹은 포드 크렘
Vanilla Custard or Pots de Crème
4인분

달걀노른자 4개

를 중간 크기 볼에 넣고 섞일 정도로만 휘젓는다.

헤비 크림 3/4컵

을 계량해서 다른 중간 크기 볼에 넣는다.

하프 앤드 하프 3/4컵
설탕 1/4컵
5센티미터 길이의 바닐라 빈 1대(길게 가른 후 긁어낸 씨와 함께)

를 작은 냄비에 넣어 섞는다. 중불에서 김이 날 정도까지만 데운다. 설탕이 잘 녹도록 중간중간 저어준다. 따뜻해지면 달걀노른자를 거품기로 섞어 넣는다. 이 혼합물을 체로 걸러 차가운 크림을 담은 볼에 넣은 뒤 잘 섞는다. 바닐라 빈을 체에서 골라내 즙을 짜내고 남아 있는 씨와 커스터드 혼합물에 다시 넣는다. 이 혼합물은 냉장고에 보관하면 이틀까지 두고 먹을 수 있다.

오븐을 180도로 예열한다. 커스터드 혼합물을 2½컵이 들어가는 커스터드 틀에 붓거나 커스터드 컵 4개에 나눠 붓는다. 틀이나 컵을 크고 속이 깊은 팬에 넣고 뜨거운 물을 반까지 차오르게 붓는다. 팬을 포일로 단단히 덮는다. 커스터드 옆면이 굳을 때까지 오븐에서 굽는데 가운데 부분은 여전히 출렁임이 남아 있어야 한다. 큰 틀은 50분 정도, 작은 컵은 25~30분 굽는다. 중탕한 물에서 꺼내 식힌다. 따뜻할 때 내거나 냉장고에 넣어 차게 해서 먹는다.

변형하기

• 식힌 커스터드에 라즈베리 퓌레를 몇 순가락 올린다.
• 커스터드 혼합물에 달지 않은 마살라, 셰리 와인, 리큐어 등을 2큰술 넣어 섞는다.
• 달지 않은 초콜릿 85그램과 무가당 초콜릿 14그램을 볼에 담아 끓는 물 위에 놓고 녹인다. 녹은 초콜릿을 뜨거운 하프 앤드 하프에 넣어 섞는다. 크림에 섞어 넣은 다음 달걀노른자를 넣어 거품기로 섞는다.
• 크림 브륄레를 만들려면 커스터드를 식히고 백설탕 1큰술씩을 각 커스터드에 골고루 흩뿌린다. 작은 휴대용 프로판 토치를 켜서 설탕이 고르게 캐러멜화되도록 불꽃으로 지진다. 설탕이 어두운 황갈색이 될 때까지 열을 가한다. 브로일러에 넣어 설탕을 캐러멜화하는 방법도 있지만 커스터드가 금방 타버리기 때문에 절대로 눈을 떼면 안 된다. 식혀서 굳힌 다음 식탁에 낸다.

페이스트리 크림
Pastry Cream
약 1컵 분량

수플레의 베이스로 쓰거나, 구운 타르트 껍질에 오렌지 섹션[3]이나 라즈베리 같은 생과일을 토핑으로 올릴 때 과일 아래 까는 커스터드 층으로 쓴다. 또 전통적으로 에클레르에 채워 넣는 재료로 쓰는데 다른 맛을 더하기도 하며 휘핑크림과 섞어 쓰기도 한다.

---

3   오렌지의 속껍질까지 벗겨 조직으로 잘라 나눈 것.

우유 1컵

을 작은 소스 팬에 넣고 끓기 전, 김이 날 때까지 데운다. 우유를 데우는 동안 작은 볼에

달걀노른자 3개

설탕 1/2컵

을 넣고 되직하게 될 때까지 거품기로 친다. 여기에

밀가루 3큰술

을 넣고 부드러워질 때까지 섞는다. 뜨끈한 우유를 천천히 더하면서 계속 친다. 소스 팬에 이 혼합물을 붓고 중불에 올린다. 내용물이 걸쭉해지고 보글보글 끓을 때까지 거품기로 계속 친다. 나무 숟가락이나 내열 주걱으로 가장자리와 바닥에 들러붙은 재료를 살살 긁어 내용물에 더하면서 2~3분 더 젓는다. 그래야 눌어붙어 타지 않는다. 불에서 내려

버터 1큰술

소금 1꼬집

바닐라 농축액 1/2작은술

을 넣는다. 버터가 녹고 페이스트리 크림이 부드러워질 때까지 젓는다. 작은 볼에 옮기고 페이스트리 크림 표면에 딱 달라붙게 랩을 씌워 더껑이가 생기지 않도록 한다. 쓰기 전에 아주 차갑게 식힌다.

살구 수플레
Apricot Soufflé
6인분

만들기 쉬운 이 수플레를 특별하게 해주는 비장의 무기는 집에서 만든 살구 잼이다. 자두 잼과 감귤류 마멀레이드도 수플레를 만들 때 넣으면 좋다.

1리터 용량의 수플레 혹은 그라탱 용기에 버터를 넉넉하게 바르고 설탕을 얇게 한 층 뿌린다. 오븐을 220도로 예열하고 랙을 중간에 놓는다. 중간 크기 볼에

페이스트리 크림(398쪽) 1/2컵

살구 잼(407쪽) 6큰술

아몬드 농축액 몇 방울

을 넣는다. 잘 섞어서 한켠에 둔다. 커다란 구리나 스테

인리스 볼에

상온에 둔 달걀흰자 6개

소금 1꼬집

을 넣고 섞는다. 거품이 봉우리처럼 부드럽게 솟을 때까지 거품기로 친다.

녹말 2작은술

을 넣는다. 몇 초 정도 거품기로 더 친 뒤에

설탕 1/3컵

을 흩뿌린다. 계속해서 흰자를 몇 초 정도 더 친다. 재빨리 하지만 조심스럽게 흰자를 살구 혼합물에 넣고 접듯이 섞는데 두 재료가 어우러질 정도로만 섞으면 된다. 수플레 혼합물을 준비해둔 용기에 붓는다. 용기를 오븐 가운데에 놓고 부풀어 갈색이 될 때까지 20~25분간 굽는다. 취향에 따라 헤비 크림이나 바닐라 푸어링 커스터드(216쪽)를 곁들여 식탁에 낸다.

그랑 마니에 수플레
Grand Marnier Soufflé
6인분

집에서 만든 오렌지 정과나 감귤류 껍질 정과(404쪽)가 있으면 이 수플레가 더 특별해진다.

이른 아침이나 하루 전에

페이스트리 크림(398쪽)

을 준비한다. 작은 볼에

곱게 다진 오렌지나 귤 껍질 정과 2큰술

그랑 마니에 리큐어 1/2컵

을 섞는다. 단단하게 뚜껑을 닫아 몇 시간 혹은 하룻밤 정도 잰다.

　수플레를 만들 준비가 되면 1리터 용량의 수플레나 그라탱 용기(혹은 110그램 용량 라미킨 6개)에 버터를 넉넉히 바르고 설탕을 곱게 한 겹 뿌린다.

　오븐을 220도로 예열한다. 맨 위에 있는 랙을 중간으로 옮겨둔다.

페이스트리 크림 1/2컵

을 중간 크기 볼에 넣고 그랑 마니에 혼합물도 넣어 섞는다.

상온에 둔 달걀흰자 6개

소금 1꼬집

을 커다란 구리나 스테인리스 볼에 넣어 섞는다. 부드러운 거품이 봉우리처럼 솟을 때까지 거품기로 친다.

녹말 2작은술

을 넣어 거품기로 몇 초 더 친 후에

설탕 1/3컵

을 흩뿌린다. 다시 부드러운 거품 봉우리가 생길 때까지 친다. 이것을 재빨리 하지만 조심스럽게 페이스트리 크림 혼합물에 접듯이 섞는데 겨우 어우러질 정도로만 버무린다. 준비해둔 용기에 붓는다. 용기를 오븐 가운데에 놓고 수플레가 부풀어 갈색이 될 때까지 약 25분간 굽는다(라미킨에 담은 경우에는 7~8분). 바로 식탁에 내는데 기호에 따라 헤비 크림이나 바닐라 푸어링 커스터드(216쪽)를 곁들인다.

메밀 크레페
Buckwheat Crêpes
4컵 반죽, 30장 이상 만들 분량

한동안 나는 크레페에 푹 빠져서 크레페 가게를 열 번했지만 친구들의 설득으로 대신 레스토랑을 열었다. 크레페는 여전히 내가 제일 좋아하는 디저트다. 특히 메밀가루로 만든 것을 좋아한다. 반죽은 하루 전에 만들어두어야 좋다.

작은 소스 팬에

우유 2컵

소금 1/4작은술

설탕 1/2작은술

버터 4큰술(1/2덩어리)

을 넣고 데운다. 버터가 녹으면 불에서 내려 식힌다. 볼에

무표백 다목적용 밀가루 1컵

메밀가루 1/4컵

을 계량해서 넣고 섞는다. 가루 재료의 한켠에 우묵하게 구멍을 파고

식물성 기름 1큰술

달걀 3개

를 넣고 섞는다. 반죽이 뻣뻣해지고 덩어리가 없어질 때까지 섞는다. 여기에 우유와 버터 등을 녹인 혼합물을 거품기로 저으며 조금씩 나눠 넣는데, 먼저 넣은 것이 완전히 풀어진 다음에 또 조금 부어 넣는 식이다. 반죽에 응어리가 있으면 체에 거른다.

맥주 1/2컵

을 붓고 거품기로 휘젓는다. 뚜껑을 씌워 냉장고에서 하룻밤 잰다. 크레페를 굽기 한 시간 전에 냉장고에서 반죽을 꺼낸다.

크레페 팬(직경 15센티미터 철판으로 가장자리에 야트막하게 경사가 있다)을 중불에 올린다. 종이 타월을 접어 기름을 적셔서 뜨거운 팬에 가볍게 바른다. 작은 국자나 큰 숟가락으로 대략 2큰술 분량의 반죽을 떠 팬에 붓는다. 팬을 이리저리 움직여 반죽이 고르게 퍼지도록 한다. 1~2분 동안 갈색이 될 때까지 굽다가 버터 칼을 써서 가장자리 부분을 떼어내고 손가락으로 잡아서 뒤집는다. 크레페는 굉장히 얇기 때문에 주걱으로는 뒤집기 어렵다. 약간만 연습하면 손가락을 이용하는 쪽이 더 쉽다. 다른 면은 금방 익어서 1분이 채 안 걸린다. 다시 크레페를 들어 올려 접시에 옮긴다(팬케이크처럼 처음 한두 번은 연습 삼아 해봐야 한다). 크레페는 팬에 구워 뜨거울 때 바로 식탁에 내거나 계속 구워서 차곡차곡 쌓는다. 크레페는 상온에 몇 시간은 그냥 두어도 괜찮고 먹기 전에 다시 데우기만 하면 된다. 맛을 첨가한 버터를 바른다. 베이킹 시트 위에 작은 손수건처럼 삼각형으로 접는다. 설탕을 흩뿌린다. 그리고 뜨겁게 달군 오븐에 몇 분간 구워서 데운다. 아니면 프라이팬에 데운다(접어서 데워도 되고, 편 상태로 구워도 된다). 구워둔 크레페(그리고 남은 반죽)는 뚜껑을 덮어서 냉장고에 두면 2일간 보관할 수 있다.

변형하기

• 메밀 크레페는 감귤류의 즙과 제스트, 설탕을 넣어 만든 버터 콤파운드와 잘 어울린다. 과일 잼이나 마밀레

이드를 발라도 좋다.

- 버터를 바른 크레페에 따뜻한 꿀을 뿌린다.
- 크레페에 그뤼에르 치즈를 갈아 올리고 햄 같은 재료를 더하면 디저트가 아닌 짭짤할 요리가 된다.

감귤 버터와 금귤 조림을 곁들인 메밀 크레페
Buckwheat Crêpes with Tangerine Butter and Poached Kumquats
4인분

메밀 크레페(400쪽) 12장

을 굽는다. 굽는 대로 쌓아올린다. 몇 시간 안에 쓸 것은 냉장고에 넣지 않아도 된다.

금귤 조림(387쪽)

을 준비한다. 감귤 버터를 만들어보자.

감귤 1개

의 껍질을 고운 강판에 갈아 제스트를 만든다. 남은 과일은 반으로 잘라 즙을 짜내 계량컵에 담는다.
작은 볼에

부드럽게 만든 버터 4큰술(1/2덩어리)

설탕 2큰술

을 넣고 섞는다. 포크로 부드러운 크림이 될 때까지 친

다. 그리고 나서 제스트와 감귤즙의 절반을 넣고 섞는다.

그랑 마니에나 쿠앵트로 2큰술

을 넣어 같이 섞는다. 시간이 좀 걸리겠지만 술이 완전히 섞여 들어갈 때까지 계속 젓는다. 맛을 보고 넣어도 될 것 같으면 감귤즙을 조금 더 넣는다. 버터가 울퉁불퉁하고 덩어리진 것처럼 보이겠지만 신경 쓰지 않아도 된다.

쌓아놓은 크레페를 하나 가져다가 조금 더 하얀 쪽을 위로 향하게 놓고 크레페의 절반에 버터를 1숟가락 바른다. 버터를 바른 부분을 크레페로 덮어 접고 다시 반으로 접어 삼각형을 만든다. 남은 크레페도 모두 같은 방식으로 만든다. 버터를 바른 베이킹 접시에 약간씩 겹치도록 놓고 원하면 리큐어를 가볍게 흩뿌린다. 내놓기 직전에 180도로 예열한 오븐에서 5~8분 구워 아주 따뜻하게 데운다. 크레페를 오븐에서 데우는 동안 금귤 조림도 따뜻하게 데운다. 오븐에서 막 꺼낸 뜨거운 크레페에 금귤 조림과 거기서 나온 즙을 몇 숟가락 올려 낸다.

변형하기

- 금귤 조림 대신 귤 3개를 속껍질까지 까고 자른 조각과 흘러나온 즙을 크레페에 곁들여 낸다.
- 귤 대신 오렌지나 블러드 오렌지로 버터를 만든다. 제스트는 1작은술만 쓰고 오렌지즙을 1/3만 먼저 넣고 만들기 시작한다.
- 바닐라 아이스크림이나 귤 셔벗과 함께 낸다.

귀리 건포도 쿠키
Oatmeal Currant Cookies
36개 분량

이 쿠키가 바삭한 이유는 베이킹 소다를 끓는 물에 넣어 섞은 다음 반죽에 넣기 때문이다.

오븐을 190도로 예열한다. 작은 소스 팬에

건포도 1/2컵
물 1/4컵

을 넣고 중불에 올려 건포도가 물을 흡수해서 통통하게 불 때까지 데운다.

압착 귀리(오트밀) 1⅓컵

을 블렌더나 푸드 프로세서에 가루가 되도록 간다. 볼에 옮겨

밀가루 1/2컵
소금 1/2작은술
시나몬 가루 1/2작은술

을 넣어 섞는다. 다른 볼에

무염 버터 8큰술(1덩어리)
과립형 설탕 6큰술
흑설탕 6큰술

을 넣어 가볍고 푹신한 크림이 될 때까지 거품기로 친다. 작은 볼에

베이킹 소다 1작은술
끓는 물 1작은술

을 넣고 섞는다. 이 베이킹 소다 액을 버터 혼합물에 넣는다. 여기에

달걀 1개
바닐라 농축액 1작은술

을 넣어 거품기로 친다. 마른 재료와 건포도를 넣어 섞는다.

반죽을 2.5센티미터 크기로 떠서 공 모양으로 만들고 유산지를 깐 베이킹 시트에 5센티미터 간격을 두고 잘 배열한다. 8~10분간 오븐에 굽는다. 굽는 중간에 베이킹 시트를 반대 방향으로 돌린 다음 끝까지 굽는다. 가장자리는 황갈색이 되고 가운데가 부드러우면 다 익은 것이다.

초콜릿 크래클 쿠키
Chocolate Crackle Cookies
대략 36개 분량

구운 아몬드 1컵
설탕 2큰술

을 아주 곱게 다지거나 푸드 프로세서에 넣고 분쇄한다.

밀가루 1/2컵
베이킹파우더 1/2작은술

을 체에 내려 볼에 넣는다. 위 재료를 모두 섞는다.

성글게 다진 달콤쌉쌀한 초콜릿 230그램
버터 3큰술

을 내열 볼에 넣고 끓는 물이 담긴 냄비 위에 올려 녹인다.

브랜디 1½큰술

을 넣고 저은 뒤 불에서 내려 한켠에 둔다.

상온에 둔 달걀 2개
설탕 1/4컵

을 섞어 거품기로 젓는다. 거품기를 들어 올렸을 때 달걀 물이 리본처럼 늘어질 정도가 될 때까지 계속해서 젓는다. 5~7분 걸린다. 여기에 녹인 초콜릿과 아몬드, 밀가루 혼합물을 넣고 섞는다. 반죽을 냉장고에서 한두 시간, 혹은 단단해질 때까지 넣어두고 차갑게 한다.

굽기 전에 오븐을 160도로 예열한다. 작은 볼에

과립형 설탕

을 채우고 다른 볼에

슈거 파우더

를 체로 쳐서 담는다. 쿠키 반죽을 굴려 2.5센티미터 크기의 공 모양으로 만든다. 한 번에 몇 개를 과립형 설탕에 굴려 옷을 입힌 다음 슈거 파우더에 다시 굴린다. 유산지를 깐 베이킹 시트에 2.5센티미터 간격으로 줄을 세운다. 12~15분 굽는다. 반쯤 구워졌을 때 베이킹 시트를 반대 방향으로 돌려 고루 굽는다. 쿠키가 다 구워지면 흰 거죽은 여기저기 갈라져 금이 생기고 가장자리는 단단하지만 가운데 부분은 말랑한 상태가 된다. 너무 오래 구우면 안 된다.

버터 쿠키
Butter Cookies
약 48개 분량

이 고전적인 쿠키는 얇게 썬 과일이나 절인 과일 콩포트 (386쪽 참고)와 같이 먹으면 좋다. 반죽은 다양한 통나무 모양(둥글게, 사각형으로, 타원형으로)으로 만든 다음 차게 굳혀 자른다. 밀대로 밀어서 쿠키 커터로 잘라도 된다.

부드럽게 한 무염 버터 1컵(2덩어리)
설탕 2/3컵

을 섞어서 가볍고 폭신한 크림으로 만든다.

바닐라 농축액 1작은술
소금 1/2작은술
레몬 제스트 1작은술(취향에 따라)
실온에 두었던 달걀 1개
우유 2작은술

을 함께 넣어 거품기나 주걱으로 친다.

무표백 다목적 밀가루 2¼컵

을 조금씩 넣으면서 재료가 엉길 정도로만 섞는다. 반죽을 3등분해서 각각 지름이 약 4센티미터인 통나무 모양으로 만든다. 통나무의 모양은 타원형이든, 정사각형이나 직사각형이든 상관없다. 여러 가지 쿠키 모양으로 만들면 된다. 랩에 싸서 단단하게 굳을 때까지 두 시간 정도 냉장고에 보관한다. 얼리면 2달까지 보관할 수 있다. 랩을 벗겨 쿠키를 6밀리미터 두께로 얇게 썬다. 필요한 수량만큼 자르고 남은 것은 냉동고에 넣어뒀다가 다시 써도 된다.

　밀대로 반죽을 밀어 쿠키 커터로 모양을 만들 수도 있다. 반죽을 반으로 나눈다. 반죽을 하나씩 차례로 유산지 두 장 사이에 넣어 6밀리미터 두께로 균일하게 민다. 베이킹 시트로 옮겨서 반죽이 단단해질 때까지 냉장고에 넣고 20~30분간 굳힌다. 반죽을 덮은 유산지를 살살 떼어내고 미리 깔아둔 새 유산지 위에 반죽을 뒤집는다. 원래 밑에 깔려 있던 유산지도 살살 떼어낸다. 반죽을 칼이나 쿠키 커터로 모양을 내서 자른다.

오븐을 180도로 예열한다. 뒤집개로 유산지를 깐 베이킹 시트에 쿠키를 옮긴다. 5센티미터 정도 간격을 두고 올려야 한다. 약 10분간 혹은 노릇해질 때까지 굽는다. 기호에 따라 구운 쿠키를 프로스팅으로 장식한다.

변형하기

- 쿠키에 알싸한 맛을 더하려면 시나몬 가루 1작은술과 생강 가루 1/4작은술을 밀가루에 넣는다.
- 굽기 전에 과립형 설탕이나 아몬드 가루를 쿠키에 흩뿌린다.

고양이 혀 쿠키
Cat's-Tongue Cookies
쿠키 36개 분량

아주 얇고, 바삭하며, 부서지기 쉬운 이 쿠키는 가벼운 디저트인 셔벗이나 아이스크림, 과일 콩포트와 궁합이 잘 맞는다.

오븐을 160도로 예열한다.

부드러운 버터 4큰술(1/2덩어리)
설탕 1/3컵

을 거품기로 쳐서 가볍고 폭신한 크림으로 만든다.

상온에 보관한 달걀흰자 2개

를 한 개씩 저어가며 넣는데 반드시 먼저 넣은 흰자를 잘 섞은 다음에 두 번째 흰자를 넣어야 한다.

바닐라 농축액 1/4작은술

을 섞는다.

밀가루 1/2컵에서 1큰술 덜어낸 양
소금 1/4작은술

을 넣고 반죽이 겨우 뭉칠 정도로만 섞는다. 반죽을 떠서 작은 원형 깍지를 단 페이스트리 백에 넣는다. 유산지(잘 붙지 않는 실리콘 시트가 더 좋다)를 베이킹 시트에 깐다. 5센티미터 길이의 일자 모양으로 반죽을 짜내고 각각 2.5센티미터 간격을 둔다. 7~10분간 오븐에서 굽거나 노릇하게 갈색으로 굽는데 중간에 베이킹 시트를 돌려 고루 익도록 한다. 따뜻할 때 작은 베이킹용 뒤집개를 쿠키 밑에 넣어 한 개씩 조심스럽게 옮긴다. 식으면 밀폐 용기에 넣어 보관한다.

- 반죽을 짜내는 대신 숟가락이나 베이킹용 뒤집개를 이용해서 반죽을 매우 얇은 고양이 혀 모양으로 펴 바른다. 물론 다른 모양으로 만들어도 된다.

초콜릿 트러플
Chocolate Truffles
트러플 30개 분량

코코아 1/2컵

을 체로 쳐서 작은 볼에 담는다.

달콤쌉싸름한 초콜릿 230그램
무염 버터 10큰술(1¼덩어리)

을 중간 크기 내열 볼에 넣고 끓는 물이 담긴 냄비 위에 올려 녹인다.

헤비 크림 6큰술
브랜디 1~2큰술(취향에 따라)

을 섞어 넣는다. 혼합물이 딱딱하게 굳을 때까지 냉장고에 보관한다(몇 시간은 걸린다). 멜론을 동그랗게 떠내는 숟가락이나 작은 숟가락으로 1.5센티미터 정도 되는 공 모양으로 만들어 유산지를 깐 베이킹 시트에 놓는다. 손바닥으로 굴려서 매끈하게 만들어 코코아를 체 쳐 놓은 볼에 넣는다. 한 번에 몇 개씩 해도 된다. 볼을 이리저리 굴려 코코아 가루를 입힌 다음 유산지를 깐 쟁반에 놓는다. 굳을 때까지 냉장고에 둔다. 트러플은 냉장고에 보관하면 2주일까지 두고 먹을 수 있다. 내기 전에 냉장고에서 꺼내 상온에 두었다가 먹으면 최상의 풍미를 느낄 수 있다.

- 코냑, 배로 만든 오드비(과실 브랜디), 그라파 등 향이 다른 술을 다양하게 써본다.
- 코코아 대신 슈거 파우더나 구운 견과류 가루에 트러플을 굴려도 좋다.

감귤류 껍질 정과
Candied Citrus Peel

감귤류를 먹거나 즙을 짜낸 뒤 그 껍질을 이용하여 맛있는 정과를 만들 수 있다. 껍질 정과는 그냥 먹기도 하는데 초콜릿에 찍어 먹어도 좋고 식후 입가심용으로 좋다. 정과를 만들 때는 반드시 농약을 치지 않은, 유기농 과일만 사용한다.

자몽 2개, 레몬이나 감귤 8개 또는 중간 크기 오렌지 4개를 반으로 자른다. 즙을 짜낸다. 즙은 그냥 마셔도 되고 나중에 다른 용도로 써도 된다. 주스를 짜고 남은 감귤을 껍질째 소스 팬에 넣고 2.5센티미터 정도 깊이로 찬물을 붓는다. 중불에 올려 팔팔 끓인다. 불을 줄이고 껍질이 매우 부드러워질 때까지 보글보글 졸인다. 칼끝으로 찔러보면 얼마나 부드러워졌는지 알 수 있다. 10분간 끓이면 익은 정도를 확인하기 시작해야 한다. 껍질을 손으로 쉽게 만질 수 있을 만큼 식힌다. 숟가락으로 과육과 안쪽에 있는 흰 속껍질을 최대한 많이 긁어낸다. 껍질을 3~6밀리미터 굵기의 긴 띠 모양으로 자른다. 껍질 자른 것을 묵직한 소스팬에 넣고

설탕 4컵
물 2컵

을 넣는다. 중불에서 설탕이 녹고 시럽이 되어 끓을 때까지 졸인다. 자주 저어준다(껍질이 시럽에 완전히 잠길 정도가 아니면 설탕과 물을 2:1 비율로 섞어서 더한다). 열기를 계속 유지하면서 시럽을 천천히 졸인다. 껍질이 투명해지고 시럽은 되직해져서 거품이 올라오기 시작할 때까지 졸인다. 불을 올리고 시럽이 실 단계(시럽을 숟가락으로 떠서 떨어뜨렸을 때 실처럼 늘어나는 현상이 나타나는 단계)에 이를 때까지 끓인다. 이때 당과용 온도계로 재보면 110도쯤 된다. 팬을 불에서 내려서 5분간 식힌다.

철망으로 된 랙을 베이킹 시트에 올리고 조심스럽게 껍질을 떠서 늘어놓는다. 작고 납작한 체가 달렸거나 구멍이 뚫린 숟가락을 쓰면 편하다. 정과를 식힘 랙에 고루 펴서 얹고 밤새 말린다. 다음 날이 되면 괴립형 설탕

을 넣은 큰 믹싱볼에 정과를 넣고 버무리며 서로 들러붙은 정과를 떼어낸다. 밀폐 용기에 담아 냉장고에 보관한다. 껍질 정과는 몇 달 보관해도 된다. 남은 시럽은 음료에 맛을 낼 때 쓴다. 그리고 물에 희석해서 마셔도 좋고 건과일을 졸일 때 써도 된다.

사과 젤리
Apple Jellies
2.5센티미터 크기로 64개 정도 만들 분량

젤리는 한입 크기로, 과일의 향미를 강하게 느낄 수 있는 단맛 나는 디저트다. 과일 페이스트, 즉 파트 드 프뤼 *pâte de fruit*라고도 한다. 사과, 마르멜로, 자두와 같은 과일에 설탕을 넣어 서서히 졸여 퓌레로 농축한 다음 틀에 넣거나 팬에서 식혀 굳힌다. 식은 젤리는 갖가지 모양으로 잘라, 설탕에 굴리면 사탕 과자가 된다. 설탕을 입히지 않은 과일 페이스트는 치즈와 함께 먹으면 맛있다.

향이 없는 식물성 기름을 가로, 세로 20센티미터 크기의 베이킹 용기에 가볍게 바른다. 유산지를 깔고 유산지에도 기름을 살짝 바른다.
바닥이 두꺼운 큰 냄비에
> **씻어서 4등분하고 씨를 빼낸 중간 크기 사과**
> **8개(약 1.5킬로그램)**
> **물 1컵**

을 넣는다. 뚜껑을 닫고 중불에서 사과가 무를 때까지 약 20분간 익힌다.

익힌 사과를 푸드 밀로 갈거나 체에 거른다. 퓌레를 냄비에 다시 넣고
> **설탕 1½컵**
> **레몬 1개에서 짠 즙**

을 섞는다. 약불로 한 시간 정도 졸이면서 간간이 저어준다. 퓌레가 졸아들고 농도가 진해지면서 부글부글 끓어오를 것이다. 저을 때 팬의 바닥까지 고루 긁어 퓌레가 들러붙거나 타지 않게 한다. 반죽이 튀어 데지 않도록 오븐용 내열 장갑을 끼고 조리한다. 퓌레는 솟아오른 형태가 그대로 유지될 정도로 뻑뻑해지면 다 된 것이다. 확실

히 하려면 접시에 조금 담아 냉동고에서 잠시 식혀보면 알 수 있다. 젤리같이 보이고 질감도 젤리 같아야 한다.

준비한 내열 용기에 퓌레를 고르게 편다. 몇 시간 혹은 하룻밤 동안 식힌다. 완전히 식으면 유산지를 깐 베이킹 시트에 뒤집어 내용물을 빼낸다. 위에 덮인 유산지는 벗겨낸다. 마르도록 아무것도 덮지 말고 하룻밤 둔다. 페이스트가 자를 수 있을 정도로 굳어야 한다. 아닌 경우에는 페이스트를 65도로 예열한 오븐에 넣고 한 시간 이상 굳을 때까지 굽는다. 자르기 전에 완전히 식힌다. 페이스트는 랩으로 단단히 싸서 통째로 보관할 수 있다. 아니면 가장자리를 다듬어 2.5센티미터 정도 크기로 잘라 랩으로 감싼다. 상온이나 냉장고에서 1년까지 보관해두고 먹을 수 있다.

변형하기
- 먹기 전에 과립형 설탕에 굴려 옷을 입힌다.
- 마르멜로 페이스트와 자두 페이스트도 같은 방식으로 만들 수 있다. 마르멜로는 잘 씻고 솜털을 없앤 뒤에 잘라서 씨를 뺀다. 물은 3컵으로 설탕은 2컵으로 늘린다. 퓌레가 다 끓기 전에는 레몬즙을 넣으면 안 된다.

견과류 정과
Candied Nuts
3½컵 분량

식후 사탕 과자로 내기도 하며, 케이크에 장식하거나 집에서 만든 아이스크림을 만들 때 넣어 먹어도 좋다.

오븐을 160도로 예열한다.
중간 크기 볼에
> **달걀흰자 1개**

를 넣고 거품기로 거품이 생길 때까지 친다. 여기에
> **황설탕 3/4컵**
> **시나몬 가루 1큰술**
> **생강 가루 1/2작은술**
> **정향 가루 1꼬집**
> **카이엔 고춧가루 1꼬집**
> **소금 1/4작은술**
> **바닐라 농축액 2작은술**

을 넣는다. 잘 섞일 때까지 저은 뒤
> **피칸이나 반으로 가른 호두, 혹은 통아몬드**
> **3½컵 (약 450그램)**

을 넣는다. 견과류에 혼합물이 골고루 묻을 때까지 섞는다. 가볍게 기름을 칠한 베이킹 시트에 붓는다. 30분간 굽는다. 커다란 베이킹용 뒤집개로 이따금씩 견과류를 뒤집는다. 견과류 전체가 반질반질해지고 물기가 없어질 때까지 뒤집어가며 굽는다. 먹기 전에 식힌다. 밀폐 용기에 보관한다.

라즈베리 시럽
Raspberry Syrup
2½컵 분량

이 시럽을 탄산수에 섞어 과일 소다를 만들거나 민트 가지를 하나 곁들여 레모네이드에 넣고 핑크 라즈베리 레모네이드를 만들어보자. 유리잔에 이 시럽을 조금 붓고 화이트 와인이나 샴페인, 증류주 등을 섞으면 훌륭한 식전주가 된다.

중간 크기의 바닥이 두꺼운 소스 팬에
> **라즈베리 2컵**
> **물 1컵**
> **설탕 2큰술**

을 넣어 섞는다. 중불에 계속 저어가며 베리가 뭉개져서 즙이 나오기 시작할 때까지 4분 정도 끓인다. 여기에
> **찬물 1½컵**
> **신선한 레몬즙 1/2작은술**

을 넣는다. 팔팔 한소끔 끓이고 바로 불을 줄여서 보글보글 끓인다. 중간에 위로 떠오르는 거품은 모두 걷어낸다. 15분가량 은근히 졸인다. 면포를 덧댄 가는 체에 걸러 즙을 모두 짜낸다. 여기서 나온 즙을 팬에 다시 넣는다.
> **설탕 1½컵**

을 넣는다. 설탕이 모두 녹을 때까지 젓는다. 부르르 끓고 2분간 더 조리한다. 불에서 내려 식힌다. 단단하게 밀봉되는 용기에 담아 냉장고에 보관하면 최대 3주일 동안 먹을 수 있다.

변형하기
- 크랜베리, 블랙베리, 올러리베리 등의 다른 베리류를 대신 쓴다.

살구 잼
Apricot Jam
4컵 분량

잼을 꼭 대량으로 만들어야 하는 것은 아니다. 나는 가끔 실온에 보관할 수 있는 통조림으로 만들지 않고 잼을 조금만 만들어 냉장고에 두고 먹는다. 살구 잼은 특히 다양하게 쓸 수 있는데 사과 타르트나 아몬드 케이크에 윤을 낼 때 쓰고 살구 수플레를 만들 때 넣기도 한다.

나중에 잼을 테스트할 때 쓸 작은 접시를 냉장고에 넣어둔다.

잘 익은 살구 1.2킬로그램(약 6컵)

의 씨를 빼고 1.3센티미터 크기로 자른다. 기호에 따라 잼에 약간 쓴맛이 나는 아몬드 향을 더하려면 망치로 살구씨를 쪼개 속씨를 4개 꺼낸다. 따로 잘 둔다.
자른 살구를 중간 크기의 바닥이 두꺼운 비반응성 냄비에 넣는다

설탕 3¾컵

을 넣고 섞는다. 살구와 설탕 혼합물이 끓어오르면 중불로 낮추고 자주 저으며 뭉근하게 끓인다. 위에 떠오르는 거품은 모두 걷어낸다. 국물이 졸아들고 과일이 부드럽고 투명해지면 이 잼을 1숟가락 떠서 차가운 접시에 올려 빠르게 식혀보자. 잼의 농도가 원하는 정도가 되면

레몬 1개 분량의 즙

을 넣고 젓는다. 잼을 식힌 뒤에 그릇에 담고 살구씨를 그릇마다 하나씩 넣어 냉장 보관한다. 1년쯤 두고 먹을 수 있다.

변형하기

- 오래 보관하려면 이중 뚜껑으로 밀봉할 수 있는 230그램 용량의 저장용 병을 준비한다. 밀봉은 제조사의 설명서를 참고한다. 잼이 다 되면 살구 속씨를 뜨겁게 살균한 병에 넣고 잼을 조심스럽게 국자로 퍼 담는다. 윗부분에 최소 6밀리미터 정도 공간이 남아 있어야 한다.

캐러멜 소스
Caramel Sauce
약 1컵 분량

따뜻한 캐러멜 소스는 아이스크림과 같이 내놓는다. 방금 만든 아이스크림을 냉장고에 넣어 굳히기 전에 미지근한 이 소스를 섞는다. 서양배 조림에 뿌려 먹어도 좋다.

헤비 크림 3/4컵

을 계량해둔다. 중간 크기의 바닥이 두꺼운 소스 팬에

설탕 1컵

을 넣고

물 6큰술

을 조심스럽게 붓는다. 젓지 않고 중불에서 설탕이 캐러멜화될 때까지 끓인다. 설탕이 고르게 갈색으로 변하지 않으면 팬을 들고 천천히 돌려 조절한다. 캐러멜이 균일하게 황갈색이 되면 불에서 내린다. 한 걸음 뒤로 물러나 준비해둔 크림 중 1/4컵을 계량하여 팬에 넣는다. 나무 숟가락으로 천천히 저어 크림과 캐러멜을 섞는다. 나머지 크림을 넣고

바닐라 농축액 1/2작은술
소금 1꼬집

을 넣는다. 차게 식히고 필요하면 체에 거른다. 따뜻하게 먹거나 식혀서 냉장고에 보관하면 2주일까지 두고 먹을 수 있다. 먹기 전에 중탕 냄비에서 살짝 다시 데운다.

변형하기

- 커피 캐러멜 소스를 만들어보자. 생크림을 두 번째 넣을 때 에스프레소 3큰술을 섞어 넣고, 취향에 따라 커피 향이 나는 술을 1큰술 넣는다.

간단한 프로스팅
Simple Frosting
2컵 분량

컵케이크나 쿠키에 장식할 때 쓰면 좋다. 이것으로 23센티미터짜리 케이크나 컵케이크 24개에 프로스팅을 충분히 입힐 수 있다.

부드러운 무염 버터 12큰술(1½ 덩어리)

을 가볍고 폭신해질 때까지 거품기로 친다.

체에 내린 슈거 파우더 1⅓컵

을 넣어 거품기로 친다. 가볍고 폭신해질 때까지 계속해서 친다.

바닐라 농축액 1작은술
신선한 레몬즙 1/2작은술

을 넣는다. 매끈해질 때까지 거품기로 친다.

변형하기
- 프로스팅에 향미를 더하려면 달콤쌉쌀할 초콜릿을 60그램 녹인 뒤 식혀 넣거나 레몬, 오렌지, 감귤 제스트 1/2작은술을 넣는다.

초콜릿 소스
Chocolate Sauce
2컵 분량

중간 크기의 바닥이 두꺼운 소스 팬에

헤비 크림 1/2컵
우유 1/2컵
설탕 1/4컵
무염 버터 2큰술

을 넣고 데운다. 잘 저어서 설탕을 녹인다. 버터가 녹으면

다진 달콤쌉싸름한 초콜릿 230그램
바닐라 농축액 1작은술

을 넣고 불을 끈다. 몇 분간 그대로 두었다가 부드러워질 때까지 거품기로 젓는다. 따뜻할 때 먹는다. 이 소스는 뚜껑을 닫아 냉장고에서 2주일까지 두고 먹을 수 있다. 먹을 때 중탕해서 다시 데운다.

변형하기
- 프로스팅으로 쓸 진한 초콜릿 글레이즈를 만들려면 크림 1/2컵을 데운 뒤 불을 끄고 달지 않은 초콜릿 120그램을 다져 넣는다. 그대로 두었다가 초콜릿이 녹으면 거품기로 저어 섞는다. 식으면 진해진다. 아직 부드러울 때 케이크나 컵케이크에 붓거나 바른다.

생크림
Whipped Cream
2컵분량

차갑게 한 스테인리스 볼에

차가운 헤비 크림 1컵
설탕 1큰술(입맛에 맞게 줄이거나 더한다)
바닐라 농축액 1/2작은술

을 넣고 거품기로 친다. 크림이 부드럽게 솟아 무너지지 않고 모양을 유지할 때까지 계속 친다.

변형하기

- 오렌지 꽃 추출액을 1/8작은술 넣는다.
- 바닐라 농축액 대신 2.5센티미터짜리 바닐라 빈을 갈라 안에 든 씨를 크림에 긁어 넣는다.
- 럼, 코냑, 칼바도스 같은 향이 강한 술 1큰술을 넣어 섞는다.

티잔
Tisane

신선한 차의 일종이다. 향이 많이 나는 허브를 우려낸 차인데 꽃, 향료 등을 끓는 물에 우려낸 것도 티잔이라 한다. 음식을 다 먹은 뒤 상쾌하게 입가심할 때 좋고 다른 디저트와 함께 먹어도 좋다. 커피를 대신해 순하게 마실 수 있는 대안 음료이기도 하다. 티잔은 레몬 버베나, 민트, 레몬 타임, 레몬 밤, 히솝, 캐머마일, 감귤류 껍질, 생강같이 향이 나는 재료로 만든다. 단독으로 써도 되고 섞어 써도 된다. 내가 가장 자주 만들어 마시는 조합은 민트와 레몬 버베나를 섞은 것이다. 유리로 된 찻주전자에 담으면 생생한 초록 잎을 볼 수 있어 매우 아름답다. 싱싱한 허브 몇 줄기를 헹궈서 찻주전자(혹은 소스 팬)에 담고 끓는 물을 붓는다. 몇 분간 우린 뒤에 마신다. 나는 모로코에서 주로 쓰는 작고 투명한 찻잔으로 마시길 좋아한다. 사랑스러운 연한 초록색 찻물을 볼 수 있기 때문이다.

참고 자료

오늘날에는 인터넷을 검색하면 원하는 것은 무엇이든 찾아낼 수 있다. 대부분 신뢰할 만한 엄청난 양의 음식에 관한 정보를 바로바로 찾을 수 있다. 유기농 재배와 지속가능한 해산물 같은 키워드로도 검색할 수 있다. 거주지 인근의 지역 농산물 시장에 대한 정보라든지, CSA(공동체지원농업, community-supported agriculture) 농장, 공동체 농원, 재활용 센터 등에 대한 정보를 찾을 수 있다. 그리고 요리 방법에 대한 동영상 시연, 레시피 목록, 수도 없이 많은 온라인 공동체와 블로그에서 다양한 음식을 주제로 생산하는 정보도 있다. 거기에 후기나 가격 비교, 대물림 종자, 유기농 올리브유, 마른 콩, 향료, 칼을 비롯한 요리 도구 등에 대한 정보도 얻을 수 있다.

그러나 직거래 시장 농부들에게 자신이 사는 지역의 농업에 대해 배우고 식재료를 구입하면서 유익한 지식과 정보를 얻을 수 있다는 점을 잊어서는 안 된다. 가상세계가 아닌 실제 공동체와 직접 만나 참여하는 것은 매우 중요한 일이다. 오로지 전자상거래에만 의존하기보다는 가능한 한 사기 전에 직접 맛을 보고 배울 수 있는 근처 가게나 청과물상에 가서 사보자. 치즈나 와인, 올리브유 같은 특산물을 살 때 특히 도움이 된다.

게다가 인터넷은 내가 가지고 있는 요리책이나 음식에 관한 책을 대체할 수 없다. 내가 사랑하는 음식에 관련한 책은 아주 많지만 단순한 음식과 싱싱한 재료를 사랑하는 아름다운 전통에 대한 열정을 나눠주고 영감을 준 몇몇 지은이를 소개해보겠다. 리처드 올니와 엘리자베스 데이비드는 둘 다 나의 음식에 대한 감수성을 가장 예민하게 조절해준 20세기 요리사들이다. 여기 내가 가장 좋아하는 책들을 소개한다. 이것 외에도 그들이 쓴 다른 요리책도 읽어볼 가치가 있다. 올니는 1970년대 후반에서 80년대 초반 타임라이프사에서 《훌륭한 요리사 *The Good Cook*》라는, 일러스트가 있는 스물여덟 권짜리 요리책을 낼 때 총괄 편집 컨설턴트로 활약하기도 했다.

《심플 프렌치 푸드 *Simple French Food*》(리처드 올니)
《엘리자베스 데이비드 클래식스 *Elizabeth David Classics*》
       (엘리자베스 데이비드)
《프렌치 프로빈셜 쿠킹 *French Provincial Cooking*》
       (엘리자베스 데이비드)
《잡초 꿀 *Honey from a Weed*》(패이시언스 그레이)

그리고 참고할 책으로,
《옥스퍼드 컴패니언 투 푸드*The Oxford Companion to Food*》
　　　(앨런 데이비드슨)
《음식과 요리: 세상 모든 음식에 대한 과학적 지식과 요리의 비결*On Food and Cooking: The Science and Lore of the Kitchen*》(해럴드 맥기) 등이 있다.

옥스퍼드 컴패니언 투 푸드는 종합적이고 믿을 만한 최신 지식의 집합체일 뿐만 아니라 정말로 함께할 수 있고 편안하며 유쾌하고 아름답게 쓴 책이다. 맥기의 훌륭한 책은 우리가 매일 직면하는 요리와 식사의 미스터리들에 대해 역사부터 분자에 이르기까지 모든 수준에서 과학에 입각한 값지고 설득력 있는 논의를 제공한다. 그는 흥미로운 웹사이트도 운영하고 있다.
　　　www.curiouscook.com
폴 존슨은 셰 파니스에 30년 넘게 살면서 생선에 관한 거의 모든 지식(어떤 생선이 신선한지에서부터 지속가능한 어업에 대해서까지)을 가르쳐주는 생선 가게 주인이다. 그의 웹사이트에는 좋은 정보와 링크가 많다.
　　　www.webseafood.com.
나는 전통 음식의 가치를 보존하는 일에서부터 조사하는 것에 이르기까지 관심을 가진 모든 사람을 격려하는 차원에서 몇몇 조직에 참여하고 있다.
　　　국제 슬로 푸드 협회: www.slowfood.com
　　　미국 슬로 푸드 협회: www.slowfoodusa.org
　　　셰 파니스 재단: www.chezpanissefoundation.org
　　　변화의 씨앗: www.seedsofchange.com

용어 해설

거품내기 빨리 치거나 섞어 가볍게 전체적으로 공기를 주입하는 것(거품기는 거품을 만드는 철망에 손잡이가 달린 기구).

그라탱 오븐이나 석쇠에서 갈색이 되도록 익힌 음식으로 위에 얇고 바삭바삭한 껍질이 생긴다.

깍둑썰기 균일한 정육면체 모양으로 자르는 것.

끓이기 끓는점까지 불을 올림 혹은 끓는 물에 넣기.

노릇하게 굽기 고기나 채소의 표면이 갈색이 될 때까지 익히는 요리법.

다지기 음식을 일정한 크기로 매우 작게 자르는 일.

담그기 음식물을 액체에 담가 부드럽고 향미가 나도록 하는 일.

데치기 끓는 물에 살짝 담금.

도크 제빵 용어로 페이스트리가 익으면서 기포가 형성되지 않도록 밀어놓은 반죽에 구멍을 내는 것.

뉘적이기 재료를 가볍고 부드럽게 섞는 것.

드레지 밀가루나 설탕으로 가볍에 옷을 입히는 일.

드리즐 액체를 매우 얇게 느린 속도로 부어 음식 겉면에 무작위로 뿌리는 일.

데글레이즈 고기나 채소를 갈색으로 굽거나 필요한 만큼 구운 뒤 팬에 남아 있는 물질에 액체를 부어 향미를 녹여내는 것.

미 장 플라스 프랑스어로, 필요한 식재료를 계량하고 준비해서 실제 요리에 들어갔을 때 손이 쉽게 닿는 위치에 미리 배치하는 일.

미르푸아 다진 양파, 당근, 셀러리(보통 양파는 당근과 셀러리의 2배를 쓴다)를 섞어 다양한 스튜, 수프, 소스의 베이스로 쓰는 재료.

버무리기 무거운 혼합물이나 재료를 더 가볍고 공기 같은 질감이 있는 것과 조심스럽게 섞는 일. 거품을 낸 달걀흰자를 섞거나 치지 않고 고무 주걱 같은 도구로 가운데 부분을 잘라내고 들어 올려 섞는다. 볼을 조금씩 돌려가며 이렇게 한다.

부케 가르니 향이 나는 허브나 식물 등을 작은 묶음으로 만들어 스튜나 소스에 향을 내는 데 쓰는 것으로 먹기 전에 꺼내 버린다.

브레이즈 팬 뚜껑을 덮고 작은 양의 육수로 천천히 익히는 조리법.

생선포 뜨기(필레) 생선 가슴뼈에서 살 쪽을 저며내 뼈와 분리하는 것. 그리고 뼈가 없이 살만 있는 고기 조각이나 생선에서 뼈를 추려낸 쪽.

소테 속이 얕은 팬에 소량의 지방을 넣어 뜨거운 불에서 계속 움직이며 음식을 빨리 익히는 것.

소프리토 여러 가지 수프, 소스, 스튜의 기반이 되는 것으로 향이 좋은 채소 요리를 다져 함께 소테한 것이다. 미르푸아 참고.

시퍼나드 잎이 있는 허브, 상추나 채소를 매우 얇은 띠나 리본 모양으로 자르는 것.

시머링(은근히 끓이기) 물이나 기타 액체에 넣고 표면에 거품이 생길 정도까지 천천히 요리하는 것. 완전히 팔팔 끓이지는 않음.

양념 소금, 후추, 허브, 향신료 등으로 음식의 향미를 높이는 것.

재기 생선, 고기 등 음식 재료에 향미를 더할 목적으로 요리 전에 양념장(기름, 허브, 향신료, 향채, 식초나 와인으로 만든)에 담가두는 일.

정제 버터 우유 고형분과 수분을 모두 제거한 버터. 녹인 버터라고도 한다. 정제 버터는 발연점이 높아 소테나 튀김 하기에 좋다.

제스트 감귤류 과일의 껍질 중 얇고 색이 있으며 기름기가 있는 층으로, 회전날이 달린 채소 필러(아니면 제스터라고 하는 손 도구를 이용해서 작게 채를 썰 수도 있다)로 종이처럼 얇은 띠 모양으로 떼어내거나 고운 강판으로 갈아낸 것.

졸임 식재료가 농축되도록 졸이는 것.

중탕기 끓는 물에 직접 닿지 않도록, 물을 끓이는 아래쪽 기구와 탈착 가능한 소스 팬이 붙은 조리 기구. 음식을 열에 직접 노출시키지 않을 때 사용한다.

찢기 섬유질(익은 닭 가슴살이나 찐 돼지고기 어깻살 등)로 된 재료를 당기거나 찢어 조각으로 만드는 일이나 양배추 등 잎이 많은 채소를 얇게 채 친 모양으로 자르는 일.

채썰기 채소 같은 식재료를 길고 얇은 성냥개비 모양으로 자르는 일.

채칼 가정용 기구로 채소를 얇게 자르는 데 쓰며 조절 가능한 절단날이 장착된 편평한 틀이 있다.

캐러멜화 엄격하게 말하면 설탕에 열을 가해 액화해서 갈색이 되도록 졸이는 것. 설탕을 더 많이 졸일수록 갈색이 더 짙어져서 탄 설탕의 강한 향이 확연해진다. 음식 용어로서 캐러멜화는 석쇠나 오븐에 굽거나 화덕이나 토치의 불에 직접 닿을 때 나타나는 갈변 반응을 일컫기도 한다.

쿠르 뷔용 화이트 와인을 넣어 향을 낸 즉석 채소 육수. 생선을 졸일 때 주로 쓴다.

크렘 프레슈 버터밀크에서 찾을 수 있는 살아 있는 효소로 발효해서 굳힌 헤비 크림. 놀랄 만큼 풍부하고 톡 쏘는 맛이 있으며 끓여도 분리되지 않기 때문에 요리할 때 매우 유용하다.

크림 버터와 설탕을 같이 넣어 내부에 공기가 찰 때까지 쳐서 만든다.

포칭 은근히 끓는 액체에 재료를 담가 천천히 요리하는 방법.

퓌레 묽은 페이스트나 진한 액체의 특성을 계속 유지하기 위해 갈거나, 누르거나, 체에 거르는 일.

향채 오랫동안 요리하는 수프, 육수, 소(속), 스튜, 삶는 요리에 넣어 진하고 달달한 향을 낼 수 있는 채소류. 양파, 당근, 셀러리가 가장 먼저 떠오르는 재료지만 회향과 리크도 같은 용도로 사용한다.

휘젓기 거품기로 빨리 휘젓는 일.

찾아보기

도량형 표

이 책의 원서에는 본래 미국식 인치/화씨/온스 단위로 길이/온도/무게 등을 표기했다. 한국어판은 우리 실정에 맞게 국제 표준인 미터법으로 바꾸었다. 다만, 두 체계가 소수점 단위(혹은 일의 단위)로 엇갈리고 정확히 대응하면 외려 불편하기 때문에 '편의상' 올림 수나 내림 수로 바꾸어 적었다. 표는 책에 표기한 임의의 단위(소수점을 포함한 미터법 표기): 미국식 기준 단위 순으로 적었다. 책에 나온 수치는 가능한 일일이 항목을 만들었다. 따라서 해당하는 미터법 수치를 찾으면 그에 대응하는 미국식 인치/화씨/온스 단위로 바로 바꾸어 볼 수 있다. 예외적으로 컵, 큰술, 작은술은 우리나라 요리책에서도 자주 쓰므로 여기에 정확한 용량을 제시하고 그대로 썼다. 때에 따라서 그 외에 비교할 수 있는 단위도 병기했다.

온도

260도: 500°F
230도(232.22): 450°F
225도(226.67): 440°F
220도(218.33): 425°F
215도(215.56): 420°F
200도(204.44): 400°F
190도(190.56): 375°F
180도(176.67): 350°F
160도(162.78): 325°F
150도(148.89): 300°F
135도: 275°F
70도(71.11): 160°F
68도(68.33): 155°F
63도(62.78): 145°F
57도(57.22): 135°F
55도(54.44): 130°F
53도(53.33): 128°F
52도(51.67): 125°F
50도(48.89): 120°F

길이

3밀리미터(3.17밀리미터): 1/8인치
6밀리미터(6.35): 1/4인치
8밀리미터(0.85): 1/3인치
1센티미터(0.952): 3/8인치
1.3센티미터(1.27): 1/2인치
2센티미터(1.905): 3/4인치
2.5센티미터(2.54): 1인치
4센티미터(3.81): 1½인치
5센티미터(5.08): 2인치
8센티미터(7.62): 3인치
10센티미터(10.16): 4인치
12.5센티미터(12.7): 5인치
15센티미터(15.24): 6인치
17.5센티미터(17.78): 7인치
20센티미터(20.32): 8인치
23센티미터(22.86): 9인치
25센티미터(25.4): 10인치
28센티미터(27.94): 11인치
30센티미터(30.48): 12인치
33센티미터(33.02): 13인치
36센티미터(35.56): 14인치

무게

30그램(28.35그램): 1온스
60그램(56.7): 2온스
110그램(113.4): 4온스
170그램(170.1): 6온스
230그램(226.8): 8온스, 1/2파운드
310그램(311.84): 11온스
411그램(통조림): 14.5 온스
450그램(453.59): 16온스, 1파운드
700그램(680.39): 1½파운드
900그램(907.18): 2파운드
1.4킬로그램(1.36): 3파운드
1.6킬로그램(1.59): 3½파운드
1.8킬로그램(1.81): 4파운드
2.3킬로그램(2.27): 5파운드, 80온스
2.7킬로그램(2.72): 6파운드
3.6킬로그램(3.63): 8파운드
7킬로그램(6.8): 15파운드

부피

500밀리리터, 2컵(473.1): 1파인트
1리터: 1쿼트(0.946L), 4컵
2.5리터: 2½쿼트(2.37L)
4리터: 1갤런(3.79L), 4쿼트
1 컵: 240밀리리터(236.6):
   48작은술, 16큰술
1½컵: 350ml(354.9), 3/4파인트
2½컵: 600ml(591.5), 1¼파인트
큰술(Tablespoon):
   15밀리리터(14.79), 3작은술,
작은술(teaspoon):
   5밀리리터 (4.93):

지은이 • 앨리스 워터스

미국 뉴저지주 채텀에서 1944년 4월 28일에 태어났다. 1967년 프랑스 문화를 전공으로 캘리포니아의 버클리 대학을 졸업하고 이후 런던에서 국제 몬테소리 학교에서 수학했다. 1983년에 딸, 파니를 낳았다.

1971년에 처음 문을 연 셰 파니스 레스토랑은 매일매일 바뀌는 단일 메뉴 한 가지만 파는 음식점이었다. 이렇게 레스토랑에서 메뉴를 정해서 제공하는 형식은 최고로 맛있는 제철 유기농 재료만으로 만든 음식을 대접하고 싶다는 앨리스 워터스의 요리 철학과 맞닿아 있다. 30년이 넘는 세월이 흐르는 동안 셰 파니스는 지속가능한 농업을 위해 평생을 바친 지역의 농부와 목축업자들과 긴밀한 관계를 맺었고 그 결과 가장 신선하고 순수한 재료를 안정적으로 공급받을 수 있게 되었다.

1980년에는 레스토랑 2층에 오픈 키친과 장작 피자 오븐을 갖춘 가페를 열어 일품요리를 팔기 시작했다. 아침 식사와 점심을 파는 스탠드 업 카페, 카페 파니는 1984년 몇 마일 떨어진 곳에 문을 열었다.

1996년 레스토랑의 개업 25주년을 기념하여 앨리스 워터스는 셰 파니스 재단을 설립했다. 그리고 학교 텃밭이나 지역에서 생산된 식재료를 학교 급식에 사용하자는 운동인 "에더블 스쿨야드 프로젝트(The Edible Schoolyard Project)를 버클리에 있는 마틴 루터 킹 주니어 중학교와 함께 시작했다. 더 자세한 정보는 이 재단의 웹 사이트인 www.chezpanissefoundation.org에서 얻을 수 있다.

옮긴이 • 제정인

숙명여자대학교 대학원에서 서양미술사를 공부하고 현재 전문 번역가로 일한다. 옮긴 책으로는《세계 미술사의 재발견》등이 있다.